Münster · Cosmographia Band III

ISBN 3-88210-020-6
Faksimile-Druck nach dem
Original von 1628
Alle Rechte für diese Ausgabe 1978
by Antiqua-Verlag, Lindau
Reproduktion und Druck: Hain-Druck KG, Meisenheim/Glan
Bindearbeiten: Buchbinderei Kränkl, Heppenheim
Printed in Germany

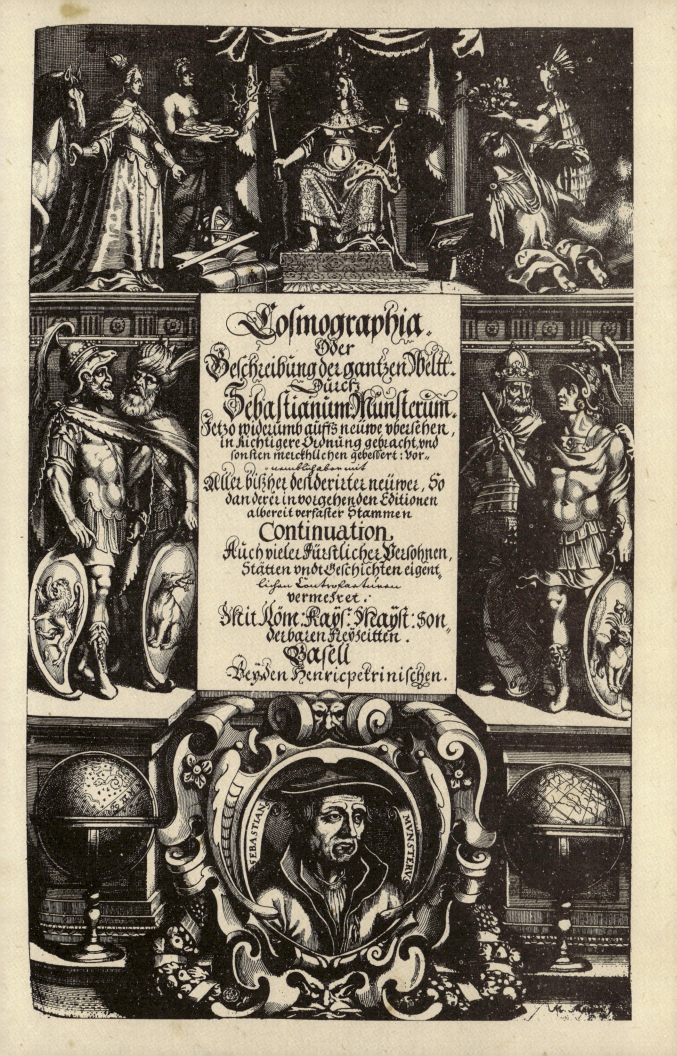

COSMOGRAPHIA,

Das ist:

Beschreibung der gantzen Welt/

Darinnen

Aller Monarchien

Keyserthumben/ Königreichen/ Fürstenthumben/ Graff- vnd Herrschafften/ Länderen/ Stätten vnd Gemeinden; wie auch aller Geistlichen Stifften/ Bisthumben/ Abteyen/ Klöstern/ Vrsprung/ Regiment/ Reichthumb/ Gewalt vnd Macht/ Verenderung/ Auff- vnd Abnehmen/ zu Fried- vnd Kriegszeiten/ sampt aller vbrigen Beschaffenheit.

Deßgleichen

Aller deren/ beyder Ständen/ Regenten: Keysern/ Königen/ Bäpsten/ Bischoffen/ ꝛc. Leben/ Succession/ Genealogien vnd Stammbäumen:

So dann

Aller Völcker in gemein Religion/ Gesätz/ Sitten/ Nahrung/ Kleydung vnnd Vbungen/ wie auch aller Ländern sonderbare Thier/ Vögel/ Fisch/ Gewächs/ Metall/ vnd was dergleichen mehr bey einem jeglichen Landt in acht zunehmen/ in guter Ordnung zusammen getragen:

Mit schönen Landtaffeln/ auch der fürnehmbsten Stätten vnd Gebäwen der gantzen Welt/ sampt obgedachter Geistlicher vnd Weltlicher Regenten vnd anderer verrühmbten Personen/ wie nicht weniger aller seltzamen Thieren vnd Gewächsen eigentlichen Contrafacturen gleichsam abgemahlet vnd vnder Augen gestellt.

Erstlichen

Auß Antrieb vnd Vorschub/ vieler hohen Potentaten/ Fürsten vnd Stätten/ durch den fürtrefflichen vnd weitberühmbten Herrn

SEBASTIANVM MVNSTERVM

an den Tag gegeben:

Jetzund aber

Auff das newe vbersehen vnd mit vielerley nohtwendigen Sachen Fürstlichen Stambäumen/ Figuren vnd Stätten:

Sonderlich aber

Einer vollkommnen Beschreibung der vnbekandten Länder Asiæ, Africæ, Americæ, so viel deren durch allerhandt Reysen vnd Schiffarten/ biß auff dieses 1628. jahr kundt gemacht worden/ trefflich vermehrt/ vnd mit newen Indianischen Figuren geziehret.

Basel/

Bey den Henricpetrinischen:

Im Jahr

M. DC. XXIIX.

Sebaltianus Munsterus ist in diese Welt geboren worden in dem jahr vnsers HErren Christi 1489. zu Ingelheim in der Pfaltz/da auch in dem jahr 742. Keyser Carolus der Grosse geboren worden. In dem jahr 1529. zur zeit der Kirchen Reformation kam er mit Herrn Simone Grynæo nacher Basel/vnd ward daselbsten Professor der Hebræischen Spraach: da er auch neben vielen andern herzlichen Büchern/dieses fürtreffliche Werck der Cosmographien geschrieben. Starb an der Pest in dem jahr 1552. seines Alters in dem 63. jahr/vnd ward in der Thumbkirchen begraben: da jhme zu Ehren beygesetztes Epitaphium auffgerichtet worden.

GERMANUS ESDRAS HEIC
STRABOQUE CONDITUR.
SI PLURA QUÆRIS AUDIES:
SEBAST. MUNSTERUS INGELH.
THEOL. ET COSMOGR.
INTER PRIMOS SUMMUS
SOLENNEM ASCENSIONIS MEM.
ANNO SAL. M. D. LII.
MAIOR SEXAG. MORTE PIA
ILLUSTRAVIT.

Die Statt Freyburg

Gelegen im Breyßgöw/contrafeh-
tet vnd abgemahlet nach ietziger Gelegenheit/ so ein Ehrsa-
mer vnd Weiser Rabt zu diesem Werck gantz freundlicher Meynung vberschickt/ vnd damit vnsern Nachkommen ein anzeigung geben/was Liebe sie gehabt zu fürderung dieser Cosmographey/
darinn so viel hertzlicher Stätt beschrieben/ vnd auch contrafehtet werden/ nach Form vnd Gestalt
so sie zu vnsern zeiten haben. Es hat auch darzu gerahten vnd geholffen der Edel/Gelehrt vnd Ehr-
würdig Herr/ Herr Ambrosius von Gumpenberg/Bäpstischer Protonotarius/ein trefflicher
Liebhaber der alten Dingen/ der Künsten vnd Historien/ sonderlich aber
der Cosmographen.

954 Freyburg im Breyßgöw/ein newe Statt/an einem edlen b...
wald/die in kurtzen jahren trefflich sehr zugenommen hat/in Gebäwen/Kirchen/Klöstern/hohen
Graffen von Freyburg/vnd eyngeleibt dem Edlen Hauß Oesterreich. Sie hat w...
Hertzogen/vnd nachmals vnder den Ertzhertzogen v...
deren sie zu vn...

Erklärung vnd Außlegung etlicher fü...

A Zu vnser Frawen.
B Zun Predigern.
C Zun Barfüssern oder mindern Brüdern.
D S. Peter.

E S. C...
F Augu...
G Schw...
H Barch...

uchtbaren Ort gelegen/ da ein Eingang ist in den Schwartz- 955
n/ Reichthumben/ꝛc. Vnd das sonderlich/ nach dem sie ledig worden von jhrem Halßherꝛen dem
rlichen Anfang genommen vnder dem Hertzogen von Zåringen/ aber ist vnder den
erzeich zu grösserer Herꝛlichkeit erwachsen/ in
ten ist.

n Oertern vnd Gebåwen dieser Statt.

I Adelhausen Dorff.
K Straß auff Basel.
L Der Außsetzigen Hauß

SSss iij Nach

Das fünffte Buch.

Nach seinem Todt hat sein Schwager/der Graff von Kyburg geerbt die Graffschafft Burgund/nemblich Burgdorff/Thun/ꝛc. vnd die Statt Freyburg in Vchtland. Aber der ander Schwager Graff Egon von Fürstenberg/erbt was in Schwaben/im Breyßgöw vnd Schwartzwald die Hertzogen von Zäringen hatten gehabt. Er verließ zween Söhn/Graff Egen vnd Graf Cünen. Graff Egen gefiel der Schwartzwald/vnd sind von jhm kommen die jetzigen Graffen von Fürstenberg: Aber von Graff Cünen sind kommen die Graffen von Freyburg/die hatten Freyburg inngehabt biß zum jahr Christi 1367. da war ein Graff mit Namen Egon/der kam mit der Statt Freyburg in ein grossen Zwytracht vnnd Krieg/ vnd hatten die Freyburger ein Beystandt von denen von Basel/Newenburg vnd Breysach/vnd ward der Krieg entlichen gericht/ vnd vbergab der Graff sein Gerechtigkeit in Freyburg vmb ein Summa Geldts/ vnd kaufft vmb das Geldt die Herrschafft Badenweyler/schreib sie also: Ego Graff von Freyburg/Herr zu Badenweyler. Vnd sein Nachfahr: Conrad Graff von Freyburg/Landgraffe im Breyßgöw/Anno 1385.

Von der Statt Freyburg in dem Breyßgöw.
Cap. ccxix.

Freyburg die Statt ist im jahr Christi 1112. durch Hertzog Berchtholden von Zäringen im Breyßgöw gebawen worden/oder wie die andern schreiben/dieser Hertzog macht auß dem Dorff Freyburg ein Freystatt/vnd bestättiget solches Keyser Heinrich der 5. im 14. jahr seines Reichs/mit nachfolgenden Artickeln.

Stattrecht/nach den Rechten vnd Freyheiten der Statt Cöln.

1. Von Verleyhung der Pfarren. 2. Von Erwehlung der Schultheissen/Nachrichters vnd Hirtes. 3. Von Bruckenzoll. 4. Von Freyheit der Kaufleut. 5. Von Mäß deß Weins/der Früchten/deß Silbers vnd Goldts. 6. Wie die Bürger jre Hofstätt bawen sollen. 7. Von den Metzgern vnd jhrem Fleisch kauffen vnd verkauffen. 8. Von denen die zu Freyburg ohn Erben sterben. 9. Eheleut erben einander. 19. Wie die Kinder erben. 11. Von den Kindern so noch vnder jhrer Eltern Gewalt sind. 12. Vnder 12. jahren mag keiner Kundschafft geben. 13. Von den Vögten der Vatterlosen Kindern. 14. Von Schmach damit ein Burger den andern verletzt. 15. Eygen Leut vnd Dienstmann mögen nicht Bürger zu Freyburg werden ohn Bewilligung jhrer Oberherren. 16. Von Zanck vnd Hader der Bürger vndereinander. 17. Von den Zeugen. 18. Nach ergangenem Vrtheil mag man gen Cöln appellieren. 19. So ein Burger in seinem Hauß vnd Hof von einem andern vberloffen wirdt. 20. So einer den andern in der Statt verwund. 21. Wann ein Burger den andern schlägt oder rauft. 22. Wann zween Burger ausserhalb der Statt einander schlagen. 23. Wann zween für die Statt hinauß gehn/vnnd schlagen da einander. 24. Wer in diese Statt kompt der sol frey sitzen/er sey dann eins Herrn eygen. 25. Welcher jahr vnd tag zu Freyburg ohn angesprochen verharret/mag sich dann freyer Sicherheit frewen. 26. So einer zur Auffruhr vngewapnet kompt/ꝛc. 27. Wo ein Burger den andern zu frembdem Gericht dringt. 28. So ein frembder Haußmann ein Burger verwundt/ꝛc. 29. Wann jemands eins andern Güter hingibt/verkaufft oder versetzt in deßelbigen Beywesen/ꝛc. 30. Ohn Vrtheil mag man keinen in der Statt fahen/man finde dann bey einem Diebstal oder falsche Müntz. 31. In was Straff der falle der deß Herren Gnad verleurt. 32. Wann der Herr vber das Gebürg zeucht/sind die Bürger nicht schuldig mit jhm zuziehen in den Krieg dann ein Tagreyß/also daß sie die künfftige Nacht mögen heimkommen. 33. So eines Burgers Sohn ein Tochter heimlich beschläfft/ꝛc. 34. Von Kampf darinn Blutvergiessen/Wunden/Todt vnd Raub geschehen sol. Was ein Ehrsamer Raht mög ordnen vom Brodt/Wein vnd Fleisch.

Wie der Anfänger der Statt Freyburg vmbkommen sey.
Cap. ccxx.

Vnd nach dem aber Hertzog Berchthold die Statt Freyburg zu bawen angeschlagen mit Gräben/Mawren/Thürnen vnd Thoren/vnd solches zum theil vollstreckt/ward er von eynfallenden Bürgern zu Molßheim im Elsaß freffentlich in Kriegsläuffen ertödt/im 4. jahr als er die Statt Freyburg gestifftet hatt/vnd zu S. Peter An. 1122. begraben. Sein Gemahl Sophia ein Hertzogin von Sachsen/ward hernach vermählet einem Graffen von Styr. Es regiert nach Hertzog Berchtholden H. Conrad sein Bruder/oder wie die andern schreiben/sein Sohn/starb Anno 1152. Nach jhm regiert sein Sohn Berchtholdus/der vollführt der Statt Freyburg Gebäw/so seine Vorfahren angefangen hatten. Er hat auch gebawen Freyburg in Vchtland/Anno 1179. wider die Saphoyer/vnd darnach Anno 1191. die Statt Bern/die er auch besetzt mit Ehrnvesten

Leuten

Von Teutschlandt. 957

Leuten/ Burgern von Freyburg auß dem Breyßgöw/ nach Innhalt ihrer Cronick/ welche auch sagt/ er sey der letzt Hertzog gewesen/ vnd gestorben Anno 1281. im Hornung/ vnd zu Freyburg begraben: aber die andern schreiben/ er hab geboren Berchtholdum den 5. vnd der gebar zwen Söhn mit deß Graffen von Kyburg Tochter/ denen in jhrer jugend vergeben ward. Er hett zwo Schwestern/ vnder welchen die eine mit Namen Agnes hatt Graffe Egon von Fürstenberg/ der ein Erb war der Herrschafft zu Freyburg. Diß ist sein Geburtliny:

1	2	3	4	5
Egon Graff zu Fürstenberg Herr zu Freyburg/ starb Anno 1236.	Egon Graffe zu Freyburg/ sein Gemahl Adelheit Gräfin zu Nosen.	Cuno Graffe zu Freyburg/ sein Gemahel Sophia Gräfin zu Zollern.	Egon Graffe zu Freyburg/ sein Gemahel Catharina von Liechtenberg.	Conrad Graffe zu Freyburg/ er hett zwey Gemahl

5	6	7
Conrad/ sein erster Gemahl ein Hertzogin von Lothringen/ die ander Anna von Signaw.	Friderich/ deß Gemahel Anna von Susenburg. Egon/ deß Gemahel Verona Gräfin zu Welschen Newenburg/ vnder ihm ist Freyburg verkaufft worden.	Clara ward vermählet Graffe Götzen von Tübingen. Conrad/ sein Gemahel Elisabeth deß letzten Graffen von Welschen Newenburgs Tochter.

Zu den Zeiten Graff Egon deß Andern erhub sich ein Widerwill vnd Vneinigkeit zwischen jm vnd der Statt Freyburg Intrags halb ihrer Freyheiten/ jedoch ward mit Hülff etlicher Schiedsleut ein Vertrag gemacht innhalt eines Brieffs/ der also anfaht:

Wir Graff Egon von Freyburg vnd Cuno sein Sohn/ thun kund allen denen/ die diesen Brieff ansehen/ oder hören lesen/ nun oder hinnach/ daß wir ein getrewlich gantz vnd lauter Süne/ mit vnsern Bürgern vnd mit der Statt Freyburg/ vnd mit allen jren Helffern/ für vns vnd alle vnsere Helffer/ vmb alle diese Sachen vnd Mißhelle die wir vns an den Tag daß die Süne geschehe/ wider einander hatten von Gericht oder vngericht/ haben geschworen stät zu halten/ etc. Der Brieff ist gar lang/ zu letzt wird er also beschlossen:

Diß geschahe zu Freyburg an dem nechsten Freytag nach S. Bartholomei Tag/ im jahr Christi 1293. Gemelter Graff Egon starb/ vnd ward zu Tambach in das Kloster begraben. Auff jhn kamen Graff Cün/ Graff Egon/ Graff Conrad gebar mit der ersten Gemahlen Graff Friderichen/ vnd mit der andern Graff Egon. Zwischen diesem Graffen vnd der Statt entstunden viel Spän/ gleich wie vor jhm Graff Friderich sich auch gegen den Bürgern auffwarff/ vnd er deßhalben im jahr Christi 1338 auß der Statt getrieben ward/ vnd als er gestarb/ nahmen die Bürger sein Tochter Claram zu einer regierenden Frawen an. Nach jr war Herr genannter Graff Egon/ vnd der kam im jahr Christi 1366. mit seiner Statt in ein solche grosse Vneinigkeit/ daß er im Mertzen mit seinen Freunden/ vnd mit grossem Zusatz deß Adels/ mit Rittern vnd Knechten/ bey nacht die Statt wolt vberfallen auß Raht seiner Mutter Anna von Signaw/ vnd waren auch etliche in der Statt die jhm darzu wolten geholffen haben/ dardurch ein grosser Krieg sich erhub/ darinn die Dörffer verbrennt/ vnd das Volck beraubt vnd geschätzt ward. Es belägerten auch die Burger von Freyburg die Burg bey Freyburg/ vnd zerbrachen sie. Darnach zogen die von Freyburg mit jren Bundsgnossen/ Basel/ Newenburg/ Breysach vnd Kentzingen für Endingen/ vnd da ward der Herr von Isenburg Herr zu Endingen/ der war Gr. Egons Helffer/ vnd enthielt sich bey jhm dieser Graff. Vnd nach dem sie vberfallen wurden/ schickten sie auß Herrn Gerhard von Endingen Rittern/ zu werben an jre Freund vnd andere Herren vmb hülff/ die auch kam. Da diß die Stätt vernamen/ zogen sie ab/ aber es eyleten jnen die Herren nach biß gen Breysach/ vnd erschlugen auß jnen ob 1000. Mannen/ vnd wurden bey 300. gefangen/ auch ertrunck netliche in dem Rhein. In diser Niderlag verlohren die von Basel viel Bürger vnd Kriegsrüstung. Dieser Krieg war sehr schwer/ vnd wäret lang/ daß auch in 7. jahren vmb die Statt kein Pflug in die Erden kam. Vor langs ward der Krieg gericht/ vnd also gemacht/ daß die Bürger von Freyburg Graff Egon abkaufften die Herrschafft/ vnd gaben jhm 20000. Marck Silbers/ damit baufft er die Herrschafft Badenweyler. Da schreib sich dieser Graff/ Edon Graff zu Freyburg/ Herr zu Badenweyler/ vnd sein Sohn/ Conrad von Freyburg/ Landgraff im Breyßgöw/ im jahr Christi 1385. Er ward auch durch sein Gemahl Graff zu Welschen Newenburg.

Anno 1445. ist Graff Hans von Freyburg vnd Newenburg am See/ Herr zu Badenwyler mit den Bernern vnd Baßlern gezogen für das Schloß Rheinfelden/ vnd als er starb im jahr 1458. ohn Leibs Erben Mannsstammen/ fiel in Erbsweiß die Graffschafft Welschen Newenburg vnd Herrschafft Badenweyler an seinen Schwager Marggraffen Rudolphen von Hochberg/ Herrn zu Rötelen vnd Susenburg/ deßhalben schrieben sich dieselbigen Marggraffen zu Rötelen/ Susenburg vnd Badenweyler. Vnd als sie jhre Wohnung vnd Hof mehrertheil hielten zu Rötelen/ hat der gemeine Mann sie genennt Marggraffen zu Rötelen/ vnd die Herrschafft Rötelen vnd Susenburg genannt die Marggraffschafft Rötelen/ vnangesehen daß die Marggraffen sich in jhrem Titel geschrieben haben/ wie vornen gemeldet ist. Nach dem aber Freyburg ledig worden ist von jrem Graffen/ ist sie kommen an das Hauß Oesterreich/ im jahr 1386. zu den zeiten als da regierten

Hertzog

Herzog Albrecht vnd Hertzog Lupold. H. Albrecht regiert zu Wien/vnd H. Lupold in Schwaben im Ergöw/vnd was hie aussen ist. Nach jhm regiert sein Sohn Friderich/der ward im Concilio zu Costentz in Bann gethan. Er starb im jahr 1439. Da ward Regent Albertus H. Ernsten Sohn/ dem ward vergeben im jahr 1464. Er hat gestifftet die hohe Schul zu Freyburg im jahr 1490. daselbst dann auch Vdalricus Zasius der weitberühmbte Jurist gelebt hat.

Zu vnsern zeiten ist zu Freyburg ein grosse Hanthierung mit Catzedonien Steinen/darauß man Pater noster/Trinckgeschirr/Messerhefft/vnd viel andere Ding macht. Diese Stein werden in Lothringen gegraben/aber zu Freyburg geballiert. Es rinnt in dieser Statt durch alle Gassen Bächlin/das eytel frisch Brunnenwasser ist/vnd vber winter nicht gefrewrt. Es fleust auch neben der Statt hin gar ein Fischreich Wasser/die Triesem genannt/entspringt nicht ferz vom Vrsprung der Thonaw. Weiter ist in dieser Statt ein vast schön Münster mit einem hohen Thurn/der mit sonderlicher Kunst vom Grundt auff biß an den höchsten Gipffel geführt mit eytel Quader vnd gebildten Steinen/deßgleichen man in Teutschen Landen nicht findet nach dem Thurn zu Straßburg. Die Heyden hetten jhn vorzeiten vnder die 7. Weldwunder gezehlt/ wo sie ein solch Werck gefunden hetten.

Hochberg vnd Rötelen im Breyßgöw. Cap. ccvvj.

ES kosten die jetzigen Marggraffen von Baden vnd Hochberg von einem Stammen/führen auch einen gleichen Schilt/haben aber sich getheilt/vnd die jenigen so zu Baden gesessen vnd Hoffgehalten/haben sich geschrieben Marggraffen zu Baden. Die andern so Hochberg inngehabt/vnd daselbst gewohnt/nach den Hertzogen von Zäringen/haben sich geschrieben zu Hochberg/An. 1179. Wernher Graffe zu Hochberg/Anno 1198. Albrecht Marggraffe zu Hochberg/Anno 1311. Es haben auch die Marggraffen von Hochberg durch Heyrat vnd Erben jhrer Gemählen vberkommen die Herrschafft Rötelen vnd Susenburg/vngefährlich als man zahlt nach der Geburt Christi 1300. Es haben die Herren von Rötelen sich nicht geschrieben Graffen oder Freyherrn zu Rötelen/sondern allein Herrn zu Rötelen/als Otto Herr zu Rötelen/Item Dietrich Herr zu Rötelen vnd Rotenburg/Anno 1282.

Marggrafen võ Hochberg Geschlecht.

Weiter ist hie zu mercken daß die Marggraffen von Hochberg haben die Marggraffschaft Hochberg verkaufft jhren Freunden den Marggraffen von Baden/vnd nichts desto minder sich geschrieben Marggraffen von Hochberg (aber nit zu Hochberg) Herrn zu Rötelen vnd Susenburg/vnd die Marggraffen von Baden haben sich geschrieben Marggraffen zu Baden vnd Hochberg/ꝛc. nach dem sich Hochberg/wie gemelt ist/erkaufft hatten. Aber die Marggraffen von Hochberg als sie verkaufft hatten Hochberg/vnd durch Heyrat vnd Erben vberkamen Rötelen vnd Susenberg haben sie sich mit jhrem Sitz vnd Haußhalten gen Rötelen verfügt/vnd sich für vnd für geschrieben Marggrafen von Hochberg/Herrn zu Rötelen vnd Susenburg/als Johan Marggraf von Hochberg Herr zu Rötelen/An. 1311. Otto Marggraf von Hochberg/Herr zu Rötelen/An. 1330. Dieser Marggrafen Nachkommen haben nachfolgender zeit erlangt die Herrschaft Badenweyler/vnd die Graffschafft Welschen Newenburg am See/wie ich hievornen geschrieben hab. Weiter finde ich von diesen Marggrafen also in den Brieffen/Marggraf Wilhelm von Hochberg/Herr zu Rötelen/Anno 1459. vnd sein Sohn Marggraf Rudolph von Hochberg/Graf zu Welschen Newenburg/Herr zu Rötelen vnd Susenburg/An. 1486. vnd nach jhm Marggraf Philip von Hochberg/Graf zu Newenburg am See/Herr zu Rötelen vnd Susenburg 1503. Dieser ist der letz gewesen dieses Stammens von Hochberg/hat auch andere Herrschaft gehabt in Burgund/ist selten gen Rötelen/Susenburg vnd Badenweyler kommen/sondern dise Landvögten vnd Amptleuten befohlen. Vnd als er kein ehelichen Sohn hatt/sondern ein einige Tochter/vnd deß Stammens von Hochberg niemand vor handen/dann Christoffel Marggraf zu Baden vnd Hochberg sampt seinen Söhnen/kam gedachter Marggraf Philip in Vertrag mit jetzgemeltem Christoffel/daß sie beyd ein Gemeinschaft der Manns Lehen gegen einander auffrichteten vnd verbriefften/auß welchem gefolgt/daß nach Absterben jetzgedachtem Philippen deß letzten Marggrafen von Hochberg/Grafen von Welschen Newenburg/Anno 1503. die Herrschaft Rötelen/Susenburg vnd Badenweyler/auß Verwilligung Keysers Maximiliani/gefallen an Herr Christoffel Marggrafen zu Baden vnd Hochberg/Grafen zu Spanheim/Landtgrafen zu Susenburg/Herrn zu Rötelen vnd Badenweyler. Nach diesem allem hat die gemelte einige Tochter Marggraffe Philippen deß Letzten von Hochberg/vnd Grafen von Welschen Newenburg vberkommen/vnd behalten die Graffschafft Welschen Newenburg/S. Georg vnd andere Herrschaft in Burgund/vnd nam zu der Ehe ein Herren von Dunes auß Franckreich/derselb vermeynt von wegen seiner Gemahel auß rechtmässigem Titel die Herrschaft Rötelen/Susenburg vnd Badenweyler jhm zugehörig/vnd nicht Marggraf Christoffel von Baden vnd seinen Nachkommen/wie dann auch noch zu dieser zeit

Welschen Newenburg der Tochter blieben.

dessel-

Von Teutschlandt.

desselbigen Herren von Dunes Sohn vermeynt diese Herrschaft von wegen seiner Fraw Mutter vnd seines Großherren Marggraff Philippen jhm auch von Recht zugehörig.

Herkommen der Marggraffen von Hochberg / der Graffen von Hohenberg / Horb vnnd Haigerloch.
Cap. ccxvij.

Anno Christi 1153. als Keyser Friderich der Erst auß Italia zog / bracht er mit jhm Hermannum von Bern oder Veron / der sein naher Freund war / vnnd als jm das Land wol gefiel / vbergab er Veron / vnd erlangt daß jhm vermählet ward Fraw Juditha ein Erbtochter der Graffschafft Baden vnd Hochberg / vnd der Keyser macht auß der Graffschafft ein Marggrafschafft / vnd sein Oheim ein Marggraffen vnd Fürsten deß Reichs / laut etlicher Brief vnd Siegel darüber gegeben. Es starb dieser Herman / vnd ließ hinder jhm drey Söhn / die wurden nacheinander Herren der Marggraffschafften / wie du verzeichnet sihest mit dem a b c in der nachgestelten Figur:

Baden zum ersten eine Graffschafft.

```
                                    c ⎧ Wernher Marggraffe ohn Erben
                        b ⎧ Wernher Marggraffe  ⎨
                        ⎪                       ⎩ Ernst Hertz Hohenberg ohn Erben
                        ⎪ d   Rudolph Marggraffe zu Hochberg starb ohn Erben
a                       ⎨     Johan starb ohn Erben
Herman Marg=            ⎪
gräffe                  ⎪ Albrecht der hett
                        ⎩ ein Habspurge=        f ⎧ Heinrich Marggraffe   ⎧ Rudolph ohn Erben
                          rin                   Herman ⎨ zu Hochberg / starb ⎨
                                                Margg. ⎩ Anno 1227.          ⎩ Burckhard starb Anno 1232.
```

Hie sihest du daß die drey Herrschafften / Baden / Hochberg vnd Hohenberg etwan beyeinander sind gewesen / etwan vnder die viele der Kinder getheilt. Hochberg ligt bey Freyburg im Breyßgöw / vnd das Schloß / darvon das Land den Namen hat / nach in gutem Wesen: aber Hohenberg im Schwartzwald ein Meil von Rotweil / ist ein verfallen Schloß / darvon die Graffschafft Horb vnd Rotenburg am Neccar den Namen haben. Nun von Burckharden der mit dem Buchstaben h verzeichnet ist / sind weiter kommen.

Als dieser Graffe in seiner Kindtheit verlohr seinen Vatter / vnd zum Vormünder hette seine Ohem / Graff Heinrichen vnd Graff Rudolphen / verkaufften diese Vormünder jhrem Vetter Graff Albrechten alle Gerechtigkeit so er hatt zu der Graffschafft Hohenberg König Rudolphen von Habspurg. Vnd nach dem Graff Heinrich kein Leibs Erben verließ / blieb dieser Graff Albrecht allein Graff zu Haigerloch vnd Horb. Aber die Marggraffschafft Hochberg ist blieben bey den nachgesetzten Personen:

n	o	p	q	r	s	t
Rudolff der eltst Margg. zu Hochberg	Rudolff Marg. zu Hochberg	Rudolff Marg. zu Hochberg	Rudolff Märg. zu Hochberg	Burckhard Marg. zu Hochberg	Otto Marggraffe	Rudolffus Marggraff zu Hochberg vnd Herr zu Röteln.

Von dem letzten Rudolphen mit dem Buchstaben t verzeichnet / ist erboren Philipps der letzte Marggraff von Hochberg vnd Herr zu Rötelen / der verließ kein Sohn hinder jhme / darumb fiel nach seinem Todt Hochberg vollkömlich an die Marggrafen von Baden / so sie von seinen Vorfahren erkaufft hatten / vnd die andern Herrschaften an das Reich. Da lihe sie Keyser Maximilian marggraffen Christoffel von Baden / neinlich Rötelen. Es ist hie auch zu mercken / daß die ersten Herren von Hochberg sollen mit dem grossen Keyser Carlen auß Italia kommen seyn / vnnd der erst sol

Das fünfte Buch

erst sol Hacho geheissen haben/der ward ein starcker frewdiger Herz/vnd bawet das Schloß in dem Breyßgöw/vnd nennet es nach jhm Hachberg. Es sol auch von jm entsprungen seyn diß Sprichwort/wann einer wild vnd rumorisch ist/daß man zu jhm sagt: Du bist ein wilder Hach. Dieses Herzen Geschlecht sol gewäret haben biß auff die Regierung Keyser Friderich deß Ersten/da sind sie abgestorben/da hat Keyser Friderich ein andern desselben Geschlechts mit jhm auß Italia von Bern gebracht/vnd jn in die Herzschafft Hachberg/das darnach Hochberg ward genannt/gesetzt. Aber die andern sagen/daß es erstlich vnder der Zäringer Herzschafft gewesen sey.

Waldkirch/ S. Ruprecht vnd Schneeberg.

Waldkirch/ein Stättlein/vnd darbey ein Stifft/ist etwan ein Frawen Kloster gewesen von den Graffen von Habspurg erbawen/darin allein Fürstin/Gräffin vnd Freyin eyngenommen worden. Darvon ist hie vor auch meldung geschehen. Selden ein Kloster haben die Hertzogen von Zäringen gestifft. Grüningen vnd S. Virich/haben die Freyherrn von Kaltenbach gestifft. Deßgleichen Beräw vnd Vogelbach/Frawenkloster/hat Fraw Ita von Kaltenbach gestifftet.

S. Ruprecht Im Breyßgöw nahe bey Stauffen ligt das Kloster S. Ruprecht/vnd haben es gestifft Otpertus/Rampertus/vnd Lanfridus (die andern nennen sie Leutfrid) Graffen von Habspurg. Die Brieff dieses Klosters halten inn/daß es im jahr 603.vnder Keyser Ludwigen dem 3. von Ludfrid einem Graffen von Habspurg auffgericht sey. Aber vorhin haben Waldbrüder da gewohnet/die jhr erste Wohnung da sollen gemacht haben vnder dem Keyser Phoca. Es ist ein Silberreich Gebürg bey diesem Kloster/wo Leut wären die dem möchten nachkommen/gleich wie auch zu Sultzberg ein halbe Meyl darvon viel Gruben noch gesehen werden/da man vor zeiten Silber graben hat.

Schneeberg. Bey Freyburg ist ein zerbrochen Schloß/von dem ist gewesen ein Adelich Geschlecht/die haben die Schnelin geheissen/vnd haben sich in 14. vnderscheidenliche Geschlecht getheilt/die alle diesen Namen/auch ein Schilt halb gelb vnd halb grün haben gehabt: aber die Kleynot im Helm haben sie geendert/gleich wie sie auch jhren Zunamen haben geendert nach jhrem Sitz/als die Schnelin von Landeck/die Schnelin von Weyer/die Schnelin von Krantznaw/rc. Doch ist der mehrer theil dieses Geschlechts abgestorben.

Offenburg. Cap. ccxxiij.

IM jahr Christi 600. ist auß Engellandt kommen ein trefflicher Mann/geboren von Königlichem Stammen mit Namen Offo/der kam der meynung/daß er möcht den Christlichen Glauben zu pflantzen vnder die Teutschen/vnd auff das stifftet er das Kloster Schuttern/vnnd ein Meil wegs darvon bawet er auff die Kintzig ein Burg/die man Offonis Burg nennet/ vnnd ist jetzund ein Reichsstat/Offenburg genannt. Dise Statt ward im jahr Christi 1330. dem Marggraffen von Baden wider abgelöst vom Bischoff von Straßburg/dem sie vom Reich verpfänd war.

Gengenbach. Die Mordnaw. Das Stättlin Gengenbach/ein Meil ob Offenburg an der Kintzig gelegen/hat Pirminius ein Bischoff von Straßburg im jahr Christi 724. gebawen. Die Gegne darinn diese Stättlin ligen/heist die Mordnaw/ligt an einem Gebürg/vnd rinnt die Kintzig dardurch/hat vor zeiten die Ortnaw geheissen/aber von wegen der Mörder/deren etwan viel darinn gewesen/besonder am Dorff Humßfelden das am Rhein ligt/hat es diesen Namen die Mortnaw bekommen. Es ist ein klein/aber gantz fruchtbar Ländlein/darinn gut Wein vnd ziemlich Korn wächst. Da wächst auch so viel Hanff/daß man auff ein jahr 20. oder 30000. Gülden lösen mag. Es ligen viel Stätt/Schlösser vnd alte Klöster darinn/besonder Offenburg ein Reichsstatt/Gengenbach ein Statt vnd alt Kloster/Offenburg ein gut Bergschloß. Wilstätten ein Schloß vnd Marcke/dem Graffen von Hanaw/Zell im Harmenspach ein Reichsstättlein/aber verpfändt wie auch Gengenbach/Ettenheim ein Stättlein/Rinow ein Stättlein/Lar ein Stättlin deß Marggraffen/etwan der Herren von Geroldseck gewesen/Oberkirch ein Stättlin deß Bischoffs von Straßburg/wie auch das Stättlin Nopnaw/Achern/Renchen vnd Bühel/3. grosser Dörffer. Diese Flecken all ligen in der Mordnaw.

Marg.

Von Teutschlandt.

Marggraffschafft Baden. Cap. ccxxiiij.

Die Marggraffschafft Baden fahet an in der Mortnaw/ vnd endet sich gegen Occident an dem Rhein/ vnd gegen Orient an dem Schwartzwald/ doch so zeucht sie sich zu gutem theil hineyn in den Schwartzwald. Ihr Hauptstatt da die Marggrafen Hof halten/ ist Baden/ die also genennet wirdt/ daß man daselbst vor langen zeiten ein grossen Quell heisses Wassers gefunden hat. Vnd wie etliche schreiben die auß der Marggraffschafft bürtig seind/ hat man in einem alten Stein geschrieben funden/ daß der Keyser Antoninus nach der geburt Christi 226. wie Philippus Beroaldus in einer Epistel schreibt/ dise gebawen/ nach dem man das heiß Wasser/ mit welchem man bey seinem vrsprung Hüner vnd Säw brühen mag/ da gefunden hat. Diß Wasser halt in seiner vermischung Schwefel / Saltz vnd

Alaun. Dienet zu vertreiben engung der Brust/ welche von kalten flüssen des Haupts kommet/ den feuchten Augen/ den sausenden Ohren/ den zitterenden vnd schlaffenden Gliedern/ dem Krampff vnd anderen Kranckheiten böß geäders/ so von kalten feuchtigkeiten kommen. Item/ ist nutz denen/ die ein kalten/ feuchten vnd vndauwigen Magen haben/ dem weethumb der Lebern vnnd Miltz võ kälte/ dem anfang der Wassersucht/ dem Darmwehe/ thut auch hülff dem Sand vnd Stein der Blatern vnd Nieren. Item/ ist behülfflich den vnfruchtbaren Weibern/ hilfft der Beermutter/ vertreibt den weissen Fluß der Frawen/ mindert die Geschwulst der Bein/ heylet die Raud vnd alle offne Schäden/ die Löcher vnd Frantzosen: wider das Podagra hat es ein besonder Lob für andere Bäder.

Warm Bad.

Es hat Keyser Ott der dritt dise Marggraffschafft zum ersten gesetzt (wiewol etliche solches Keyser Friderichen dem ersten zulegen) vnd etlich Stätt dem Abbt von Weissenburg genommen/ vnd zu disem Fürstenthumm gelegt/ nemblich Baden/ Stollhofen vnd Etlingen/ die dazumal noch Dörffer seind gewesen. Vnd daher kompt es/ daß die von Weissenburg Zollfrey durch Etlingen fahren. Aber Durlach vnd Heidelsheim hat Keyser Friderich der ander/ dem Marggrafen geben/ da die Graffschafft auff dem Kreichgöw Erbloß ward/ vnd dise Flecken an das Reich fielen. Rastatt vnd Kuppenheim seind vor der Ebersteiner Herrschafft an die Marck kommen. Pfortzheim vnd Zell haben zu dem Hertzogthumb Schwaben gehört/ aber da es außstarb/ seind sie dem Marggrafen worden. Es haben die Marggrafen auch Studtgart vnd Backenheim gebawen/ aber sie seind vnder der Grafen von Würtenberg Herrschafft kommen/ in was gestalt/ weiß ich nicht. Es hat auch Eppingen zu der Marck gehört/ aber ist nachmals mit Heidelsheim an die Pfaltz kommen.

Durlach von wem es zur Marggraffschafft Baden kommen.

Durlach vnd Gottsaw/ Item von andern Flecken in der Marggraffschafft gelegen. Cap. ccxxv.

Es ist dise Statt also genandt wordē/ alß etlich meynen/ võ dem Thurn der darbey auff dem Berg steht/ den König Rudolph sampt dem Stättlin zerbrach/ da er wider den Marggrafen zog. Das Closter Gottsaw darbey gelegen/ hat gestifftet Graf Berchtold von Hennenberg Anno Christi 1016. Dann dise Grafen haben vor alten zeiten inngehabt vnd besessen Durlach/ Newenburg daselbst vnden am Rhein/ vnd was darumb gelegen ist. Wie jhnen aber/ vnd wann solche Landschafft von handen kommen sey/ hab ich bißher nicht funden. Item/ Gerspach ein Stättlein/ halb Marggräfisch/ vñ halb der Grafen von Eberstein. Alt Eberstein ein Schloß/ auch halb der Marggrafen. Liebenzell ein Schloß/ Stättlein vnd natürlichs Bad/ ist gut für die Gelbsucht. Muckensturm ein Stättlein/ Steinbach ein Stättlein/ Stollhofen ein Stättlein/ Beinheim ein Stättlein/ Besicken ein Stättlein am Necker/ Eyberg ein Bergschloß/ alte Steig ein Stättlein/ Rastatt ein grosser Marckt/ Graben ein Schloß vnd Dorff/ Hochberg ein Fürstlich Schloß auff einem Berg/ darbey ein Bernhardiner Closter Verinenbach genandt.

962 Das fünffte Buch

Anno Christi 1424. ward Marggrafe Bernhard von Baden stössig mit denen von Freyburg vnd Breysach/ darumb daß sie Leut auffnamen zu Burgern/ vnd andere ding theten die jhm nicht gefielen. Vnd wiewol viel darzwischen gehandlet ward/ mochten sie doch nicht vertragen werden/ darumb verbanden sich die von Freyburg/ Straßburg/ Basel/ Colmar/ Kentzingen/ Engen/ Mülhausen vnd Schletstatt. Es schlug sich zu jhnen Hertzog Ludwig Pfaltzgrafe/ der Bischoff von Speier/ der Grafe von Würtenberg/ vnd andere mehr/ vnd fielen dem Marggrafen in sein Land/ belägerten das Schloß Mülberg drey Wochen lang/ schossen vnd wurffen dareyn/ aber es kam der Bischoff von Würtzburg/ geschickt vondem Römischen König Sigmund/ vnd legt sich in die Sach/ vnd verthädiget sie. Der Marggraff wolt einen newen Zoll auffrichten/ das wolten die Stätt nicht leyden.

Mülberg.
Schloß Mülberg belegt.

Pfortzheim. Cap. ccxxvj.

Johannis Reuchlini Bildnuß.

Pfortzheim ist vorzeiten gebawen worden an die Entz durch König Phorce genandt/ wie D. Johannes Reuchlin meynt: dises Königs gedenckt auch der fürtrefflich Poet Homerus/ sprechende: Phorcys ille Phrygum ductor fuit Ascaniusq; aber die andern halten/ daß der Namm komme von Hercinia sylva: das ist/ Von dem Hartzwald/ vnd hat vor zeiten gehört zum Hertzogthumb Schwaben/ wie auch hievor gemeldt. Aber da die Hertzogen von Schwaben ohn Mäulichen Samen abgiengen/ ist sie an die Marggraffschafft kommen. Etliche sprechen/ das Keyser Friderich der erst/ sie geben hab dem Marggrafen Herman. Es ist vast die fürnemste Statt so die Marggrafen in jhrer Hertzschafft haben/ wiewol Baden des heissen Wassers halb eines grossen ansehens vnd Namens. Es ligt Pfortzheim an einer Gegne/ genandt am Hagenschieß.

Hagenschieß.

Der Marggrafen von Baden Geschlecht.

Woher die jetzigen Marggrafen kommen seind/ hab ich zum theil hie vornen bey Hochberg angezeigt. Etliche sprechen/ daß sie Anno Christi 1120. von einem Herren Herman genant/ haben jhren vrsprung genommen. Die andern sagen/ daß Anno Christi 1153. Keyser Friderich der erst auß Italia mit jhm geführt habe etliche namhafftige Pfandtleut/ vnder welchen einer hett ein Sohn/ den macht der Keyser zum Marggrafen/ vnd dieweil er kein Männlich Leibs Erben hett/ bath er seine Vnderthanen/ daß sie von seinem Geschlecht ein andern setzten/ vnd von demselbigen sollen die jetzigen Marggrafen kommen seyn/ vnd ist dises jhr ordenlich herkommen nach jhrem Geblüt/ wie auch hie vornen bey Hochberg jhr anfang biß auff die zwen Brüder Herman vnd Heinrich/ durch welche die Herrschafft ist getheilt worden/ beschrieben ist.

Herman Marggrafe
⎧ 2 Wernher ─── 3 Wernher
⎨ 4 Rudolph ─── 6 Herman ─── 7 Herman Marggrafe zu Baden/ der dritte dises Namens
⎩ 5 Albrecht ─── Johann ─── Heinrich Marggrafe zu Hochberg.

Hie lassen wir fallen die Liny der Marggrafen von Hochberg/ vnd nemmen für vns Herman den dritten Marggrafen von Baden.

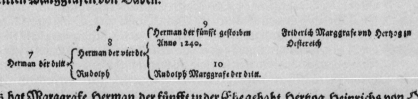

7 Herman der dritt ⎧ 8 Herman der vierdt ⎧ 9 Herman der fünfft gestorben Anno 1240.   Friderich Marggrafe vnd Hertzog zu Oestereich
                    ⎨   ⎨
                    ⎩ Rudolph   ⎩ 10 Rudolph Marggrafe der dritt.

Es hat Marggrafe Herman der fünfft zu der Ehe gehabt Hertzog Heinrichs von Oestereichs einige Tochter/ mit Namen Gertrud/ vnd ist auch nach abgang seines Schwähers Hertzog worden zu Oestereich/ vnd hat vberkommen mit jhr ein Sohn/ nemlich Friderich/ der ward Hertzog zu Oestereich vnd Marggrafe zu Baden/ vnd alß er nach absterben seines Vatters wider seiner Mutter willen mit seinem Oehm Hertzog Conradino von Schwaben gen Neaples zog/ kam er vmb mit

Von Teutschlandt.

mit dem Hertzogen: Dann es fieng sie/vnd ließ sie enthaupten Hertzog Carlen des Königs Bruder von Franckreich. Da kam Ottocar vnd nam das Land Oestereich mit gewalt/wie ich hie bey dem Land Oestereich anzeigen wirdt: aber die Marggraffschafft Baden fiel hinder sich an Marggrafe Rudolphen den dritten des Namens.

10	11	12
Rudolph der dritt	Herman: Diser vbertam mit des letsten Landtgrafen von Elsaß Tochter zwen Söhn	Rudolphen vnd Herman
	Friderich	
	Rudolph	

12. Rudolph Marggraffe Hermans Sohn hat fundiert den Stifft Backena/ist gestorben Anno 1295. ließ hinder ihm sechs Söhn:

Nemlich:
- Herman
- Heinrich
- Ditlieb Abbt
- Friderich
- 13 Rudolph Hessis
- Rudolph Wecker

14 Friderich Marggrafe ohn Erben
15 Herman Marggrafe ohn Erben
16 Rudolph ist auch ohn Erben gestorben.

Nach Rudolph Hessen vnd seinen dreyen Söhnen/ist Rudolph Wecker zum Regiment kommen. Er hat vier Söhn gezeugt/vnd ist gestorben Anno 1356.

17 Rudolph Weckers Söhn:
- Herman
- Burckhard
- Rudolph
- 18 Friderich
  - 19 Rudolph. Bernhard Marggrafe vnd Grafe zu Spanheim.
  - Herman

20 Bernhard Marggrafe:
- Bernhard
- Rudolph
- 21 Jacob
  - Johannes Bischoff zu Trier
  - Bernhard starb zu Montpellier
  - Georg Bischoff zu Metz
  - Carlen Marggrafe zu Baden/Grafe zu Spanheim/hat Keyser Friderichs Schwester zu der Ehe gehabt.

22 Carlen:
- Friderich Bischoff zu Utrecht
- Albrecht ward erschossen in König Maximilians Gefengnuß
- 23 Christoffel/er ward Keys. Majestät oberster Gubernator zu Lützelburg/wie hievornen bey Lützelburg gemeldet ist/vnd hat zu der Ehe gehabt Fraw Ottilien Gräfin zu Catzeneinbogen.

25 Christoffel Marggrafe zu Baden/vnd Grafe zu Spanheim:
- 24 Bernhard
  - 25 Philibertus/ist Anno 1569. in der Schlacht zu Moncontur in Franckreich vmbkommen.
  - Eduard Fortunatus
  - Christoffel { Philippus, Carolus } Wilhelmus
- Philippus
- Adolph Canonicus zu Straßburg
- Jacob Bischoff zu Trier
- Maria Aebtissin zu Beürs
- Ottilia Closterfraw zu Pfortzheim
- Rosina Grafe Frantzen von Zollern Gemahel
- Beatrix/Hertzog Hansen auff dem Hundsruck Gemahel.

26:
- Albrecht
- Bernhard
- Carlen/sein Gemahel ward Künigund von Brandenburg/vñ hernach Anna Pfaltzgraff Ruperti Tochter/von deren waren ——
- Ernst
  - Vrsula Dorothea/Hertzog Ludwigs von Würtenberg Gemahel.
  - Ernst Friderich
  - Jacob
  - Georg. Friderich { Catharina Vrsula, Friderich, Georg. Friderich, Carolus, Christoffel. }

Alß aber Philippus war mie Todt abgangen ohn Leibs Erben/theilten die zwen Brüder die Marggrafschafft/vnd besaß Bernhardus der ältest Baden/welcher (nach seinem Todt) seiner Kinder Vogt fürgestanden ist. Ernestus aber besaß die Statt Pfortzheim/vnd die Marggrafschafft Hochberg/mit sampt der Herrschafft Badenweyler/Sausenburg vnd Rötelen. Diser starb Anno 1552. vnd kam Marggraf Carl der hochberühmbte Fürst an sein statt/der regiert 25. jahr/starb Anno Christi 1577. vnd verließ von seiner letsten Gemahel Anna Pfaltzgräfin drey Söhn/Jacob/Ernst Friderichen vnd Georg Friderichen: vnd etlich Töchteren/deren die älteste Vrsula Dorothea/nam Hertzog Ludwigen von Würtenberg Anno 1575.

Jacob/diser hat auff das Gespräch Jacobi Andreæ vnd Johan Pistorij Anno Christi 1589. gehalten/das Bapsthumb eynführen wöllen/starb aber darüber Anno Christi 1590. Sein Gemahel war Elisabeth Gräfin von Culenberg.

Ernst Friderich/diser hat Marggraf Eduarden seines Vetteren Land eyngenommen/alß sich die Fugger deren bemächtigen wolten/starb Anno 1604. zu Durlach/in dem 44. jahr seines Alters. Sein Gemahel war Anna Gräfin von Ostfrießlandt / Pfaltzgraf Ludwig Philippen Witwen.

Georg Friderich/ist geboren Anno Christi 1573. seine Gemahel waren 1. Juliana Vrsula Ringräfin/welche starb Anno 1615. 2. Agatha Gräfin von Erpach/von deren er keine Erben bekam. Von der ersten hatte er ein Fräwlein Catharina Vrsula/welche Anno 1613. vermählet ward Landgraf Otten in Hessen/starb zu Marpurg Anno 1616. vnd vier Herren: Friderichen/ Georg Friderichen/ Carol vnd Christoffel.

964 Das fünffte Buch

Hie wöllen wir nicht weiter dem Rheinstrom nach in die Pfaltz hinab fahren/sondern wider zuruck kehren/vnd das Algöw zu handen nemmen/vnd so wir das durchgangen vnd wol besichtiget/durch Schwaben/Schwartzwald vnd Würtenberger Land zu der Pfaltz vns wider wenden.

Von dem Algöw vnd seinen Stätten. Cap. ccxxvii.

a Rhein.

b Walpurg.

c Güntzburg.

Das Algöw ist in Schwaben ein Gegne/wirt eyngeschlossen von Orient mit dem Lech/gegen Mitnacht mit d' Thonaw/gegen Occident reicht es an Bodensee/vnd gegen Mitnacht streckt es sich gegen dem Schneegebürg. Es ist ein rauchs Winterigs Land/hat aber schöne vnd starcke Leuth/ Weib vnd Mañ/ die können all trefflich wol spinnen/vñ es ist vnn Mannen nicht spöttlich/besonder in den Dörffern. Es hat auch viel Viehs/Küh vnd Rossz/es zeucht sonderlich gar schöne junge Füllen/es hat Winterkorn/Gersten/vnd viel Thaũwäld/ Pech/ Vögel vnd Fisch/ vmb vnd vmb mit grossen vnd vielen Seen vnd Fischreichen Weyern erfüllt/deren etlich groß Krebs/ etliche wunder groß Fisch/besonder Hecht/Karpffen/ Trüschen/ vnd allerley geben/ in etlichen finde man auch 40. vnd 50. pfündig Wälinin/ die grossen schaden thun in den Weyeren/ fressen Fisch vnd Wasservögel. Es heißt Algöw/solt aber billicher heissen Almangöw/von Almannia/oder wie etliche andere meynen/vnd ich in alten Brieffen zu Kempten gesehen hab/das Algöw/ von den vielen Alpen die darinnen seind. Es haben die Herren von Oestereich/ der Bischoff von

Von Teutschlandt. 965

von Augspurg/der Abbt von Kempten/die Grafen von Montfort/den grössern theil daran/wiewol sonst auch viel Edelleut ihren Sitz darinn haben/ohn die Reichsstätt. Es ist ihr Handtierung mit Garn/Vieh/Milch vnd Holtz. Der gemein Mann isset gar rauch schwartz Gersten oder Habern Brodt. Es hat trefflich viel Thäler/die da genennet werden nach den Wassern so dardurch fliessen/als das Tretacher Thal/von dem Wasser Tretach/Jrzacher Thal von dem Wasser Jrrach/Breitacher Thal von dem Wasser Breitach/das Yler Thal von der Yler/etc. Die Yler ist ein groß Wasser/Fisch vnd Flötzreich/vnd entspringt vier meil ob Kempten/oberhalb einem Dorff genandt Oberndorff/auß einem Berg/vnd rinnen dareyn die drey Wasser/Tretach/Jrrach vnd Breitach/ob dem Dorff Langenwang/ein halb meil von dem Vrsprung. Hernach kompt auch die Aitrach dareyn. Das Wasser fleußt für Kempten vnd zum theil durch die Statt/vnd für Memmingen/vnd kombt bey dem Galberberg zu Vlm in die Thonaw. Item die Argen/zwey eben grosser Wasser/entspringt die Ober ob Jubeder hinder Rotenfels/laufft für Yßne vnd Wangen/ kompt darnach bey Achberg zu der andern Argen/vnd fliessen also mit einander fürtan/biß oberhalb Langen Argen in Bodensee. Item Buchenberg/ein Gegne drey meilen lang/vnd ein halbe breit/stoßt an einem ort an Yßne/hat etliche Dörffer vnd Höf/ist des Abbts von Kempten. Ich laß hie fahren das Stauffer Thal/Lyblacher Thal/das Hindenlenger Thal/Thanheim/Misser Thal/Weitnaw/die Wangenstantz/die geht von Ymenstatt biß an das Keinknie ein Alp vnd Gegne/hat viel Hewwachs. Item Teuffenbach ein Schwebelbad/zwo meil hinder Ymenstatt/ stoßt an die Alpen/vnd ist gut für das Fieber. Item/Zellerthal streckt sich gegen Kempten/vnd Rotenberger Thal streckt sich gegen Saltzburg. Die Stätt im Algöw werden also genandt/ Ymenstatt/Kempten/Yßne/Wangen/Vettnang/Lütkirch/Ravenspurg/Waldsee/Memmingen/Bibrach/Wurtzach/Füssen/Mindelheim/etc. Berg im Algöw/die Ruckstaig/Thanheim im Loch/der Grenten/die Gag/der Pyler/etc. Schlösser im Algöw/Rotenberg/Krantzeck/Nesselwang/Luchtenstein/Falckenstein/alle des Bischoffs von Augspurg. Item Rotenfeltz/Hagenfeltz/Blaichach/Stauffen/Tummeraw/Liebnaw/der Grafen von Montfort. Des Abbts von Fischen/etc. Der Truchsessen seind Waldpurg/Truchburg/Wolffeck/Zil. Es haben darnach auch etliche Edlen Schlösser vnd Flecken im Algöw/nemlich die von Schellenberg/Hochneck/ welche Herrschafft jetzund der Grafschafft Tyrol verwandt/Frenberg/Werdestein/Löwenberg/ Sergenstein/Langeneck/Retzenried/Rotenstein. Item/auch so etlichen Stätten vnd Burgern zugehören/als Eglytz/Schonburg/Newen Ravenspurg/zum Giessen/Schmaleck.

Weingarten. Cap. ccxxviij.

ES ist dises Closter ein kleine halbe meil von Ravenspurg gelegen/ist gestifft vnd gebawen worden von den Guelffen. Der erst Guelff ist ein Graff gewesen von Altorff bey Ravenspurg. Seiner Nachkommenden einer mit Namen Heinrich/ hat mit seiner Haußfrawen Beata von HohenWart geboren S. Conraden Bischoff zu Costentz/Rudolphen vnd Ethiconem. Dise Beata hat gesetzt die erste Grundveste des Closters Weingarten. S. Conrad wurd Bischoff Anno 934. starb Anno 974. Grafe Rudolph hat etliche Clöster geben dem Closter Weingarten/ligt auch da begraben. Er hat gezeuget den andern Guelffen/vnd diser ander Guelff hat gezeuget den dritten Guelffen/vnd ein Tochter mit Namen Cunissam. Guelff der dritt ward Hertzog zu Kernten vnd Nortgöw/er nennet S. Martins Closter Weingarten/ nach der Euangelischen Parabel: dann es wachst kein Wein da/oder gar wenig vmb diß Closter/Er begabt es auch reichlichen/vnd starb ohn Erben. Da nam sein Schwester Cunissa ein Welschen Marggrafen mit Namen Azzonem/vnd vberkam mit jhm ein andern/den vierdten Guelffen/Hertzogen zu Nortgöw vnd Bayern. Diser vierde Guelff fieng Bischoff Sigfriden von Augspurg/vnd hielt jhn zu Ravenspurg im Schloß in der Gefengnuß. Er hat in seinem Alter grosse Stewr gethan dem Closter Weingarten. Sein Haußfraw Juditha war ein Königin von Engelland/vnd ein Tochter Grafe Balduini võ Flandern. Jhr Sohn Guelffo der fünfft ist ohne Erben gestorben/ligt auch wie seine Vorfahren .... en begraben/vnd hat viel von seinem Vätterlichen Erb an das Closter geben. Sein Bruder Heinrich hat besessen das Hertzogthumb Bayern/vñ hat das alt Weingarten ernewert/ vnd sonderlich begabet. Er ward Anno Christi 1124. zu Weingarten ein Mönch vnder dem Abbt Cunone. Es nam sein Tochter Juditham Hertzog Friderich von Schwaben/vnd gebar Keyser Friderichen den ersten/vnd die andere Tochter mit Namen Sophiam/die nam Hertzog Berchthold von Zäringen/vnd nach seinem Tod nam sie Hertzog Leopold võ Steyr. Dise Schwestern haben ein Bruder gehabt mit Namen Heinrich/der ward Hertzog in Bayern vnd Sachsen/vnd auch im Nortgöw/nam zu der Ehe Keyser Lotharij Tochter/mit Namen Gertruden. Diser

Heinrich wird in den Historien der Hochfärtig genennet/ vnd ward zu letst von Keyser Friderichen vertrieben. Darvon du von der Geburtslinÿ der Guelffen hie vnden weiter findest.

Pröbst vnd Aebte zu Weingarten:

Beringer	1099	Dietmar		Brandiso	Jobs Pentelin 1442
Adeluin		Marquard		Conrad von Ibach 1339	Casp. Schieck 1487
Heinrich		Wernher	1182	Heinrich von Ibach 1363	Hartman von Burgaw 1491
Walitho		Meagosus		Ludwig von Ibach vnd Haldenburg	vnd diß seind nur Pröbst gewesen.
Chuno von Waldenburg	1124	Herman vö Prechtenwhter 1213		Johann Essendorff 1418	Gerwit Blarer 1520.
Gebhard		Berchthold	1227	Johann Blarer 1420	der erst Abbt.
Burckhard		Hugo		Erhard Freydruck 1437	
Arnold		Conrad			

Ravenspurg/ Sisnaw vnd Schussenriedt. Cap. ccxxviiij.

Ravenspurg ist ein Reichsstatt/ soll erstlich Grafenspurg geheissen habt/ von dem alten Flecken Gravenaw/ darauß sie erwachsen/ ward Anno 1100. mit Mawren vmbgeben/ vnd Anno 1127. durch Hertzog Friderich von Schwaben den Einäugigen zerstört/ vnd mit der Statt Memmingen abgebrant/ war anfangs nur halb so groß/ vnd zu Caroli Magni zeiten vnder der Gwelffen Regierung/ ist mit viel schönen Röhrbrunnen versehen/ vnd laufft durch die Statt ein lustiger Bach so oberhalb 6. Papiermühlen treibt/ vnd wirdt sehr schön Papier daselbst gemacht/ so hin vnd wider verführt wirdt. Es ist dise Statt mit einer gar löblichen Burgerschafft/ schönen Landtgütern/ Schlössern/ Herrschafften vnd Stifftungen gezieret. Vor vnser Frawen Thor ist ein schöner offner platz mit fruchtbaren Bäumen besetzt.

Vor jahren war ein ansehnliche Adeliche Gesellschafft/ von Grafen/ Herren/ Rittern/ vnd Edlen Geschlechtern/ wie das noch zur zeit etliche treffenliche vom Adel daselbst ihr Stuben habt/ auch diser Statt Burger vnd Beywohner seind. Sonsten hat es viel guter alter Burgergeschlechter/ Handelsleuth vnd allerley Handtwercker. Vmb die Statt seind schöne fruchtbare Felder vnd Weingärten/ wie auch jenseits der Schussen ein Bad/ dessen ansehen alß wann es Schwefel halte/ mit einer wolerbawten Wohnung.

Hart darob ligt ein alt Schloß/ von Saturnino einem Herren auß Schwaben vor 1100. jahren erbawen/ jetzt S. Veits Berg genandt/ da haben die Hertzogen von Schwaben etwan Hoff gehalten/ besonder Hertzog Hiltprand/ der ein Vatter gewesen ist S. Hildegarten/ des Grossen Keyser Carles Gemahels. Es ist auch nicht weit darvon ein alt Burgstall/ im Haßloch genandt/ da soll Keyser Friderich Barbarossa geboren seyn. Item nicht ferr von gemeldter Statt gegen Occident/ ist noch ein reich Closter Premonstrater Ordens/ in der Weyssenandt/ welches vnder der zeit Ottonis des ersten/ Gebs Grafe von Habspurg gestifft soll haben/ vnd ist Anno 1115. der erst Probst darinn Hermannus gesetzt/ volgends Anno 1257. ein Abbtey darauß worden/ vnd hat der erst Abbt daselbst Heinricus geheissen.

Pröbst in der Weyssenaw.

Herman	1145	Heinrich Abbt	1259	Johann	1308	Niclauß Huglein	1470
Ortolph von Weyssenburg Rith	1175	Waltherus	1266	Burckhard Holbein	1350	Hans Spitz	1474
Albert	1186	Heinrich	1270	Heinrich	1359	Johann Geßler	1483
Birich von Thann	1193	Heinrich von Anckenrieth	1279	Wernher Ruth	1367	Johann Skaffner	1495
Conrad	1203	Heinrich	1284	Rudolph von Haupfferberg		Jacob Murer	1523
Ulrich	1217	Rudolph	1294		1391	Ulrich Stauler	1535
Herman	1258	Johann	1297	Geruinus Churwalder	1396	Andreas Rietman	1550.
		Wernher	1303	Johann Fuchs	1423		

Schuß ein Wasser.

Schussenriedt ein Closter.

Nicht weit von disem Closter fleußt die Schuß ein tieff Wasser/ das ob dem Closter Schussenriedt entspringt/ vnd oberhalb Buchorn zu Erißkilch in Bodensee laufft.

Schussenriedt haben gestifft Beringer vnd Conrad die Freyherren zu Schusseneck im Jahr 1188. vnd ist Beringer selbs ein Mönch blieben/ der erst Abbt war:

Friderich Premonstrater Ordens		Rudolph	1221	Conrad Ruber	1441
		Conrad	1222	Petrus Fuchs	1457
Mangold		Hiltprand Wylm von Michil Wmands	1462	Heinrich von Lesterich Doctor	
Minfrid					
Limather		Albrecht		Johann Wystmeyer	1505
Burckhard	1215	Johann Fetzer		Gall Müller	1544
Conrad von Ulm	1218	Johann Ruber		Jacob Renger	1550.
Minfrid	1210	Wolf Schorp	1438		

Wangen.

Von Teutschlandt.

Wangen. Cap. ccxxx.

WAngen ist ein Reichsstatt/ hat ein frey Gericht vnd Landtschafft auff ein meilwegs/ hat auch in Pfandtsweiß vom Reich ein Graffschafft/ Megloffs genañt. Ist grosser Handel da von Segessen vnd Leinwadt. Der Leinwadt Handel/ so zu gemeinen jahren da getrieben vnd vertrieben/ laufft sich auff 15000. Gulden/ wie mir der Raht selbs in meiner gegenwertigkeit hat lassen anzeigen. Nicht viel geringer ist der Segessen Handel/ welche auff vielerley gattung da zugericht/ nemblich Lombarder Segessen/ Schweitzer/ Stauden vnd Lothringer Segessen/ werden verführt in Lombarden/ Augstthal/ Wallis/ Franckreich/ Lothringen/ etc. Der Boden vmb dise Statt ist fruchtbar an Korn/ hat auch ein Fischreich fürsliessend Wasser/ die Arg genandt.

Segessen Gewerb.

Vrsprung vnd Herkommen der Edlen Truchsessen zu Waldpurg. Cap. ccxxxvj.

HInder Ravenspurg ein meilwegs gegen dem Algöw zu/ ligt auff aller höhe ein Schloß Waldpurg genandt/ darvon die Freyen vnd Truchsessen von Waldpurg jhren Namen/ vnd vast alles Herkommen haben/ vnd wie etliche darvon schreiben/ soll zu den zeiten Keysers Constantini des ersten in Schwaben geregiert haben Hertzog Romulus/ alß ein Fürst des Lands/ der hatte einen getrewen Diener/ Gebhardt genandt/ dem gab er das Schloß Waldpurg/ sampt der zugehörigen Hertzschafft/ vnd ein blawen Schildt/ vnd drey guldene Thannzapffen darinnen/ macht jhn auch zu seinem Truchsessen/ daher er vnd seine Nachkommenden Truchsessen von Waldpurg genandt wurden.

Drey Thannzapffen der Truchsessen von Waldpurg Wappen.

Weiter findet man auch in den Historien/ alß Carolus Martellus vberzog das Landt Bayern/ wurden dise nachgeschriebenen Grafen vnd Edlen am Feillen Forst erschlagen: Graffe Rath von Andechs/ Graffe Bruno von Hirsperg/ Graffe Walther von Bregentz/ Graffe Herman von Tillingen/ Graffe Egon von Heyligenberg/ Graffe Leopold von Achalen/ Dietrich von Truchburg (ligt zwischen Yßne vnd Kempten) Babo Truchseß von Waldpurg/ Marquard von Königseck/ etc. Anno Christi 801. bey Regierung Keysers Carlen des Grossen/ hat gelebt Herr Mangolt Truchseß zu Waldpurg/ zu welchen zeiten auch gewesen seind Egon Graffe zu Fürstenberg/ Ruff vnd Heinrich von Stoffeln/ Erhard von Königseck/ Burckhardt von Schellenberg/ etc. Im Closter zu Kempten wirdt gefunden in einem alten Buch/ das Anno Christi 954. zu zeiten Ottonis des ersten/ alß die Hunen bilägerten die Statt Augspurg/ bewarb sich S. Vlrich vmb hülff/ da schickt jhm der Abbt von Kempten seines Gotthauß Vogt/ Graffe Hessen von Thann/ Truchseß von Waldpurg mit 50. Pferden. Anno Christi 996. war Herr Friderich von Thann/ vnd Truchseß zu Waldpurg/ im fünfften Thurnier zu Braunschweig. Anno Christi 1110. vnder Keyser Heinrichen dem fünfften hat gelebt Herr Wernher/ Graffe zu Thann vnd Truchseß zu Waldpurg/ wie solches zu Elwangen in einem alten Protocoll begriffen wirdt.

Wernher
- Cono Abbt zu Weingarten/ hat helffen auffrichten das verfallen Closter zu Weingarten bey Ravenspurg.
- Friderich von Thann vnd Schenck zu Winterstein.
- Eberhard vnd sein Haußfraw Ella ein Gräffin von Ravenspurg. Von jhm seind kommen alle Truchsessen von Waldpurg.

Also findet man nach vnd nach in alten Brieffen von disem Geschlecht nañhafftige Männer/

die zu jhrer zeit in grossen Würden vnd Aemptern gewesen/ besonder Anno 1280. war Heinrich Truchseß von Waldpurg bey König Philippen zu Bamberg/ alß Pfaltzgrafe Ott disen König erschlagen wolt/ darumb daß er jhm seiner vier Töchter keine geben wolt zu der Ehe/ da er nun mit einem grimmigen sträich schlug auff den König/ vnd Heinrich Truchseß das ersahe/ schrey er Otten fräfenlichen an/ dardurch er einen verzagten sträich thete/ er hett sonst dem König den Kopff abgeschlagen/ da er jhn ein wenig in Halß/ aber mit Gifft verwundet. Vnd alß er eylends widerumb zu der Thür hinauß begert/ die jhm der Truchseß abgeloffen/ schluge er mit blossem Schwerdt auff den Truchseß/ gab jhme ein grosse Wunden in das Angesicht/ daß er zur Erden fi.l.kam also zu der Thür hinauß auff sein Pferd/ vnd entran auß der Statt. Der König gieng nicht weit von der stätt vnd starb von der vergifften Wunden. Anno 1268. war Heinrich Truchseß bey Hertzog Conraden/ vnd ward von jhm geschickt zu König Peter von Arragonia, bracht jhm sein Ring vnd klägliche Bottschafft/ dargegen gab derselbig König Peter disem Heinrichen das Waapen der dreyen schwartzen Löwen/ so die Hertzogen von Schwaben geführt hetten. Von diser zeit haben die Truchsessen vō Waldpurg geführt des Hertzogthumbs Schwaben Waapen. Anno 1306. haben Grafe Heinrich von Veringen/ vn Grafe Eberhard von Nellenburg/ Herr Hansen Truchsessen zu Waldpurg/ alß jhrem Blutsverwandten Freund/ jhr Eygenthumb am Schloß Truchburg/ das die Truchsessen vormals von jhnen zu Lehen gehabt / auch die Vogtey vnd das Vogtrecht zu Yßne/ vmb 190. Marck Sylbers Costentzer Gewichts zu kauffen geben. Disem Herr Hansen Truchseß bracht sein Haußfraw/ Clara Gräfin von Nieffen zum Heurathgut die Herrschafft Wolffeck/ vnd die Statt Wurtzach. Anno 1350. starb der Abbt vnd gantz Convent zu Yßne innerhalb eines Monats. Es soll ein Krott in Hafen gesprungen seyn/ darvon die Mönch Gifft geessen haben/ da macht Herr Ott Truchseß den

Convent zu Yßne stirbt in Monatsfrist auß.

Pfartzherr zu Yßne zu einem Abbt/ der auch das Ordenkleid angelegt. Diser Herr Ott war Vogt des Gottshauß zu Kempten/ vnd hett ein Sohn der hieß auch Ott/ der kam vmb bey Sempach in der Schlacht. Anno 1396. hat Herr Frick Truchseß verkaufft Herren Wernher von Zimbern/ den halben Kirchensatz zu Meßkirch.

Anno 1386. da Hertzog Leopold von Oestereich die Waldstätt in Schweitz bekriegen wolte/ begeret er an Herren Ott Truchsessen/ daß er jhm etliche Reuter auffbrächte. Vnd alß der Hertzog mit Geldt nicht verfaßt war/ bathe er jhn/ daß er jhm das Geldt auff die Reuter liehe/ welches jhm Herr Ott auff gut vertrawen seines Vettern Herr Hansen zugesagt. Diewel aber Herr Hansen Haußfraw ein Gräfin von Montfort/ mit Herr Otten nicht wol zu frieden war/ verhindert sie bey jhrem Gemahel/ daß er seinem Vetteren kein Geldt leyhen wolt/ welches Herr Otten mit sonderm verdrieß verschmahet/ sagt: Diewel er jhm solches hett abgeschlagen/ wolte er ein Sach fürnemmen/ die jhme Herr Hansen vnd allen seinen Nachkommen zu mercklichem Schaden räichen müßte/ zog also anheimbs/ vnd nam von den Burgern zu Yßne 8000. pfundt Heller Costentzer währung auff/ mit solchem Pact/ wann er widerumb käme/ Er oder seine Maßliche Leibs Erben/ jhnen die 8000. pfundt in einer benandten zeit wider geben/ alßdann solten sie widerumb sein vnd seiner Erben/ wie vormals eygen seyn. Käme er aber nicht mehr/ oder würde das Geldt von jhme vnd seinen Leibs Erben in der benandten zeit nicht erlegt/ so solten sie frey seyn vnd einen Herren nach jhrem gefallen nemmen/ wo sie wolten. Bracht also damit seinem Herren zu vnderthänigem gefallen/ ein anzahl Reysiger Pferd auff/ zog demnach sampt seinem Leib vnd Gut mit gemeldtem Hertzog Leopolden an seine Feind. Alß nun Herr Ott im Krieg todt blieb/ wurden die von Yßne frey: dann er verließ keinen Sohn / vnd entschlugen sich Herr Hansen Truchsessen/ Herr Otts Vettern/ der sonst ein Erb gewesen were/ vnd gaben sich an das Reich zu einer Reichsstatt. Diser Herr Hans Truchses/ des H. Römischen Reichs Landtvogt in Schwaben/ Herren Eberhards vnd Fraw Agnesen Hertzogin von Teckh Sohn/ nam zum ersten ein Gräfin von Habspurg/ darnach ein Gräfin vō Zeil/ die jhm ein mercklich Gut zubracht/ darumb er löst die fünff Stätt/ Waldsee/ Riedlingen/ Sulgow/ Mengen/ Munderkingen vnd den Büssen an sich. Er verpfendt auch die Landtvogtey/ vnd kaufft die Herrschafft Zeil auff einem widerkauff. Die von Zeil hett kein Kindt bey jhm/ aber sie vermacht jhm alles daß sie jhme zubracht. Darnach nam er ein Gräfin von Montfort/ vnd alß sein Geschlecht biß auff jhn abgestorben/ damit das Geschlecht nicht abgieng/ nam er das vierdte Weib/ ein Gräfin von Abensperg/ vberkam mit jhr fünff Söhn/ vnd so viel Töchter/ starb Anno 1403. zu Yßne wie seine Vorfahren begraben. Von disem will ich nun setzen der Truchsessen Genealogy biß auff vnsere zeit.

Yßne wirdt ein Reichsstatt.

Fünff Stätlein werden vnablößlich auff Mannlich Geschlecht verpfendt.

Von Teutschlandt. 969

Jacob Herr Hansen älter Sohn vnderfieng sich nach absterben seines Vatters alles verlassenen Guts/ fand 35000. barer Gulden hinder jhm/ die nam er vnd zog vber Meer zum H. Grab/ vnd zu S. Catharinen Berg/ darumb er von menniglichen der Gulden Ritter ward genandt. Starb Anno 1460. begraben zu Yhne. Herr Georg Truchseß zu Waldpurg/ hat kaufft die Herrschafft Schwartzach/ starb zu Zeil Anno 1467. begraben zu Wurtzach. Eberhard Truchseß kaufft die Graffschafft Sonnenberg/ ließ sich sampt vier Söhnen/ Otten/ Eberharden/ Andreas vnd Hansen/ Anno 1463. darauff Grafen. Er kaufft das Stättlein Scherz/ vnd die Graffschafft Friedberg. Hett aber die Graffschafft Sonnenberg nicht lang/ dann es trug sich Irrthumb zu/ vnd nam Hertzog Sigmund von Oestereich die Graffschafft Sonnenberg zu seinen handen. Da rufft Graff Eberhard die Eydgnossen an: danner war Landtmann zu Schweitz/ Vry vnd Vnderwalden/ die namen sich sein trewlich an/ vñ ward die Sach bethädiget/ das Hertzog Sigmund jhm 35000. Gulden für die Graffschafft vnd seine schäden gab. Darnach fiengen die Eydgnossen genandten Grafen Eberharden zu Rapperswil in Hertzog Sigmunds Dienst/ alß er da auff einem Tag war/ schatzten sie jhn vmb 10000. Gulden/ starb Anno 1479. zu der Scherz begraben.

Herr Hanß Truchseß des Gulden Ritters Sohn/ dem des Heyligen Reichs Landtvogtey in Schwaben verpfendet war/ hett Span mit dem Grafen von Werdenberg/ alß innhaberen der Graffschafft des Heyligen Bergs/ kamen deßhalben zu Costentz für einen Raht/ alß Keyserliche Commissarien/ zu rechtlicher Handlung/ vnd alß er nicht viel da geschaffen mochte/ ritte er zu Hertzog Sigmunden von Oestereich/ bothe dem vie Landtvogteyen vnd sein Gerechtigkeit vmb den Schilling/ so er vom Reich darauff hette/ anzukauffen. Das nam der Hertzog frölich an/ satzt Herr Marquarden von Schellenberg zwey jahr dahin/ der herr die Landtvogtey jnnen/ vnd ward jhm sein Geldt verzinset. Er ward auch Vogt zu Bregentz. Aber nach außgang der zweyen jahren ward er widerumb Landtvogt vmb den vorigen Pfandtschilling/ doch nit mehr des Reichs/ sondern des Hauß Oestereichs. Also ist dise Landtvogtey auß der Truchsessen Händen an das Hauß Oestereich kommen. Gemeldter Herr Hans hett bey seinem Gemahele Anna einer Gräfin von Oetingen drey Söhn/ Johannem von Anderwald/ starb zu Siena in Italien Anno 1494. Jacobum/ Wilhelm vnd Friderichen/ vnd vier Töchter/ starb Anno 1505.

Grafe Andreas hat Anno Christi 1485. angefangen zu bawen das Schloß bey dem Stättlein Scherz/ vnd alß er Anno Christi 1511. im Meyen zwischen Mengen vnd Riedlingen an der Thonaw ohn Harnisch selb fünfft vom Weidwerck ritt/ ward er von Graf Felixen von Werdenberg/ der selb neundte wol gerüst auff jhn hielt/ jämerlich erstochen. Deß namen sich die andern Truchsessen zu Waldpurg an/ Herr Hans/ Herr Wilhelm der sein Tochter Sibyllam zur Ehe hatt/ vnd erbt jhn auch zum theil/ alß sein nechster Erb vondem Stammen. Demnach aber Graff Felix Keyser Maximiliano mit Sipschafft verwandt/ gebote er den Truchsessen bey verlierung aller Güter/ Fried/ satzt ein Tag gen Trier/ da alßdann ein Reichstag war/ verhört sie gegen einander. Die Truchsessen zogen den Handel für ein Mordt an/ fielen dem Keyser zu fussen/ rufften in gegenwart etlicher Churfürsten vnd Fürsten vmb peinliche Recht gegen Grafe Felixen an/ das aber jhnen nicht gestattet/ sondern Graf Felix ward vom Keyser erhalten.

Herr Hans Truchseß/ Herr Georgen Sohn/ Fendrich im Pfaltzgräffischen Krieg/ Hertzogs Vlrichs von Werdenberg/ vnd darnach der erst Statthalter im Landt zu Würtemberg/ alß Hertzog Vlrich mit Keyser Maximilian gen Rom ziehen wolt/ starb gählingen zu Waldsee/ Anno Christi 1511. Herr Georg jetzgemeldts Herr Hansen Sohn/ nam zu der Ehe Apolloniam Grafe Hansen von Sonnenberg Tochter/ vnd vberkam durch sie die Herrschafft Wolffeck. Er war im Bawrenkrieg oberster Feldthauptmann/ vnd schlug die Bawren mit dem Bündtischen Heere. Darnach ward er Hertzog Ferdinandi Statthalter im Landt Würtemberg/ starb zu Studtgart Anno 1531. begraben zu Waldsee.

Er kauffte seinem Vetteren Herzen Wilhelm Erbtruchsessen/ seinen halben theil an Waldpurg ab vmb 12000. Gulden / vnd bracht an sich die Landtvogtey Schwaben in Pfandtsweiß

Das fünffte Buch

Die von Waldpurg Erbtruchseffen.

weiß vmb 50000. Gulden. Es macht jhm auch der Keyser sampt den Churfürsten die Herrschafft Zeil/ so er in Pfandsweiß hat vom Reich/ zu Mannlehen. Dergleichen gab jhm der Keyser Carle/ vnd allen Truchseffen von Waldpurg/ die Freyheit/ sich des H. Reichs Erbtruchseffen zu schreiben/ wie dann jhre Vordern bey zeiten Keysers Friderichs des erste/ deßgleichen bey Keyser Heinrichen dem sechsten solches Ampt getragen/ vnd auß vrsachen das König Philippus zu Bamberg Anno 1208. vmbgebracht/ vnd darnach Hertzog Ott von Sachsen König ward/ widerumb von gemeldtem Ampt kommen.   Herr Christoffel/ Herr Wilhelms Erbtruchseffen Sohn/ welcher nach dem Vngerischen Zug wider den Türcken/ darinn er sich Ritterlich gehalten/ gen Thunis gezogen/ von Keyserlicher Majestat alß ein Hauptman neben andern Hauptleuten erfordert/ ist im herauß ziehen bey Meyland kranck worden vnd gestorben/ vnd zu Paphy begraben. Herr Jacob des H. Römischen Reichs Erbtruchseß/ Freyherr zu Waldpurg/ Landtvogt zu Obern vñ Nidern Schwaben/ Herren Georgen Sohn/ ward zu Tholl in der Hohen Schul außgespähet von Hans Thoman von Rosenberg/ vnd auß der Statt bey hellem Tag mit zwölff Pferden hinweg geführt/ vnd biß in das fünfft jahr gefänglich enthalten.   Vnd alß sein Vatter bald nach seiner Gefängnuß starb/ ward er volgends durch seine Vetter vnd gesetzte Vormünder mit grosser mühe vmb 8000. Gulden in Gold erlediget. Er zog nachmals mit des Keysers Heer wider Marsiliam/ vnd im abziehen ward er kranck auff dem Meer/ starb zu Savona Anno 1526. Herr Jacob des H. Römischen Reichs Erbtruchseß/ rc.   Herren Wilhelm des ältern Sohn/ nach dem er Keyser Ferdinandi Mundschenck/ Raht vnd Cämmerer gewesen/ vnd 10. jahr seiner Majestat gedienet/ ist er Anno 1542. im Türcken Zug in der belägerung Pest/ in einem Scharmützel vmbkommen.

Wilhelm der Jünger dises Jacoben Bruder/ nam zu der Ehe Johannam/ Graff Friderichen von Fürstenberg Tochter/ vnd bekam mit jhren fünff Söhn.

Otto der vierdt Sohn/ Wilhelm des ältern/ ward Bischoff zu Augspurg Anno 1543. vnd Cardinal Anno 1544. starb zu Rom Anno 1567.

Gebhard/ Wilhelm des Jüngern Sohn/ ward Ertzbischoff vnd Churfürst zu Cöln An. 1577. Er bekandt sich hernach zu der reformierten Euangelischen Religion/ vnd trat in den Ehestandt mit Agnesen Graff Hans Georgen von Mansfeld Tochter/ dessentwegen er von Bapst Gregorio dem XIII. excommuniciert ward/ vnd an seine statt erwöhlt Anno 1583. Hertzog Ernst von Bayern/ welcher sich mit Heersgewalt des Churfürstenthumbs bemächtiget.

Ferdinandus sein Bruder starb im Niderland Anno 1585. Carolus ward zu Prona gefangen/ alß er sich seiner Brüdern angenommen/ aber bald widerumb freygemacht. Sein Gemahel war Eleonora Gräfin von Hohenzollern.   Christoffel war Hoffmeister bey Ertzhertzog Ferdinanden von Oestereich: hatte zu der Ehe Anna Mariam eine Gräfin von Fürstenberg.

Disen Bericht von den Freyherren vnd Erbtruchseffen von Waldpurg/ hab ich Munsterus empfangen zu Truchburg auff dem Schloß/ Anno Christi 1546. im Meyen/ von meinem gnedigen Herrn/ Herr Wilhelm Truchseß von Waldpurg dem ältern/ der mich gantz freundtlich zu jhm erfordert/ nach dem er meiner zukunfft jnnen worden/ vnd ehrlich gehalten/ gen Mindelheim auff das Schloß geschickt/ der Freundtsperger Thaten auch zu erfahren.

Yßne. Cap. ccxxxij.

Jse Statt hat jhren Namen von dem Wasser Yßne/ so bey jhr hinab fleußt. Sie ist von einem Dorff erwachsen/ vnd alten Benedictiner Closter/ so an dem Ort die Grafen von Veringen vor vielen jahren gestifftet haben. Vnd alß dise Grafen absturben/ ist das erwachsen Stätlein kommen an die Freyherren die Truchseffen von Waldpurg genandt. Nach dem es ein zeitlang von jhnen beherschet/ begerten die Burger in der Statt sich von jhnen abzukauffen/ vnd dem Reich zu vnderwerffen/ wie jhnen auch gerieth/ vnd dise History hie vornen bey den Truchseffen von

Waldpurg eygentlich beschrieben ist/ doch ist das Closter blieben biß auff den heutigen Tag vnder gemelter Freyherren Kastvogtey. Alß die Statt zum Reich kam/ nam sie zu vnd gieng auff an Leuten vñ Wohnung. Der gröst Gewerb diser Statt stehet in der Leinwadt/ die man verführet in alle Länder. Von diser Statt ist bürtig gewesen Heinrich Gürtelknopff/ zum ersten ein Barfusser Mönch/ darnach ein Bischoff zu Basel/ vnd zum dritten ein Ertzbischoff zu Mentz/ von dem hievornen bey König Rudolphen von Habspurg auch meldung geschehen ist. Es ist ein rauche art vmb die Statt/ wie auch vmb Kempten/ ist aber von Christi geburt her eyngewohnet gewesen/ vnd von den Römern besessen/ wie auch gar ein alter Stein/ so noch zu Yßne im Closter/ anzeigt/ an welchem also geschrieben stehet:

Imperator Cæsar Lucius Septimius Severus Pius Pertinax Augustus, Arabicus, Adjabenicus,

Von Teutschlandt.

nicus, Parthicus Maximus, Pontifex Maximus, tribunitiæ Potestatis nonies, Imperator duodecies, consul bis, Pater Patriæ proconsul: Et Imperator Cæsar Marcus Aurelius, Antoninus Pius Augustus, tribunitiæ Potestatis, quater proconsul, vias & pontes restituerunt à Campidono millibus passuum undecim.

Ist die meynung/das zwen Keyser Severus Pius/vnd Marcus Aurelius haben Steg vnd Weg gebessert biß auff die 11000. schritt weit.

Die Fundation des Closters Yßne/die mir Anno 1546. daselbst zu sehen worden/zeigt an/daß die im Dorff Yßne Anno Christi 1042. die Kirch von Eberharden Bischoffen zu Costentz/auß anlangen Grafe Wolffraden von Veringen/vnd Hiltruden seiner Haußfrawen geweyhet worden/vnd nachmals Anno Christi 1098. von Manigblo gemeldts Eberhardi Brüder/Grafen von Veringen/reichlich begabt/vnd zu einer Abbtey auffgerichtet sey. Es ist auch die Stifftung bestätiget Anno 1106. vnder Keyser Heinrichen dem fünfften.

Beschreibung der vralten Statt Kempten/ wie auch des daran gelegenen Fürstlichen Stiffts vnd dessen Prelaten/ vnd was sich der orten namhaffts zugetragen. Cap. CCLVVIII.

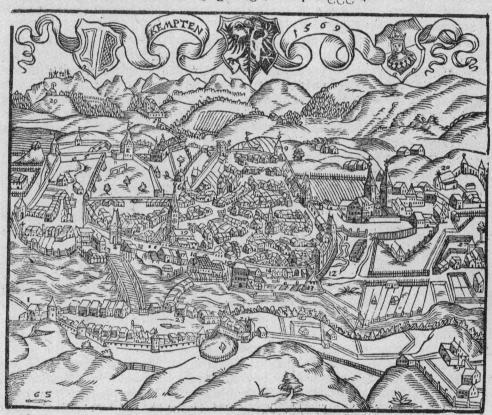

Erklärung etlicher fürnehmen Oertern.

1 Seenriner thor.
2 Brucker thor.
3 Spittal.
4 Brunergasser thor.
5 Burchhald.
6 Newstatter thor.
7 S. Anna Closter.
8 Bischer thor.
9 Rischer Thurn.
10 Closter thor.
11 Maltzmüller Thurn.
12 Hayden Thurn.
13 Pfeiler thürlein.
14 Schiesgrab.
15 Papiermühl.
16 Stattmühl.
17 Zimmerhütt.
18 Die Metzig.
19 S. Mangen Kirche.
20 Wagstadel.
21 Rhathauß.
22 Salhstadel.
23 Die Walck.
24 Stecher thor.
25 S. Steffan.
* S. Hilgarden Closter.
26 S. Lorentzen Kirch.
27 Im Weidach.
28 Anwande.
29 Rotenberg.
30 Der Grund.

Alß die Welt 2278. jahr gestanden/ nahend vmb die zeit/ alß der Patriarch Jacob sein Bilgerschafft vollendet/ vnd also 1686. jahr vor Christi vnsers lieben Herren vnd Heylands geburt/ hat Suevus der acht König der Teutschen (nach dem seine Vorfahren sich vmb den Rhein vnd Mosel gesetzt/ Trier/ teutsch Cöln/ Straßburg/ Mentz/ Wormbs/ Speyr gebawet) sich nach vielen vmbschweiffen vber die Thonaw an die vorspitz der gebürg gemacht/ Zürich gebawt/ vnd nachmalen in die gegne der Wertach vnd Lechs/ auch vmb den Iler fluß sich begeben/ vnd nach besag der alten jahrbücher die Insul Schwaben bey der Reichenaw vnd Creticam nechst vor der jetzigen Statt Kempten/ vber d' Iler hinüber gelegen/ da jetzt der Teufenbacher oder Blaicherösch ist/ zu bewonen

für

für bequem vnd taugenlich befunden/ vñ ob er sich schon hernacher mit seiner Posteritet in Sachsen gesetzt/ seind doch die Völcker/ wie Cornelius Tacitus schreibt/ in diser gegne verblieben/ vnd viel Pagos oder Göw besessen/ die hernach sampt lich vnder die Rhætos seind gezehlet worden/ vnd schreibt Irenicus/ das in den ältesten Jahrbüchern so man zu Augspurg gefunden/ Kempten/ welche von der alten Statt Cretica entsprossen/ viel zeit für das gantze Algöw seye genossen/ vnd verstanden worden/ vnd haben sich die vmbligenden Pagi oder Göw des Gerichtstuls daselbsten gebraucht/ vnder welchen das Augst: Iler vnd Albgöw/ die hernach zusammen Algöw oder Almangen genandt worden/ die fürnehmsten gewesen.

Die alten Stiffts Chronica melden/ das Cretica 200. jahr vor Christi geburt/ zu der zeit wie die Amazones gestritten/ erbawt worden/ vnd das Cretica auff Teutsch ein Gerichtstul heisse/ vnd dieselbe Statt von den Straffherzen/ so auff Griechisch Κριτικά genandt/ den Nassen vberkommen/ wie dann die alten Teutschen sich Griechischer Buchstaben gebraucht haben.

Als nun die Teutschen etliche stattliche Regenten gehabt/ als Brennonem, Viridomarum, Ariovistum, Teutobochium vnd andere/ ware 220. jahr vor Christi geburt der Statt Cretica vorsteher/ dem sie in Geistlichem vnd Weltlichem gehorsamt/ Decretarius oder Ismayr vermög Ludovici Pij Chronick/ der wohnet auff dem Berg da die Göttin Cisia verehret wurde/ so jetzt die Burghalden ob der Statt Kempten ist/ welcher gleich von dem ebenen Feld da Cretica gestanden herüber ligt/ auff den hernach das Schloß gebawet ward.

Als nun etlich hundert jahr vor Christi geburt die Römer mit den teutschen Völckern schwere Krieg geführt/ vnd die Schwaben oder Almangöwer vnder jhrem Heerführer Ariovisto sich der Römer am längsten erwehrt/ hat doch endtlich 13. jahr vor der geburt Christi der ander Keyser Augustus/ die beyde Brüder Tyberium durch Schweitz vnd Drusum vber das Tridentinisch Gebürg mit einem mächtigen Volck wider die Rhætos herauß geschickt/ darauff Tyberius einen weg von Lindaw biß auff den Buchenberg/ ein stund ob Cretica oder jetzt Kempten gelegen/ außzureuten vnd zu brechen angefangen/ vnd als er in das Thal herab kommen/ hat er Creticam jhnen zu einem Quartier eyngenommen/ vnd die Creticaner in das Gebürg verjagt/ auch auff den Berg so jetzt die Burghalden ist/ ein Schloß zu einer Hauptwehr gebawen/ vnd es Hilarmont genandt/ jhren Gottsdienst aber hinüber auff den Blaicherösch/ da noch ein gegrabener Zirckel auff heutigen tag zu sehen/ gericht/ wie dann vor jahren am selben ort allerley Geschirr vnd Gerdth/ so sie zu dem Gottsdienst gebraucht/ außgegraben vnd gefunden worden.

Wenig jahr vor Christi geburt/ haben die/ so zuvor Creticam bewohnt hatten/ von dem Römischen Hauptman auff der Vestung Hilarmont erlangt/ daß er jhnen das flache ort vnder solcher Vestung geschenckt/ vnd jhnen vergonnt/ ein andere Statt darauff zu bawen/ derowegen dieselbige Campodunum, vnd auff Teutsch Kempten genandt worden.

Ist also Hilarmont in 500. jahr vor den Römern bewohnet worden/ wie man dann im Gottsacker zu Kempten/ so hart vnder Hilarmont oder der Burghalden ligt/ vor wenig jahren ein stuck von einer Colonnen drey schuh hoch vnd zwen dick/ mit einem köstlichen Postiment außgegraben/ auch tieff im Erdtrich ein rotfarbes Estrich angetroffen/ so vermutlich ein köstlich Bad gewesen/ man hat auch Anno 1563. auff dem Kirchhoff viel Heydnisch Gelt/ jnmassen noch vielmahlen geschicht/ sampt einem verfallenen Gewölb gefunden.

Aber der Oberst auff dem Schloß oder Castel Hilarmont/ hat sich nit nach dem Schloß/ sondern nach der Statt Campoduno genandt/ ist jhme auch von Keyser M. Aur. Antonino geschrieben worden. Dann in der alten außtheilung des Römischen Reichs findt man dise wort: sub depositione viri spectabilis Ducis Provinciæ Rhetiæ primæ & secundæ, Præfectus Legionis tertiæ Italicæ pro parte media, prętendentis à Vemania Cassiliacum usque Campoduno: das ist/ vnder der Regierung des fürtrefflichen Manns vnd Obersten der Provintz erster vnd anderer Rhætiæ ist eyngeleibt der Hauptman der dritten welschē Legion/ die sich von Roma Kessel biß auff Kempten erstreckt. Dann Rhętia/ darinnen Kempten vnd Augspurg gelegen (jnmassen 136. jahr nach Christi geburt/ Ptolemęus Campodunum in Vindelicam oder Rhętiam auch ordenlich beschrieben/ sampt den andern anstössern) ware von den Römern zu einer Provintz gemacht/ vnd durch die Römische Pfleger geregiert/ vnd hatte Keyser Augustus vnd seine Nachkommen etliche auß den welschen Legionen allher gen Kempten gelegt/ die auch hernacher von Vespasiano mit andern Alemannen vnd Schwaben von Keyser Hadriano zur beläderung der Statt Jerusalem beschrieben/ vnd gebraucht/ von jhnen auch zum Keyser darvor gemacht worden/ wie die Herren Marggrafen zu Baden dergleichen Forderungs-Brieff noch haben sollen. Vnd daß die Statt Kempten schon von der ersten ankunfft der Römer in Rhętia gestanden/ bezeugen die Säulen an den Landtstrassen von Augspurg auff Vrsin/ von dannen gen Kempten vnd Isni/ wie dann an der Säul zu Isni am H. Stock geschrieben stehet: Imperator Cęsar L. Septimius Severus Pius pertinax, Aug. Arabic. Adiab. Particus Maximus Pontifex, Max. Trib. pot. VIII. Imp. Cos. II. P. P. Procos. & Imp. Cæs. Aurelius Antoninus Pius Aug. Trib. pot. VIII. Procos. c. vias & pontes restit. à Camp. M. P. XI.

Von Teutschlandt.

Es bezeuget auch das Itinerarium M. Antonini, der da erstlich auß Ungern in Franckreich des Kriegßvolcks reisen beschreibet/ vn̄ setzt/ von Augspurg biß Rostro Nemavię 27000. von Rostro Nemavię biß gehn Kempten 15000. von Kempten gehn Vemaniam 32000. von dañen gen Bregentz 16000. schrit/ so zehlet auch der fürtreffliche Historicus Herr Bilibaldus Birckheimer Patricius Norimbergensis die Statt Kempten vnder die letzte Colonias Romanorum.

Umb das jar Christi 446. hat Attila der Hunnen König/ Augspurg vnd alle andere Stätt vorn der Thonaw biß an dz Gebirg herauff zerstöret/ darunder auch Statt vn̄ Schloß Kempten gewesen/ vnd ob sie wol hernacher vnder Dietrichen von Bern wider in auffnemmen kommen/ vn̄ vom Orientischen Keyser gefallen/ so ist sie doch entlich durch die Fränckischen König gar zerschleiffet worden/ also daß ein gute zeit/ wegen der vngehewren Würm und Schlangen/ so sich bey den alten Thürnen vnd Sümpffen auffgehalten/ niemand der orten wohnen können/ daher die Statt Vermeta oder Vermetica ist genañt worden/ welches vnzifer aber S. Mang soll vertriben haben.

Umb das jahr Anno 758. hat Marsilius der Keyserlich Statthalter in Schwaben/ die Capell S. Nicolai auff der Burghalden von newem erbawen lassen.

Nach diesem Marsilio ist Hildebrandt der Hildgardis Caroli Magni Ehegemahel Vatter/ Cräißvogt oder Statthalter Pipini auff Hilarmont gesessen/ dem ist diese Hildegardis auff dem Schloß Andechs Anno 732. an S. Sabina tag von seiner gemahel Rhegarda deß geschlechts von Andechs auß Bayern geboren worden.

Hermannus Contractus ein Graff von Väringen vnnd gewesner Mönch zu S. Gallen/ so 250. jahr nach des Closters zu Kempten Stifftung gelebt/ der setzt den anfang des Closterlebens daselbsten zu Kempten/ in das 752. jahr/ vnnd werden in des Caroli Magni Confirmation brieff Anno 773. folgende wort gefunden: daß wir Andegarium den Edlen vnd sehr andächtigen Mañ vnd des Kemptischen Closter Regulierten Lebensordnung ersten auffsetzer auff vnd angenom̄en/ jhn auch an dem selben Kemptischen ort/ der von jhm in der ehr der heyligen Gottsgebererin gestifft/ vnd im Jlergeuischen gefilde ligt/ zu einem Abt bestetigt/ rc. Inmassen auß Caroli Magni nachvolgender Confirmation zuvernemmen.

In nomine sanctæ & individuæ Trinitatis, Carolus, divina favente clementia, Imperator Augustus. Si sanctam Dei ecclesiam digno magnitudinis nostrę munere sublimare, augmentare, atq; subvenire, ad æternam nostram remunerationem & regni nostri stabilitatem prodesse confidimus: ideoque noverit omnium sanctæ Dei ecclesiæ fidelium nostrorumque, præsentium scilicet & futurorum, solers industria, qualiter nos ob interventum sanctissimi patris nostri Adriani Papæ, ac supplicem rogatum dilectæ coniugis nostræ Hildegardis: nec non propter nobilem & fidelem famulatū Iohannis, Augiensis & sancti Galli reverendi Abbatis, ejusdemq; Episcopi Constantiensis, precem ob meritum Rudangi, Metensis Episcopi, & Sturmi Fuldensis Abbatis, seu cæterorum Principū innumerabilium, nobis assistentium: Andegarium quendam nobilem, magnæ religionis virum, & primum Campidonensis cœnobij, regularis disciplinę, instructorem, adsumpsimus, & in eodem loco Campidonensi, qui ab eodem in honorē sanctæ Dei genetricis Mariæ constitutus est, & situs in pago Ylergovu, Abbatem eum confirmavimus, & à Papa Adriano in sancto die Paschæ consecratum, preciosissimis sancto sanctorum martyrum Gordiani, & Epimachi corporibus donatū, in suam Abbatiam honeste transmisimus, sed quoniam prædicta coniunx nostra, in eodem cœnobio, locum sepulturę se habituram ordinavit: diversis muneribus ditando, quicquid in pago Ylergovue, & Augusgovue, Albegovue, materna hæreditate legitimè obtinuit cum nostra potestiva manu, & Imperiali largitione, illuc tradidit: & in proprium ius eiusdem Monasterii transfudit: & perpetualiter possidendum, sicut in alio brevi continetur, donavit: Nos igitur eundem locum, utpotè de nostro, & in nostro, fundarum, ac dotarum, in nostro, nostrorumque successorum mundiburdio, sive defensione, fore constituentes: per nostræ autoritatis munitionem confirmamus, & præcipimus, ut nullus publicus Iudex, neque dux neque Comes, aut quilibet ex Iudiciaria potestate: villas, curias, aut loca, vel agros, seu reliquas possessiones, memorato Monasterio præsenti tempore subiacentes, &c. invadat.

Et in fine sic concluditur.

Quod ut verius credatur; & omni tempore incorruptum habeatur: manu propria roborantes, sigilli nostri impressione iussimus insigniri. l. u. ss. q. m. u. s.

Signum Domini Caroli Serenissimi Imperatoris Augusti. Amelberrus Cancellarius ad vicem Luperti Archicancellarij recognovi.

Data ab incarnatione Domini DCC.LXXIII. indictione XI. anno verò Regni Piissimi Caroli IV. Imperij primo, Actum Romæ in Sancto die Paschæ, in ecclesia sancti Petri, coram Adriano Papa, & multis aliis Principibus in Dei nomine feliciter. Amen.

Auß diesem Kayser. Confirmation brieff / befindet sich / daß Munsterus, Bruschius, Schoperus vnnd Crusius, in beschreibung des Closters vnd der Statt Kempten / sich geieret. Munsterus vermeld / Hildegardis hab zum Closter gegeben die gantze Graffschafft Hilarmont / die andere drey Scribenten aber melden als solt selbige Keyserin dem Closter das gantz Allgöw / Augstgöw vnd Jlergöw / sampt Stätt / Dörffer / vnd aller zugehördt / sonderlich aber die Herrschafft Kempten / mit dem Schloß Hillarmont geschenckt haben. So doch Caroli Magni Confirmation klärlich thut außweisen / daß sie gar nicht gemeldte drey Pagos, (welcher gantz Gew vnd gebiet waren) vnnd was darinn gelegen / sonder allein das jenige / was jr darinn von Mütterlichem Erb zustendig gewesen / zum Closter begabet habe / welches allein etliche sonderbare Weyler / Höff vnd Güter waren / darzu weder Hilarmont noch die Statt Kempten gehört / als welche damalen dem Occidentalischen Reich vnd Keyserthumb zustendig gewesen / auch einen sonderen Statthalter gehabt haben / wie oben gründtlich angezeigt worden. So vermelden auch Munsterus, Schoperus vnd Crusius selber / bey beschreibung des Closters Ottenbewren / daß es damalen sondebare Graffen von Jlerkew gehabt habe / wie kan daß Hildegardis dem Closter das gantze Jlergew geschenckt haben / welches doch niemalen jhr gewesen? Wie dann auch weder in Caroli Magni / noch in Papst Adriani Confirmation / der Graffschafft Hilarmont / vnd daß Hildegardis das Closter darmit begabet habe / mit keinem wort / sonder allein villarum, curiarum, locorum, agrorum & possessionum, das ist hueben oder Höffen / Hoffreitinen / Bainden / Aecker vnnd andern besitzungen meldung thut.

Ist also diß Closter vom Andegario anfenglich fundirt / vñ von der Hildegardi gehörter massen dotiert vnd begabet worden / 800. jahr nach dem die Statt Kempten in esse gewesen / vnd jr eygne Pfarr zu S. Mangen gehabt in dem jar Christi 783. vñ hat damals das Wasser die Iler / die Statt vnnd das Closter / so wol die Bisthumb Costantz vnd Augspurg von einander gescheiden. Gemeldte Keyserin Hildegardist in dem Closter begraben worden.

Aept zu Kempten.

Andegarius der erste Abt starb Anno 793. als Geroldt der Keyserin Hildegarten Bruder / seinem Vatter Hildebranden in Schwaben / auff dem Schloß Hillarmont succedirt / vnnd im namen des Keysers das gantz Bayern beherrschet / vnnd die Statt Kempten mit Mawren vmbfangen vnd erweitert / vnd erwehlten die Conventuales an Andagarij stell Agapitum Hörthorn / der sein lust vnd freud mit guten büchern hat / vnd deren ein schönen schatz zusammen schreiben ließ.

Gotthardus Kaltenberger von Aach Anno 817. hat 23. jar regiert.

Adelbertus Möringer von Hopferbach / Anno 840. der zu gleich auch Bischoff zu Freysingen war / starb Anno 851.

Conrad Dorn von Kalbsangst / der starb den 7. Martij Anno 857. Zu dieses Abts zeiten hat König Ludwig der ander die Burghalden vber Kempten befestiget / vnd den Bronnen darinnen graben lassen:

Gerungus Amberger von Augspurg Anno 857.

Landtfrid Hochtanner von Hattenweil / Anno 868. starb den 26. Junij Anno 892.

Friderich Gremlich von Ochsenbach / regiert 19. jahr / starb den letsten Febr. Anno 911.

Auff den soll vermög der Stiffts Cronicka Burckhart Ritzner von Hattenhofen kommen sein / Johann Stumpfsius will / daß Bischoff Salomon zu Costnitz ein geborner von Ramschwag der zeit auch Abt zu Kempten / vnnd fünff Potentaten / als Ludovici Germanici, Caroli Crassi, Arnolphi, Ludovici 4. vnd Keyser Conrads Hoffrath gewesen sey / er war auch zu gleich Probst zu Ellwangen / vnd hat in zwölff Stifft vnd Gottshäuser vnder sich bracht. Vmb seinet willen wurden die zwen Brüder Berthold vnd Erchinger die zwen Pfaltzvögt in Schwaben / vnnd jhr Schwester Sohn Luidfrid / auß befelch Keyser Conradi / den 21. Jenner Anno 916. enthauptet.

In dieser zeit seind die Vngern zum zweyten mal in Beyern vnd Schwaben gefallen / fast alles vnd darunder auch die Statt Kempten vnd das Closter verderbet.

Theobaldus Bräitfelder von Achstetten / Anno 927. soll vber 13. wochen nicht regiert haben / weil der Reichsvogt Hillarmont jhme einer Frawen halben mit Gifft vergeben / der auch deßhalben in der Statt mit dem Rad gerichtet worden.

Adelbertus Landführer von Saulgo / Anno 928.

Ludwig Fridsammler vom Ranus / Anno 940. so nur ein jahr regiert. Zu der zeit hat Ulrich Bischoff zu Augspurg die Abtey jsten / welcher mit Marggraff Ernst von Oestereich / als Reichsvogt vber Statt vnd Schloß Kempten / das Closter so die Vngern zerstöret hatten / wider angefangen zu bawen.

Alexander

Von Teutschland.

Alexander Forderker von Egkh/Anno 962. solle selbs geprediget haben.

Zu der zeit haben schon viel vom Adel im Algöw gewohnet/ als Werdenstein/die von Schellenberg/Rotenfelß/Laubenberg/Heimhofen/Langeneg/Ranus/Crantzegg/Millegg/Waltrambs/Rotenstein/Bleichach/Fluchenstein/Burgberg/Rötenberg/Sultzberg/Truchsessen von Waldburg/Trauchburg/und andere mehr/ inmassen alte brieff/verträg und Bündtnussen außweisen.

Stephanus Tharat von Erbbach/Anno 992.

Eberhart Hertenstein von Wienden/Anno 1011.

Gisselfrid Breitblat von Milhausen/Anno 1044.

Landolfus Rheinsteter von Hohenegg/Anno 1048. der gab im ersten jahr die Abtey auff.

Berchtold Tannenfelß/Anno 1049.

Andegerus Ebner von Hochholtz/Anno 1060.

Heinrich Dornstich von der alten Ravenspurg/Anno 1063.

Conrad Newbrunner von Oestereich/Anno 1073.

Ulrich Lindengrien von Ochsenbach/Anno 1092.

Oth Niderhover von Erischheim/Anno 1125. der ward Aussetzig/unnd ordnet an sein statt Friderich Festenberger.

Friderich Kligenstein von Augspurg/Anno 1138.

Ruprecht Conrad Hennenberger von Scheidegg/ward Abt/als Keyser Friderich zum Keyser erwelt ward/starb aber am fünften tag nach der Wahl auff der Reiß gen Rom. Anno 1152.

Frideboldus Vorbürger von Helberhaussen/Anno 1152.

Bertholdus Hochberger vom heyligen Holtz Anno 1185. auff in Wernerus welcher hernach zu Kalbsangst so ein Schloß/ein stunde vom Closter gelegen/(so vor vielen jahren zerfallen) eins erschrecklichen todts gestorben.

Rudolff Wolff von Königsegg/Anno 1208.

Heinrich Burtenbach/Anno 1220.

Heinrich von Someraw/Anno 1225.

Gebharbus Ortekh von Meyburg/Anno 1235.

Theobaldus Bircker von Feltzburg/Anno 1237.

Nuetgerus Rondegger von Grundstein. Anno 1240.

Hartmannus Milleg/Anno 1242.

Ulrich oder Erich Nördlinger von Nürmberg / Anno 1253. Under dem ist das Closter zu Kempten abermalen verbronnen. Rupertus Burgberger Anno 1265. diesem ward von Conradvino/Hertzogen in Schwaben/welcher hernach von König Carolo zu Neapoli enthauptet worden/Holtz zu dem Closter/solches wider zu bawen/geschenckt. Keyser Rudolff von Habspurg gab damalen der Statt Kempten/die vom Stifft wolt für eygenthumblich angefochten werden/ein Lateinisch Privilegium/folgends innhalts.

Wir Rudolph von Gottes Gnaden Römischer König/ ꝛc. wollen daß Kundt gemacht werde/ lle deß Römischen Reichs getrewen/daß offenbar wissent gemacht worden/wie die Vogtey der Statt Kempten/uns unnd dem Reich eygenthumblich zusteht/ꝛc. derowegen geben wir derselben Statt Burgern/alß ihr ordenlicher Herr und Vogt auß Königlicher macht diese sondere gnad unnd wollen/daß gedachte Burger von dem Abt oder Gottshauß zu Kempten/in keinerley weg angetastet/gepfennt oder beschwerd werden sollen/zu welches gezeugnuß wir jnen diesen brieff geben haben/welcher mit unser May. Insigel bekrefftiget ist/geben zu Basel 15. Cal. Iulij. indictione 2. An. domini 1289. unsers Reichs im 16. jahr. Ein gleichmessige Freyheit hat der Römisch König Albertus der Statt Kempten zu Uberlingen Anno 1304. den 13. Juni ertheilt.

Conrad Zoller von Weissenstein/Anno 1296.

Hartmanus Schneller von Ranus/Anno 1302. ward ein sondersiech.

Wilhelm von Sonderdorff/Anno 1313.

Heinrich Unrain/under welchem Anno 1325. König Heinrich zu Behem/ Hertzog zu Kernten/Graff zu Tyrol und Görtz/mit der Statt Kempten ein einigung auffgericht auch Keys. Ludwig Anno 1331. derselben sonder freyheiten uber den Blutbann und für frembde gericht gegeben.

Burckhardus Birck von Hasenweiler / Anno 1335.

Gerwig Horklander von Helmshoven/Anno 1343.

Heinrich von Oberhofen.

Conrad Burgberger.

Heinrich von Mittelberg/Anno 1346. dieser hat die Statt Kempten wider ihre alte Keyserl. un Königl. Freyheiten/dem Stifft eygen machen wollen/und das auß krafft eines Brieffs/ dessen datum Anno 1355. nach Bartholomei/dessen originale doch niemahlen gesehen worden/darauff doch Keyser Carol der 4. nach eyngenommenem eygentlichen bericht mit rechtem wissen und mit Keyserlicher macht erkennt/daß die Statt Kempten mit Vogtey unnd Steur jhr und dem heiligen Reich unnd sonst niemandts zugehört/auch ewiglich darbey bleiben soll under einer gemeinen

Landtvogtey/ gleich denen von Ulm/ Memmingen/ Ravenspurg vnd anderen Reichs Stätten in Schwaben/ ec. bey peen hundert Marck Goldts/ wer sie darwider beschweren thet.

Es haben sich auch hernacher jhr Mayestät vnd dero Sohn König Wenceslaus Anno 1370. so wol auch hernacher Keyser Sigmund/ gegen der Statt Kempten sonderlich verbunden/ jhr lebenlang sie wider alle jhre Widerwertige zuschützen vnd zuschirmen: als aber der Abt vnd Convent dessen ohngeacht sich jederweilen der Statt täglich widersetzt/ haben sie den Abt endlich gefangen/ die Burghalden darauff er gewohnet/ zerbrochen/ die Stein vber den Berg abgeworffen/ vnd die Lucken gegen der Statt damit zugemawret/ deßhalben sie mit dem Abt in grosse Rechtfertigung gerahten/ haben aber hernacher sein Gerechtigkeit an diesem Berg abgelöst/ vnnd solchen mit seinem Umbfang an die Statt gebracht/ welche darauff durch ein Güldin Bulla am Datum Prag. 1361. Indict. 14.7. Idus Mensis Iulij, von Carolo dem vierdten/ von des Abts Herrschafft allerdings ledig erkandt/ auch durch jhre Mayest. ansehnliche Commissarios des Abts Kundschafftbrieff/ cassiert vnd annuliert worden.

Dieser Abt war zum ersten mal ein Fürst genannt/ vnnd dem Stifft volgende Erbämpter verordnet. Als: Bäyern/ Erbtruchseß: Sachsen/ Erbschenck: Montfort/ Erbmarschalck: Nellenburg/ Erb Camerer.

Friderich von Hirschdorff ward erwelt/ Anno 1382.

Friderich von Lobenberg ward erwehlt/ Anno 1405. ist im Concilio zu Costnitz vnd Basel gewest/ er starb den 6. May/ Anno 1434. vnd hat viel vnfrid mit der Statt angefangen.

Pelegrin von Merdnaw/ Anno 1434. starb Anno 1451.

Gerwius von Symrigen/ Anno 1451. Dieser ward mit einem Burger zu Kempten Georg Bock genannt/ vneins/ deßhalb derselb in Schweitz gezogen/ vnnd 400. Mann darinnen auffgebracht/ mit denen er biß auff den Buchenberg ein stund vber Kempten kommen/ das Burgerrecht auffgeben/ vnd dem Abt abgesagt/ der schickt jhm seinen Vogt zu Wolckenberg Herrn Waltern von Hochenegg Rittern mitetlich hundert Bawren entgegen/ der thet mit den Schweizern ein treffen/ ward aber mit 200. Mann erschlagen/ der Abt salviere sich gen Memmingen/ vñ die Statt Kempten ward verspertet/ doch ließ man die Conbentuales durch ein Thörlein hinein/ vnd machten mit dem Feind ein Thädung. Dieser Abt hat sich in des Herzogen von Bäyern schutz ergeben.

Johann von Werdnaw/ Anno 1460. starb Anno 1481.

Johannes von Rietheim/ Anno 1481. dieser hat das Schloß Höhenthann mit den zugehörigen Dörffern vnd Gerichten Mutmannshofen/ Kimbratzhofen/ Wigenspach/ Magmashofen/ vnser Frawenzell Schreilach/ Hertisriedt/ vnnd andere an das Stifft gebracht: dieser Abt starb zu Ulm/ Anno 1507.

Den 15. Julij Anno 1485. kam Keyser Friderich mit 350. Pferdten gehn Kempten/ vnd ist von Donnerstag biß auff folgenden Montag im Closter verblieben/ doch am Sontag in der Statt Pfarrkirchen zu S. Mangen geritten vnd auff dem Rhathauß ein Collation gehalten/ er ersuchte die Statt so wol als andere Schwäbische Ständ vmb Hilff wider die von Brugg in Flandern/ welche seinen Sohn Maximilianum gefangen gehabt/ so jhm dermassen geleistet worden/ daß der Keyser darauff die Statt Kempten mit des Reichs Adler halb vergult vnd halb Schwartz/ vnnd oben darauff einer Keyserlichen Cronen/ vnnd daß sie mit rotem Wachs besiglen sollen/ begabet/ auch in dem Wappenbrieff jhres redlichen verhaltens vor Brugg zeugnus geben hat. Vnd hernach Anno 1488. sie de novo mit einem Privilegio von dem Stifft befreyet vnnd dem Reich zuerkandt.

Endlich hat Key. Maximilianus diese Streitigkeit zwischen der Statt vnd dem Stifft Kempten gäntzlich entscheiden/ vnd darauff der Statt Anno 1510. der Müntz Freyheit verlihen.

Johann Rudolff von Reitenaw/ Anno 1507.

Sebastian von Breitenstein Anno 1523. der kaufft an das Stifft das Schloß Sultzberg mit seiner zugehörung. Vnder jhme ward Anno 1525. in dem Bawrenkrieg das Stifft mit seinen Schlössern sehr verstöret vnd verderbt/ darauff die Statt diesem Abt mit Keyser Caroli des fünfften/ vnd Bapsts Clementis Confirmation/ abkaufft alle Recht vnd Gerechtigkeit so das Stifft an die Statt je walen prætendiert vor 32000. Gulden Reinisch.

Wolffgang von Grävenstein der letzte seines Stammens vnd Nammens auß dem Turgöw/ ward erwehlt Anno 1535. ein Hochverständiger Herr/ der sich mit der Statt gantz fridlich vnnd nachbawrlich gehalten/ ist des Königs Ferdinandi Statthalter der Ober Oestereichischen Lande gewesen/ hat zu der Abtey das Schloß vnnd die Herrschafft Kemlat von Zimprechten von Lentznaw erkaufft/ ist Anno 1557. gestorben.

Georg von Graffeneck Freyherr zu Burgberg vnnd Marschalckzimbern/ bey dem erweckten sich schon widerumb zwischen dem Stifft vnd der Statt newe streit/ welche Anno 1563. durch Keys. Commissarien abgelegt worden/ dieser starb den 16. Junij/ Anno 1571.

Eberhart von Stein starb den 26. Junij/ Anno 1584. Dieser hat das vhralte vnd newe Schloß Wagegg mit seinen Dörffern vnd Gütern/ so dem alten Adenlichen Geschlecht von Laubenberg

gehörig/

Von Teutschlandt.

gehörig/ vnd Anno 1573. Herren Leopolden/ Freyherren von Herbenstein/ ec. verkaufft worden/ zum Stifft gebracht.

Albrecht von Hohenegg ward erwehlt den 17. Junij/ Anno 1584. seines alters 54. starb den 12. Novemb. Anno 1587.

Johann Erhart Blarer von Wartensee ward erwehlt den 13. Nov. Anno 1587. starb den 18. Febr. Anno 1594.

Johann Adam Renner von Allmandingen starb den 5. Dec. Anno 1607.

Heinrich von Vlm zu Marpach vnd Wangen/ ward erwehlt den 7. Decemb. Anno 1607.

Vnd ob wol die Statt Kempten in einer rauchen Landtsart im Algöw vnnd vast zu eusserst an den Grentzen gegen der Fürstl. Graffschafft Tyrol/ vnnd vber vier oder fünff stund nicht von dem hohen Alpgebirg gelegen/ so hat es doch ein guten gesunden Lufft alda/ das Wasser die Yler genannt/ so bey der Statt Vlm in die Thonaw fällt/ laufft zwischen der Statt vnd Vorstatt durch/ darinnen die Oberkeit zwischen den zweyen Wüeren gleichsam in einem behalter järlich ein grosse menge Aeschen vnd Ruzenten oder Treuschen Fischerhelt/ weil sie alle jahr viel tausent Aeschen Pfählen darein werffen lassen. In dieser Statt hat es auch ein feine Lateinische Schul/ so wirdt auch allda bey der Burgerschafft ein sonderer gehorsamb gegen der Oberkeit in lieb vnd leid befunden/ hat schöne wolerbawte Häuser darinnen/ vnd in der Statt 75. springenden Bronnen/ vñ nechst darumb auff den Burgergütern noch in die 36. Rörkästen/ das Closter ligt hart an der Statt also daß nun die Stattmawr vnd Graben darzwischen/ vnd dieselb fast mitten in der Graffschafft Kempten/ ist mit 22. fridseulen vmbgeben/ innerhalb derselben weder der Stifft noch einige andere Herrschafft durchauß nichts zuverbieten noch zugebieten: hat nechst herumb fast auff gleichen weg zu fünff stunden die Reichs Stätt Mentmingen/ Kauffbeuren/ Vßni/ Leukirch. Item nachfolgende Fürsten vnd Herren Stätt/ als Füessen/ Sulgöw/ Mindelheim/ Wurtzach/ Waldsee vnd Jmenstatt/ vnd wird Kempten von alters her/ für die Hauptstatt im Algöw gehalten/ darin neben obberürten/ auch die Reichstatt Wangen gerechnet werden. Die meiste narung in der Statt Kempten ist das gewirck/ wie es dann vber 600. Webermeister darinnen hat/ die jährlich von 17000. biß in 18000. vnd mehr Leinwat Stuck/ (ausserhalb der Haußleinwaten/ deren auch ein grosse anzahl) wircken/ die von den Kauff vnd Handels Leuten/ heimischen vnd frembden/ in Spania/ Italia vnd Franckreich verführet werden. Es hat auch ein grossen Niderlag von Venedischen vñ Niderländischen Gütern/ vnd wird noch entlich ein grosse anzahl Faß Saltz vnd Wein in diese Statt ab dem Bodensee/ Rhein vnd Necker/ auch auß Tyrol gebracht/ vnd wider verführet/ die Statt vnd Burgerschafft haben nechst vor der Statt/ Häuser/ Höf/ Felder/ Aecker/ Beinden vnd Güter/ so man die Burger vnd Kauffrecht Güter heist/ die viel 100. jar in vnd zu der Statt gehört/ auch sonderbare freyheit vnd gerechtigkeiten haben/ darunder vber 40. Häuser vñ Beinten/ theils zwischen vnd vnder den Häuser vnd Güter im Closter vnd darumb/ vnd vber 60. Häuser jenseits der Jler ligen/ so werden auch in die Statt vber die 1000. Jauchärte Felds rings herumb gebawt vnd genutzt/ ist demnach Wein/ Brot vnd Fleisch in dieser Statt so gut vnd recht durchs gantz jar/ alß in einer Statt zubekommen.

Von dem Closter Buchenaw.

Es hat obgedachte Keyserin Hildegard eine Schwester mit nammen Adelindes/ die nam zu der Ehe Graff Ott von Kesselberg/ im Blanckenthal bey Biberach gelegen/ dieselb hat nach jres Gemähels Todt gestifft das Closter Buchaw/ das am Buchawer See ein Meil vber Jserach ligt/ dareyn werden allein Gräffin vnd Freyin genommen/ mögen widerumb herauß kommen/ vnd sich in den Ehelichen Stand begeben.

Closter Buchenaw erbawen.

Aebtissin zu Buchaw.

Adelind N. Irmentrud	Catharina Freyin von Stäffeln	Anna Gräffin von Werdenberg 1446
Achartl 1021	Anna Gräffin von Weinberg	Barbara Freyin von Gundelfingen 1497
Hildgard 1027	Adelheyd Gräffin von Lupffen	
Juola 1048	Anna Gräffin von Russeck	Elßbeth von Hohen Gerolzeck Freyin 1523
Gertrud von Vinold Freyin 1051	Anna Gräffin von Thiengen	
Mechthild von Bubenberg 1223	Clara Gräffin von Montfort	Margreth Gräffin von Montfort 1540.
Adelheid Freyin von Marktdorff	Margreth Gräffin von Werdenberg	

Memmingen. Cap. ccxxxiv.

MEmmingen ein Reichstatt/ schön vnd vest/ hat vor zeiten zum Grünen Werd geheissen. Da ist ein reiche Gemein/ vnd reiche Kauffleut. Es rinnt durch die Statt ein Bach von lauterem Brunnwasser/ der gefreurt nicht. Es ist vmb die Statt gar lustig spacieren/ auff der einen seiten ist ein Rieth/ das beystiget die Statt. Es ist da ein reich Anthonier Hauß/ auch ein reich Spittal. Man macht da guten Barchet/ Leinwat/ Golschen vnd Buchßhenschein. Es ligen vmb die Statt auff ein oder zwo Meil wegs viel Clöster/ nemblich Ottenbeuren/ gestifft von Graff Sylaco/ von Ylergöw/ zu den zeiten des grossen Keysers Carlen. Münchrot Premonstratenser Ordens/ gestifft von den Hertzogen von Teck. Ochsenhausen ein Benedictiner Closter/ gestifft von den Herren von Wolffharts schwendin. Wyblingen gelegen an der Yler/ vñ gestifft von den Graffen von Kirchberg. Item ein Cartheuser Closter genannt Buchßheim/ das haben die Edelleut von Ellerbach gestifft. Item Schlösser im Ynthal gelegen/ Kornburg der Edelleuten von Rechberg/ Marstetten der Herren von Künßeck/ Lauträck der von Landaw/ Erolzheim deren von Erolzheim/ Kelmüntz deren von Rechberg/ wie auch Aichach vnd Brandenburg. Item Dietenheim/ Bellenberg/ Wertzingen/ Zelb/ Kirchberg Schloß vnnd Marckt an der Yler. Als aber die Graffen von Kirchberg abgestorben/ ist Kirchberg kommen an das Hauß Oestereich/ vnnd nachmals den Fuckern verpfendt.

Mindelheim. Cap. ccxxxv.

AM Wasser Mündel ligt dieser Fläck/ ist gar ein schön vñ wol erbawen Städtlein/ vnd darob ein Fürstlich Schloß auff einem Berg/ ist zur jetzigen zeit der Edelleut von Freundsperg. Anno 1263. ist durch Herren Schweigger zu Mindelberg Ritter/ das Closter von Bedernow gen Myndelheim in die Statt verzuckt. Darnach Anno 1390. durch den Herren von Myndelberg solchs Frawencloster den Augustinern vbergeben. Anno 1324. ist das Schloß Myndelterg zerstört/ vnd auch die Statt Myndelheim mit Fewr vnd Raub verderbt worden. Aßo 1365. ist Herr Walter von Hochschiltz von Kirchheim an der Halden/ Herr zu Myadelheim worden. Er war auch Bischoff zu Augspurg/ vnd ward Anno 1369. bey Mindelheim erschlagen. Nach jhm kam Hertzog Friderich von Teck zu der Herrschafft Myndelheim/ vnd bawet das Schloß Myndelheim auff S. Georgen Berg/ so noch in wesen steht. Er nam eyn viel Flä cken vnd Herrschafften/ vnd legt sich für Kauffbeuren Anno 1377. vnnd alß er zu Myndelheim bey 20. jahren geherrschet/ starb er alß man zahlte 1389. Sein Haußfraw hieß Anna Gräffin von Helffenstein. Er hat viel Söhn vnd Töchter hinder jhm verlassen/ die doch alle ohn Leibs Erben abgangen seind/ außgenommen etliche Töchter. Conrad erster Sohn Hertzog Friderichs/ Friderich der ander Sohn. Dieser hat nach Absterben seines Vatters die Herrschafft seinem Bruder Vlrichen bey 20. jahren besessen/ starb Anno 1413. Vlrich der dritt Sohn hat die Pfarrkirch zu Myndelheim gestifft Anno 1409. starb Anno 1432. Georg der vierdt Sohn/ der ward Doctor/ vnnd darnach Provincial an S. Augustins Orden. Ludwig der fünfft Sohn ward Patriarch zu Aquilegia/ ist der leest Hertzog gewesen von Teck/ vñ hat nach seinem Absterben seines Bruders Vlrichen die Herrschafft sampt seiner Schwester Kinder der Graffen vo. Wertheim vñ Rechberg ererbt. Er starb im Concilio zu Basel. Sein Schwester Gutnam nam zu der Ehe Gr. ff Hansen von Wertheim/ vnd erbten jhre Kinder an der Herrschafft Myndelheim. Ein ander Schwester Irmengart/ die nam zu der Ehe Veis von Rechberg Ritter/ vnd des Sohn ward Herr zu Myndelheim.

Hertzogen von Teck.

	Georg ledig gestorben	
		Velt
		Georg
	Albrecht Ritter { Velt	Margreth
		Clara.
	Agnes	
		Wolgang Thumbherr
Velt von Rechberg vnnd Irmengardt Hertzogin von Deck sein Haußfraw	Bernhard von Rechberg hat nach Absterben des Patriarchen die Herrschafft von seinen Mit-Erben erkaufft/ Anno 1444. Er war der Bär genannt.	Jörg Philp
		Anna
		Vlrich/ Doctor vnd Thumbherr
		Bernhard { Bernhard / Friderich
	Barbara	
	Anna Closterfraw	Barbara. Dise nam zur Ehe Hertz Vlrich von Freundtsperg Ritter/ Hauptmann vnd Anfänger der Schwäbischen Bundts.

Vlrich

Von Teutschlandt.

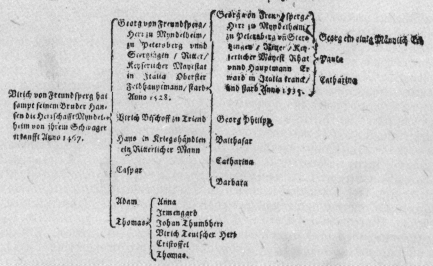

Wie viel du nun hie sihest Männliche Personen/ seind sie doch alle abgestorben biß auff den itzigen jungen Herren Georg von Freundsperg/ welcher Anno 1546. als ich zu Myndelheim auff dem Schloß war/ vnd sein Mutter Fraw Margreth von Freundsperg/ geborne Freyin von Firmian mir diese Genealogy in Geschrifften zugestellt/ vnd gantz ehrlich hielt/ bey 13. jahren alt war. Was grosser vñ Ritterlichen Thaten sein Anherr/ Herr Georg von Freundsperg begangen/ weiß mäniglich wol/ darumb nicht von nöthẽ solches hie anzuzeigen. Freundsperg ist ein Schloß bey Schwatz/ das jetz das Hauß Oestereich inn hat.

Das Schloß Freundsperg

Burggaw. Cap. ccxxvj.

Von diesem Flecken der in der Myndel ligt/ hat die gantz Marggraffschafft Burggaw den Namen empfangen/ vñ ist vor zeiten ein Fürstenmessig Geschlecht gewesen: aber jetz gehört diese Marggraffschafft zum Hauß Oestereich. Sie ist 8. Meil weit vnd breit. Der letzt Marggraff von Burggaw hat geheissen Hainrich/ vnd ist gestorben im jahr Christi 1183. begraben zu Wertenhausen im Closter/ das Anno 983. gestifft haben Graff Conrad vnd Wernher von Rockenstein. Diese Marggraffschafft fahet an bey Augspurg bey dem Wässerlein Hettenbach/ so bey dem Gericht zu Augspurg hinfleust/ vnd gleich in die Wertach fallt/ vnnd ligen viel Flecken vnd Clöster darinn/ besonder Wertenhausen/ Knöringen/ Jetingen/ Reisenspurg/ ꝛc. Es seind gar viel Grafen im Algöw abgestorben/ nemlich die Marggraffen von Burggaw/ die Grafen von Schwabeck oder Blatzhausen/ die Marggraffen von Ronsperg/ die Graffen von Zusneck/ die Graff von Eichelberg/ die Herren von Seifritzberg/ die Herren von Myndelberg. Item das Ländtem Richsnaw in der Marggraffschafft Burggaw gelegen/ fahet an ein Meil von Augspurg/ hat vil Flecken/ Frisach/ Ziematzhausen/ Zußmarshausen/ Seifersperg/ Walleshausen/ Tierdorff/ Gesterhausen/ Reitenbach ein Closter/ Schönfeld auch ein Closter/ Vsterbach/ Dinckelscherben/ Aurbach/ ꝛc.

Richsnaw.

Von dem Vinstgöw/ Finstermüntz/ Inthal/ Etschlandt/ ꝛc. Cap. ccxxvvij.

Hinder der Statt Chur ligt ein Thal heist Vallis venusta, zu Teutsch im Vinstgöw/ da hat der Bischoff von Chur viel Volcks: aber die Oberkeit gehört zum Hauß Oestereich/ vnd geht von Fünstermüntz biß gen Meron an die Statt/ die lenge ist 9. Meilen/ vnd ein halbe breit. Das Münsterthal im Vinstgöw gelegen ist 2. Meilen lang vnd ein halbe breit/ darinn ligen Rotund ein Schloß: Turberg ein Schloß: Liechtenberg ein Schloß/ der Spauwrer/ S. Marienberg ein Closter/ Annenberg ein Schloß/ Dernperg ein Schloß/ Meron ein Statt/ Tyrol ein Fürstlich Schloß/ Nüders ein Dorff/ Mals ein Statt an der Malser eid/ da entspringt die Etsch/ Glurs ein Statt/ Lesch/ Schlitz/ Tertsch/ Schluders/ Prad/ Vrß/ Keresch/ ꝛc. Im in der Fünstermüntz Pludentz/ Ried/ Prutz/ ꝛc. Es theilt die Finstermüntz das Vinstgöw vnd das Inthal/ darinn in Schloß vnd Gericht/ ist ein Letze oder Cluß/ genannt Landeck im Thal. Me. tram. ist des Bischoffs von Brixen/ Stall ein Dorff vñ Niderlag oberhalb Stein. Jnßbruck Statt vnd Schloß/ da der

Vinstgöw
Münsterthal.
Jnßbruck.

Das fünffte Buch

Fürstlich Graffschafft Tyrol vnd Ober Oestereichischen Landen Regierung vnd Kamer ist/Hall ein Statt/Mülbach nit fer; von Jnßbruck/da macht man den guten Harnisch. Item in Lavetsch bey Hall da ist ein Ertz oder Bergwerck. Item Sigmundsburg ein Schloß/Nazareit ein Marckt/ Wylti ein Marckt/Stabs ein Bernharder Closter vnd reiche Abtey/da ist der Fürsten von Oestereich Begräbnuß/4. Meil von Jnßbruck. An dem Berg Ferren anzufahen/ die vnder Straß Schneckenhausen/Klam/Delfs/Barnaw/Mieningen/Kemnat/ alles Dörffer/ darnach ein Schloß genannt Felleberg/ da das oberst Halßgericht vnd Landgericht ist/ Oesterreich in der ort zu gehörend/ vnd Jenseit des Jns/Zierlach ein Marckt vnd Schloß/ Fragenstein vnd der Zerelberg/ Tax ein Schloß/ darnach Hall die Statt vnd Schloß darinn/ auch ein Pfaffenhauß da man trefflich viel Salz macht/ vnnd die Etschereuzer münzt. Darnach Schwatz ein Marckt/Radenberg Schloß vnd Statt. Matern ein Marckt/Steinach Dorff vnd Schloß/ darnach der Lug am Zoll vnd Clausen/darnach ein Berg der Brenner genannt/ vnd darauff viel Dörffer vnnd ein Marckt Gosso genannt/da ist gut Ertz. Darnach Sterzingen ein Stättlein vnd reich Bergwerck/ da man die guten Messer vnnd Schwerdklingen schmidet/ die ober Straß am Ferzer. Nazareth ein groß Dorff vnd Niderlag. Tarentz ein groß Dorff vnnd Niderlag/ vnnd ein Schloß im Thal darbey Starcenberg genannt. Zimbst ein Marckt vnd ein Schloß darinn/ auch ein Niderlag. Item ein Dorf auff der Milz genannt/ Kronburg ein Schloß/ Schrofenstein ein wunder hoch Schloß/ Lawedk Dorff vnd Schloß/Pruz ein Marckt vñ Niderlag/Pfandtz/Nuders ein Niderlag/Maseheid/ Mals zu den 7. Kirchen/Bu´gis/Schleisi/ ꝛc. Im Münsterthal ein Schloß heist Reichenberg/ ist etwan gewesen der Grafen von Metsch. Item ein Schloß das heist Helff mir Gott. Glúris ein Stätlein im Vinstgöw/Schluders/Chuberg/Metscherthal/vnd darinn Metsch ein Dorff vnd Schloß/Algund Dorff vnd Schloß/Laßhat ein Dorff/ꝛc. Da allenthalben hat es viel kröpffehter Leut. Schluders ein Marckt/ da seind Teutsch Herren/Tschars ein Dorff. Item zwey Gebirg ober vnd vnder Matein/ Letsch ein grosser Marckt. Rabland ein Dorff/ Triel ein Schloß. Item ein Thal genannt Passer/ da der Jauff ein Berg/ ober vnd vnder Mays. Lene Dorff vnnd Schloß/Greiffenstein ein Schloß/Ponzel die Statt vnd darneben zwey Schloß/ Kaltern ein Dorff/Tramin ein groß Dorff/ vnd darneben Firmian ein Schloß/Newmarckt/S. Michel/ vñ darnach viel Dörffer biß gen Triend/ seind halb Oestereichisch vñ halb des Bischoffs von Triend. Trixen ein Statt vnd Schloß/Bruneck Statt vnd Schloß des Bischoffs von Brixen. Welscher Marckt vnd Schloß/Toblach Marck vnnd Schloß/ das etwan der Graffen von Görz/ Lientz Statt vnd Schloß.Triendt Statt vnd Schloß/ halb Oestereichisch vnd halb des Bischoffs von Triendt. Item Selzthal da ligen 4. Pfarren vnd viel Dörffer/ da entspringt die Etsch auß dem Granesse/ ein Meil ob Mals. Es ist das Etschlandt von Meron gen Triendt zehen Meil lang/ vnd breiter dann ein Meil. Item das Inthal fahet an in der Finstermünz vnd geht ab von Rotenburg zehen Meil lang vnd eine breit. Die Finstermünz ein Meil lang vnd ein enger Wagenweg stoßt an das Engadin/ Inthal vnd Etschlandt/ vnd an die Berg/ ist ein rauch Landt/ da nichts inne wechst/ vnd seind zu zeiten Mörder daselbst/ wie auch im Künterßweg. Das Engadin ist sieben Meil lang/ein halbe breit/ etwan breiter vnnd etwan schmeler/ ist des Bischoffs von Chur. Es wechst kein Frucht darinn dann Summergersten vnd Hew: aber Viehgnug/ vnd gute Dörffer/ gut streitbar Volck/ ist da mehr Welsch dann Teutsch/ hat kein Weinwachß. Es stoßt daran Veltlin vnd das Pyrglandt/Inthal/Etsch vnd Lechthal/ auch das Vinstgöw vnd Münsterthal/ desgleichen das Säzerthal/ das alles heist das Gebirg. Der Künterßweg wäret von Botzen biß gen Brixen sechs Meil/ vnd ist nicht weit. Das Passerthal ist mehr dann drey Meil lang/fahet an zu Meron/vnd wäret biß gen Stärzingen/ ist nit weit/hat Sommergersten/Hew/Nuß/Wein vnd Obs. Item Stanzerthal zwo Meil lang vnd breit/ da wachst Rocken/ Gersten vnd Habern/ Obs vnd dergleichen/hat auch guten Wein da. Das Münsterthal ist zwo oder drey Meil lang/ stoßt an das Etschlandt/ an des Herzogen von Meylande/ vnd an das Engadin/ ist nicht breit/ wechst allerley Frucht ohn Wein darinn. Das Vinstgöw ist neun Meil lang/ fahet an zu Glúris vnnd geht biß gen Meron/ da ist gut Schnabelweid/ guter Wein/ Fisch/Wildbrät/Obs/ꝛc. Diese Malseheid fahet an zu Malß/ wäret biß an die Fünstermünz vier Meil lang/ vnd eine breit. Glúrus gehört zu dem Etschlandt/hat nicht Wein. Das ober Engadin ist drey Meil lang/ fahet an zu Punthal/vnd geht ab zu Sylz/ da der In entspringt auß einem See einer halben Meil breit. Das vnder Engadin fahet an zu Sarnez vnd geht biß gen Nuders/ ist vier Meil lang vnd nicht breit. Es seind die Hochgericht da des Hauß Oestereichs. Das Thal Pastklafft ist vier Meil lang/stoßt an das Herzogthumb Meyland/ darinn ein Schloß Castellmawr oberhalb Steins/ ein beschloßen Landt/ einer Meilen breit mit einem Berg/ꝛc. Da seind Schlösser Reams vnd Marmolz. Item Schams ein Landt mit einem Felsen beschlossen/ dardurch man geht vnnd fahrt vier Meilen lang vnd eine breit/ darinn ein Schloß Berenberg des Bischoffs von Chur. Schopina ein Thal vier Meil lang vnd einer halben breit/ darinn Fürstnaw Statt vnd Schloß/ die hoch vnd nider Jufalt/Ortenstein Rietberg/Hasenspurg/Baldenstein/Capell Erenfelß/ die Hoch Realt/ Hainzenberg/Räzins/ die alt vnd new Sins/ oder zum runden Thurn/ Kaz ein Frawencloster/

Sigmundsburg.
Felberg.
Hall ein Statt.
Sterzingen.
Münsterthal.
Selzthal.
Inthal.
Engadin.
Der Künterßweg.
Münsterthal.
Vinstgöw.
Malseheid.
Schams.
Schopina.

da wechst

Von Teutschland. 981

da wechſt gut vnd köſtlicher Wein/ Gräffenſtein Landt vnd Schloß/ Klefen ein Thal/ Statt vnd Schloß iſt deren von Meyland/ Veſpran ein Marck gehört in Pargell/ der Sunetag ein Thal/ iſt etwan geweſen der Herren von Brandiß/ Triminuß/ Zizers/ Igis vnd Vaz vier Dörffer/ gehören gen Aſpermont dem Schloß. Rheinwald vier Meil hinder Fürſtenaw gegen dem Landt Meyland zu/ iſt ein Ländlein in einem langen Thal/ darinn der Rhein entſpringt. Es vermag der Biſchoff von Chur/ des dieſe Thäler ſeind 6000. Mann/ auß ſeinen Ländern dem Biſthumb zugehörend. Mons Neanis, der Nänßberg/ drey Meil von Triendt/ darauff ſeind 350. Dörffer/ 24. Pfarrkirchen/ vnnd dreyzehen Schlöſſer. Es iſt auff dieſem Berg alles des genug was der Menſch geleben mag/ ohn Salz vnd Gewürtz. Die Oberkeit gehört ein theil dem Hauß Oeſterreich zu/ ein theil dem Biſchoff von Triendt. Er hat Wein vnd Getreide/ Waſſer/ Fiſch/ Wildprät (ohn rot Wild) Vögel gnug/ Gembſen/ Steinböck/ Murmelthier/ gut Alpen/ Vieh gnug/ Käß vnd Schmaltzreich Bawren/ Wieſen vnd Acker gnug/ auch Birgig/ groß Wäld. Er iſt eylff Meil lang vñ drey breit/ hat Obſt/ Nuß/ Gold/ Sylber/ Bley/ Stahel/ Eyſen/ Ertz. Item Straſſen ſo auff Nanß gehn/ die erſt von Triendt vnd der Cluſen die niderſt: die ander Straß geht auff Gartſee: die dritt gen Kardetſch: die vierdt vber den Berg Mandel von Potzen/ die fahrt man mit Wägen: die fünfft von Meran zu vnſer lieben Frawen im Wald/ die fahrt man auch/ vnd ſaumet ſie mit Saumroſſen: die ſechß auß Falckamanne Inſuls/ iſt der Venediger/ da wohnen Wahlen: die ſiebend auß Veltlin Inſuls: die acht von Wurmbs Inſuls: ohn ander Steig ſo die Jäger vnd Fußgänger brauchen. Die Sultz ein Waſſer hat gute Föhrenen/ deßgleichen hat die Spreiß/ die Loſor/ die Phram/ das Waſſer Artz vnd Vallis Solis, iſt zu Teutſch Inſuls. Item Sultz ein Thal/ darinn ligt ein Berg genannt Montoſch/ der hat viel Schnee.

Schwatz. Cap. ccxxxiij.

Schwatz iſt ein Marckt oder mechtig Dorff/ darinn am Falckenſtein vnd Erbſtollen vnſäglich Gut von Sylber vñ Kupffer Ertz/ für vnd für/ tag vnd nacht/ durch etlich viel tauſent Knappen gehawen vnnd geſchmeltzet wirdt. Diß Bergwerck hat man erſt vor hundert jahren an gefangen zu bawen/ vnnd iſt damals der Edlen von Freundſperg geweſen: aber da man deß Schatzes der Erden innen worden/ iſt Grund vnd Boden bald vom Hertzog Sigmunden an das Hauß Oeſtereich mit ein Tauſch gebracht worden/ welcher Fürſt Anno 1449. die erſte Freyheiten vnnd Bergsordnung dahin zu fürderung ſolches Schatzes geben hat. In dieſem Bergwerck findet man auch gut Edelgeſtein/ als Magneten vnd Malachiten/ welchen Stein etliche Gelehrten nicht weniger an Tugenden achten dann den Türckiſchen. Es gehört diß Bergwerck vnder die Graffſchafft Tyrol/ wie auch Inßbruck/ vnnd iſt Anno Chriſti 1360. kommen an das Hauß Oeſtereich durch ein Weibliche Perſon. Es bringt diß Landt gar edel vnd gut Metall/ vnd beſonder wirdt das Kupffer ſo man hie findt/ auch geprieſen ſeiner güte halb.

Es wird aber ein Metall dem andern fürgeſetzt/ vnd höher geſchetzt dreyer vrſachen halb/ nemblich wann es viel Tugent an jhm hät/ oder mit hawen vnd ſchneiden zu vielen Wercken mag gebrauchet wirden/ oder ſo man ſein wenig find. Item eins wird höher geſchetzt dann das ander/ wann es im Fewr vnverſehrt bleibt/ oder ſo es lang im Gießtigel ligt/ vnd jhm doch nicht viel abgeht/ oder ſo es durch ſcharffe vnd beiſſende ding nicht veretzt wird/ oder ſonſt kein ſchaden oder zerſtörlichkeit an ſich nimpt/ oder ſo die Hend nit darvon beſudlet werden/ oder ſo man es weiter treiben mag weder ander Metall/ oder ſo man es mag gieſſen/ oder er hat liebliche vnnd ſchöne farb/ oder man mag es ſeiner herte halb zu vielen Wercken brauchen. Nun dieſer vrſachen halben oder jrer mehr theilen/ vbertrifft Gold andere Metall. Dann es bleibt vnverſehrt im Gießtigel vnd andern Fewren/ es nemmen jm nichts die Etzenden ding/ es empfaht auch ſonſt kein ſchaden/ es beſudlet nicht die Hend/ es laſt ſich gieſſen/ vnd auch gantz dünn treiben/ darzu hat es ein wunder ſchöne gelbe farb/ allein vbertreffen es in der herte Sylber/ Kupfer vnnd Eyſen. Vnd dieweil nun das Gold vnder allen Metallen den höchſten vnd vollkommeſten Grad hat/ vnderſtehn die Alchimiſten jn andere Metall gleichförmig zu machen/ ſchmeltzen ſie mannichfaltiglichen/ vnd geben jhnen ein andere Farb/ vnd beſonder machen etliche Meiſter auß Kupffer ein Metall das dem Gold gleich ſicht: dann ſie thun jhm ein zuſatz mit Calmey/ vnnd verwandlens in Möſſing. Nach dem Gold hat das Sylber den höchſten Grad vnder andern Metallen: dann es bleibt vnverſehrt im Fewr/ außgenoſſen wann man es zu lang im Gießtigel oder Scherben laſt ligen/ geht jhm etwas ab: Es freſſen es auch die Etzende ding/ vnd verwanlen es im blauwfarb/ ſonſt nimbt es nicht bald ein andern mercklichen Schaden. Es laſt ſich auch weiter treiben dañ kein

Metall/

Metall / außgenommen Gold. Item es laßt sich giessen / vnnd ist sein weisse farb menniglichen gantz anmütig / es ist herter dann Gold / aber nicht so hart alß Kupffer oder Eysen. Dieweil es nun den höchsten Grad nach dem Gold hat / vnderstehen die Alchimisten Sylber zu machen auß geringern Metallen / die sie schmeltzen / ferben vnd ketzern / wie auch ettlich auß Kupffer vermeynen Sylber zu machen mit zusatz des Steins Magneten. Nach Sylber wird Kupffer für ander Metall in grosser achtung gehalten: dann man mag es breiter treiben dann Eysen oder Zinn vnnd Bley / man mag es auch giessen / aber es verzehrt sich im Fewr / man legt es allein oder mit Metallen dareyn / darzu wird es auch verzehrt vom Rost. Nach jhm hat Stahel vnd Eysen den höchsten Grad / aber man kan es nicht leichtlich giessen / laßt sich doch schlagen vnnd treiben / vnd vbertrifft mit seiner herte alle Metall. Bley geschlecht haben den letsten Grad: dann das Fewr verendert sie in ein ander gestalt oder verzehrt sie gar / vnd was scharff beissend ding ist / verendert sie in ein Bley weiß / vnd so man sie an ein feucht ort legt / werden sie schwartz an dem ort / da sie das Erdrich oder die Stein etwan lang anrühren. Es ist aber dreyerley Bley / eins ist weiß / das ander schwartz / vnd das dritte mittelmässig. Weiß Bley nennen wir Zinn / vnnd vergleicht sich vast dem Sylber der farbe halb / darumb auch die Alchimisten vnderstehen auß schwartz Bley Zin zu machen. Schwartz Bley vbertrifft das mittelmessig Bley / so man Aeschenbley nennt / oder Weißmut / dann man kümmerlich auß Weißmut für sich selbs etwas machen kan. Den letsten Grad vnder allen Metallen aber hat das Quecksylber: dann dieweil es also flüssig ist / schetzen es die Alchimisten für ein vnvollkommen Metall.

Wann man nun weiter will ansehen die Nutzbarkeit so man hat von den Metallen / mag ein jeder leichtlich erkennen / daß das Eysen all andere Metallen vbertrifft. Dann seiner herte halb mag man es brauchen zu hawen / schneiden / stechen / bicken / boren / vnnd mancherley Werck darauß zu machen / die lange zeit wären mögen. Den nechsten Grad nach jm / so viel die herte antrifft / hat das Kupffer / darumb auch die alten Werckmeister auß jhm gemacht haben allerley Werckzeug vnnd Waaffen / wie auch etliche auß Sylber solche Waaffen gemacht haben / dann es ist auch ein here Metall / vn ein hübsche vnd scheinbare farb. Aber die so vor zeiten auß Gold haben gemacht / Helm / Krebs / Bantzer / Schwerdter vnd dergleichen Waaffen / haben mehr mit hübscher farb dann mit herten Waaffen wider die Feind gestritten. Vnd sintemal das Gold ein weich Metall ist / haben die Völcker Debe genannt / eyn dreyfach Gold geben vmb ein eynfach Kupffer / vnnd ein zweyfach Gold vmb ein eynfach Sylber: dann sie hatten ein vberfluß des Golds / vn mochten darauß machen allerley Instrument vnd andere Werck: aber da sie auß dem gebrauch erfuhren / daß Gold zu schneiden vnd zu hawen viel vntüglicher ward dann Kupffer oder Sylber / haben sie es jhren Nachbawren geringer verkaufft dann Sylber vnd Kupffer. Vnd das ist auch ein einige vrsach / daß zu vnsern zeiten in den newen Inseln / so die Portugalleser vnd andere Spanier gefunden haben in India / vnd auch in dem äussern Africa / die Eynwohner das Gold nit in grosser achtung gehabt / das sie dann gar vberflüssig viel gefunden / wiewol auch ein vrsach gewesen ist / daß sie es nicht gewußt haben zu brauchen. Das ist auch ein vrsach / darumb das dreyfach bley in einem kleinen wärth ist: dann man kan es seiner weiche halb nit zu vielen Wercken brauchen. Man macht Kannen / Blatten / Becher vnd dergleichen Geschirr darauß / vnd sonst nichts. Vnd dieweil Quecksylber noch weicher ist / mögen mir es noch minder brauchen. Die Goldschmid löten damit Gold zum Sylber vnd Kupffer.

Ich hab gesagt daß der Natur nach das Metall billich höher solt geschetzt werden / das man am meisten braucht vnd bedarff in Menschlichen Wercken: aber es will hie fählen / darumb daß man dasselb vberflüssiger findet / vnd deshalb je weniger ein Metall gefunden wird / je thewrer es ist. So findt man viel Eysen / aber wenig Sylber vnd Zinn / deshalben auch das Eysen viel wolfeyler ist dann Sylber oder Kupffer vnd Zinn. Dann die menge eines dings bringt ein wolfeile / vnd dargegen je weniger man eins dings findt / je thewrer es ist. Auß diesem mag man schliessen / daß gar nahe bey allen Völckern das Gold in der höchsten achtung ist: dann es ist von Natur adelicher dann andere Metall / vnd find man das am aller wenigsten. Vnd ob es schon nicht mag gebraucht werden zu hawen / schneiden / boren / hoblen vnnd dergleichen Wirckungen / gibt es doch andern dingen ein schöne gezierd. Das Sylber ist allwegen nach dem Gold höher dann andere Metall geschetzt worden: dann es ist von Natur edel / so findt man das auch weniger dann andere Metall / vnnd ob man es nicht zu hawen brauchen kan / ziert es doch ander ding mehr dann Kupffer oder Eysen. Die Griechen haben vor zeiten zehen knollen Sylbers geschetzt gegen einem knollen Golds. Aber Hipparchus vber Platonem schreibt / daß zwölff knollen Sylbers seyen geschetzt worden gegen einem knollen Golds. König Darius da er ein grosse Schatzung auff die Länder legt / hat zwölff Centner Sylbers gegen einem Centner Golds gemessen. Darauß wir mögen erkennen daß bey den Alten vnnd vnsern zeiten Gold vnnd Sylber nicht in gleichen wärth seyen gewesen / wie auch noch zur zeit eins auff das ander absteiget. Es mögen die Alten noch gedencken / daß man ein stuck lauter Golds in den fürnemsten Gewerbstetten Teutscher Nation kaufft vmb dreyzehen stuck vnd ein wenig darüber Sylbers / darnach ist es schier auff zwölff stuck kommen: aber jetzund ist es kommen auff eylff stuck vnd ein wenig mehr: dann ein drittel eins eylfften theil / vnd also steige

das

das Sylber auff vnd das Gold ab. Nach dem Sylber seynd zu vnserer zeit Quecksylber vnnd Zinn der höchsten achtung/nicht jhrer Natur halb/oder daß sie in einem solchen grossen brauch seyen/sonder daß man jhr wenig findt/vnd darzu das Quecksylber in Africam vnd auch zum theil in Asiam verführt wird/vnd auß vnsern Landen kompt. Man kaufft gemeinlich hundert/drey vnd vierzig stuck Zinn vmb ein stuck Quecksylbers/doch steigen diese zwey Metall in jhrem wärth auff vnd ab. So viel das Kupffer antrifft/ist zu wissen daß es seiner Natur halb nicht geringer ist dann Quecksylber oder Zinn/man braucht es mehr dann diese zwey Metall/aber dieweil man sein viel findt/wirds nachgültiger gekaufft. Dann in vnsern höchsten Gewerbstätten kaufft man zu vnsern zeiten zweyhundert vmb 20. stuck Sylbers. Vnd wie man das kupffer kaufft/also kaufft man auch in gleichem wärth Bißmut: dann man findet es nicht viel. Es haben auch die alten nichts darvon geschriben. Weiter sintemal das Bley in seiner Natur Vnadelicher ist dann Kupffer/vnd man braucht es nicht so viel alß Kupffer/man findt darüber sein mehr dann des Kupffers/kaufft man es auch viel geringer. Dann in örtern da man es grebt vnd schmelzt/kaufft man achthundert vnd achtzig stuck vmb ein stuck Sylbers/vnnd in den Gewerbstätten kaufft man 600. stuck vmb ein stuck Sylbers. Aber Eysen das man in so manchem Ort grebt/ob es schon zu vielen dingen dienet:dann man macht schneidende Waaffen/Kriegswehr vnd andere mancherley Werck darauß/ist doch seines grossen vberflusses halb gar eins geringen kauffs: dann man kaufft vmb ein stuck Sylbers zwölffhundert/zwey vnd achtzig stuck Eysens/wann es schon Schwedisch/das am aller thewrsten ist.

Wie man Geld schmidet auß Goldt vnnd Sylber.
Cap. CCXXXIV.

WAnn der Müntzer Gelt machen will auß Gold oder Sylber/wirfft er solche Metall gantz lauter in ein Tigel/vnd thut zum Gold ein zusatz von Sylber/vnnd zum Sylber etwas Kupffers so viel alß jhm gebürt auß furgeschribnen Gesatz des Königs oder eins Fürsten oder einer Statt/vnd so das Metall im Fewer zergangen ist/schütt der Müntzer das geschmolzen Gold oder Sylber in ein Eysen Instrument/das viel langer Gruben oder Känelen hat/daß lange Stengl:in darauß werden/die hämmere er darnach/vnd macht breite oder schmale Blächer darauß/dick oder dünn/nach dem die Müntz dick oder dünn werden soll. Er zerhawet auch solche Bläch in kleiner Bläclein/vnnd die von Gold seind die wigter/desgleichen thut er mit den grössern Sylbern stucken/darauß Thaler oder Dickpfenning werden sollen/damit sie jhr just Gewicht haben. Aber was kleine Sylberne Pfenning werden sollen/in denen halt man das Gewicht nicht so eben/ist auch nicht viel daran gelegen/es wird in jhnen mehr die zahl auff ein Gulden Sylbere stücklein/treibt sie noch mehr mit dem Hammer/wärmet sie im Fewr so offt es noth thut/macht sie Rotund/vnd damit sie gantz weiß werden/was von Sylber ist/seudt er sie mit Saltz vnd Weinstein/stemffts darnach/vnd schlecht dareyn Wapen/Geschrifft vnd andere Zeichen. Diese ding hab ich erlernet auß den Büchern des Hocherfahrnen Georgij
Agricolæ.

Das fünffte Buch
Von dem Schwabenlandt vnd
seinen fürnemmen Stätten vnd Flecken/ Herrschafften vnd Fruchtbarkeit. Cap. ccyl.

Schwaben woher sie genennet werden.

Es ist in Teutschlandt kein Volck das sein Nammen lenger/ weder die Schwaben behalten habe. Dann sie seind lang vor den Bäyern/ Sachsen vnd Francken gewesen. Wo aber der Namm jnen herkommen sey/ vnd wo sie vmb vnnd vor Christi Geburt gewohnt haben/ ist in den Historien ein mißhell/ vnnd stimmen nicht gleich zusammen. Es schreibt der alt Berosus/ daß Tuisco/ von dem die Teutschen kommen seind/ hab vnder andern Kindern ein Sohn gehabt/ der hat Suevus/ oder zu Teutsch Schwab/ geheissen/ vnd also nach seinem schreiben ist das Schwäbisch Volck von diesem Suevo kommen. Die andern sagen daß jhnen der Namm kommen sey von einem Wasser/ das Suevus bey den Alten geheissen hat/ vnd scheidet Preussen Landt vnd Lithaw/ bey den die Schwaben vor alten zeiten gewohnt haben. Aber die andern sprechen daß die Oder sey das gemeldt Wasser Suevus. Es seind auch etliche die meynen der Nam sey an sie kommen von einem Berg in Sachsen gelegen/ der vor alten zeiten Suevus hab geheissen. Ich find auch daß in Teutschlandt ein König mit nammen Suevus regiert hat zu den zeiten da Balleus zu Babylonia regiert hat/ das ist mehr dann 2000.jahr vor Christi geburt/ aber das wird seyn/ alß ich acht/ Tuisconis Sohn/ von dem jetzt gesagt ist.

Wo die Schwaben vor zeiten gewohnt.

Nun wöllen wir sehen wo die Schwaben vor vnd vmb die Geburt Christi gewohnt haben. Man find in den Historien daß Drusus Keysers Augusti Stieffsohn das Teutschlandt gar hart bestritten vnd bezwungen hat/ vnd besonder nach dem er die Teveteros/ Cattos/ vnnd Marcomannos/ das seind zum theil Völcker vmb den Böhemer Wald/ geschweigt hat/ hat er darnach mit einander die Cheruscos/ Schwaben/ vnd Sicambern mit Kriegen angewendt. Nun ist gewiß/ daß die Sicambern ihre Wohnung weit vnder Cöln auff beyden seiten des Rheins haben gehabt/ darumb können die Schwaben dazumal nicht allein hie oben im Teutschlandt gewohnt haben. Item die Historien sagen auch/ daß Julius der erst Keyser hab vor Christi geburt zwo Brücken vber den Rhein gemacht/ eine zu Cöln/ die ander in Gellerlandt/ wie auch hie vornen gemeldet ist/ damit er die Schwaben in jrem Landt bekriegen möchte.

Plinius was er von den Schwaben schreibt.

Es spricht auch Plinius/ daß vorzeiten die Teutschen fünfferley Geschlecht haben gehabt/ vnder welchen eins gewesen ist die Hermiones/ vnnd die seind getheilet worden in Schwaben/ Hermanduren/ Catten vnd Cheruscen. Nun ist jederman der meynung/ daß die Cheruscen haben gewohnt bey der Elb/ vnd daß bey Catten verstanden werden die Hessen/ vnd darumb müssen auch die Schwaben ihre Wohnung bey jnen gehabt haben. Vnd das setzen Ptolemeus vnd Strabo mit außgeruckten worten/ daß die Schwaben vmb die Geburt Christi ihre Wohnung zum theil bey der Elb haben gehabt. Man findt auch in den Historien daß Drusus vnd Augustus die Schwaben vertrieben von der Elb/ vnd daß sie sich gesetzt haben an die Thonaw/

Von Teutschlandt. 985

Thonaw/ da sie viel besser dann an der Elb möchten von den Römern gemeistert werden. Hie ist mir auch nit vnwissend/ daß etliche meynen/ es haben vor zeiten die Schwaben gar nahe das gantz Teutschland inngehabt/ vnd daß vor zeiten bey Schwabenlandt/ Teutschland verstanden worden. Denen wölt ich gern glauben/ wann die alten nicht so viel Völcker neben den Schwaben hetten gesetzt. Dem sey nun wie jm wöll/ das ist einmal gewiß/ nach dem die Alemannier vnd Schwaben vmb Christi geburt das Land bey dem Vrsprung der Thonaw inngehabt/ haben sie jre Wohnug vnd Nammen gar weit außgespreitet. Dann diese Landschafften seind alle zu der Alemannier vnd dem Schwabenlandt gezehlt worden/ Breißgöw/ Schwartzwald/ Hgöw/ Ergöw/ biß gen Zürich/ Bodensee/ Algöw/ Lechgöw/ Wirtenberger Landt/ Kreichgöw/ Marggraffschafft vnnd das Rieß vmb Nörlingen. Aber zu vnsern zeiten rechnet man das Wirtenberger Landt vnnd was vmb Vlm auff acht Meilen vngefehrlich gelegen ist/ gegen dem Bäyerlandt vnd gegen dem Gebird/ für das Schwabenlandt.

Gelegenheit des Schwabenlandts.
Cap. ccxli.

ES ist das Schwabenlandt zum theil eben/ aber an manchem Ort ist es auch Birgig. Es ist Fruchtbar genug/ vnd wirdt auch kein Ort darinn gefunden/ das man nit zu nutz braucht/ außgenommen was die hohen Berg/ Wäld vnd Sümpff verschlagen. Es hat viel Wäld vnd ein groß gejägt/ es hat auch Korn gnug vnd viel Viehs. Durch seine Thäler fliessen gemeinlich nutzliche Bäch. Es hat ein besondern vnd Heilsammen Lufft/ ist mit vielen Stätten/ Flecken/ Schlössern vnnd Dörffern wol erbawen. Die Schlösser ligen gemeinlich auff hohen Bergen/ von Natur vnd sonst wol bewahrt. In diesem Lande entspringt das groß vnd in aller Welt nambhafftig Wasser die Thonaw/ vnd theilt das Schwabenlandt in zwey theil. Das ober so gegen Mittag ligt/ hat vor zeiten Rhetia geheissen vnd Vindelia. Rhetia begreifft in jhm den Bodensee/ alß Algöw/ vnd Churer Gebirg/ da der Rhein sein Vrsprung nimbt auff den hohen Alpen/ vnnd fallt herab vber Berg vnd Felsen/ durch die enge Klingen vnd Thäler biß er der Bündner Landschafft durchlaufft/ vnd darnach fallt er in den grossen vnd lustigen See/ so man den Bodensee nent/ darvon hievornen viel geschrieben ist. Aber die gelegenheit zu beyden seiten an der Thonaw ist etwan rauch/ bringt kein Wein oder gantz sawern Wein biß in Oestereich/ da ist der Thonawerstrom des Weins halb gantz Fruchtbar. Aber andere ding wachsen allenthalben mit vberfluß an der Thonaw. Da das Schwabenlandt an den Schwartzwald stoßt/ ist das Erdtrich bitter/ vnd wann man es nicht vorhin brennt/ bringet es kein Frucht. Man mag auch mit grosser müh vnd arbeit daselbst in den Thälern fruchtbare Bäum pflantzen. Aber die Weid für das Vieh ist feist vnd gut. Auff der Thonaw flößt man viel Bawholtz von dem Schwartzwald in Bäyern vnd Oestereich. Die Alpen vñ das Gebirg zeucht sich der Thonaw nach gar nahe biß gen Vlm. Es hat auch an andern vnd andern Orten/ andere vnd andere nammen. Vnder dem Vrsprung der Thonaw bey der Statt Mengen heißt es auff der Scherz/ darnach die Alb/ darnach die Albuch/ zum letsten das Hertzfeld/ von welchem ich bald sagen will. Auff der höhe dieser Alpen ist es vast eben/ aber streng vñ kalt an manchem Ort/ es ist auch mangel an Wasser. Vnd wo die Leut darauff wohnen/ müssen sie mit grosser arbeit die Frucht auß dem Erdrich bringen. Es ist an etlichen orten also steinig/ daß 8. oder 9. Ochsen kaum ein Pflug mögen erziehen. Vnd das ist wunder zu sehen auff den Alpen so man anderswo die Stein auß den Aeckern list/ alß ein hinderuß der Frucht/ laßt man sie darinn ligen/ alß ein ding darvon die Frucht gemehrt wird. Der Necker so von Rotweil herab kompt durch Horb auff Rotenburg zu / macht das Land an manchem Ort zu beyden seiten Fruchtbar an Wein/ alß nemblich vmb Rotenburg/ Thübingen/ Eßlingen/ Stuckgart/ Heltbrunn/ Wimpffen/ vnd Heydelberg/ bey welchen Stätten ein grosser Weinwachß ist.

Von etlichen besonderen Göwen des Schwaben-
landts/ die doch andere nammen haben/ wie hernach volget.
Von der Alb. Cap. ccxlij.

ES ist die Alb ein birgigs/ steinigs vnd rauches Lande/ aber da zeucht es viel Korn/ Habern vnd Gersten. Es ist so ein hert Feld/ daß man in dem Ackerbaw etwan 12. oder 14. Ochsen vnd 1. oder 2. Roß vor dem Pflug brauchen muß. Es ist sonst ein gut Land an Viehe/ Weiden/ Schäffereyen/ Holtz/ Wildprät vñ andern dingen. Es hat viel guter Stättlein vnd Schlösser/ alß Ravenstein deren von Rechberg/ scheidet die Alb vnd das Albuch von einander/ Samertingen ein Stättlein vnd

XXxx Landtaffel

986 Landtaffel etlicher Göwen des Schwabenlands/
Dörffern/Wässern und Wälden/wie sie zu unse
verendert und verteut

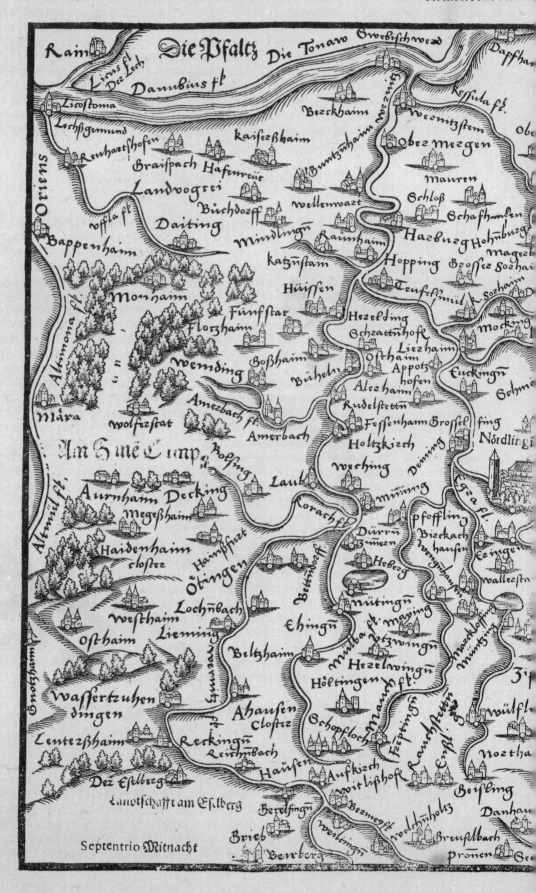

die newen Nammen aller Stätten/Flecken/ 987

Schloß / Hettingen ein Stättlein vnnd Schloß / ist jetzund der Speten / Balingen / Münsingen / Wirtenbergisch: Veringen das etwan ein besonder Graffschafft ist gewesen / Trochtelfingen / Melchingen / Jungnaw der Graffen von Werdenberg gewesen / vnd nach jrem abgang an die Graffen von Fürstenberg kommen: Albeck / Westerstetten / Blawbeuren / Hohen Zollern / Rotenburg von Ehingen am Necker / Schelckingen ein Stättlein vnnd ein Schloß des Hauß Oesterreichs.

Zweyfalten ein Herrlich Kloster / da ligt viel Adels begraben / das haben gestifft Lutold vnd Cuno Graff zu Achelm / im jahr 1088. Die Aebte:

Notger		Conrad	1251
Vlrich	1093	Berthold	1259
Pilignan	1136	Petrus	1281
Harick	1137	Vlrich	1282
Ernst Doctor	1153	Eberhard	1293
Martyrer		Vlrich	1331
Wernher	1158	Walther	1340
Goafrid		Johann	1350
Conrad	1165	Anßheim	1369
Wernher	1189	Conrad	1385
Herman	1193	Johann	1394
Conrad	1205	Wolffgang von Stein	1399
Heinrich	1215	Gorgius	1422
Luthold	1215	Johann von Stein	1436
Rheinhard	1229	Georg Piscatoris	1473
Fiderich	1234	Sebastian Mutt	1511
Arnold	1240	Niclaus Buchner	1537
Wernher	1245	Johannes.	

Von der Scherz. Cap. cclxiij.

Je Scherz ist ein birgig rauch Landt / stost an die Alb / aber es gibt viel Korn / Habern / Gersten / Holtz / Schaaf / Ochsen zum Ackerbaw. Es hat kein Weinwachß / wenig Wasser dann Schnee vnd Regen / viel guter Schlösser vnd Dörffer. Aber das Stättlein vnd Schloß Scherz so an der Thonaw ligen aller nechst bey Mengen / vnd der Freyherren oder Truchsessen von Waldpurg eygen / ist darumb gar Fruchtbar / darvon ich hie vornenbey den Truchsessen von Waldpurg etwz weiters gesagt hab. Es ist diß Stättlein von etlichen jaren ein Pfandschafft von Oestereich gewesen / vnd denen von Stein verpfendt. Vnd als die ablösung verkünde / vnd bar gelt nit vorhanden war / haben es die von Stein für eygen erkaufft vom Hauß Oestereich / vnd nachmals den Graffen von Sonnenburg / die vom Geschlecht der Truchsessen waren / verkaufft.

Von den Albuch. Cap. cclxiv.

As Albuch ist ein birgig vñ rauch Land / hat viel Heyden vñ Veld / Holtz / Viehe / Weyd / Schäfferey / Vögel / Wildprät / wenig Korn vnd Habern. Die Brentz bey dem Dorff Albuch scheidet das Albuch vnd Hertfeld von einander. Es ligen viel Schlösser darinn / besonder Lautenburg / Hohen Roden / Rosenstein / Bergen / alten Rechberg / Weissenstein ein Stättlein vnd Schloß / Ravenstein / Eynbach / Scharffenberg. Vnd die sind vast Edelleut von Rechberg / Wallrod vnd Welwart. An diß Land stost ein klein Ländlein die Wellend genannt / ist Fruchtbar genug / hat aber kein Wein / hat nur Dörffer. Item der Wald Zehen genannt / stost an das Beyerlandt / vnd an das Schwanfeld / vnd an den Hannenkam / darinn ligen Willenheim ein Schloß vnd Marckt / Trondel ein Schloß / &c.

Von dem Hanenkam. Cap. cclxv.

Anenkam ist ein birgig vnd rauch Landt / hat kein Weinwachß / aber gut Korn / Gersten / Habern / Vieh / Wäld / Holtz / Schaaf. Er ist Sandig vnd Mösig / stost an das Rieß / an die Thonaw / gegen Rhein / vñ bey Harburg an das Hertfeld. Im Stättlein Monheim seind eydel Nadelmacher / vber 63. Meister. Zu Heidenheim seind zwey Clöster / die hat S. Wunibaldus gestifft / in einem ist er Abt gewesen / vnd im andern sein Schwester S. Waltpurg Aebtissin. Es gehört dem Marggraffen von Brandenburg zu. Item Pappenheim ein Schloß vnd Stättlein / ist der Marschalcken von Pappenheim / vnd ligt auff der Altmül. Sonst andere viel Stättlein vnd Schlösser ligen in dem Landt / deren etliche seind der Marggrafften von Brandenburg / etliche der Bäyrischen Herrn / etliche anderer besonder Edelleuten. Diß Landt faht an bey dem Closter Keyßheim nicht ferr von Schwäbischen Werd / vnd bey dem Dorff Buchdorff / vnd gehet nach der zwerch für Monheim / Steinheim / Truhadingen / Fünffstett vnd Wolstett.

Keyßheim das Closter / Keysersheim sonst genannt / Cistercier Ordens / ist gestifft 1133. von

Heinrich

Von Teutschlandt. 989

Heinrich von Lechsgundo vnd seinem Gemahel Lütgarden/ die von Grabspach/ Niffen/ Helffenstein/ Oetingen/ Freyherzen von Gundelfingen/ Marschalck von Pappenheim/ Schencken von Geyern/ die von Rechberg/ haben da jhr Begräbnuß. Der erst jhr Abt:

Virich	1134	Virich Zoller	1321		
Conrad	1155	Virich Nübling	1340		
Dietheim	1163	Johann Zauer	1361		
Albert	1164	Johann Müller	1380		
Ebo	1194	Johann Hab	1400		
Conrad	1210	Crafft von Hochstät	1423		
Heinrich	1229	Lienhard von Weinmeyer	1430		
Reichhard	1240	Nicolaus Roth	1440		
Wolwig	1252	Georg	1458		
Heinrich	1263	Johann Ilscher	1479		
Ortwyn	1267	Georg Kastner	1490		
Heinrich von Pappenheim	1288	Conrad Vosser	1500		
Johann Clonold	1303	Johann Zanher	1548		

Von dem Hertenfeld. Cap. cclvj.

Diß Landt ist rauch/ hart/ birgig vnd vngeschlacht/ hat kein Weinwachs vnnd auch wenig Wasser/ dann so viel man in Cisternen samlet von Regen vnd Schnee. Zeücht aber viel Korn vnd andere Frücht/ Ochsen/ Roß/ Schaaf. Es hat viel Holtz/ vnd ist bey 5. Meilen lang von hohen Adelsingen an biß gen Harburg/ vnd 3. Meilen breit von der Brentz biß vnder Karpffenburg.

Zu Nereßheim/ ist ein Kloster Benedicter Ordens/ das hat gestifft Graff Hartman von Dillingen/ S. Ulrichs Vetter. Die Graffen von Oetingen seynd Kastenvögt darüber vnd Schirmherren.

Nereßheim ein Kloster.

Aebte zu Nereßheim.

Ernst Graff zu Dillingen	1095	Walter	1277	Virich von Roden	1405
Hugo	1096	Dieterich	1278	Heinrich Dienenstein	1423
Dietrich	1101	Friderich von Zipilngen	1288	Rudolph Jäger	1446
Heinrich	1118	Heinrich	1308	Georgius von Memmingen	1465
Pilgram	1125	Colman	1329	Eberhard von Embshofen	1476
Ortlieb	1140	Virich von Hochstatten	1338	Johann von Wybtingen	1494
Degenhard	1164	Walter Vapfinger	1340	Simon von Vernstat	1527
Gebebold	1199	Conrad Dillinger	1369	Johann Finsternacht	1510
Gebbold von Ehingen	1226	Wolfahrt von Steinheim	1372	Mathias Gütman	1519
Rugger	1236	Wilhelm von Altmanmuß	1380	Johann Schweickhofer	1545
Virich von Eichingen	1258	Nicolaus von Eichingen	1394		

Es ligen viel Schlösser darinn/ nemlich Kochenberg/ Kapffenburg/ Adelsingen/ Schenckenstein/ Flochberg/ Turneck/ Maurten/ Hohenburg/ Tiemenstein/ Katzenstein/ Tetenstein ein Schloß der Edelleuten von Hirnheim/ Trogenhofen vnder Tischingen der Edelleuten von Westernach. Harburg ein Schloß der Graffen von Oetingen. Die Brentz scheidet die Albuch vnd das Hertfeldt von einander.

Schlösser.

Von dem Kochenthal. cclvij.

Kochenthal ist ein gut Ländlein/ hat Vögel/ Fisch/ Wildprät/ viel Ochsen zum Ackerbaw/ viel Viehe/ gut Korn/ Habern vnd Obs. Da der Koch entspringt da wächst in 5. Meilen kein Wein/ biß gen Geyldorn/ das Stättlein Schwäbischen Hall/ Komburg/ Eßlingen/ Geysingen biß an das Neckerthal/ da der Koch seinen Namen verleuret/ ein halbe Meil vnder Heylbrunn/ doch ist der Kocherwein sawr. In diesem Thal ligt Alen ein Reichsstatt. Geyldorff ein Stättlin vnd Schloß der Schencken von Limpurg/ Kompurg etwan ein Kloster/ aber jetzt ein Weltlicher Stifft/ das haben die Grafen von Rotenburg an der Tauber gestifft. Limpurg ein Schloß vnd ein Marckt/ darvon die Herren vnd Schencken von Limpurg jhren Namen haben. Thierburg ein Schloß den Graffen von Hohenloh/ wie auch Ingoltingen/ Stätten ein Schloß/ Nagelsperg/ Vorgtenberg/ Stockstein/ ꝛc. Deren sind etlich der Graffen von Hohenloh

Kocher ein Wasser.
Kocherwein gantz sawr.
Limburg ein Schloß.
Thierburg ein Schloß.

YYvv   etlich

Das fünffte Buch.

etliche der Schencken/ etliche der Edlen von Hirnheim. Goldpach ein Kloster Pauliner Ordens. Wellenstein ein Schloß vnd Dorff deren von Adelmansfelden. Hohenstatt ein Schloß vnd Dorf. Grüningen ein Schloß. Toringen ein Schloß vnd Dorff der Edelleut von Bachenstein. Stockstein ein Schloß vnd Marckt der Herren von Weinsperg etwan gewesen. Sindringen/ Bochtenberg/ zwey Stätlein vnd Schloß der Graffen von Hohenloch.

Stockstein ein Schloß.

Schwäbischen Hall im Kochenthal. Cap. ccylviij.

Saltz zu Hall.

In Reichsstatt ist Hall im Kochenthal/ hat ein eigne Müntz/ die geht nicht weiter dann so ferr jr Gebiet sich erstreckt. Es hat diese Statt gar köstliche Saltzpfannen/ vnd das Saltz saltzet gar wol/ ist klein vnd weiß/ das führt man in Francken vnd an den Rheinstrom. In dieser Statt ist ein Kampfgericht/ wann zwen Edel Rittermessige mit einander kempffen wollen vmb Ehr vnd Glimpff/ vnd wird dise Ordnung darinn gehalten. Nach dem ein Erbar Raht daselbst von Keysern vnd Königen vor vielen jahren gefreyet ist/ so sich also zwen Edel Ritermässig mit einander verwilligen/ vnd beyd ein Raht vmb Platz vnd Schirm bitten/ schreibt jnen ein Raht d' meynung: Jhr schreiben vnd beger hab ein Raht gehört/ vnd der vnwill zwische jnen sey jm leyd/ wölten gern daß sie von jrem Fürnehmen abstünden/ vnd bitt sie mit allem fleiß deßzu vberheben/ vnd sich sonst in ein ander ehrlicher vnd ziemlicher weiß/ mittel vnd weg zuvereinigen/ das wöll sich ein E. Raht zu jnen versehen/ das begert ein Raht vmb sie zu verdienen. Vnd da sie beyde wider schreiben vnd betten der meynung wie vor/ vnd nicht wölten abstehn/ auff das schreibt jnen wider ein Raht wie vor. Vnd ob sie weiter auff jrem Fürnehmen beharren/ so benennt jnen ein Raht ein tag darauff zuerscheinen/ jr beyder Klag/ Ansprach vnd Anligen gütlich zuverhören. Vnd so sie den tag annehmen zu kommen/ vnd alsdann darauff erscheinen so hört ein Raht jhr Anligen/ vnd nach Verhörung thut ein Raht möglichen fleiß sie in ein ander mittel vnd weg gütlich oder auff das Recht zuvereinigen. So das aber je nit seyn will/ vnd sie nicht von jhrem Fürnehmen abstehn/ vnd ein Raht nicht verlassen wöllen/ so sagt jhnen ein Raht Platz vnd Schirm zu/ vnd benennt jnen einen tag zu kommen. Vnd so sie kommen vnd ist jr beger/ wie vor/ so müssen sie beyde schweren zu Gott/ jhrem Fürnehmen gestracks auff den bestimpten Tag volge zuthun/ vnd benennt jnen/ jedem ein Anzahl Leut/ mög er mit jhm bringen/ vnd nicht mehr Personen dann ein Raht jnen zu lassen gefällig ist. Auff dieselbige zeit läst ein Rhat den Marckt oder Platz mit Sand beschütten vnd vmbschrancken/ vnd jedem ein Hütten/ da er mit dem Grießwarten vnd seinen Verwandten seyn mög/ machen. Auch jedem ein Todenbor mit Kertzen/ Bortüchern vnd andern dingen die zu einer Leich gehören. Es wirdt auch einem jeden seines gefallens ein Beichtvatter/ zwen Grießwarten/ vnd einem als dem andn gleich Harnisch vnd Wehr zugelassen/ oder mögen sich deß als selbst zu Roß oder Fuß verernen/ wie sie deßhalb in Schrifften versprochen vnd zugesagt haben. Vnd alsdañ in Gegenwart jrer Beyden läst ein Raht gleich schutz vnd schirm offentlichen außruffen vnd verkünden/ daß niemand schrey/ deut/ winck/ oder sonst zeichen thu vnd gebe. Vnd welcher das nicht thät/ dem wölle ein Raht durch den Nachrichter/ der dann gegenwertig seyn sol/ mit einem Handbeyl vnd Bloch die rechte Hand vnd den lincken Fuß abhawen lassen ohn Gnad. Es werden alle Thor verschlossen/ alle Thürn/ Wehr vnd Mawren besetzt/ vnd alle Gassen mit Eysen Ketten durchzogen/ bewahrt vnd versehen. Weiter wird verbotten vnd bestellt/ daß kein Frawenbild noch Knab vnder 13. jahren alt darbey seyn oder zu sehen gestattet werde. Als dann bestimpt ein Raht jnen beyde stund vff den Platz in sein Hütte zukommen mit seinem Beichtvatter vnd Grießwarten/ vnd verwechslet alsdann ein Grießwarten vnd befielht jedem in seine Hütten zu gehen/ vnd auff das aller hefftigst mit allem fleiß aufmercken zuhaben/ daß keiner wider den andern vntrew/ sondern gefehr nach vortheil der Wehr vnd Waffen suche/ thun/ noch hab in kein weiß noch weg. so das alles beschicht/ alsdann läst man sie gegen einander außtretten/ vnd wird mit lauter Stimm drey mal geruffen. Zum ersten/ zum andern/ vnd zum dritten mal/ so wenden sie einander an. Welcher verwundt wird vnd sich dem andern ergibt/ der sol hinfür geachtet werden Ehrloß/ auff kein Pferdt mehr sitzen/ kein Bart scheren/ noch Waffen oder Wehr tragen/ auch zu allen Ehren vntauglich. Vnd welcher todtligen bleibt/ vnd also/ wie lautet/ vberwunden wird/ der sol ehrlich zur Erden bestattet werden. Vnd dieser der also obligt/ der soll sein Ehr genugsamlich bewärt haben/ auch forthin ehrlicher gehalten werden.

Jost von Burgaw vnd Jörg Hall kämpffen mit einander.

Anno 1005. hat Jost von Burgaw vnd Jörg Hail zu Hall kämpfft auff dem Vihemarckt am nechsten Freytag nach S. Jörgen Tag/ lag Jörg Hail ob/ vnd Jobst von Burgaw blieb biß an den Donnerstag vnd starb. Darnach kämpfften aber zween Edle mit einander/ in grünen Röcken

ohne

Von Teutschlandt 991

ohn Harnisch/ da ergab sich einer dem andern. Weiter hernach haben zween Edlen/ einer Greuter geheissen/ der ander Bawstätter/ mit einander kämpfft vnd ist der Greuter obgelegen/ vnd auff den Knyen von der Wahlstatt gangen in ein Capell vnser lieben Frauwen zu Hall am Capellenthor/ daß jhm die Knye bluteten. Darnach haben zween Edlen/ einer von Münchingen/ der ander von Rappenburg mit ein ander kämpffen wöllen/ die seynd von einem Raht zu Hall abgethädigt worden. Ein ander Kampffplatz ist zu Wirtzburg im Franckenland/ wie aber das in viel ander gestallt gebraucht vnd gehalten wird/ laß ich von kürtze wegen hie anstehn. Item zu Ohnspach bey Nürenberg sol auch ein Kampffort seyn/ aber ich hab nichts gewisses bißher erfahren.

Von dem Viragrund. Cap. ccliv.

Viragrund ein Wald vnd Gegne oder ein Ländlein/ ist bey 7. Meil lang/ vnd ligt darinn Elwangen das Stättlein vnd ein berümpt Kloster/ aber jetzund ein Stift. Es ist gar ein gut Ländlein von Ackerbaw/ Holtz/ Wiesen/ Vieh/ Ochsen/ Roß/ Schaaf/ es hat auch gut Fisch/ Vögel/ Wildprät/ viel Weyer/ Hartz vnd Pech: aber kein Weinwachs. Sein breite wird gerechnet von Dünckelspühel (ist ein Reichsstatt) biß an den Wald genannt/ die Host/ vnd die Lände von dem Schloß Baldern biß an das Schloß Tannenberg. Es ligt Dinckelspühel/ an dem Wasser Wernitz/ vnd hat diese Statt vnder jhr so viel Weyer als tag im jahr seynd/ Röteln ist ein Schloß/ Rechenberg ein Schloß der Edelleuth von Wolmershausen/ Adelmansfelden ein Schloß vnnd Marckt der Schencken von Limpurg/ Westhausen ein Schloß vnd Dorff der Edelleuth von Adelsingen. Es fleust die Jaxt ein Wasser durch den Viragrund/ vñ zu Elwangen an der Statt hin/ vnd entspringet bey dem Marckt genannt Zebingen/ ist ein Zugehörd deß Fürstenthumbs Beyern/ aber oberhalb der grossen Seen ist es alles deß Graffen von Oetingen/ vnd die Jaxt fleust durch der Seen zwen/ laufft neben Louchen vnder Karpffburg/ vnd zu letzt in Necker. Es ligt in disem Land Kriesheim ein Stättlin vnd Schloß der Marggraffen von Brandenburg. Item Laubenhausen/ Hornberg ein Schloß/ hat vil Ganerben: das ist/ die theil daran haben/ Sultz ein Schloß/ Kirchberg ein Stättlein vnd Schloß/ ist halb der Statt Rotenburg an der Tauber/ vnd halb der Statt Dünckelspühl/ Löwenfels vnd Mornstein/ zwey Schlösser/ das vorder ist der Edlen von Velberg/ vnd das ander der Edlen von Kreilßheim/ Langenburg ein Stättlein vnd Schloß der Graffen von Hohenloh/ Jaxtberg ein Schloß vnd Stättlin deß Bischoffs von Würtzburg/ Krautenheim ein Schloß vnd Stättlein/ Tretzbach vnd Leubach zwey Schlösser deren von Berlaiching/ Schönthal ein Kloster S. Bernhards Ordens/ Münchrot ein Kloster vnnd Probstey S. Benedicten Ordens bey Dinckelspühel/ Berlachingen ein Schloß vnd Dorff der Edlen von Berlachingen/ Jaxthausen Schloß vnd Dorff auch der von Berlachingen/ Widern ein Schloß vnd Stättlin/ hat viel Ganerben oder Theilherren.

Host ein Wald.
Die Jaxt.
Löwenfeld vnd Mornstein.
Jaxtberg.
Das Kloster Schönthal.
Jaxthausen.

Elbwangen. Cap. ccl.

iß Kloster ist gestifft worden Anno 764. von Bischoff Horiolfo genannt. Den hatt Keyser Carlen also lieb als sein eygen Vatter/ er war Bischof von Langres in Franckreich. Sein Nachfahr in dieser Abtey ist gewesen Victerbus/ der war postuliert gen Augspurg zu einem Bischoff: Auff jhn sind nacheinander kommen diese Aebt:

Grimoldus	Hardobert	956	Ebo	1102	Rudolph	1250
Othaldus	Winitarius	964	Reichhard	1113	Otto von Schwabsberg	1256
Adelgerus	Gebhard	990	Heimreich	1118	Conrad	1262
Sanderadus	Hartman	996	Graff zu Oetingen		Eckhard von Schwabsberg	1269
Ermenricus	Berengartus	1011	Albrecht von Ramsperg	1136	Ernfrid von Feldberg	1309
Berno	Odenbert	1026	Albrecht von Königsperg	1173	Rudolph von Pfaltzheim	1311
Astericus	Reichhard	1035	Chuno	1188	Chus Freyherr zu Gundelfingen	
Lindbertus	Aaron	1040	Gadebald	1218		1333
Hatto	Regniger	1060	Albrecht	1228	Albrecht Haack	1367
Adelbert Graff zu Dillingen	Vdo	1076	Sigfrid	1240	Sigfrid	1401
Hirnbert	922	Isenbert	1090	Ruger	1242	Johann von Holtzingen	1427
Herman	944	Adelger	1094	Gadebald	1247		

Der letzt Abt hat geheissen Johannes von Herheim/ er war Abt im jahr Christi 1452. vnd im jahr 1460. vbergab er die Abtey/ vnd ward darauß ein Probstey/ vnnd haben diese Pröbst nacheinander regiert:

Das fünfft Buch

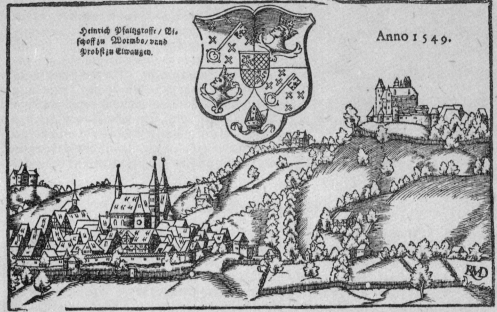

Anno 1549.

Heinrich Pfaltzgraffe / Bischoff zu Wormbs / vnnd Probst zu Elwangen.

| Albrecht von Rechberg | 1461 | Albrecht Thum von Nürnberg 1503, der vbergab die Probstey / vnd ist auff jhn Probst | worden 1521 Pfaltzg. Heinrich Bischoff zu Worms vnd Freysingen, Otto Cardinal von Augspurg. |
| Bernhard von Westerstetten | 1502 | | |

Vmb das jahr 1552. ward diese Probstey von dem Teutschen Meister (als man sichs zum wenigsten versahe) eyngenommen / aber als solchs der Hertzog von Würtenberg vernam (welcher deß Stiffts Schutzherr) ist er eylends in allem Winter hingezogen vnd dem Stifft widerumb zu dem seinen geholffen.

Von der Wernitz / Landt vnd Wasser.
Cap. ccli.

Vnder dem Schloß Schillingsfürst entspringt diß Wasser bey dem Dorf Wernitz / laufft biß gen Dünckelspühel / vnd von dannen gen Oetingen / von Oetingen gen schwäbischen Werdda kompt sie in die Thonaw. Das Land daran ist wol erbawen mit Schlössern / Stätten / Klöstern vnnd Dörffern. Weltlingen ein Schloß vnd Dorff / ist der Edelleut von Landaw. Auff Kirch ein Marckt / ist der Graffen von Oetingen / Reckingen / Reichenbach Schloß vnd Dorff der Edelleut von Seckendorff / Truhadingen Schloß vnd Stättlin der Marggraffen von Brandenburg / Fronheim Schloß vnd Dorff / Ahausen ein Kloster S. Benedictiner Ordens / das hat Graf Mangolt von Tübingen gestifft vmb das jahr 1125. erstlich zu Langenaw / darnach ist es in das Prentzthal gelegt 1194. Die Aebte wie sie zu finden / sind:

Ahausen Kloster.

Degenhard	1231	Heinrich von Gabelnbach	1357	Vlrich	1475	Johann Agricola	1522
Walther	1291	Nicolaus	1400	Jacob Legerlein	1478	Onofrius Schaduz	1542
Conrad	1312	Georg von Sundheim	1465	Johann Weydenheim	1501		
Heinrich von Werd	1336	Martin	1469	Johann Mann	1517		

Oetingen Schloß vnd Stättlin der von Oetingen / Alerheim oder Alleren Schloß vnd Dorff deren von Seckendorff wie Gossen / Harburg Schlösser vnd Märckt / Werd ein Reichsstatt. Zu Thonawerd in der Reichsstatt ligt ein Kloster zum H. Creutz geheissen / hat auch Mangolt der Graf von Dillingen gestifft mit Tita seinem Gemahl / die sampt andern Graffen jhr Begräbnuß da haben 1100. Da ligen auch viel von Pappenheim / die Gemahl H. Ludwigs von Beyern so ober das Schloß außgestürtzet / Maria ein Hertzogin auß Braband. Erstlich ist es ein Frawenkloster gewesen / vnd der Stiffter Tochter Gunderadis die Aebtissin. Der Abt ward Anno 1135.

Kloster zum H. Creutz:

| Dietrich / von jhm an ist wenig vorhanden biß auf Abt Barthol- | tome Buchßhorn | 1485 | Johann Lemer | 1519 | Thomas Roman | 1527 |
| | Frantz Rhear | 1517 | Niclaus Heyder | 1522 | | |

Von dem Rieß. Cap. cclii.

Jtten in dem vndern Rieß ligt die Statt Nördlingen in einem ebnen weiten Land ist volckreich vnd ziemlicher Gebäw / hat weite vnd liechte Gassen / mit gefüterten Gräben / Bollwercken / Thürnen vnd Pasteyen bevestiget. Es hat auch diß Land guten Kornbaw / aber kein Weinwachs / viel Viech / gut Weyd / allerley Obs / schöne Roß / aber sie erblinden gern / viel Gäns vnd Schwein. Man führt auß diesem Rieß die Gens mit grossen Schaaren an den Rheinstrom vnd Straßburg biß

Von Teutschlandt. 993

biß gen Mentz. Es stöst diese Landtschafft an das Hertfeld bey Bopsingen/ an den Hanenkasti bey Teckingen/ an das Schwanfeld bey Wemlingen/ vnd an den Viragrund bey hohen Truhadingen. Anhausen ein Kloster von Ernst Graffen zu Truhadingen An. 958. gebawen/ hat zum ersten Pröbst gehabt/ darvon nicht viel gefunden wird/ die Aebt so zu finden sind diese.

Anhausen ein Kloster.

Marquard		Bach	1221	Sigfeld von der Lachen	1313	Georg von Schechingen	1443
Albrecht	1102	Ruprecht	1246	Sigfrid Poyser	1326	Wilhelm Schechs von Pleinsfeldt	
Lüpold	1127	Otto von der Lachen	1256	Virich von der Lachen	1354		1481
Conrad	1156	Sigfrid von der Lachen	1261	Virich vom Göw	1376	Jörg Truchseß von Wetzhausen	
Heinrich	1181	Heinrich von Wittabo	1274	Willig	1392		1540
Sigfried vom See oder von dem		Otto von der Lachen	1283	Wilhelm von der Lachen	1402		

Wendingen ein Schloß vnd Stättlein ist der Fürsten von Bäyern. Bopsingen ein Reichsstättlin an der Eger gelegen. Hirnheim ein Schloß der Edelleut von Hirnheim. Teckingen ein Benedicter Kloster vnd ein Dorff/ Hopingen ein Burgstal vnd Dorff. Haheltingen ein Schloß vnd Dorff. Vtzwing Schloß vnd Dorff der Heminger. Wallerstein Schloß vnd Marckt. Allerheim deren von Nördlingen Pfandtsweiß. Lierheim ein Schloß der Edlen von Mittelburg/ Altheim Schloß vnd Dorff. Kirchen ein Frawenkloster gestifft von Graffen von Oetingen/ da sie auch jhr Begräbnuß haben.

Wendingen.

Beschreibung der Statt Nördlingen im vndern Rieß gelegen durch den Weysen/ Gelehrten vnd Hocherfahrnen Herrn Wolffgang Vogelmann daselbst Stattschreiber/ zusammen getragen vnd in ein Ordnung gestellt. Cap. ccliij.

Nördlingen ein alte Reichsstatt/ ist bey nahe in mitten deß vndern Reiß gelegen/ hat jhren Namen vnd Vrsprung von Claudio Tiberio Nerone dem dritten Römischen Keyser vor Christi Geburt genommen/ ehe er ins Keyserthumb getretten/ da er deß Keysers Augusti Heerführer war/ auß diesem Rieß Teutschlandt bekriegt vnd geschädigt. Dann nach dem Tiberius Nero vnd Claudius Drusus viel trefflicher Heerzüg vollführt/ haben sie zu jhrem Lob an mehr Orten Stätt erbawen/ vnd hat Tiberius ein sonderlichen Wollust gehabt dieselbigen Stätt seinem Namen nach zu nennen. Wie er dann damals von seinem Namen eine in Galilea/ Tiberiam/ vnd zwo in Retia von seinem Nachnamen Nerobergam vnd Nerolingam auch genannt hat. Dann wiewol etliche meynen daß Tyberia nicht von Tyberio/ sondern von Herode gebawen/ vnd Norinberga vom Bergo Norico/ vnd dann Nördling vom Nordgöw benennt seyn solten/ so geben doch auß vielen bewärten Historien die Vernunfft vnd alle Vermutung zuerkennen/ dz Tyberias zu Ehren Tyberij/ vnd Neroberga dergleichen zu Ehren Neroni also genannt/ vnd daß Nerolinga von demselbigen Tiberio Nerone jhren Anfang vnd Namen genommen hat. Darumb es auch noch heutigs tags von den Landtleuten deß Orts Nöreling vnd nicht Nördling auff jhr Teutsch genennt wird. Daß aber von den Außländern Nördlitz genannt vnd geschrieben wird/ ist auß dem Bedencken geschehen: daß es gegen Nord: das ist/ gegen Mitnacht ist gelegen/ wie das ander Rieß gegen Mittag vnd dem Hochgebürg zuligt. Daß aber Nerolinga von Nerone jhren Namen hab/ bezeugt das Histori Buch der Statt Nürenberg/ darinn also gelesen wird: Anno 20. vor Christi Geburt hat Tyberius Nero sein Läger geschlagen in Rhetia/ da jetzund die Statt Nerolingen: dann wie Tyberigam von Tyberio/ also hat er genannt von seinem Nachnamen Nerolingam. Daß das war der Römer brauch/ wo sie das Winterläger hinschlugen/ da machten sie Gräben/ Schütten vnd wehrliche Zäun vmb das Läger/ vnd führten dahin zu Sommerszeiten Nahrung vnd Proviant: Vnd wann sie das Läger verliessen/ mocht man mit geringem Kosten dahin ein Statt bawen. Auß bemeltem Ort hat er bekriegt Rhetiam vnd Vindeliciam. Also steht in gemelter Chronick geschrieben. Dieser Tiberius Nero hat Krieg geführt in Asia/ vnd bekriegt Armeniam/ darnach hat er auch hie aussen in Europa zu vnderschiedlichen zeiten seine Kriegsheere in andere örter geführt/ vnd im 5. Jahr vor Christi Geburt als ein Keyser triumphiert von wegen der Rhetiern/ Vindeliciern/ Armeniern vnd Pastoiern. Daß aber Nördlingen nachfolgends auch Aræ Flaviæ Flavianisch Altar/ ist genannt worden/ hat die Vrsach daß namaln vmbs jahr Christi 72. als Flavius Vespasianus gegen Germaniam vnd Britannien Krieg geführt/ hat nach erobertem Sieg gegen dem Teutschland seinen Gottesdienst vnd Altaren zu Nördlingen anrichten lassen/ die Statt vollend erbawen/ vnd derwegen auch dieselbige Statt so zuvor von Tyberio Nerone Nördling/ von Vespasiani Vornamen/ von dem Römischen Geschlecht Flaviorum/ Aras Flavias genannt/ wie das Ptolomeus der zu Keysers Adriani zeiten vmb das jahr Christi 163. gelebt hat/ genugsamlich anzeigt. Doch ist es vngewiß ob die Statt diesen Namen von Vespasiano dem Vater oder Domitiano dem Sohn genommen hab. Etliche möchten auch zweifflen/ ob dieser Nam auff Nördlingen oder auf Heydenheim von Ptolomeo gedeutet wäre/ jedoch so man alle Gelegen-

Woher der Nam Nördlingen.

Nörnberg.

Auß Heerlager sind Stätt worden.

Aræ Flaviana.

heit

Das fünffte Buch.

Vmb Nördlingen ist es fruchtbar.

heit ermessen wil/ersindt sich dz beyde Heydenheim vff einem rauchen Boden/vnd dagegen Nördlingen an einem geschlachten Ort gelegen ist/vnd deßhalb wol zuermessen/dz der Röm. Zeug sich viel mehr an ein weit vnd fruchtbar Erdrich/als dann der Boden vmb Nördling ist/gelegt habe/ dann vff einem rauhen/engen vn angeschlachten Boden/welchs auch der Astronomen Rechnung vnd Außtheilung wol bewärt/vnd von den Griechen ein solcher Fleck βωμοὶ Φλαβίοι genennt wird.

Anno 1238. ist die Statt durch Fewr zum andern mal abgebrandt/vnd dardurch nicht allein an Leuten/Gebäwen/Vestungen/Haab vnd Gut/sondern auch Brieffliche Urkunden/Regalien/ Privilegien vnd Immuniteten/Rechten vnd Gerechtigkeiten/ohnwiderbringlichen Schaden genommen: aber alsbald im selbigen jahr durch gnädigste Wolthat vnd befreyung Keyser Friderich deß 2. diß Namens wider zuerbawen angefangen worden/vnd die Statt aller Exaction/ Dienst vnd Reichs Stewr/etliche jahr lang befreyet vnd begnadet worden. Vnd ist gleich damals die Newestatt in ein enge Zarg oder Zirck eyngefasset worden/in massen heutiges tags vnderschiedlich gesehen/vnd jetzt die alte Statt/vnd auff dem alten Graben genannt wird. Als aber sich nachmals die Bürger durch der Keys. vnd König gnädigst Fürsehung wider erholten/vnd an Volck vnd Mannschafft dermassen stärckten/daß sie enge halb jhre Wohnungen zum theil für die Statt richten musten/hat König Ludwig der Dritt im jahr Christi 1327. eygner bewegnuß Befehl vnd Privilegien

Nördlingen erweitert.

geben/mit beger/daß sie bey jnen wie die Statt Nürmberg vnd Rotenburg ein Vngelt/auffsetzen/ darvon die Statt erweitern/die Vorstätt eynziehen/mit Ringmawren vmbfahen vnd bevestigen solten/ wie das alles jhre Freyheiten zuerkennen geben. Also ist die Statt desselben jahrs zuerweitern angefangen/vnd mehr dann vmb den halben theil erweitert/mit newen Mawren/Thürnen vnd Gräben verfangen/vnd in ein runde Circumferentz dermassen gerichtet worden/daß wenig Stätt so gar in ein Circkel gericht befunden werden.

Es ist diese Statt vor jahren neben andern Stätten in mehrer Achtung vnd Ansehen gewesen/ von wegen jhrer dapffern alten Geschlecht/vom Adel vnd sonst die eins ehrlichen Vermögens vnd darzu auff dem Land ziemlich belehnt vnd begüt gewesen seyn/vnd sich in Reichskriegen vnd Heerezügen dermassen herfür gethan/daß sie für andere gebraucht worden ist/ dessenthalben auch Ehr vnd Ruhm erlangt haben. Aber durch manigfaltig zugestandene Krieg(darinnen sie allwegen mit

Warumb Nördlingen abgenomen.

Gedult vnd Schaden jre Feind haben vberwinden müssen) deßgleichen durch vielfaltige beschwerliche vnd verderbliche Brunst vnd andere Vnglücksfäll/sind sie nicht allein vmb dieselben jhre alte Geschlecht kommen/ sondern auch an jhrem gedeylichen Auffnehmen dermassen verhindert worden/daß auch andere vor jahren ringere Stätt jhnen dieser zeit vorgehen.

Vnd damit wir derselbigen verderblichen Zufäll etliche erzehlen/so ist Nördlingen erstlich (wie jhre Annales vnd darbey auch alle Keyserl. Confirmationes noch zuerkennen geben) vngefehrlich im jahr Christi 890. vom Röm. Reich an ein Frawen hohen Stasfens Windpurgis genant/ durch jhres Sohns Zwendopulchi zuthun gewendet worden/die hett fürter durch Vbergab in jhrem Todtbett diesen Flecken in Pago Rhetiensi gelegen/sampt den zweyen Pfarrkirchen vnd allen Zugehörden dem Bischoff S. Peters vnd S. Emerans Bisthumb zu Regenspurg zum Eygenthumb ergeben/ vnd dargegen das Klosters Wembding genannt (so jetzt ein Beyerische Statt im Rieß bey Nördlingen gelegen ist) jhr Lebenlang empfangen/wie solches die Confirmations Brief

Nördlingen vnder einem Bisthumb gewesen.

von Keyser Arnolphen im jahr Christi 899. gegeben/gleichwol altfränckisch vnd vnverständliches Lateins zum theil ferner mitbringen. Aber als nachmalen ein Bischoff zu Regenspurg dem Keyser zuvergeben vnderstanden/vnd dardurch Key. Majest. beleydiget/ist zu einer Straff dasselb Bisthumb vnd Stifft zu S. Emeran in ein Abtey genidert/vnd Nördlingen von dem Bisthumb wider genommen zum Reich/ vnd Wembdingen zu dem Hauß Beyern ergeben.

Vnder derselbigen Zeit vnd den nachfolgenden Jahren hat sich von tag zu tag je mehr zugetragen/daß sich die Juden in grosser Anzahl durch erlangte Freyheiten zu Nördlingen eyngetrungen/ vnd dermassen gesterckt/daß sich auch mitten in der Statt die besten Plätz erkaufft/vnd jhre eygne zugehörige Gassen vnd Wesen gehabt/das jhre gemehret/die Burgerschafft außkaufft/vnd in ein

Die Juden zu Nördlingen erschlagen.

Verderben gebracht/vnd sie entlich verursacht/daß sich die Bürger im jahr Christi 1290. im Hewmonat auß grosser Dürfftigkeit gegen den Jüden beschwerlich empört/vnd auff ein Nacht biß in etlich hundert Jüden vnnd Jüdin erschlagen haben. Darauß erfolgt/daß nicht allein Rudolph damals regierender Keyser der Statt vmb solcher Judenschlacht willen ein mercklich Exaction oder Schatzung/die sie auch heutigs tags jährlich reichen müssen/ aufgelegt/sondern es haben sich auch die Jüden vnd jhre Anhänger die hinder den Juden Verpfändungen gehabt/in die 50. jahr lang biß zu Keyser Carles deß Vierdten Absolution vnd Ledigzehlung/die Bürger der wegen angefochten/ sie dardurch von jhren Gewerb vnnd Hanthierung abgetrieben/zu beschwerlichen Verträgen getrungen/ vnd dardurch die Statt abermals in hochbeschwerlich Verderben gericht. Dann wiewol jhr Nachbawren die Graffen bey jhnen gelegen/vnd andere hoch vnd nider Stands/so mit Schuldenlast gegen den Jüden behafft waren/ dieser Jüdenschlacht mehr Vortheils dann Nachtheils gehabt/in dem daß jhre Verschreibungen in demselben Eynfall vnnd Plündern verlohren/vnd derhalben jhre Schulden vngefordert anstehen bleiben/so haben doch

Die Statt

Die Statt Nördlingen

Im Rieß gelegen/ von einem Ehrsamen vnd Weisen Raht nach ihrer Contrafehtung zu diesem Werck vberschickt/ darzu trewlichen geholffen hat der Hochverständig vnd wolgelehrt Herr Wolffgang Vogelman Stattschreiber am selben Ort/ vnd ein sonderlicher Liebhaber der Historien vnd Cosmographey.

Nördlingen die fürnehme Reichsstatt im Ries

Es ist die Statt Nördlingen erstlich auf der Höhe hart ob dem jetzigen Nördling/ da noch die alte Pfarrkirch zu S. Emeran stehet/ vnd heutiges tags auff dem Berg genannt wirdt/ erbawen gewest/ an dem Ort da Tyberius Nero sein Winterläger gehalten/ vnd im jahr Christi 1546. die Schmalkaldischen Einigungs Verwanten/ ob 100000. Mann starck ihr Läger geschlagen/ vnd dahin gegen Keyserliche Majestat nicht mit wenigerm Kriegsvolck bey vnnd vmb Alenheim vnd Lierheim gelegen ist.

Als

rafehtet nach der Gelegenheit so sie ietzund hat.

Als aber vber viel jahr die Statt Nördlingen nach erster erbawung verbrunnen vnd auch viel mangels Wassers halb erlitten vnd in Verderben kommen / ist sie durch gnädigst Befreyung vnd milte Beförderung damals regierender Keyser vnd König allernechst vnder dieselb Malstat ins Thal an den Egerfluß gesetzt worden / also daß seydher das Wasser die Statt nach durchtheilet / vnd mehrentheils alle Häuser / jhr eygne Brunnen von frischem gesundem Wasser / darzu gute Keller an vielen Or- ten mit durchfliessenden lebendigen Brunnenflüssen gehaben mögen.

Das fünffte Buch

etliche auß jhnen vermeinlich fürgeben/daß jhnen dardurch viel trefflicher versetzter Underpfand außstehen vnnd verlohren seyn solten/die sie von den Nördlingern mit Ernst begerten/wie sich dann darauß allerley Vehd vnd Feindtschafft gegen jhnen angemasset. Vnd sonderlich hat Graf Hans von Oetingen Anno Christi 1440. die Thorwarter zu Nördlingen mit Geldt vnd Verheiß heimlich dahin gebracht/daß sie jhm 3. Tag vnd 3. Nächt die Statthor offen hielten. In deß bewarb sich Graff Hans in aller stille vmb Kriegsvolck zu Roß vnd Fuß/die Statt mit nächtlicher Weiß zu vberfallen. Aber nach dem er an der heiligen Drey König Abend anziehen wolt/vnd von der Ritterschafft gefragt war/wider wen er ziehen wolt/ob dem Feind auch zuvor ein Abklag geschehen were/haben sich etliche vom Adel/da sie vernommen/daß sie ohn entsagt wider die Nördlinger handeln solten/biß in die dritte Nacht deß Eynfals auffenthalten.

Nördlingen verrathen.

Als aber der Graff die dritte Nacht mit dem andern Kriegsvolck im Anzug war/vnd eynfallen wolt/seynd die Bürger der Meuterey gewahr worden/die geöffneten Statthor bewahrt/die bestochnen Thorwarter vnd Verräther auf dem Theininger Thor Thurn bey einander gefunden/sie zu der Gefängnuß vnd verdienter Straff genommen. Vnd seyther alle jahr auff Montag nach der heiligen Drey König Tag Gott zu Ehren der sie vor Vnraht verhüt/zu Gedächtnuß einen Jahrstag gehalten.

Nördlinger Meß.

Also hat auch alsbaldt darnach Anno 1442. Anßhelm von Eyberg mit seinen Verwandten in Zeit Nördlinger Meß gegen den Nördlingern sein Heil versucht/sich mit sieben hundert Pferdten gerüst/daselbst auff der Reichs Wiesen/da die Nördlinger allwegen in der Meß ein gemein Rennen vmb ein Scharlach zu halten pflegten/alles Volck von Bürgern vnd Frembden/Adels vnd Gewerbsleuthen/auffheben vnd hinweg führen wöllen. Aber die Sach ist damals durch die von Nördlingen auff der Wiesen mit Wapnern/deßgleichen in der Statt auff den Thürnen vnd Mawren dermassen verwahrt/daß die Meßleut ohn sondern Schaden in die Statt kommen: aber der Gegentheil vnverricht/seines Vorhabens mit Schimpff vnd nicht ohn Schaden wider abziehen müssen.

Stattkrieg.

Nicht lang darnach hat sich der Stattkrieg allgemach angesponnen/darunder sich die Burger von Nördlingen für andere gebraucht/die gebürende Defension für die Handt genommen/etlichen Fürsten vnd Herren für jhre Stätt vnd Schlösser gezogen/geprennt vnnd geplündert/darunder aber jhren Burgermeister Hieronymum Boyffinger der Stätt Hauptmann Anno Christi 1448. vor Eßlingen in einem Treffen gegen dem Graffen von Würtemberg verlohren. Vnd nach dem diese Vehd auch etliche jahr nach verrichtem Krieg gewärt/vnd die von Nördling Geistlichen vnd Weltlichen nicht geringen Schaden zugefügt/jnen etlich jhre Häuser inn vnd vmb die Statt zerbrochen/vnd zum theil abgebrennt/damit jhnen darauß nicht Schad geschehe/haben sie sich nach dem Krieg mit denselben vmb jhre Schulden freundlicher weiß vertragen. In summa dieses Kriegs/der mehr dann ein jahr gewärt/in viel weg solchen Kosten vnd Schaden genossen/daß sie derwegen in Armut gefallen/vnd in solche Schuldenlast kommen sind/daß sie damals gedoppelt mehr verzinsen vnd verleibdingen müssen/dann sie von der Statt wegen jährlichs Eynkommens gehabt. Nachfolgends aber im jahr 1485. als der König von Vngern Keyser Friderichen in sein Land Oesterzeich fiel/vnnd sich der Keyser bey dem Reich vmb Hülff bewarb/hat Hertzog Jörg von Beyern ein Gefallen ab der Sachen gehabt/sich deß ergangenen Stättkriegs/vnd daß vor jahren seiner Eltern einer/Hertzog Ludwig genannt/zu Nördling vnder m Rheimlicher Thor entleibt worden/auch wider erinnert/vnd verhofft weil der Keyser mit jhm selbst zuthun hett/wöll er sein Heyl versuchen/vnd sich seines Schadens gegen Nördling vnd andern Stätten vnderstehen zuerholen/bewegt darauff etlich hundert Graffen/Freyen/Ritter/vnnd vom Adel/daß sie ohne treffliche Vrsach neben jhm denen von Nördlingen durch Schrifft insonderheit auff Brand vnd Mord mit allerley dröwungen offentlichen entsagten. Wiewol sich die von Nördlingen hingegen Rechts auff die Key. Maj. vnd etliche Churfürsten/Fürsten/Graffen vnd Stätt anbotten/wiewol auch der Keyser etlich mal für die von Nördlingen an den Hertzogen schrieb/jhn gütlich darfür ermahnet/zuletzt auch jhn bey seinen Pflichten vnd Eyden mandiert in Ruhe zu stehen/vnd sich ordentlichen Rechtens sättigen zu lassen/ist der Hertzog Jörg in seinem Vorhaben fürgeschritten/vnd mit den entsagten vmb Jacobi mit Heerskrafft für Nördlingen gezogen/sich auff den Galgenberg gelägert/in die Statt geschossen/dargegen die von Nördlingen zur Wehr gestellt/ab Sanct Emerans Kirchen Paßtey die sie damals new gebawen/vnd mit einem Graben zu der Statt eyngefangen hetten/vnder die Feindt geschossen. Vnd wiewol sich der Feind allerley Plackerey gebraucht/kond er jhnen doch nicht mehr abbrechen/dann daß er jhnen jhr Gewerb vnd Handthierung nidergelegt/die Strassen/Proviand vnd Lifferung ein zeitlang versperret/vnd die Frücht im Land verhergt. Aber zuletzt da er nichts gewinnen mocht/vnd des Kriegens müd war/ließ er durch den Bischoff von Eistätt/den von Nördlingen gütliche Vnderhandlung anbieten/vnd ward froh daß er letzlich mit einer Ritterzehrung wider heim abgefertiget ward. Seind also die Beyern mit Gutthaten vberwunden auff Sambstag nach vnser Frawen Geburt mit kleinem Gewinn wider abgezogen. Es liessen sich die von Nördlingen die Feind nicht viel anfechten/machten gut

Hertzog Jörg belägert Nördlingen.

Dem Feind guts thun.

Von Teutschlandt.

ten gut Kundschafft ins Läger/ bewiesen sich als ob sie mit den guten Leuten freundlich Mitleiden trügen/ auffgewendet jhre Mühe/ Vnkosten vnd Versaumnuß/ luden zu zeiten jhr etlich in die Statt/ hielten jhnen Glauben/ vnd vnangesehen/ daß jhnen jhre Bürger vnd Hindersessen zum theil gefangen vnd zum theil beschädigt waren/ thäten sie jhnen guts/ hielten jhnen Bancket/ vnd bewiesen jhnen alle Ehr. Vnd wann die Feind in der grossen Sommerhitz im Läger an Proviant Mangel hatten/ schickten sie jhnen auß der Statt Wein vnd andere Proviant selbst zu. Aber wie dem/ wiewol sich die von Nördlingen ab dem Feind nicht sonders entsetzen/ so hatten sie doch deß Kriegs kleinen Nutz/ dieweil etlicher Anstiffter sonderer Personen absag vnd Plackerey etlich jahr vor dem Krieg angangen/ dardurch jhnen jhr Gewerb/ Proviant vnd alle Strassen gehindert vnd benommen gewesen/ sich auch hingegen mit mehr Kriegsleuthen zu Roß vnd zu Fuß ein gute Zeit mit Vnkosten rüsten vnd bewahren müssen.

Dann wiewol jhrenthalb Keyser Friderich etlich Churfürsten/ Fürsten vnd andern Ständen deß Reichs gebieten ließ/ denen von Nördlingen auff jhr Ansuchen mit Hülff zu erscheinen/ sind sie doch derselbigen Hülffloß gelassen/ vnnd haben demnach jhre Feindt mit Gedult vnd Woltharen müssen vberwinden/ so doch hingegen die von Nördlingen im jahr Christi 1530. auff ebenmässige Mandaten schuldigen Gehorsam geleist/ vnd den Prælaten von Keysersheim damals derhalben außgangene Keyserliche Befehl/ vnnd sein deß Prælaten Anruffen gegen etlichen Hertzogen bey Recht vnnd Rechtlichen Erbieten/ behalten/ da gleichwol denen von Nördlingen ernstlich vnnd trewlich zugeschrieben/ vnd jhnen Verlegung der Strassen/ Verhinderung jhrer Gewerb/ Proviant vnd aller Victualien durch etliche derwegen abgesagter besonderer Personen Vehd vnnd Feindtschafft allerley Schaden erfolgt ist. Geschweigen was jhnen bevor im jahr Christi 1517. auff den 16. Tag Brachmonats durch ein grawsamen Sturmwind vnd Erdbiedem für Schaden zugestanden/ der jhnen jhr rechte Pfarrkirch zu Sanct Emeran allerdings auff der Erden vnd in Grundt vmbgeworffen/ auch in der Statt/ vnd innerhalb zweyer Meylen wegs vmb Nördlingen 2000. gezehlter Häuser vnd Städel vmbgerissen/ vnd auch darzu in jhren Wälden vnd Gärten vnzahlbare Bäum mit Wurtzeln außgezogen/ wie dann auch wenig Thürn/ Kirchen vnd andere Gemäwr in Nördlingen vnzerschöllt/ auch wenig Gärten vnbeschädigt blieben/ aber wol in etlichen Gärten kein Baum auffrecht gelassen ist. Auch vngemeldet was Nördlingen vnlangst darnach in der Bäwrischen Auffruhr im jahr Christi 1525. für Jammer/ Nachtheil vnd Vnrath außgstanden/ da sich durch heimliche falsche Auffwicklung etlicher wenig Personen/ die gantz Gemein wider den Raht bewegt vnd empört/ die Rähte entsetzt/ vnd sich ein zeitlang eygens Regiments angemast hat/ darunder aber nachmals/ da sich der Räht Vnschuldt/ vnd dargegen der Auffrührer Vngrunde befunden/ auß Befehl deß Keyserlichen Schwäbischen Bundts/ die Hauptsacher zum theil gericht/ zum theil verjagt/ jhres Meynendts vnd Frefels verdiente Straff empfangen haben.

Was aber Nördlingen vnd die Jhren jung vnd alt/ Mann vnd Weibspersonen/ in nechst vergangenem Reichs- oder Schmalkaldischen Krieg/ da sie auff Keyserliche Majestat mandiren keinem Theil hülff geleist/ vnd beyder theil Kriegsvolck/ sonderlichen aber von Keyserl. Majest. gnedigste Huldigung/ vnd wider jhr gnedigst Zuschreiben/ Wissen vnd Willen/ zu letzt von den Welschen Soldaten mit Eynfall/ Vergwaltigung/ Plünderung/ Verwundung/ Entleibung/ Versagung/ Brunst vnd anderm Vnrath/ erbärmlicher/ vnchristlicher Weiß vor andern Städten/ für Hochmut/ Jammer/ Schmach vnd Schaden erlitten: das alles wäre hie zu lang vnd mit verdrießlicher Mühe zueröffnen: dann zu dem daß sie vnd die jhren deß leydigen Kriegs in der Statt vnd auff dem Land durch Schatzung/ Brand/ vnd man biß in die 200000. Gülden Schadens genommen/ sind bey jhnen auch von desselben Kriegs wegen/ von Bürgern vnd andern biß in 4000. Personen durch Mord/ Schrecken/ Kälte/ Hunger vnd Kummer/ auch Vergifft Jammer/ vnd Hertzleyd todts verfallen.

Es ist diese Statt Nördlingen/ gantz rond/ hat im Bezirck 9395. Schritt/ hat hohe Mawren mit starcken Thürnen/ vnd tieffe Gräben an etlichen Orten voll Wasser/ an etlichen trocken/ da jederweilen lebendige Hirschen gehalten werden. Die Häuser sind wol gebawen/ doch mehr von Holtz dann von Stein. Es hat ein schöne Kirch mit einem mächtigen hohen Thurn. Auff dem Marckt ist ein schön Rahthauß gleich einer Insel. Die Statt hat 5. Porten. Das Regiment bestehet bey 15. Rahtsherren/ 12. Richtern/ 3. Burgermeistern/ so zu vier Monaten geendert werden.

Das fünffte Buch

Von dem Remßthal vnd auch Prentzthal.
Cap. ccliv.

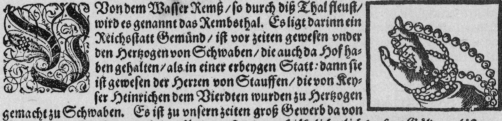

Gemünd ein Reichsstatt.

Von dem Wasser Remß/ so durch diß Thal fleust/ wird es genannt das Rembsthal. Es ligt darinn ein Reichsstatt Gemünd/ ist vor zeiten gewesen vnder den Hertzogen von Schwaben/ die auch da Hof haben gehalten/ als in einer erbeygen Statt: dann sie ist gewesen der Herren von Stauffen/ die von Keyser Heinrichen dem Vierdten wurden zu Hertzogen gemacht zu Schwaben. Es ist zu vnsern zeiten groß Gewerb da von Christallinen/ Augstein vnd beinen Pater noster/ darauß jährlich etlich tausent Gülden erlöst werden.

Hohen Stauffen.

Es ligt auch in diesem Thal hohen Stauffen ein Bergschloß/ das der Hertzogen von Schwaben ist gewesen/ die haben jhren Stammen vnd Herkommen darvon gehabt: dann sie erstlichen Freyherren gewesen/ auß denen Hertzogen/ vnd folgends Römische Keyser vnd König erwachsen/ ꝛc. Diß Schloß gehört jetzt dem Hertzogen von Würtemberg.

Kloster Lorch. Rechberg ein Schloß. Prentzthal.

Es ligt nicht fer darvon das Kloster Lorch/ das von genannten Hertzogen gestifft ist worden. Hohen Rechberg ein Bergschloß deren von Rechberg. Diß Thal bringt Wein/ Korn/ Habern/ Obs vnd viel Vieh/ ꝛc. Nicht minder fruchtbar ist das Prentzthal/ das den Namen hat von der Prentz/ die da entspringt bey dem Kloster Königsbrunn/ vnd laufft für Giengen/ vnd kompt vnder Gundelfingen dem Stättlein in die Thonaw. Es ligen in diesem Thal Heydenheim das Stättlein vnnd Helenstein das Schloß.

Königsbrunn Kloster.

Das Kloster Königsbrunn S. Bernhards Orden hat gestifft König Albrecht deß Römischen Königs Rudolphen von Habspurg Sohn/ vnd ligen darinn begraben die Graffen von Schlüsselberg/ die Mitstiffter sind gewesen 1302. Die Aebt daselbst:

Heinrich von Salen	Niclaus Vnger	Johann Sparer	1475
Marquard	Johann Rinderbach	Hellas Sengin	1491
Berchtold	Hildbrand	Emerian Thim	1507
Heinrich Hubmann	Petrus Sack 1426	Melcher Ruff	1513
Friderich	Petrus Surapffel 1452	Ambrosius Boxter	1544
Johann Ullwig	Johann Oeselin 1469		

Falckenstein.

Falckenstein ein Schloß der von Rechberg/ Eselburg ein Schloß der von Stadien/ Brentz ein Schloß/ Giengen ein Reichsstatt ligt auch an der Prentz/ Wyteslingen ein Marckt da S. Vlrich geboren ist.

Von dem Nagolter Thal. Cap. cclv.

Wildberg Schloß.

IM Würtemberger Landt ligt diß Thal/ fahet an bey dem Stättlin Nagolt/ vnd streckt sich dem Wasser nach/ das auch Nagolt heist/ biß gen Pfortzen. Diß Wasser entspringt auff dem Schwartzwald bey dem Stättlein Altenstaig so Marggräffisch ist/ vnd ligen etliche Stättlin daran/ Wildtperg Schloß vnd Stättlin/ vnd ein Frawenkloster darbey/ da die Graffen von Hohenberg die es gestifft haben/ jhr Begräbnuß gehabt/ Bulach vnd darbey ein Bergschloß/ da etwann ein Bergwerck gewesen ist/ Zobelstein Schloß vnnd Stättlein.

Kalw.

Kalw ist etwan ein besondere Graffschafft gewesen/ auß welcher Geschlecht zween Bäpst zu Rom seyndt erwehlt worden/ besonder Bapst Leo der Neundt/ der von seinem Vatter ein Graffe von Dagspurg auß dem Elsaß/ vnnd von der Mutter ein Graff von Kalw ist gewesen. Item Bapst Victor der Ander/ von der Geburt ein Graffe von Kalw.

Von Sitten der Alten vnd jetzigen Schwaben.
Cap. cclvj.

ES schreibt Keyser Julius im 4. Buch seiner Commentarien von den Schwaben also: Das Schwäbisch Volck ist groß/ vnd das allerstreitbarest vnder den Teutschen. Man sagt/ daß sie hundert Pagos oder Göw haben/ auß welchen sie alle jahr 100000. gewaffneter Mann in Krieg schicken: aber die andern die daheimen bleiben/ ernehren sich vnd die jhren so dem Krieg außwarten. Doch wechslen sie vber jahr die Kriegsleut ab/ vnd gehen die andern in Krieg die vorhin vber jahr daheim sind blieben. Vnd damit zergeht nicht bey jhnen der Ackerbaw/ noch auch wirdt vnderlassen deß Kriegs Gebrauch vnd Vbung. Aber doch hat keiner kein besondern Acker/ so läst man auch keinen vber jahr an einem Ort sitzen/ damit er jhm selbst nicht etwas zweyge oder pflantze. Sie ge-

lebten

Von Teutschlandt.

leben nicht allein von der Frucht/sondern ernehren sich auch von der Milch/von dem Viehe/hangen auch stäts an dem Wildfang/vnd damit kommen sie zu grosser Stärcke/vnd wächst jhnen ein grosser Leib. Sie haben sich auch darzu gewehnt/wiewol sie vnder einem kalten Himmel wohnen/ so gebrauchen sie sich doch keins Kleids/ohn allein daß sie ein Fell oder Beltz vmb jhr Leib schlagen/ vnd so das viel kleiner weder der Leib ist/bleibt ein groß Theil deß Leibs vnbedeckt. Sie baden vnd wäschen sich in den fliessenden Wassern. Die Kauffleut kommen zu jhnen/nicht darumb daß sie jhnen etwas wöllen zutragen zuverkauffen/sondern daß sie von jhnen kauffen was sie im Krieg erobert haben. Wann sie mit Pferden zum Streit kommen/so fallen sie von den Pferdten herab vnd streiten zu Fuß/vnd haben auch jhre Pferdt darzugewehnt/daß sie stillstehen vnd warten jhr/ wo es Noht thät/daß sie bald darvon entrinnen mögen/sie gestatten nicht daß man jhnen Wein zuführe/dann sie meynen der Mensch werde weich vnd faul durch den Wein Arbeit zu leyden. Sihe das ist der alten Schwaben Leben gewesen.

Aber jetzund zu vnsern zeiten geben sich die mächtigen Schwaben gar nahe alle auff die Kauffmanschafft/vnd schlagen sich viel zusammen in ein Gesellschafft/vnd legt ein jeder ein bestimpte summa Gelds zu einem Hauffen/damit sie nicht allein Gewürtz/Seyden/Sammet/vnd andere köstliche Waar/so vber Meer her kompt/kauffen/sondern auch andere schlechte Ding/als Löffel/ Strål/Nadel/Spiegel/Messer/vnd andere kleine ding/darvon sie trefflich reich werden. Sie fürkauffen auch Wein vnd Korn/den Handwercksleuten/vnd auch denen die es erarbeiten zu grossem Nachtheil. Dann sie diese Arbeiter/vor der zeit das jhre verkauffen/vnd werden darnach mit Notdurfft vberladen/müssen es widerumb kauffen/vnd doppelt Geld darumb geben. Diese schädliche Hanthierung nimpt auch sonst in dem Teutschland vast vber hand/vnd wurtzelt allenthalben ein/ dann der Keyser vnd andere Fürsten vnd Herrn verbieten es nicht. Das gemein Volck in Schwaben kümmert sich mit keiner Arbeit so viel als mit Leinwat. Dem ligen sie also starck ob/daß die Männer an etlichen Oertern/vnd besonder im Algöw/so vast spinnen als die Weiber. Sie machen auch Barchet/der ein leinen Zettel hat vnnd ein Baumwüllenen Eynwurff. Sie machen auch gantz leinen Tuch/das man Golsch nennet. Vnd das ist kundtlich/daß zu Vlm alle jahr dieser zweyerley Tücher mehr dann 100000. gemacht werden/darauß man ermessen mag/wieviel im gantzen Land gemacht werden. Man verführe die Tücher in ferre Länder. Man sagt auch von den Schwaben/daß sie sehr geneigt seyen zu der Vnreinigkeet/vnd die Weiber lassen sich leichtlich von den Männern vberreden/jnen zu willfahren/vnd daher ist ein liderlich Sprichwort entstanden/daß das Schwabenlandt dem gantzen Teutschlandt torechte Weiber genug gebe/wie das Franckenlande Räuber vnd Bettler/vnd das Beyerland Dieb/das Schweitzerland Krieger/das Sachsenlande Sauffer/Westphalen vnd Frießland Eydtbrecher/vnd der Rheinstrom Frassen.

Der jetzigen Schwaben sitten vnd lebe

Von dem Hertzogthumb Schwaben. Cap. cclvij.

MAn findet in den Historien daß die Schwaben:das ist hoch Teutschland/hat König gehabt zu den Zeiten deß Keysers Julij Augusti/Tyberij vnd auch Constantini/als Ariovistum/Maravinum/Badoncarium/vnd andere mehr: wann aber die König bey jhnen ein End haben genommen/weiß man eygentlich nicht. Nach der Geburt Christi 600. ist ein Hertzog in Schwaben gewesen/der hat ein Sitz vnd Wohnung zu Iburigna: das ist zu Vberlingen gehabt. Darnach haben diese Hertzogen in Schwaben geregieret/Lanfredus/Lindfredus/Gottfridus/deß Tochter Hildegard nam der groß Keyser Carlen zu der Ehe/wiewol die andern diesen Hertzogen nennen Hildbrand. Nach jhm seynd kommen/Erismericus/Marsilius/vnnd zu dieser Zeit ist das Keyserthumb etlich jahr bey Keyser Carles deß Grossen Geschlecht gewesen/der hat es auch mit sonderlichen Freyheiten begabet/wie das Landrecht Buch darvon schreibt mit solchen Worten: Die Schwaben mögen sich niergend versaumen an jhrem Erbe/dieweil sie es erzeugen mögen. Diß Recht gab der König Carle den Schwaben/vnd das geschahe vor Rom/bey den Zeiten/da die Römer den Bapst Leonem hetten erblendet/vnd der war König Carlens rechter Bruder. Darnach besaß König Carle Rom/vnd Hertzog Gerold von Schwaben fiel zu dem ersten in Rom/vnd mit der Schwaben Hülff gewann König Carle Rom. Da verliehe er den Schwaben/so man durch deß Reichs noht streiten solt/solten die Schwaben vor allen Sprachen streiten mit jhrem Haupt vnd Hertzogen von Schwaben/oder mit deß Reichs Marschalck/so der Hertzog nicht vorhanden. Diß Recht vnd andere gute Recht/haben die Schwaben verdienet mit jhrer Frombkeit vmb die Römische König. Nach deß grossen König Carles Geschlecht ward vmb das Hertzogthumb ein Zanck/vnd kam einer mit Namen Reichhard/oder wie die andern sprechen Rudolph/der war von Burgund. Die andern sprechen/es sey gewesen von Engelland/derselbig eroberet das Hertzogthumb. Nach jhm hetten es Burckhard vnd Herman/der gab

Schwaben haben anfangs König

Schwaben Vorzug.

Das fünffte Buch.

Anno 948. sein einige Tochter Ludolphen Keysers Ott deß Ersten Sohn/von dem bald weiter gesagt wirdt.

Zürch hat etwan gehört zu dē Schwabenlandt.

Vnd als dieser Lupold ohn Leibs Erben abgieng/ oder sein Sohn zum Regiment noch nicht tauglich war/ hat das Hertzogthumb mancherley vnd viel Herren nacheinander gehabt/ nemlich Ernsten/ Otten von Schweinfurt/ vnd darnach ward es von Keyser Heinrichen dem Dritten geben Herrn Rudolphen von Rheinfelden.

Nach diesem Rudolphen solte Hertzog Berchtold von Zäringen Hertzog in Schwaben seyn worden/ aber Keyser Heinrich der Vierdt stieß jhn darvon/ vnd damit er jhn zu Freundt hielt/ gab er jhm Anno Christi 1081. deß Reichs Vogtheyder Statt Zürich/ die vorhin auch zu dem Hertzogthumb Schwaben hatt gehört. Nun war ein Graffe oder frommer redlicher Herr in Schwaben mit Namen Friderich von der Vestin Stauffen/ die allernecht bey Lorch/ vnnd nicht fern von Schwäbischen Gemünd ligt/ der hett Keysers Heinrichen deß Vierdten Tochter zu der Ehe/ denselben macht der Keyser zum Hertzogen in Schwaben nach Rudolph von Reinfelden. Dieser Hertzog Friderich gebar zween Söhn/ Conraden vnd Friderichen: Conrad ward Römischer Keyser/ vnd Friderich behielt das Hertzogthumb. Hertzog Friderich gebar zween Söhn/ Friderichen vnd Conraden. Conrad war Pfaltzgraffe/ aber Friderich ward Keyser/ vnd behielt darzu das Hertzogthumb zu Schwaben. Er ist gewesen der erst Keyser Friderich/ den man nennt Barbarossam, oder mit dem roten Bart/ vnd gebar Keyser Heinrichen den Sechsten/ der nam deß Königs von Sicilia einige Tochter zu der Ehe/ vnd war durch sie König in beyden Sicilien/ zu dem daß er Keyser ward vnd Hertzog zu Schwaben. Nach jhm erbt diese Länder sein Sohn Friderich/ der auch Keyser ward/ der Ander dieses Namens. Er gebar weiter Conradum vnd Heinricum. Conradus ward erwehlt zum Römischen König/ vnd gebar Conradinum. Doch sprechen etliche/ Heinrich König Conrads Sohn hab diesen Conradinum geborn. Dem sey nun wie jm wöll/ Conradinus ist der letzt Hertzog von Schwaben gewesen/ doch ohn besitzung/ wie hie vornen auch gemeldet ist bey den Hertzogen von Zäringen in Beschreibung deß Schweitzerlands. Er war auch ein Erb beyder Sicilien. Vnd da er nach dem Todt seines Vatters Bruder in Italiam zog/ vnd wolt die gemeldten Königreich eynnehmen/ hat der Bapst in mitler zeit/ deß Königs von Franckreich Bruder mit Namen Hertzog Carlen berufft/ vnd jhm Sicilian eyngeben. Vnd als dieser Carlen vernahm Hertzog Conradins Zukunfft/ rüstet er sich wider jhn vnd fieng jhn/ er tödt jhn auch schandlich wider alle Recht/ Anno Christi 1267. Vnd da ist erlegen das Fürstlich Hertzogthumb von Schwaben/ ist auch kein Hertzog mehr dareyn mit diesem Titul kommen/ wiewol Graf Rudolph von Habspurg vnd sein Sohn/ auch Sohns Sohn Hertzog Lupold sich Hertzog von Schwaben geschrieben haben. Dann es hatt auch Graffe Rudolph zu der Ehe ein Gräffin mit Namen Annam/ Graffe Albrechts von Hohenbergs Tochter/ in welcher Herrlichkeit ligen Horb vnd Rotenburg am Neckar/ vnnd da er Keyser ward/ macht er einen von seinen Söhnen mit Namen Rudolphen zum Hertzogen in Schwaben/ vnd erwarb jm zu der Ehe deß Königs von Böhem Ottocari Tochter/ den er erschlagen hatte/ von welchem geboren ward Hertzog Hans/ der nachmals König Albrechten seines Vatters Bruder zu Königsfelden vmb das Leben bracht.

Key. Fridrich Barbarossa.

Conradinus der letzt Hertzog von Schawaben.

Hie ist zu mercken/ daß das Kloster Lorch im Schwabenland gelegen/ vor zeiten ein Wohnung ist gewesen der Hertzogen von Schwaben/ wiewol sie darneben viel Stätt haben gehabt/ die zum theil nach Abgang jhres Lebens an das Reich gefallen seynd. Der Graffe von Würtenberg nahm auch ein theil/ aber König Rudolph ließ sie jhm nicht gar.

Genea=

Von Teutschlandt.

Genealogy oder Geburtliny der Hertzogen von Schwaben/ wie deren viel entsprossen seyndt durch Männlich vnd Weiblich Personen/ von dem grossen Keyser Carlen. Ich gib diese Geburt nicht gar gerecht dar: dann hie stimpt nicht gar zu vmb vnd vmb. Die Zahl ob den Personen bedeutet der Keyser Nachkommen.

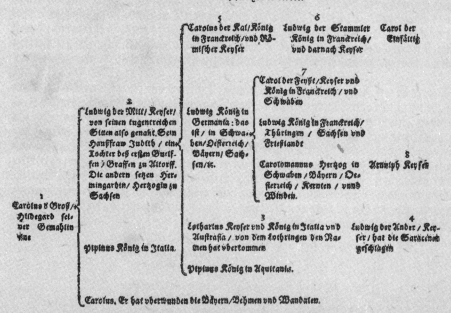

Nach Keyser Arnolphen streckt sich die Geburtliny Caroli Magni weiter auff diese nachfolgende Weiß.

Diese jetz gemeldten Keyser vnd Fürsten haben vnder ihnen gehabt das Schwabenlandt.

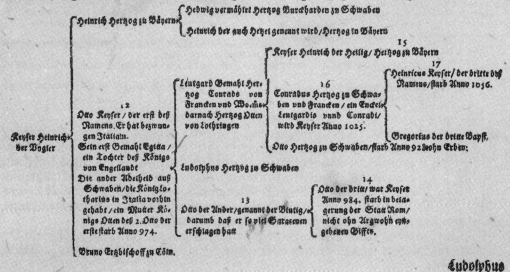

Ludolphus

1004 Das fünffte Buch

Ludolphus Keyser Otten deß Ersten Sohn nahm zu der Ehe Jdam Hertzog Hermans von Schwaben Tochter/ vnnd der Schwäher ließ jhm das Hertzogthumb Schwaben/ vnd ward er Marggraf in Oesterreich. Dieser Hertzog Herman hat seine Wohnung gehabt zu Twiel im Hegöw. Nach Ludolpho da ward Hertzog in Schwaben Burckhard der ander deß Namens/ der hat zu der Ehe Hedwigen Keysers Otten deß ersten Enckel. Nach jhm regiert in Schwaben H. Heinrich von Sachsen/ vnd das vielleicht in gestalt eins Vormünders. Nach jm Otto Ludolphi Sohn. Nach Otten H. Conrad/ vnd der starb Anno 997. Auff Conraden kam H. Herman der Ander deß Namens/ der hette zu der Ehe König Conrads Tochter von Burgund. Nach jhm sein Sohn Herman. Anno Christi 1042. ward Pfaltzgraff Otto vom Geschlecht Hertzog Hermans/ durch Keyser Heinrichen den 3. Hertzog gesetzt in Schwaben. Wann Otto von Schweinfurt Hertzog in Schwaben worden sey/ oder ob er der jetztgemeldt Ott sey gewesen/ hab ich sonderlichen nicht gefunden.

Anno 1048. ward Graff Rudolph/ deß Edlen Graffen Cunonis von Reinfelden Sohn/ Hertzog in Schwaben gemacht von Keyser Heinrichen dem Dritten. Vnd als er nachmals wider Keyser Heinrichen den Vierdten ward zu Keyser erwelt/ kam er in einem Krieg vmb/ Anno 1080. Es wolt sich Hertzog Berchthold von Zäringen eyntringen in das Hertzogthumb/ aber Keyser Heinrich der Vierdt trieb jn darauß/ gab sein Tochter Agneten Herrn Friderichen von Stauffen/ vnd macht jhn zum Hertzogen in Schwaben/ Anno 1080. wie vor gemeldt ist. Dieses Hertzogen Gemahl ist von dem Geblüt Caroli Magni gewesen/ wie die Geburtliny anzeigt/ vnd deßgleichen alle jhre Nachkommen/ doch durch weiblichen Samen. Nun wöllen wir von Keyser Heinrichen dem 3. weiter fürfahren nach der Genealogy oder Geburtliny/ vnd anzeigen wie die letzten Hertzogen von Schwaben kommen sind von den Keysern.

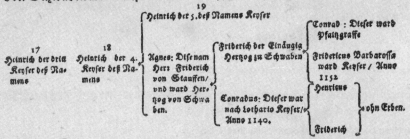

Keyser Friderich der erst diß Namens/ Hertzog zu Schwaben/ vnd Barbarossa oder mit dem roten Bart genannt/ hat zu einer Mutter gehabt ein Gräfin von Zweybrücken. Die andern aber sprechen/ daß sein Mutter hab geheissen Juditha/ vnd sey von der Welffen Geschlecht auß Beyern gewesen: Sein Gemahl ist deß Graffen von Burgund Tochter gewesen.

Schwartzwald. Cap. cclviij.

Schwartzwaldt.

Was hinder dem Breyßgöw vnnd vndern Marggraffschafft gegen Orient ligt/ wird der Schwartzwald zu vnsern zeiten genennet/ thut dem gantzen Rheinstrom Bawholtz genug geben. Dieser Wald hat vor zeiten geheissen Hercynia sylva: das ist/ Hartzwald/ vnd auch wie etliche wöllen auß Marcellino probieren/ Martiana sylva: das ist/ Marswald/ vnnd ist gangen durch das gantze Teutschland biß in Thraciam/ das gegen Constantinopel zu ligt: aber der breyte nach haben jhn die alte Historici biß gen Hendelberg vnd Speyer gestreckt.

Otenwald.

Er hat in jhm begriffen den Schwartzwald/ wie er jetzt vorhanden ist/ den Hagenschieß/ den Otenwald/ den Speßhart/ vnd Thüringer Waldt/ den Böhmer Wald/ vnd andere mehr Wäldt durch Polandt.

Von Teutschlandt. 1005

Er ist zu vnsern zeiten durch das Teutschlandt zum grösseren theil außgereutet/außgenommen an den örtern da grosse Berg vnd Thäler seind/da der Mensch kein geschickte wohnung haben mag/ alß dann der Schwartzwald vnd der Otenwald ist. Es ist ein rauch/birgig vnd winterig Land/hat viel Thannwäld/doch wachst da zimlich Korn. Es hat reiche Bawren/daß einer wol zwölff Küh

außwintern mag/darumb so zeucht es viel Vieh/vnd besonder gut Ochsen/die am Fleisch besser seind/wie alle Metzger das bekennen/dann die Vngerischen/Böhmischen/Polnischen/oder auch die Schweitzer Ochsen. Weiter zeucht es gute Schaaff vnd Wildtprät/Fisch/Vögel/vnd auch allerley Obs genug. Es ist diser Wald gar vngleich/etwan rauch vnd bürgig/etwan eben. Es hat sonderlich köstlich dürr/oder rösch hart wasser vnd Bäch/die haben Föhrenen vñ Aeschen genug. Es ist zum theil des Hauß Oestereichs/der Marggrafen von Baden/darneben viel anderer Grafen/Herzen/Prelaten vnd Edlen. Es seind zimlich viel Stätt/Dörffer/Schlösser vnd Clöster dareyn kommen/das einen wunder möcht nemmen/wie sie sich in der rauchen art alle betragen möchten. Fürnemlich ligen darinn Fürstenberg/Hüfingen/Villingen/Rotweil/Horb/Wolfach/S.Bleß/All Heyligen/S.Jörg/S.Peter/Hornberg/ꝛc.vñ dergleichen viel/die ich laß anstehen. Aber Gott weiß wol einem jeglichen Land zu geben darvon es sich ernehren mag. Also findestu bey dem vrsprung des Wassers Murg/nemlich hinder Kniebiß/daß sich das Volck mit Hartz ablesen vnd klauben ernehret.   Dann da findt man zwey oder drey Dörffer/deren Eynwohner alle jahr 200. vnd etlich mehr Centner Hartz von den Thannbäumen samlen/vñ gen Straßburg zu verkauffen bringen. Das Volck so bey der Kyntzig wohnet/besonder vmb Wolfach/ernehret sich mit den grossen Bawhöltzern/die sie durch das Wasser Kyntzig gen Straßburg in den Rhein flötzen/vnd groß Gelt jährlichen erobern. Deßgleichen thun die von Gerspach vnd andere Flecken/die an der Murg gelegen seind/die das Bawholtz durch die Murg an den Rhein bringen/wie die von Pforzten durch die Entz groß Flötz in Necker treiben. Also mag ich auch sagen von der Thonaw/die jhren Fluß gegen der Sonnen auffgang hat/die bringt auch nicht kleinẽ nutz den Beywohnern/ wiewol man sie nicht vil braucht/oder kein Gewerb darauff treibt/ von jhrem vrsprung an biß gen Vlm/außgenommen den Fischfang vnd Holtzflöß. Das gebürg im Schwartzwald gibt wunderbarlich viel Gewässer/kalt vnd warm. Zu Baden vnd im Wildbad hat es heylsame heisse Quellen. Gegen Lauffenberg vber gibt es groß Gut von Eysen/nicht ferr von Rotweil entspringen dise zwey namhafftige Wasser/die Thonaw vnd der Necker. Die Thonaw laufft gegen der Sonnen auffgang durch Bayern/Oestereich/Vngern vnd andere Länder/vnd schöpfft 60.schiffreiche Wasser/ehe sie mit sieben außgängen fallt in das Pontisch Meere. Die Alten haben den Berg daran die Thonaw jhren vrsprung nimbt/genandt Abnobam, darvon ich auch hievornen etwas weiters gesagt hab. Der Necker laufft gegen Mitnacht/vnd wird gemehrt mit disen drey namhafftigen Wasseren/Entz/Kocher vnd Jaxt/ehe er zwischen Wormbs vnd Speyer in den Rhein fallt. Die alten Lateiner nennen diß Wasser Nicrum. Er entspringt zu Neckersfurt/gelegen ein halbe meilwegs ob Rothweil/vnd laufft durch viel enge Thäler zwischen hohen Bergen/biß er auß dem Schwartzwald gen Horb

Clöster auff dẽ Schwartzwald.

Wo man Hartz macht.

Vrsprung ð Thonaw.

Des Neckers lauff.

ZZz   vnd

Das fünffte Buch

Die Kyntzig wo sie entspringt.

vnd Rotenburg kompt. Die Kyntzig/ die Rench vnd Murg lauffen von dem Schwartzwald gegen der Sonnen vndergang in Rhein/ vnd nutzen die Eynwohner wol/ wie gesagt ist. Der Herrschafft halb des Schwartzwalds/ wie vor gemeldt ist/ seind viel die theil daran haben/ nemlich das Hauß von Oestereich/ der Marggrafe võ Baden/ der Hertzog von Wirtenberg/ dem zugehören Dornstetten/ Schiltach/ Heyterbach/ Nagelt/ Widsperd/ Kalw/ Bulach/ Zabelstein/ Wildbad/ Neuburg/ ꝛc.

Item Rothweil ein Reichsstatt/ Oberndorff ein Stättlein der Grafen von Zimbern. Aber Horb/ Schemberg vnd Bintzdorff/ drey Stätt/ gehören in die Grafschafft Hohenberg/ Eltzach ein Stättlein deren von Rechberg/ Türmentz ein Stättlein deren von Türmentz/ Aichhalden vñ Mergenzell zwey zerbrochene Stättlein deren von Landenberg. Zu dem Schranberg/ Herren Zimbern/ auch ein zerbrochen Stättlein der Grafen von Zimbern/ Liebenzell ein Stätlein vnd Schloß/ da ist ein natürlich gut Bad für die Gelbsucht. Item Gerspach ein Stättlein/ halber Marggräfisch vnd halber der Grafen von Eberstein/ Stülingen ein Schloß vnd Stättlein/ auch ein Landtschafft/ ist der Grafen von Lupffen. Löffingen ein Stättlein/ Newenstatt ein Marckt/ der Grafen von Fürstenberg/ deßgleichen die drey Stättlein im Kyntzerthal/ Wolfach/ Hansee vnd Haßlach/ hat jeglichs ein Schloß vnd Herrenbehausung.

Von dem Thonawer Thal. Cap. cclviiij.

Thonaw wo sie entspringt

Das Thonawer Thal streckt sich von der Thonaw vrsprung biß gen Vlm/ vnd ist treffenlich wol erbawen/ mit Stätten/ Schlössern/ Dörffern vnd Clöstern/ die haben alle notturfft/ an Korn/ Habern/ Visch/ Vögel/ Wildprät/ Obs/ Wäid/ Viehe/ Ackerbaw/ Holtz/ Feld/ aber kein Weinwachs. Zu Thun/ Eschingen/ wie offt gemeldt ist/ entspringt die Thonaw/ da ist ein Dorff vnd ein Schloß/ die gehören dem Grafen von Fürstenberg. Vber ein meil ligt daran Geisingen ein Stättlein vnd ein Bergschloß Wartenberg genandt/ ist auch der Grafen von Fürstenberg. Darnach kompt Möringen ein Schloß vñ Stättlein/ ist etwan der Edelleut von Clingenberg gewesen/ jetzt d̕ am Stad/ darnach Mülheim ein Schloß vñ Stättlein der Edelleut von Entzberg. Fridingen ein Stättlein Oestereichisch: dañ es gehört in die Grafschafft Hohenberg. Tutlingen ein Stättlein vnd Schloß Wirtenbergisch. Leitz/ Vntzkofen/ Hedingen/ Clöster. Simringen ein Schloß vñ Stättlein/ etwan der Grafen von Werdenberg gewesen/ jetzt der Grafen von Zollern. Scher ein Schloß vñ Stättlein/ Menge ein Stättlein/ bey d̕ Erbtruchsessen vnd Freyherrn von Waldpurg. Riedlingen ein Stättlein/ der Erbtruchsessen alß ein Pfandt vom Hauß Oestereich. Sulgen ein Stättlein/ Munderkingen ein Stättlein/ auch Pfänder wie die vorigen. Der Busch ein hoch Bergschloß/ ist der Erbtruchsessen. Von disen allen ist hievornen viel gesagt. Ehingen ein Statt/ da ligt auch ein Frawencloster die geadelt/ vñ ein Gestifft von S. Vlrichs Eltern/ Guntzhart vnd Albrecht/ Rudiger Wernhern von Schelckingen/ S. Benedicten Orden 1127.

Tutlingen.

Frawenclöster zu Ehingen.

Hernach seind Meisterin da worden.

Truentrud		Elßbeth Lendolphin	1376	Anna Truchsessin von Bichißhausen	1448	Chunigund von allen Freyburg	1496
Gruengard		Anna von Stein	1396				
Hildrud von Diessen	1360	Anna von Westernach	1422	Gredanna von Freyberg	1462	Glerla von Hirnheim	1511
Margreth Balhotzin	1373	Vrsula von Stein	1432	Helena von Hirnheim	1481	Magdalena von Berg	1525

Closter bey Vrspringen.

Gleich bey Vrspringen ist auch noch ein Frawenclösterlein/ das hat Adelheid ein andächtige Jungfraw Anno 1255. gestifft/ die ist gestorben 1280.

Adelheid die ander		Anastasia von Westerstetten	1400	Catharina Anterin		Emphrosina Heydin	
Gutta	1320			Adelheid Oswaldin		Madlen Megertin	1531
Adelheid Doblerin	1357	Anna von Munderfingen		Agnes Gaugerin			
Gertrud die erst Mutter	1374	Clara Hessin		Corona Schneyderin			

Marckthal Closter.

Schelckingen ein Schloß vnd Stättlein.

Marckthal ein Premonstraten Closter/ darbey man die grösste Krebs findt. Dises stifftet Hugo Pfaltzgrafe zu Tübingen mit Elßbeth seinem Gemahel 1171. Der erst Probst darinn war:

Eberhard		Dieterich	1243	Wernher	1317	Jacob Klinger	1393
Vlrich	1178	Friderich	1252	Conrad	1323	Heinrich Meerstetter	1408
Gerlach	1185	Heinrich	1254	Berchthold Stettner	1328	Albert Abbt	1434
Manegoldus	1187	Conrad	1266	Conrad Gagier	1337	Jobst Planck	1461
Menrath	1202	Wernher	1274	Herman Hüter	1344	Simon Götz	1482
Heinrich	1205	Engelhart	1283	Heinrich Walch	1347	Johann Habertale	1514
Walther	1206	Berchthold	1284	Eberhard Greiff	1355	Heinrich Stödigtin	1518
Rudiger	1213	Heinrich	1295	Ludwig Löw	1361	Johann Gyldin	1538
Rudolph	1215	Burckhard	1308	Stephan Wucherer	1383		
Walther	1228	Seyfrid	1312	Jacob Kupfferschmid	1385		

Von Teutschlandt.

Darnach kompt die mächtig Reichsstatt Ulm/auch an der Thonaw gelegen. Item Lipheim/ist deren von Ulm. Laugingen ein Statt und Schloß/ist der Fürsten von Bayern: da ist auff ein zeit der gelehrtest Mann gewesen/mit Namen der Groß Albertus/vnd die schönest Fraw/vnd das grössest Pferd. Diser Albertus Magnus ist in disem Flecken geboren/vnd Bischoff worden zu Regenspurg/dasselbig aber verließ er/vnd thet sich gen Cöln auff die Hohe Schul/da er auch begraben ligt. Gundelfingen ein Stättlein vnd Schloß. Dillingen ein Stättlein vnd Schloß des Bischoffs von Augspurg/das hat Bischoff Hartman/der letst Graff von Dillingen zu dem Bisthumb gegeben. Höchstetten ein Stättlein vn Schloß/beyde der Fürsten von Bayern. Werd ein Reichsstatt/da macht man die guten Creutzkäß/von denen man weit zu sagen weißt.

Alberti Magni Bildtnuß.
Dillingen.
Höchstatt.
Werd.

Clöster auff dem Schwartzwald. Cap. cclv.

Clöster auff dem Schwartzwald/Herren Alb/das haben Anno Christi 1148. die Grafen von Eberstein/nemlich Herr Berchthold gestifft.
S. Blesy/das haben die Freyherren von Seldenbeuren Anno Christi 1084. gestifftet/ist aber An. 1013. in Cellenweiß angefangen worden von Reginberto dem Einsidler/wie ich in einem alten geschribenen Buch hab gefunden: doch bin ich etwas gründlicher bericht worden/daß S. Blesy sey angefangen worden vnder Keyser Otten dem ersten. Da war ein Freyherr von Seldenbeuren/der bekümmert sich vast mit Kriegen/vnd als er auff ein zeit im Krieg ein Hand verlohr/bekehrt er sich von der Welt/ergab sich in das Bruderhauß an der Alb/also hieß das Closter von dem fürfliessenden Wasser Albis genandt/das du findest verzeichnet in der ersten Tafeln des Rheinstroms. Er gab auch den Brüdern die Nidere Gericht vnd all sein Haab/vnd bracht zu wegen ein herzlich Privilegium von Keyser Otten/Anno 963. mit Keyserlicher Hand verzeichnet/geben zu Dietrich Bern. Ist ein wunderbarliche alte Geschrifft. Hernach ist solch Privilegium confirmiert durch die nachkommenden Keyser/wie sie bestimbt werden/durch Heinricum den andern Anno 1047. Heinricum den vierdten Anno 1065. in der Statt Basel/Lotharium den dritten Anno 1126. Malto von Waldeck ein Freyherr vnd Burckhard von Eystett haben disem Closter vbergeben Schönaw vnd Dotnaw.

Herren Alb.
S. Blesi.

Freyherren von Waldeck Wapen.   Wapen deren von Eysteck.

S. Jörg/das haben die Freyherren von Degernaw gestifft. Hirsaw/das haben die Grafen von Kalw gestifft. S. Peter/das haben die Hertzogen von Järingen gestifft/nemlich Hertzog Berchthold/

S. Jörg Closter.
Hirsaw.
S. Peter.

Thennen-
bach.
thold/der es auff seinem Erdtrich vom grund auffgebawen hat/vnd sein Bruder Gerhardus Bischoff zu Costentz hat es geweyhet Anno 1091. Thennebach/das haben die Graffen von Freyburg im Breißgöw gestifft. S.Meigen vnd Schwartzach/die hat gestifft Hertzog Rudhard von Zäringen. Doch wöllen etliche/es sey diser Stiffter ein Grafe von Fürstenberg gewesen. All Heyligen/Bondorff vnd S.Truprecht/dise drey haben gestifft die Grafen von Habspurg. Aber das Closter Alperspach haben gestifft die Grafen von Sultz/mit sampt Graff Albrechten von Zollern vnd Freyherzen von Hausen. Reichenbach gehört gen Hirsaw/vnd hat es gestifft ein Freyherz von Sygburg.

All Heyli-
gen.
Alperspach.
Reichenbach.

Frawenclö-
ster.
Item/Frawenclöster auff dem Schwartzwald vnd daran stossend. Erstlich/Frawen Alb/das haben die Grafen von Eberstein gestifft. Frydenwyler/das habe gestifft die Grafen von Fürstenberg. Beuren ist gestifft worden von den Marggrafen. Das Closter zu Oberndorff haben gestifft die Hertzogen von Teckh/aber Wickten ist gestifft worden von den Geroldseckern. Wilperg das Closter haben gestifft die Grafen von Hohenberg.

Oberndorff.
Wilperg

Landtgraff-
schafft Bor.
Merckt weiter das der Schwartzwald hat gut starck vnd frewdig Kriegsvolck/auch deren viel Ritter gleichen/viel Ritterschafft vnd Adels. Es stoßt an diß Land das Kyntziger Thal/die Bor/das Hegöw/das Breißgöw/die Alb/vnd das Würtenbergerlandt. Item/die Bor ist ein Landtgraffschafft/stoßt an das Hegöw/Kleckgöw vnd an den Schwartzwald/ist der Grafen von Fürstenberg: Ist gar ein winterig kaltes Land/aber es zeuget viel Viehs/Korn/Obs vnd anders/so hat es viel gutes Adels vnd Kriegsvolck.

Fürstenberg/Hohenberg. Cap. cclxj.

Urstenberg ein Schloß vnd Stättlein/beyde auff einem hohen Berg/ligen nahe in der mitte der Bor. Wartenberg ein Bergschloß/auch der Grafen von Fürstenberg/ist etwan ein eygen Geschlecht/vnd gar Edel Freyherzen gewesen. Doneschingen ein Schloß vnd Dorff/da die Thonaw entspringt/ist der Grafen von Fürstenberg. Hüfingen ein Schloß vnd Stättlein der Edelleuthen von Schellenberg. Zu Nydingen ein Frawencloster haben die Grafen von Fürstenberg jhr Begräbnuß. Das Schloß Hohenberg haben die Rothweiler auß Gebott Keysers Sigmunds zerbrochen/wie auch das Schloß Lupffenberg/darvon die Grafen von Lupffen jhren Namen sollen haben.

Nun von dem Schloß Hohenberg/da vor zeiten ein besondere Graffschafft gewesen ist/hat ein gantz Ländlein den Namen/das man nennet das Hohenberger Landt/vnd gehört da zu Rotenburg am Necker vnd Ehingen/zwo Stätt die bey einander ligen/vnd ligt darbey auff einem Berg ein Schloß/das heißt Alt Rotenburg. Zu Ehingen ist ein Stifft den haben fundiert die Grafen von Hohenberg. Es gehört auch in dise Herrschafft die Statt vnd Schloß Horb. Haigerloch ist darvon verpfendt den Grafen von Hohenzollern. Was bey dem zerbrochnen Schloß Hohenberg ligt an dem Schwartzwald/wird genennet die Ober Herrschafft: vnd was am Necker ligt/heißt man die Vnder Herrschafft/daß dise beyde Theil gemeinlich durch zwen Ampt mann regiert werden. Es gehören weiter zu diser Herrschafft/ohn die gemeldten Flecken/Bintzdorff ein Stättlein/Kirchberg ein Frawencloster/Schemberg ein Stättlein vnder ohenberg/Freydingen ein Stättlein an der Thonaw/vnd darbey ein Fürstlicher Forst. Es haben vor jahren auch mehr Flecken vnd vnderschiedliche Herrschafften darzu gehört/die aber mitler zeit ein theil darvon verkaufft/vn ein theil verpfendt/als Haigerloch/Oberndorff/das jetzt der Grafen ist von Zimbern/Wilperg vnd Nagolt/so jetzt besitzt der Hertzog von Würtenberg. Bey Nagolt ligt ein Frawencloster/darinn ligt begraben der letzt Grafe des Namens vnd Stammens von Hohenberg/hat geheissen Grafe Sigmund.

Horb.

Von Teutschlandt. 1009

Horb. Cap. cclvij.

AM Necker ligt dise Statt/vnd hat sie anfänglichen gebawen Graf Rudolph von Hohenberg. Es ward dise Hohenberger Landtschafft verkaufft Anno Christi 1371. dem Hauß von Oestereich/wie ich hie vornen bey der Marggraffschafft Hochberg gemeldet hab. Es gehört auch darzu Rotenburg am Necker/wie jetzt gesagt ist. Es ist in der Statt Horb ein groß Gewerb mit Wullenthüchern/wie das meniglichen kundt ist.

Rothweil. Cap. cclviij.

ES ist dise Reichsstatt von anfang biß zu vnsern zeiten auff die vierdte Hoffstatt verruckt vnd gebawen worden. Anfänglichen ist es ein Dorff gewesen/vnd gelegen auff der andern seiten des Neckers. Vnd dieweil sie grossen schaden erlitten von dem Wasser Preim/das schnell pflegt von dem Regen anzugehen/haben sie herüber haussiert an das Ort/das noch die alte Statt heißt/da man auch Heydnische Pfenning findt. Dann man achtet/daß die erste Wohnung sey geschehen von den vberbliebnen Cimbern/alß sie von den Römern geschlagen waren/wie Strabo/Orosius vnd andere darvon schreiben/die mit den Hochteutschen/die jhnen hülff gethan/ wider herauß in das Teutschlandt kommen/vñ sich vmb dise Gegenheit nider gelassen haben. Dannenher/wie etliche meynen/Rothweil anfänglichen Targetium soll geheissen haben: dann also nennet Ptolemæus ein Statt in Hochteutschland. Nun heißt Taxgetium so viel alß Rottwohnung/vnd demnach solt Rothweil mehr Rottweil heissen/von den vberbliebenen Rotten/dann Rothweil. Volgends ist zu einer anderen zeit die Statt gar schwerlich verbrunnen/vnd dieweil jhr Kornbaw (das jhr begangenschafft ist) auff die höhe gelegt/ist die Statt abermals besser vbersich verruckt an das end das jetzt die Mittelstatt genandt wird/ist noch also zu der zeit gewesen/da Conradus der dritt/der ein Hertzog von Schwaben war/zum Römischen Keyser erwöhlt ward/vñ des Römischen Reichs oberst Hofgericht dahin legt. Welches dann solcher vrsachen halb geschehen ist. Alß wider König Conraden erwöhlt ward (doch mit minderen Stimmen) Hertzog Lotharius von Sachsen/vnd er mächtiger vnd besser befreundet/vñ deßhalb auch ein grösseren Anhang hette/trang er sich mit gewalt eyn/bezwang auch die Reichsstätt/die jetzt König Conraden geschworen hetten/jhm zu hulden/verfolgt denselben mit solcher Macht/daß er sich nicht wol wußt vor jm zu enthalten. In solcher seiner Verfolgung verfügt er sich auß sondern wol vertrawen zu Grafe Heinrichen von Hohenberg auff das Schloß Hohenberg/klagt jhme die Vnbillichkeit vnd den Gewalt Lotharij/begert von jhm Raht vnd Hülff. Nun forcht der Graf/wo er König Conraden auffenthielt/daß nicht vielleicht Lotharius/der jm stäts nachfolgt/jhn auch belägert vnd verderbt/ darumb schlug er dem König diß Mittel für/Er solt sich gen Rothweil verfügen/die man wol sehen mag zu Hohenberg: daß sie ligen ein meil von einander/sagt jhm wie so ein streng vnd dapffer Volck in diser Statt were/die jhn/wo sie sich seiner annemmen/gewißlich handhaben würden/ auch Leib vnd Leben bey jhm lassen. Auff das kam König Conrad gen Rothweil/vnd klagt der Burgerschafft sein Noth/rc. Die Burger sagten jhm hülff/beystand vnd vnderschlauff zu. Da das Lotharius innen ward/zog er für die Statt/belägert sie gar nahe ein gantz jahr/vnd alß den Burgern an der Nahrung abgieng/fielen sie vnversehenlich herauß/vñ namen Lothario sein Proviant die jhm erst zukommen war. Wie das Lotharius gewahr ward/brach er auff vnd zog darvon. Bald darnach ward ein Vertrag gemacht/daß Conradus von dem Reich mit willen abstund/vñ Lotharius darzu kam/mit dem vertröst/so Lotharius mit Tod abgieng/daß er darnach vnangefochten darzu kommen/vnd bleiben solt. Also lebt König Lotharius nicht lang nach disem Vertrag/vnd kam Conradus zu dem Reich/der belohnet die Statt Rothweil volgends mit disem hohen Kleinodt dem Hofgericht/welches er also ordnet/daß es mit zwölff Rittern besetzt werden solt/derselben Richter solt allwegen ein Graf von Sultz seyn/verlihe es also einem Grafen von Sultz zu Lehe/ deß Erben es biß auff den heutigen Tag behalten. Er gab mehr denen von Rothweil die Freyheit/ wo sie nicht zu jederzeit so viel Ritter/oder vom Adel gehaben/daß sie dann der Richter anzahl wol auß jhrer Burgerschafft ersetzen möchten. Diß alles hat König Conrad verordnet wie er schier sterben wolt/vnd nicht gleich wie er König ward/sondern nach zweyen Schlachten die er gethan hat/eine vor Weinsperg/vnd die ander bey dem Closter Nereßheim im Rieß/da hett er allwegen die Burger von Rothweil bey jhm/die auch jhr Leib vnd Leben trewlich zu jhm setzten. Es ist dise Statt gar starck vnd vest/sie ligt auff einem Berg/hat gute Wäid/vnd selb gewachsen Gräben/ die seind sehr tieff. Vnd alß sie in verruckten jahren viel vbertrangs erlitte von Hertzog Eberharden von Würtenberg mit dem Bart/ehe er Hertzog vnd noch jung war/ward sie gezwungen sich mit gemeinen Eydgnossen zu verbinden.

Darnach Anno 1519. haben die Rothweiler jhr Freundtschafft vnd Bündtnuß mit gemeinen Eydgnossen ernewrt/vnd ewig zu halten bestätiget.

Des Röm. Reichs Hofgericht zu Rothweil.

Zwölff Ritter im Hofgericht.

Das fünffte Buch
Villingen. Cap. cclxiiij.

Pictorij Bildtnuß.

AM Wasser Brigi im Thonawer Thal / bey dem Schwartzwald / ligt dise Statt / soll von Berchtoldo dem vierten / einem Hertzogen von Zäringen erbawen seyn / und nach abgang dises Geschlechts an die Grafen von Fürstenberg kommen / nachmals aber an das Hauß Oestereich / dem sie noch gehorsam ist. Ihr Namm kompt von Villa, wie etliche meynen: dann sie ist anfänglichen ein Dorff gewesen / aber Herr Pictorius / der da erbort / meynt sie heiß Villingen / gleich alß were sie ein Mittel ja Mutterstatt vieler Flecken / die sich enden auff ingen / so geringsweiß darumb ligen / alß da seind Hüfingen / Gisingen / Tutlingen / Schweiningen / Efingen / Lupfferdingen / rc. Die dritten meynen sie heiß Villingen von einem Mann der Willing geheissen hat / und zum ersten da gemüntzet / des Stempffel noch vorhanden ist. Es ist vast guter Lufft in diser Statt / und lauffen durch alle Gassen lautere Bäch. Der Marckt ligt mitten in der Statt / und mag einer da zu vier Thoren hinauß sehen nicht von kleine wegen der Statt / sonder daß die Gassen also gerad und creutzweiß zu den Thoren gericht seind. Da seind alle ding in

gutem Kauff / Brodt / Fleisch / Fisch / Wildprät / rc. Man laßt kein Vogel bleiben der den Fischen auffsetzig ist / alß da seind Antvögel / Reiger und dergleichen / sonder welcher einen scheußt / und den bringt in das Kauffhauß / dem gibt man ein Villinger Schilling / laßt ihm den Vogel / aber hawet ihm vorhin

ein Fuß ab. Es ist bey diser Statt ein lustig Bad / das fleußt ab Schwefel und wenig Alaun / nutzt vast wol müden Gliedern: dann es trocknet auß die Nerven / stärckt den Magen und seine däwung. Es ist vergangenen jahren bey diser Statt in S. Germans Wald gewesen ein wilder und gantz viehischer Mann / der ist Sommer und Winter gantz nackend geloffen / sich des Grases und Wurtzlen beholffen / zu Nacht bey dem Viehe auff Thannenreiß und nackend gelegen / hat auß keinem Brunnen / sondern auß Mistlachen getruncken. Er hat die Menschen geflohen wie ein wild Thier / ist zu letzt an der Pestilentz gestorben.

Cimbern. Cap. cclxv.

VOn Norwegen hat das Geschlecht der alten Freyherren / oder jetzt der Grafen von Cimbern / sein herkommen von den Cimbern / die viel jahr vor der Geburt Christi von wegen Wassersnoth weichen / und sich an andern enden nider lassen müssen / wie die alten Geschichtschreiber viel darvon geschrieben / und wir das hie vornen bey dem Land Italia weitläuffig angezeigt haben. Dann nach dem dise Cimbri in mercklicher grosser anzahl die Römer umb ein Land ansuchten / und jhnen dasselbig abgeschlagen / ja auch die Römer ein schädlichen Krieg mit jhnen anfiengen / und zu beyden seiten viel tausent erschlagen / seind die vbrigen mit etlichen jhren Hertzogen widerumb herauß kommen / und sich bey den Hochteutschen / alß jhren Mithelffern / nider gelassen / daselbst Schloß und Flecken erbawen / und bey jhnen blieben. Nun ist wol wahr / daß hie nicht gnugsam erwiesen / daß darumb die Freyherren von Zimbern eben von disen Cimbris abkommen / dieweil man aber von so langer zeit her nichts grundlichs wissen mag / vn vnsere Altvordern nichts in Geschrifften verlassen haben / müssen wir die gleichförmigen coniecturen vn vermutungen an die hand nemen / vn vns deren behelffen / vnangesehen daß etwan einer oder der ander das widerspiel halten wolt. Das ist ein mal gewiß / daß die Cimbern so an der letzten Schlacht / die sie mit den Römern verbracht / vberblieben und darvon kommen / sich volgends in das Hochteutschlandt gethan / und bey denselben bleiblich nidergelassen haben / wie die gar alten Geschichtschreiber deß zeugnuß geben / und dieweil noch etwas von jhrem Namen blieben ist / hat

Von Teutschlandt. 1011

es wol das ansehen/daß diß Geschlecht der Freyherren von Cimbern von jhnen abkommen sey/besonder so man von keinem andern herkommen vnd anfang zu sagen weiß/noch wissen mag. Zum andern/so ist an keinem andern ort gegen so viel anzeigung in Schlössern vnd Flecken/die vns fürbilden diß vberbliebnen Volck/alß in diser art: dann da findet man Herren Cimbern/das etwan Ancia Cimbern hat geheissen/wie Keyser Otto der 3. das nennet in einem grossen Brieff/den mir gewiesen hat der Wolgeboren Herr/Herr Wilhelm Wernher Graffe zu Cimbern. Item Wald Zimbern ob der Statt Rothweil/heißt jetzt Spittals Zimbern/Marschalcken Zimbern/Heyligen Zimbern/Roten Zimbern/Zimbern im Löchle/vnd andere mehr/dise zeit solchen Namen wiederumb verlohren vnd andere vberkommen/wiewol an andern enden mehr Flecken gelegen seind/die auch Zimbern geheissen/alß im Zabergöw/im Rieß/im Franckenland/an der Lyn vñ anderswo/aber doch nirgend so viel alß vmb die Herrschafft Zimbern. Zum dritten mag man auch ein anmutung nemmen auß der vergleichung des worts Zimbern/vnangesehen/daß jetzt gemeinlich mit einem Z geschrieben wirdt: aber in den alten Jahrzeit-Büchern zu S. Jörgen im Closter in der Reichenaw/zu Alperspach/vnd wo sie jhr Begräbnuß haben/deßgleichen auch in den alten Brieffen wirdt es gemeinlich wie die Cimbri mit einem C geschrieben. Zum vierdten gibt ein vrkundt die vergleichung des Wapens: dann gleicherweiß wie des Königreichs Nortwegen Wapen ein Löw mit einer Streit oder Mordtart/also haben es die alten Freyherren je vñ je gehabt vnd herbracht/vnd ist kein vnderscheid darzwischen/dann allein in den Farben der Feldung. Dann das Königrich hat ein gelben Löwen in einem rothen Feld/aber das Geschlecht von Zimbern hat ein gelben Löwen in einem blawen Feld. Zum fünfften/so zeigen obbestimbte alte Geschichtschreiber engentlich an/daß sich die Cimbri diser vnd dergleichen Waaffen der Mordtarten gebraucht haben/daher dann dasselbig Volck nicht anders dann die Mörder genennet wurden/vnangesehen/daß sie zu solcher höchster Notwehr vnd zu allem jhrem fürnemmen durch Gottes schickung gezwungen wurden. Item Oberndorff ein Stättlein vnd Closter vnder Rothweil herab/ist der Graffen von Zimbern. Sulz ein Stättlein/vnd darob ein Schloß mit Namen Albeck/gehört den Herren von Gerolzeck/aber Würtenberg hat es innen.

Der jetzigen Herren von Zimbern Geburt Liny
auffs kürtzest begriffen.

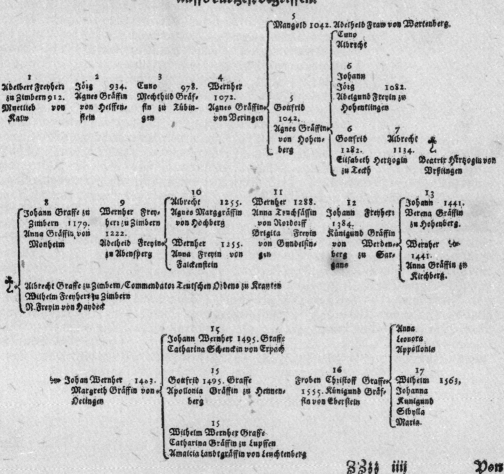

Das fünffte Buch
Von dem Würtenberger Landt/ das ein groß theil des Schwabenlandes ist. Cap. cclxvj.

Hertzogthum Teck vnd Urslingen.

Keyser Heinrichen wirdt vergeben.

Deren von Acheln Wapen.

Graffschafft Acheln.

Teck.

Kalw.

IM Hertzogthumb zu Schwaben seind gar vil Grafschafften vor zeiten gewesen/ nemblich zu Kalw/ zu Tübingen/ zu Urach/ zu Würtenberg/ im Zabergöw/ im Kreichgöw/ zu Helffenstein/ zu Zollern/ zu Acheln/ zu Teck/ zu Neyfern/ zu Herrenberg/ zu Grüningē/ zu Veringen/ zu Asperg vnd sonst andere mehr/ die doch zum grössern theil seind entweders abgestorben oder verkaufft/ oder mit Kriegen anderswohin kommen/ vnd seind zu letst gar nahe alle an die Grafen von Würtenberg kommen mit andern Stätten vnd Flecken/ die er vberkommen hat in abgang des letsten Hertzogen von Schwabē. In summa/ diß Land hat eytel Grafschafften/ Herrschafften/ ja auch Hertzogthumben gehabt/ alß Teck/ Urßlingen vnd Schiltach/ da Fürsten Geschlechter gewohnt haben. Vnd daher ist der Graff von Würtenberg so mächtig vnd reich worden/ daß er sich vorzeiten mit 2000. Pferden legt wider König Heinrichen den siebenden/ der Anno 1308. ward von den Churfürsten zum Keyserthumb erwöhlt. Aber es schlug jhm nicht wol auß. Dann da der Keyser in Italia war/ legt sich wider Graf Eberharden Conrad von Wenisperg/ der des Keysers Landvogt oder Statthalter war/ vnd nam jhm gar nahe alle wehrliche Flecken/ also daß jhm von 80. Stätten vnd Schlössern kaum drey vberblieben. Darnach ward er gefangen von dem Hessen vnd Marggrafen/ vnd ward gefänglich behalten biß zu des Keysers Todt/ das ist fünff jahr lang. Dann Anno 1313. ward disem Keyser in Italia vergeben von einem Mönch/ da er das Sacrament von jhm empfieng. Es hett der Mönch das Gifft vnder den Nägeln/ vnd da er dem frommen Keyser das Sacrament darbote/ ließ er damit das Gifft fallen. Das war ein Welsch vn̄ Römisch böslein. Ich find in den Historien/ daß vnder dem Keyser Rudolphen von Habspurg/ Graf Eberhard von Würtenberg gekriegt hat Graf Albrechten von Acheln (das ligt bey Reutlingen) vn̄ den Grafen von Teck. Man findt auch daß die Grafen von Acheln gewesen seind im ersten Thurnier Anno Christi 937. zu Meydenburg: aber von den Grafen von Würtenberg findt man nicht daß sie auff ein Thurnier kommen seyen/ biß zu dem jahr Christi 1179. da seind sie erschienen zu Cöln auff einem Thurnier/ darauß ich nemme/ das Würtenberg nicht der ältesten Grafschafft eine ist. Teck ist viel älter/ vnd zeitlich zu einem Hertzogthumb gemacht. Dann Anno Christi 1179. ist Graf Albrecht Hertz zu Teck gewesen/ vnd darnach Anno 1398. ist Lützelmann Hertzog zu Teck gewesen. Item/ Anno 1311. ist Hertzog Ulrich zu Teck Hertz gewesen. Darnach Anno 1360. ist Hertzog Friderich von Teck gewesen Hertzog Rudolphen des vierdten von Oestereich Landvogt vnd Hauptmann in Schwaben vnd Elsaß. Die Grafen von Kalw haben gestifft das Closter Hirsaw/ nemlich Graf Erlafrid. Anno 838. vnd lang hernach/ nemlich Anno 1083. Graf Adelbert von Kalw hat gestifft das Closter Sindelfingen. Vnd alß jhr Stamm zu letst abgieng/ haben die Grafen von Würtenberg jhr Herrlichkeit geerbt. Item/ Anno 1342. haben die Pfaltzgrafen von Tübingen/ mit Namen Gozon vnd Wilhelm/ den Grafen von Würtenberg jhr Grafschafft versetzt. Vmb das jahr 1120. war die Grafschafft Würtenberg in drey Herrschafften getheilt. Ein Grafe saß zu Urach/ der ander zu Beutelspach/ der dritt zu Grüningen. Darnach seind mit der zeit zwey theil darauß worden. Einer hat gewohnt zu Studtgart/ der ander zu Urach. Zu letst ist ein Hertzschafft darauß worden. Anno 1495. ward Graf Eberhard mit dem Bart Hertzog zu Würtenberg vnd Teck gemacht von Keyser Maximilian/ vnd das zu Wormbs auff einem Reichstag.

Von Teutschlandt. 1013
Die Liny der Graffen von Würtenberg/von vier oder fünffhundert jahren her.

Von dem vrsprung der Grafen von Würtenberg zu reden/findet man eben den mangel/der bey den andn Geschlechter erfunden wirdt/ das ist der mercklich vnfleiß/vnd die grosse liederlichkeit vnserer Vorfahren/welche für andere Nationes alß gar nichts auff ihr selbs Geschicht achtung gehabt/deßhalben wir jetzund weder von disem oder andern alten Geschlechten mehr gar einigen grund oder wissens haben/ sonder müssen allein auff den gemeinen Leumbden vnd vermutungen gehen. Darumb wo wir solches hie auch an die hand nemmen wöllen/ finden wir daß der Grafen von Würtenberg ankunfft in das Teutschland von den Römern geschehen sey zu der zeit der Regierung Keysers Conrads des andern. Dann man findet von keinem ältern Graffen von Würtenberg in Historien/daß von Graffe Conraden vnd Brunen Gebrüdern/die beyde zu zeiten Keysers Heinrichen des vierten gelebt haben/da Grafe Bruno zum ersten ein Probst auff S. Weydens Stifft zu Speier/darnach gen Hirsaw zu einem Abbt postuliert worden.

Hertzog von Würtenberg.

Conrad der Erst bekandt Graff in Würtenberg/hat gelebt im jahr 1100.	Sein Bruder	Bruno Abbt zu S. Aurelij/jetzo Hirsaw. Ist Canonisiert/vnd in der H. zahl gezehlt.
Ulrich 1 Graff von Würtenberg ligt zu Beutelspach begraben	Eberhard ein Mönch zu S. Bläsi im Schwartzwald.	Heinrich von Würtenberg war berhümbt vmb das jahr Christi 1130.
Joannes Graff von Würtenberg. Sein Gemahel Anna/Rudolphs Marggraffen von Baden Tochter. Daher Stadtgart an Würtenberg kommen.	Ludwig vnd Emich haben gelebt zur zeit Keysers Friderichs des ersten. Ludwig auff dem Thurnier zu Cöln im jahr 1179.	Wernher der hat sich ein Graffen von Grüningen geschrieben.
Hermannus Graff zu Würtenberg.	Eberhard 1. Graff zu Würtenberg/war auff dem Thurnier zu Wormbs 1209. vnd Würtzburg 1236. ein mächtiger Herr vnd Kriegsheld/rc. ligt zu Beutelspach begraben.	Gemahel Agnes Bertholdt Hertzogen von Zäringen Tochter.
	Heinrich Graff von Würtenberg hat das Closter Pislingen gestifftet / mit seinem Gemahel Irmengard einer Gräfin von Rantzberg. ligt im Closter begraben Anno 1230. Heinrich Graff zu Würtenberg/vnd Bischoff zu Aichsstett. 1250.	Joannes Graff von Würtenberg. ligt zu Beutelspach begraben. Ulrich 2 mit dem Daumen/der hat das Stifft zu Beutelspach/so hernach gen Studtgart verlegt/gestifftet. Im jahr 1266. Gemahel Agnes Bolestai Hertzog auß der Lignitz Tochter.
Eberhard der 2. der Streytig oder Zänckisch hat sich genandt Gottes Freund/ vnd aller Welt Feind. Ist Keyser erwöhlt von etlichen/wider Heinricum den siebenden. Doch hat er müssen in der Schlacht die flucht geben/vñ fast sein gantz land verlohren/hats doch widerumb erobert. Gemahel Irmengard / Rodolphi des ältern Marggraff zu Baden Tochter. Ist gestorben Anno 1325. war auff dem Thurnier zu Schweinfurt Anno 1296. zu Würtzburg Anno 1311.	Ulrich 3. hat mit den Graffen von Zoffern gekriegt 1415. Gemahel Irmengard/Albrecht Graffen von Hohenberg Tochter. Ulrich Graff von Würtenberg. Probst zu Epster zu S Guidonem.	Agnes ein Gemahel Ludwig Graffen von Oetingen.
Ulrich 4. der hat von Gottone vnd Wilhelmo Pfaltzgraffen von Tübingen / die Statt Tübingen erkaufft Anno 1342. Gemahel Sophia Theobaldi Graffen von Pfirt Tochter. Ist gestorben Anno 1344.	Heinrich Graff von Würtenberg Gemahel Sophia Marggräffin von Hochberg	Agnes Gemahel Ulrich Graffen von Helffenstein.
Eberhard 3. genandt der Greiner Gemahel Elisabeth/Gräfin von Hennenberg. Ist gestorben Anno 1329. ligt zu Studtgart begraben.	Heinrich Graff von Würtenberg Gemahel Cathärina/ein Gräfin von Helffenstein.	Ulrich 5. ein Graff von Würtenberg. Ist jung gestorben ohn Kind.

Das fünffte Buch

A. Eberhard 3. genandt der Greiner auff dem Thurnier zu Eßlingen 1374.

Ulrich 6 Graff von Würtenberg. Diser ist Anno 1388. vor Wyl einer Reichsstatt erschlagen worden.
Gemahel.
Elisabeth / Ludwig des Bayers / Röm. Keysers Tochter / ein Wittib Johannis eines Hertzogen auß Bayern vnd Pfaltzgraffen.

Sophia ein Gemahel des Hertzogen auß Lothringen.

Eberhard der 4. der sanfftmütige vnd friedsame / auch der älter genandt. Ist gestorben 1417. War auff dem Thurnier zu Schaffhausen 1392. zu Heylbronn 1408.

Erst Gemahel.
Antonia Varnabæ Hertzogen auß Mayland Tochter / Friderichen Königen zu Sicilia Wittib.

Ander Gemahel.
Ein Tochter Friderich des 4. vnd letsten Hertzogen zu Teck / durch welche das Hertzogthumb an Würtenberg kommen.

Dritt Gemahel.
Elisabeth / Friderich des Burggraffen von Nürnberg Tochter.

Ulrich / Ludwig starben in der Jugend.

Elisabeth / Gemahel des Graffen von Werdenberg / vnd hernach Hertzogs Albrechten von Bayern.

Eberhardus 5. der Jünger / Graffe zu Würtenberg / Teck vnd Mümpelgart / Sein Gemahel Henrica ein einige Erbin der Graffschafft Mümpelgart / welche ihrem Herren solche zum Heuratgut gebracht Anno 1419. Ist gestorben 1448.

Ulrich der 7. genandt der Wolgeliebt hat zu Studgart gewohnt. Ist von Pfaltzgraff Friderich gefangen worden. Starb Anno 1480.
1 Margaretha / Adolph von Cleve Hertzogs Tochter
2 Elisabeth / Heinrichs Hertzog zu Landshut in Bayern Tochter
3 Margreth / Amadei Hertzogen auß Saphoy Tochter

Ludwig / der hat zu Urach gewohnet / vnd von Graffen von Helffenstein erkaufft / Balingen / Blaubeiren / Düfingen / vmb 40000. fl. Gestorben 1447.
Gemahel
Mechtild / Ludwig Pfaltzgraffen vnd Churfürsten bey Rhein Tochter.

Eberhard der 2. Hertzog zu Würtenberg / vertrieben Anno 1497. Stirbt 1504. Sein Gemahel Elisabeth / Marggraff Albrechts von Brandenburg Tochter

Eberhard mit dem Bart / der erst Hertzog zu Würtenberg / stifft die Universitet zu Tübingen 1477. Stirbt 1495.
Gemahel
Barbara / Ludwig Gonzage Marggr. zu Mantua Tochter.

Heinricus Graff zu Würtenberg stirbt 1519. in der Gefangenschafft.

1 Gemahel
Elisabeth / Simonis von Zweybruck Tochter

2 Gemahel
Eva / Gräffin von Salm daher Horburg vnnd Reichenweier

Ulrich der 3. Hertzog zu Würtenberg / von disem viel in Historijs. Starb Anno 1550.
Gemahel
Sabina / Alberti Hertzogen auß Bayern Tochter

Georgius Graff zu Würtenberg vnd Mümpelgart. Stirbt 1558.
Gemahel
Barbara / Landtgraff Philips auß Hessen Tochter

Maria / Hertzog Heinrich von Braunschweig Gemahel
|
Julius
|
Heinricus Julius
|
Ulricus Fridericus Hertzog in Braunschweig

Christophorus 4. Hertzog. Stirbt 1568.
Gemahel
Anna / Marggraff Georg von Brandenburg Tochter

Friderich der 6. Hertzog / starb Anno 1556.
Gemahel
Sibylla / Fürstin von Anhalt.

Ludwig der 5. Hertzog
Gemahel
1 Dorothea Ursula von Baden
2 Ursula Pfaltzgräffin bey Rhein

Johann Friderich der 7. Hertzog.
Gemahel
Barbara Sophia / Joach. Sigismundi Churf. in Brandenburg Tochter

Ludwig Fridrich Nasc. 1586.

Julius Fridr. Nasc. 1588.

Achill. Fridr. Nasc. 1591.

Magnus Nasc. 1594.

Friderich geboren 1615.

Graffe Eberhard von Würtenberg hette vnder Keyser Carlen dem vierdten / bey 24. Reichsstätt / darüber er vom Keyser zum Vogt gemacht / mit Schatzung belästiget / das erklagten sich die Stätt. Carolus ermahnet den Graffen zur billichkeit / aber Eberhard verband sich zu den Fürsten von Oestereich / vnd fuhr mit der Schatzung für. Auff das Carolus mit den Stätten Basel / Straßburg / Speier / Wormbs / rc. den belästigten zu hülff kam / erwöhlt er Hertzog Ruprechten von Bayern zum Hauptmann / auch zog er selbs mit / gewunnen Graff Eberharden Stätt vnd Schlösser ab / trungen ihn so weit / daß er heimlich bitten ließ vmb ein Frieden / der ward auffgericht mit viel Puncten / aber nicht lang gehalten.

Von Eberhard des ältern Vatters Bruder ist auch ein Liny Graffen kommen / nemlich Graffe Ulrich der vor Wyl erschlagen ward / wie ich hie vnden anzeigen will. Es hat Eberhard der älter / auch an sich gebracht die Graffschafft Monte Peligard / das wir Mümpelgart nennen / sieben meil von Basel gelegen / vñ seine zwen Söhn Ludwig vnd Ulrich / seind Graffen zu Würtenberg vñ Mümpelgart gewesen. Graff Ulrich / welche Pfaltzgraff Friderich darnach fieng / hat Pfaltzgraff Philippen Mutter / mit Namen Margaretham von Saphoy / zu der Ehe gehabt. Dann alß Pfaltzgraff Ludwig ihr erster Mann in der Jugend starb / nam sie disen Graffen zu der Ehe. Aber sein Bruder Ludwig hat zu der Ehe gehabt Mechtilden Pfaltzgraffen Philippen Vatters Schwester: das ist / zwen Brüder hetten des Pfaltzgraffen Ludwigs Schwester / vnd verlassene Witwen.

Von Teutschlandt. 1015

Witwe. Eberhard der erst Hertzog/ den man nennet mit dem Bart/ hett ein Weib von Mantua/ mit der er doch kein Kind vberkam/ vnd ward das Land biß auff jhn zertheilt/ da war der mit seinem Vettern eins/ vnd vberkam mit jhnen/ daß die Hertzschafft widerumb zusamen solt kommen/ besonder dieweil er kein Kind hatt/ vnd also ward nach jhm Graf Eberhard seines Vatters Bruders Sohn Hertzog im Land/ aber er blieb nicht vber zwey jahr darinn/ sonder flohe gen Vlm/ vnd nam sein Credentz vnd Sylbergeschirr mit jm/ darnach fügt er sich zu dem Pfaltzgrafen/ vnd starb also vnder den Außländigen ohn Leibs Erben. Da machet Keyser Maximilianus seines Bruders Graf Heinrichs Sohn/ nemlich Graf Vlrichen Hertzog zu Würtenberg. Es hett sein Vatter Graf Heinrich zwo Frawen/ die erste war eine von Bitsch/ die gebar jhm den gemeldten Hertzog Vlrich. Die ander gebar jhm Graf Jörgen von Würtenberg/ war eine von Salm.

Hertzog Vlrichs von Würtenberg Bildtnuß.

An. 1499. ritt diser Graf Heinrich zu seinem Vettern Graf Eberharden gen Studtgarten/ da fing jhn Graf Eberhard/ vnd legt jhn gefangen etlicher sachen halb/ nam jhm Reichenweyler vnd die Hertzschafft Horburg mit aller zugehör/ ist auch also in der Gefengnuß gestorben: dann die blödigkeit seines Haupts hat jhn nicht verlassen biß in sein end.

Anno Christi 1593. den 8. Augusti starb Hertzog Ludwig von Würtenberg vnd Teckh/ Grafe zu Mümpelgart ein friedliebender Fürst zu Studtgart in seinem Schloß. Sein Leib war den 24. vorgemeldtes Monats gen Tübingen geführt/ vnd daselbst in der Kirchen neben seinen Vorfahren mit grossem weeklagen der Vniversitet vnd gantzen Landtschafft/ Fürstlich zu der Erden bestattet. Er hat zwey Gemahel nach einander gehabt: die erste war Fraw Dorothea Vrsula Marggraff Caroli von Baden Tochter/ starb im jahr 1583. ohne Leibserben: die ander/ Fraw Vrsula/ Pfaltzgraff Georg Hansen zu Lützelstein Tochter/ welche jhm allererst Anno 1585. den 11. Maij vermählet wurde. Vnd weil er von keiner keine Kinder gezeuget/ nam der Durchleuchtige vnd Hochgeborne Fürst Friderich Grafe zu Würtenberg vnd Mümpelgart/ ec. als der nechste Agnat/ das Landt eyn/ vnd ließ jhm die Vnderthanen huldigen.

Anno 1594. machet sich Hertzog Friderich von Würtenberg vnd Grafe zu Mümpelgart/ mit einem stattlichen Geleit wol gefaßt vnd außgerüstet/ auff den weg nach Regenspurg auff den Reichstag mit 650. Reysigen Pferden/ darunder acht Grafen/ vier Freyherren vnd vber die hundert vom Adel waren/ vnd ritte den 28. Junij gantz zierlich vnd herrlich daselbst eyn. Auff jhne ist gefolget/ in der Regierung sein Sohn Hertzog Johan Friderich/ führt ein solchen Titul: Hertzog zu Würtenberg vnd Teckh/ Graff zu Mümpelgart/ Herr zu Heydenheim vnd Obernkirch/ Pfandtherr des Hertzogthumbs Alenzon/ Ritter beyder Königlicher Orden in Franckreich vnd Engellandt.

Von etlichen Geschichten so sich im Würtenberger Landt in 200. jahren verlauffen haben. Cap. cclxvij.

Anno 1372. hetten die Grafen von Würtenberg ein grossen Krieg mit den Reichsstätten die in jhrem Land ligen/ vnd wurden auff beyden seiten bey 1200. Dörffer verbreñt/ die Reben vnd Bäum abgehawen/ die Wiesen oder Matten geackert/ die Acker mit Senff vberseet/ vnd zu letst da die von Reutlingen hetten den Würtenbergern die Küh entführt/ eylet der Graf mit den andern Herren hernach biß zu der Statt/ da kamen die Burger auß der Statt mit jhren Soldnern durch ein vngewonliche Porte/ die sonst allzeit beschlossen war/ vñ fielen zu ruck in jhre Feind/ griffen den Grafen vnd seinen hauffen an/ vñ erhub sich da ein grosse Schlacht. Der Graf ward wund/ vñ kam kaum darvon/ es wurden auch auff seiner seiten erschlagen 3. Grafen/ nemlich Gr. Friderich von Zollern/ Pfaltzgr. Vlrich võ Tübingen/ Gr. Hans võ Schwartzenburg/ Schweyger von Gundelsfingen Freyherr/ Ritter. Gottfrid Schoderer Fendrich/ Reinhard võ Neytperg/ Hans von Seldeneck/ Lang võ Eroltsheim/ Bernhard von Sachsenheim/ Friderich des Sohn/ Wendo Franck/ Wolff von Samheim Hofmeister. Edel. Burckhard Sturmfeder 2. Benzo Keyb võ Hohenstein/ Hans von Rudenberg/ Hans von Lustnaw/ Seyfrid von Falckenberg/ Conrad von Horsingen/ Conrad Keyser/ Walter von Hohenfelß/ Schweigker von Gemingen/ Scharb von Bernhausen/ Seyfrid/ Heinrich Waler/ Cuno Truchseß von Buchishauß/ Albrecht von Kilder/ Eberhard von Stofflen vnd Bonland/ Eberhard von Sternfelß Vogt im Zabergöw/ Heintz von Liechteneck/ Hans von Sperbereck/ Andreas von Gryssinge/ Vlrich von Liechteneck/ Diebolt võ Neydlingen/ Cuntz von Samheim/ Wolff von Pfawhausen/ Wolff von Jungingen/ Walther Spet von Eystetten/ Heinrich Mager/ Seyfrid Franck von Erdbach/ Herman von Ratbogen Franck/ Hans von Grunbach Franck/ Cuntz von Hedicken/ Ruff von Liechtenstein/ Wolff von Vrnhofen/ Völcklin von Krautheim/ Hans von Grunbach/ Wilhelm Durer von Keyß Franck/ Hans von Wintzheim Franck/ Conrad von Limpach Franck/ Herman von Boenstein Franck/

Drey Grafen erschlagen.

1016　Das fünffte Buch

Seinßfeld Franck/Andreas Zobel Franck/Ruprecht von Gebsydel Franck/Johan Esel võ Lor/ jhnen blieben auch dahinden 13. Knecht. Aber die von Reutlingen verlohren nicht mehr dann 16. Männ/vnd zuhand ward der Krieg gericht. Es war dazumal kein mächtiger Grafe im Reich/es wurden auch an keinem ort so gute Kriegsleut vom Adel gefunden alß bey jhm. Er gab dem gantzen Reich zu schaffen mit Kriegen/aber es fählt jhm gar schädlichen vor Reutlingen. Er hieß der Grafe diser zeit Eberhard/vnd wie etliche von jhm schreiben/ist er lebendig auß seiner Mutter Leib geschnitten worden/das ein anzeigung war seines zukünfftigen Lebens. Er ward 80.jahr alt.

Ein grosse Schlacht vor Wyl.

Darnach Anno Christi 1388.ist ein Schlacht geschehen bey der Statt Wyl/da dann die Hertschafft von Würtenberg vñ von Bayern auff einer seiten/vnd die Schwäbischen vnd Rheinischẽ Stätt auff der andern seiten/wider einander zogen. Es ward im ersten antritt erschlagen der jung Grafe von Würtenberg/ein Grafe von Zorn/ein Grafe von Löwenstein/vnd einer von Werdenberg/mit samt 60. Rittern vnd Edlen. Aber da sich der alt Grafe von Würtenberg widerumb gestercht hett/vnd die Stettischen noch ein mal angriff/sieget er wider sie/vnd erschluge von jhnen bey 1000. Mann/vnd fieng mehr dann 600.die vbrigen entrunnen.

Anno Christi 1514.nach Ostern war ein Auffruhr erstanden im Land zu Würtenberg/die man den armen Conrad nennet. Daß die armen Leut wurden also vast mit Schatzung beladen/daß sie es kaum erdulden mochten/sondern lieffen zusamen vnd zogen wider jhren Herren den Hertzogen/ der flohe gen Studtgart/darnach gen Tübingen in das Schloß/vnd blieb darinn biß die Auffruhr getuscht ward. Es ward darnach mancher Man diser Auffruhr halb geköpfft. Der Nam entstund von einem armen Mann/der hieß Conrad.

Der arm Conrad.

Anno Christi 1518. ward Hertzog Vlrich in die Acht gethan/vnd das volgende jahr durch den Schwäbischen Bundt bekrieget/vnd nach dem er das Reich angriffen/Reutlingen erobert hett/ ward er auß dem Land getriben. Im Herbstmonat kam er widerumb in das Land/aber ward vom Schwäbischen Bundt vertriben biß zum jahr Christi 1534. da hat er das Land mit hülff Landtgraf Philips in Hessen mit dem Schwerdt erobert.

Das Würtenberger Land ligt gleich alß in einem Circkel/vnd begreifft in jhm viel Stätt vnd Stättlein/ohn drey Reichsstätt die auch darinn ligen/nemlich Reutlingen/Eßlingen vnd Wyl. Doch die fürnehmsten Stätt Würtenberger Lands seind Studtgart vnd Tübingen.

Tübingen vnd Studtgart. Cap. cclxviij.

ES seind in diser Statt (wie vorgemeldt) vor zeiten gesessen die Pfaltzgrafen von Tübingen/die jhren Sitz jetzund im Breißgöw haben zu Liechteneck/nicht fern von Kentzingen gelegen. Anno Christi 1164.zog Graf Welff mit grosser macht für das Schloß wider Graf Hugen von Tübingen. Es hett der Welff auff seiner seiten die Bischoff von Speyer/von Wormbs vnd Augspurg/Hertzog Berchtholden von Zäringen/den Grafen von Veringen/ꝛc. Aber Grafe Hug hett auff seiner seiten Hertzog Friderich von Schwaben/ die Grafen von Zollern/ vnd sonst viel Grafen. Es kam zu einer Schlacht/vnd sieget Grafe Hug/vnd wurden viel erschlagen auff des Welffen seiten/vnd bey 900.gefangen.

Anno Christi 1477. vnder Grafen Eberhard von Würtenberg ist zu Tübingen die Hohe Schul auffgericht worden/darvon die Statt gar trefflich zugenommen hat/ vnd wird die andere nach Studtgart im Hertzogthumb gerechnet. Sie ligt am Necker an einem lustigen ort/hat ein schönes Bergschloß / vnd ist das Landt fruchtbar darumb an Wein/Korn/Obs/Fischen/Wildprät vnd dergleichen dinge. Die Hohe Schul hat viel gelehrter Männer erzogen / vnder welche Johannes Stöffler/ ein Hochgelehrter Astronomus/ der Statt zu seiner zeit nicht ein kleine zierd ist gewesen. Diser schiede auß disem Leben

Johannis Stöfflers Bildtnuß.

den 16.Februarij im Jahr 1531.seines Alters in 30.

Item

Von Teutschland.

Item Wurmlinger Berg vnd Kirch darauff/nit fern von Thübingen/gehört zu dem Hohenbergerland/vnd ist gar ein seltzame Stifftung vnd gewonheit darauff/welches der Abt von Creutzlingen bey Costentz (welchem der Berg zugehört) außrichten muß/so man zu ettlichen jahren des Stiffters/der ein Graff ist gewesen/vnd darauff begraben ligt/sein jahrzeit begehet.

Stuckgart. Cap. cclxix.

Nicht fern von dem Neccar ist diese Statt gelegen/anfenglich von den Margraffen von Baden gebawen worden/darnach hat Keyser Rudolph von Habspurg Añ o Christi 1286. ein Mawr darumb lassen machen. Es halt in dieser Statt der Hertzog von Wirtenberg Hof/ist doch kein Bergschloß darinn oder darbey/hat aber sonst ein Fürstlich Schloß vnnd ein herrliche Wohnung für die Hertzogen. Es ist ein trefflich grosser Weinwachs vmb sie/desgleichen kaum im Schwabenlandt gefunden wirdt.

Von Hirsaw. Cap. cclxx.

Aller nechst bey Kalw ist gelegen diß Closter/das zu S. Aurelius wirdt genannt/hat vmb das jar Christi 1080. da es ernewrt ist worden/gar ein nambhafftigen Mann/mit namen Wilhelm/zu einem Abt gehabt/der hat diß Closter in Gebewen vnd Geystlichen Züchten trefflich sehr auffbracht.

S. Aurelius.

Aebte zu Hirsaw.

Lampertus	838	Conrad	988	Ruprecht	1165	Johann	1265
Gerung	854	Die Abtey stoht lär 63. jar		Conrad	1176	Voland	1275
Reginbald	885	Friderich	1065	Heinrich	1188	Crafft	1282
Haderad	890	Wilhelm	1068	Marquard	1196	Gottfrid	1293
Rudolph	918	Gebhard	1091	Graff zu Sonnenberg Lütfrid	1205	Heinrich	1300
Dietmar	925	Bruno	1105			Sigmund	1318
Siger	952	Volmar	1121	Eberhard	1216	Wighard	1342
Lempold	982	Hartwig	1157	Ernst	1231	Wighard	1354
Hardfrid	986	Manegold	1157	Volpold	1245	Wigand	1357

Für diese auß biß zu vnserer zeit sind man nicht viel mehr. Er hat auch sonst viel Clöster von newem auffgeführt/nemlich zwey im Schwartzwald/zu S. Jörgen/vñ zu S. Gregorius: item eins zu Zweyfalten/so man Duplicem Aquam nent/bey der Thonaw gelegen. Eins in Würtzburger Bisthumb im Flecken Chamberg. Er hat auch zwey Clöster zu Schaffhausen/vñ Petershausen/ die am Rhein ligen/vnd vorhin gebawen waren/mit guten Sitten vnnd Geystlichen Züchten gebessert vnd auffgericht/wie bey der Statt Schaffhausen hievornen gemeldt ist.

Chamborg.

Reutlingen/Eßlingen/Heilbrunn. Cap. cclxxj.

Es ist Reutlingen im jar 1182. oder wie die andern gläublicher sagen/im jar 1240. auß einem Dorff ein Statt worden vnder Key. Fridrichen dem II. gleich wie auch Eßlingen im jar 1285. zu einer Statt gemacht ist worden/vnd begabt mit Stattrechten vnd Privilegien. Etlich zehlen auch darzu die Statt Heilbrunn: aber die anderen sprechen daß sie im jar 1085. soll in ein Mawr gefaßt seyn. Seind alle drey Reichsstätt/ligen auch alle drey am Necker/vnd haben ein fruchtbaren Grund/ besonder Heilbrunn/das auch seiner Fruchtbarkeit halb eygentlich heissen solt Heilßbrunn. Eßlingen ist vast ein lustige Statt/hat allenthalben vmb sich ein Weinwachs/es seind auch 6. Clöster darinn gebawen. Löwenstein ein Schloß vnd Stättlein/ist ein Graffschafft/ ligt an einem Wald/ein Meil von Heilbrunn. Sulm ein Stättlein vnd Schloß/Horneck vnnd Gundelsheim ein Schloß vnd Stättlein ist des Teutschen Ordens.

Heilbrunn.

Löwenstein.
Hornew.

Wildbad/Zell/Rotenburg. Cap. cclxxij.

Wildbad der Flecken/alß wol zu erachten/ist seines heissen Wassers halb zeitlich erfunden vnnd erbawen worden. Er ligt 3. Meil von Marggraffen Baden im Schwartzwald/vnd einer rauhen art/hat aber nicht also siedenheiß Wasser wie Baden. Sein Wasser ist gar heilsam den Lamen Bettrisen vnd Contracten. Es halt Schwefel/Alaun vnd Kupffer. Es reiniget das Haupt vñ die außwendigen Sinn/das Hirn/den Magen/vnnd die Därm/ist auch gut den Gelsüchtigen/ vnd denen die am Stein der Nieren oder Blatern noth leiden. Ist bequemer den Mannen dann den Frawen/wie das Bad zu Obern Baden im Schweitzerlandt mehr nutzet die Frawen dann die Mann. Dann es hilfft für mancherley bresten der Mutter.

Ob das Stettlein Zell so vnder Kalw ligt/anfenglich erwachsen sey von dem kalten oder heilsamen Bad das da ist/ist mir nicht wissend. Dieses Bads Wasser halt Alaun/Kupffer vnd wenig

AAA   Schwefel/

Rotenburg am Necker. Cap. cclxxiij.

Rotenburg an der Tauber.

Rotenburg ist ein alter Fläck/welches ich darauß nimb/daß sie im jar Christi 1112. von einem grossen Erdbidem verfiel/vñ darnach im jar 1271. widerumb von Graff Albrechten von Hohenberg gebawen ward/hat vorhin Lanfurt geheissen. Sie wird in zwo Statt geteilt/vnd heist die ander Ehingen/gehörend mit Horb vnder die Herzschafft Hohenberg/von dem ich hievornen bey dem Schwartzwald auch etwas geschriben hab. Es ist auch ein ander Rotenburg das ligt an der Tauber/vnd ist ein schöne Reichsstatt/hat vor zeiten ein besondern Hertzogen gehabt/vnd ist nach dem ersten Keyser Friderichen zum Reich kommen. Der letst Hertzog hat Friderich geheissen/ist gestorben vmb das jar Christi 1172.

Hertzogthumb Teck. Cap. cclxxiv.

Or viel jaren hat das Schloß Teck/Weck geheissen/vnd seine Herren haben in jrem Wapen geteilte Weck geführt. Nach dem einer von dem Geschlecht Christum erkennt/hat er vnder seinem Schloß ein Kirch bawen lassen/wie dañ nachfolgends die Stattkirchen darvon den nammen behalten. Dieser Herr ward darnach von den Christen erhöcht vnd geehrt/daß er zu letst jhr Führer/Fürst vnnd Oberster ward/darvon empfieng er den Nammen eins Hertzogen. Vnd dieweil er noch ein Heyd der von Weck geheissen/verendert er auch denselben nammen/vnd hieß er vnnd seine Nachkommen die Hertzogen von Teck vnnd alß volgends dasselbig Geschlecht vber viel zeit abstarb/ist durch ein Graffen von Habspurg(ob auß Gnaden des Keysers oder auß Erblichen anfall/ist nit kundt) widerumb ersetzt vnd ein ander Geschlecht kommen. Darnach vmb das jar 1400. widerumb außgestorben/vnd zu letst den Graffen von Wirtenberg zu theil worden. Es ist gar ein klein Hertzogthumb/vnd nicht viel mehr dann ein schlechte Graffschafft gewesen. Es hat mir der Wolgeborne Herr vnd Graff/Graff Wilhelm Wernher von Zimbern manchen Brieff gezeigt/die von gemeldtem Hertzogen/vnd vnder jhrem Sigel vmb kleine Schulden geben vnd außgangen seindt. Etliche meynen Teck sey kommen von den alten Völckern/die Tectosages haben geheissen. Dieser Hertzogen seind im Concilio zu Basel noch vorhanden gewesen: dann es starb einer zu Basel mit nammen Ludwig/war ein Patriarch zu Aquileia.

Hohenzorn oder Zollern. Cap. cclxxv.

Es erhub sich vnder den Römischen Geschlechtern ein mercklicher vnwill/zur zeit Keyser Heinrichs des dritten/auß welchem Ferfridus ein Columneser verursacht ward/von dem Römischen Senat zu weichen auß Italia in Teutschlandt. Er nam zu jhm was er herauß bringen mocht/vnd sucht den Keyser/dem sein Handel vnd vnschuld zu entdecken/kam also an das ort da Hohen Zollern nachmals erbawen ward/vnnd enthielt sich ein weil da/lehret die Sprach vnd das wesen Teutscher Nation. Nach dem zog er zum Keyser/vnd legt jhm dar sein vnschuld. Da sagt jhm der Keyser/daß er jhm fürneme eine Gegne die dem Reich zugehört/so wöll er jhn begnaden/vnnd jhm dasselbig zu Lehen verleihen. Da zeigt er jhm an den Berg da dieser zeit Hohen Zollern das Schloß auffsteht/den gab er jhm sampt der Gegne darumb gelegen/vnd macht es zu einer Graffschafft/vnnd Ferfridum zu einem Graffen darauff. Er gab jhm auch seinen Titel Graff zu Zollern/darumb daß er jhm des Reichs Zöll darzu gegeben mit den Wapen/alß es die Graffen von Zollern noch führen. Im jahr Christi 1416. erhub sich ein Krieg zwischen dem Graff Friderichen von Zollern vnnd der Statt Rotweil. Es fiengen die Rotweiler dem Graffen 8. Reisiger Knecht/vnd schlugen jhnen die Köpff ab. Es fieng auch der Graff manchen Bürger von Rotweil/vnd legt sie hart gefangen/daß jhren etlich in der Gefengknuß sturben. Da klagten die Rotweiker solches den Schwäbischen Stetten/besonder den Vlmern/die wurden zu raht/vnd zogen mit grosser Macht für das Schloß/vnd belägerten es mehr dann ein halb jahr. Vnd alß dem Graffen kein hilff kam/vnd er mit den seinen grossen mangel hett/must er sich ergeben. Da zerbrachen die Stätt das Schloß auff Sambstag nach vnsers Herren Auffart. Wann es darnach wider erbawen sey/hab ich nit gefunden. Wie die jetzigen Marggraffen von Brandenburg von diesen Graffen erboren seind/will ich vnden bey der Statt Nürnberg anzeigen.

Von Teutschlandt.

Geppingen. Cap. cclxxvj.

Jese Statt hat gebawen ein Graff oder Herr von Stauffen/ vnnd ist ein Sawrbrunn da/ vnd ein Bad/ so gewärmet wirdt. Sein hilff ist daß es eröffnet die verstopffte Lebern vnd Miltz. Ist auch bequem den Wassersüchtigen vnd Gelsüchtigen/ vnd denen so das drittägig Feber haben. Es erweckt den lust zu essen. Wann aber andere Wirtenbergische Stätt/ alß Vaingen/ Schorndorff/ Herzenberg/ Grüningen/ Cañstatt/ Marpach/ ꝛc. auffgangen seyen/ ist mir nit zu wissen. Das weiß ich aber/ daß keine vber zwey oder drey hundert jar in der Rinckmawren gestanden ist.

Nahbarkeit Geppinger Bads.

Von andern Stetten Wirtenberger Landts. Cap. cclxxvij.

Irtenberg ist gantz ein wolerbawt Land/ stoßt an dem Heuchelberg an die Pfaltz/ bey Pfortzheim an die Marggraffschafft Baden/ an die Graffschafft Hohenberg/ an den Albuch/ an die Graffen von Helffenstein/ an die von Vlm/ an Schwäbischen Gemünd/ an den Otenwald/ an die Reichsstatt Rotweil. Es ligen trefflich viel Gelegenheit darinn/ alß das Zabergöw/ Schanbach/ auff der Fyldern/ in Wälden die Alb/ Thonawerthal/ Neckerthal/ Remsthal/ Nagolthal/ Bern Thal/ Vilßthal/ Glemothal/ Lauterthal/ Echthal/ Atterthal/ Steinacherthal/ Enßthal/ Plathal/ Vracherthal/ Münsingerthal/ Killerthal/ Schwartzwald/ ꝛc. Outlingen an der Thonaw/ vnd ein BergSchloß darob gelegen. Balingen ein Stättlein vnd Schloß. Ehingen ein Stättlein auff der Alb. Rosenfeld ein Stättlein am Höberg. Ruck vnd Hernhausen zwey Schloß bey Blawenbeüren auff der Alb. Blawenbeüren ein Stättlein vnd Benedictiner Closter/ welches vor jaren gewesen ist der Graffen von Helffenstein.

Blawenbeüren das Closter haben die Pfaltzgraffen von Tübingen vnnd Rugke gestifft/ Antzhelm/ Hug vnd Sigbert/ vmb das jar 1095. da ward der erst Abt:

Blawbeuren zu Closter.

Azelin		Rudolph	1219	Conrad der wunderbar	1286	Johann Vngehewr	1407
Otto	1101	Albrecht	1231	Albrecht	1293	Heinrich Hasenberg	1419
Rudiger	1116	Menfrid	1245	Gottfrid	1308	Virich Kündig	1456
Wolpoth	1122	Conrad	1247	Albrecht	1333	Heinrich Fabri	1475
Otto Wernher	1159	Herman	1249	Rumbold von Graffenstein		Gregorius Fesch	1495
Eberhard	1178	Eberhard	1263		1347	Ambrosius Scherer	1523
Friderich/ Heinrich	1203	Albrecht	1269	Johann Kloz	1356	Christian Tübinger	1548.
Wolpoth	1212	Marquard	1271	Johann Hug	1387		

Da entspringt die Blaw/ vñ fleust durch Vlm in die Thonaw. Münsingen ein Stättlein auff der Alb. Vrach ein Statt vnd zwey Schloß an der Alb/ da rinnt die Ermbß herfür. Gutenstein ein Cartheuser Closter/ da ligen etlich Graffen von Wirtenberg begraben. Neiffen ein Stättlein vnd Schloß auff eim Hohen Berg der Alb. Owen ein Stättlein/ da ligen 13. Herzogen vnd Herzogin von Teck begraben. Teck ein Bergschloß ob Owen gelegen/ da sind vor zeiten die Herzogen gesessen. Kirchen ein Statt vnd Schloß/ alles gelegen an der Lauter. In dem Neckergöw/ Weilheim ein Stettlein. Aichelberg ein Schloß. Nurtingen ein Statt vnd Schloß/ Grätzingen ein Stettlein. Denckendorff ein Pröbstey roter Creutzbrüder an der Ech gelegen/ S. Peter zu Einsidel im Schwartzbach. Waltenbuch ein Stettlein/ Bebenhausen ein Bernharder Closter/ gestift von den Frawen von Tübingen/ die jhr Begräbnuß da haben. Etlich wöllen die Grafen von Lustnaw seyen die ersten anfenger gewesen. Herberg ein Statt vnd Schloß. Beblingen ein Statt vnd Schloß/ Sindelfingen ein Stettlein vnd Keplins Closter/ ist etwan da gewesen ein Stift der gen Tübingen verlegt ward. Kalw ein Stättlein vnnd Schloß an der Nagolt/ ein alte Graffschafft. Hirsaw ein Herzlich Benedictiner Closter gestift von den Grafen von Kalw. Nagol ein Schloß

Bebenhausen.

Kalw.

Das fünffte Buch.

vnd Stättlein an der Nagolt gelegen. Wilberg ein Schloß vnd Stättlein. Zobelstein ein Schloß vū Stättlein. Wildbad ein Stättlein/vū darin ein Natürlichs Bad/das den schwachen Gliedern dienet. Neuburg ein Schloß vū Stättlein an der Entz. Ritzingen ein Stättlin an der Entz. Vaingen ein Schloß vnd Stättlein auch an der Entz gelegen / ist etwan ein besondere Graffschafft gewesen. Bietiken ein Stättlein an der Entz. Büniken ein Stättlein im Zabergöw. Es hat viel Herren/nemlich den Bischoff von Mentz/den Pfaltzgraffen/die Speten/die Lemble/rc. Brackenheim ein Stättlein im Zabergöw/gelegen an dem Wasser Brack. Guglingen ein Stättlein. Sultz am Necker ein Stättlein vnnd Bergschloß/ ist etwan der Herren von Gerolzeck gewesen / jetzt ist es Wirtenbergisch/man seudet Saltz da. Heiterbach ein Stättlein an der Nagolt. Dornheim ein Stättlein. Dornstetten ein Stättlein gelegen an dem Schwartzwald. Schiltach ein Schloß vnd Stättlein in dem Kintzingerthal. Hornberg ein Schloß vnd Stättlein/etwan der Freyherren von Hornberg gewesen. Alberspach vū Herren Alb/zwey mechtige Clöster. Besicken ein Stättlein am Necker vnd an der Entz. Garthard am Leinberg ein Stättlein. Lauffen ein Stättlein vnd Schloß am Necker. Kirchen ein Stättlein auch am Necker. Marbach ein Stättlein am Necker. Backana ein Statlein an der Mur in Wälden gelegen/da ligt ein Stifft vnnd Probstey auff einem Berg/vnd ligen da etliche Marggraffen begraben: dann es ist vor zeiten jhr gewesen. Botmer ein Stättlein. Wynada ein Stätlen. Grüningen ein Schloß vnd Stättlein an der Glembs gelegen. Aschberg ein Fürstlich vnd wehrlich Bergschloß. Limburg ein Schloß vnd Stättlein an der Glembs. Haymsen ein Stättlein halb Wirtenbergisch vnnd halb der Edlen von Gemingen. Canstat ein Stättlin nit weit von Stuckgart an dem Necker. Waiblingen ein Schloß vū Statt an der Remß. Schorndorff ein Schloß vnd Stättlein an der Remß gelegen. Göppingen ein Schloß vū Stättlein an der Filtz im Filtzthal. Lorch ein Closter S. Benedicten Ordens/da ist der alten Hertzogen von Schwaben Begrebnuß. Adelberg ein Premonstraten Closter/das haben die Freyherren von Eberspach gestifft. Hohen Stauffen ein Bergschloß. Murhart ein Stättlein vnd Benedicter Closter an der Mur gelegen. Taschenhausen ein Keplins Closter. Hohenek ein Schloß vū Stättlein an der Lauter gelegen. Berneck ein Schloß vnd Stättlein. Höwbach ein Stättlein. Hettingen vnd Bauerdingen zwey Stättlein auff der Alb/deren von Bubenhoffen. Hechingen von Hohen Zollern ein Stättlein vnd Schloß. Habingen ein Stättlein auff der Alb/der Freyherren von Gundelsingen. Windelingen ein Stättlein an der Lauter da sie in den Necker laufft.

Die vnd andere vnzehliche Flacken vnd Dörffer gehören dieser zeit gar nahe alle vnder die Herrschafft Wirtenberg/die so trefflich sehr zugenommen hat innerhalb 200. jaren/daß vast alle Graffschafften vnd Herrschafften in dem Land gelegen an sie erwachsen sind/ nemlich drey Fürsten Geschlecht/Teck/Urßlingen vnd Schiltach: item die Graffschafften Acheln/Neyfen/Kalw/Thübingen/Hertzenberg/Urach/Achsperg/Vaingen. Item Freyherrn Geschlecht/Hornberg/Eberspach/Blochingen/Entringen/Wynada/Prackana/vnd viel andere Geschlecht mehr/alß Aichelberg/Peinstein/Monheim/Flügligen/rc. Es hat diß Fürstenthumb bey 40. Vogteyen.

Veringen ein alte Graffschafft auff der Alb/stosset an die Thonaw/so sich vor zeiten weit darüber gestreckt/welche Graffen haben vor 500. jaren gestifft das Closter zu Ysne im Algöw/vnd ist von jhnen erboren der Hochgelehrte Mann Hermannus Contractus/des Vatter hat geheissen Volferadus. Alß aber sein Sohn gantz vnvermöglich war seines Leibs halb/ließ er jhn kosten zu S. Gallen in das Closter/darinn er sein lebenlang gantz krüplecht/lam vn Contract gewesen/er mocht von keinem ort an das ander kommen/man trüg jn dan/vnd die herrlichen Bücher die er geschriben hat von des Mons lauff/von der Geometry/von Geschichten vnd Historien der Welt/von den Horologien/von den Instrumenten in der Music/von Thaten vnd Geschichten der Keysern Conradi vnd Heinrici/hat er alles mit krummen vnd lamen fingern geschriben. Er hat ein Edel Ingenium vnd scharffe Vernunfft gehabt in eim Paralitischen Leib/ist gestorben vmb das jar Christi 1050. vnd begraben zu Alßhausen in seiner Herrschafft/wie ich zu Alßhausen in eim alten Buch hab sein Legend gefunden.

Wimpffen. Cap. cclxxviij.

Wimpffen ist ein Reichsstatt/vnd ligt am Necker/hat vor zeiten Cornelia geheissen/vnd ward zerbrochen von den Hunen: dann es flohe jederman gerings vmb vor diesem grimmigen Volck in diese Statt/aber es halff sie nicht: dann die Hunen eroberten sie/vnd begiengen grosse wüterey mit den erkriegten. Sie schlugen die Mann zu todt/vnd den Weybern schnitten sie die Brüst ab/darvon auch die Statt darnach/alß sie wider erbawen/Weybpein ward genañt/vnd daß von der Pein so die Weiber da erlitten haben. Aber mit der zeit ist aus Weibpein worden Wimpffen.

Die Statt

Die Statt Ulm

Ein Reichsstatt in Schwaben bey
der Thonaw gelegen/ nach aller form vnd Gestalt/ wie sie
an Mawren/ Thürnen/ vnd Thumbkirchen erbawet ist/
gantz artlich abcontrafehter.

Ulm/wie sie zu unser zeit im wesen ist.

Das fünffte Buch

Vlm. Cap. cclxxix.

Vlm vnder den Münch.

KEyser Carlen der Groß hat zu seinen zeiten das Keyserlich Dorff Vlm auß andacht vbergeben dem Closter in der Reichenaw/ vnder Costentz im vnder See gelegen. Vnd ist dieser Donation Instrument noch vorhanden/ wie selbiges bey Nauclero in seinem 2. Buch in der 28. generalien zusehen/ sein Datum ist Anno 813. die München dieses Closters setzten einen Vogt gen Vlm/ der die Zehenden/ Zinß/ Gült vnd ander eynkommens auffhub/ biß die Vlmer zu letst nit ohn grossen kosten eroberten die Freyheit. Es soll aber Vlm den Nammen haben von dem Vligine oder Vlmis: das ist/ von dem Erdfeuchten Landt so es darumb hat: oder Vlmenbäumen/ so daselbst in dem feuchten Erdrich herumb wachsen: daher dann nachvolgende Carmina von jhr geschrieben werden:

> Vlma decus Sueviæ, quia prima ab origine ducat
> Principium, nullis stat certum annalibus, extat
> Nomen, quod Latio desumptum est fonte, quòd apta
> Vlmetis posita est plena hæc vligine terra.

Dieser Statt gedenckt auch Picus also schreibende:
> Spectârunt fontes ipsis sub mœnibus Vlmæ.

Anno 1129. hat Keyser Lotharius die Statt Vlm zerbrochen/ da sie jhn nicht für ein Keyser erkennen wolten: aber Keyser Conrad der nach jhm kam/ hat sie wider vnd viel weiter lassen erbau-

wen/ vnnd gab den Bürgern auch viel Freyheiten/ angesehen daß sie vmb seinet willen den grossen schaden erlitten hatten. Man macht auch die Statt drey mal weiter dann sie vorhin war gewesen.

Vlm erweitert.

Im jahr 1140. fieng man an den Graben auffzuwerffen/ vnnd mit dem Grund füllt man zu die alten Gräben/ vnd gieng die Statt widerumb an/ nam zu in Ehr/ Reichthumb vnd Gewalt/ daß sie jetzt der fürnemste Stätt eine ist in Teutschem Landt. Dieweil Vlm vnder der München gewalt war/ ward sie gar hart getruckt: dann wann die Münch gut leben wolten haben/ kamen sie gen Vlm/ vnd hielt der Abt Königlichen Hof da/ das doch die Vlmer nit vngern sahen: dann sie mochten wol ermessen daß es in die leng nicht möcht bestehn. Sie kaufften den München ab ein Gerechtigkeit nach der andern/ deren sie viel hatten an Zinsen/ an Wein/ an der Wag/ an Brücken/ Zöllen/ Zehenden/ ꝛc. Also kam es mit der zeit darzu/ daß der Abt all sein Gerechtigkeit resigniert/ vnd dem Rhat zu Vlm das Regiment vbergab/ vnd allein die Geystlichen Lehen vnd Jurisdiction jm vor behielt/ aber mit der zeit/ auch jhn denselbigen/ alß Pfarren zu verleyhen/ nicht mehr dann ein blossen Titel hett. Zu letst giengen den Mönchen die Augen auff/ wolten das jhr wider haben/ fiengen an mit den Vlmern zu rechten/ brachten sie in Bann/ vnnd nach manchem zanck vnd hader kam es dahin/ daß die Vlmer den München geben musten 19000. Gulden/ wolten sie jrer anderst ledig werden. Dieser hader hat gewärt gar nahe etlich hundert jar/ biß zu Keyser Friderichen dem 3. der zertriß alle Bündtnuß/ vnd resolviert die Vlmer von der Richenaw durch mittel der Summa Gelt.

Anno 1346. wurden die Vlmer von Keyser Ludwigen dem Bäyer befreyet. Darauff sie vnder sich einen Rath gesetzt/ mit Burgermeistern vnd Zunfftmeistern. Vnd wurden darnach jhre Freyheiten bestätiget von Keyser Carolo dem 4. vnd Friderico dem 3. von selbiger zeit an hat diese Statt dermassen zugenommen/ daß sie an Reichthumb/ Stärcke/ vnd guter Administration keiner Statt viel bevor gibt.

Diese

Von Teutschland.

Diese Statt ist in Oval gebawen/halt im vmbkrantz bey 6000.in 7000.schritt/da sie zu Keyser Conrads zeiten nur 2100.hatte. Ist jetzund mit einer newen fortification auff das beste versehen worden.

Im jahr 1377.fieng man an zu bawen das hübsch Münster/vnnd ward mit sampt dem Thurn außgeführt im jar 1488. Dieser Thurn ist von anfang biß zum end geschetzt des kostens halb auff neunhundert mal tausent Gulden: ist nach Straßburg der vornembste in gantz Teutschlandt. Auff diesen Thurn soll Keyser Maximilianus gestiegen seyn/die Gelegenheit der Statt/vnd des Lands zu vbersehen/vnd soll damalen auff die eusserste Zinnen getretten sein/vnnd anderthalb Schu vor die Zinnen hinauß gemessen haben: der Ort da er gestanden wirdt noch gewiesen. *Münster zu Vlm wann es erbawen worden.*

Der Handtierung halb dieser Statt Vlm solt du wissen / daß da der best Barchat gemacht wird / so in Teutscher Nation gefunden wird / den man auch in die Türckey / in viel Inseln des Meers/vnd in viel Königreich weit vnd breit verführt.

Geißlingen/Gundelsingen/Werd. Cap. cclxxix.

Eißlingen ein Stättlein/da ist ein grosser Zoll/darob ein Schloß genannt Helffenstein/sind beyde der Statt Vlm/vnd etwan der Graffen von Helffenstein gewesen. Leibheim ein Stättlein an der Thonaw gewesen/ist der von Vlm. Lauingen ein Statt vnd Schloß an der Thonaw/ist der Fürsten von Bäyern. Gundelsingen ein Stättlein vnnd Schloß an der Thonaw. Höchstetten ein Stättlein vnd Schloß der Fürsten von Bäyern. *Geißlingen. Leipheim. Lauingen. Gundelsingen. Höchstetten.*

Eichenbrunn ein Closter Benedicten Ordens/gestifft im jar 1122. von Herzen Gunbert vnnd Cuno von Hochberg/ligt zu nechst vor Gundelsingen herauß/hat diese Aebt gehabt: *Eichenbrunn Closter.*

Cuno der stiffter		Leonhard	Johannes	Johann Koch	1499
Gotpold	1125	Herman	Walther	Rudolph Wagner	
Gebo		Vlrich	Wilhelm	Wilhelm Fuchs	1536
Idulph		Hartman	Franz	Martin Buckelin	1547.
Conrad		Albert	Vlrich Leckerlin 1468		
Gering		Heinrich	Martin		

Dillingen ein Stättlein vnd Schloß/da der Bischoff von Augspurg pflegt Hof zuhalten. Das hat ein Bischoff von Augspurg / Hermannus mit nammen (war der letste Graff von Dillingen) zu dem Bisthumb geben. *Dillingen.*

Werd ein Reichsstatt/da kompt die Wernitz in die Thonaw. Ist auch ein hertzlich Benedicter Closter da/da man die guten Creutzkäß macht. Graispach ein Marckt des Abts von Kaißheim. *Werd. Graispach.*

Elchingen/Lorch vnd Kaißheim Closter. Cap. cclxxx.

Bey Vlm ligt Elchingen/ist gestifft worden im jar 1128. von Hertzog Conraden von Sachsen/der zu der Ehe hatt Luciam Hertzogin von Schwaben/die ein Schwester war Königs Conraden des dritten. *Elchingen.*

Aebt zu Elchingen:

Andreas von Aichaym	Vlrich von Liechtenstein	1386	Paulus Caß	1465	Andreas Thierlin	1541
Wilhelm	Jacob Bosord		Johann Krechlin	1498	Thomas Clauß	1547
N. Conrad Closer	Friderich Zwirner	1431	Hieronymus Hertzog	1519	Sylvester Goafrid	1547.

Lorch im Wirtenberger Landt ist gestifft worden im jar 1150. von H. Fridrichen von Schwaben. Kaißheim bey Schwäbischen Werd / ist gestifft worden von Graff Heinrichen von Lechß Gemünd im jar 1135. Seflingen ein Frawen Closter aller nechst bey Vlm/gestifft von dem Graffen Hartman von Dillingen im jar 1258. *Lorch. Kraißheim. Seflingen.*

Die Aebtissin daselbst waren:

Hedwig	Barbel von Rechberg	Agatha Reißlin	Elisabeth Reichnerin 1484
Anna von Freyburg	Barbel von Freyberg	Meburg Streterin	Cordula von Reischach 1508.
Wilburg Gräffin von Kelmüntz	Clara Creutzlin	Christiana Streterin	

Weiblingen ein Benedicter Closter/ligt an der Yler/vnd ist gestifft von den Graffen von Kirchberg/die auch jhr Bigräbnuß da haben. *Weiblingen.*

Beschrei

Das fünffte Buch

Beschreibung der Statt Augspurg / durch den Hochgelehrten Herren Achillem Gasser / der Artzney Doctor / in nachvolgende Ordnung verfast. Cap.
cclxxxj.

Vgspurg die Statt hat vor zeiten gehört vnder das Landt des Ersten Rhetien / so so man jetzund Schwaben nennt / vnd ist vor alten zeiten ein Freystatt dem Römischen Reich vnderworffen gewesen / wie sie auch noch zu der zeit vnder dem Reich nicht die geringste ist Reichthumb vnd Schöne halb. Sie ist zwischen den Fischreichen Wässern dem Lech vnd der Wertach / die auch bey jhr zusammen fliessen / vnnd die Wertach etwan Vinda soll genennt worden seyn / gelegen auff einem lustigen Bühel / hat gegen Orient vber dem Lech das Bäyerisch Stättlein Fridberg / vnnd gegen Mittag die Algöwisch Alpen / vnd das Stättlein Landsperg: aber gegen der Sonnen nidergang stost sie an die Marggraffschafft Burgaw / vnd gegen Mitnacht endet sich das Schwabenlandt darinn sie ligt an dem Lech vnd die Thonaw / alß sie gegen Schwäbischen Werd vber zusammen kommen. Nach Ptolemaischer rechnung ligt sie von dem gesetzten Occident 31. Grad vnd 16. Minuten / vnnd der Mitternächtisch Polus erhebt sich bey jhr 48. Grad / 17. Minuten: dann sie ligt im anfang des 7. Climatis oder vnder dem 15. Tag Circkel / der lengst Tag hat fünffzehen Stund vnd fünff vnd viertzig Minuten / vnd dargegen die kürtzeste Nacht acht Stund vnnd sechs Minuten / nemblich zu der zeit da die Sonnen hie zu Landt den höchsten Mittägigen Grad begreiffe.

Fruchtbarkeit vmb Augspurg.

Es hat diese Statt ein freyen vnd heilsamen Lufft / vnnd ist der Boden vmb sie nach seiner art zimblich Fruchtbar an Früchten / dolet kein Ratten / hat weitschweiffige Weid / lustige Wäld mit Gefögel vnd anderem Wildprät gehabt. Es wird diese Gegenheit gerings vmb begossen mit hübschen fliessenden Bächen / vnd gantz gut Brunnenwasser / sie hat bequeme Feldgüter / vnnd gute Fischweyer / vnd die Statt hat vber die maß köstliche Häuser / weite vnd saubere Gassen / gewaltige Ringkmawren / wehrlich Schütten vnd Pasteyen / tieff vnd weite Gräben / vnd begreifft jhr außer Circk / der sich doch auff etliche eck zeucht / 9000. Schritt. Derhalben sie ein außerwehlt Ort ist nit allein für das gemein Volck darinn zu handtieren vnd zu treiben die höchsten Hendel so die Kauffleut in Teutschland mögen führen / sonder daß auch von alten zeiten her König / Keyser vnd grosse Fürsten jhre Höf vnd Niderlag da gern gehabt / vnd diese Statt für andere Stätt Teutscher Nation zu jhrer rhů vnd kurtzweil besucht.

Augspurg von wem es erbawen worden.

Man schreibt vnd sagt viel von jhrem ersten naten / anfengern vnd altem wesen / aber man mag nichts gewisses darvon haben. Die gemeinen vnd vngegründten Historien sagen / daß sie vnlang nach dem Sündtfluß von Japhets Kindern sey erbawen worden / oder hab von jhnen ein anfang genommen. Etliche wöllen sie seye vor Troja / vor der Kinder außzug auß Egypten gestanden. Darnach 600. jahr vngefehrlich vor vnnd eh Rom ist gebawen worden / soll Mathasia der Amazonen Königin / nach dem sie ein gůt theil des Landts Europe vnder sich gebracht / auch diese Statt angriffen / erobert vnd geplündert haben. Aber sie ist nachmals von den Landtleuten nach jrer eynfeltigen art wider auffgericht worden von Holtz vnd Kot / vnd etwas besser dann vorhin verwahrt / wie dann die Teutschen dazumal jhre Wohnung gehabt in rauhem / vnerbawenen / wilden vnnd sümpffigem Erdrich / vnd jre Häuser auch nicht hübscher gewesen dann der Boden darauff sie gebawen haben. Doch ist die Statt Augspurg nach vnd nach weiter worden / vnd hat an Eynwohnern vnd Häusern sehr zugenommen.

Augspurg in Rhetier Landt.

Was aber dieweil mercklichs bey jnen fürgangen / wie jre Regiment gestaltet / vnd wie sie gelebt haben / mag man auß keiner warhafftigen Historien erlernen. Man find viel Fabelwerck / darauff aber gar nichts zu halten. Das ist gewiß / daß die alten Teutschen sich viel bekümmert haben mit sagen vnd Kriegen / vnd deshalben ohn zweiffel die Eynwohner vmb Augspurg viel zuschaffen gehabt mit den anstossenden Völckern / die sie vberfallen / beraubt vnd schwärlich beleidiget. Da haben etwan vberhand genommen die Rhetier / so vngefehrlich 548. jar vor Christi Geburt auß Italia / vnd sonderlich auß Tuscia herauß in der Bündter Land gezogen seind / etwan haben die Böier gesieget / etwan die Vindelicier: Aber offt vnd auch zum letzten die Schwaben die haben es gar vmbkehrt. Doch wird offentlich geschrieben von den Rhetiern / ob sie schon ein grob Volck seind gewesen vnd keiner Sitten geachtet / haben sie doch vnder jnen selbs Gerechtigkeit vnd Schamhafftigkeit / vnd gegen den Außlendigen freundligkeit gehalten / vnd sie zu Herbergen eyngezogen. Es hat etwas bey jhnen gölten die Astrology vnd anschawung des Gestirns / vnd haben für Götter verehrt / wie auch die andern Teutschen / Sonn vnnd Mon / vnd Heerthumb: das ist / die Erde / vnnd das Fewr: daß diese ding haben sie gesehen / andere Götter haben sie nicht gesehen / seind darauff gestanden also lang / biß der Aberglaub gar vberhand genommen / vnd sie Eisam angenommen / vnd nach

jhren

Von Teutschlandt. 1027

ihren die Statt Cisarim genannt/vnd daß von wegen des Korns/des Baws vnd Pflantzung so die Fraw soll erfunden haben/vnnd dem Menschen angezeigt/da hernach soll kommen seyn/daß die Eynwohner zu einem Zeichen angenommen haben ein Thanzapffen/wiewol die vnerfahrnen darauß gemacht haben ein Traube/

vñ etliche ein vnzeitige Erdbeer/vnd ý gemein Mann da er solt sagen der Statt Pinen/spricht er mit bösem Teutsch/der Statt Piren. Diese Götter/sprich ich/haben sie verehret/vnd jnen zu gefallen ein Jarstag gehalten an S. Michels abend/an dem sie noch zur zeit halten Kirchweihe vnd Jarmez nach altem Brauch.

Vnnd als der ehrgeitz die Römer so sehr eyngenommen/daß sie auch mit grossem schaden wider Teutschland viel Krieg anfiengen/hat sich begeben vnder Key. Augusti Regiment/daß die Teutschen Kerlen jhm erschlugen die 5. Legion/da ward Augustus bewegt/vnd legt die gantze Burde des Kriegs auff seinen Stieffsohn Claudium Drusum/der war ein freudiger vñ gescheider Jüngling/zog vber das Alpgebirg mit eim grossen Heer/vnd zum ersten an die Rhetier/14.jar vor Christi geburt/dempt sie/wiewol nit ohn grosse gefehrligkeit d seinen/er nam auch eyn die Statt Augspurg/vnd butzt sie nach Römischer weiß/vnd anstat der Zeunen macht er gute Mawren. Desgleichen anstatt der Schütten/richt er auff starcke Thürn/macht sie zu einer Römischen Besatzung/wie auch seyn Bruder Tiberius im selben Heerzug vnder sich bracht die Vindelicier/vnd macht sie zu einer Römischen Provintzen/vnd die Statt Rhetobonnam neñt er nach jm Tiberiam/wie Drusus sein besetzte Statt nach jhm nennet Drusomagum. Doch seind viel der meynung/daß diese Statt dem Keyß. Augusto sey zugewidmet/vnd auß geheiß Drusi seinem Namen nach Augusta genannt/die nachmals von Ptolomeo vnd vielen Historien beschreibern soll Augusta Vindelicorum geheissen sein/mit denen will ich auff diß mal nit zancken/oder jr Opinion verwerffen/sonder ich laß es bleiben. Da aber in vergangnen jaren die Schwaben wurden durch Keyser Augustum auß dem innern Teutschland herauß an Rhein vnd an die Thonaw gelassen/vnd sie der Statt Augspurg gar auffsetzig war/ist doch die Statt steiff an den Römern blieben/vñ vnder jnen zugenossen/als lang dieselbige Landschafft ist beschützt worden durch Landvögt vñ Fürweser/die ohn zweiffel zu Augspurg jhr Regiment haben gehabt. Demnach spricht Cornelius Tacitus/daß sie zu seiner zeit/nemblich vnder den Key. Hadriano vñ Antonino Pio/sey ein herrlich Besatzung gewesen des Lands Rhetie.

Vnder dem Keyser M. Aurelio Vero/vmb das jar nach Christi Geburt 166. ist sie beschirmet worden wider die eynfallenden Völcker Catten genañt/durch den Legaten Avidium Victorium/vñ bald darnach ist sie von den Feinden entsetzet worden/von einem Landvogt oder Landrichter der Pertinax hieß/der der ersten Legion Hauptmann war. Darnach hat sie zum Schutzherren gehabt L. Commodum Septimium Severum/Aelium Bassianum/Licinium Valerianum/der Año 257. durch wahl des Kriegsvolcks ward vnder den Keysern Aureliano vnd Tacito/zum Keyserthumb erhebt: item Bonosum/der Hauptmann war in der Rhetischen Grentzen/Eiulasium/Galerium/L. Aquilium/die alle Landrichter seind gewesen/vñ haben die Statt erhalten wider die Feind/haben sie auch sehr gebessert. Aber zu den zeiten des grossen Constantini vnd seiner Söhn/haben zu Augspurg regniert Magnentius der Hispanier ein ordenlicher Graff/vnd nach jhm Sylvanus/Barbatio/Nevitta/der auch Anno 465. nachmals Burgermeister zu Rom ward: diese sprich ich/seind nacheinander der Statt fürgesetzt worden/vñ haben von den Schwaben schweren fall erlitten.

Weiter vnder dem Keyser Gratiano/seind die Burger etwas durch die Lentier zum abfall gereitzt worden:aber als dazumal bey Straßburg 36000. Teutscher erschlagen worden/mochten die Römer gering diese Empörung zu Augspurg demmen/vnd die gantze Provintz in ruhen behalten/biß zum Todt des grossen Theodosij/da ward das Römisch Reich gar sehr geschwecht:dann es fielen eyn die Gothen/die gaben den Keysern so viel zu schaffen/daß die Teutschen auch jhre Freyheit suchten/schlugen die Römer auß dem Land/nammen wider eyn die alten Landtschafften/so die Römer viel jahr besessen hatten.

Zu derselbigen zeit da M. Aurelius/vnd nach jhm Theodoricus in höchsten nöthen Landvögt waren/furen die Schwaben vber die Thonaw/vñ namen eyn das Land Rhetiam/ohn zweiffel nit ohn grossen widerstand/der jhnen zu Augspurg in der Hauptstatt begegnet/es hat da viel schnauffens

1028 Das fünffte Buch

fens genossen/biß zu letst die Geysel Gottes kam/nemlich Attila der hochfertig vnd grimmig König der Hunen/mit 500000. Mann zog wider die Römer vnnd Visigothen mitten in Franckreich/vñ begab sich zu einer Veldschlacht/auff dem Catalauner Veld wider den Römischen Fürsten Actium/vnd alß es jhm nit nach seinem willen ergieng/ward er dermassen ergrimbt/daß er im abzug schleifft vnd verderbt alle Stätt im hohen Teutschland/nemblich in Helvetien vnd beyden Rhetien biß in Vngerlandt. Diß ist geschehen vmb das jahr Christi 450. In diesem jämerlichen leben ist Augspurg auch geschleifft worden sampt andern Stätten dazumal in Rhetien gelegen/vnd biß zum Todt Attile in der Eschen gelegen. Als aber dieser Tyrann starb/da seind die vberliebnen Leut wider herfür krochen auß den Almangöwischen Bergen vnd Schwäbischen Wäldern/die haben sich wider zusammen gethan/jr Vätterlich Landt vnd Heimat gesucht/vnd widerumb angefangen zu bawen/vnd das soll sonderlich bey Augspurg von den Christen beschehen seyn. Dañ sie richteten widerumb auff ein Kirchen/vnnd mit jhrem Christlichen leben vnd wesen brachten sie zu jhnen alle jhre benachbarte.

Die ersten Christen zu Augspurg.

Vnd gleich wie diese Statt von den Römischen Keysern empfangen hat ein Bürgerlich leben/vnd darbey sehr zugenommen/also hat sie nach jetztgemeldten verderbnussen jhr auffkommen vnd zunemmen von der Christlichen Religion vberkommen. Dann nach dem sie nie gewesen ist ohn den Römischen zusatz/vnd sonderlich die dritte Italisch Legion für vnd für da gelegen/hat sie auch von jrer langwiriger beywohnung angenommen jre Götter vnd Gottesdienst: sonderlich aber ist da verehrt worden Mercurius/vnd hat auch da gehabt etliche zugeeygnete Tempel/wie dann noch viel alte Geschrifften gefunden werden/die auff diesen Augspurgischen Mercurium deuten vnnd anzeigung geben/wie er an diesem Ort in grosser achtung gewesen. Sonst haben die Eynwohner auch verehrt Syluanum/vnnd dem ein besondern Tempel auffgericht/darumb daß er die gantze Marck solte schützen vnd schirmen. Item Pluto vnd Proserpina haben hie jre Tempel gehabt/wie dann auch Apollo Cranius/vnd Mars mit besonder Häusern seind geehrt worden. Da aber das Euangelium Christi hie ist verkündet worden von einem der Lucius soll geheissen haben (nicht der Lucius der vmb das jahr Christi 190. König in Engelland gewesen/vnd nie darauß kommen/sondern darinn seliglich gestorben) hat er alßbald Zuhörer vberkommen/vnder welchen auch benamset wird Campestrius der Statt Fürweser/vnnd hat das Euangelium da gewurtzlet/mehr vnder dem Creutz/dann vnder einer offentlichen vnd herzlichen Außkündigung/biß zu den zeiten des Keysers Diocletiani/der die zehend grawsame verfolgung nach dem Nerone wider die Christen angericht hat. Da ist gewesen Narcissus Bischoff zu Gerund/der hat die Christgläubigen mit dem Wort Gottes in der widerwertigkeit vertröst vnd gestärckt/vnd jnen den ersten Bischoff fürgesetzt/mit namen Dionysium Cretensem/der auch bald darnach ist vmbs Glaubens willen zum Tod von Gaio vervrtheilet worden/vmb Christi willen gestorben. Wer aber an sein stätt kommen seye/oder wie viel das Ampt zu denselben zeiten verwesen haben/mag man nit finden: das findt man aber wol/daß vmb das jahr Christi 580. der Heylig Columbanus ein Münch auß Schottlandt/vnnd S. Gall sein Jünger haben offentlich auß erlaubung Sigiberti/der nun König in Austrasia am Rheinstrom in der Gallier seiten war/durch Schwaben vnd Alemanniam/Christum zum ersten geprediget/vnd den Heyligen Glauben also gepflantzet/daß bald darnach vnder dem Keyser Heraclio/vor vnnd eh der Teufflisch Mahomet seine Saracenische Sect bey den Arabiern Anno 618. gelehrt/von dem Volck vnd den Gelehrten zu Augspurg erster Bischoff vnd wahrer Hirt erwehlt ward der fromm vnd Christlich Mann Sozimus.

Mercurius.

Sylvanus.

Pluto.

S. Columbanus.

Augspurg der Statt wie sie jetzund im wesen steht/Beschreibung.
Cap. cclxxxvij.

Augspurg die Statt ist vast wehrlich an Mawren/Thürne/Pasteyen/Gräben/vnd allerley Handgeschütz oder Büchsen/deren auch etliche grosse Häuser voll seind. Darzu treibt man da trefflich viel vnd grosse Handwerckische Händel/sampt dem einigen vnd höchsten Fürkauff/Gesellschafften genannt/welche jhre Handthierung weit vnd breit durch alle Länder führen/dardurch diese Statt in kurtzen jaren in aller Welt bekannt ist worden. Es tregt die Oberkeit dieser Statt sonderliche sorg vber die Armen. Dann zu dem daß für die Krancken Waysen

Die Statt

Die Statt Augspurg

Contrafehtet nach aller Gelegenheit so sie jetzund hat in Mawren/Thürnen/Pasteyen/fliessenden Wässern/fürnemen Gebewen/Porten/Brunnen/Gassen/Brücken/Gräben/ ꝛc. so mir von einer Weysen Oberkeit zu diesem Werck vberschickt. Dieser Statt lenge wird genommen (wie menniglich sehen mag) von Mitnacht gegen Mittag / ihre breite von Occident gegen Orient / vnd vbertrifft die lenge mehr dann zwey mal die breite.

BBB   Augspurg

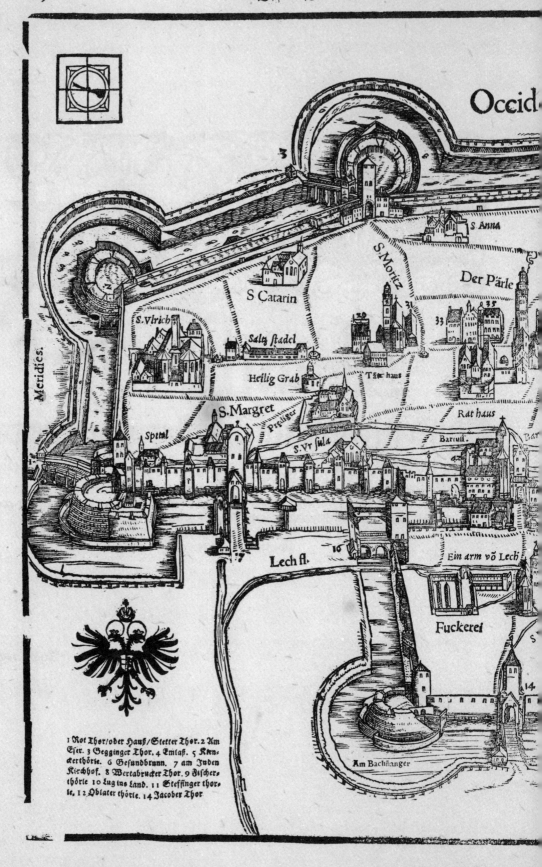

1 Rot Thor/oder Hauß/Stetter Thor. 2 Am Eser. 3 Gegginger Thor. 4 Emlaß. 5 Rkenkerthörle. 6 Gesundbrunn. 7 am Juden Kirchhof. 8 Wertabrucker Thor. 9 Fischerthörle 10 Lug ins Land. 11 Steffinger thorle. 12 Oblater thörle. 14 Jacober Thor

nte Statt/artlich in Grund gelegt.

16 Vogelthörle. 17 Schwyboger Thor. 18 Ober
Wafferthurn. 19 Fuckers Hauß. 31 Kornschrand.
33 Statt Cantzley. 34 Kauffleut Stuben. 35 Der
Herrn Stuben. 42 Pfrundhauß. 44 Findelhauß.
45 Pulferthurn. 47 Under Wafferthurn. 51 Pfalz
sampt dem Frohnhof. 95 Katzenstadel.

BBB ij   besondere

besondere Spittäl vnd Findelhauß verordnet seind / haben auch zu gebärlicher zeit die so mit der Pestilentz vergifftet/oder mit den Frantzosen angriffen werden/ihre besondere wartung vnd freye Behausung/ welche man das Blatterhauß nennet/ wie auch die abgesünderten Leut jhre Feldsiechen-Häuser haben. Weiter wird andern dürfftigen Leuten groß Hilff vnnd Stewr bewiesen/item viel geschickter Jungen zu der Lehr innerhalb vnnd ausserhalb der Statt reichlichen gezogen vnd erhalten. Es haben auch die Fucker Anno Christi 1519. den Dürfftigen so da der Statt verwandt vnd eins erbaren wandels seind/ bey hundert Häuser auß jhrem Gut in S. Jacobs Vorstatt gebawen/welcher begriff/ die Fuckerey genannt/ möcht wol ein Stättlein verglichen werden. Item mit was billigkeit/ guter Fürsichtigkeit vnnd Burgerlichem Regiment die Oberkeit hie der Gemeind fürsteht/ vnd wie glückhafftig/ Sinnreich/ Freundlich vnnd Tugendlich die Bürger vntereinander / vnnd gegen den Frembden jhre Hendel führen/ auch biß in die weiteste Länder gegen den vier Winden in der Welt gelegen/ wie Ehrlich sie jhre Kinder auffziehen/ wie ein jeder den andern vbertreffen will in gezierden der Häuser/ vnnd was dareyn gehört mag hie nicht gnugsamlich angezeiget werden. Es seynd die Eynwohner/ bevor aber die Weybsbilder von gestalt schön/ an Kleydung prächtlich/ mit essen vnd Trincken köstlich/ im wandel vnd worten prengisch/ in Handlungen gescheid/ an geberden Außlendisch/ vnnd von wegen grosser Reichthumb viel von sich haltend. Auß welchen die Gemein hefftig arbeitsamb/ vnd dem gewinn obligen/ sich jhres Glücks benügt/ der Kauffleuten aber etlich/ ein gut anzahl von den Herzen/ haben sich lassen Adlen / viel seind Gefreyet zum Freyherzenstand/ vnd ein theil gar zu Graffen gemacht/ ja sie haben auch darunder ein gantz Königreich in India inn/ vnd daß ichs mit eim Wort sag/ ist je groß Glück angefallen ein Statt/so ist es Augspurg. Was grossen Reichthumb in gemein Schatzkammer behalten werden/ mag menglichs auß diesem mercken/ daß ein Ehrsamer Rhat/ ohn angesehen den grossen järlichen Kosten so auff vnderhaltung vnd besserung gemeiner Gebew gewendt wird/ item den vnaußsprechlichen Kosten/ der auff nechste Kriegsrüstung sich verlauffen/ zu erlangen ein Frieden in nechstem Reichstag in barem Gelt außgeben hat 300000. Rheinischer Gulden/ ohn Beschwerung oder Schatzung gemeiner Burgerschafft. Es wohnet des Volcks so viel in dieser Statt/daß im vergangen jahr / nemblich Anno 1549. da geboren seyn vnnd zum Heyligen Tauff gebracht 1705. Kinder/ vnd dargegen mit Todt abgangen/ ohn ein Landsterben 1270. Menschlicher Cörper/ auß welchem des Eynwohnenden Volcks menge beyleuffig mag abgenommen werden.

Augspurg reich.

Von den Augspurger Bischöffen. Cap. cclxxviii.

Jeweil wir kommen sind zu der Christlichen Religion/ alß sie zu Augspurg anfengklich gepflantzet ist worden/ will sichs gebüren hie etwas zu schreiben von den Fürstendern vnd Bischoffen so nacheinander kommen sind/ vnd da Christum gelehrt/ wie sie geheissen/ was sie gehandlet/ vnd vnder welchem ein jeder Tempel ist gebawen.

Es lebt der erste Bischoff Sozimus 18. jar im Bißthumb/ vnd ward nach jhm erwehlt vnder dem schutz vnnd schirm Hertzog Sigberti / der König Dagoberti Sohn war / vnnd vnder jhm hett Alemanniam vnd Rhetiam/ Verwelffus ein Schwab/ der stund dem Bißthumb für 6. jar: nach jhm ward erwehlt Dagobertus der dritt Bischoff /vnd lebt 17. jar im Ambt. Auff jhn kam Manno der besaß das Bißthumb 19. jahr/ vnd

Verwelffus der ander Bischoff.

nach jhm Wicho/ der ward erwehlt Anno 669. vnd regiert 18. jahr. An dieses Wichonis statt kam Brico oder Pericho ein Graff von Bregentz/ der saß 20. jar im Bißthumb. Es kam zu jhm Wunefridus ein Münch auß Engelland/ Bonifacius genannt/ der nachmals Ertzbischoff zu Mentz ward/ vnd auß befelch Pipini der Francier Fürsten / hielt er Anno Christi 710. zu Augspurg ein Synodum. Nach Bricone hat das Bißthumb regiert 21. jar Zeiso/ der anfenglich vnser Frawen Thumbstifft zu Augspurg gebawen hat/ vnnd auff jhn kam Marcomannus oder Martianus/ der

Frawen Thumbstiffte von wem er erbawen worden sey.

regiert 29. jar. Zu seinen zeiten ist zu Kempten Andogarius der erst Abt gesetzt worden. Anno 782. ist Sanct Wieterpus Abt zu Elbwangen zum Bischoff erwehlt/ vnd hat 10. jahr regiert/ zu den zeiten alß der Groß Keyser Carlen die Bäyern bekriegt. Nach jhm hat das Bißthumb besessen Tosso Pfarrherr zu Walchofen 12. jar lang/ dahin gefordert durch den Heyligen Bischoff Magnum/ war auch ein frommer vnd Heyliger Mann. Auff jhn kam Sanct Simpert ein Münch von Murbach/ des Grossen Keysers Carlen Schwester Sohn / welcher auch die Thumbkirch vnser Frawen zu Ehren geweihet hat an Sanct Michels abend / daher es kompt/ daß die Augspurger jhre Meß vnd Jarmarckt zu derselbigen zeit haben. Er ist dreyssig jahr dem Bißthumb fürgestanden vnd hat es gemehret vnd erweitert biß ober den Lech. Nach jhm ist der 12. Bischoff worden Hanto oder Hauto ein Graff von Andechs/ auß dem Vindelicier Land/ vnd hat regiert 7. jahr. Auff jhn ist Anno Christi 839. kommen Sanct Neodegarius oder Nicarius Abt zu Vitenbeuren

Von Teutschlandt. 1033

beuren/ vnd hat 4. jahr regiert. Der 14. Bischoff hat geheissen Vdalmannus ein Edler Schwab/ vnd hat 7. jahr regiert/ vnd sein Nachfahr Abt Wicherus von Vtenbeuren ist 10. jahr dem Bisthumb fürgestanden. Etliche schreiben doch er sey später kommen/ vnd sey auch der Helvetier Apostel gewesen. Auff jn ist an das Bisthumb kommen/ vnd das auch 3. jahr verwesen/ Lauto/ zu dem Arsenius deß Bapsts Legat kam/ vnd verdammet Lotharium/ der König zu Gallia Belgica/ vnd dem Rheinstrom war/ vnd da der erst Hertzog in Lothringen/ darumb daß er mit einander zwo Ehefrawen hat genommen. Es hat auch dieser Lauto den H. Magnum in einem offentlichen Concilio in der Heiligen Buch lassen schreiben. Anno 871. ist der 17. Bischoff wo/ den S. Adelbert ein Graff von Dillingen/ der ein Münch war zu Elwangen vnd Zuchtmeyster Keyser Arnolphs Sohn. Er war ein gewaltiger Senger/ vnd regiert 16. jahr. Auff jhn ist kommen sein Coadjutor Hildenius/ vnd hat regiert 15. jahr. Als er starb/ kam an das Bisthumb S. Vlrich Graffe Hugwalden von Dillingen Sohn/ vnd wie etliche schreiben/ von dem Geschlecht der Graffen von Kyburg. Da er zu S. Gallen im Kloster studiert/ war ein Klosterfraw mit Namen Wiberota/ die weissaget jhm wie er Bischof würde werden/ vnd viel Trübsal im Bisthumb erleyden. Er kam im jahr Christi 842. oder wie die andern schreiben/ Anno 903. an das Bisthumb durch zuthun König Heinrich deß Voglers/ vnd hat 50. jahr regiert mit grossem Ernst. Vnd da auff ein zeit der Bapst seinen Priestern wolt die Eheweiber nehmen/ wolt er sich nicht bald darzu verwilligen. Er hat dem grossen Keyser Otten in allen seinen Händeln vnnd Kriegen trewen Beystandt gethan. Er hat auch zum Gottesdienst ein grossen Eyffer gehabt: dann vber das/ daß er die vnwehrliche Statt Augspurg mehr mit seinem Gebett/ dann die Bürger mit jhren Waffen wider der Vngern Eynfall erhalten/ hat er im jahr Christi 959. S. Johanns Pfarr auffgericht/ vnd 8. jahr darnach da auß seinem Gut gestifft für die Edlen Töchter S. Stephans Kloster. Weiter hat er S. Afra Kirch/ die jetzt bey 180. jahr wüst war gelegen/ wider auffgericht/ vnd jhm da sein Begräbnuß erwehlt. Nach jhm ist Graff Heinrich von Geysenhausen von Keyser Otten dem Andern seinem Vettern zwey jahr lang dem Bisthumb fürgesetzt/ vnd als er mit dem Keyser in Calabriam wider die Saracenen zog/ ward er da erschlagen/ wiewol Hermannus Contractus schreibt daß er im jahr Christi 977. von den Vnglaubigen gefangen/ vnd in das Elend geschickt sey worden. An seine statt ist kommen Vdalgerus/ vnd nach diesem Etychus oder Etycho Graffe von Altorff der 22. Bischoff von dem Keyser dahin gesetzt. Noch jhm hat den Bischofflichen Stul besessen Luitholdus/ der vnser Frawen Thumbstifft/ jetzt vor älte verfallen/ Anno Christi 993. wider auffgericht/ mit Hülff der andächtigen Keyserin Adelheyden/ die Königs Rudolphen von Burgund Tochter/ vnd Keyser Otten deß ersten Gemahl war. Doch sagen etliche daß solches gethan hab Bischoff Voalgarus. Dieser Luitholdus ist dem Bisthumb 5. jahr fürgestanden/ vnd hat vom Bapst Johanne dem 16. zu wegen bracht/ daß S. Vlrich in der Heiligen Buch ist geschrieben worden. Als er starb/ ist Herr Walter 10. jahr lang dem Bisthumb fürgestanden/ vnd auf jhn ist kommen Gebhardus Abt zu Elwangen/ vnd fürthin S. Vlrichs Capelan/ welcher Anno Christi 1012. die Benedictiner Münch geführt hat in S. Vlrichs Kloster/ vnnd setzt jhnen zu eim Abt Reginobaldum/ der hernach Bischoff zu Speyer ward. Auff Gebhardum ist kommen Sigfridus/ vnd der hat ehrlichen hie zu Augspurg begraben Keyser Otten deß Dritten Eyngeweyd. Vnd nach dem er drey jahr das Bisthumb hette geregiert/ starb er Anno 1019. vnd ward nach jhm Hertzog Bruno Bischoff/ lebt im Bisthumb 27. jahr lang/ vnd im 10. jahr seiner Regierung hat er erbawen auß geheiß Keyser Heinrichs deß 2. seines Bruders/ den Stifft zu S. Mauritzen/ vnd nach dem er Hertzog Conraden (dem er auch vbergeben hat sein Erblich Recht so er in Beyern hat) mit allem vermögen zum Keyserthumb hett promoviert/ vnd vil Krieg geführt/ vnd erlitten von dem Schwäbischen Welffen/ der ein Graff auß Beyern war/ ist er gestorben. Nach seinem Todt hat Herr Eberhard/ der auch Eppo hieß/ das Bisthumb 4. Jahr geregiert. Im jahr 1033. ist Heinricus 2. vom Keyser/ deß Capelan er war/ der 29. Bischof gesetzt worden/ vnd regiert 30. jahr. Er ist Keyser Heinrichen dem Dritten gar angenehm gewesen seiner Rahtschläg halben/ dieweil er regiert/ deßgleichen ist er seinem verlaßnen Gemahel der Keyserin mit Namen Agnesen/ geboren auß Pictavia/ auch sehr freundlich gewesen. Es ist vnder jhm 1042. geschehen/ daß ein Thumbherr zu Augspurg mit Namen Eberhardus/ ward zu Aquilegia zum Patriarchen vom Römischen König gesetzt/ vnd Bapst Leo 9. ein Teutscher/ kam von Mentz auß eim Concilio/ zog durch Augspurg/ vnd weyhet mit seinen Händen im jahr 1051. S. Gallen Kirchen. Wiewol viel sprechen/ daß diese Kirch sey die älteste vnd erste der Christglaubigen in der Statt Augspurg. Es ward auch gemelter Bischof Heinrich auß deß Bapst Exempel bewegt/ daß er S. Stephans Frawenkloster erweitert/ vnd sonst besondere Kirchen/ vnd S. Vlrichs vnd S. Afres Kirchen hertzlichen weyhet. Vnd jhm seine zween Thumbherren von Augspurg/ mit Namen Reinhardus vnd Wotolffus/ einer gen Passaw/ der ander gen Speyer postuliert worden zum Bischofflichen Ampt. Vnd als Bischoff Heinrich in Vngnaden kam deß Keysers vnd auch anderer Bischoffen/ sind jhm die Münch zu S. Vlrich vnd Abt Fribolden dem 4. auch auffsetzig worden etwas Heilthumbs halb S. Afre/ vnd jhr trüglichen hinderkommen/ vnd beym Schloß Falckenstein mit eim höltzenen Spieß/ den sie jhm zum heimli-

CCC chen

chen Gemach hineyn schlugen / ertödt. Da ward im jahr 1063. durch Förderung Keys. Heinrichs deß vierdten Bischoff gemacht Jmbricus oder Embrico Graf zu Leiningen / vnd Probst zu Mentz / ein weidlicher vnnd kluger Mann (wiewol er von etlichen auch gescholten wirdt) der die Sachsen mit gemeldtem Keyser vertrug / vnd der Vneinigkeit halb so zwischen Bapst vnd dem Keyser war / in Gefängnuß ward geworffen bey den Lampartern. Er hat gebawen S. Martins Kloster / das jetzund ein Schul ist / vnd S. Gertruden Capellen. Er hat auch im jahr 1072. auffgericht die zween Glockenthürn bey dem Thumbstifft. Vnder jhm hat Graff Schweighertz von Baltzhausen vnd Schwabeck die Probstey vnd S. Peters Kirchen im jahr 1067. gestifft / vnd Adelberto der 7. Abt zu S. Vlrich hat sein Kloster mit einer Mawren vmbfangen. Jm jahr 1077. hat das Bisthumb angenommen Sigfridus der Ander von Dornberg / aber dieweil er günstig war Keys. Heinrichen dem Vierdten / der jhn dahin gesetzt hatt / wolt jhn Bapst Hiltenbrande dannen stossen / warff ein andern vff mit Namen Wigholdum / darauß ein schädlicher vnd langwiriger Krieg erwuchs: dann es war auff deß Bapsts seiten / Wolff der Vierdt Hertzog im Nordgöw / vnd ward im selbigen widerwertigen Krieg verbrennt von dem Feind S. Moritzen Kirch. Es hett zu denselbigen zeiten der Stiffte zu Augspurg so weidliche vnd dapffere Männer / daß im jahr 1080. Norbertus gen Chur zum Bischof ward erwehlt / vnd Anno Christi 1078. Heinricus gen Aquilegiam zum Patriarchen ward postuliert / vnd im jahr 1086. Adalbero gen Trient ward Bischoff ordiniert. Aber Bischoff Sigefridus ward hie zwischen im Synodo zu Quendelburg gehalten / im jahr 1085. mit vielen andern Teutschen Bischoffen / nach Zerstörung seiner Statt / zwey jahr lang zu Ravenspurg in Gefängnus gehalten / vnd darnach mit grossem Geldt ledig gemacht / vberlebt auch die so jhn auß dem Bisthumb verdringen wolten vnd starb endtlichen daheim. Nach jhm ward zum Bischoff geordnet im jahr 1092. Hertwichus Freyherr von Lierhaim / regiert 33. jahr / vnd hat viel Gezäncks gehabt mit dem Capitel der Zinsen halb. Vnder jhm ward Guido ein Thumbherr zu Augspurg Bischoff zu Chur / vnd im jahr 1086. ward auffgericht S. Egydius Kirch. Nach jhm ward von Keyser Heinrichen dem 5. zum Bischoff gemacht Graff Heinrich von Wittelspach auß Bäyerlande / vnd dieweil er am Keyser hieng der in Bann war gethan / ward jhm zugemessen wie er Vnruh in der Kirchen mächte / vnnd verthät zu vnnütz der Kirchen Güter / darumb er auch in Bann ward gethan / vnd viel beleydiget von Eginone dem 12. Abt zu S. Vlrichen / vnd von den Bischoffen von Mentz vnd Chur / die deß Bapsts Commissarien waren. Es bracht diß wesen auch ein Auffruhr vnder den Burgern. Jm jahr Christi ward nach jhm Bischoff gemacht Waltherus der Ander Pfaltzgraffe zu Tübingen / der auch 36 jahr regiert / vnd stifftet im jahr Christi 1142. ein Probstey in der Mitnächtigen Vorstatt zu S. Georgen genannt / für die Regulierer. Er vbergab auch vor seinem Todt das Bisthumb Graffe Conraden von Böl vnd Lützelstein / welcher das Bisthumb regiert 22. jahr mit grossem Fleiß vnd Geistlichkeit. Er führt im jahr 1159. die Regulierer mit einem newen Probst auß dem Schloß Hammelberg in das Kloster zum heiligen Creutz genannt / ausserhalb der Stattmawr gelegen. Endlichen ehe er starb ward er ein Münch zu S. Vlrichen. Er hat auch Hülff gethan den Welffen Hertzogen zu Bäyern vnd Spolet / vnd Graffen zu Altorff / als er mit einem grawsamen Krieg angrif seinen Vettern Hugen Pfaltzgrafen zu Tübingen / vnd Grafen zu Chur vnd Bregentz. Anno 1176. war Bischof zu Augspurg Graff Vdalscalcus von Dennelohe / vnd regiert 23. jahr. Jm 7. jahr seines Regiments verbrann das Kloster zu S. Vlrich / welches Abt Heinrich der 19. in der Zahl baldt wider anricht: vnd als er die Kirch wider weyhet / war zugegen Keyser Friderich der Erst / sampt vielen Fürsten vnd Prælaten / vnd sonderlich war da der Ertzbischof von Mentz. Auff Vdalscaleen ist kommen Hertovichus der Ander / vnd regiert 4. jahr. Nach jhm wurde Bischoff Sigefridus von Rechberg ein kriegischer Mann. Der zerbrach das Schloß Schwabeck / vnd zog zu letzt gen Jerusalem wider die Saracenen / starb aber in Apulia. An seine statt ist gesetzt worden Sibito Freyherr von Gundelfingen / vnd mit seinem Gunst ist im jahr 1236. auff dem Weinmarck gebawen worden die Kirch zum heiligen Grab / von den fürnehmbsten Bürgern dieses Namens. Aber Bischof Siboto nach dem Exempel seines Vorfahren / zog in einer Meerfahrt zum heiligen Landt wider die Vnglaubigen / vnd starb vnderwegen. Doch sagen die andern er hab das Bisthumb frey resignirt / vnd sey zu Keyßheim ein Münch worden. Anno 1239. ist der 40. Bischof von dem ersten Sozimo zu zehlen / worden / Graffe Herman von Dillingen / vnd der regiert 47. jahr. Er soll der letzt Graff in seinem Geschlecht gewesen seyn / darumb er auch die Graffschaft geben hat an das Bisthumb / vnd hat gebawen zu Augspurg den Spittal zu dem heiligen Geist. Vnder jhm haben die Barfusser Brüder vmb das jahr Christi 1243. angefangen zu nisten in der Statt Augspurg / welcher Kloster jetzt in ein Pfründhauß ist verwandelt. Es ist auch zu seinen zeiten das Römisch Reich lang ohn Satz gestanden / deßhalben jhm auffsetzig war der Hertzog von Beyern. Es war auch dazumal zu Regenspurg Bischoff der groß Albertus / geboren von Lawingen / ein fürtrefflicher Philosophus vnd gelehrter Mann / der das Bisthumb vbergab vnnd ward ein Münch / daß er desto ruhiger studieren möcht. Nach Bischof Hartman ist Siafridus der Vierdt von Algißhausen zwey jahr lang Bischof gewesen / vnd auff jhn ist kommen Wolffart von Rode sein leiblicher Bruder / vnd der hat 12. jahr regiert. Er hat die Klosterfrawen

Hertzog auff dem Nordgöw.

Kloster zu S. Vlrich verbrennt.

Albertus Magnus.

Von Teutschlandt.

frawen zu S. Margreten von dem Wasser Myndel gen Augspurg bracht/vnd jnen eyngeben das Ort so man jetzund nennt den Spittal Hof. Dieser Bischoff hat ein zeitlang das Vngelt denen von Augspurg gegönnt/laut eins Verschreibens/so geben 1290.welches kurtz vnd also lautet: Wir die Rahtgeben der Statt Augspurg/ thun kündt allen denen die diesen Brieff lesen/hören oder sehen/ daß Vnser Oberherr Bischof Wolfart von Augspurg/ durch vnser bitt vnd zu vestunge seiner Statt/ hie zu Augspurg/ mit seines Capitels Gunst vnd Raht vns die Gnad gethan hat/ daß wir ein Vngelt nehmen sollen zu allen Thoren an der Statt/von hinnen an biß S.Georgen tag den nun schier ist komenden/ vnd darnach vber 4.jahr in der Gemeinheit/ als er bey seinen Vorfahren genommen ist/ vnd sollen von jm/ noch seinem Capitel/ noch von allem jrem Gesind kein Vngeld nehmen. Daß das stät bleib/ vnd vnzerbrochen/ vnd sein nicht vergessen werde/haben wir diesen Brieff versiegelt mit der Statt Insigel zu Augspurg/da von Christus geburt waren 1290.jahr am Sontag nach S.Tiburtien tag/der vor S.Georgen tag ist. Im letzten Jahr seines Lebens hat man zu Augspurg angenommen die Fasten auff S. Marten Tag: dann es sturben dazumal viel deß gähen Todts. Im jahr 1301. ward Bischoff Degenhardus von Helenstein/ vnd Freyherr zu Heydenheim/ vnd da er vber 6. jahr nicht lebt/ ward an sein stat erwehlt Friderich Spät ein Freyherr. Zu den zeiten seines Regiments/ nemlich vmb das jahr 1312. ward mit Verwilligung deß Keysers der Tempelorden durch das gantz Teutschland außgereutet/ vnd ward jhre Wohnung zu Augspurg vbergeben den Prediger München/ vnd darnach vber 10.jahr/ ist mit Verwilligung dieses Bischoffs angefangen worden zu bawen von den Bürgern vnser Frawen Brüder Kloster/ genannt zu S.Annen. Es ist auch zu diesen zeiten widerumb verbrunnen S. Vlrichs Kloster vnder dem 30. Abt/ der Marquard von Hagel hieß. An.1329. war Vdalricus von Schöneck der 2. dieses Namens/ Keyser Ludwigs deß Beyers innerlicher Schreiber/ vnnd deß Bapsts Widersacher/ zum Bischoff erwehlt/ aber er starb im 2.jahr/ vnd verließ das Bistumb seinem Bruder Heinrichen dem 3.der Probst im Hohen Stifft war. Vnd dieweil er auch wol war an Keyser Ludwigen/ must er viel leyden die 19.jahr/dieweil er dem Bisthumb vorstund. Es ward bey seinem Leben Herr Marquard von Landeck/ den man den Neidling nennt/ dem Bistumb fürgesetzt/ der vorhin Probst zu Bamberg/ vnd Custos zu Augspurg war gewesen/vnd regiert 12.jahr mit Gunst vnd Gnaden deß Bapsts. Er hat mit Hülff der Bürger zu Augspurg zerbrochen das Schloß Myndelberg/ vnd erlangt auch bey Keyser Carlen dem 4.Freyheit zu müntzen/ vnd ward zu letzt Patriarch zu Aquilegia. Zu seiner zeit sind die Geißler durch die Statt Augspurg gezogen. Anno 1361. ist Bischoff worden Walter von Hochschlitz der 3. dieses Namens/ welcher im 7.jahr seines Regiments ward von Graff Eberharden von Werdenberg/ der vff deß Hertzogen von Teck seiten war/ bey Myndelheim erschossen: dann er wolt seinen Freunden Beystand thun/ schlug jm aber vbel auß. Nach jhm ward Bischoff (nicht ohn Römische Arglistigkeit) Johan. Schadland ein Prediger Münch/ zu welches zeiten war zu Augspurg zwischen Pfaffen vnd Bürgern grosser Vnfried/ daß man auch etlichen Pfaffen die Häuser abbrach. Es ward auch ein offner Krieg zwischen den Bürgern vnd dem Hertzogen von Beyern/ vnd entstund ein vnsinnig Tantzen bey S. Veit/ darwider sich der Burgermeister mit Gewalt must legen. In diesem vnruhigen Leben vbergab der Bischoff sein Ampt/ vnd blieb Bischoff zu Wormbs/ biß er im jahr 1382. starb. Anno 1382. macht Bapst Vrbanus der 6. Hertzen Burckharden von Ellerspach Bischoff zu Augspurg/ der regiert 22.jahr mit grossem Vnwillen der Bürger. Dann er fordert von jhnen vnbillche Ding/ vnd hielt kein Vertrag/deßhalben auch die Bürger im 6.jahr seines Regiments bewegt wurden wider jhn/ daß sie jhm zerbrachen seinen Pallast/ vnd auch das Müntzhauß auff freyem Marckt. Vnd da er starb/ ward erwehlt Graff Eberhard von Kirchberg/ vnd der hielt sich 7.jahr zu Dillingen/ ließ seine Pfaffen leben in aller Vppigkeit/ dardurch die Obrigkeit bewegt ward/ daß sie etlich Pfaffen gefangen legten/ vnd liessen sie in der Gefängnuß hungers sterben. Anno 1411. empfieng

Anßhelm von Nevingen das Bisthumb/ vnd als er 12. jahr das Chor im hohen Stifft von grund auff erweitern ließ/ ward er sampt Herr Friderichen von Graffeneck/ den Keyser Sidmund hett zum Bisthumb bestimpt/ vnder dem Costentzer Concilio von Bischofflichen Ampt gestossen. Es erlangt auch Johannes Abt zu S.Vlrich die erste Inful so in demselbigen Kloster gebraucht ward. Item das Beginen Kloster zu Horburg verbrann auch vnversehnlich/ vnd ward nachmals/ nemblich im jahr 1538. verwandelt in ein Findelhauß. Im jahr 1424. war Petrus von Schawenberg/ deß Bapsts Diener zu Bischoff gemacht/ vnd regiert 45.jahr/ er war ein gelehrter Mann/ war im Concilio zu Basel/ vnd vereinbaret den König von Engelland Heinricum den 6. vnd König Carlen von Franckreich den 6. vnd Hertzog Philippen von Burgund. Er versühnt auch die Hertzogen von Bäyern mit Marggraff Albrechten von Brandenburg/ vnnd hielt ein Ritterstechen vor seinem Saal.

Das fünffte Buch

Darnach im jahr 1451. ward er von Bapst Nicolao dem 5. zum Cardinal gemacht/ vnd hielt sich gantz vnfreundlich mit der Statt Augspurg/ vnangesehen die Verträg so seine Vorfahren auffgericht hatten. Vnder jhm hat man von gemeinem Volck durch den Ablaß ein groß Geldt auffgenommen/ vnd kam auch ein Bäpstlicher Legat der wickelt auff mehr dann 400. einfältige Mönner/ vnd führt sie vergeblich wider die Türcken. Vnder diesem Bischoff verbrann im jahr 1460. der Carmeliten Kloster S. Annen genannt. Nach jhm ward sein Coadjutor Graffe Johannes der 2. von Werdenberg Bischoff vnd regiert 17. jahr. Zu seiner zeit im jahr 1474. auff S. Peter **Grosser Sturmwind.** vnd Paulus Tag/ war ein solcher grosser Sturmwindt/ daß er vmbwarff die newe Kirch zu S. Vlrich/ vnd erschlug 33. Menschen/ sampt dem Pfarrherrn. Im jahr 1486. war der 50. Bischoff Graf Friderich von hohen Zollern/ vnd regiert 19. jahr. Da dieser Bischof der Statt sunst nichts zu leyd kond thun/ war er daran/ daß man ein Statut oder Gesatz macht/ daß fürthin kein Bürger oder Bürgers Sohn solt zu eim Thumbherrn angenommen werden. Nach jhm ist 12. jahr Bischoff **Ein Jungfraw ohne Essen.** gewesen Heinrich von Liechtenaw. Vnder jm ist ein Bürgerinn mit Namen Anna entstanden/ die hat grosse Heiligkeit fürgeben/ vnd jederman dermassen betrogen vnd erzaubert/ als ab vnd truncke sie nichts/ thet auch kein Leibs Notdurfft/ schlieff nicht/ sondern gieng für vnd für mit Göttlichen Betrachtungen vmb/ betrog also mit jhrer Gleißnerey Keyser/ Fürsten vnd Herren. In dem jahr 1513. hat Mattheus Lang ein schlechter Bürger von Augspurg von Bapst Leo durch Fürderung Keysers Maximiliani zu Augspurg empfangen den Cardinalischen Hut/ vnnd darnach auch sechs jahr lang Ertzbischoff zu Saltzburg gewesen. Nach Bischoff Heinrichen hat Christoffel von Stadion das Bisthumb 26. jahr besessen. Er hat zu Augspurg gehabt den Hochgelehrten D. Johannem Oeco- **Oecolampadii vnd Vrbani Regii Bildnuß.** lampadium Thumbprediger zu Basel/ bürtig von Weinsperg auß dem Franckenland/ etc. vnnd Vrbanum Rhegium Predicanten. Es haben auch im 1525. die Bawren ein gemeine Auffruhr erweckt durch das gantze Teutschlandt. Er ist im

jahr 1537. mit seinen Geistlichen von Augspurg gezogen der geänderten Religion halb/ doch ist er zum öfftern mal ein friedsamlicher Mittler gewesen zwischen Keyser Carlen dem 5. vnd den Lutheranern. Anno 1543. ist der 58. Bischoff zu Augspurg erwehlt worden/ Otto Freyherr von Walpurg/ Trucksetz deß H. Reichs/ vnd auch bald darnach Römischer Cardinal worden. Anno 1546. ward jhm von dem Schmalkaldischen Bund eyngenommen all sein Lande/ aber bald darnach ehe derselbig Krieg zergieng/ vberkam er widerumb durch Sieg Keyser Carlens all seine Herrschafft/ führt auch sein gantz Priesterschafft widerumb in die Statt/ vnnd ward geschätzt die Statt vmb ein groß Geld. Nicht lang darnach als im jahr Christi 1552. nach dem der Krieg auß Franckreich in Teutschlandt fiel/ ward die Statt Augspurg durch Hertzog Moritzen von Sachsen/ dem jungen Landgraffen von Hessen/ vnd Marggraff Albrechten von Brandenburg/ deß Königs Bundesgenossen eyngenommen/ vnd die alten Räht abgesetzt/ etc. Bald darnach ist der Keyser wider in die Statt kommen. Nach diesem ward Anno 1560. zu einem Bischof erwehlt Johann Egolphus von Knöringen. Vnd hernach Anno 1576. Marquardus.

S. Vlrichs Kloster. Zu Augspurg sind auch noch etliche Klöster/ herrlichen Namens/ alten Herkommens/ grossen Eynkommens/ deren das fürnembst S. Vlrich/ Benedicter Ordens/ welches S. Vlrich gestifft hat im jahr 965.

Da sind Aebt gewesen:

Reginbold Graffe zu Dillingen		Gonter	1107	Lußfrid	1221	Heinrich Seveter	1428
1012		Ego	1109	Hildbrand	1232	Johann von Hohenstein	1439
Hego	1015	Volmar	1222	Goßwinde von Thierheim	1244	Melcher von Stynheim	1459
Gadesgon	1018	Adalschalck	1126	Dieterich von Rod	1267	Heinrich Frieß	1474
Fridbold	1020	Helto	1151	Siboth Hoffertiger Hitz	1288	Johann von Güttingen	1482
Heinrich	1030	Vlrich von Biberach	1167	Heinrich von Hagenaw	1292	Conrad Mörlin	1496
Theodo	1044	Heinrich von Meysek	1174	Marquard von Hageln	1315	Johann Schrot	1510
Adelbero/ zu deß zeiten hatten die München Weiber		Weingolto	1181	Conrad Winckler	1333	Johann Kornlin	1528
		Heinrich	1183	Johann von Bischach	1355	Simon Goß	1539
Diethmar	1064	Erckenbold	1195	Friderich von Grißheringen	1366	Jacob Kropkn	1548
Sighard	1080	Vlrich	1203	Heinrich von Gabelbach	1379		
Hartman	1094	Heinrich von Balßheim	1209	Johann Laugingen	1398		
Dertinger	1096	Diepo	1216	Johann Küssinger	1403		

Von Teutschlandt.

S. Georg das Kloster zu Augspurg Augustiner Ordens/ hat gestifft Graff Walter von Tübingen 1135. *S. Georg.*

Hat Pröbst gehabt:

Ulrich	1254	Rudolph	1315	Peter Ostmeyer		Wolffgang Wüster	1514
Heinrich Kronbeer	1282	Lütpold	1337	Johann Huber	1470	Johann Graber	1536
Conrad	1285	Gebhard Berg	1351	Nicolaus Gryer	1475	Eberhard Wüsting	1542
Hermas. Harding	1298	Ulrich Sups	1379	Johann Weydlinger	1479	Georg Wietsing ein alt Ge-	
Eberhard	1300	Egolph	1395	Rudolph Fridold	1482	schlecht	1542
Ludwig	1309	Johann Reich	1401	Lorentz Feelman	1489	Jacob Wideman	1547

Zum H. Creutz zu Augspurg ist auch ein Kloster/ Regelherrn S. Augustins/ hat erstlich der Bischoff Udalschalck zu Augspurg/ Graff Teneloe gen Augspurg bracht/ da es erstlich die Marschalcken von Biberach gen Mutterhofen/ Bischoff Conrad von Lützelstein gen Hammelburg verordnet/ aber im jahr Christi 1194.ist er gen Augspurg kommen. *Kloster zum H. Creutz.*

Die Pröbst da sind gewesen:

Berchtold	1199	Ulrich Gerstenhofer	1358	Heinrich Endorffer	1409	Vitus Fackler	1487
Ulrich	1234	Heinrich	1388	Stephan Secherling	1435	Jacob Wegelin	1517
Berchtold	1270	Ulrich	1389	Johann Dachs	1440	Christoffel Geyl	1521
Heinrich von Lawingen	1298	Niclaus	1396	Ulrich Burgschtnder	1470	Bernhard Wetin	1547
Arnold	1344	Petrus Sauther	1398	Johann Fuchs	1474		

Edler Frawen Klöster zu S. Ulrich gestifft/ als er der Hunnen König daselbst getaufft im jahr 966. und sind diese Aebtissin: *S. Stephans Kloster:*

Eleusina S. Ulrichs Schwester	Catharina Schenckelin von Wlasterstätett	1350	Ursula von Weyler	1438	Anna von Oschtenheim
S. Agnes	Agnes von Ostenheim		Anna Harscherin	1475	Agnes von Güttingen	1521
N. Wilburg von Thierheim	Elisabeth von Lichtenaw		Anna von Werdenstein		Anna von Freyberg	1522
Catharina von Eschteneck	1344		Ursula von Bernstätten	1497		

S. Catharina Kloster zu Augspurg ist in die Statt ab dem Grieß verzuckt von Fraw Christina von Weldenberg/ im jahr 1250. *Zu S. Catharina.*

Abtissin sind gewesen:

Agnes Harschterin	Elisabeth Egnia	Felicitas Endörfferin	Elisabeth Wareysen
Lucey Langemäntelin	Anna Walterin	Susanna Ehingerin	Veronica Wol
Anna Endorfferin			

Von dem Lechthal. Cap. cclxxxiv.

Das Lechthal ist Vallis Lyci, und ist ein Gegne die fahet an bey dem Tennenberg/ das ist ein Gebürg/ und dabey ein einiger Hof biß an das Lechthal/ das wäret herab biß zu der Obern Kirch/ die da Holgöw heist/ und ist ein groß Dorff/ und zu der andern Kirch ist auch ein groß Dorff/ und fürbaß zu den Töchtern Elmo/ Wyssenbach Hertzenbach: Item zu der Gegne die da heist in der Aschnaw/ darnach Erenberg ein gut Bergschloß und ein Cluß/ gehört dem Hauß Oesterreich zu/ darinn ligen Alterwang/ Breolebach/ Lermans und andere Dörffer/ die da gehören zu der Hertzschaft Erenberg/ Reutin ein groß Dorff/ Breytenwang/ Insorio/ S. Bruder Ulrich/ Füssen Stättlein/ Schloß und ein Benedicter Kloster/ ist deß Bischoffs von Augspurg. Füssen ist ein Gestiffte im jahr 720. von Pipino dem König in Franckreich.

Da sind Aebt gewesen:

Magnus		Leutolph		Hilpold	1272	Johann	1404
Conrad	745	Geyslo		Conrad	1287	Georgius	1414
Wolpot		Egnio		Herman	1306	Iban von Rotenstein	1422
Gandebold		Heinrich	1190	Herman	1316	Johann Schmerleil	1438
Ortolph		Gering	1200	Grotzeym	1326	Conrad Clammer	1446
Berchtold		Conrad	1211	Johann	1346	Johann Algeer	1447
Wilhelm		Diedo	1225	Heinrich	1358	Johann Heß	1477
Albert		Rugger	1240	Ulrich	1358	Benedict Churtenbach	1498
Ruprecht	1094	Rudolph	1246	Luitprand	1365	Johan Baptist Brentzinger	1532
Bernold		Albert	1258	Johann	1381	Georgius Gernhoch	1545
Gunther		Herman	1264	Friderich	1391		

Da laufft der Lech für/ und hat ein hohen Fall/ davon man das Gethön weit hören mag/ und ist gefährlich dardurch zu fahren. Doch ists zu Landsperg (da d' Lech ein grawsamen Fall hat) noch sörglicher zu fahren. Es ist ob der Statt Füssen ein vast hoher Berg/ heist der Seuling/ und nicht fern davon ist ein natürlich Bad/ darinn sol Keyser Julius gebadet haben/ und das Gebürg darumb heist Alpes Iuliæ von diesem Keyser. Steingaden ein Kloster Premonstratenser Ordens/ da ligen 12. Hertzogen von Beyern und Spolet begraben/ die es auch gestifft haben. Schöngew ein Statt am Lech/ der Fürsten von Beyern. Es sind auch zwey Lechthal/ das Ober da der Lech entspringt/ das Under ob Füssen/ und sind beyde 9.meil lang/ nemlich von Augspurg biß gen Schöngöw/ und ein Büchsenschuß breit auch etwan breiter/ hat Gersten und Hew/ aber sonst kein Frucht/ doch viel Vieh und junge Roß. Es stöst oben an Bregentzer Wald/ und an der Fürsten von Beyern Land/ unden an das Algöw und das Gebürg. Es reden die Eynwohner Schwäbisch/ und wöllen doch nicht Schwaben seyn/ sondern Bürgleut/ es ist auch viel räuher dann das Algöw.

Der Lechfluß. Seulingberg. Staingaden.

1038 Das fünffte Buch.

Von etlichen Thälern vmb Augspurg. Cap. cclxxxv.

Wertacher Thal. Wertach ein Wasser.

AM Wasser Gennach genannt ligt das Hünerthal/fahet an zu Budingen/vnnd geht herab gen Gennaßhausen/das Wasser aber kompt in die Wertach. Es ligen in diesem Thal ober vnd vnder Zell/Franckhofen/Helmshofen/Blanckhofen/Osterdorff/Erißhofen/Lindelberg/Buchlaw/Langmatingen/ꝛc. Das Wertacher Thal am Wasser Wertach gelegen/fahet an zu Wertachhausen/vnd ligen darinn Oberndorff/Altheim/Kauffbäwren ein Reichsstatt/Schlingen/Stocken/Widergelten/Hiltessingen/ꝛc. Die Wertach kompt zu Augspurg bey dem Thurn Lug ins Land/in den Lech geflossen. Item ein Thal genant an der Sinckolt dem Wasser/welches bey Augspurg kompt in die Wertach. Es fahet diß Wasser an zu Wal bey dem Schloß/vnd ligen daran Holzhausen/Kutzenhofen/Erlingen/Merlingen/Aitingen/Bobingen/Meringen/Inningen/Gockingen/alles Dörffer/sind einstheils dem Abts von Steingaden/vñ eins theils deß Bischofs von Augspurg.

Hettenbach.

Der Hettenbach fahet an zu Schwabeck 4. Meil von Augspurg/vnd rinnt biß zu dem Dorff Oberhausen bey dem Augspurger Galgen/da fleust sie in die Wertach.

Schmuter ein Wasser.

Das Schmuter Thal hat den Namen von dem Wasser Schmutter/vnnd die entspringt zu Fischach bey dem Dorff/fleust für die Welleshausen/Margretenhausen/Gersterhausen/Thierdorff/Heinshofen/Otmarshausen/Tisertingen/Hurcklingen/Pantzhofen/Goberting/Biberach/Weschendorff/Morodorff/Drysendorff. Die Schmutter fleust bey der Statt Schwäbisch Werd in die Thonaw. Diß Thal ist gantz fruchtbar vnd hat schöne Weiber/darvon ist ein gemein Sprichwort: Schmuter Täschen vnd Zusum Hecht sind fast gut. Das Zusum Thal hat seinen Namen von dem Bach Zusum genannt/der da anfaht bey dem Dorff Eißnach. Es ligt daran Zumarßhausen ein Marckt/Zußneck ein Schloß vnd Marckt/Steinekirch/Werleßbang/Altham/Wertingen/Pfaffenhofen/Lauterbach. Zu Schwaig bey dem Hof kompt die Zusum in die Thonaw. Das Myndel Thal/von der Myndel also genannt/ist auch ein fruchtbar Thal. Die Mindel entspringt bey dem Kloster Vrse Benedicter Ordens genannt/welches gestifft haben die Marggrafen von Rumsperg/Heinrich/Gottfrid/Berchthold sein Söhn/vmbs jahr 1182.

Wernher Prior	1184	Hartman		Heinrich		Matthias Steinbecker	1475
Cuno Abt	1185	Heinrich		Johann Ulwin	1366	Ohtmar Rieffer	1490
Rudolph Albert	1223	Conrad		Petrus von Weißwyl		Petrus Feind	1502
Conrad	1228	Schwiger		Conrad Hansen	1399	Paulus Recker	1533
Vlrich	1267	Heinrich Zerter		Heinrich Eusseler	1422	Sebastian Seger	1549
Heinrich		Vlrich von Altstatt	1345	Petrus Alberti	1459		

Es ligen in diesem Thal Plechthal/Paßwyl/Turlewand/Mindelheim ein Stättlein/von dem hie vornen gesagt ist/Bischoffdorff/Rainingen/Vnderramingen/Mathasuß/Angelberg der Edelleut von Rietheim/Kirchen/Haßlach/Blatzhausen/Thaynhausen/Arsperg ein Premonstratenser Kloster: Arsperg/diß Kloster hat Wernher Graff zu Schwabeck gestifft 1125. Der erst Probst war:

Vlrich		Berchtold	1240	Berchtold	1300	Heinrich von Pfaffenhausen	
Gerno	1131	Conrad von Hintzhelm	1245	Ludwig	1310		1399
Walther	1173	Friderich	1248	Heinrich von Kircheim	1318	Balthasar	1407
Dieterich	1179	Heinrich von Knöringen	1257	Conrad Hütlin	1325	Wilhelm von Thanhausen	1412
Vlrich	1181	Herman	1262	Heinrich von Zlhenbach	1326	Jobst	1452
Vlrich	1203	Dieterich	1262	Berthold	1333	Vlrich Seckler	1461
Friderich	1202	Herman	1275	Heinrich	1341	Johann Gerngroß	1472
Burkhard	1215	Ludwig	1283	*Heinrich von Rain erster Abt		Johann Richter	1479
Conrad von Lichtenaw ein hertlicher Historicus	1226	Heinrich	1294			Wilhelm Hangelman	1503
		Albrecht	1300	Albrecht	1374	Thomas Groß	1523

Burggraw Schloß vnd Marckt/Vtingen Schloß vnd Marckt. Eytelstätten das Kloster darinn Freyfrawen wohnen/hat Fraw Vrsula Graff Wernhers Gemahel von Schwabach gestifftet im jahr 1127. ist selbst Aebtissin gewesen.

Mechthild Gräffin von Andechs		Margret Rachreysin von Rot/		Anna von Rettenstein	1363	Elisabeth von Heymhasen	
Agnes		die ist ein mal gestorben/wider		Agnes von Schweingen	1372	Beatrix von Waldeirh	1514
Ita		vom Todt aufferweckt		Christina von Trochelsingen		Regina von Methzch	1543
Sophia Baumwölffin		Gutta von Berenberg	1237		1481		
Anna Fuchshardin		Anna von Weyssingen	1320	Margareta Schweickreysin			

Güntz ein Wasser.

Das Wasser Güntz/von dem das Günterthal wird genannt/fahet an bey Vtenbeuren nicht fern von Memmingen/vnd ligen dran Westerheim/Frickenhausen/Eck/Beuren/Schöneck/Babenhausen/Keterhausen/Walstätten/Vtenhausen/Gintzburg ein Stättlein/vnd da fällt die Güntz in die Thonaw/ꝛc. Grosen vnd kleinen Kötz.

Die Statt

Die Statt Heydelberg

Ein Hauptstatt der Pfaltz an dem Rhein/ contrafehtet nach aller ihrer Gelegenheit/ so sie ietzund hat/ auch wie sie der Hochgeboren vnd Durchleuchtigst Fürst vnd Herr/ Herr/ Ott Heinrich Pfaltzgraffe bey Rhein/ Hertzog in Bäyern/ ꝛc. mir auff mein Anforderung zu einem Gezierd dieses Buchs gantz gnädiglichen zugeschickt hat.

delberg / am Wasser Neckar gelegen / eigentliche Contrafehtung

Mittag

Reliquiæ vetustæ arcis

Der hylig geist
S. Spiritus

1042 Das fünffte Buch/

Von der Pfaltz an dem Rhein/
wann vnd woher die entstanden ist/
Cap. cclxxxvj.

Pfaltzgrafen vor zeiten vil gewesen.

MAn findet daß vor zeiten viel vnd mancherley Pfaltzgraffen gewesen sind/ nemblich Pfaltzgraffen zu Andechs/ zu Schyern/ zu Wittelspach/ zu Dachaw/ zu Vallay/ vnd Tübingen/ sonderlich findet man daß im Thurnier zu Zürich 34. Pfaltzgraffen vnd Pfaltzgraffens Geblüts geturniert haben. Wie die aber zu letzt zusammen kommen sind/ da jrren die Schreiber in den Namen/ vnd der zeit oder jahrzahl/ auch bey Regierung der Keyser.

Diß ist aber gewiß/ daß Andechs/ Schyern/ Wittelspach/ Dachaw/ vnd Vallay/ im Landt Bäyern gelegen/ vnd daß diese 34. alle biß auff zween/ Pfaltzgraffen Arnolden von Dachaw vnd Pfaltzgraffe Otten von Schyern/ von denen die Pfaltz in Bäyern herkommen/ alle in dreyen jahren tödtlich abgangen sindt. Bey diesem alten Pfältzgraffen geschicht kein Meldung der Pfaltzgraffen von oder bey dem Rhein/ wiewol die Pfaltz am Rhein vnd die Pfaltz von Schyern baldt hernach zusammen kommen sindt. Hie soltu mercken/

Pfaltz vom Pallast.

daß das Wort Pfaltz kompt von dem Pallast/ vnd vor zeiten ward einer Pfaltzgraffe genannt/ so er ward fürgesetzt deß Keysers Pallast/ vnd das war ein Herzlichkeit an deß Keysers Hof/ die offt an einem Geschlecht blieb/ vnnd darvon Pfaltzgraffe ward genannt. Solche Amptleut haben die Frantzosen vorzeiten/ Majores domus genennt/ dz sind Groß Hofmeister/ wie dann der Keyser Carlen auch ist gewesen an dem Hof der Königen von

Franckreich/ ehe er König vnnd Keyser ward. Es waren dazumal nicht so viel Hertzogen als jetzund/ aber trefflich viel Graffen vnd Landrichter/ die täglich von Keysern gemehrt wurden/ vnd sonderlich so etwan ein redlicher Mann jnen trewen Dienst hett geleistet. Wann aber vnd zu welcher zeit die Pfaltz am Rhein entstanden sey/ vnd wo sich die Pfaltzgraffen vor 4. oder 500. jahren gehalten haben/ hab ich weder auß Büchern noch sonsten mögen erfahren/ anderst daß etlich dieses meynen/ die andern ein anders. Etlich sprechen/ die Pfaltzgraffen am Rhein haben diesen Namen vberkommen von der Pfaltz die am Rhein ligt. Die andern aber sagen/ der groß Keyser Carlen hab die Pfaltzgraffen erstlichen gemacht/ sie haben aber dieses kein Grundt. Es sind auch etliche die meynen daß die Pfaltz kommen sey von der Pfaltz bey Trier. Vnd wann das war were/ wer es nicht die Pfaltz bey dem Rhein/ sondern die Pfaltz bey der Mosel. Die vierdten sagen/ daß sie

Pfaltz am Rhein.

erstanden sey zu der Zeit da das Keyserthumb an die Teutschen kommen ist: das ist/ zu der Zeit/ da der groß Otto von Sachsen Keyser worden ist. Man findt wol daß zu den Zeiten dieses Keysers die Pfaltzgraffen haben in jhrem Gewalt gehabt Breisach/ welche aber Pfaltzgraffen da sind gewesen/ find man nicht. Rhenanus wil auß Ammiano probieren/ daß die Pfaltz jhren Namen hab von einer Gegne die Palas geheissen. Dann dieser Ammianus schreibt daß Keyser Julianus zu Mentz vber Rhein mit seinem Zeug gezogen/ kommen ist in die Gegne die Capellatz oder Palas zumal hieß/ die Teutschen zu bekriegen. Diese Gegne hat müssen seyn die Bergstraß/ oder die Revier am Necker/ da jetzund Heydelberg ligt/ vnnd die Pfaltzgraffen jhre Herzlichkeit haben. Hat nun diese Gegne zur zeit der Heydenschafft Palas geheissen/ vnnd hernach daselbst die Pfaltz entstanden/ ist gut zu dencken die Pfaltz sey

Beati Rhenani Bildnuß

von Palas kommen. Zu diesem antwort ich also: ist die Pfaltz am Rhein erwachsen von dem Ort Palas/ woher ist dann entstanden die Pfaltz zu Schyern/ die Pfaltz zu Wittelspach/ die Pfaltz zu Dachaw/ ꝛc. Ich acht der Nam Pfaltzgraffe sey so wol ein Nam einer Herzlichkeit oder eines Ampts von dem Keyser eyngesetzt/ wie diese Namen/ Landtgraffe/ Marggraffe/ Burggraffe/ Centgraffe/ vnd dergleichen. Hat man von einer Burg gemacht ein Burggraffen/ ist gut zu achten/ man hab auch von einem Palast gemacht ein Palastgraffe oder Pfaltzgraffe. Item daß die

Pfaltz nicht von Palas.

Pfaltzgraffen am Rhein jhren Namen nicht empfangen von gemeltem Ort Palas/ wirdt durch diß bezeuget/ daß sie vor 400. jahr weder Schlösser noch Stätt an diesem Ort haben gehabt/ sondn

inner-

sampt dem Fürstlichen Schloß/Brucken/Vorstätten/namhafft

Gebäwen/vnd aller Gelegenheit. 1041

Von Teutschlandt.

innerhalb 400. jahren alle Flecken so die Pfaltzgraffen zu unsern zeiten am Rhein besitzen/ entweders von jhnen erkaufft oder erstritten sind/ wie ich hie unden von einem Flecken zum andern erzehlen wil. Es sind auch etliche die sagen/ daß die ersten Pfaltzgraffen seyen Edelleut gewesen/ biß zu der Zeit/ da under dem 3. Keyser Otten die Churfürsten geordinieret sind worden. Und das ist wol müglich: dann auß Anzeigung der Historien/ hat man zum ersten nicht groß und mächtig weltliche Fürsten zu dem Churampt gesetzt/ und das vielleicht nicht ohn ursach. Es waren dazumal die Fürsten von Bäyern und Schwaben/ von Braunschweig und Lothringen gar mächtig/ aber wurden darzu nicht erwehlt/ wiewol sie bald in jhr Geschlecht die Chur brachten/ wie dann an H. Heinrichen/ den man den Hoffertigen nennt/ das gantz Sachsenland/ Bäyerland/ und die Pfaltz/ wie etliche meynen/ kam. Der erst Pfaltzgraff und Churfürst hat Heinrich geheissen/ und der hat im jahr Christi 1003. den heiligen Keyser Heinrichen helffen erwehlen/ wiewol etliche Ottonem von Wittelspach den ersten Churfürsten bestimmen/ wie ich hieunden weiter anzeigen wil. Wo er aber sein Sitz hab gehabt/ unnd was Hertzlichkeit an Landt und Leuten in seinem Gewalt gewesen/ findet man nicht. Ja die jetzigen Pfaltzgraffen wissens selbst nicht. Doch hat mir der Durchleuchtig und Hochgeborne Fürst/ Hertzog Hans/ den ich darumb angesucht hab/ als ein sonderlichen erfahrnen und belesenen Herren/ ein Bericht mit solchen Worten geben. Zum andern/ so viel dein Beger Berichts belangt/ wo die Pfaltz zu der Zeit Keysers Ottonis deß 3. und etlich jahr darnach/ jhre Sitz gehabt/ dieweil die Chur von einem Land in das ander/ als in Sachsen/ in Schwaben/ und folgens in Beyern gefahren sey/ da wissen wir keinen satten Bericht zu geben. Wöllen dir doch nicht verhalten/ daß wir vernommen die Pfaltzgraffen jhren Sitz ein zeitlang zu Wormbs gehabt/ und folgends dem Bischoff zu Wormbs all jhr habende Gerechtigkeit deß Schloß der Pfaltz genannt/ Zolls/ der Wag oder Gewichts/ und dergleichen/ der hohen Oberkeit verkaufft haben soll/ wie wir diesen Bericht von etlichen jetzlebenden Thumbstiffts Herren gehört/ die vorhin jhren Sitz zu Wormbs gehabt. Wie sie aber gen Wormbs kommen (wie solches gewiß ist/ daß es die Pfaltz inngehabt) und wider darvon kommen/ und es einem Bischof daselbst verkaufft haben/ das wissen wir zu der zeit noch nicht eigentlich/ alsbald wir das erfahren können/ dir nicht verhalten wöllen. Ich find wol daß im jahr 942. Hertzog Conrad von Francken sein Wesen zu Wormbs hab gehabt/ wiewol er sonst Hof hielt zu Rotenburg an der Tauber/ darvon ich im Franckenland vielleicht etwas weiters schreiben werd: aber daß die Pfaltzgraffen da jhr Wohnung haben gehabt/ wie der Durchleuchtig Fürst anzeigt/ hab ich noch bey keinem Scribenten gefunden.

Erste Pfaltzgraffen nur Edelleut.

Der erste Paltzgraff und Churfürst.

Von den Stätten und Flecken der Pfaltz. Cap. cclxxxvij.

WIe ich jetzt gemeldet hab/ die Pfaltz ist vor drey oder vierdthalb hundert jahren in der Gegne umb Heydelberg nicht gewesen: dann was Länder und Stätt darumb ligen/ haben dazumal entweders zum Bisthumb von Mentz gehört/ als die Bergstraß und herauf biß gen Heydelberg/ welche ein Fürstenthumb geheissen/ daß deß Abts von Lorsch gewesen/ und auff 100000. Gülden geschetzt worden. Sie hat aber Friderich der Ander im jahr 1232. dem Closter genommen/ und Sigfriden dem Ertzbischoffen und Stifft zu Mentz geschenckt/ oder zum Bisthumb von Wormbs/ als Heydelberg/ Dilsperg/ Obricken/ und was darzwischen ligt/ oder zu der Marggraffschaft/ als Eppingen/ Bretten/ Heydelsheim: oder zum Reich/ als Sintzen/ Mospach/ Oppenheim: oder zum Bisthumb von Speyer/ als etliche Flecken im Brurein. Aber in nahgehender zeit als Heydelberg von dem Bisthumb zu Wormbs ward dem Pfaltzgraffen zu Lehen geben/ und er ein Fürstlichen Sitz da machte/ hat er und seine Nachkommen mit grossem Geld/ oder durch mannliche Thaten/ viel andere Flecken darzu erobert/ und zu dem Gewalt gebracht/ wie sie dann jetzund haben/ und das ist nemlich geschehen/ nach dem die Pfaltz dem Fürstenthumb von Bäyern eyngeleibt ist worden. Und demnach wil mich bedunken/ daß die Pfaltz erstlich mehr ein Würdigkeit dann ein Fürstenthumb sey gewesen/ die etwan die Hertzogen von Sachsen/ etwan die Hertzogen von Schwaben/ und zu letzt die Hertzogen von Bäyern/ an jhre Hertzlichkeiten brachten. Dann ich kan je nicht finden wo die Pfaltzgraffen vor 400. jahren jhr besonder Land/ Leut und Sitz haben gehabt/ dann so viel jetzunt mit Wormbs angezeigt ist. Ich finde im Thurnierbuch/ daß zun zeiten Keysers Heinrichen/ Anno Christi 915. ein Pfaltzgraff am Rhein gewesen ist/ mit Namen Conrad/ der auch den gantzen Adel am Rheinstrom aufferweckt mit jhm zu ziehen wider die Unglaubigen/ von welchem Zug du finden wirst in Beschreibung deß Sachsenlands/ ich find aber nicht wo er sein Sitz hab gehabt/ oder was Landt und Leuth under jhm seyen gewesen/ darzu find ich nicht daß ein Pfaltzgraffe hab gehalten ein Thurnier am Rheinstrom/ vor und ehe Heydelberg jr worden ist/ so doch die Hertzogen von Schwaben/ und Bäyern/ und von Francken viel Thurnier gehalten haben in jhren Provintzen.

Heydel-

Das fünffte Buch.

Heydelberg. Cap. cclxxxviij.

Je Statt Heydelberg ist der Pfaltz Hauptflecken/vnd ein Lehen von dem Stifft Wormbs/wie auch die Flecken so den Necker hinauff ligen biß gen Obricken. Vnd wird also genennt/wie etliche meynen/von den Heydelbeeren die darumb auff den Bergen wachsen. Der Meynung ist auch gewesen der fürtreffenliche Poet Herr Paulus Melissus Com. Pal. welcher sie Vrbem Myrtileti oder montem myrtorum nennet. Die andern meynen der Nam sey kommen von den Heyden die vor zeiten diß Gebürg inngehabt haben. Dann diese Hofstatt ist gar ein lustig Ort da der Necker auß den hohen Bergen auff der Ebne herauß laufft/vnd darumb zu glauben ist/daß sie nicht ohn Menschliche Wohnung gewesen seye/dieweil Teutschland von den Menschen bewohnt ist. Etliche andere nennen sie Edelberg/meynen das J gehör nicht darzu. Volaterranus nennt sie Ettelburg. Wie die Römer vor zeiten am Necker gelegen sind/vnd viel Veste oder Schlösser daran gebawen/hab ich hievornen gemeldet. Daß aber etliche meynen Heydelberg sey

Hohe Schul zu Heydelberg.

die Statt die von Ptolomeo Budoris wirdt genannt/kan ich nicht glauben. Ich wolt ehe sagen daß es Bretten wäre/oder Heydelsheim/oder sonst ein Flecken in derselben Revier gelegen. Etliche achten es für Mannheim/das am Rhein ligt/da der Necker in den Rhein fällt/vnd zu vnsern zeiten ein gut Schloß da steht/das etwan namhafftig ist worden in den Historien durch die Gefängnuß Bapsts Johannis/der im Concilio zu Costentz gefangen ward/vnd durch Pfaltzgraffe Ludwigen dahin drey Jahr lang in Kercker gelegt/wie ich hie vornen in Beschreibung der Statt Costentz weitläufftig angezeigt hab.

Anno 1346. ist durch Hertzog Ruprecht den Eltern/oder den Roten/auffgericht zu Heydelberg die hohe Schul/die er mit vielen Privilegijs begabt vnd versehen/in deren nach vnd nach viel gelehrte Männer erzogen sind.

Anno 1537. den 16. Aprilis schlug das Wetter in das Schloß zu Heydelberg/zündet dasselbig an/vnd thät grossen Schaden in der Statt.

Anno 1583. den 12. Octob. starb Ludovicus Pfaltzgraff vnd Churfürst am Rhein/vnd wurde zu Heydelberg in die Kirch zum H. Geist zur Erden bestattet. Nach jhm regiert Hertzog Johan Casimir Pfaltzgraff am Rhein als ein Administrator vnd Vormünder die gantze Churfürstl. Pfaltz. Als aber jetztgemelter Hertzog Casimir den 6. Januarij deß 92. jahrs mit Todt abgienge/vnd keinen Mannlichen Leibs Erben hinder jhm verliesse/fiel sein Hertzogthumb Hertzogen Friderichen Pfaltzgraffen seinem Pflegsohn vnd einigen Erb der Chur Pfaltz heim.

Von etlichen andern Stätten in der Pfaltz gelegen. Cap. cclxxxix.

Ladenburg.

Ladenburg die Statt mit sampt Stein vnder Wormbs am Rhein/haben etliche Edler dem Graffen von Spanheim abgewunnen/vnd Hertzog Ruprechten dem Eltern verpfändt zum halben theil für 6000. Gülden/im jahr 1373. Das ander halbe Theil ward dem Bistumb zu Wormbs zugestellt/in was gestallt aber/weiß ich nicht. Es ist noch bey dem Bisthumb. Es sol aber diese Statt den Namen haben à Latinis Castris, das ist zu Teutsch/der Lateinen Burg.

Schriessen.

Im jahr Christi 1347. seyndt Schriessen vnd das Schloß Stralenberg verkaufft worden von Seifriden von Stralenberg/Pfaltzgraffen Ruprechten dem Eltern: wie hernach das Stätlein Schriessen ist zerbrochen worden/vnd zu einem Dorff gemacht/findstu hie vnden bey den Thaten Pfaltzgraff Friderichs.

Weinheim.

Diese Statt ist durch ein spruch zwischen dem Bischoff von Mentz vnd Pfaltzgraf Ruprechten dem Eltern durch etliche Scheidrichter der Pfaltz zuerkandt/Anno 1344. Aber vormals von der

Von Teutschlandt.

Pfaltz dem Stifft für 5000. Pfund Heller versetzt gewesen. Woher sie aber anfänglichen an die Pfaltz kommen/ist mir nicht wissend. Von Starckenburg/Heppenheim/Mörlenbach vnd Lorsch/findestu hievornen bey der Statt Mentz.

Lorsch.

Ein halbe Meil von Bentzheim ligt das Kloster Laurissa/zu Teutsch Lorsch/das der groß Keyser Carlen/oder wie etliche meynen/Pipinus gebawen hat. Vnd dareyn ward gestossen von Keyser Carlen der Hertzog von Bäyern Tassilo/mit sampt seinem Sohn Theodone/als er Eydbrüchig war worden an gemeltem Keyser. Diß Kloster hat gar ein alte Liberey gehabt/dergleichen man in gantzem Teutschland nicht gefunden hat. Aber die alten Bücher sind zum mehrertheil darauß verzuckt worden. Ich hab Bücher darinn gesehen/die sol Virgilius mit eygner Handt geschrieben haben. Es ist anfänglich ein Benedictiner Kloster gewesen: aber lang hernach sind Premonstratenser dahin kommen.

Lindenfels.

Diß Schloß vnd Vogthey ist erkaufft worden im jahr 1277. vmb 3030. Marck Silbers/ist vorhin gewesen deß Marggraffen von Baden/ligt in dem Oenwald. Woher es aber an Marggraffen zum ersten kommen sey/hab ich nicht gefunden.

Caub.

Im jahr Christi 1289. hat Wernherus Herr zu Müntzenberg/Caub mit seiner Zugehörd verkaufft Hertzog Ludwigen vmb 2100. Marck Silbers. Ein Marck Silbers auf 8. Gülden geschetzt. Von Keysers Lautern/Odernheim/Oppenheim/vnd Ingelheim ist vorhin gesagt bey der Statt Lautern. Von Hentschißheim vnd Tüssenheim/findestu bey der Statt Pfedersheim. Item die Statt Wachenheim/Ogersheim/Lambsheim vnd Frembsheim hat Pfaltzgraff Friderich dem schwartzen Hertzogen von Zweybrücken abgewunnen/doch haben sie vorhin zu der Pfaltz gehört. Also sihest du daß der Pfaltz Flecken gar nahe alle vmb das bar Geldt erkaufft sindt. Ich laß hie anstehen was vber dem Rhein gelegen ist/als Germersheim/Newenstatt/Altzheim/rc.

Gelnhausen.

Gelnhausen die Statt ist von dem Reich an die Grafen von Schwartzenberg kommen/vnd der letzt Graff Heinrich von Schwartzenberg hat sie versetzt dem Pfaltzgraffen vnd Graff Reinharten von Hanaw/im jahr 1436.

Hirßhorn.

Man sind daß die Herren von Hirßhorn vnd die Edlen von Hentschißheim sind gewesen Anno Christi 996. zu Braunschweig auff einem Thurnier/darauß man nimpt/wie alte Geschlechter die Hirßhörner vnd Hentschißheimer seyn.

Moßpach/Sintzen.

Diese Stätt mit ihren Zugehörden sindt ein Pfandtschafft von dem Reich/Mospach ligt am Necker/vnd Sintzen auff dem Kreichgöw.

Waldorff.

Anno Christi 1230. ist dieser Flecken von König Heinrichen Pfaltzgraff Otten vbergeben worden. Vnd das acht ich mit der Statt Wißloch für die eltesten Flecken/so die Pfaltzgraffen vmb Heydelberg haben gehabt. Dann ich sind auch daß Pfaltzgraff Rudolph Keyser Ludwigs Bruder bey Wißloch gewohnt vnnd Hof gehalten hab/ehe das Schloß zu Heydelberg gebauwet worden.

Nußlach.

In dem jahr Christi 1256. hat Pfaltzgraffe Ludwig Nußlach gekaufft von Heinrichen von Liechtenaw. Leimen vnd Sandthausen seynd von Philippen Herren zu Bylanden an die Pfaltz kommen.

Lauden.

Es ist Lauden an der Tauber gelegen/vnd haben es die Graffen von Hohenlohe verkaufft Hertzog Ruprechten/Anno 1398. vmb 10000. Gülden.

Löwenstein.

Diese Herrlichkeit ist Anno 1441. durch Pfaltzgraff Ludwig erblich erkaufft vmb 10000. Gülden/vnd das von den Herren von Löwenstein.

Bretten.

Hertzog Ruprecht der Elter hat auff Bretten dem Marggraffen Rudolphen von Baden 4400.

1046 Das fünffte Buch

4400. Pfund Heller geliehen/ aber derselb Marggraff entlehnet darauff 805. Pfundt heller/ und den Erbkauff hat er von den Herrn von Eberstein gethan im jahr Christi 1349.

Auß dieser Statt ist bürtig gewesen der fromme/ und in allen Künsten fürtreffliche tewre Mann Philippus Melanchthon/ welcher so er bey den Griechen vor zeiten gelebt hette/ under die 7. weisen Meister were gezehlet worden.

Bildnuß Melanchtonis.

Bruchsel im Brurein.

Bruchsel ist ein Hauptstatt vieler und grosser Dörffer deß Brureins/ und ist vor zeiten gewesen under deren von Wormbs Herrschafft/ da sie noch ein Herzogen hatten/ deß Pallast darnach zu einer Kirchen ward gemacht/ die man jetzt heißt zu S. Paulus/ der Herzog hieß Conrad/ und ward deß Bluts der Herzogen von Francken. Er nennet sich aber ein Herzogen von Schwaben/ war ein Sohn Herrn Wernhers/ und vermählet jhm König Otto sein Tochter Fräwlin Lutgarden/ aber er kam umb im Krieg/ so Keyser Otto I. bey Augspurg wider die Ungern geführt. Etliche jahr darvor ubergab er die Herrschafft so er zu Wormbs hett/ und nam dargegen die Statt Bruchsel. Da er aber umbkam/ gab sie der Keyser dem Bischof zu Speyer/ mit Namen Sigibaldo. Es gab auch gemelter Conrad bey seinem Leben groß Gut an die Stifft Speyer mit Verwilligung deß Röm. Königs/ Zehenden/ Zinß und Gült: Item Gerechtigkeit Münz zu schlagen/ Zoll und Wein/ Saltz/ etc. Ob darnach einem Pfaltzgraffen die Herrlichkeit der Statt Wormbs ubergeben sey/ vor und ehe er die Statt Heydelberg hab besessen/ hab ich noch bey keinem Scribenten gefunden. Es hat nachmals auch Keyser Conrad II. das Kreichgöw in ein Graffschafft redigiert/ von wegen seiner Eltern die zu Bruchsel gesessen. Es hat auch Johannes der 34. Bischoff zu Speyer/ ein Graff im Kreichgöw/ ein gut theil/ mit sampt Keyser Conraden von dem Kreichgöw geschenckt dem Bistumb Speyer. Ja diese zween sollen die Statt Bruchsel dem Stifft ubergeben haben/ und nicht Herzog Conrad von Wormbs/ wie die andern sprechen. Anno Christi 1502. erhub sich bey Bruchsel in Dorff Undergranbach ein Bundschuch etlicher Bawren. Jhr Fürnemen war/ jhr Zahl und Gesellschafft zu mehren/ und darnach alle Joch der Obrigkeit und Herrschafft abzuwerffen. Diese Statt Bruchsel wolten sie zum ersten einnehmen/ wo sie zusammen kamen/ erkannten sie einander bey diesem Warzeichen. Einer sprach: Was ists nun für ein Wesen. Antwort der Ander: Wir mögen vor dem Pfaltzgraffen nicht genesen. Sie wurden zertrennt und an manchem Ort gericht.

Genealogy der Pfaltzgraffen bey Rhein/ und jhr Herkommen.

Wie die ersten Pfaltzgraffen von Scheyrn entstanden seynd/ von denen die Herzogen von Beyern/ und nachmals die jetzigen Pfaltzgraffen kommen seyndt/ will ich anzeigen in Beschreibung deß Beyerlandts. Doch so viel hieher noht ist/ solt du mercken/ daß etliche schreiben und sagen/ wie Otto von Wittelspach/ ein Anherr oder Großvatter S. Künigund sey der erste Pfaltzgraffe und Churfürst gewesen/ deß Anherr gewesen ist Keyser Arnolff/ so Keyser Carlen deß Grossen Vrenckel war/ wie du auß dieser Figur mercken magst:

Keyser Arnolff Carl des Grossen vhrenckel	Arnolff Herzog zu Bayern	Otto Todschlegers	Theobaldus
			Stephan
	Wernher Graffe zu Scheyern	Otto Pfaltzgraffe zu Wittelspach	Theodoricus Bischoff zu Mentz
		Syfrid/ sein Gemahel Hedwig	Albertus Thumbherr
	Eckärd Graffe zu Scheyern		Heinrich Herzog zu Bayern/ Pfaltzgraffe/ und Churfürst
			S. Künigund.

Von diesem Pfaltzgraffen Otten der Wittelspach gestifft/ hat der Hochgeborne Fürst Herzog Johann Pfaltzgraffe bey Rhein/ Graffe zu Spanheim/ etc. ein solchen Reimen zu Burßfelden in Sachsen gefunden/ und mir Sebast. Münst. Anno Christi 1545. mit eygner Hand zu Basel in mein Hauß geschrieben:

    Otto der erst Pfaltzgraff bey Rhein/
      Herr Pfaltzgraff Heinrichs Töchterlein/
      Mit Mannheite er sie erfecht
      Der Pfaltz Chur bliebe seim Geschlecht.

Von Teutschlandt. 1047

Die andern sprechen/daß der erst Pfaltzgraffe vnd Churfürst hab geheissen Heinrich/der den heiligen Keyser Heinrich hab helffen erwehlen/im jahr Christi 1003. Nach jhm ist kommen Syfrid/der ein Vatter ist gewesen S. Künigund/vnnd wie etliche sprechen/ein Stieffsohn deß gemeldten Pfaltzgraffen Heinrichs. Dann wie sie sagen/Pfaltzgraffe Heinrich nam deß Grafen von Braband verlaßne Witwe zu der Ehe/vnd vbergab die Pfaltz jhrem Sohn Syfrid. Vnd also nach jhrer Red hat S. Künigund Anhertz helffen erwehlen jhren Gemahel den heiligen Heinrichen zum Keyserthumb/das stimpt nit wol zu. Darumb sprechen die dritten also von dieser Sach. Als Pfaltzgraff Syfrid lange zeit wol regiert/vnd alt war/da vnderstund Keyser Ott der Dritte/nach dem er kein Leibs Erben hatte/ein Frieden zu machen im Römischen Reich/vnd handelte mit dem Bapst/daß etliche Fürsten gesetzt wurden/zu denen die Wahl stunde eines zukünfftigen Keysers/vnnd also ward Pfaltzgraffe Syfrid einer von den sechsten gesetzt vor seinem Ende zu der Chur. Aber er war so alt/daß er kein Wahl erlebt/starb im jahr Christi 1003. Aber sein Sohn Heinrich Sanct Künigund Bruder/der halff sein Schwager Keyser Heinrichen erwehlen im selbigen 1003. Dieser Pfaltzgraff Heinrich hett kein Sohn/sondern ein Tochter die hieß Irmelgard/die vermählet er Hertzog Conraden von Francken/der auch Hertzog zu Wormbs/ vnd Landgraffe zu Hessen war/der war durch seinen Gemahel Pfaltzgraffe bey Rhein vnd Churfürst/auch Hertzog in Lothringen. Er verließ nur ein Tochter/die vermählet er Hertzog Conraden von Schwaben/der Hertzog Friderichs von Schwaben Sohn war. Die andern schreiben/ daß Keys. Friderich seinem Bruder Hertzog Conraden die Pfaltz gegeben hab. Also kam die Pfaltz an die Schwaben durch Fraw Elßbeth geborne Pfaltzgräffin.

Der erste Pfaltzgraff Churfürst.

Als aber Hertzog Conrad erbt seinen Schweher/fielen von jhm etliche Länder vnd Hertschafften: Als Lothringen/Hessen vnd die Statt Wormbs/vnd behielt diesen Titel: Von Gottes Gnaden Conrad Pfaltzgraffe bey Rhein/Hertzog zu Schwaben vnd in Francken/ deß heiligen Röm. Reichs Ertztruchseß vnd Churfürst/der Gottshäuser Wormbs/ Wirtzburg/Straßburg/Speyer/Fulden vn Weissenburg/Probst vnd Kastvogt/ɩc. Er ist begraben worden zu Schönaw in dem Kloster/gelegen ein Meil wegs von Heydelberg im Odenwaldt. Er vberkam kein Sohn/sondern hett ein Tochter mit Namen Agnes/die nam zu der Ehe Hertzog Heinrich von Sachsen vnd Lüneburg/Herr zu Braunschweig/ein Sohn Hertzog Heinrichs deß Löwen/vnd ward durch sie Pfaltzgraffe. Es hat gemeldter Pfaltzgraffe Conrad die Statt Heydelberg erweitert vnd gezieret. Dann vorhin war zu Heydelberg gar nichts schönes noch statliches. Er wohnet vast gern an diesem Ort. Er verwandelt auch zu Newenburg/ein vierteil Meil von Heydelberg am Necker gelegen/den Stifft in ein Nonnenkloster. Als nun Hertzog Heinrich von Sachsen durch die gemelte Fraw Agnes Pfaltzgraffe ward/kam die Pfaltz von den Schwaben an die Sachsen. Dieser Pfaltzgraffe Heinrich hielt sich vast zu Braunschweig in Sachsen/vnd vberkam mit seiner Frawen auch kein Sohn/sondern zwo Töchtern. Eine nam Marggraffe Herman von Baden/die ander die Gertrud hieß/nam Graffe Otto von Wittelspach oder Schyern vnd Dachaw/der von seinen Eltern war deß Geblüts ein Hertzog auß Bäyern/darumb ward jhm auch zu Gemünd in Schwaben auff einem Reichstag geliehen das gantze Hertzogthumb zu Bäyern/als einem rechten Erben/darvon Hertzog Heinrich der Löw oder Hoffertig war verstossen. Also war dieser Ott von dem Keyser Hertzog zu Bäyern gemacht/als seine Voreltern auch vormals gewesen waren. Aber durch sein Gemahel ward er Pfaltzgraffe bey Rhein/Anno Christi 1180. Er vertrug sich auch mit seiner Fraw Schwester der Marggräffin von Baden/deren jhr Gemahel war abgangen/vnd ward jhr vnd jhrer Kinder Vormünder. Er starb im jahr Christi 1184. Von dieser Zeit an biß auff vnser Zeit haben die Bäyerischen Hertzen die Pfaltz inngehabt. Wie nun von diesem Hertzog Otten die Pfaltzgraffen vnnd Bäyerischen Hertzen sich gemehret haben biß auff die jetzige Zeit/magst du klärlich mercken auß den nachgesetzten Figuren:

Heydelberg erweitert.

Die Pfaltz kompt in Bäyern.

1	2	3	4	5
Otto Pfaltzgraff von Schyern Hertzog inn Bäyern/Pfaltzgraff bey Rhein.	Ludwig deß vordrigen Sohn/Pfaltzgraffe vnd Hertzog in Bäyern	Otto Hertzog Ludwigs Sohn/Pfaltzgraffe vnd Hertzog.	Ludwig deß vordrigen Otens Sohn	Ludwig deß vordrigen Ludwigen Sohn.

Wie Pfaltzgraffe Otto/der erst hie verzeichnet kommen sey von Keyser Arnolphen/der ein Sohn Carolomanni/wirstu hie vnden sehen in Beschreibung deß Bäyerlands. Nun wöllen wir weiter fürfahren in gemelter Genealogy/vnd Ludwigen den 5. wider zu handen nehmen/vnd besehen wie die Pfaltzgraffen vnd Hertzogen von jhm entsprossen sindt.

Ludwig

1048 Das fünffte Buch.

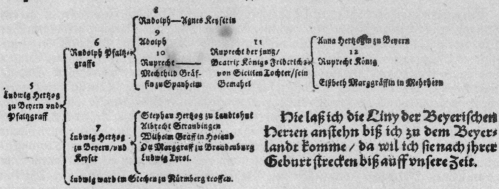

Hie laß ich die Liny der Beyerischen Herren anstehn biß ich zu dem Beyerlandt komme / da wil ich sie nach ihrer Geburt strecken biß auff vnsere Zeit.

Die zween Brüder Ludwig 6. vnd Rudolph 7. haben ihr vätterlich Landt getheilet / vnd behielt Ludwig das Bäyerland / der ward hernach Keyser / vnd sein Bruder behielt die Pfaltz. Vnd da was Bäyerlandt vnnd die Pfaltz von einander gescheiden / oder in zwo Herzschafften getheilt / wiewol beyde Titel zu beyden seiten blieben sind / vnd dem Pfaltzgraffen auch etwas von dem Bäyerlande gelassen ward / wie er dann das noch hat. Nun wil ich dir mit kurzen worten die Personen beschreiben / so der Pfaltz nach vnd nach für sind gewesen / darum hab acht auff die Ziffer / die zu ihren Namen verzeichnet sindt.

2. Herzog Ludwig von Bäyern ward in Behem / oder wie die andern sagen / zu Kelheim offentlich ermördt in gegenwart seines Hofgesinds / durch geheiß Keyser Friderichs II. Er hat das Schloß zu Landshut gebawen. Weiter hat er zwo Frawen gehabt / eine hieß Gertrud / deß letzten Pfaltzgraffen Heinrichen Tochter / durch welche er Pfaltzgraf ward: die ander hieß Ludmilla / deß Königs von Behem Tochter / vnd Graff Albrechts von Bogen Witwen.

3. Otto ist zu Heydelberg gehling in deß Bapsts Bann gestorben / Anno 1255. Er hatt viel Kinder / nemlich Heinrichen der war Herzog in nider Bäyern / vnd nam zu der Ehe König Belas Tochter von Vngern / Sophiam / die nam Graffen Gebhard von Birtzberg / Elsbeth / die nam König Conrad von Jerusalem / Keyser Friderichs II. Sohn. Darnach nam sie Graff Menhard von Tyrol.

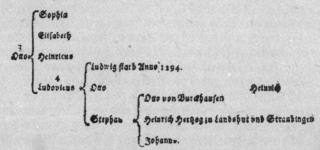

Von Herzog Heinrichen sind erboren: Heinrich Herzog zu Landtshut vnd Straubingen / verließ einen Sohn mit Namen Johannes / der gieng ab ohn Erben / da fiel das Landt an Keyser Ludwigen.

5. Ludwig Pfaltzgraffe bey Rhein vnnd Herzog in Beyern / ließ seiner Frawen Maria von Brabant Anno 1291. den 19. Jenner das Haupt abschlagen zu Schwäbischen Werd / weil sie deß Ehebruchs bezüchtiget ward / darnach nam er deß Herzogen von Poland Tochter / vnd gebar mit jr Ludwigen. Dieser ligt zu Fürstenfeld zwischen München vnd Augspurg begraben. Zum dritten nam er K. Rudolph von Habspurg Tochter / mit Namen Mechthild zu der Ehe / vnd gebar mit jhr Rudolphen vnd Ludwigen / ligt zu Heydelberg begraben im Augustiner Kloster. 6. Rudolph / dieser war elter dann sein Bruder / darumb gab jhm sein Vatter die Pfaltz / mit einem Theil von dem Bäyerland / vnd hett deß Graffen von Nassaw Tochter zu der Ehe / mit Namen Mechtilden / vnd gebar mit ihr drey Söhn / Rudolphen / Adolphen vnd Ruprechten. 7. Sein Bruder war Keyser Ludwig der Vierde diß Namens / der vertrieb jhn / daß er in Engelland fliehen must / da er auch starb: dann er hett jhm sein Stimm nicht geben in der Chur deß Keysers / sondern gab sie Herzog Friderichen von Oesterreich / wider welchen Keyser Ludwig schwere vnd langwirige Krieg führt / biß er jhn endlich oblag / vnd jhn fieng. Nach diesem Rudolphen hat die Pfaltz geregiert (8) Rudolph sein Sohn / der Blinde genannt / dessen Tochter Agnes Keyser Carlen deß Vierdten Gemahl ward / vnd da er baldt starb / ward sein Bruder Adolph Churfürst / vnnd der war nicht vast klug / darumb vbergab er die Pfaltz seinem Bruder Herzog Ruprechten / den man nennt den Eltern vnd auch den Roten. 10. Herzog Ruprecht hat im jahr Christi 1346. die hohe Schul zu Heydelberg gestifftet / vnd auch den Stifft zu der Newenstatt / da er auch begraben ligt. Er hette zwo

Gemahel

Von Teutschlandt.

Gemahl/eine von Namur/die ander von Bergen/aber er ließ kein Sohn hinder jhm. II. Nach jm ward Ruprecht der jünger Pfaltzgraf vnd Churfürst/H. Adolphs vnd einer von Oetingen Sohn. Man pflegt jhn auch dem Vatter nach Adolph zu nennen vnd Branditz. Er hat mit deß Königs von Sicilien Tochter geboren Ruprechten/der nachmals Röm. König war. Wie aber die Pfaltz nach diesem König Ruprechten zertheilt sey worden/magstu sehen in dieser nachgesetzen Figur.

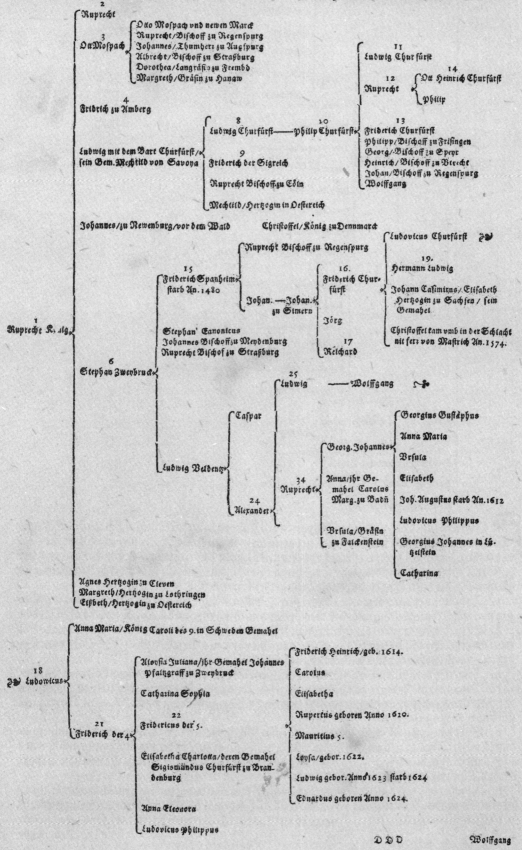

Das fünffte Buch

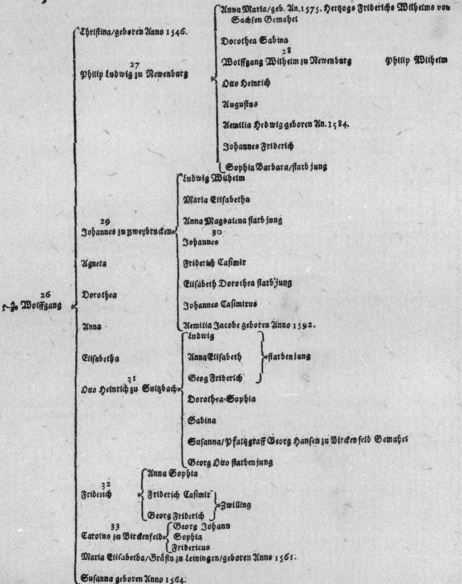

1. **Rupertus** ein Sohn Pfaltzgr. Ruperten deß Kleinen/ ein großmütiger Fürst/ ist nach Keyser Wenceslao so von den Ständen deß Reichs entsetzt war/ zu einem R. König erwehlt worden An. 1400. starb 1410. Er hatte 2. Gemahel/ der ersten Nam vnd Geschlecht war vnbekandt/ von deren hatte er Rubertum: die andere war Elisabetha eine Burggräfin von Nürmberg/ von deren er die vbrigen Kinder hatte/ vnder welche die Land getheilet wurden.

2. **Rubertus** genannt Pipa/ zog wider den Türcken mit H. Johan von Burgund/ da er gefangen war/ nach seiner erledigung kam er widerumb nacher hauß/ vnd starb zu Amberg ohne Erben.

3. **Otto/** diesem ward in der theilung Moßpach am Neckar/ vnd Newmarck in Bayern/ vnd nach jm erbt diese Stätt sein Sohn Otto/ dann die vbrigen waren Geistlich. Da Otto ohne Erben abieng/ fielen diese Stätt widerumb an die Pfaltz.

4. **Friderich** bekam Amberg/ starb aber auch one Erben/ vnd fiel Amberg wid an seine Brüder.

5. **Johannes** dieser ward gen Nürmberg gesetzt/ vnd gebar mit deß Hertzogen von Pommern Tochter viel Kinder/ vnd die sturben alle/ biß an H. Christöffel/ der ward König in Demmarck starb aber auch ohne Erben.

6. **Stephanus** besaß Zweybrücken/ vnd nam Gr. Friderich von Veldentz vnd Spanheim einige Tochter Annam zu der Ehe/ vnd ward durch sie Graff zu Veldentz vnd Spanheim. Er ward auch Landgraf in dem Elsaß/ starb An. 1444. vnd verließ viel Söhn/ Friderich vnd Ludwig theilten das Land/ die andern wurden Bischoffe.

7. **Ludwig** der 2. mit dem Bart: diser bekam die Pfaltz vnd das Churfürstenthumb/ war Schutzherr im Concilio zu Costentz/ zog hernach in das H. Land/ war blind vor seinem End/ sein Gemahl war Mechthildis G. Achazen von Piemont vñ Savoy Tochter/ vñ hat mit jr 3. söhn vñ 1. tochter.

8. Lud-

Von Teutschlandt.

8. Ludwig der dritt Churfürst/nam Margaritham/Hertzog Amadei von Savoyen/der hernach Bapst ward/Tochter/König Ludwigs in Sicilien Witwen/vnd gebar mit jhren in seinen jungen tagen Pfaltzgraf Philippen/vnd starb bald darnach Anno 1449. die Witwen nam darauff jhren dritten Mann Graf Ulrichen von Würtenberg.

9. Friderich der Siegreich/sonst der böse Fritz genandt/ward seines jungen Vettern Philippen Vogt/vnd verwaltet das Churfürstenthumb/so er jhme auch zuzueygnen vermeynt/wie du drunden hören wirst: Er führt zwey sehr grosse vnd glückhafftige Krieg/wie auch zum theil hievornen gemelt/vnd hernach weiter angezeigt werden soll. Er verließ von einer Edlen/so er hernach gehelichet/Ludwigen vnd Friderichen Herren zu Schärffeneck/vnd hernach Grafen zu Löwenstein/vnd starb hernach Anno 1476.

10. Philippus Churfürst/sein Gemahel war Margaritha Hertzog Ludwig des Reichen von Bayern Tochter/mit welcher er viel Kinder bekam/starb Anno 1508.

11. Ludwig der vierdt Churfürst/sein Gemahel war Sibylla Hertzog Alberti von Bayern Tochter/von deren er doch keine Erben bekam/starb Anno 1544.

12. Rupertus/hatte Hertzog Georgen von Bayern Tochter/von deren er bekam Otto Heinrichen Churfürsten vnd Philippen.

13. Friderich der ander Churfürst/ward von Keyser Carlen dem fünfften in vielen schweren Gesandtschafften gebrauchet/vnd Anno 1529. auff dem Reichstag zu Speier erkandt zu einem Obersten wider den Erbfeind/so Wien belägert. Sein Gemahel war Dorothea des Königs in Dennemarck Tochter/verließ aber keine Kinder/starb Anno 1556.

14. Otto Heinrich Churfürst/Pfaltzgraff Ruperti Sohn/hatte zu einem Gemahel Susannam Hertzog Albrechten auß Bayern Tochter/starb Anno 1559. seines Alters in dem 57. Jahr ohne Erben/vnd war auch zuvor Anno 1548. gestorben sein Bruder Philippus/so auch keine Erben verlassen/dadurch dise Liny von Hertzog Ludwigen mit dem Bart/abgieng/vnd fielen dise Landt sampt der Chur auff die nechste Simmerische Linien auff Pfaltzgraff Friderichen Anno 1559. ward Churfürst der dritt diß Namens.

15. Friderich Pfaltzgraff Steffen von Zweybrucken ältester Sohn/sein Gemahel war Margaritha / Arnolden von Egmond Hertzogen zu Geldern Tochter/von deren er viel Kinder hatte/starb Anno 1480. dessen  Vrenckel von Johansen seinem Sohn/Johansen seinem Enckel war Friderich der dritte Churfürst/so an Otto Heinrichen statt kommen Anno 1559. vnd ist also dises der Stamm der jüngsten Pfaltzgraffen vnd Churfürsten zu Heydelberg.

16. Friderich der dritt Churfürst/diser schickte vnder seinem Vettern Hertzog Wilhelmen von Zweybrucken ein Kriegsheer in Franckreich Anno 1571. den beträngten Euangelischen zu gutem/seine Gemahel waren: Die erste/Maria/Marggraff Casimir von Brandenburg Tochter/von deren er alle seine Kinder hette. Die andere/Aemilia Gräffin von Mörs/Hertz Heinrichen von Brederoden Witwen. Starb Anno 1577.

17. Richardus/Thumbherr zu Mentz vnd Straßburg: Nach absterben seines Brudern Friderichen Churfürsten vbergab er seine Beneficia,vnd bemächtiget sich des Fürstenthumbs Simmeren/hette drey Weiber: Die erste/Juliana Gräffin von Wied. Die andere/Aemilia Hertzogin von Würtenberg. Die dritte/Anna/Pfaltzgraff Johann Georgen Tochter/bekam doch keine Kinder/vnd starb Anno 1598. seines Alters in dem 76. jahr/vnd fiel also Simmeren widerumb zu/Churfürst Friderichen dem vierdten.

18. Ludwig Churfürst starb Anno 1583. Seine Gemahel waren: Die erste/Elisabetha Landgraff Philippi in Hessen Tochter/von deren er alle seine Kinder hatte. Die andere/Anna/Gräfin von Ostfrießland.

19. Herman Ludwig: Diser ertranck zu Bourges in Franckreich/mit seinem Hoffmeister Nicolao Richteren Anno 1556. in dem 15. jahr seines Alters.

20. Johann Casimir: Diser verwaltet eine zeitlang das Churfürstenthumb nach absterben

Churfürst Ludwigen/ an statt seines Minderjährigen Sohns Friderici/ dessen Vormünder er war/ hat vnder seiner Administration die Pfältzischen Kirchen reformiert. Anno Christi 1567. hat er ein Kriegsheer in Franckreich geführt vor den Printzen von Conde. Anno Christi 1578. ist er in Niderlandt gezogen wider Don Johann d'Austria. Ist auch Gebharden Ertzbischoffen zu Cölln zugezogen/ wider den newerwöhlten Bischoff Hertzog Ernsten von Bayern.

21. Friderich der vierdt Churfürst/ starb Anno Christi 1611. sein Gemahel war Ludovica Juliana/ Printz Wilhelmen von Uranien Tochter.

22. Friderich der fünfft Churfürst/ ward geboren Anno 1596. Diser war nach absterben seines Vatters/ laut hinderlassenen verordnung in der Vormundtschafft vnd Tutel seines Vetteren Hertzog Johansen von Zweybrucken/ darwider sich auß dem Fundament der Gulden Bullen Caroli des vierdten widersetzt Pfaltzgraff Philips Ludwig von Newenburg/ vnd seind viel Schrifften hin vnd wider dessentwegen außgangen/ aber alles vergebens/ biß endtlichen Hertzog Friderich zu seinen Jahren kam vnd die Chur selbsten zu verwalten anfienge. Er bekam zu einem Gemahel Anno Christi 1613. Elisabetham/ König Jacobi des ersten in Engelland Tochter/ ward Anno Christi 1619. von den Ständen in Böheim zu einem König erfordert vnd gekrönet/ darauff dann viel Krieg/ vnd diser jetzige Jamer in dem gantzen Teutschlandt erfolget.

23. Ludwig der Schwartz/ Hertzog zu Zweybrucken/ Pfaltzgraff Stephans anderer Sohn/ starb Anno Christi 1489. sein Gemahel war Johanna ein Fürstin von Croy.

24. Alexander Ludovici des Schwartzen Sohn/ starb im Jahr nach vnsers lieben HErren vnd Heylands geburt 1514. sein Gemahel war Margaritha/ Gräffin von Hohenloe/ von deren hatt er vnder anderen zwen Söhn/ Ludovicum vnd Rupertum/ welche ihre Stämmen widerumb getheilet.

25. Ludovicus/ Hertzog zu Zweybrucken/ starb Anno Christi 1532. sein Gemahel war Elisabetha/ Landtgraff Wilhelmen des ersten auß Hessen Tochter.

26. Wolffgang/ Hertzog zu Zweybrucken/ Ludwigen Sohn: Diser führet sechs tausend Pferdt in Franckreich/ vnd starb in demselbigen Zug Anno Christi 1569. Sein Gemahel war Anna/ Landtgraff Philippi auß Hessen Tochter/ von deren hatte er fünff Söhn/ vnder welchen das Landt getheilt ward.

27. Philippus Ludovicus/ ward Graff zu Veldentz vnd Spanheim/ vnd saß zu Newenburg. Er widersetzet sich seines Bruders Sohn Johanni zu Zweybrucken/ welcher die Administration der Churfürstlichen Pfaltz antrat vor seinen Minderjährigen Vettern Friderichen den fünfften. Er starb Anno Christi 1614. in dem sechs vnd sechszigsten Jahr seines Alters/ vnd verließ von seinem Gemahel Anna Hertzog Wilhelms von Gülch Tochter vier Söhn/ Wolffgang Wilhelmen/ Otto Heinrichen/ der starb in der Wiegen/ Augustum, vnd Johann Friderichen/ vnd etliche Fräwlein.

28. Wolffgang Wilhelm zu Newenburg/ da er auch geboren Anno Christi vnsers HErren 1578. Nach dem Hertzog Wilhelm von Gülch ohne Männliche Erben abgienge/ vermeynte er seiner Mutter halb rechter vnnd nächster Erb zu seyn/ dessentwegen er mit dem Churfürsten von Brandenburg/ so da auch recht anzu haben vermeynt/ in einen gefährlichen Krieg gerieth/ so lange Jahr gewähret/ vnd beyden Häusern mächtige vnd vngläubliche vmbkosten vnd schaden verursacht. Sein Gemahel ist Magdalena/ Hertzog Maximiliani von Bayern Tochter.

29. Johannes der ander Sohn Pfaltzgraff Wilhelmen/ saß zu Zweybrucken: Er ward geboren Anno Christi 1550. starb Anno 1604. Sein Gemahel war Magdalena obgedachtes Hertzog von Gülch Tochter/ von deren zeuget er auch neben etlich Töchteren/ vier Söhn. Ludwig Wilhelmen/ starb in der Jugend: Johannem Fridericum-Casimirum/ der ward geboren Anno Christi 1585. vnd Johannem Casimirum/ dessen Gemahel Catharina Caroli des neunten/ Königs in Schweden Tochter.

30. Johannes ward geboren im Jahr Christi 1584. Er ward Vormünder des jungen Churfürsten Friderici des fünfften/ vnnd hatte dessentwegen viel Streit mit Philip Ludwigen seines Vatters Brüderen: Sein erste Gemahel war Catharina Hertzog Heinrichs von Roan in Franckreich Tochter. Vnd nach diser name er Ludovicam/ Churfürst Friderichen des vierdten Tochter.

31. Otto

Von Teutschlandt. 1053

31. Otto Heinrich/ Hertzog Wilhelms dritter Sohn/ saß zu Sultzbach/ ist geboren Anno 1556. starb Anno 1604. sein Gemahel war Dorothea Maria/ Hertzog Christöffels von Würtenberg Tochter/ hatte jhren Witwen Sitz zu Hilpolstein/ sie hatte viel Söhn vnd Töchtern/ starben aber mehrtheils in der Jugend.

32. Friderich der vierdt Sohn Hertzog Wilhelms/ ist geboren Anno 1557. starb Anno 1597. sein Gemahel war Sophia Dorothea/ Hertzog Heinrichs von der Lignitz Tochter/ von deren hatte er Anno 1588. ein Tochter Annam Sophiam vnd Anno 1590. Friderich Casimirum vnd Georg Friderichen/ starben aber alle jung.

33. Carolus/ der fünfft Sohn Hertzog Wilhelmen/ hatte seinen Sitz zu Birckenfeldt in der Graffschafft Spanheim/ sein Gemahel war Dorothea/ Hertzog Wilhelms des Jüngeren von Braunschweig Tochter/ von deren er zeuget Anno 1591. Georg Hansen/ (dessen Gemahel Susanna obigen Otto Heinrichen zu Sultzbach Tochter) Anno 1593. zeuget er Sophiam/ vnd Anno 1594. Fridericum.

34. Rupertus/ der ander Sohn Pfaltzgraff Alexandri/ starb Anno 1544. vnd verließ von seinem Gemahel Ursula ein Rheingräffin/ neben zweyen Töchtern/ Georg Hansen/ der bawete die Statt Lützelstein/ da er seinen Sitz hatte/ Er zeugete von seinem Gemahel Anna Maria/ Gustaphi Königs in Schweden Tochter vier Söhn/ Georg Gustaphen wohnet zu Lautereck/ Johan. Augustum/ starb Anno 1612. Ludwig Philippen der ward zu Heydelberg in einem Thurnier verwundt Anno 1601. da er auch starb in dem 24. Jahr seines Alters. Georgium Johannem zu Lützelstein. Er hatte auch vier Töchteren Annam Mariam Pfaltzgraff Rycharden Gemahel. Ursulam Hertzog Ludwigen von Würtenberg Gemahel/ Elisabetham vnd Catharinam.

Von Fruchtbarkeit der Pfaltz. Cap. ccciiij.

MAn findt in diser Landtschafft so die Pfaltz jetzund begreifft/ was den Menschen zur Leibs Nahrung vnd auffenthalt noth ist/ vnd sonderlich vmb Heydelberg/ ausserhalb dem Gebürg ist das Erdtrich auß dermassen fruchtbar/ vnd an den Bergen/ in den Thälern/ vnd auff der Ebne. An den Bergen wachst sonderlich guter Wein vnd Kestenbäum/ die Thäler seind mit mancherley Obsgärten gezieret/ die Ebne bringen mancherley Kornfrüchten/ die Wäld vnd die Berg lauffen voll Hirtzen vnd ander wilden Thier.

Es ziehen auch die Eynwohner viel Ziegen oder Geyssen in Bergen vnd Wälden. Item im Necker der mitten durch die Pfaltz laufft/ wirdt alle Jahr ein grosse zahl Fisch gefangen/ vnd besonder ist er reich an Barben. Ich geschweig hie/ daß man alle Jahr so viel Brennholtz auß dem Otenwald durch den Necker in den Rhein flößt/ vnd allen Stätten am Rhein von Speier an biß vnder Bingen Holtz genug für die Thür bringt. Der Otenwald ist vast allenthalben rauch vnd bürgig mit eytelen Wälden vberzogen/ wiewol er an manchem ort hübsche vnd fruchtbare Thäler hat/ da man Frucht genug pflantzen mag. Die Eynwohner ernehren sich zum grössern theil von dem Holtz vnd dem Vieh/ dessen man viel darinn zeucht. Es bringt auch an etlichen orten/ da es nicht so gar rauch ist/ Wein/ alß zu Mosbach/ Weinsperg vnd Bogsperg. Er ist zimlich wol nach seiner gelegenheit erbawen mit Stätten/ Flecken vnd Clöstern/ wie ich bald hernach schreiben will.

Otenwald.

DDD iij

Das fünffte Buch

Kreichgöw. Das Kreichgöw/ so auch zu gutem theil an die Pfaltz gehört/ ist nicht minder fruchtbar dann die Gelegenheit umb Heydelberg/ an Wein/ Früchten vnd geschlachten Bäumen/ vnd wird also genandt von einem Wasser das die Kreich heißt/ vnd dardurch es fleust/ wie du das verzeichnet findest in der Tafel des Rheinstroms. Auff disem Kreichgöw halten sich viel namhafftige Edel-
Edelleut im Kreichgöw. leut/ als die Gemminger/ die Göler/ die Venninger/ die Landtschaden/ die Helmstetter/ die Sickinger/ die Sternfelser/ die Sturmfedern/ die von Flehingen/ von Neidberg/ von Hagenbach/ von Rosenbach/ von Massenbach/ Ernberg/ Horneck/ Newenhausen/ vnd andere mehr. Es hat dise Landtschafft auch vor zeiten ein besondern Grafen gehabt/ vnd als der letst mit Namen Zeifhold ohn Leibs Erben abgieng/ fiel die Graffschafft an das Reich/ vnd gab Keyser Friderich der ander Eppingen vnd Heydelsheim den Marggrafen/ die hernach an die Pfaltz kommen seind. Man findt im Thurnierbuch/ daß Ann. Christi 1080. die Gemminger vnd Liebensteiner zu Augspurg auff einem Thurnier gewesen/ darumb seind es alte Geschlechter. Die Hauptstatt auff dem Kreichgöw ist Sintz/ darnach seind andere Stätt darauff/ als Wisseloch/ Hilspach/ Eppingen/ rc. Etwas weiters von dem Kreichgöw findestu hievornen bey den Stätten Speier vnd Bruchsel. Du solt auch hie

Sintzen.

Reyger. mercken/ daß ob Heydelberg die Vögel Reyger sich sonderlich gern halten. Es ist ein Wasservogel/ daß er gelebt auß dem Wasser/ vnd scheucht doch Regen vnd Ungewitter/ deßhalben er sich hoch vber die Wolcken in die Lufft schwinget/ damit er dem Ungewitter entrinnet. Er nistet bey dem Necker auff hohen Bäumen. Er vnd der Habich haben ein angebornen haß wider einander/ darumb
Habich. schiessen sie in den Lüfften auff einander/ vnd führen gegen einander ein vnablässigen Streit/ vnd vnderstehet je einer vber den andern zu steigen. Vnd so das dem Habich gerähtet/ scheußt er oben herab auff den Reyger vnd bringt jhn vmb. Mag aber der Reyger vber den Habich kommen/ so sprützet er mit seinem Hindern auff den Habich/ vnd ist sein kath des Habichs Gifft: dann wo er jhn beschmeißt vnd verunreiniget/ da faulen jm die Federn/ das wissen sie zu beyden seiten auß angebung der Natur/ darumb hüt sich der Habich ab dem Reyger/ vnd der Reyger hat kein andere gegenwehr wider den Habich dann das beschmeissen. Es hat der Reyger nur einen Darm gleich wie der Storck/ darumb sprützt er also wann er sein notturfft thut.

Wie getrewlich die von Amberg an Pfaltzgrafe Philipsen jhrem jungen Herren gehalten/ vnd was jhnen darob von Pfaltzgrafe Friderich/ als Vormundt/ begegnet. Cap. cccv.

Als Pfaltzgrafe Ludwig gestorben/ verließ er ein Sohn/ mit Namen Philippum/ dem ward zum Vormundt geben Pfaltzgrafe Friderich/ dem auch jederman/ als einem Vormundt/ gehorsam zu sein/ vrbütig war. Nach dem er sich aber hernach vnderstanden vnd begert/ die von Amberg solten jhm als einem Churfürsten huldigen/ haben die Amberger sich dessen beschwert/ vnd darfür gebetten: dann es were wider jhr Pflicht/ so sie Pfaltzgrafe Ludwigen gethan/ nemlich daß sie keinem anderen dann seinem nechsten Erben vnd ältesten Sohn wolten huldigen/ deßgleichen hett auch sein Gnad dem Burgermeister versprochen/ sie bey jhren Freyheiten vnd Herkommen bleiben zu lassen: aber als einem Vormünder wolten sie jhm biß der jung Herr zu seinen Tagen käme/ huldigen. Aber es wolt Hertzog Friderich daran nicht ersättiget seyn. Da hat sich die Gemeind zu Amberg verbunden/ sie wolten jhm nicht als einem Churfürsten/ sondern als einem Vormünder huldigen. Da schickt Pfaltzgrafe Friderich etliche Räht gen Amberg/ mit der Gemeind zu handlen daß sie huldigten: Das verdroß die Gemeind/ vnd legten etliche von den Rähten gefangen auff das Rhathauß/ wurden aber bald ledig gelassen/ außgenommen einer/ der stund in grossen sorgen gegen der Gemeind/ vnd damit er darvon käme/ hat er ein Kuh nider geschlagen/ außgewendet/ sich dareyn vernehet/ vnd als were die Kuh am schelmen gestorben/ zum Thor hinauß führen lassen. Indem ist Pfaltzgraff Friderich mit 1500. Pferden gen Amberg ankommen/ vnd ist jhm der Raht/ die Gemeind/ sampt den Geistlichen in einer Procession entgegen kommen/ verhoffend seinen Zorn vnd Gewalt zu versühnen: aber er ritte in die Statt/ nam die Schlüssel zu den Thoren/ vnd bestellet die Thor mit Hut/ ließ fünff auß der Gemeind fahen/ vnd derselbigen drey enthaupten/ vnd darnach Raht vnd Gemeind getrungen/ jhm als einem Chur- vnd Landtsfürsten zu huldigen/ was doch jhnen in vermög jhres vorgethanen Eyds hoch beschwerlich gewesen. Er hat auch deren von Amberg Freyheit in vielen geschmälert

Die Statt

Die Statt Amberg

Nach jhrer Pictur/ wie sie heutiges Tags in Mawren vnd Thürnen verfaszt/ auffs fleis-
sigest abcontrafehtet.

1056　Amberg der schönen vnd herzlichen

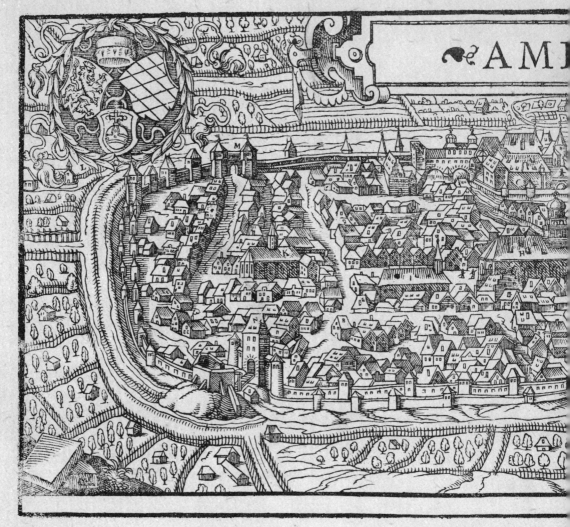

Verzeichnuß der fürnehmst

A　Zu S. Catharina.
B　S. Görgen Thor.
C　S. Georgen Pfarrkirch.

D　Barfusser Closter.
E　Vnser Frawen Kirch.
F　Churf. Cantzley.

G　Da
H　S.
I　Da

Von etlichen Kriegen vnd andern die sich in der Pfaltz haben verloffen. Cap. cccvj.

M jahr nach Christi geburt 1452. da Pfaltzgraff Ludwig in seinen jungen tagen mit tod abgieng/ist der Manhafft Fürst vnd Herr/ Herr Friderich sein Bruder von dem Pfaltzgrafen/ Hertz Ritterschafft/ vñ Landtschafft arrogiert zu Pfaltzgrafen/ Churfürsten vnd Regierer der Pfaltz/ vnd zu einem Vatter Hertzog Philipsen des obgemeltñ Hertzog Ludwigen seines Bruders Sohn/ der nach abgang seines Vattern noch in d Wiegen lag gesetzt. Diser Hertzog Friderich hat von freyem willen sein vätterlich Erb an die Pfaltz geben/ vnd sich in seinem Regimente so Fürstlich/ Mannlich vnd ernstlich der Pfaltz zu nutz bewiesen/ daß er alles hat erobert vnd gewunnen/ was er je vnderstanden. Er ist in seinen Sachen vber die maß glück: vnd sieghafft gewesen. Da er zum ersten in das Regiment trat/ da vnderstunden Bischoff Dieterich von Mentz/ Hertzog Ludwig von Veldentz oder Zweybrucken/ Marggrafe Jacob von Baden/ mit anhang anderer Herren/ den Pfaltzgrafen Friderich außzudringen/ darauß viel Krieg erwuchsen/ wie ich die guter massen hievornen in Beschreibung der Stätt Speier/ Wormbs vnd der Landtschaffe darumb g legen/ erzehlt hab. Vnd da er mit Bischoff Dieterich zu frieden kam/ beworben sie mit Graf Vlrich von Würtenberg/ Marggrafe Carlen von Baden vnd sein Bruder Bischoff Jörg von Metz/ der Bischoff von Speier/ vnd zogen mit Heerskrafft in Hildesheim/ vnd vermeynten der Pfaltzgrafe were nicht im Landt/ vnd wolten herab biß gen Heydelberg nach jhrem

wil

warhaffte Figur vnd Gelegenheit. 1057

vnd Gebäwen diser Statt.

K Spitaltirch.
L Zur H. Dreyfaltigkeit.
M Naburger Thor.
N Ziegler Thor.
O Vits Thor.
P Wingerschofer Thor.

willen herzschen. Aber Pfaltzgraf Friderich ritt persönlich/ doch heimlich gen Hildesheim/ da wurden viel Scharmützel in dreyen Tagen gehalten. Darnach brachen die Feind auff/ vnd zogen herab mit tausend wolgerüster Pferden/ vnd mit viel Fußvolck/ vnd fiengen an vmb Heydelberg zu brennen/ vnd die Frucht auff den Aeckern zu verwüsten. Aber Pfaltzgraf Friderich saumet sich nicht/ Er hett 700. Pferd/ vnd vber das brach jhm der Bischoff von Mentz 300. Pferd/ die hielten heimlich auff die Feind an einem end da sie jhm nicht entweichen mochten/ nicht fer: von Seckenheim am Fronholtz/ vnd da es zeit war/ sprengt er herfür/ vnd griff seine Feind an in weitem Feld/ vnd warff darnider vnd fieng: Georgen Bischoff zu Metz Marggrafe zu Baden. Carle Marggrafe zu Baden. Ulrich Grafe zu Würtenberg. Adel so bey dem Marggrafen war/ vnd gefangen ward: Herr Hans von Falckenstein Freyherr. Herr Hans võ Bodmen Ritter. Herr Hans von Landeck. Heinrich von Sternsfelt. Oberlin von Reynschach. Caspar von Klingenberg. Ott von Schenckendorff. Reinhard von Gindeck. Peter Haun. Jörg Helle. Sigmund võ Höhenberg. Jacob vnd Hans võ Helmstätt. Ulrich von Murginen. Veit võ Asch. Friderich Bock. Wilhelm Böcklin. Heinrich võ Scheüenberg. Wilhelm von Grüningen. Wilhelm Truchseß. Conrad võ Stein. Wilhelm von Nydberg. Hans von Wechingen. Ulrich Bick võ Tanneck. Conrad Blaurer. Wilhelm Genich

Niderlag dreyer Fürsten in der Pfaltz.

von Kirchen. Rudolph von Wyler. Wersich Bock von Straßburg. Hans Felsprecher von Sachsen/Burger zu Eßlingen. Conrad Ungelter. N. Hupper. Ludwig Sipferlin. Bey dem Bischoff/Graff Jacob von Salm. Hartman von Leyningen zu Lutzregen. Heinrich Peyger von Buchbarn. Herr Peter von Beffermunt/Herr zu Stein. Wilhelm Weltcurt. Johann von Tamerin. Alle Ritter. Von Edelleuthen aber Johann Tucher. Diebold von Jecho. Thoman von Seln. Carol von Erbesten. Jörg von Albicart. Reichard von Lutizart. Lienhard von Kauffendorff. Bernhard von Fischbach. Johann von Geng. Johann von Thure. Johann von Jingelet. Simon von Cheriso. Marx von Susy. Heinrich von Orefort. Rolin von Spinal. Jan von Fessag. Ostinner von Feran. Nares von Montifel. Han von Bittanen. Wilhelm von Monto. Jörg Bastard von Obermund. Wilhelm von Engelschir. Arnold von Bollingen. Philips von Kletten. Wilhelm von Schollingen. Arnold Burlinger. Peter von Gentzenberg. Jan von Andria. Würtenbergisch. Wilhelm von Herneck. Wolffgang Tachsenhauser. Caspar Caltenthal. Heinrich von Werdnaw. Dieterich/Ludwig Spete. Hans/Simon Taner. Conrad Scharff von Ridenberg. Wilhelm von Colmar. Jörg vom Stein. Friderich von Antweg. Friderich Sachsenheim. Marx von Newhausen. Einer von Bubenhofen. Hans von Stetten. Heinrich vnd Jacob Güete. Clauß von Waldeck. Hans von Graffeneck. Jörg von Werdenaw. Friderich Berger von Gytzpoltzheim. Albrecht Schillinger. Heinrich vom Wege. Simon Schenck. Hans von Gültingen. Melchior von Falckenstein. Wilhelm Köchler. Wilhelm von Herlingen. Hug Hünne. Ludwig von Burhausen. Jacob von Wildstetten. Sixt von Volmersheim. Hans von Castell. Albrecht Geyser. Jacob Oue. Jost von Reyschach. Hans von Talheim. Gottfrid von Buchheim. Alexius von Frydberg. Bernhard von Nipenberg. Bischoffs Knecht 53. Marggrafen Knecht 81. Würtenbergers Knecht 72. Auff der Walstatt seind blieben/Grafe Ulrich von Helffenstein. Ein Freyherr von Brandyß. Conrad Thoman. Luy von Harnstein. Niclaus Wyß. Sonst 28. vom Adel. Auff des Pfaltzgrafen seiten blieben todt/ Witprecht von Hilmstatt Ritter. Georg zu Weytenmaul. Zwen Knecht vnd acht Reitjungen.

Es kamen vmb vnd wurden gefangen bey 500. Grafen/Herren/Ritter vnd Knecht/vnd wurden mehr dann 300. flüchtig. Das geschahe Anno Christi 1452. vnd am vierdten tag nach S. Ulrichs tag. Zu letst ward der Bischoff von Metz widerumb auß der Gefengnuß gelassen/vnd geschätzt vmb 45000. Gulden/der Marggraff vmb 100000. Gulden/daran gab er sein halb theil an der Graffschafft Spanheim/Besiken/Bynheim Stättlein vnd Schloß/doch daß er dise Flecken alle widerumb lösen mocht/vnd macht Pfortzen zum Lehen/Er vnd seine Ritterschafft seind der Pfaltz verbunden worden. Er gab auch auß den Händen alles Recht so er hett zu Hildesheim vnd Eppingen. Item so er hett zwischen Seltz vnd Germersheim zu jagen vnd zu fischen in dem Rhein. Wie aber darnach Spanheim ledig ist worden/hab ich meldung gethan bey der State Creutzenach. Grafe Ulrich von Würtenberg ward auch vmb 100000. Gulden geschätzt/vnd Studtgarten zu einem Lehen empfahen von der Pfaltz/vnd nicht auffsagen/weder Er noch seine Erben/sie geben dann 30000. Gulden. Vnd solt alle Kleinodt vnd Kleinodtswärth widerumb gen Heydelberg vberantworten/die sein Fraw auß dem Schloß von Heydelberg geführt hatt. Aber der Bischoff von Speier gab Rodenburg auff dem Brurein/vnd Wersaw/vnd den hoch Wildfang auff dem Lossart/für sein Schatzung. Doch ist Rodenburg in nachgehnden zeiten widerumb abgelöst.

Pfaltzgraffe Friderich in die Aacht gethan.

Anno Christi 1474. kam Keyser Friderich mit vielen Fürsten vnd Bischoffen gen Augspurg/ vnd thet Pfaltzgraff Friderichen in die Aacht vnd aber Aacht/darumb daß er die Pfaltz vnd Regalia hette eyngenommen nach seines Bruders Todt/der doch ein Sohn zum Erben vnd Herren des Landts hette verlassen/vnd nichts zu Lehen empfangen. Hertzog Friderich ließ sich dise Aacht nicht jrren/sondern wolt ein Landtsfürst seyn. Die von Amberg wolten jhm nicht als jhrem Herren/sondern allein als des jungen Herren Anwaldt vnd Statthalter schweren/da ließ er bald etliche auß dem Raht köpffen vnd im Regiment.

Schriessen vnd Arnßheim gewunnen.

Anno Christi 1470. hat Pfaltzgraff Friderich Hertzog Ludwigen von Veldentz abgewunnen Schriessen vnd Arnßheim/Stätt vnd Schlösser. Auß Schriessen ward ein Dorff gemacht/ Thürn vnd Mawren zerbrochen.

Bayerisch Vehd.

Anno Christi 1504. erstund der Bayerisch Krieg/in dem sich gar nahe alle Fürsten wider den Pfaltzgrafen armkriegten. Vnd war diß die vrsach solches Kriegs: Nach dem aber Hertzog Jörg von Bayern gestorben war/wolt Hertzog Ruprecht sein Tochterman/Pfaltzgrafe Philippen Sohn/dasselbig Hertzogthumb geerbt haben/wie dann auch Hertzog Jörg jhne vor seinem Tode zu einem Erben gemacht hatte. Dargegen sperrt sich Hertzog Albrecht von München/vnd vermeynt er were ein näher Erb weder der Pfaltzgrafe/darumb rufft er an vmb hülff seinen Schwager König Maximilian/deß Schwester er zu der Ehe hette. Der König vermahne Hertzog Ruprechten abzustehen von seinem fürnemmen/vnd schlug jhm etliche Meynungen vnd Mittel für/ aber als er sie nicht wolt annemen/thet jhn der König in die Aacht/vnd verbotte seinem Vatter Pfaltzgrafe Philippen/daß er seinem Sohn weder hülff noch beystandt thete. Aber der Vatter ließ

Von Teutschlandt. 1059

ließ sich die vätterliche Liebe vberwinden/vnd halff dem Sohn so viel alß er mocht. Da das der König sahe/sagt er jhme auch ab/vnd erlaubt den Fürsten vnd Burgern des Reichs/daß sie frey möchten ziehen wider die vngehorsamen/vnd möchten ohn sorg einerley Straff anfallen Dörffer/ Schlösser vnd Stätt. Da stunden auff wider die Pfaltz der Marggrafe von Brandenburg bey Nürnberg/die Fürsten von Bayern/der Schwäbisch Bundt/der Landtgrafe von Hessen/Hertzog Ulrich von Würtenberg/Alexander der schwartz Hertzog in Westreich/vnd etliche Reichsstätt/vnd verwüsteten die Pfaltz mit dem Schwert vnd Fewer/im Bayerlandt vnd am Rheinstrom/vnd das also lang biß Marggrafe Christoffel von Baden durch sein fürbitt des Königs erzürnt Gemüt zu mitleiden bewegt. Es wolt alle Welt am Pfaltzgrafen reich werden/vnd schuffen doch nichts/dann daß sie viel armer Leuth machten. Es war kein Fürst der nicht mehr verlurst nam/weder er nutz erkriegt/doch kam es nie zu einer Feldtschlacht.

Ein Monstrum.

Anno Christi 1495.gebar ein Fraw zu Birstatt in dem Dorff/ das zwischen Bentzheim vnd Wormbs ligt/zwey Kinder/deren Köpff waren da vornen an der Stirnen zusamen gewachsen/vnd waß eins für sich gieng mußt das ander hinder sich gehen/lag eins auff der rechten seiten/so mußt das ander auff der lincken seiten ligen. Die Stirnen waren jhnen also gantz zusammen gewachsen/ das keins für sich/sondern allein neben sich gesehen mocht. Da ich sie zu Mentz gesehen hab Anno Christi 1501.waren sie sechsjährig. Es waren zwey Meydlein/vnd seind vber 10.jahr nicht alt worden. Da eins von dem andern starb/mußt man das todt von dem lebendigen abschneiden/vnd da dem lebendigen das Haupt da vornen offen stund/ward es auch kranck vñ starb bald hernach. Diß wunderbarlich Gewächs hat sich also erhebt: Alß die Mutter diser zweyer Kindern auff ein zeit mit einer Frawen redt/kam einer vngewarneter sachen darzu/vnd stieß den zweyen Weibern die Köpff (alß man sagt) zusammen: darvon erschrack die schwangere Fraw also vbel/daß es die Frucht im Leib mußt entgelten.

Otenwaldt. Cap. cccvij.

Wie fruchtbar vnd vnfruchtbar der Otenwaldt ist/hab ich vorhin zu gutem theil gemeldet.Diser Wald ist auch ein stuck von dem Wald/so die Alten Hercyniam haben geheissen/wiewol er kein oder wenig Hartzbäum/sondern Eychen/Buchen vnd Bircken tregt. Der breite nach gehet er von dem Necker biß an Mayn. Aber nach der länge fahet er an bey der Bergstrassen/vnd streckt sich gegen Orient biß an die Tauber/oder biß an das Franckenlande. An der Bergstrassen/ da sein Gebürg ein end hat/ist er auß dermassen fruchtbar/besonder am Wein/deßgleichen an der Tauber gegen auffgang der Sonnen/vnd vmb Heltbrunn gegen Mittag. Drey namhaffige Wasser lauffen darauß: die Mimling/der Kocher vnd die Jagst. Doch entspringt die Jagst hinder Elbwangen am Rieß. Warumb aber dise Landtschafft der Otenwaldt heißt/hab ich eygentlich nicht mögen erfahren. Der Namm zeiget an ein Fürsten der Otto hab geheissen/vnd dise Landschafft besessen/wiewol man nichts darvon geschriben findt. Es mag auch seyn daß diser Namm daher entstanden sey/daß es ein öd vnd rauch Land ist/so man es vergleichen will anderen Ländern. Es haben zu vnsern zeiten viel Landtsfürsten theil daran/nemblich der Pfaltzgrafe/der Bischoff von Mentz/der auch etwan die gantze Bergstraß gehabt/der Bischoff von Würtzburg/die Grafen von Hohenloe/vnd die Herren von Erpach/die man die Schencken nennet. Es ist keiner vnder disen Herren der nicht Stätt vnd Schlösser darinnen ligen hab. Also seind auch die Einöden vnd der wilden Thieren Wohnungen/durch menschliche Arbeit zu Menschen wohnungen gezogen.

Anno Christi 1445.hat Pfaltzgraf Ludwig Mechmül erkaufft von den Grafen von Hohenloe vmb 26000.Gulden/mit verwilligung des Bischoffs vnd Capituls zu Würtzburg/die Lehen Herren seind: aber in der Bayerischen Vehd ward es jhm widerumb genommen. Der Bischoff von Mentz hat dise Stätt vnder seinem gewalt auff dem Otenwaldt/Mudoch/Kruten/Büchen/ Amorbach/vnd andere mehr. Aber die Herren von Erpach Michelstatt mit vielen Schlössern vnd Dörffern. Die Grafen von Hohenloe haben Oeringen vnd was daselbst vmbher gegen der Tauber gelegen ist. Seind vor zeiten sehr reich vnd mächtig gewesen/aber es seind viel jhrer Flecken an den Marggrafen von Brandenburg kommen/alß Kreilßheim/Kreglingen/Uffenheim vnd andere die ein Weib verkaufft hat. Von diser Herrschafft ist auch Mergetz an die Teutschen Herren kommen. Es hat sich zu vnsern zeiten diser Grafen Geschlecht gar weit außgespreit/darumb ist auch das Landt dester enger worden. Die Graffschafft Löwenstein ein meil hinder Heilbrunn gelegen/ ist zu den zeiten Keysers Otten des dritten auffgericht worden/vnd ist auch vor zeiten also mächtig gewesen/

gewesen/daß einer derselbigen Grafen fieng den Marggrafen von Baden Anno Christi 1318. Darnach über etlich jahr kam dieselbige Graffschafft an die Pfaltz/wie hievornen gesagt ist. Darnach Anno Christi 1476. vbergab sie Pfaltzgraf Philips seinem Vettern Hertzog Friderichs seines Vatters Bruders Sohn.

Amorbach.   Amorbach das Closter ein meil hinder Miltenberg gelegen/ist Anno Christi 734. gestifftet worden von den H. Bischoffen Virminis von Melden oder Meaur/vnd Bonifacio von Mentz/vnd darzu hat Carolus Martellus vnd Pipinus sein Sohn handträichung oder kosten gelegt. Der erst Abbt hieß Amor/vnd ist S. Pirminij Jünger gewesen/ließ Conrad von Thurn ein Stättlein darzu bawen.

Schönthal.   Schönthal diß Closter auff der Jagst gelegen/ist von den Edelleuten von Verlichingen gestifftet worden/die auch jhr Begräbnuß daselbst haben. Die jahrzahl seiner hab ich nicht vermerckt/alß ich nach dem Bawrenkrieg diß Closter gesehen. Doch kan es nicht gar alt seyn/dann es ist Sanct Bernhards Orden.

Niclaushausen. Cap. cccvii.

Anno Christi 1476. erhub sich ein groß geläuff auff dem Otenwald gen Niclaushausen/das im Tauberthal ligt/zu einem Baucker oder Trossenschlager/der fieng an zu predigen wider die Pfaffen/wider die Zöll/vnd wider die Schatzung so die Edelleut auff die Armen pflegten zu legen. Er vnderstund auch etliche betrügliche Wunderzeichen zu thun mit den Bildern/vnd erschall das geschrey weit vnd breit durch das Teutschlandt/mit viel zugelegten Lügen. Zu letst kam es dahin/daß jhn der Bischoff von Würtzburg fieng vnd verbrennt/vnd nam er vnd der Bischoff von Mentz das groß geopffert Gut so dahin gefallen war/vnd theilten es vnder sich.

Von dem Bayerlandt/vnd zum ersten wo der Nam her kommen sey. Cap. cccviii.

Nach etlicher meynung kompt Bavaria, vnd in gemeiner Teutscher Sprach Bayern/ von eines Königs Namen/der hat Bavarus geheissen. Die andern sagen: daß er komme von den Völckern die Avares haben geheissen/die vberig waren blieben von den Hunen/vnd eynnamen diß Land/vnd sey mit der zeit noch ein Buchstab/nemblich B darzu kommen/vnd auß Avares Bavari oder Bayern worden/wie sie dañ auch vorhin Boij, vnd das Landt Baioaria geheissen hat. Aber von alten zeiten her hat

Noricum, Norgöw.   es Noricum: das ist/Norgöw geheissen/ vnd das von einem alten Hertzogen Norix genañt/der von Orient herauß kam/vnd die Statt Regenspurg anfieng zu bawen/wie etliche darvon schreiben/das wir hielassen bleiben in seinem wärth. Das ist ein mal gewiß/die Namen seyen herkommen wo sie wöllen/daß das jetzig Bayerland hat vor langen zeiten Noricum vnd darnach Baioaria,vnd zu letst Bavaria geheissen. Diß Land ist vor zeiten ferr hinab in Oestereich gangen/vnd gegen Mittag hat es sich gestreckt biß an die Etsch/wie dann Strabo schreibt/vñ spricht daß die Rhetier vnd Norici oder Nordgöwer haben auch eyngewohnet vnd besessen die Gipffel der hohen Alpen/die sich in Italiam neigen/vnd wurden genennet

Etsch vor zeiten ein Mördergrub.   Rheti, Vennones vnd Lepontii, die auß grosser Armut die Leut/so durch das Gebürg in Italiam zogen/beraubten. Dann es war dazumal auß Teutschlandt kein gebahnter weg in Italiam/sonder man mußt Berg vnd Thal auff vnd absteigen/wie man möcht/vnd hielten sich die Räuber vnd Mörder auff den Bergen/vnd mocht niemand durch sie vngeschädiget kommen/vnd besonder wann der Keyser Gelt seinem Heer herauß schicken wolt/so warteten die Mörder darauff/vnd beraubten sie/vnd beschädigten alle Römer so durch das Gebürg zogen. Aber jhren Nachbawren/von denen sie Speiß vnd Nahrung kaufften/theten sie nichts. Vnd das währet so lang biß der Keyser

Straß gemacht vber die Schneeberg.   Augustus mit gewalt die Räuber außtilget/vnd mit grossem kosten ein weg durch das Gebürg macht. Vnd da man in diser Arbeit war/begab sichs offt daß man kam zu einem hohen Felsen/da es so hoch vnd gäh hinab war/vñ da mußte man widerumb hindersich fahren. Etwan traff sich der weg auff ein solchen engen vnd hohen Gang/das weder Vieh noch Menschen ohn schwindel vnd gefährlichkeit des Lebens hetten mögen darüber kommen/darumb mußt man aber ein mal anderswohin

Von Teutschlandt.

wohin den weg richtet. Es trug sich auch etwan zu/daß man zu einem tieffen Schnee kam/darin der ein zweyfach oder dreyfach gefroren Eyß lag/vnd darumb auch vergebens dahin gezielet war. Das laß ich nun hie fahrē/vnd komm wider auff mein vorbrige meynung/nemlich daß das Bayerland vor zeiten sich gestreckt hat gegen Mittag/biß an das hoch Schneegebürg/vnd gegen Occident ist es erwunden an dem Wasser Lico: das ist/der Lech. Aber gegen Mitnacht hat es sich vber die Thonaw/nicht wie jetzund/gezogen. Dann jetzund wird Nürnberg/Amberg/vnd was vom Böhmer Wald hinder Amberg ligt/dem Bayerland zugeschrieben.

Von fruchtbarkeit des Bayerlands. Cap. cccv.

ES wird im Bayerland an keinem ding mangel gespürt/das anderst dem Menschen zu seiner auffenthaltung nöth ist. Daß es ist ein groß Korngewächs darin/ besonder vmb Regenspurg vnd Landshut. Aber der Wein wachst nicht an vielen orten/doch bringt man manchen guten Wein dareyn/von dem Elsas/vom Necker/von Francken/von Etschland/vnd von Oestereich/vnd führt Saltz wider herauß/deß trefflich viel darinn gesotten wirdt. Im Nordgöw bey Amberg vnd Sultzbach ist das gantz Erdrich voll Eysenertz/dem man auch ohn vnderlaß nach gräbt/vnd alle fliessende Wasser daselbst herumb mit Hämmern vnd Eysenschmitte verschlagen

Ertzgrub.

seind/die Filtz/die Nab vnd Pegnitz. Was groß Gut von Sylber vnd Kupffer alle jahr zu Schwatz auß dem Erdtrich gezogē wird/ weißt man zimlich wol/daß etlich 1000. Ertzknappen stāts in der tieffe des Erdtrichs disem Metall nachstellen. Es wirdt auch dises Land mit mancherley vñ Fischreichen Wassern begossen/die sich gar nahe all in die Thonaw versencken/alß da seind Amber/die Iser/der In/die Altmül/die Nab/der Keng/vnd andere mehr kleiner Wasser. Ich geschweig hie vieler vnd mancherley Seen/deren ein jeglicher ein besondere gattung der Fischen zeucht/alß der Ambersee/der Tegersee/der Wirmsee/der Chiemsee/vnd andere mehr. Es ist diß Land auch vast Wäldig/vnd zeucht vil Schwein: dann es seind viel Eychlen vnd Holtzöpffel im Land/vnd daher kompt es daß das Bayerland vielen Ländern Säw genug gibt/ gleich wie das Vngerland für andere vmbligende Länder trefflich viel Ochsen zeucht.

Von Königen vnd Hertzogen/so vor alten zeiten im Bayerland gewesen seind. Cap. cccvj.

VMb die zeit der Geburt Christi/vnd lang darnach/ hat Bayerland ein besondern König gehabt. Dann es schreibt der Keyser Julius/ das Ariovistus der Teutschen König hab zu der Ehe gehabt des Königs Schwester von Norico. Darzu findt man auch in gemeinen Historien/daß Anno 590. Geribaldus der König zu Bayern hat geben sein Tochter Theodelindam dem König der Lombardey zu der Ehe. Ob aber darzwischen allwegen König in Bayerland seind gewesen/weiß ich nicht. Geribaldus ward vertrungen durch Childebert den König auß Franckreich/vnd wurd Tassilo von jhm in Bayern König gesetzt. Darnach Anno 612. war Teuto Hertzog in Bayern/ vnd er ward getaufft von dem Heyligen Ruprecht Bischoff zu Wormbs/ der darnach Bischoff ward zu Saltzburg/vnd bekehrt die Völcker in derselbigen Gegenheit zu dem Christlichen Glauben. Zu denselbigen zeiten hielten die Hertzogen von Bayern zu Regenspurg Hoff. Auff Teutonem kam Theodertus sein Sohn/vnd nach Theoberto regiert Hertzog Teuto. Nach jhm kamen widerumb etliche König/die man Cacannos nennet/vnd auff die kam Hertzog Vdilo/etliche nennen jhn König Otilio/vnd dessen Tochter nam Carolus Martellus zu der Ehe. Darnach regiert König Thassilo im Bayerlandt/vnd alß Gripho des Grossen Keysers Carlens Vatter Bruder jhn vnderstund zu vertreiben/kam Pipinus Keyser Carlens Vatter/vnd fieng Griphonem seinen Bruder/vnd setzte Tassilon widerumb in das Hertzogthumb oder Königreich. Vnd auff das schwur Hertzog Tassilo dem König Pipino vñ seinem Sohn dem Grossen Carlen Trew zu halten/das er doch nicht thet/sonder vergaß der empfangnen gutthat/vnd setzt sich wider den Grossen König Carlen/vnd bracht die Hunen herauß in das Teutschland/das zu beschädige. Darzu stifftet jn an sein Gemahel/die König Desiderij Tochter war/den der Groß Keyser Carlen gefangē/vnd auß Lombardey vertrieben hatt. Da kam König Carlen mit Heereskrafft wider Tassilo jhne

zu bekriegen/aber er ergab sich bald/vnd König Carlen verzigs jhm. Darnach im nächsten jar hat König Carlen ein Reichstag gehalten zu Jngelheim im Saal/vnd brachten die Bayern grosse klag vber jhren Herren Hertzog Tassilon/daß er nicht hett gehalten was er versprochen hett/sonder hett die Feind des Reichs wider das Reich berüfft/deßhalb vber jhn erkennt ward/man solt jhm das Haupt abschlagen/aber er ward von einem Freund erbetten/vnd ward jm sein Leben gefristet/daß er Buß solt würcken/vnd also beschar man jhn/vnd thet jhn mit sampt seinem Sohn Theodoto in das Closter Lorsch/das bey Benßheim an der Bergstrassen ligt/Anno 788. vnd hiemit kam Bayern in König Carlens Gewalt. Die andern sprechen daß Tassilo sey von Keyser Carlen in einem Streit gefangen worden/vnd in der Gefengnuß mit zweyen glüenden Beckin/die er stäts mußt ansehen/erblendt/vnd da das geschahe/ward er von den Fürsten ledig erbetten/aber er verschmächt die Welt vnd kam gen Lorsch/vnd lebt daa als ein Armer/daß jhn niemand erkennt biß an sein letste zeit.

Passaw ein Bischoffliche Statt.

Diser Tassilo hat ernewert die Statt Passaw/vnd dahin gesetzt den Bischofflichen Stul/der vorhin zu Lareac in der Statt war/die von den Hunen zerstört/vnd nicht ferr von der Statt Ens gelegen war. Doch sprechen etliche andere/daß das Bisthumb vnder Keyser Heinrichen gen Passaw gelegt worden sey. Hie schreibt Albertus Krantz/daß/nach dem Tassilo ein Mönch worden war/sey kommen ein Edelman/mit Namen Heinrich/der dem Grossen Keyser Carlen lieb war/vnd hab jhn gebetten/daß er jhm so viel Lands zu Lehen verliehe/alß er in einem Tag mit einem guldenen Wagen möcht vmbfahren. Der Keyser hielt es für ein schimpff/vnd mit lachendem Mund verwilliget er sich darzu. Da nam der Edelman ein geringen Wagen/vnd vmbfuhr ein ein groß theil im Bayerland/nemlich da es füglich war/vnd trug in seiner schoß ein gulden Wägelein. Vnd darnach ward jhm derselb Circk vom Keyser zu einem Lehen verliehe mit dem Titul des Bayerlands. Es kam auch hinden nach das gantz Hertzogthumb an seine Nachkommen/die man Welffen nennet/biß zu Hertzog Heinrichen dem Löwen/von dem du hernach hören wirst.

Schyern zum ersten ein Burg.

Nun nach dem Tassilo haben Caroli Kind vnd Kindskind regiert in Bayern/biß an Arnolffum den Keyser/der An. 888. oder vmb dieselbe zeit bawet in Bayern ein Burg mit Namen Schyern/die zwischen Jngolstatt vnd München ligt/jetzund ein Closter/vnd macht da ein gefürsteten Grafen. Darnach ist Arnoldus Hertzog in Bayern worden/aber es hat ein grossen gespan in den Historien/wer diser Arnoldus sey gewesen. Etliche sprechen/das Arnolphus der Keyser hab zwen Söhn gehabt/nemlich Arnoldum den bösen/den der Teuffel mit Leib vnd Seel hinführt in das Geröhrach zu Schyern/vnd der war Hertzog auff dem Nortgöw vnd in Bayern/vnd sein Sitz war zu Regenspurg. Der ander hieß Wernher/der ward Pfaltzgrafe zu Schyern/da er auch sein Wonung hett. Nun hett aber der böß Arnold Hertzog zu Bayern nur ein Tochter Adelheid/oder wie die andern schreiben/Leutgard genandt/die gab er Hertzog Otten von Sachsen/mit der er gebar Heinrichen den ersten Römischen König dises Namens. Damit aber Arnold seinem Bruder Grafe Wernher auch mit gunst Bayern entzog/gab er Bayerland seinem Encklin/Hertzog Heinrichen von Sachsen/der darnach Römischer Keyser ward. Die andern schreiben/gemeldte Leutgard sey Keyser Arnolphs Tochter gewesen. Also ist Bayerland an die Sachsen erwachsen/vnd einem Weib blieben. Derselbig Keyser Heinrich verließ zwen Söhn/Otten Hertzogen zu Sachsen vnd Römischen Keyser den ersten/vnd Heinrichen Hertzog zu Bayern vnd Braunschweig. Diser Heinrich gebar Hertzog Heinrichen/den man nennet Hetzel. Hertzog Heinrich Hetzel gebar den Heyligen Keyser Heinrichen. Aber Wernher gebar zwen Söhn/die theilten jhres Vettern Land. Doch wolt Graff Wernher vnd sein Sohn Eckhard mit dem Bundtschuh/der nachmals ein gewaltiger Hertzog in Bayern ward/es nicht lassen bleiben bey der vorigen theilung/sonder bekriegt König Heinrichen vnd seinen Sohn Hertzog Heinrichen so hefftig/daß er Wernhern erschlug/doch vollführt der Sohn Eckhart den Krieg so vast/daß der Römisch König jhm gezwungenlich Bayerland widerumb zustellen mußt/vnd also gewan Bayerland widerumb sein rechten Erben/vnd blieb Eckhart mit dem Bundtschuh Hertzog in Bayern vnd Grafe zu Schyern/vnd sein Bruder Otto blieb Pfaltzgrafe zu Wittelspach. Dises Grafen Otten Sohn/jung Ott genandt/erstach Philippen Römischen König/deß ward er vertrieben vnd vmbgebracht/vnd sein Schloß Wittelspach zerstört/vnd fiel die Pfaltz an Graff Eckhards Sohn/Graffe Arnolden/der ward Hertzog vnd Pfaltzgraff in Bayern/vnd von dem theilten sich die Pfaltzgraffen/die seines Geblüts waren in ein solche grosse zahl/daß im Thurnier zu Zürich 34. Pfaltzgraffen gethurniert haben. Da ward einer genandt Pfaltzgraffe zu Andechs/der ander Pfaltzgraffe zu Dachaw/der dritt Pfaltzgraffe zu Vallen/rc. Jhrer menge halb kam es dahin/daß Schyern bawfellig ward/biß zum jahr Christi 1096. da ward mit verwilligung ein Closter darauß gemacht/vnd ein ewige Begräbnuß der Graffen von Schyern.

Von Teutschlandt.
Die Abtey zu Schyern.

Tychenwald		Rudolphus	1259	Conrad von Mur	1400
Bruno	1111	Ludwig	1260	Conrad von Tegerbach	1413
Ulrich	1127	Arnold	1273	Ludwig Walch	1423
Ulrich	1128	Friderich	1281	Conrad Welckman	1427
Marquart	1130	Ulrich Pechtinger	1303	Johann Degerbeck	1436
Gosold		Conrad	1311	Wilhelm Kuenberger	1449
Ulrich		Ualschalck	1323	Georg Sperlin	1467
Eberhard	1160	Ulrich Lentznawer	1324	Paulus Prew	1489
Waldemar	1171	Conrad Lentznawer	1330	Johann Terbein	1505
Hartman	1203	Wolffgang	1345	Andreas Greishöfer	1545
Conrad	1206	Ulrich Mersberg	1353	Johann Chrisostomus Hirsbeck	
Hinricus	1226	Ulrich Munnenberg	1376	1547.	

Und daß du nicht irr werdest in dieser Zeit/wil ich sie dir für Augen stellen mit einer Figur:

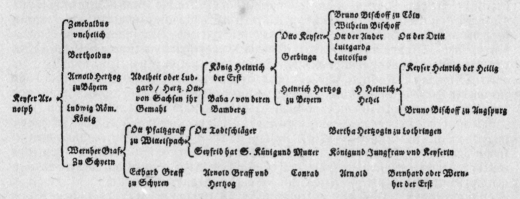

Nach Wernher dem Ersten kommen diese Personen:

Bernhard oder Wernher zu Wittelspach	Wernhard oder Wernher der Dritt	Ot Hertzog zu Bäyern/ vnd Graff zu Wittelspach

Wider diese geburt schreiben gar nahe alle Historien/ die gemeinlich sagen/ daß des grossen Keysers Carlen Geschlecht im Teutschen Landt abgangen sey in Ludwigen Keysers Arnolphen Sohn vnd Conraden/ vnd darumb sey Arnoldus Hertzog in Bäyern nicht des Keysers Arnolphen Sohn gewesen/ sonder Hertzog Lüpolds von Bäyern/ der von den Vngern erschlagen ward/ vnd Arnold sey zu einem Hertzog in Bäyerland gesetzt worden zu den zeiten König Ludwigs. Vnd als nach König Ludwigen Conrad der erst König ward/ flohe dieser Hertzog Arnold in Vngerland/ vnd blieb auch darinn biß König Conrad starb. Ettliche aber sprechen/ dieser Arnold sey von König Carles Saamen kommen in der Liny nach der seyten. Nach Hertzog Arnolden ward Berthold sein Bruder Hertzog in Bäyern. *Diß ander meynung.*

Nach Bertholden gab Keyser Ott Anno Christi 947. seinem Sohn Heinrichen von Sachsen das Hertzogthumb zu Bäyern so auch wider die vordrige Geburtliny ist: dann dieser Heinrich ist sein Bruder gewesen/ wie du hie vornen bey Keyser Otten/ vnd auch hie vnder bey der Hertzogen von Sachsen Linien findest. Hertzog Heinrich zeuget Heinrichen Hetzel/ Heinrich Hetzel aber Keyser Heinrich den Heyligen/ vnd als er ohn Erben abgieng/ hat es widerumb in der Historien ein grossen span/ wo das Hertzogthumb hingefallen sey. Dann auff 100. jar weißt man eigentlich nit/ wer die Hertzogen von Bäyern seind gewesen der Geburt nach. Das ist gewiß/ dieweil die Hertzogen von Sachsen Bäyerland innhetten/ fiengen die Graffen von Schyern viel Krieg an/ damit sie das Hertzogthumb wider vberkemen. Ettliche meynen daß sie darumb die Vngern herauß berüfft haben/ die bey Augspurg erschlagen wurden/ auff das sie das Hertzogthumb mit gewalt wider vnder sich brechten. *Sachsen regieren das Beyerland.*

Nun es sprechen ettliche/ daß nach Keyser Heinrich dem H. hab das Hertzogthumb zu Bäyern regiert König Conrads Bruder/ mit Nammen Heinrich/ auff welche sein Sohn Wolff kommen ist. Die andern sprechen aber/ daß einer mit Nammen Cuno auff Keyser Heinrichen Hertzog in Bäyern sey worden. Aber Albert. Krantz spricht/ das Ludolf Marg. zu Obersachsen/ hab diß Hertzogthum geerbt. Nach disem hat die Keyserin Agnes Bäyerland ein weil regiert. Daß jr Gemahl Heinrich der 3. vertrieb Cunonem vnd befahl das Hertzogthumb seiner Frawen/ darnach ward es eine von Sachsen der hieß Ott/ der war doch zu letzt darauß vertrieben/ vnd kam darnach an ein edlen vnd streitbaren Mann von Schwaben/ der hieß Welff/ vnd nach jn behielt sein Sohn Heinrich das Hertzogthumb/ der Keysers Lotharij einige Tochter mit Nammen Gertrud hett/ vnd durch sie

auch

1060 Das fünffte Buch

auch Hertzog in Sachsen ward. Nach Heinrichen erbt sein Sohn Löw das Bäyerland/ die Pfaltz vnd Sachsenland sampt Braunschweig. Aber er war zu letst mit Weib vnd Kind/ auß Bäyern vertrieben/ vnd gab König Conrad Marg. Lüpold von Oestereich das Hertzogthumb zu Beyern der sein Bruder war der Mutter halb. Dañ jr Mutter ward zum ersten Graffe Friderichs von Stauffen Gemahel. Darnach nam sie der Margraffe von Oestereich zu der Ehe. Darvon findest du auch hieunden in Beschreibung des Lands Oestereichs. Nach disem Lüpolden war das Hertzogthumb seinem Bruder Margraffe Heinrichen. Darnach Anno Christi 1156. gab es Keyser Friderich widerumb des Hertzog Heinrich Löwen Sohn/ der dañ auch Heinrich hieß/ vnnd Heinrichen den Marggrafen setzt er widerumb in Oesterreich/ vnnd macht auß derselben Marckgraffschafft ein Hertzogthum/ vnd gab etliche Graffschafften von Beyern darzu. Darnach An. Christi 1190. setzt Keyser Friderich disen Heinrichen seiner Vngehorsame halb/ von beyden Hertzogthumben/ Beyern vnd Sachsen/ vnd ward Graffe Ott von Scheyern/ vnd Pfaltzgraffe von Wietelspach Hertzog in Beyern/ vnd also kam das Hertzogthumb wider zum rechten Stammen wie etliche schreiben. Albertus Krantz setzt zwischen den Welfen vnd Graffe Otten nicht so viel Personen. Er spricht schlecht/ daß nach dem Welfen sein Sohn Heinrich regniert habe. Heinrich hat geboren Hertzog Heinrich den Löwen/ der zu dem Beyerland/ Braunschweig vnnd Schwaben vberkam. Vnd do er vertrieben war/ kam das Hertzogthumb zu Beyern an Graff Otten von Wietelspach/ vnnd also zeucht er auff ein Person das in zweyen sich verlauffen hat/ nach der andern Meynung. Darumm wie Ich hievornen gesagt hab/ es hat ein grossen Zweifel in den Historien mit den Hertzogen die nach dem H. Keyser Heinrichen kommen sind in das Beyerland/ vnd zum Theil auch an die Pfaltz am Rhein/ vnd mag nit wol concordiert werden/ was die von Hertz. Heinrichen dem Löwen vnd auch von seinem Sohn Pfaltzg. Heinrichen schreiben. Ich hab dir hie vnd davornen in Beschreibung der Pfaltz mehr wöllen anzeigen/ was Ich bey den andern gefunden hab/ dañ daß Ich dir diese Ding für ein Grund wölle vorschreiben: Dañ Ich erkenn selbs wol daß das nicht wol zusammen stimpt/ daß Keyser Conrad hab Henrich den Löwen vertrieben auß dem Beyerland/ vnd Keyser Friderich hab es auch gethan. Es wöllen auch Nauclerus/ der seine Genealogey auß der Beyerischen Teutschen Cronick genommen hat/ vnnd Albertus Krantz nicht wol zusammen stimmen. Ich las es auch hangen/ gleich wie das/ daß Arnold Graff Eckards Sohn volkommen gewalt in Beyerland erlangt habe/ vnnd befehle es denen/ die diser ding etwas weiter/ weder ich bericht seindt.

Demnach komme ich wider zu Graff Otten von Scheyern/ vnd Pfaltzg. zu Wietelspach/ der Anno 1180. Hertzog zu Beyern war gemacht/ von dem die jetzigen Beyerischen Herrn vnd Pfaltzgraffen alle kommen sind. Du findest hievornen diese Geburtlini verzeichnet/ wie er von Graffe Wernher von Scheyern/ Hertz. Arnolds Bruder/ durch viel mittel Personen erboren ist. Ob er aber von Keyser Arnolphs (vnd also von Keys. Carlens) rechter Liny/ oder der seiten/ oder durch ein Weibsbild kommen seye/ weiß ich nit zu sagen. Merck auch hie/ daß die Pfaltz von Wietelspach an die Graffen von Scheyern endlich gestorben ist/ vnd also nennen etliche disen Otten/ an dem das Hertzogthum Beyern zu letst kommen ist/ Pfaltzgraffen von Wietelspach/ die andern Graff von Scheyern. Nun wil ich jhn setzen zu einem Stammen aller Beyerischer Herrn/ die von jhme geboren seind/ darumb hab acht auff die nachvolgenden Figuren/ vnder welchen die erste von Keys. Arnolpho gezogen wird/ auf sie gehet die andere

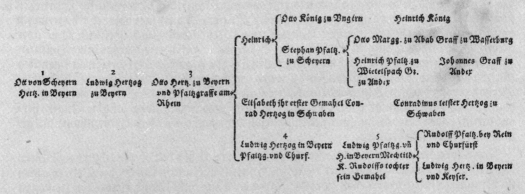

Wie sich die Pfaltzgraffen von Rudolphen außgespreit haben/ hab ich hievornen bey der Pfaltz mit einer Figuren angezeigt/. Nun wie sich die Beyerische Herren vom Hertzog vnnd Keyser Ludwigen/ der Rudolphs Pfaltzgrafen Bruder war/ außgestreckt haben/ will ich in der nachgesetzten Figur anzeigen.

6
Ludwig

Von Teutschlandt. 1065

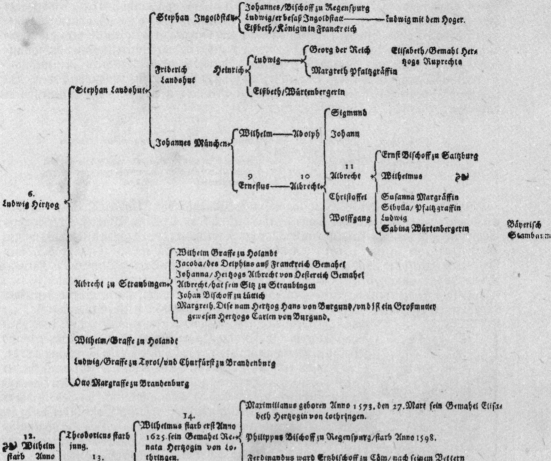

Bäyerisch Stambaum

Hie sichst du wie von Keys. Ludwig Hertzogen in Bäyern so viel Personen erwachsen/ vnd doch zu letst alle gestorben biß auff die wenig vbrigen. In diesen zweyen Figuren sichst du nun/ wie Hertzog Ott der das Bäyerland hat/ vnd die Pfaltz am Rhein/ seinen zweyen Söhnen diese zwo Hertschafften verließ. Ludwig/ der elter war/ behielt dz besser theil/ nemblich obern Bäyern/ Landshut vnd die Pfaltz: aber seinem Bruder Heinrichen vbergab er nidern Bäyern vnd das Nordgöw. Doch starb dieses Heinrichen Liny bald auß vnnd nam König Ludwig das Bäyerlandt gar eyn. Hertz. Albrecht der 10. ist der gewesen/ der eines Baders Tochter zu Augspurg also hefftig liebet/ daß man sorg hett/ er würd sie nemmen. Da ließ sie Ernestus sein Vatter zu Straubingen ertrencken/ das beküm̃ert den jungen Fürsten also vbel/ daß man jhn langezeit nicht trösten kont/ biß man jhm zu letst Annam ein junge freẅdige Fürstin von Braunschweig geben.

Geburtliny der Welfen/ oder Guelfen/ so auch das landt besessen haben.

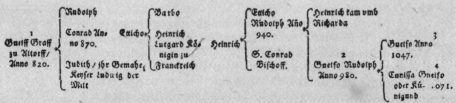

Guelfo der erst/ ein Graff zu den zeiten des grossen Keysers Carlen zu Altorff. Sein Tochter Juditham nam zu der Ehe Keyser Ludwig/ vnd gebar mit jhr Carolum den Kalen. Es ward Eticho nach seinem Vatter Graff zu Altorff/ das bey Ravenspurg ligt. Vnd sein Sohn Heinrich gebar mit seiner Haußfrawen Beata von Hohenwart 3. Söhn. Conrad ward Bischoff zu Costentz

FFF Anno

Das fünffte Buch

Anno 934. vnd gab sein Vätterlich Erb an das Stifft zu Costentz. Etticho hett keine Kinder/ aber Rudolph nam zu der Ehe Jtam des Graffen von Oetingen Tochter/ vnnd gebar mit ihr die 3. gesetzte Personen/ vnder welchen Heinrich vmbkam auff dem gejägt: aber Guelfo der 2. des Namens/ nam zu der Ehe Ymmissam von Glißberg/ vnd gebar mit ihr Guelfonem den 3. vnd Cunissam. Es ward Guelfo der 3. Hertzog zu Kernten vnd Nordgöw/ vberkam auch das Fürstenthumb Kernten vnd Marggraffschafft zu Bäyern: er starb jung zu Podnien im Schloß ohn Erben. Da nam sein Schwester Cunissa ein Welschen Marggraffen/ der hieß Azzo/ vnnd gebar Guelfonem den 4. Hertzogen zu Nordgöw vnd Bäyern.

	5	6	7	Dieser belägert Thübingen
4 Guelfo Heinrich Hertzog in Bäyern	Guelfo	Guelfo Heinrich der Hoffertig Judith a Sophia Wibild	Guelfo Heinrich Pfaltzgraff Agnes Pfaltzgräffin sein Gemahel	Gertrud/ Ot von Schyern ihr Gemahel/ Pfaltzgraff vnnd Hertzog zu Bäyern.

Guelfo der 4. nam zu der Ehe Juditham Graff Balduwins von Flandern Tochter/ die auch ein Königin war von Engellandt/ vnnd gebar Guelfum den 5. Er fieng Bischoff Syfriden von Augspurg/ vnd hielt ihn gefengklich im Schloß bey Ravenspurg/ vnnd zog zu letzt zum Heyligen Grab/ starb in der Inseln Cypern/ vnd ward gen Weingarten geführt vnd dahin begraben. Nach ihm regiert Guelfo der 5. vnd alß er ohn Erben abgieng/ besaß sein Bruder Heinrich das Hertzogthumb Bäyern/ vnd ward zu letzt Anno 1124. ein Münch zu Weingarten. Sein Tochter Juditha nam Hertzog Friderichen von Schwaben/ vnd gebar mit ihm Keyser Friderichen den ersten. Aber Sophia ward vermählet Hertzog Bertholden von Zäringen/ vnd nach seinem todt nam sie Hertzog Leopolden von Steyr. Wibild ward vermählet Graff Rudolphen von Bregentz. Ihr Bruder Heinrich ward Hertzog zu Bäyern vnnd Sachsen/ vberkam auch das Hertzogthumb Nordgöw/ vnd nam zu der Ehe Keysers Lotharij Tochter die Gertrud hieß. Er war ein mechtiger Fürst/ vnd ward der Hoffertig genennt. Er führt ein Gulden Löwen in seinem Schilt/ vnd ward auch Hertzog zu Braunschweig/ doch war er zu letzt von Keyser Friderichen seiner Schwester Sohn in die Aacht gethan/ vnnd vertrieben von seiner Herrlichkeit. Das Hertzogthumb Sachsen gab der Keyser Marggraff Bernharden von Anhalt/ vnd das Hertzogthumb Nordgöw gab er dem Pfaltzgraffen Otten von Wittelspach: Bäyern gab er Marggraff Leopolden von Oesterreich. Heinrich des hoffertigen Hertzogen Sohn ward an des Keysers Hof vnd vberkam des Pfaltzgraffen bey Rhein Tochter/ die Agnes hieß/ vñ vberkam durch sie in verwilligung Keyser Heinrichs des 6. die Pfaltz.

Anno 1156. im Herbstmonat hat Guelfo der 7. belägert die Statt Thübingen/ vnd hat bey jm gehabt den Bischoff von Augspurg / Speier / Wormbs / Hertzog Bertholden von Zäringen/ Marggraff Herman von Baden/ vnnd viel Grafen/ seind aber alle durch Pfaltzgraf Hugen von Thübingen/ Friderich Hertzogen von Schwaben/ vnnd die Grafen von Zorn/ in die Flucht geschlagen. Darnach auß geheiß des Keysers ergab sich Pfaltzgraf Hug dem Guelfen. Vnd alß dieser Guelfo bald darnach an der Pestilentz starb/ gab sein Vatter/ Keyser Friderichen all sein Gut/ Land vnd Leut/ starb mit ihm ab seine Liny vnd Fürstenthumb. Diese Geburtliny der Guelfen hab ich vberkommen zu Weingarten im Closter/ das sie gestifft vnd begabt haben/ vnnd auch vast alle da begraben ligen.

Von den Stätten im Bäyerlandt gelegen.

Contrafehtung der Statt Regenspurg.
Cap. cccvij.

IM Latein hat diese Statt viel Nammen. Dañ man hat sie vor zeiten genañt Ratisponam: das ist/ Flößordnung/ vñ der Namm ist jr blieben bey den Lateinern biß auff den heutigen tag: etliche nennen sie Reginopurgũ, von Reginopyrga, Theodonis des erste Königs in Bäyern Gemahel: von den Rhetiern aber wird sie genañt Rhetobonna vñ Rhetapolis, vnd von dem Bawersvolck Hiaspolis. Weiter hat man sie genañt Reginopolim: das ist/ Königstatt oder Königsperg/ vñ das von wegen der manigfaltigen Reichstägen/ so Kö. vñ Fürsten alda gehalten haben. Wiewol etliche andere meynen/ dieser Namm soll mehr Reginopolis heissen/ vnd daß von einem Teutschen nammen gehenckt an das Griechisch wort Polis, wie sie dann noch in Teutscher

Von Teutschlandt.

scher Sprach heist Regenspurg/ von einem Wasser Regen genannt/ das im Behemer Waldt seinen Vrsprung nimbt/ vnnd fleust bey 12. Meilen gegen Regenspurg zu/ da es in die Thonaw fallt. Die Lateiner nennen sie von diesem Wasser/ Imbripolim. Sie hat auch vor 1500. Jahren/

oder vmb dieselbige zeit/ Tiberina, oder Augusta Tiberii geheissen: dann Tiberius hat sie gebawen oder ernewert. Etliche andere meynen/ sie soll vor zeiten Regenspurg geheissen seyn à Regiis castris: das ist/ von Königlichen Lägern/ vnnd die andern Ratisbona, gleich alß Rhetobonna. Sie ist vor alten zeiten her die Hauptstatt im Bäyerlandt gewesen/ vnd haben die König vnnd Hertzogen von Bäyern daselbst Hof gehalten. Wie sich die Römer vmb die Geburt Christi bey der Statt gehalten haben/ hab ich hicvornen gemeldet/ vnnd geben noch heut bey tag kundschafft die alten Stein mit jhrer Geschrifft/ vnd sonderlich ist bey der Brucken ein Stein/ hat die Geschrifft:

D. & perpetuæ securitati Iul. Maurs. eius pient. vix An. XLII. Roafriti fœminæ reuerendiss. & filii filiæ obitis & Iuliæ Nonnæ matris pient. vix. an. LXXX. Iul. & Victorinæ socrui vix. an. LX. Item viuis Aurelig. Aur. militari fil. & amicis quorum in monumento Cinesia & Ribebesca & amici eorum siti sunt, & post horum obitum eorum ossa recondi in eorum sepulcro permisit, Marcus Aurelius militaris omnibus Hæredibus monumentum extruxit & omnibus Legion. IV. ita viuus viuis fecit.

Lautet zu Teutsch also: In dem Nammen der Götter vnnd der ewigen thu/ Marcus Aurelius Ritter/ der Römisch Hauptman der 4. Welschen Legion/ hat in seinem Leben diese gedechtnuß vnd begrebnuß machen lassen Julie Mursler seiner allerliebsten Haußfrawen/ so gelebt hat 42. jar Roafriti der aller Ehrsameste Frawen seines Sohns Tochter/ die nun gestorben seind/ Juliæ Nonnæ seiner allerliebsten Mutter/ so gelebt 90. jar/ vnd Juliæ Victorinæ seiner Schwiger/ die hat gelebt 60. jar: Weiter so noch im Leben seind seinen Kindern/ seinen Töchtern Aurelij/ vñ seim Sohn Aurelio Ritter/ vnd allen guten Freunden/ in welcher begrebnuß Cinesia vñ Ribebesca mit sampt jrer Freundtschafft ligen. Nach dieser todt hat er jr Gebein in dasselbig Grab legen lassen seiner Erben vnd allen/ so in der vierdt Legion leben/ solch Monument auffgericht. Es hat Regenspug auch geheissen/ Colonia Quartanorum, Metropolis Ripariolorum, Caput Limitancorum. Solch Kriegsleut haben die Römer an der grentze oder Thonaw gehabt wider die groben vnsinnigen/ vbelkündigen Bettler die Teutschen. Also nennt vns das alt Römisch Reich vnd Keyserthumb. Sie haben Regenspurg besessen bey fünffhundert/ ein vnd zwantzig jaren. Der erst Hauptmann nach Tiberio vnd Druso ist gewesen Lucius Piso. Sie haben dazumal wenig gedacht/ daß die höhe des Römischen Gewalts solt von jnen zu den Teutschen kommen/ die

EEE iij solcher

solcher kleiner achtung bey jhnen waren/aber doch täglich jnnen worden/wie gewaltig die Teutschen Kerlen sich setzten wider den Römischen gewalt/vnnd mit jhren Thaten anzeigten/was zukünfftig/was in nachgehenden zeiten/ja die Römer selbs nit verschweigen mochten der Teutschen Mannlichen Thaten/ sie haben sie in die Stein als in vnabtilckliche Bücher verzeichnet/damit man vber tausent jahr sehen möcht was zwischen beyden Völckern fürgangen were. Also findt man in einem alten Stein geschrieben mit kurtzen vnd verkürtzten worten/wie sich die Teutschen vmb Regenspurg gehalten haben gegen der Römischen Ritterschafft/so an der Thonaw im Zusatz wider die Teutschen lagen.

Dijs manibus & memoriæ legionum Vindelicis præfectis
Et miserrimæ matris M. Mocenianis & Victoriæ &
Aurelio filijs Vindelicis
Seuerinus infelix pater
Faciendum curavit,

Hat die meynung zu Teutsch also: In den Ehren der nothhelffer der Todten/vnd zu einer ewigen gedechtnuß der Legion/vnd der Kriegern des Lands Vindelicia/so erbärmblich vmbkommen seind/den Hauptleuten der besatzung Moltzing vnd seinen Söhnen Victori vnd Aurelio/so auch in dem Lande Vindelicia gelegen seind/hat diese gedechtnuß machen lassen Seuerinus jhr vnglückhafftiger Vatter.

Auß diesen vnd andern Steinen ist abzunemmen/daß etwan die Teutschen auff dem Nortgöw vber die Thonaw in das Römisch Reich herüber gefallen seind/haben das Römisch Kriegsvolck an der Grentze des alten Römischen Reichs in diesem Landt/damals Vindelicia genannt/vberfallen/in die Flucht gebracht vnd jämerlich erwürgt. Anno 508. zog Hertzog Dietrich der erst von dem Nortgöw vnd Behmischen Wald/mit grossem Volck von Bäyern an die Thonaw/fiel in das Römisch Reich/erschlug vnd verderbet alles was er ankam. Als aber die Leut so Christen waren/gen Regenspurg(welche dazumalen Augusta Tiberij hieß) flohen/nam er die Statt auch eyn vnd tödtet alles/auch den Bischoff Lupum/nur die Bawren ließ er leben damit die Aecker gebawen wurden/vnd also ist hernach Regenspurg einlange zeit vnder den Hertzogen von Bäyern geblieben. Anno Christi 1115. ist die Steinen Bruck vber die Thonaw gemacht worden. Wiewol ich auch findt daß Trasanus der Römisch Keyser ein wunderbarlich Werck zu Regenspurg vber die Thonaw gemacht hat mit 20. Schwibbögen/aber die jetzige hat vier vnd zwantzig Schwibbögen. Der groß Keyser Carle hat das Bißthumb dahin gestifft/wiewol etliche meynen es sey vor jhm da gewesen. Es ist dieser Statt Bischoff gewesen/der gelehrt vnd weitberühmt Philosophus Albertus Magnus/Anno Christi 1262. aber von liebe wegen der Kunst vnd Lehre/verließ er das Bißthumb/vnd hielt sich zu Cöln viel jar/ist auch da gestorben/vnd begraben. Er ist geboren in dem Fläcken Lawingen/4. Meil vnder Vlm an der Thonaw gelegen. Es ligt auff der Thonaw Werd ein köstlich Bergschloß/da der Bischoff von Regenspurg gewohnlich Hoff helt. Straubingen ein Statt vnd Schloß an der Thonaw zwo Meil vnder Regenspurg/Obern Altach ein Benedicter Closter/Welchenberg ein Schloß/Erlebach ein Schloß/Achenberg ein Schloß/Moten ein Benedictiner Closter/hat Hertzog Heinrich von Oestereich Sanct Leopolds Sohn gestifft/Naternberg ein Bergschloß/Teckendorff ein Statt/Wüntzer zwey Schlösser/Engelsperg ein Schloß/Hofkirchen ein Marckt/Plinting ein Marckt/Hilkarsperg ein Schloß/Filtzhofen ein Stättlein Bäyerisch.

Bruck in Regenspurg.

Bißthumb.

Albertus Magnus.

Passaw. Cap. cccvlij.

PAssaw ein Reichsstatt in Bäyern/zwischen der Thonaw vnd Entz gelegen: ettliche wöllen/sie seye Anno Christi 500. gestanden vnnd im obern Pannonia gelegen: diese wirdt zu Latein Batavia/von den Batavis also genannt/ist gar ein schöne vnd herrliche Statt/vnd ist ein Bißthumb da/das sich auch biß gen Wien in Oestereich gestreckt hat/aber vor wenig jahren darab gesündert. Der Bischoff hat gewalt/ein Rhat zu setzen. Hat er aber Krieg/so seind jhm die Bürger weiter nicht schuldig zu reysen dann ein Monat. Der Bischoff hat gar viel Schlösser vmb diese Statt/als nemblich Grempelstein/in der Zel/Fiechtenstein/Jochenstein/Rainenriegel/Harspach/Wesen/Gayenbach/Schwartzenstein/diese seind eytel Schlösser/vnd bey etlichen ligen Märckt. Vnder Krembß in Oestereich hat dieser Bischoff noch viel mehr Schlösser vnd Märckt. Item Neudhauß ein Fürstlich Schloß/der Fürsten von Beyern/Aschach ein Marckt an der Thonaw/Stosflentz ein Bergschloß der Graffen von Schonburg/vnd ist Schonburg ein Fürstlich Schloß da die Gräffen Hof halten/Aferdingen ein Stättlein vnnd Schloß/Attenheim ein Schloß vnnd Marckt der Herren von Liechtenstein/wie auch das Schloß vnnd Marckt Steiereg. Ebersperg Schloß vnd Marckt auff der Thann nit ferr von der Thonaw/des Bischoffs von Passaw. Lufftenberg ein Schloß der Schallenberger. Spiegelberg ein Schloß lige

in der

Von Teutschland. 1069

in der Thonaw/ Ens ein Schloß vnd Statt der von Ens nicht fer von der Thonaw/ Machhausen ein Schloß vnd Marckt Oesterreichisch.

Fridberg. Cap. cccxiv.

Iß Stättlein eine kleine Meil von Augspurg gegen München zu gelegen/ hat Keyser Ludwigs von Bäyern Vatter Hertzog Ludwig wider die Augspurger/ vnder Keyser Friderichen dem andern gebawen/ oder den alten vnwehrhafftigen Flecken mit Mawren vnd Thürnen bevestiget.

Staden. Cap. cccxv.

Staden ein Meil wegs von Fridberg gelegen/ das fürnembst Schloß vnd Stättlein in der Wetteraw/ hat ein alte Burg vnd gemein Gan Erben Hauß: vnnd begreifft das Gericht Staden in sich 6. schöner Flecken. Es ist auch bey Fridberg hinauß vnnd daselbst herumb die beste fruchtbarkeit des Landts Wetteraw/ welches den nammen von dem dardurch fliessenden Bach die Wetter genannt vnnd der weiten Ebne vnd breiten Aw/ so es vor Staden hat/ empfangen. Es hat zwen Sawrbrunnen da/ vnnd laufft das Wasser die Nidda mitten hindurch/ wechst auch guter Wein da: ist also deren dingen die zu Menschlicher auffenthaltung dienen mögen/ kein mangel daselbst.

Saltzburg. Cap. cccxvi.

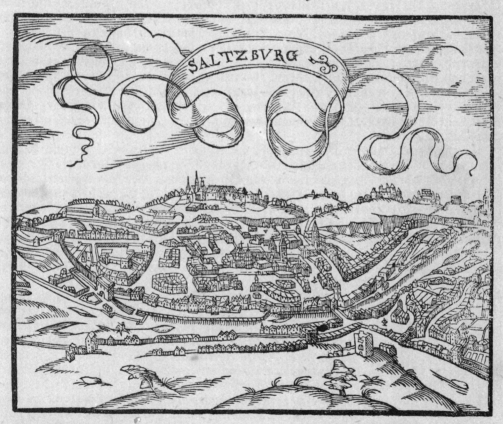

Diese Statt in Bäyern oder Norico gelegen/ ward anfenglichen Iuvania: das ist/ Helfferin/ genennt vnd ist auch vmb Christi Geburt oder darvor gebawen: dann Antoninus in seinem Itinerario gedenckt jhr. Es schreiben auch etliche daß der Keyser Julius hab zum ersten dahin ein wunder starck vnd wolverwahrte Schloß gebawen/ darauß er die Teutschen bekriegen wolt/ vnd hab es Castrum Iuvaniense, das ist zu Teutsch Helffenburg genannt. Wann aber jhr Namm verendert sey/ hab ich nicht gefunden. Doch acht ich es sey geschehen Anno Christi 580. Dann zu dieser zeit ist sie wider gebawen worden/ nach dem sie Attila zerbrochen

EEE iij hat.

Das fünffte Buch

Lucius ein König.

Saltzburg von den Bergknappen erobert.

hat. Anno Christi 540. kam Sanct Ruprecht Bischoff zu Wormbs in das Bäyerlandt vnnd taufft Hertzog Teudonen oder Theodonem einen achtzigjärigen zu Regenspurg vnnd viel Volcks mit jhm. Darnach ward er gen Saltzburg von dem Hertzogen gesetzt/ vnd da stifftet er ein Bisthumb/ vnnd befehrt die Leut in derselbigen Gegenheit zum Christlichen Glauben. Vor jhm Anno Christi 182. kam Lucius von Königlichem Geschlecht in Britannia geboren/ in das Bäyerlandt/ vñ prediget den Christlichen Glauben darinn/ aber er ward mit Steinen von Augspurg getrieben/ vnnd kam gen Chur/ da ward er gemartert vmb Christi willen.

Anno 1525. ließ der Bischoff von Saltzburg etliche Bergknappen des Glaubens halb richten/ dardurch die andern bewegt wurden/ vnnd die so in der Statt Saltzburg waren/ zum grössern theil auff jhre seyten brachten/ namen die Statt eyn/ vnd belägerten den Bischoff in dem Schloß. In diesem hat sich die Bawrschafft sampt den Ertzknappen in der obern Steyrmarck/ die an des Bischoffs Landt stoßt/ versamblet/ vnd sich wider den Adel vnd Geystlichen an die Ens in das Feld gelegt. Da schickt König Ferdinandus etlich Fähnlein mit einem Edlen Hauptmann/ der hett die Bawren vormals gebrandschatzt/ vnd fordert darzu (das allermeist die auffruhr erweckt) von jeder Person ein Gulden. Sie botten jhm ein halben zugeben/ vnnd als er jhn nicht nemmen wolt/ lieffen sie zusammen/ vnd hetten ein Schlacht mit den Edlen/ vnd flohe der Adel in das Städtlein Schleyming/ da vberfielen sie die Bawren/ vnd erstachen viel/ sonderlich was nicht Teutsch kund/ namen jhnen die Ketten von den Hälsen vnd Fäderbüsch von den Köpffen/ sassen auff jre Reysige Gäul/ vnnd setzten die gefangnen Edlen auff jhre Roß/ vnnd trieben sonst viel gespöts mit jhnen. Sie funden auch die Schatzung zu Schleyming/ so sie vorhin zum theil geben hatten/ vnd viel geflöchter Güter des Adels/ da Beuteten sie vndereinander/ vnd zogen jhr viel auß dem Landt: dann sie besorgten sich es würd jhnen die lenge nicht wol erschiessen/ wie auch geschahe. Dann da der gefangen Adel ledig ward auß der Gefengknuß/ zogen sie wider in das Städtlein Schleyming/ vnd brennten es auß biß auff den Boden. Die Bawren die kein gefallen an dieser auffruhr hetten gehabt/ wurden gebrandschatzt/ aber die andern wurden an die Strassen gehenckt/ vnnd man gieng jämerlich mit jhnen vmb.

Bawrenkrieg.

Es erstund auch in gemeldten jahr ein grosse vnd vnerhörte empörung des gemeinen Manns allenthalben im Algöw/ Bäyern/ Oesterreich/ Saltzburg/ Steyrmarckt/ Wirtenberg/ Francken/ Sachsen/ Thüringen/ Elsaß vnd an viel andern Orten wider jhre Oberkeit vnder dem schein des Evangelions/ wider die Beschwerung so sie erlitten von der Oberkeit/ dardurch ein mercklich anzahl der Clöster/ Stätt vnd Schlösser allenthalben geplündert/ verbrennt vnd geschleifft worden/ aber sind vast an allen Orten geschlagen worden/ vnnd wie man meynt/ vber 100000. vmbbracht. Dieweil sie kein widerstand hetten/ waren sie gar Frewdig vnd verwegen/ keins gleichen wolten sie eyngehn/ was man jhn anbote/ vnd alle fürschleg verachteten sie/ vnd je mehr man sie bate/ je böser sie wurden. Jhre beschwerd so sie anzogen/ waren die Zehende/ Fronen/ Zinse/ Gült/ das Gewild so man den Fürsten erhalten müßt.

S. Peter ein alt Closter.

Bischoff zu Saltzburg.

Es ist ein vast alt Closter zu Saltzburg das heißt zu S. Peter/ darauß hat man gar viel Aebt genommen vnd sie zu Bischoffen gemacht/ besonder Abt Vitalen der starb Anno 647. Abt Ansologum/ der starb Anno 666. Item diese Aebt Savolum/ Etzium/ Flebargisum/ Vertricum/ der starb 785. Aber im jahr Christi 903. hieß ein Ertzbischoff Dietmarus/ der ward von den Vngern erschlagen. Anno Christi 950. war Bischoff ein Graff von Schyern. Auff jhn kam Friderich von Chiemgöw/ Hartwicus Graff von Spanheim/ Guntherus des Heyligen Keysers Heinrichen Cantzler/ Gebhardus ein Graff von Helffenstein/ starb Anno 1088. Bertholdus ein Graff von Mospurg/ Chiemo ein Abt von S. Peter/ ward von den Vngläubigen gefangen vnnd gemartert Anno 1101. Conradus/ Keyser Heinrichs des 4. Caplan/ Eberhardus Graff von Hilpoltstein/ Conradus ein Marggraff von Oestereich/ ein Sohn des Heyligen Leopolds/ der war auch Bischoff zu Passaw/ starb Anno 1168. Adelbertus des Königs von Behem Sohn. Conradus ein Graff von Wietelspach vnnd ein Bruder Hertzogs Otten von Bäyern. Eberhard der auch Bischoff war zu Brixen/ starb Anno 1246. Burhard von Ziegenhagen/ Philippus ein Sohn Hertzogs Bernharden von Kernten/ Vlrich der auch Bischoff war zu Seckou. Vladislaus ein Sohn Hertzog Heinrichs von der Schlesy.

Fride-

Von Teutschlandt. 1071

Friderich/ Rudolff von Hoheneck Cantzler König Rudolphs von Habspurg. Conrad von Vanstorff/ Wichart von Polheim/ Friderich von Libnitz/ Heinrich von Pirnbrunn/ Ortolffus von Watzeneck/ Piligrinus von Pücheim/ starb Anno 1395. Gregorius Schenck von Osterwitz/ Eberhard von Neuwhauß/ Eberhard von Stramberg/ Johannes von Reichsperg/ Friderich von Emerbitz starb Anno 1453. Sigmund von Wockensdorff/ Burckhard von Weispurg Cardinal/ Bernhardt von Ror/ Johannes Ertzbischoff zu Gran/ Friderich Graff von Schaumburg/ starb Anno 1494. Sigmund von Holneck/ starb Anno 1495. Lienhard von Keutschach/ starb Anno 1519. Mattheus Lang von Wellenburg Cardinal vnd Ertzbischoff/ starb Anno 1540. vnnd ward nach jhm Ertzbischoff Ernestus Hertzog von Bäyern/ auff jhn kam Hertz Michel von Küensperg 1554. hernach Anno 1560. Johan Jacob Küen auß Tyrol/ ward Anno 1579. an S. Matthiä tag nach dem Mittagmahl alß er einer Comœdien zuhört/ mit dem Schlag getroffen/ darauff jhm Anno 1580. den 18. Julij Georgius von Kienberg adiutor gegeben worden. Anno 1580. den 8. Junij hatt es drey Meil von Saltzburg in der Vogtey Alten Thän/ Korn geregnet/ vnd ward damalen ein grosse thewrung in Osterreich/ Steyr vnd Kernten.

Von der Statt vnnd Bißthumb Freisingen.
Cap. cccvvij.

Freisingen ist ein alter Fläck/ zu den zeiten da die Römer das gantz Bäyerlandt durch Landtvögt geregiert haben/ Fruxinum genannt/ an einem lustigen Ort/ wiewol raucher Landts art an dem Wasser Mosach/ so nahend darbey in die Yser laufft/ gelegen/ ꝛc. Daselbst hat S. Corbinianus ein geborner Gallier/ zu den zeiten Grimoaldi der Bäyern Hertzog/ mit zulassung Königs Pipini Anno 754. ein new Bißthumb auffgericht/ vnnd also der erst Bischoff zu Freisingen 20. jahr nicht ohn heiligen Schein gewesen. *S. Corbinianus erster Bischoff.*

Sein Nachfahr der ander Bischoff zu Freisingen ist Erimbertus sein Bruder 24. jahr gewesen. Dieser hat Degernsee das Closter geweihet/ vnd zu seiner zeit seind die Bißthumb im Bäyerlandt erstlich gesündert vnd von einander getheilt worden/ alß auch Pipinus vnnd Carolomannus gebrüder auß anweisung des Bapsts Zachariä jhren Herren König Huldrichen in Franckreich erschlagen/ hat gedachter Pipinus ein Vatter Caroli Magni/ darnach etlich jar in Teutschlanden/ besonder aber auff dem Schloß Thetmons/ Hof gehalten/ vnd zu letst Anno 756. also ein Kirchen in der Ehr S. Stephans gebawen/ welche noch heut zu tag Weichenstephan (alß wolt man sagen/ weichs Sanct Stephan) heist/ vnnd ist benannter Pipinus widerumb in Franckreich gezogen. *Degernsee das Closter erbawen.* *Weichenstephan.*

Der 3. Bischoff Joseph ist Anno 757. in sein Ampt kommen. Er hat von Tassilone Hertzog in Bäyern Ettingen vberkommen/ item das Stifft zu Isen erstlich fundiert/ aber nur 3. jar geregiert.

4. Aribe hat im Bischofflichen Ampt 23. jar gelebt.

5. Otto ist Anno 782. erwehlt/ vnd hat sein Kirch mit nutz vnd Ehr 30. jar verwaltet.

6. Hitto ward Anno 812. Bischoff gesetzt. Er hat sich trefflich geübt das alt Testament/ so dann an viel Orten dunckel vnd vbel transferiert/ zu besseren vnnd zu corrigieren/ hat auch 6. Canonicos auff dem Thetmons/ Weichensteffan genant/ vor seinem Stifft vber gestifftet/ vnd 24. jar geregiert.

7. Erchembertus ein Bruders Söhn seines nechsten vorfahrens Hittonis/ ist 18. jar dem Bißthumb vorgestanden.

8. Arnolph ward erwehlt Anno 854. vnd starb im 21. jar seines Ampts. Er hat die Thumbkirchen weiter erbawen.

9. Walthon hat 22. jar im Ampt gelebt. Zu dieses zeiten ist die Thumbkirchen sampt den vmbligenden Häusern vnd Gebäwen Anno 883. verbrunen/ derhalben er bey Keys. Arnolphen zu sampt andern grossen Gaben zu ergetzung erlitnen schadens erlangt hat/ daß fürhin sein Nachkämbling/ Bischoff zu Freisingen allein auß geachter Kirchen Collegio oder Thumbherren erwehlt sollen werden/ das zu vnsern zeiten kein Keys. ohn des Römischen Bapsts verwilligung mehr thun darff. Sein Successor Otto hat nur ein jar gelebt.

Der 11. Bischoff Dracolfus Anno 898. erwehlt/ ein gut Gesell/ der nicht nur seinem Bißthumb viel entzogen/ sonder auch andern Stifften vnnd Kirchen/ viel verthan hat/ ist im 18. jahr seiner Haußhaltung in der Thonaw ertruncken.

12. Wolfframus hat 12. jar geregiert/ vnnd das Bißthumb durch seinen Vorfahren verwüstet/ widerumb restituirt vnd gebessert.

13. Lampertus ward Anno 939. Bischoff zu Freisingen/ vnd hat 31. jar seliglichen sein Ampt getragen.

Das fünffte Buch

Die Ungern schedigen Bäyerlandt.

getragen. Zu dieses tagen alß die Hunen in Ungerlandt alles in Oestereich vnd Bäyern verhergten/ist auch das Bisthumb vbel mit Fewr verderbt worden/insonders der Weichensteffan/vnnd Sanct Veits Kirchen verbrennt/dem Thumb aber haben sie kein schaden zufügen mögen: dann es ist der gantz Berg mit eim so dicken Nebel bedeckt gewesen/daß man darvor nichts hat können sehen/vnd seind dannoch die wüsten Leut darvon Sontag 3. vhren an biß zu der sechsten stund des volgenden Freytags gelegen.

14. Abraham ein Pfaltzgraff von Kerndten. Er stifft Werd am Werdsee/hat 37.jar den Stifft mercklich wol gebessert/vnd vberauß nambhafftige Freyheiten darzu gebracht.

15. Engelbertus ist Anno 1005. Bischoff worden/war ein Graff zu Mosburg vnnd regiert 31. jar. Er hat das Bisthumb auß seinem eigenthumb vast gebessert/vnd Stifftherren von dem Weichensteffan gethan/vnd an jhren statt ein Benedictiner Closter dahin geschaffen.

16. Nicerus hat 14.jar geregiert vn̄ die vertribnen 6.Stifftherren von dem Weichensteffan gen S. Veiten bestätiget. Bey jhm hat Keyser Heinrich der 4. Anno 1049. Weynachten gehalten. Er wird auch Nizon genannt/ist ein vnbillicher grober Mann gewesen/zu letst des gähen todts zu Ravenn gestorben.

17. Ellenhardus ward Anno 1053. zum Bisthumb erwehlt/vnd hat es 25.jar regiert/vnd hat die Chorherren zu S. Andres auff dem Freisinger Berg nahe beym Thumb gestifft/ist auch Persönlich im Synodo zu Wormbs/so Keyser Heinrich der 4. wider Bapst Hildprandum durch den Ertzbischoff von Mentz Anno 1076. hielt/gewesen/vnd selbst vnderschrieben.

18. Weginwardus ward Anno 1078. erwehlt/hat viel vnruh vnnd haders im Bisthumb von Graff Welffen dem Schwaben von Altorff (so Bischoff Brunen zu Augspurg hat gekriegt) lange zeit erlitten. Alß aber sein Sach zu friden gebracht/ist er in Behem die Vngläubigen zu bekehren gezogen/vnnd also zu Prag gestorben vnd begraben/da er 21.jar Bischoff zu Freisingen war gewesen.

19. Heinrich von Eberstein. Dieser hat viel erlitten: dann es hat jhm Welfo Hertzog in Bäyern von geburt ein Marggraff auß Italia/Welfonis des 4. von Altorff Schwester Sohn/die Statt Freisingen zerstört/vnd das darumb/daß er redlich an seinem Oberherren Keyser Heinrichen dem 4. wider des Bapsts zu Rom vnrecht fordern/vnd fürnemmen/beystünd. Er hat mit kriegen das gantz Bisthumb vbel verderbt/sein eigen Güter zu Eberdorff vnd Grieß an den Stifft verschafft/vnd denselben 39.jar regiert.

Otto Freisingensis.

20. Anno 1138. ist Otto der 2. ein Sohn Marggraff Leopolds von Oestereich/der zu Closter Newenburg für ein Heyligen erhebt/zum 20. Bischoff in Freisingen erwehlt worden. Er war ein gar Gelehrter Fürst/vnnd Keyser Conrads des 3. Cantzler (das zu vnsern zeiten einem Fürsten zu viel bedunckt) hat ein vberauß trefflich Chronick/so noch vorhanden/item auch dz Leben Keysers Friderichs Barbarossa seines Stieffbruders in Latein beschrieben. Er hat 20.jar regiert/vnd sein leiblicher Bruder Conrad war Ertzbischoff zu Saltzburg vnd Bischoff zu Passaw.

21. Nach jhm ward erwehlt Anno 1158. Albertus der 21. vnd der regiert 24.jar. Zu seinen zeiten ist das Stifft zu Freisingen an Kleinotern/Sylber geziert/Geschickten vnd Gelehrten Thumbherren dermassen verfast vnd begabet gewesen/daß es kein Kirch durch gantz Germaniam biß gen Rom damahlen vergleichen hat mögen/ist aber sampt der Statt gar außgebrunnen ellendiglich. Vnd alß nun genannter Bischoff Albrecht sein Hauptkirchen widerumb hat wollen auffbawen/seind die Leichnam der Heyligen S. Alexanders des Bapsts vnnd Sanct Justiniani im Grundgraben erfunden worden.

22. Otto der 3. ein Reicher milter Canonicus von Meydenberg/hat 38.jar regiert/die Kirchen auffgericht/vnd seim Bisthumb viel guts gethan.

23. Geroldus ward erwehlt Anno 1210. vnd hat nach laut seiner Grabgeschrifft sein Kirchen 11. jar vbel regiert.

24. Conrad Tulneker hat das Bisthumb wol widerumb erbessert/darzu von seinen eignen Erbg vier Canonicos in S. Pauls Capellen gestifft/vnd 27.jar regiert. Dieser ist sampt Rudigero Bischoffen zu Passaw von Hertzog Friderichen von Oestereich gefangen vnd lang zu Wien behalten worden.

25. Conradus der 2.ein Wildgraff hat 20.jar regiert/vnd ist zu seinen zeiten ein vnerhörte wolfeile im Landt gewesn.

26. Fridericus Montellon vorhin Probst zu Freisingen/ist Anno 1278. erwehlt worden vnd regiert schier 8.jar.

27. Emicho ein Graff vnd Heyliger Mann hat das Bisthumb 29.jar besessen/vnd zu letst Año 1315. zu Wien gestorben. Wider diesen hat sich auch das Bisthumb Freisingen angemasset Heinrich von Klingenberg Bischoff zu Costentz/etwan Keyser Rudolphs Cantzler.

28. Conrad der 3. von München ein Doctor der Geystlichen Rechten/hat S. Johannes des Teuffers Kirchen vnd 6. Chorherren sampt einem Probst darinn gestifft/ist jhm im siebenden jar seines Bisthumbs vergeben worden.

29 Gott-

Von Teutschlande.

Die Statt Freisingen

Wie sie gelegen ist / contrafehtet/ vnd zu diesem Werck von dem Durchleuchtigen vnnd Hochgebornen Fürsten vnd Herren/ Herren Heinrichen Pfaltzgraffen bey Rhein/ Hertzogen in Bäyern/ ꝛc. Bischoff zu Freisingen vnd Wormbs/ꝛc. gantz gnediger meynung vberschickt.

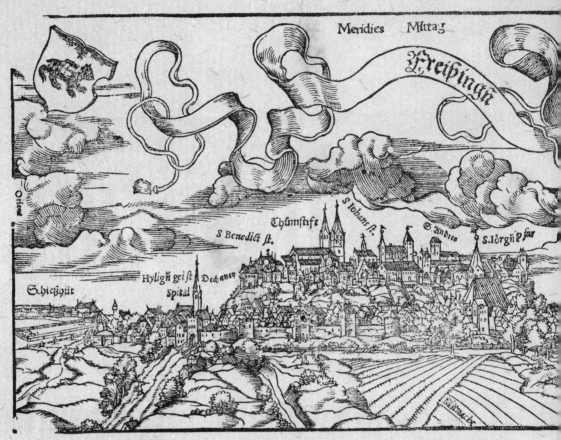

29. Gottfridus der Thumbdechan vnd darnach Bischoff hat die Capellen zur Heyligen Dreyfaltigkeit/ vnd die zu S. Catharinen gestifftet/ vnd nur 3. jar regiert.

30. Anno 1224. ist Johannes ein Doctor Canonum Thumbherr zu Bamberg vnnd Brixengen Freisingen postuliert vnd nur 5. Wochen Bischoff daselbst gewesen.

31. Conradus der 4. von Klingenberg ein Schweitzer. Er hat viel grosse Geschenck seiner Kirchen gethan/ vnd insonderheit ein köstlich Infel vnd Sylberin Creutz dareyn geben. Zu seinen zeiten haben die Vngern vnd Behem gantz Beyerland vbel zerschleifft/ wider Keyser Ludwigen den 4. vnd also auch das Bisthumb verderbt.

32. Johannes der 2. ein Gelehrter Artzet hat das Bisthumb zu Rom Anno 1337. erlangt vnnd es daselb wohnende 12. jar abwesenlich inngehabt.

33. Albertus Graff zu Hohenberg/ Doctor Decretorum ist von Wirtzburg durch Bapst Clementzen 7. gen Freisingen transferiert worden. Dieser hat Rotenberg das Closter nicht fern vom Rhein gestifft/ vnd 9. jar regiert. Er ist mit Hertzog Albrechten von Oestereich selbst Persönlich für Zürich in Krieg gezogen.

Bischoff zeucht für Zürich.

34. Paulus ward Anno 1358. erwehlt/ hat viel/ vormalen von dem Stifft verkaufft vnd versetzt/ widerumb an sich gelöst/ vnd im 19. jahr seines Ampts gestorben.

35. Leopold ist von wegen des grossen Schisma vnder den Bäpsten kaum mit viel müh vnd arbeit in sein Ampt kommen/ darinn er doch bald nach 3. jaren seiner Regierung in Lackh vber ein Brücken hinab gefallen vnd ertruncken ist.

36. Berthold von Weichingen/ der erst Magister Artium in der newen Hohen Schulen zu Wien/ ward Anno 1381. erwehlt zum Bisthumb. Zu seiner zeit hat der Richter in Freisingen Hertzog Ludwigen auß Bayern die Statt wöllen vbergeben. Als aber solche vnversehens eynzunemmen/

Bäyerlandt zwischen Landtshut vnd
Regen.

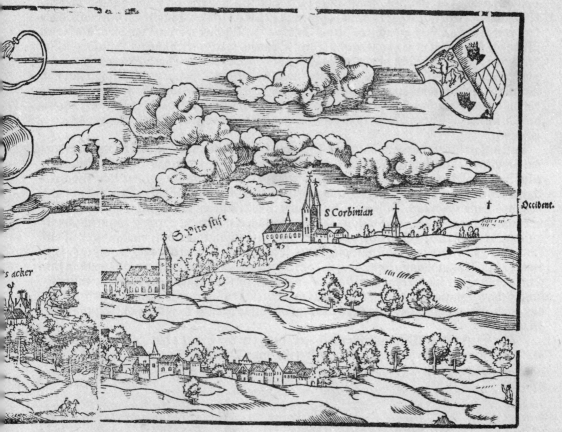

nemmen/gedachter Hertzog im anzug gewesen/ist er gälingen der gestalt erstellt/daß er weiter nicht kommen/deßhalb angriffen worden/daß er die Verzähterey dem Bischoff selbst offenbaren müssen. Ist also dem Richter sein Kopff auff dem Marckt abgeschlagen worden. Dieser Bischoff hat sonst auch gantz wol gehauset dem Stifft/alle Schlösser so es hat in Oestereich/Kerntē/Steir vnd Krain/hat er gebessert. Item auch den Thumbherren jhre Præbenden gemehret/darnach im dreyßigsten jahr seiner Regierung in Oestereich gestorben. Alß er aber seinen Nachkommen ein trefflich köstlich Jnfel machen hat lassen/haben seine Freund vñ Erben dieselben nach seinem Absterben nicht an jhr recht Ort geben/sonder dem Abt von Melck vmb 4200. Vngerische Ducaten verkaufft.

37. Degenhard von Weix vormals Probst zu Moßburg/ward Anno 1410. Bischoff/vnd nach dem Conrad Bischoff zu Gurck vmb das Bisthumb mit jhm hefftig gezanckt hett/ist er im 3. jahr zu Lackh von seinen Dienern mörderlich vmbgebracht/vnd wiewol sie außgaben/er hett sich selbs ertödt/ist doch das Mord nach 30. jaren gewißlich vnd recht an tag kommen.

38. Heinricus ein Graff/sehr gebrochen/ist im 9. jahr seines Bisthumbs gestorben.

39. Johannes der 3. Grienenwalder genannt/des Hertzogen von Bäyern Bastart (so Doctor Decretorum vnnd ein Theologus im Costantzer Concilio sich vast wider den Hussen gebraucht hat) ward Anno 1422. Bischoff erwehlt. Es hat sich aber bald wider jhn mit Gunst vnd Gnaden Bapst Martins des 5. Nicodemus von der Layter ein Herr von Verona in Italia eyngedrungen/vnd das Bisthumb 20. jar mit gewalt innen gehalten. Dieser hat die Bildnuß vnser Frawen so S. Lucas abcontrafehtet soll haben/gen Freisingen in das Thumb Münster geschenckt. Nach seinem Todt ist obberürter Grienenwalder wider zu dem Bisthumb kommen vnd dasselbig noch also 10. jahr besessen.

FFF ij   40. Jo-

40. Johannes der 4. Tulbeck genannt/ Bäpstlicher Rechten Licentiat/ Probst zu Sanct Veit vnnd Pfarrherr zu München/ ward Anno 1453. zum Bischoff erwehlt/ vnnd nach dem er das Bißthumb 20.jahr hett gehabt/ vnnd vast alt war/ hat ers seinem Cantzler Sixten von Thanberg vbergeben. Also ist gedachter Sixtus Anno 1472. Bischoff worden/ vnnd hat den faulen Thumbherren zu gut 12. Chorales gestifft/ drey Synodos in seinem Bißthumb/ dasselbig zu Reformieren/ gehalten. Alß aber Hertzog Albrecht von Bäyern die Chorherren von Ilmünster vnnd Schliersee gen München auß eignem gewalt transferirt/ ist gedachter Bischoff mit jhm Rechtlich in solchen zanck erwachsen/ daß der Hertzog schier in Keyserlichen Bann kommen were/ darauß dann beyden theilen nicht wenig schadens entsprungen. Zuletst ist der Bischoff auff einem Reichstag zu Wormbs/ wie jhm sein Narr zuvor daheimen geweissaget hatt/ Anno 1495. gestorben.

An sein statt ist bald darnach Ruprecht Pfaltzgraff am Rhein zum Bischoff erwehlt worden/ welcher dieweil er ein junger Fürst war/ mit Bäpstlicher Dispensation das Bißthumb seinem eltern Bruder/ Pfaltzgraff Philippen vbergab/ vnnd nam er Hertzog Jörgen von Bäyern des reichen Tochter zu der Ehe. Also ward Hertzog Philipp Anno 1499. Bischoff zu Freisingen/ vnnd volgends Anno 1517. auch Bischoff zu Naumburg in Meissen/ vnnd hat gelebt biß in den heissen Sommer des 1540.jahrs/ nach welches absterben sein anderer Bruder Hertzog Heinrich Administrator des Bißthumbs Wormbs/ der 44. Bischoff zu Freisingen worden/ vnd nach jhm Mauritius von Hutten der 45. Auff jhn volgt 1560. Mauritz von Sandicell/ welcher/ alß er 6. jahr regiert/ das Bißthumb auffgeben/ doch mit vorbehaltung eines jahrs pension/ vnnd ward an sein statt erwehlt/ Ernestus Hertzog auß Bäyern/ vnd alß Mauritius abgezogen/ vnnd das Bischoffliche Schloß Ernesto eyngeraumbt/ ist er am tag zuvor zu Freisingen vom Schlag getroffen worden/ vnd alßbald gestorben/ also daß er der pension nichts bedörffen vnnd dieselbe Ernesto gantz gelassen.

Weihensteffan. Das Closter aber Weihensteffan auff dem Berg bey der Statt/ hat Hitton der Freisinger Bischoff erbawen im jahr 730. wie gemeldet ist/ vnnd Pröbst dahin gesetzt. Hernach 1021. sind Münch Benedicter Ordens darauß gemacht von Engelberto dem Bischoff der Pröbsten/ erstlich:

Gerhard		Sigmar	1138	Vlrich	1227	Gall Maler	1367
Arnold		Gunther	1147	Isenrich	1251	Albrecht Leinhard	1380
Dietfrid	1041	Rapotho	1149	Vlrich	1254	Friderich	1415
Heinrich	1047	Sibotho	1172	Ludwig	1256	Eberhard	1416
Beringer	1062	Regenbotho	1179	Conrad	1262	Johann	1448
Jagano	1064	Alto	1182	Conrad	1300	Lienhart Nagel	1481
Heinrich	1080	Eberhard	1197	Niclaus	1311	Christoff Kerner	1484
Erhanger	1082	Meinhard	1219	Heinrich Gefeld r	1312	Wolfgang von Weyer	
Pabo von Grifellngen	1096	Vlrich	1224	Walter/Conrad	1319	Antonius	1495
Weinhart	1117	Vlrich	1226	Marquard	1331	Thomas	1520

Der New Stifft. Der New Stifft so Otto der Bischoff/ Marggraff Leopold von Oestereich Sohn der Historyschreiber gestifft 1141. hat diese Aebt gehabt:

Herman Engschalck	1180	Vlrich	1280	Heinrich	1339	Vlrich Albin	1402
Altman	1191	Grimald	1294	Heinrich	1341	Vlrich Holmaß	1417
Hartman	1208	Arnold	1296	Friderich	1345	Johann Schirchofer	1446
Goßwyn	1212	Heinrich	1313	Mathias	1358	Conrad Engelsheimer	1495
Heinrich	1218	Conrad	1318	Albrecht	1358	Johann Büchemacher	1495
Albrecht	1227	Herman	1319	Gintzo	1370	Conrad Petzinger	1514
Gundald	1240	Conrad	1328	Stephan Protzmeister	1381	Stephan Trimar	1514
Conrad	1250	Ludwig	1334				

Eystett. Cap. cccxviij.

Eystett von wem sie erbawet sey.

Diese Statt hat angefangen zu bawen Sanctus Wilibaldus Anno 740. in einer verwirrten Wildnussen/ der ein Sohn war Hertzog Reichards von Schwaben. Vnnd darnach Anno 745. ordiniert dahin Sanct Bonifacius ein Bischoffliche Sitz. Man find sonst nicht viel Bischofflicher Stätt im hohen Teutschlandt dann Eystett vnd Wirtzburg. Bamberg ist lang hernach kommen.

Von Teutschlande. 1077
Bischöff zu Eystätt.

Wilibald

		Erckenwald	884	Engelhard	1258
		Vffried	902	Hildprand Frey von Möw	1276
		Garthand	938	Freybott Frey von Millihart	1279
		Regnold	951	Conrad Frey von Pfeffenhausen	1297
		Megengosus	989	Johannes von Vlrphem	1305
		Gindecas	1014	Philip von Roterhausen	1307
		Walther	1019	Marquard von Hegeln	1322
		Heribert	1021	Gebhard Graff von Greyspach	1324
		Gotzman	1042	Friderich Landgraff von Leuchtenberg	1327
		Gunderat	1057	Heinrich Schenck von Reicheneck	1330
		Virich	1065	Albrecht von Hohenstein	1342
		Eberhard Marggraff von Schweinfurt	1098	Berchtold Burggraff zu Nürmberg	1355
		Virich	1112	Rabenus Truchseß von Wildig Burgstätten 1356
		Gebhard Graff von Hirsberg	1125	
		Burckhard	1148	Friderich Graff von Oettingen	1383
		Conrad Frey von Mörsberg	1153	Johann Freyherr zu Heydeck	1415
		Egiloiph	1171	Albrecht von Rechberg	1429
		Otto	1181	Johann Freyherr von Eych	1445
Geroch	782	Herdowig Graff zu Sulzbach	1196	Wilhelm von Reich Graffe	1464
Aganus	802	Friderich von Hausstatt	1224	Gabriel Herr von Eyb	1496
Andelig	819	Heinrich Frey von Zippeling	1226	Christoph Marschalck von Rappschen	1535
Altinus	841	Heinrich von Dissingen	1226	Mauritius von Hütten	1535
Odger	858	Heinrich Frey von Kalmsberg	1234	Johann von Hirnheim	
Gottschalk	881	Friderich von Vatsberg	1237	Martin von Schaumberg	1561
		Heinrich Graff zu Wirtemberg	1246		

Die andern ligen all vber dem Rhein vnd der Thonaw.

S. Wilibald hat auch ein Schwester gehabt mit Namen Walpurg/ die an dem Ort ein Jung- *S. Walpurgen Kloster.*
Frawkloster gestifft/ in dem sie seliglich gelebt/ gestorben vnd begraben ist. Es ligt diese Statt an
der Altmül/ vnd ist durch den H. Bonifacium da ein Bisthumb auffgericht/ vnd Wilibaldus der
erst Bischoff dahin gesetzt worden. Welcher auch hat außgereutet an der Altmül ein Eychenwald/
vnd dahin gebawen ein Kloster S. Benedicti Ordens: vnd da nach vnd nach viel Leut dahin ka-
men/ Geistliche vnd Weltliche/ ist endtlich an dem Ort ein Statt erwachsen/ vnd von den abge-
hawenen Eychbäumen/ Eychstatt genennt worden. Sie ist sampt dem Stifft von Marggraf Albrecht gebrandschätzt worden im Jahr 1552.

Das Kloster so S. Wilibaldus Schwester Waldpurg zu Heydenheim gestifftet/ ist durch Bischoff Otten gen Freysingen verendert vmb das Jahr 870. Etlicher Abtissin Benamsungen sinde
vorhanden:

Euphemia von Emertzdorff	Elisabeth von Seckendorff	Fraw Sophia Ursula von Reichenaw 1475	Waldpurg von Absperg 1508
Sophia von Hütingen	Guta von Straß		Margaretha von Seckendorff 1538
Margreth von Altenhausen	Catharina von Seckendorff	Waldpurg von Fronwerck 1486	
Anna von Rechberg	Mechthild von Vrtenhosen	Margreth Freyin von Schaunberg 1493	
Margreth von Hagelen	Elisabeth von Seckendorff 1459		

Gleich bey Enstädt lige das Kloster Bergen/ so Anno 976. Fraw Wiltruch/ Hertzog Berch- *Bergen ein*
tholds von Bäyern verlaßne Witwe/ gestifft/ ist ein Benedictiner Kloster. Jhr Aebtissin werden *Kloster.*
etliche/ doch nicht alle gefunden.

Wiltrud		Regilind	1159	Adelheit Schenckin von Arberg 1340	Euphemia von Mür	1498
Girmhild		Gertruda	1169		Sabina Byrckmayrin	1521
Berchthild		Adelheid	1181	Margreth von Mür 1386	Euphemia Byrckmayrin	1529
Richinza		Hiltburg		Anna von Garinsheim 1388	Catharina Habermayrin	1547
Heyltza		Chunigund		Elßbeth Strewerin 1430		
Anna von Schwannedach		Margreth		Barbara Eterin 1458		
Itlind	1095	Künigund		Margreth Pröbstin 1472		

Schyern / Wittelspach. Cap. CCCXIX.

Von diesen zweyen Bürgen hab ich hievornen gesagt/ wann vnd von wem sie
erbawen sindt. Anno Christi 1124. da der Herren in Bäyern viel waren/ von
Ander/ Schyern/ Wittelspach/ Vohburg/ Dachaw/ vnd sie alle theil hetten
an der Burg Schyern/ vnd doch sie keiner im Baw hielte/ wurden sie zu raht/
vnnd baweten darauß ein Kloster/ in welchem sie ein ewige Begräbnuß haben
wolten.

GGG München

Das fünffte Buch
München. Cap. cccxxv.

VM das jahr Christi 862. findt ich daß diese Statt anfänglichen vnder Keyser Otten dem Ersten durch Hertzog Heinrichen von Braunschweig/ der ein Theil deß Bäyerischen Lands auß Mütterlicher Erbschafft besaß/ erbawen sey/ vnd lag zu derselbigen zeit an dem Ort/ da jetzund München ligt an der Iser ein Münchshof/ da macht gemeldter Hertzog Heinrich ein Brucken vber das Wasser/ vnd setzt ein Stättlein dahin/ wiewol etliche sprechen/ daß sie erst Anno Christi 1175. von Hertzog Otten vmbmawret/ vnd Anno 1208. gebessert sey worden. Darnach Anno Christi 1315. hat sie Keyser Ludwig Hertzog von Bäyern erweitert/ mit schönen Gebäwen geziert. Darnach ist sie nach vnd nach gebessert worden/ also daß zu vnsern zeiten schönere Fürstenstatt im Teutschland nit gefunden wirdt. Der Boden vmb die Statt ist nicht sonderlich geschlacht: dann es wächßt nichts darauff dann allein Kornfrucht. Es ist der ordenliche Sitz der Fürsten in Bäyern. Es hat diese Statt viel herrlicher vnd köstlicher Gebäw/ darunder die zwo Kirchen zu S. Peter vnd zu vnser Frawen da die Fürstlichen Begräbnussen seyn/ die 2. Thürn seyn anzusehen wie zwo gleiche Säule/ seyn 333. Schuh hoch/ in dieser Kirchen ist auch ein Orgel deren Pfeiffen von Bux gemacht/ solcher grösse/ dergleichen man schwerlich in Zin gegossen anderswo finden wirdt.

München die schönste Fürstenstatt.

Es ist da der Fürstliche Pallast ein gantz Königlich Gebäw/ von Gemälden/ steinern Bildern/ allerhand Antiquiteten vnd andern singularien vnd künstlichen Sachen/ dergleichen nicht bald bey einem Fürsten zu sehen: Es werden darinn auch allerhand lebendige wilde Thier erneret/ als Tigerthier/ Löwen/ Bären/ Leoparden/ Luchsen vñ dergleichen. Es ist auch da zu sehen ein herrliche Bibliotheca/ darinn bey 11000. stücken/ mehrertheils von geschriebenen vnd seltzamen Büchern.

Anno 1591. brach Marci Bragadini/ eines Cappuziner Münchs vnd Venedischen Goldmachers Betrug auß: dann nach dem sich diser außgab/ als kondte er gut Gold machen/ vnd thäts auch/ verschenckt grosse Stück desselbigen/ vnnd achtet es so gering als wenns Messing oder Quecksilber were: hielt sich Fürstlich/ ließ jhm grosse Herren auffwarten/ vnd wie ein Fürsten Durchleuchtig nennen: betrog also mit seinem prächtigen Ansehen vnd Zauberischen Kunst viel Fürsten vnd Herren Europæ.

Von Teutschlandt.

Europæ. Als er nun solchen Betrug vnd Zauberey ziemlich lang getrieben/ ist er endlich gen München in Bäyerischen Hof kommen vnd allda ehrlich empfangen worden: aber sein Teuffelskunst hat jhm der Hertzog bald abgemerckt/ der jhn gefänglich eynziehen lassen/ vnd als er jhn durch den Scharffrichter wöllen examinieren lassen/ hat er darfür gebetten/ vnd frey willig so viel bekennet/ daß er das Leben wol verwirckt hette. Auff solches würde jhm ein gnädiges Vrtheil gesprochen/ nemlich daß man zu förderst seine zwen Hund/ die er zu seiner Zauberey gebraucht/ erschiessen/ vnd jhne enthaupten solte: hat er sich dessen bedänckt/ vnd darneben seiner Diener zuverschonen/ vnd sie widerumb nach Italien zu schicken gebetten/ dessen er gewäret. Also wurde sein Leib/ nach dem er enthauptet worden/ vff anhalten der Jesuiter bey dem Hertzogen/ dieweil er ein Capuziner Münch gewesen/ den 30. Julij zur Erden bestattet.

Landshut. Cap. cccxxj.

Hertzog Ludwig/ Keyser Ludwigs Vatter oder Großvatter/ hat Anno 1208. diese Statt gebawen. Doch hab ich an einem andern Ort gefunden/ daß sie im jahr Christi 1204. gebawen sey worden/ vnd Straubingen Anno 1298. Vnd darnach Anno 1314. Landaw. Zu diesen Zeiten bawet H. Ludwig Keyser Ludwigs Anherr Friedberg bey Augspurg vber den Lech/ wie vor gemeldt ist/ vnd stifftet das Kloster Fürstenberg/ da er auch begraben ligt. Wann vnd durch welchen das Schloß so ob dieser Statt ligt/ erbawen sey/ findest du hievornen bey der Pfaltz in der andern Genealogy.

Diese Statt ist etwan ein Fürstlicher Sitz gewest eines sonderbaren Stammens der Hertzogen auß Bäyern/ wie zuvor bey jhrer Genealogy angezeigt worden. Hat eine schöne Kirch/ ein Fürstliche Wohnung auff Italiänische Manier gebawen/ vnd einen schönen künstlichen Garten/ so Hertzog Wilhelm/ seiner Gemahlin der Hertzogin auß Lothringen von Frantzösischen Gärtnern hat accommodiren lassen.

Ingolstatt. Cap. cccxxij.

Es hat Ingolstatt so an der Thonaw gelegen/ vor alten zeiten Engelstatt von den Angelis Suevis geheissen/ die sie mit andern Stätten eyngenommen/ vnd daher Angelostadium genennet/ ist vor zeiten ein Dorff gewesen/ vnd hat zugehört dem Kloster Altach/ aber ward König Ludwigen in Gabweiß vbergeben/ welcher es zum ersten/ vnd nach jhm seine Erben/ die Herzen von Beyern zu einer Statt gemacht haben/ die innerhalb 100. jahren sehr zugenommen hat. Vmb jrent willen ist im jahr Christi 1504. der groß Bäyerisch Krieg entstanden/ dann es wolt sie der Pfaltzgraff haben/ so wolten sie die Bäyerische Herzen nicht von handen lassen. Anno Christi 1472. hat Ludovicus Hertzog in Bäyern/ mit Raht vnd Verwilligung Pij II. vnd desselben Nachfolger Pauli II. die hohe Schul daselbst auffgericht/ nach Form vnd Gestalt deren von Wien. Ein Professor hatte erstlich nur 130. fl. vnd war ein Theologus/ 2. Canonisten/ 1. Legist/ ein Medicus/ vnd 6. Philosophi/ Collegiati genannt/ wohnten in einer Behausung beysammen/ vnd wäret solches biß An. 1540. die gantze Vniversitet war in 4. Nationes getheilt/ wie in Italia bräuchig. Die Bäyerische/ Rheinische/ Fränckische vnd Sächsische. Anno 1556. sind die Jesuiter zu Ingolstatt eingesetzt worden/ damit die hohe Schul nicht gar abgehe/ die Jesuiter wurden von Ignatio Lojola Hertzogen Alberto auß Italia zugeschickt.

Oberhofen/ Newburg/ ꝛc. Cap. cccxxiij.

Oberhofen ein Stättlein vnd Premonstrater Kloster/ der Fürsten von Bäyern/ wie auch Vohburg ein Fürstlich Schloß/ vmb das die Thonaw gar nahe geringsweiß fleust. Wachenstein ein Schloß/ Newenstatt ein Stättlin/ da die Iln in die Thonaw fällt. Abensperg ein Stättlein vnd Fürstlich Schloß/ das an der Abents nicht ferz von der Thonaw ligt. Abensperg ist newlich/ wie Hertzog Christoffel den letzten Freyherrn von Abensperg/ Niclaus geheissen/ erstochen/ zu dem Hauß Bäyern kommen. Kelheim ein Stättlein an der Thonaw/ da die Altmül dareyn fällt/ ist auch Bäyerisch/ vnd wächst guter Wein da/ wer gern Essig trinckt. Abach ein natürlichs Badt/ Marckt vnd Schloß.

Newenburg. Cap. cccxxiv.

Diß Stättlein so ob Ingolstatt auff der Thonaw ligt/ ist ein Erblehen von dem Reich/ auf Söhn vnd Töchter. Es besitzens zu vnsern zeiten Hertzog Wolffgang Wilhelm sampt seinen Brüdern den Pfaltzgraffen mit andern Schlössern vnd Flecken/ darzu gehörig.

Hochstätt. Cap. cccxxv.

Es ist dieser Fleck anfänglich gewesen der Gräffen von Dillingen/ vnd darnach kommen an die Herzen von Bäyern/ gleich wie Burckhausen vnd Wasserburg besondere Graffen haben gehabt/ vnd ist darnach an das Hertzogthumb Bäyern erwachsen.

Das fünffte Buch
Von dem Nordtgöw.
Cap. cccxxvj.

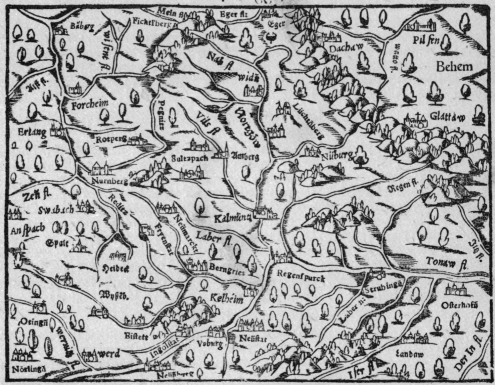

AS Bäyerland so ober die Thonaw gegen Mitnacht ligt/ heißt zu unsern zeiten das Nordgöw/ und ist Nürmberg die Hauptstatt darinn/ darvon das Land vor zeiten diesen Namen hat empfangen. Und wiewol Nürmberg nicht gar ein alte Statt ist/ ist doch das Schloß daselbst alt/ und hat vor alten zeiten her Castrum Noricum: Nortburg geheissen. Es ligen auch sonst gar viel Stätt und Flecken in diesem Nortgöw/ als Amberg/ Amerbach/ Sultzbach/ Castell das Kloster da die Fürsten von Nortgöw gewohnt haben/ Renant/ Eger/ Newenstatt/ Ruckencolm/ Beyreut/ Krusen/ Graffenwerd/ Eschenbach/ Weyden/ Pernaw/ Bleystein/ Felden/ Herspruck/ Rurbach/ Eystätt/ Newmarckt/ Durschenreut/ Elbogen/ Cham/ Nabpurg/ Schonsee/ Königsperg/ Stauff/ Kelheim. Die zum grössern theil der Pfaltz zugehören. Dann Keyser Ludwig hat im jahr 1339. diese Theilung gemacht/ daß das Nortgöw solt der Pfaltz zugehören. Hie merck daß hinder Amberg gegen Mitnacht ligt ein hoher Berg/ Fichtelberg genannt/ an dem entspringen 4. Wasser/ mit Namen der Mayn/ die Nab/ die Sal und die Eger. Die Pegnitz kompt auch darauß. Wiewol die Tafel deß Nortwegs ein anders außweiset. Dieser Berg begreifft wol 6. Meilen umb sich/ und wird allerley Ertz darauff gefunden/ auch gut blawe Farb. Es steht auch ein See oben auff dem Berg/ und viel Gruben/ darauß man vor zeiten Ertz gegraben hat/ wie dann auch die gantze Gegne daselbst herumb voll Ertz/ und besonder voll Eysen steckt/ darvon das Nortgöw jährlich grosse Nutzung erobert. Das Land ist sonst rauch und nicht fruchtbar/ wiewol es an etlichen Orten Frucht gnug trägt/ und auch viel Weyd für das Viech hat.

Landgraffschafft Leuchtenberg. Cap. cccxxvij.

ES ligt auch in diesem Nortgöw der vier Landtgraffschafften eine/ die vor zeiten im Keyserthumb verordnet sind/ nemlich die Landgraffschaft von Leuchtenberg/ das ein schön Schloß ist/ aber dieser Landgraf haltet Hof zu Pfreimbd/ 4. oder 5. Meilen hinder Amberg gelegen. Etwan hält er sich im Stättlein Grunßfeldt:

Der Landgraffen von Leuchtenberg Genealogy:

	Johann.		
Albertus war auf dem Turnier zu Regenspurg im jahr 1396. sein Gemahel Elisabeth Gräfin von Oetingen	— Friderich der 6.	Georgius sein Gemahel Dorothea Marggräfin zu Brandenburg.	Georg Ludwig sein Gemahl Elisabetha Gräffin von Manderscheidt.
	Albert der 2.	Friderich starb Anno 1552.	
		Aemilia hat ersflichen Leonhardum von Hag/ und hernach Werner Graffen zu Zimbern.	

Contra-

Von Teutschlandt.
Contrafehtung der Statt Nürmberg.
Cap. CCCXXVIII.

Nürmberg diese mächtige vnd reiche Statt ligt gantz vnd gar auff einem vngeschlachten vnd sandechten Boden/ aber hat desto sinnreicher Werckmeister vnd Kauffherren. Dann so sie mit dem Erdtreich nichts mögen anfahen/ schlagen sie jre spitzfündige Vernunfft desto fleissiger auff subtile Werck vnd Künst. Aber das Bawersvolck so herauß vmb die Statt wohnet/ muß die Natur deß vngeschlachten Erdtrichs gleich zwingen mit grosser Arbeit vnnd durch etliche Mittel treiben/damit sie es in ein Feistigkeit bringen/ davon der eingeworffen Saamen Krafft empfahe vnnd Frucht bringe. Es hat vorzeiten der Hartzwald diese Hofstatt gantz verschlagen/ aber ist zum guten theil außgereutet worden/ wiewol deß noch ein gut theil gerings herumb gespürt wirdt zu Sosters vnd auch Winters zeiten. Dann da grünet er allwegen/vnd legt nimmer von jhm/dieweil er auffrichtig steht/sein grünes Kleyd.

Der Hartzwald zu Nürmberg.

In dieser Gegenheit erwachsen zwey Wasser/ nemlich die Pegnitz vnd Rednitz/ die auch allernechst vnder Nürmberg gen Bamberg zusammen in ein Wasser fliessen. Die Pegnitz kompt von Orient/ vnd für Hertenstein vnd Hersbruck eynher/lauft mitten durch Nürmberg: aber die Rednitz kompt von Mittag/ entspringt bey Weissenburg vnd laufft neben der Statt hinab.

Pegnitz Fluß.

Von diesem Wasser sagen die Historien/ daß Keyser Carlen vor zeiten da er zu Regenspurg viel wohnet/ sich ließ überreden/ daß er vnderstund Anno Christi 793. die Altmül vnd die Radantz/ also nennen sie die Rednitz/ zusammen graben/ damit man zu Schiff auff der Thonaw in den Rhein kommen möcht. Dann der Vrsprung dieser zweyen Wasser ist nicht fern von einander/ vnd lauft die Altmül für Eystätt gen Kelheim zu in die Thonaw: aber die Rednitz lauft vff Schwabach gegen Mitnacht/ vnd vnder Bamberg fällt sie in den Mayn. Also fieng Keyser Carlen diese Arbeit an/ vnd verordnet vil tausent Mann darzu/ vnd ließ zwischen den zweyen Wassern ein Graben machen der war 2000. Schritt lang/ vnd 300. Schuch breyt/ aber es war ein vergebene Arbeit: Dann es regnet dazumal viel/vnnd ist der Boden am selbigen Ort auch sümpffig/darumb mocht das Werck nicht bestehen. Dann so viel man bey Tag Erdtrich hinauß trug/ so viel fiel bey Nacht wider eyn. Darzu kam auch ein Geschrey/ da man in der Arbeit war/ daß die Vngläubigen in das Teutschlandt gefallen wären/ deßhalben Keyser Carlen gezwungen ward/ jhnen baldt

Altmül ein Kreboreich Wasser.

entgegen zuziehen/vnd dise Arbeit vnderwegen zu lassen. Man siht noch bey Weissenburg die alten Fußtritt dieser vnnützen Arbeit. Nun komb ich wider auff Nürmberg.

Nortgöwer Berg.

Zu Nürmberg erhebt sich auß dem Sand von Natur ein Bühel oder Berglin mit Felsen bevestiget/vnd darauff haben vor zeiten die Nordgöwer ein Burg gebawen/nemlich da sie von den Hunen wurden genötigt/daß sie in jhren nöhten dahin ein Zuflucht möchten haben/vnd da jre Handthierung mit Eysenschmeltzen vnd schmieden treiben. Darnach als sie sich mehreten/ haben sie ein Flecken zu der Burg gemacht/ vnd kamen dahin allerley Handwercksleut vnd mancherley Menschen die bey einander ohne Herrschafft vnd Gesetz lebten/ vnd fiengen an zum grössern theil sich

Vmb Nürnberg Mörderey.

mit morden vnd rauben zuernehren: vnd da sie also dem Teutschland grossen schaden thäten/ wurden sie durch Keyser Conraden Anno Christi 911. vnd auch Keyser Heinrich bezwungen/ vnd vnder das Römisch Reich gebracht. Da war die Statt erweitert vnd mit Mawren vmbgeben. Es macht auch jhm der Keyser ein starcke Vestin dareyn/ da vorhin die alte Burg war gestanden/ vnd befahle die Statt den alten vnd verständigen Männern zu regieren/ vnd daß sie die Wäld darumb purgierten vnd sauber hielten von Rauberey vnd Mörderey/ damit man die Gewerb deß Kauffens vnd Verkauffens frey treiben möcht. Vnd diesem Befehl kommen sie noch zu vnsern zeiten fleissig nach/ vnd halten darauff Söldner vnd Reuter/ die alle Winckel in den Wäldern durchsuchen/ damit die Räuber vnd Mörder vertrieben werden/ vnd die Kaufleut ein freyen Außgang vnd Eyngang haben.

Anno 1025. hat Keyser Heinrich der 3. diese Statt vmbägert vnd hart genöhtiget/ vnd zu letzt auch erobert. Darnach hat sie auch schwäre Bedrangnus vnd Schaden erlitten/ da Keyser Heinrich der 4. regiert/ vnd sein Sohn König Heinrichen mit Krieg verfolgt. Dann als die Nürmberger dem Vatter Trew hielten/ ward die Statt von dem Sohn belägert vnd gewunnen. Sie war dazumal nicht so groß vnd starck wie jetzund. Dann zu den zeiten Keyser Carlen deß Vierdten/ der

Nürnberg erweitert.

auch Böhmischer König war/ ist sie mit weitem Vmbkreyß eyngefangen/ newe Zinnen vnd mit einem gefüterten vnd tieffen Graben bevestigt/ mit 365. Thürnen/ Erckern vnd Vorwehren den zweyen innern Mawren gemehret/ vnd mit vast weiten vnd vesten Eynwohnungen geziert: Es sind aber zwo Ringmawren die vmb die Statt gehn/ mit lauter Quaderstücken auffgeführt: hat 6. grosse Thor/ nemlich Laufferthor/ vnser Frawenthor/ Spittlerthor/ Newthor/ Thiergartenthor/ vnd Burgthor: vnd zwo Pforten/ als Wehrter vnd Haller Pforten: 11. steinerne Brucken/ 10. Kirchen in welchen Gottes Wort täglich verkündet wirdt.

Im jahr Christi 1538. vnder Keyser Carlen dem Fünfften haben die Nürmberger schier von grund auff die Vestin ernewret/ erweitert vnd trefflich gebessert/ vnd wider alle zufällige Feindschafft gestärckt. Sie haben groß Pfenning von Goldt vnd Silber geschlagen/ vnd etliche in das Fundament gelegt/ deren mir einer von einem guten Freundt zugeschickt/ auff dem steht zu rück also geschrieben:

DEO OPT. MAX.

S. P. Q. N. muros arcis non satis firmos ad sustinendos hostiles impetus, & justa spaciorum adiectione, & multis subinde egestis ruderibus à fundamentis magna cum laude erexit ac novos fecit. IMP. CAROLO V. CAES. P. F. semper Aug. Rege Hispan. Catholico, Archiducique Austriæ. Et Ferdinand. fr. eius Rege item Rom. Hung. & Bohem. Romanique Imp. successore, &c. Patribus vero P. Christoff. Tetzelio, Leonh. Tuchero & Sebald. Pfintzingo. ANNO M.D.XXXVIII. MENS. AUG.

So viel steht auff einem Pfenning/ vnd dannocht nur auff einer seiten mit schönen Buchstaben geschrieben.

Anno 1528. starb zu Nürmberg Albrecht Dürrer/ der viel Künsten: vnnd sinnreiche Mahler/ deßgleichen die Welt kaum getragen/ außbündig mit reissen/ mahlen/ stechen in Holtz vnnd Kupffer/ Contrafehten/ mit Farben ohne Farben/ Grundlegen/ allerhandt Gebäw angeben/ vnd dergleichen.

Es war auch von dannen bürtig der vortreffliche/ Mannhaffte vnd Hochgelehrte Mann Bilibaldus Birckheymerus, Keyser Maximiliani vnd Caroli 5. Raht/ vnd gemeltes Durers gantz vertrawter Freund/ starb Anno 1530. seines Alters im 60. jahrs.

Von Teutschlandt.

Nürnberger Burggraffschafft wie vnd wann die erstanden/vnd widerumb zergangen. Cap. cccxxix.

ALs das Keyserthumb an die Teutschen kommen ist/ mocht man es nie gnugsam schmucken/ ehren vnd zieren: dann da setzt man viel Grad im Weltlichen vnd Geistlichen Adel. Man macht Hertzogen/Landgraffen/Marggraffen/ Burggraffen/Pfaltzgraffen/gefürstet Graffen/schlecht Graffen/Ritter vnd Edlen/vnd mancherley Stand/ damit das Keyserthumb herrlich vnd groß gehalten würde. Zu letzt wurden die sieben Churfürsten auch gesetzt. Also ward gen Nürmberg auch ein Vogtey deß Keyserthumbs gesetzt/vnd nemlich die Burggraffschafft/im jahr Christi 911. von Keyser Conraden/oder wie die andern sagen/ Anno Christi 1194. von Keyser Heinrichen/der die Statt ließ vmbmawren/ vnd S. Gilgen Kirchen bawet. Vnd als das Hertzogthumb im Voitlandt hinder Bamberg außstarb/ ward dem Burggraffen von Nürmberg auch ein gut theil darvon. Anno 1275. vnd vmb dieselbige Zeit starb auß der Burggraffen Stammen zu Nürmberg/ vnd vbergab Keyser Rudolph von Habspurg die Burggraffschaft Graff Friderichen von Zollern/ der seine Schwester zu der Ehe hatt. Nach diesem Friderichen erbt sein Sohn Friderich der Ander die Burggraffschafft. Nach im kam sein Sohn Johannes. Auff Johannem kam sein Sohn Friderich der 3. auff diesen ward sein Sohn Friderich der 4. Burggraffe. Zu diesen zeiten ward die Marggraffschafft von Brandenburg Erbloß/ vnd erward sie Burggraff Friderich von Nürmberg/ der 4. von Keyser Sigmund zu Costentz im Concilio Anno 1417. wiewol er dem Keyser ein groß Geldt dargegen schenckt/ das er von den Nürmbergern auffbracht/ denen er sein Gerechtigkeit die er in der Statt hatt/vbergab/vnd nichts dann den blossen Namen darvon behielt/ vnd also nam dazumal die Burggraffschafft zu Nürmberg ein Endt. Anno 1387. giengen die Graffen von Dornberg ab ohn Männlichen Saamen/ da wurden Onspach vnd andere Flecken die darumb ligen/dem Marggraffen oder Burggraffen zu theil. Aber Keilßheim/Vffenheim oder Kreglingen sindt etwan der Graffen von Hohenloh gewesen/ vnd dem Marggraffen verkaufft. Dann es nam ein Graff von Hohenloh eins Keysers Tochter zu der Ehe/ vnd da er sie gern in herrlichem Pracht gehalten hett/ gab er jhr für engen die gemelte Flecken/ die sie nachmals verkaufft/damit sie Königlichen Pracht führen möcht. Vnd also sihestu wie das Fürstenthumb vmb Nürmberg entstanden ist/ daß man die außer Brandenburger Marck nennet. Wie aber dieselbigen Marggraffen von den Marggraffen auß der Marck oder Brandenburg geboren sindt/ wil ich hie vnden mit einer Genealogy anzeigen/ so ich zur Beschreibung der Marck von Brandenburg komme. Zu Onspach/ das doch engentlich Anoltspach/ oder wie die andern schreiben/Onoltspach heist/ von einem Wässerlein das da für fleust/halten die aussern Marggraffen Hof.

Anno 1450. hat Marggraff Albrecht vnd Nürmberg viel schädlicher Krieg widereinander geführt. Es wurden dem Marggraffen viel Dörffer verbrennt/ Vieh genommen/ es wurden auch zu beyden seiten etliche hundert erstochen vnd viel gefangen. Darnach im jahr Christi 1502. als die Nürmberger auff ein Kirchweyh zogen/ wartet auff sie der Marggraff in einem Waldt vnd schlug sie alle zu todt die nicht entrunnen. Es blieben auff beyden seiten bey 1000. auff der Walstat. Doch verlohr der Marggraff den mindern theil.

Anno 1552. belägert Marggraff Albrecht von Brandenburg die Statt/vnd verbrannt vmb die Statt vber die 100. Dörffer/ ohn die Lusthäuser vnd Schlösser so darumm gelegen. Vnd nach dem er widerumb abzoge/ vnd sich ein newer Krieg zwischen dem Marggraffen vnd dem Bischoff von Würtzburg vnd Bamberg erhub/ward Nürmberg (das sich mit den zweyen Bischöffen verbunden hatt) auff ein newes im jahr 1553. mit Krieg angefochten.

Altorff. Cap. cccxxx.

ALtdorff ein kleines Stättlein/ drey Meil wegs von Nürmberg gelegen/ vor wenig zeiten ein Dorff/ nachmalen mit Mawren vmbfangen/ vnd ein Schloß (auff welchem die Herren von Nürmberg einen Vogt haben) dahin gebawen/ bey vnsern zeiten haben gesagte Herren ein Vniuersitet dahin gelegt/ die mit gelehrten Leuten gezieret/ dermassen daß sie jetziger zeit bey einem herrlichen Auffnehmen ist.

Das fünffte Buch

Franckenlandt in Germania.

Wo die Francken zum ersten herkommen sindt. Cap. cccxxxj.

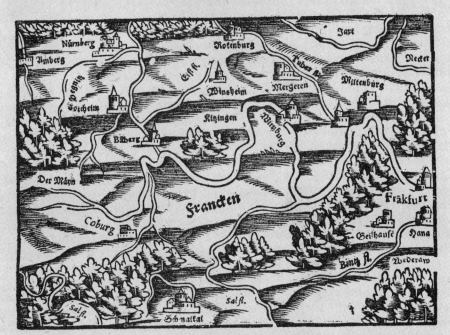

Franckenlandt so am Mayn ligt/hat den Namen vberkommen von seinen Eynwohnern den Francken/die vorhin im Niderlandt am Rhein gewohnet haben in Gellern vnd Holand/auff beyden seiten deß Rheins. Dieses Volcks Vrsprung kompt auß dem Landt Scythia/vnd nemlich von der Gegne da die Thona in das Meer fleust. Da haben die Francken viel jahr vor Christi Geburt gewöhnt/vnd als sie vor den bösen Gothen daselbst kein Ruhe hatten/sondern viel vberloffen g schädiget worden/sindt sie in dem jahr vor Christi Geburt 433. zu raht worden mit Marcomiro ihrem König/ein ander Landt eynzunehmen/da sie vngejrret möchten wohnen/vnd also sind die herauß an den Rhein in Frießlandt vnd Gellerlandt kommen/vnd ward dieselbige Gegne nach ihnen Sicambria genannt: Dann sie hiessen dazumal noch nicht Francken/sondern Sicambri/vnd das von einer Königin/wie etliche sprechen: aber die andern wenden ein andere Vrsach für die ich hie laß anstehen. Vnd als sie vngefährlich 400. jahr lang bey dem Rhein gesessen/vnd viel Hertzogen hatten gehabt/hat zu letzt einer vber sie geregieret der hieß Francus/vnd der war ihnen also lieb vmb seiner grossen Thaten willen vnd friedsamen Lebens/daß sie ihren Namen Sicamber veränderten/vnd nennten sie nach ihm Francken. Das ist geschehen vngefehrlich 24. jahr vor Christi Geburt. Darnach fiengen sie an weiter vmb sich zu greiffen/vnd besonder wenten sie ihre Augen auff Galliam/das darnach auch Franckreich nach ihnen ward genannt/da sie es vnder sich brachten/aber dazumal war es vnder den Römern. Wie sie aber zu der zeit dareyn kommen seyndt/vnd die Römer darauß geschlagen/hab ich vornen im andern Buch in Beschreibung deß Landts Galliæ weitläufftig erklärt.

In den zeiten hat es sich auch zugetragen/daß die Francken noch bey dem Außgang deß Rheins sassen/daß die Thüringer viel Gezänck vnd Krieg mit den Schwaben hetten/vnd deßhalb berufften sie die Francken von dem Rhein/vnd baten vmb Hülff/boten ihnen auch ein Theil von ihrem Land/daß sie das möchten bewöhnen. Nun regieret dazumal vber Francken der König Clodomirus/vnd der hette ein Bruder der hieß Genebaldus/den macht er zum obersten Hauptmann vnd Hertzogen vber das Volck/so er zu den Thüringer schicken wolt. Er band ihm auch eyn daß er vnd seine Nachkommen ewiglichen solten seyn vnder der Herrschafft der Königen von Francken. Vnd also im jahr Christi 326. machte sich Hertzog Genebaldus auff mit seinem Volck/mit Weib vnd Kindt/vnd zog dem Thüringer Landt zu/wie das Hunibaldus ein Francken Historischreiber bezeugt. Doch sind etliche die in verwerffen. Der Männer die das Erdrich baweten/waren 30000.

Hunibaldus ein Histori Schreiber.

vnd

Von Teutschlandt.

vnd mancherley Handtwercksleuten waren 2680. Sie führten auch mit jhnen jhr Viech vnd Haußrath/ vnd kamen an das Mayngöw da jetzt Würtzburg ligt/ vnd die Thüringer wichen hinder sich auß geheiß jhres Königs Henroli/ vber den Wald/ vnd verliessen den newen Gesten so viel Frucht/ daß sie ein gantz jahr darvon zu essen hatten. Vnd also setzten sich die Francken zwischen die Thüringer vnd Schwaben (die ein vnverträgliche Feindschafft gegen einander hatten) gleich wie ein starcke Mawr vnd jhr erster Hertzog/ wie gesagt ist/ hieß Genebaldus/ der regiert 20. jahr vber die Francken.

Das Mayngöw vmb Würtzburg.

Geburtlinÿ der Hertzogen von Francken.

```
        1
Genebaldus ┌ Marcomirus ohn Erben gestorben
           │   2          3            4         ┌ 5
           └ Dagobertus  Ludwig der Erst  Marcomirus der 2. ┤ Warmundus ward König in Franckreich
                                                             │   6              7             8
                                                             └ Marcomirus der 3.  Prunnmesser  Genebaldus der 2.
```

Folgt weiter in dieser Genealogy:

```
   8               9      10         11         12          13          14
Genebaldus der 2. Suno  Luitmarus  Hugbaldus  Helmericus  Gotfridus ┌ Genebaldus der 3.
                                                                    └ Ludovicus der 3.
```

Folgt auff Ludovicum den dritten:

```
             15
             Erebertus
Ludwig der 3. ┌   16          17            18             19
              └ Ludovicus d. 4.  Gotzpertus der 1.  Gotzpertus der 2.  Hetanus der letzt Hertzog.
```

5. Waramundum nennen die andern Pharamundum/ vnd als er zum Reich in Galliam berufft ward/ ließ er seinem Bruder das Hertzogthumb Francken: Sein Sohn Prunnmesser wirdt von etlichen genannt Helmschrot/ vnd Helmericus/ vnd Helvius. Vnder Gotzperto dem 1. hat der H. Kilian gelitten. Vnd als der letzt Hertzog Hetanus ohn mannliche Erben starb/ verordnet er das Hertzogthumb Pipino/ da derselbig noch oberster Hofmeister war bey dem König in Franckreich. Aber sein Sohn Carolus Magnus gab es Anno Christi 752. S. Burckharden vnd allen seinen Nachkommen zu einer ewigen Besitzung. Daß aber etliche sprechen/ daß die Francken haben 10. jahr lang Freyheit gehabt vnder einem Keyser/ keinen Tribut oder Zinß zu geben/ vnd darnach wider darzu genöhtigt worden: welches sie aber nicht mehr thun/ sondern die freyen Francken seyn wolten/ hält Albertus Krantz für ein Fabel: dann sie sind den Römern nit vnderworffen gewesen/ sondern haben die Römer auß dem Landt Gallia geschlagen/ vnd haben es mit jrem Volck besetzt. Deßgleichen erfindt sich/ auß die Sicambrern zu den zeiten deß Keysers Valentiniani nicht bey dem Meotischen Meer gewohnet haben/ so sie doch vnder dem Keyser Diocletiano mit den Sachsen die Picardey haben vberfallen.

Hie soltu nun weiter mercken/ daß Pipinus vnd Carolus auß Franckenland nicht also gar auß den Händen geben haben/ daß sie für sich vnd jhre Nachkommen nichts darinn behalten haben/ dann wir finden daß Keysers Lotharij Bruder/ nemlich Ludwig/ König war vber Bäyern/ Francken vnd Thüringen. Deßgleichen nach jhm sein Sohn Ludwig/ vnd Carolomann. Es war auch Conrad Hertzog von Francken Römischer König/ vnd hett ein mächtigen Bruder in Francken/ mit Namen Graff Eberharden. Item es hat Keyser Otto der 1. ein Tochtermann mit Namen Conrad/ der war auch Hertzog von Francken/ vnd kam bey Augspurg vmb in einer Schlacht/ die wider die Hunen oder Vngern geschahe. Darvon schreibt der Hochgelehrt Herr Laurentius Frieß/ ein geborner Franck also: Da Carolus Magnus dem Bisthumb vbergeben hat das Hertzogthumb zu Francken/ soltu bey dem Hertzogthumb verstehen die Statt Würtzburg vnd andere Stätt vnd die gantze Herrschafft so Hetanus der letzt Hertzog hat in seiner Besitzung gehabt: dann es sind auch zu derselbigen zeit in diesem Franckenland gewesen viel Hertzogen/ Graffen vnd Herrn zu Rotenburg an der Tauber/ zu Camber/ Bamberg/ Schweinfurt/ Limburg/ ꝛc. von denen entsprungen sind die Friderichen/ Eberharden/ Ottones/ Popones/ Conraden/ Heinrichen/ vnd viel andere Fürsten/ wie die Historien anzeigen. Aber es ward keiner Hertzog genennt/ dann der so zu Wormbs vnd Limburg seine Wohnung hatte. Jedoch hatt der Bischoff allein Gewalt vnd Jurisdiction zu vrtheilen vber die ligende Güter/ vber Brand/ Lehen/ Leut vnd Blut/ durch das Franckenland/ deßhalben man auch dem Bischoff fürträgt ein Schwerdt/ damit anzuzeigen/ daß er nicht allein Geistlichen/ sondern auch Weltlichen gewalt hat/ wie dann ein Verßlin davon vor zeiten gemacht/ also lautet:

Herbi-

Herbipolis sola iudicat ense & stola.

Nun dieser Hertzogen Genealogy magst du besehen in der nachgesetzten Figur/wie sie von etlichen gestellt wirdt:

Hertzog Conrad der erst in dieser Genealogy hat deß grossen Keysers Otten Tochter zu der Ehe gehabt/vnd war auch Hertzog zu Lothringen/vnd ward genennt Hertzog Conrad von Wormbs: dann er hielt sich zu Wormbs/vnd war die Hauptstatt seines Hertzogthumbs in obern Francken zu Rotenburg auff der Tauber. Er war zu Augspurg in der Schlacht die Keyser Ott thät wider die Vngern/erschlagen/vnd sein Leib gen Wormbs geführt. Die andern sprechen es seynd zween Conraden gewesen bey den Hertzogen von Francken. Der erst hett König Heinrichs deß Voglers Tochter zu der Ehe/die vorhin den Hertzog von Lothringen hat gehabt/vnd hielt im jahr Christi 942. den andern Thurnier oder Ritterspiel zu Rotenburg im Franckenlandt. Der ander Conrad der zu Augspurg erschlagen ward/hett deß grossen Keysers Otten Tochter zu der Ehe. Von diesem Conraden hab ich auch etwas gemeldet hievornen in der Pfaltzgraffen Genealogy. Nach diesem Conraden sindt etliche Graffen kommen biß auff Keyser Conraden/der wurd auch genennet Hertzog von Francken/sein Bruder war Bischoff zu Regenspurg. Dieser Conrad gebar Keyser Heinrichen den Dritten/der auch Hertzog zu Sachsen war vnd Graff zu Kalw. Die andern aber schreiben/daß dieser Keyser Heinrich sey ein Graff von Kalw gewesen/vnd hab Keyser Conrads Tochter zu der Ehe gehabt. Er macht den Hertzog von Schweinfurt zum Hertzogen in Schwaben/vnd gebar Keyser Heinrichen den 4. vnd sein Bruder Conraden/den er zum Hertzogen macht in Bäyern. Von Keyser Heinrich dem 4. kompt Heinricus der Fünft vnd ein Tochter Agnes die nam Hertzog Friderich zu Schwaben. Deß Sohn Conrado (so auch darnach Römischer König ward) gab Heinricus der Fünfft das Hertzogthumb Francken/so er dem Bischof von Würtzburg genommen. Wie es aber dem Bischoff wider worden/hab ich nicht gefunden.

Von Gelegenheit vnd Fruchtbarkeit deß Franckenlands.
Cap. cccxxvij.

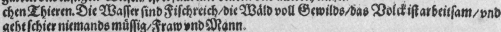

Gar nahe mitten in Teutschlandt ligt das Franckenland/mit dicken Wälden vnd rauhen Bergen vmbfangen. Der Mäyn vnnd die Tauber fliessen dardurch/vnd tragen zu beyden orten vast guten Wein. Das Erdtrich ist gantz fruchtbar: Dann es bringt Gersten/Weytzen vnd allerley Früchten mehr dann gnug. Man findt im Teütschen Landt nicht mehr vnd auch grössere Zwybeln vnd grössere Rüben dann in Francken. Bey Bamberg wächst ein Honigsüsse Wurtzel/die man gemeinlich Süßholtz heist/vnd das in so grosser menge/daß man sie mit Wägen wegführt. Das Franckenland ist wol erbawen mit schönen Obsgärten vnd lustigen Wiesen/ist erfüllt mit Leuten vnd allerley nutzlichen Thieren. Die Wasser sind Fischreich/die Wäld voll Gewilds/das Volck ist arbeitsam/vnd geht schier niemands müssig/Fraw vnd Mann.

Von der Herrschafft vnnd etlichen
Stätten deß Franckenlandts/vnnd sonderlichen
Windesheim/mit ihrer Contrafactur.
Cap. cccxxviij.

Das Franckenlandt wirdt zu vnsern Zeiten in viel Herrschafften getheilet/doch hat der Bischoff von Würtzburg den rechten Kern: Dann er besitzet das Hertzogthumb zu Francken. In obern Francken ligt an der Aisch/so in die Rednitz fleust/Windesheim ein Reichsstatt/sol (als Trithemius schreibt) im jahr Christi 425. von Windegast/König Pharamundi Rähten einem erbawen seyn. Anno Christi 1412. ward sie von Keyser Sigmund Burggraffe Friderichen von Nürn=

Von Teutschlandt.

Nürnberg versetzt/dem haben die von Windesheim jährlich 400. Gülden für die Stewr geben/ vnd sich darnach selbst lösen müssen. Anno 1428. in wärendem Hussiten Krieg/ ist die Statt erweitert/ der eusserste Graben vnd Ringmawr gebawen worden. Ihr Contrafehtung von Nicolaus Scheller vberschickt/ ist hievor gesetzt. Es ist auch etwan hinder Bamberg im Voitlandt ein Her-

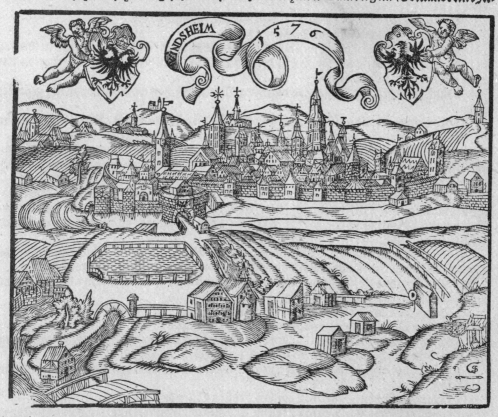

tzogthumb gewesen/vnd als derselbig Hertzog von seinen Dienern erschlagen ward/zog an sich ein jetzlicher Herr von den Vmbsessern was jhm werden mocht/besonder der Marggraff von Brandenburg/der Bischoff von Wirtzburg/vnd der Bischof von Bamberg/der auch den grösten theil darvon bracht.

Hertzogthumb in Voitland.

Ordnung der Bischoff zu Würtzburg.
Cap. cccxxxiv.

Sanct Kilian auß Schottland ein Münch/ gelehrt in in der H. Schrifft/ ist mit grossem Eyfer auß Franckreich vber den Rhein kommen/ sampt zweyen Gesellen Colomanno vnd Diethmanno in Teutsch Franckenland/ vnd hat da dem Volck so noch den Abgöttern dienet/ Christum mit grosser Frucht geprediget. Nun war in dem Franckenland ein Landtsfürst mit Namen Gotzpertus/ der höret den H. Mann nit vngern/ war auch bewegt daß er von jm thun wolt Geisilam oder Geialam seines Bruders Fraw/ die an jhm hieng nach der Heyden Brauch. Als aber das schandlich Weib solches merckt/ sahe sie was sie zu schaffen hett. Dann da Hertzog Gotzpertus auff ein zeit verritten vnd nicht anheimisch war/ schickt das böß Weib etlich Schergen zu den H. Männern/ als sie sich mit dem Lob Gottes bekümmerten/ vnd hieß sie ertödten/ das dann geschahe im jahr Christi 688.

S. Kilian gemartert.

2. Burckhard von dem Edlen Stammen auß Engelland geboren/ ist durch den H. Bonifacium Ertzbischoff zu Mentz verordnet gen Wirtzburg zum Bischofflichen Ampt. Da hat jhm geben Carolus Magnus (oder wie die andern sagen/ Pipinus) das Hertzogthumb Francken/ so Gotzpertus besessen. Der ist nun dem Volck mit Lehre vnd guten Exempel fürgestanden 39. jahr. Vnd da er gar alt vnd vnvermöglich ward/ vbergab er das Bisthumb vnd gieng in das Kloster Hohenburg/ starb bald darnach Anno 791.

Hertzogthumb zu Francken.

3. Maingutus ein Graff von Rotenburg/ Abt zur Newenstatt am Mayn/ war 3. jahr Bischof

vnd

Das fünffte Buch.

vnd als jm das vnruhig Leben zu Hof nicht gefallen wolt/ ließ er das Bisthumb fahren vnd machet sich wider in das Kloster.

4. Berenwelffus ward von Meinguto dargeben/ als ein nützer Bischoff in Gegenwärtigkeit Wilibaldi von Aystätt vnd S. Gallen deß Abts auß der Helvetier Landt/ regiert 7. jahr vnd starb Anno 800.

5. Lutericus Caroli Magni Capellan/ regiert das Bisthumb 2. jahr.

6. Egibaldus hat das Bisthumb besessen 7. jahr.

7. Wolffgerus ist Bischoff worden von Keyser Ludwigen dem Milten. Er hat 14. Kirchen lassen zurichten im Franckenland für die Sachsen/ so Keyser Carlen herauß genommen hat/ da man taufft vnd das Wort Gottes lehrt.

8. Hunibertus ist durch Keyser Ludwigen den Milten Bischoff worden/ vnd zu letzt gestorben Anno 841.

9. Gotebaldus gedaches Mainguti Schwester Sohn/ Abt zu Altach/ ist zum Bisthumb beruffet worden. Under jhm verbrann das Münster vom Himmlischen Fewr.

10. Arno Bischof richtet wider auff deß Seligmachers verbrannten Tempel. Er zog mit Keyser Arnolffo wider Zwentebaldum Hertzog in Mähren/ vnd kam da vmb von den Feinden/ im jahr Christi 891.

11. Ratulphus ein Graffe von Francken/ bracht in seinem Bisthumb die Statt Würtzburg in ein grossen Last. Dann da er sein Geschlecht zu viel wolt erheben/ vnd damit die Graffen von Bamberg verächtlich antastet/ kam Graff Adelbert von Bamberg/ belägert die Statt Würtzburg/ erobert vnd plündert sie/ starb im jahr Christi 908.

12. Dietho ward auß dem Kloster Newenstatt zum Bisthumb berufft. Under jhm kamen die Hunen auß Vngern in Teutschland/ vnd verderbten viel Statt/ besonder Würtzburg.

13. Burckhardus der 2. Abt zu Hirßfelden/ ist von Keyser Heinrichen dem 1. dem Bisthumb fürgesetzt worden/ da er 8. jahr löblich regiert/ starb Anno 941.

Ein Studium der Edelleut.

14. Boppo in Burggraff von Würtzburg/ ist von Keyser Otten zum Bischoff verordnet. Er ist ein gelehrter Mann gewesen/ vnd hat vnder jhm der Edelleut Studium zugenommen/ vnd sind auch weidliche Männer darauß entstanden/ sonderlich S. Wolffgang Bischoff zu Regenspurg/ vnd Heinricus Bopponis Bruder/ Ertzbischoff zu Trier.

15. Boppo der 2. deß Namens/ dem ersten etwas verwandt/ ward auff jhn Bischoff vnd starb Anno 984.

16. Hugo Graffe von Francken/ Capellan Keysers Otten deß Andern/ hat in seinem Bischofflichen Ampt am Mayn S. Andres verfallene Capellen wider auffgericht/ vnd dahin S. Burckhards Gebein geführt/ vnd es genandt S. Burckhardus Kloster. Er starb Anno 990.

17. Bernhardus ein Graff von Rotenburg/ ward durch zuthun Keysers Otten deß 3. Bischoff/ ist eigentlich gestorben in Achaia in Griechenland an der Pestilentz Anno 995. als er mit einem andern Bischoff ward geschickt gen Constantinopel zu werben vmb desselbigen Keysers (mit Namen Constantini) Tochter für Keyser Otten den Dritten.

Bamberger Bisthumb.

18. Heinricus ein Graff von Rotenburg/ deß vordrigen Bruders Sohn/ ward Bischoff. Er verwilliget sich Keyser Heinrichen dem 2. daß er im Würtzburger Bisthumb ein ander Bisthumb auffrichtet/ zu Bamberg hat er auß seinem vätterlichen Erb viel Kirchen gebawen/ sonderlich S. Johannes Teuffers in Haugis/ S. Peter/ S. Stephan/ vnd setzt geistliche Leut dahin/ starb Anno 1018.

19. Mainhardus geboren von den Graffen von Rotenburg/ ward durch Keyser Heinrichen dem zweyten zum Bisthumb gefordert. Er sol zum ersten zu Würtzburg gemüntzt haben/ starb Anno 1033.

20. Bruno ein gelehrter Hertzog von Kernten/ der auch vber Davids Psalmen geschrieben hat. Er ist mit Keyser Heinrichen dem 3. gezogen wider die Vngern/ vnd da er gen Boisenburg an die Thona kam/ fiel er vber ein Gang herab/ daß er in 8. tagen starb.

21. Adelbero ein Graff von Laimbach ward Bischof zu Würtzburg/ war aber zwey mal dannen getrieben/ darumb daß er in einem Schisma anhieng Bapst Gregorio/ er starb im jahr 1090.

22. Mainhardus der 2. ward durch Keyser Heinrichen den 4. in das Bisthumb mit gewalt gestossen/ vnd etwan widerumb darab gestossen/ starb im jahr 1088.

23. Ainhardus Graff von Rotenburg ward Bischoff durch Keyser Heinrichen den 4. starb im jahr 1104.

24. Rupertus Thumbprobst ward Bischof/ aber Keyser Heinrich der 4. vertrieb jhn/ vnd sein Sohn Heinrich der 5. setzt jhn wider eyn. Er zog gen Warstal in Italiam in ein Concilium/ starb auff dem Weg im jahr 1106.

25. Erlungus geboren von Cundorff/ Keyser Heinrichs deß 4. Cantzler/ war zum Bischof gemacht/ aber Heinricus der 5. vertrieb jhn zwey mal/ vnd fieng jhn auch/ doch ward er mit jhm versühnt/ starb Anno 1112.

26. Ru-

Von Teutschlandt. 1089

26. Rugerus Grafe von Vaihingen/ward Bischoff gewöhlt/aber Keyser Heinrich satzt ein Grafen von Hennenberg/derwegen das Bisthumb grossen schaden nam. Da hielt Rugerus Hof zu Heylbrunn vnd zu Lauffen am Necker/aber Gebhard Grafe von Hennenberg hielt sich zu Würtzburg vnd nahe darumb. Rugerus starb Anno Christi 1125. *Zwen Bischöff.*

27. Embrico ein frommer Bischoff/vnder welchem Eberbach das Closter gebawen worde/dahin man eins jeden gestorbnen Bischoffs Hertz führt/vnd begrebt es da vor dem Fronaltar mit grossem prang. Zu dises zeiten hat Keyser Lotharius zu Würtzburg ein Concilium gehalten/vnd in demselbigen Anacletum den Bapst entsetzt/vnd Innocentium auffgesetzt. Es ward diser Embrico auch gen Constantinopel Keyser Conraden dem dritten geschickt/vnd alß er seine Bottschafften vollendet/vnd widerumb heimkehrt/starb er vnderwegen Anno 1140. zu Aquilegia. *Concilium zu Würtzburg.*

28. Sigefridus ein frommer Bischoff/der gantz geheim ist gewesen S. Bernharden dem Abt/ alß er das Creutz prediget in Teutschlandt wider die Saracener.

29. Gebhardus ein Grafe vō Hennenberg/ist nach dem er Bischoff ward/nachgefolget Keyser Friderichen dem ersten wider die Meyländer/vnd da er wider heim kam Anno 1160. starb er.

30. Henricus der ander/zu welches zeiten Keyser Friderich zu Würtzburg ein Concilium hat gehalten: dann es wolten sich zwen Bäpst eyndringen.

31. Heroldus ein Ritter vō Hochheim ward auß einem Probst Bischoff/vnd hat jm vnd seinen Nachkommen Keyser Friderich Barbarossa mit einē newen Privilegio vnd gulden Sigel bestätiget allen Gewalt vnd Jurisdiction im gantzen Hertzogthum Francken/die er d'Groß Keyser Carlen etlich dem Bisthum geben hatt/dem viel eyngriff von den vmbsessern beschehē war. Diß geschahe An. 1168. Von der zeit an ist es in brauch kommen/daß man dem Bischoff von Würtzburg auff den Hochzeitlichen tagen/oder wann herzliche Versammlung geschicht/fürtregt ein Schwerdt/zu anzeigung des wider auffgerichten Hertzogthumbs. Man begrebt jhn auch mit dem Schwerdt. *Dem Bischoff ein Schwerdt vorgetragē.*

32. Reinhardus ist An. 1172. Bischoff worden/vnd hat jhn Fridericus Barbarossa lieb gehabt/ vnd jhm zu gefallen den Thumbherren dise Freyheit geben/daß sie jhr Gut in jhrem Todtbeth mögen vermachen wem sie wöllen. Man soll sie auch nicht mit Gasterey vberfallen/vn ob man schon Reichstag vnd Concilia da halten wurd/sollen sie vnbekümert seyn von der frembden Pferden oder Fürsten Gesind. Aber die Fürsten sollen sie jhrer Personen halb nicht außschlagen. Dargegen aber haben die Thumbherren dem Keyser Friderichen vnd allen seinen Erben geschenckt ein schönen vnd weiten Hof zu Würtzburg in der Statt/den man jetzund nennet Katzenwicker/ic. *Katzenwicker.*

33. Gottfridus Keyser Friderichs Cantzler vnd des Hohenstiffts Thumbprobst/ward Anno 1184. zum Bischoff erwöhlt/vnd alß er Keyser Friderichen nachfolget in das H. Land wider die Saracenen zu kriegen/seind sie beyde dahinden blieben Anno 1189. Er hett den Thumbstifft gar ernewert/ward aber nicht darinn/sondern zu Antiochia/begraben.

34. Heinricus der dritt starb bald im Bisthumb.

35. Gottfridus der ander/ein Graf von Hohenloe lebt auch nicht lang im Bisthumb: dann Anno 1198. starb er.

36. Conrad ein Freyherr zu Ravenspurg/vorhin Bischoff zu Hildesheim/vnd dreyer Keysern Cantzler/ward postuliert zu Würtzburg/vnd ward jhm auch vbergeben das Bisthumb. Er ist vast ein Anfänger gewesen des Teutschen Ordens/er war fromm vnd gerecht/vnd strafft auch härtiglichen die Räuber vnd muthwilligen Buben/verschonet niemand/auch seinen Blutfreunden vbersahe er nichts/darumb er auch Anno 1201. erschlagen ward bey dem Thumbstifft.

37. Heinricus der auß einem guten vnd alten Geschlecht erboren/ward Bischoff/vnd stifftet Veielsdorff das Closter/ic.

38. Otto Freyherr von Lobdeburg ward Bischoff Anno 1207. Seine Vorfahren haben gestifftet Ahausen. *Ahausen.*

39. Dietherus ein Marschalck von Hohenberg ist Bischoff worden nach seinem Vorfahren/ vnd Anno 1225. gestorben.

40. Hermannus von Lobdeburg/da er Bischöff ward/ist er ein guter Haußhalter worden. Dann er hat die verfallenen Gebäw widerumb auffgericht/die Zinß der Kirchen gemehret/vnd den Gerichtszwang an sich gezogen vnd erweitert/ic. Er dempt die vnrühigen Burger/deßhalb auch ein Auffrhur vnder jhnen entstund. Sie fiengen den Bischoff vnd führten jhn gebunden auff einem Schlitten für das Schloß/vnd gaben jn zu versiehen/wolt er mit dem Leben darvon kommen/so solt er jhnen das Schloß geben/daß sie es zerbrechen. Aber es fielen die Amptleuth mit gewalt zum Schloß herauß/vnd namen den Burgern den Bischoff auß den Händen/vnd trieben sie mit G. schütz hinweg. *Der Bischoff wirdt gefangen.*

41. Iringus von Ramstein ward Anno 1253. vom Capitul ordenlich erwöhlt/aber der Bapst setzt ein anderen dahin/nemlich Grafe Wilhelmen von Leiningen/der Bischoff zu Speier war/ doch versühnt sich Iringus mit Grafe Wilhelmen/gab jhm 3000. Marck Sylbers/besaß das Bisthumb biß in sein Todt: soll ein tyrannischer Bischoff gewesen seyn.

42. 43. Anno 1266. war das Capitul in der Wahl zweyspältig/etliche erwöhlten Conraden

von Trimberg/vnd ein andern Grafen Bertholden von Hennenberg/vnd die waren einander verfreundt/zanckten gegen einander des Bisthumbs halb/kamen gen Rom/vnd da erlangt Graf Conrad das Bisthumb/aber er starb vnderwegen ehe er wider herauß in Teutschland kam.

44. Bertholdus von Sternberg ward zum Bischoff genommen wider Bertholdum von Hennenberg/wiewol der von Hennenberg sich eines Bischofflichen Namens nicht verzeihen wolt biß in sein Todt.

45. Mangoldus Kuchenmeister zu Newenburg vnd Thumbdechan zu Würtzburg ward Bischoff. Er macht auß dem Flecken Iphofen ein Statt/vnd thet ab die Zünfft zu Würtzburg: daß sie wolten nicht zum gemeinen Frieden dienen: starb Anno 1302.

46. Andreas Hertz zu Gundelsingen/vorhin Probst zu Onoltspach vnd Oetingen/ward Bischoff zu Würtzburg. Vnder ihm erzeigt sich der zanck zwischen den Burgern vnd dem Bisthum/vnd alß König Albrecht damal zu Würtzburg war/macht er frieden zwischen den Partheyen.

47. Gottfridus der dritt erboren von dem Grafen von Hohenloe/ist Bischoff worden/vnd im Ampt gestorben Anno 1312.

48. Wolframus von Grunbach ward angenommen vnd bestätiget zum Bischoff/vnd sieng den Abbt von Fuld alß er ihm in sein Land fiel/biß die Sach zu letst gethädiget ward: starb Anno 1333.

49. Hermannus der ander vō Liechtenberg/Hertzog Ludwigs Cantzler/ward mit gewalt Bischoff zu Würtzburg gemacht/lebt im Bisthumb anderhalb jahr/vnd starb Anno 1335.

50. Otto/genandt Wolffskel/der vorhin auch auff der ban war gewesen/ward Bischoff/vnd starb Anno 1345.

51.52. Albertus von Hohenloe/ward erwöhlt zum Bisthumb/aber der Bapst stieß ein andern in das Bisthumb/mit Namen Grafe Albrechten von Hohenburg auß dem Elsaß/der sein Capellan war gewesen/aber der Hohenloher behauptet endtlich die Sach/vnd blieb Bischoff. Es warent die Burger auffrührig gegen ihm/Keyser Carlen aber dempt sie.

53. Albertus von Heßburg/Probst zu Würtzburg/vnd Witigis der Dechan von Bamberg wurden in zwytracht zum Bisthumb erwöhlt. Witigis vertauschet das Würtzburger Bisthum vmb das Naumburger Bisthumb/darvon Gerhardus verstossen war / vnd Gerhardus erobert bey Bapst vnd Keyser alle Gerechtigkeit des Würtzburger Bisthumbs. Vnd da die Capitul-Herzen auff ihrem Bischoff Albrechten beharreten/fiel Gerhardus mit gewaffneter Hand in das Bisthumb/vnd nam gar nahe das gantz Land eyn/ohn die Flecken so wol verwahret waren/die Bischoff Albrecht etwan lang in besitzung hett/vnd zu letst darumb kam. Er starb Anno 1372.

54. Gerhardus Grafe von Schwartzenburg in Thüringen/vorhin Bischoff zu Naumburg/erobert das Bisthumb zu Würtzburg. Er legt grosse Schatzung vnd Zoll auff das Volck/damit er bezahlen möcht vnd außrichten den grossen Kosten so er gehabt hett mit Kriegen/ehe er das Bisthumb erobert. Er erweckt grosse klag wider sich/die endtlich zu einem Krieg vnd Schlacht erwuchs/darinn der Bischoff gesieget. Er starb bald hernach/nemlich Anno 1400.

Ein Hohe Schul zu Würtzburg. 55. Nach Bischoff Gerhards Tod wurden zwen in zwyspalt erwöhlt/Johannes vō Egloffstein Probst/vnd Rudolph Grafe von Wertheim Dechan/aber Johannes behielt endtlich das Bisthumb. Er vnderstund Anno 1403. zu Würtzburg auffzurichten ein Hohe Schul/vnd hette schon viel gelehrter Männer dahin gebracht. Aber der ewig zanck zwischen den Burgern vnd Pfaffen wolt auch in sich begreiffen die Doctores vnd andere Gelehrten/daß sie nicht gar sicher da waren/darumb alsbald der Bischoff gestarb/zogen sie hinweg gen Erdfurt Anno 1410. vnd zergieng damit die Hohe Schul.

56. Johannes der ander von Brunn auß dem Elsaß/ward Bischoff/vnd bracht das Bisthum in grosse Schulden/darumb er auch von den Schuldnern gefangen vnd hinweg geführt ward/vnd also lang gefangen gehalten/biß er jederman versichert. Es wurden ihm auch zugeben zwen Coadjutores/vnd zu letst noch einer/starb Anno 1440.

57. Sigismundus ein Hertzog von Sachsen/ vnd ein Bruder Friderici vnd Wilhelm/der dritt Coadjutor des vordrigen Bischoffs/ hat von seinem Vorfahren in der gestalt das Bisthumb empfangen/daß er nach Bischoffs Hansen Todt solt sich des Regiments nicht annemmen/biß er von dem Bapst/den das Capitul für den rechten annemmen wurde/bestätiget wurd: Dann es strebten zwen nach dem Bapsthumb. Das hielt nun diser Sigismundus nicht/sonder ward bestätiget von Bapst Felix/den man zu Basel im Concilio hett auffgeworffen/vnd zog gen Onoltspach/vnd ließ sich da salben zu einem Bischoff/aber das Capitul wolt ihn nicht annemmen/darauß dann viel zwytracht vnd zanck erwuchs. Endtlich entsetzt Keyser Friderich disen Sigismundum/vnd setzte an sein statt Gottfridum von Limpurg/der Dechan zu Bamberg war. Da mußt Sigismundus armut halb heim in Sachsenland ziehen/vnd da starb er in Gefengnuß seiner Brüdern.

58. Gottfridus der viert ein Schenck von Limpurg/Dechan zu Bamberg vnd Thumbherr zu Würtzburg/ward Anno 1441. Coadjutor vom Keyser Friderichen gesetzt/vnd bald darnach bestä-

Die Statt

Die Statt Würtzburg

Des Hertzogthumbs zu Francken

Fürstlicher Hof/ welcher contrafehtung der Durchleuchtigst Fürst vnd Hochwürdigst Herr/ Herr Melchior Zobel/ Bischoff derselbigen Statt/ vnd Hertzog in Francken/ mit gnedigem vnd geneigtem willen zu disem Werck/ seinen Gnaden zu ewiger Gedechtnuß vberschickt hat/ vnd damit angezeigt/ was herrlichs vnd Fürstlichs gemüt er tregt zu der adelichen Kunst der Cosmographey/ der auch Landt vnd Statt/ vnd was sich da verlauffen/ in einem kurtzen begriff diser gemeinen Beschreibung der Welt hat wöllen eynschliessen. Darzu aber haben trewlich geholffen die gelehrten Männer/ Herr Erwaldus von Creutzenach/ vnd Herr Laurentius Frieß/ jetzgedachten Fürsten Räht vnd Secretarius.

HHH ij   Beschrei-

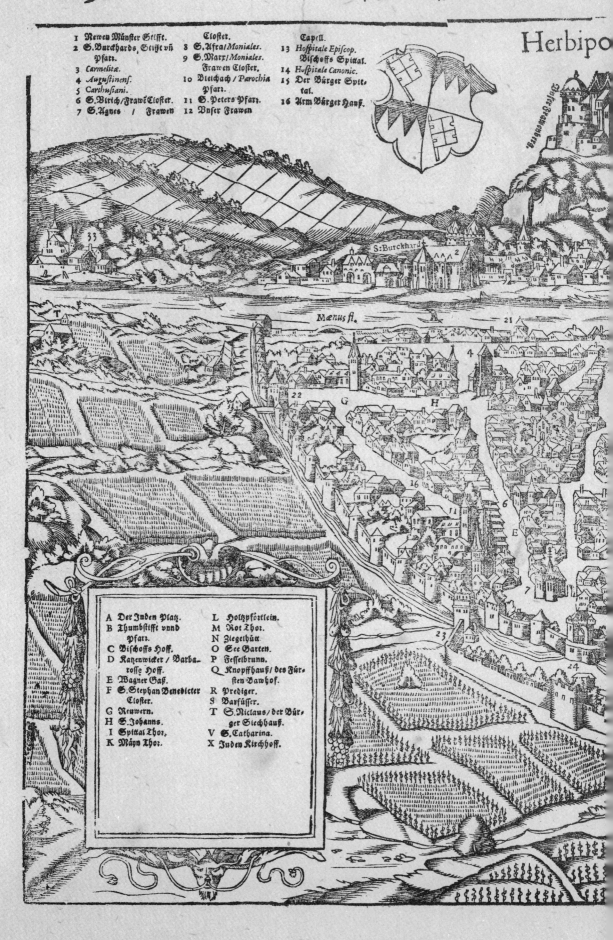

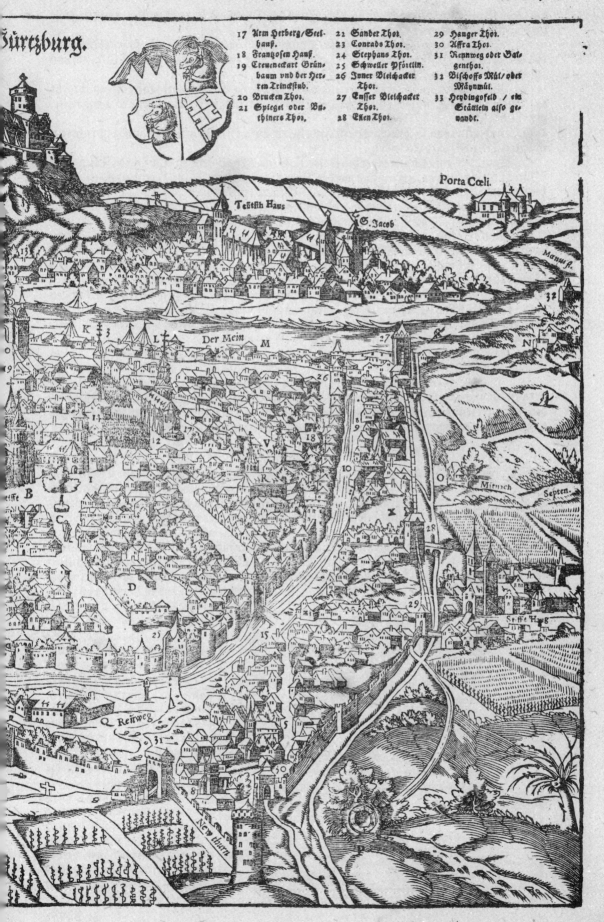

tiget vom Bapst zum Bischoff/vnd der vnderstund das Bisthumb ledig zu machen von den grossen Schulden/darinnen es stack/starb Anno 1455.

Castell ein Graffschafft.

59. Johannes der dritt von Grundbach/Thumbprobst/ward auff sein Vorfahren Bischoff/vnd kauffte an das Bisthumb die Graffschafft Castell/vnd gab sie darnach Grafe Wilhelm/von dem er sie kaufft hett/zu Lehen/starb Anno 1466.

60. Rudolph der ander von Scherzenberg/ein dapfferer Mann/ward Bischoff/vnd bracht das Bisthumb auß aller Noth vnd Schulden. Er war ein friedsamer Herr/vnd starb Anno 1495. in hohem Alter.

61. Laurentius von Bibra ward nach Rudolphen Bischoff/vnd hielt wol hauß/vnd führt ein ehrbaren Wandel/starb Anno 1519.

62. Conradus von Thüngen der dritt dises Namens/ist nach seinem Vorfahren Bischoff zu Würtzburg vnd Hertzog in Francken worden. Er war ein gelehrter Mann/gerecht vnd eines hohen verstands/hat auch viel angst vnd noth im Bisthumb erlitten/starb Anno 1540.

63. Conrad von Bibra der vierdt dises Namens/ward im jahr 1540. Bischoff erwöhlt/ließ aber vnruhiger zeit halb/die Salbung vnd das herrlich eynreiten vnderwegen biß in das vierdt jahr.

64. Anno Christi 1544. ist zum Bischoff erwöhlt worden Herr Melchior Zobel von Gutenberg/ein freundtlicher gütiger Mann/seiner Tugend halb des hohen Stands wol würdig. Anno Christi 1553. führt Marggrafe Albrecht von Brandenburg ein schweren Krieg wider disen Bischoff/von der vrsach wegen/daß er vmb ein grosse summa Gelts das vordrig jahr gerantzet worden war/vnd sich mit dem Bischoff vō Bamberg/mit der Statt Nürnberg zu widersetzen verbunden hatt. Diser Bischoff ist auff den 16. tag Aprilis im jahr 1558. zu Würtzburg in der kleinen Statt vber dem Mayn/alß er nacher Hof reiten wolt/von 15. verwägenen Reutern in der Statt angesprengt/vnd mit etlich der seinigen jämerlich erschossen worden.

65. Auff jhn ist erwöhlt worden Herr Friderich von Würtzburg/ein thewrer Fürst/der ein Schul allda auffgerichtet.

66. Julius Echter von Mespelbrun ist im 1573. jahr den ersten Tag Christmonats an des im vorigen Monat abgestorbenen Bischoff Friderichs erledigte statt zu einem Bischoff erwöhlt worden: welcher die angerichte Schul mit so viel herrlichen vnd Fürstlichen Gebäwen gezieret/daß es vnglaublichen darvon zu schreiben/vnd jhm ein ewig gedechtnuß bringen wirdt.

Von der Statt Würtzburg. Cap. cccxxxv.

MAn findt auß S. Kilians Legendt/daß Würtzburg vmb das jahr Christi 686. ein Statt ist gewesen/vnderworffen Hertzog Gotperto dem Fränckischen Herren. Daß sie aber lang darvor in wesen sey gestandē/zeigen an etliche Abgötter/so die Christglaubigen haben in Mayn versenckt/da sie zum Glauben kommen seind/die man vor etlichen jahren funden hat/alß man zu der newen Brucken tieffe Pfeyler setzen wolt. Die hat man herauß genommen/vnd sie an ein offene statt bey dem Thumbstifft gelegt. Dise Statt ligt auff einer ebne/von aussen vmb vnd vmb mit kleinen Berglein vmbgeben/die mit Reben/lustigen Gärten vnd Wiesen gezieret seind: Sie wird von Conrado Celte Erebipolis, von Ligurino Herbipolis, von Ptolemęo Arctavium, vnd sonst Herebi vnd Plutonis Burg genāt. Es ist auch dise Statt gar wol verwahrt mit gefüterten Gräbē/Mawren/Thürnen/Pasteyen. Innerhalb der Mawren ist sie gantz Volckreich/erbawen mit viel herrlichen Tempeln/Clöstern/grossen lustigen Häusern vnd Pallästen/so nicht allein die Geistlichen/sondern auch die Burger besitzen. Sie hat auch viel offentlicher vnd heimlicher fliessenden Wässerlin/dardurch die Gassen vor gestanck vnd vnraht gar sauber gehalten werdē/viel Brunnen mit gutem süssen Wasser/zu vielen gebräuchen

nothwendig. Der H. Ertzbischoff von Mentz Bonifacius hat im jahr 751. hie auffgericht die Bischoff-

Von Teutschlandt. 1095

schoffliche Kirch/ vnd jhr fürgesetzt den H. Burckharden/ welcher da gebawen hat den ersten Tempel/ vnd den genennet das Hauß des Seligmachers der Welt/ vnd die Canonici haben geheissen Dominici de domo, zu Teutsch/ Domherzen/ welcher Nam darnach in andern Bischofflichen Kirchen auch in brauch ist kommen. Gegen der Sonnen nidergang laufft an der Statt hinab der Mayn/ bringt den Eynwohnern vnd Außländigen grossen Nutz/ vnd geht ein starcke Bruck darüber zu einem Berg/ darauff ein wunder schön vnd starck Fürstliches Schloß ligt/ vnser Frawen Berg genandt. Die Burger haben diß Schloß offt vnderstanden zu zerschleiffen/ sonderlich Anno 1525. im Bawrenkrieg/ aber haben es nie mögen gewinnen. S. Burckhard bawet mit hülff Cuniberti des Grafen von Francken/ vnden an disen Berg ein Closter in der Ehr S. Magni/ das hernach reichlich ist begabet worden von dem Bischoff Heinrich/ der hat in diser Statt geordnet drey Stifft vnd versamblungen der mindern Thumbherzen/ zu S. Peter vnd Paul/ zu S. Stephan/ den dritten ausserhalb der Statt zu S. Jōhannes dem Tāuffer genandt. Darnach mit der zeit seind viel Clōster vnd Clausen inn: vnd ausserhalb der Statt erbawen/ gestifft vnd begaabet worden/ das die zahl auffgestiegen biß auff 35. die Burger in der Statt seind zu gutem theil in des Bischoffs vnd Hertzogen Dienst/ etliche führen Kauffhändel/ etliche seind Handtwercksleut/ aber das gemein Volck begibt sich auff den Weinbaw/ wilcher an dem ort vberflüssig wachst/ das man jhn mit Schiffen vnd Wägen verführt in die anstossenden Länder.

Anno 1572. den 29. Mertzens ist im Schloß zu Würtzburg/ vmb 10. vhr der Nacht ein Brunst angangen/ welcher Bischoff Friderich im Vnderhembd kümerlich auß seinem Gemach entrinnen mögen/ dardurch es zu grossem theil verbrunnen/ vnd durch verzehrung allerley Brieffen/ Büchern/ Rödlen vnd kōstlichen Haußrath grosser schaden geschehen.

Wie ein newer Bischoff zu Würtzburg eynreit/ vnd so er gestirbt/ begraben wirdt. Cap. CCCXXXVJ.

Ann ein Bischoff ist erwöhlt vnd bestätiget worden/ halt man mit jhm ein seltzamen Pracht in seinem Auffgang. Dann so er den Bischofflichen Stul besitzen will/ kompt er mit einem grōssen vnd wol gebutzten Reysigen Zeug für die Statt/ vnd alß man jhn dareyn laßt reiten/ so steiget er von dem Pferdt/ vnd wirfft von jhm alle zierliche Kleyder/ vnd wird geführt durch die vier Amptgrafen des Fränckischen Hertzogthumbs/ von dem Bruckenthor an durch den Marckt mit blossem Haupt vnd blossen Füssen/ mit einem elenden Kleyd bedeckt/ vnd mit einem Seyl vmbgürtet/ biß zu dem Thumbstifft. Da kompt jhm entgegen die gantze Priesterschafft/ vnd der Thumb Dechan/ fragt jhn sein begeren/ so antwortet er: Er alß ein vnwürdiger sey hie/ vber sich zu nemmen das Ampt darzu er erwöhlt sey/ vnd das mit fleiß zu versehen. Spricht der Dechan widerumb: Ich in dem Namen des gantzen Capituls/ befehle dir den Bischofflichen Stifft/ vnd das Hertzogthumb jhm angehenckt/ im Namen des Vatters/ Sohns vnd H. Geists/ Amen.

Nach disem wenden sich die Priester vnd Geistlichen dem Tempel zu/ vnd der Bischoff volget jhnen nach/ vnd an einem besonderen ort legt er Bischoffliche Kleyder an/ vnd höret die Gōttlichen Aempter. Vnd so die vollendet seind/ wird er herzlich gleitet von der Priesterschafft vnd etlichen den nechsten Fürsten/ Edlen vnd andern Oberkeiten der vmbligenden Reichsstätten vnd andern Flecken/ so dahinberüfft werden/ auff das Schloß/ vnd wirdt jhnen da ein herzlich Mahl zugerichtet. Wann aber ein Bischoff stirbt/ so wirdt sein Leib entweidet/ vnd die Därm werden begraben auff dem Schloß in der Capellen/ außgenommen das Hertz das wirdt beschlossen in ein Glaß/ vnd auff ein wolbereiten Wagen gelegt/ vnd mit etlichen Reutern geführt gen Eberach in das Closter/ vnd da von dem Abbt vnd den Mūnchen so jhm entgegen kommen/ gar ehrlich empfangen/ vnd mit Gebätt vor dem Fron-Altar zu der Erden bestattet. Aber das Corpus wirdt im Todtenbaum auffgericht vnd mit Bischofflichen Kleydern angethan/ ein Bischofflicher Stab in die Hand gegeben/ vnd in die andere ein Schwerdt alß einem Hertzogen gebürt/ vnd am andern Tag wirdt er mit grossem Pracht vom Schloß herab in S. Jacobs Closter geführt/ vnd da vber Nacht gelassen. Darnach wirdt er mit vielen Ceremonien vber die Bruck in die Statt zu dem Thumbstifft getragen/ vnd da vnder dem Gebätt vnd Gesäng der Pfaffen vber Nacht in rhu gehalten/ vnd darnach noch weiter zum Newen Closter allernechst gelegen/ getragen/ vnd zu letst wider in Thumbstifft getragen/ vnd da mit Bischofflichem geziert vnd blossem Schwerdt zu der Erden bestattet.

1096　Das fünffte Buch

Auß Sachsen werden viel vom grossen Keyser Carlen in Franckenland transferiert vnd verendert. Cap. cccxxxvij.

VMb das jahr Christi 796. hat der Groß Keyser Carlen 10000. Sachsen/ so vom Glauben Christi abgetretten/ in Franckenland/ in Braband vnd in Franckreich verschickt. Die da ins Franckenland kamen/ haben etliche Wäld am Mayn vnd an der Rednitz außgereutet/ vnd jhnen da Wohnung gemacht. Aber die Bischöff von Würtzburg haben jhnen zu gebrauch der Sacramenten vnd zu hören das Wort Gottes/gebawen 14. Kirchen. Die alten Keyser haben sie in jhren Privilegien genennet Nordalbinger/ Radentzwinger vnd Moinwiner: dann sie haben erstlich gewohnt an der Alb oder Elb gegen Mitnacht/ welches das Wort Nordalbing jnnhelt/ darnach am Mayn oder Moyn vnd Rednitz. Babenberg soll jhr fürnehmst Ort gewesen seyn/ daß sie jhrer Sprach nach geneñt haben Päppenperg: das ist/ Pfaffenberg: dann da waren jhre fürnemsten Pfaffen.

Von dem Wasser Sala/ so durch Franckenland in Mayn laufft. Cap. cccxxxviij.

Sala.

BEy einem Dorff das auch Sala heißt nicht fern von Königshofen im Grafen Land/ entspringt das Wasser Sala/ fleußt von Orient gegen Occident/ mehret sich je lenger je mehr: dann es empfahet acht zufliessende Wässerlein/ Flading/ Bar/ Stray/ Rou/ Brend/ Lauter/ Steinach vnd Aschach. Es ligen viel herrlicher Flecken an disem Wasser/ sonderlich Newenstatt/ Hassfelburg/ rc. kompt bey Gemünd in Mayn. Es ist auch ein ander groß Wasser das Sala heißt/ vnd entspringt bey dem Fichtelberg/ laufft gegen Mitnacht/ wie hie vnden bey der Statt Eger gemeldet wirdt. Es seind die Francken von dem ersten Wasser Sala Salici genandt worden. Aber daß etliche Recht seind die man auch Salicas Leges nennet/ kompt nicht von disem Wasser/ sondern von dem Französischen wörtlein Sal/ das ein Pallast heißt. Es ligen auch an der Sal zwen Flecken die da heissen die ober vnd vnder Saltza. In dem obern hat Carolus Magnus gar ein herrlichen Pallast gebawen/ vnd wie Eginhardus schreibt/ ist er durch den Mayn vñ die Sal geschifft auff das Gejägt zu dem Saltzforst vnd zu andern Wälden. Er hat an disem ort offt verhört der außländigen Königen Legation vnd Bottschafften so zu jhm kamen. An disem ort

Meydenburger Bisthum. hat er auffgericht vnd bestätiget das Bisthumb zu Meydenburg. Nach jhm haben sich an disem ort gehalten des Lusts halb so da ist/ die drey Keyser/ Ludovicus Pius/ Arnulfus vnd Otto der erst.

Newenstatt. Zu letst ist diser Pallast gar zerfallen/ darvon man noch etliche stück sieht/ vnd ist das ober Saltza zu einer Statt erwachsen/ die man jetzund Newenstatt nennet.

Von etlichen Geschichten so sich zu Würtzburg vnd darumb verlauffen haben. Cap. cccxxxviiij.

IM jahr Christi 751. ist mit Raht des H. Bonifacij von König Pipino zu Würtzburg das Bisthumb auffgericht worden. Im jahr Christi 960. hat Keyser Ott der erst zu Würtzburg ein Reichstag gehalten mit den Teutschen Fürsten/ vnd da gehandlet von dem Reich/ vnd ward auch da beschlossen zu ziehen wider die widerspennigen Italiäner. Im jahr Christi 964. ward Leopold Marggrafe von Oestereich berüfft von Bischoff Berenward gen Würtzburg/ zu begehen S. Kilians Fest/ vnd alß man etliche Schimpffspiel hielt/ ward gemeldter Leopold getroffen mit einem Pfeil daß er starb. Es solt der schutz ein andern getroffen haben/ aber es fählet vnd traff den Fürsten. Anno 1015. Ernestus des j. zgemeldten Leopolds Sohn/ Marggrafe in Oestereich vnd Hertzog zu Schwabe/ ward auff einem gejägt troffen mit einem Pfeil/ darvon er starb. Es wolt seiner Gesellen einer ein wild Schwein geschossen haben/ traff aber den Fürsten. Anno 1077. ist ein grosse zweytracht erstanden zwischen Bischoff Adelbert vnd seiner Statt Würtzburg/ zweyer Keyser halb. Dañ die Statt war mit Keyser Heinrichen dem 4. daran/ aber der Bischoff hielt es mit König Rudolphen Hertzogen zu Schwaben/ der wider Keyser Heinrichen erwöhlt war.

Zweytracht von wegen Keyser Heinrichs des 4. Anno 1086. alß die Statt Würtzburg anhieng Keyser Heinrichem dem 4. vnd der Bapst solche Anhänger alle verbannt/ erstunden viel Todtschläg/ Rauberey vnd Brennen darauß. Die dem Bapst anhiengen neñten sich die Gläubigen S. Peters/ vñ welche auff des Keysers seiten waren/ hiessen sie die abtrünnigen von der Kirchen. Vnd nach dem allenthalben vnfrid vnd zweyspalt war/ verordneten die Bäpstlichen Fürsten/ die von Schwaben/ Sachsen vnd Bayern ein gemein Gespräch bey Würtzburg. Solche versammlung wolt Keyser Heinrich zertrennen/ kam mit einem hauffen Volck/ ward võ den Schwaben in die flucht getrieben. Da zog der hauff S. Peters Gläubigen für die Statt Würtzburg/ belägerten sie/ auff daß sie des Keysers Anhänger/ so in der Statt waren/ vberfielen vnd schädigten. Aber Keyser Heinrich bracht auff bey 20000. streitbarer Mañ zu Rosß vnd zu Fuß/ zog für die Statt/ die jetzt bey 5. Wochen belägert war von den Feinden. Da machten sich auff S. Peters Gläubigen/ zogen dem Keyser entgegen bey zwo meilen/ griffen jhn an/

Von Teutschlandt. 1097

an/vnd schlugen viel von den seinen zu todt/die vbrigen entrunnen in die Wäld vñ andere Felder. Aber der Keyser verwandlet sein Kleyd im erst angriff/flohe mit den ersten darvon/ließ den Feinden sein Fehnlein/vnd kam also in der flucht biß zum Rhein. Vnd als ihm seine Feind nacheylten ein ferten weg/eroberten sie ein grossen Raub/besonder die Reißwägen mit den Keyserlichen Gewandten/vnd andere Schätz. Es kehrten sich darnach die Sieger zu der Statt/vnd eroberten sie ohn Blut/setzten den vertriebenen Bischoff vnd die Pfaffen wider in ihr Herrligkeit. Dise History hab ich gefunden in einem als geschriebnen Buch/von den Mönchen angezeichnet. Anno 1134. hat Bischoff Embrico gebawen vnd gestifftet ausserhalb der Statt S. Jacobs Closter vnder der Regel S. Benedicti/das man heißt zu den Schotten. Anno 1157. nach Pfingsten hat Keyser Friderich Barbarossa Hochzeit gehalten zu Würtzburg im Hof/Katzenwicker genannt/mit G. selda/Grafe Reinharden von Burgund Tochter: Hat also durch sie vberkommen die Landtschafft Burgund. Anno 1164. hat Keyser Friderich ein Reichstag zu Würtzburg gehalten/vnd ist allda erkandt worden/daß man fürthin keinen für einen Bapst annemmen solle/Er sey dann mit wissen vnd willen des Keysers/oder des Römischen Königs erwöhlt worden. Item Anno 1180. ist Hertzog Heinrich der Hoffertig zu Würtzburg entsetzt worden von allen Ehren vñ seinen Hertzogthumben/Bayern vnd Sachsen/auch in die Aacht gethan/vnd ward das Hertzogthumb Bayern geben Pfaltzgrafen Otten von Wittelspach/vnd Sachsen Bernharden von Anhalt. Anno 1209. hat Keyser Otto der viert Hochzeit mit Gibselda (die andern nennen sie Beatricem) König Philippen Tochter zu Würtzburg. Aber es ward die groß frewd bald verkehrt in trawrigkeit. Dann am vierdten Tag nach gehaltener Hochzeit starb die Königin/nicht ohn argwohn genommens Giffts/das Keyser Otten Schlepsäck/so er vorhin an ihm hett hangen gehabt/solten zugericht haben.

Anno 1226. haben die Grafen von Hennenberg vnd Castell mit einem Heer das Würtzburger Bisthumb wöllen vberfallen/vnd ihren Vettern Bertholdum von Hennenberg/der Thumbherr zu Würtzburg war/wider des Capituls willen in das Bisthumb setzen. Aber der Thumbdechan zog ihnen mit seinem Volck entgegen/vnd vberfiel sie bey Kitzingen vngewahrneter sachen/erschlug auß ihnen 500. vnd fieng 200. die vbrigen entrunnen. Anno 1287. hat König Rudolph auff beger des Bapsts ein Reichstag zu Würtzburg gehalten. Auff dem hat der Bapst durch einen Legaten begert ein Stewr wider den Türcken von den Teutschen Pfaffen/nemlich das vierdte theil aller Zinß vnd Gefellen vier jahr lang. Diser anmutung der schweren Schatzung/dergleichen vor nie erhört war/dorfft niemand widersprechen/ohn ein Bischoff von Tull/mit Namen Probus/der steig auff den Tauffstein/so mitten in der Thumbkirchen stehet/vnd protestiert mit lauter stimm/daß er zu einer solchen schweren vnd vnträglichen Schatzung nicht köndt oder wolt verwilligen. Da ergrimbt des Bapsts Legat wider ihn/vnd dräwet ihm/wo er nicht abstünd/wolt er ihn entsetzen vom Bisthumb. Aber Probus ließ sich nicht schrecken/wolt auch nicht abstehen von seinem fürnemmen/deßhalben er seines Bisthumbs beraubt ward/vñ zog widerumb in sein Barfusser Closter/von dannen er zum Bisthumb war genommen/wolt lieber ein Minorbruder seyn/dann ein grosser Bischoff/vnd dem Bapst sein Geitzigkeit helffen fürdern. *Römischer Geitz.*

Anno 1290. hat König Adolphus dem Bischoff zu Würtzburg vñ den Burgern in der Statt etlich Artickel vorgeschrieben/die zu frieden vñ einigkeit dienen solten/aber da die Burger sie vbertratten/seind sie in Keyserlichen Bann gefallen. Vnd da Adolphus erschlagen/vnd Albertus Römischer König ward/haben sich die Burger mit König Albrechten dermassen versühnet/daß sie ihm jährlichen solten geben 30. Fuder gutes Francken Weins/vnd dargegen solt sie der König erhalten bey ihren Rechten/Privilegien vnd Freyheiten. Die Burger waren diser Rachtung froh/vnd richteten zu deßhalben ein hertzlich Nachtmahl/führten ihre Weiber vnd Töchter darzu/hetten darnach ein Täntzlein/vnd zu ewiger gedächtnuß diser frölichkeit setzten sie ein jahrtag auff/den mit frewden zu halten am letsten Tag ohn eindes Augstens. Aber alsbald darnach Hertzog Hans Albert um den König seines Vatters Bruder erschlug/wurden die Burger zu Würtzburg geledigt von disem Tribut der 30. Fuder Weins.

Anno 1397. kam der Römisch vnd Böhmisch König Wenceslaus gen Würtzburg/nam die Statt in sein vnd des Römischen Reichs schutz vnd schirm mit grossen frewden/gab auch den Burgern viel Privilegia vnd Freyheiten/vnd dargegen vbergaben die Burger ihren Herren den Bischoff/vnd ergaben sich mit aller Dienstbarkeit dem Römischen König vnd Römischen Reich. Es wurden auch von stundan die Adler an alle Thürn vnd Mawren gemahlet vnd angeschlagen. Aber da König Wenceslaus das widerspiel vernam von Bischoff Gerharden/erschrack er/vnd wußte nicht wie er mit glimpff die Burger vnd die Statt dem Bisthumb abziehen solt/vnd dem Reich incorporieren. Er thet aber eins/da er von dannen schied/schreib er hindersich vnd macht die Burger ledig

JJJ

ledig von dem Eyd so sie jhm hatten gethan/cassiert vnd vernicht alle Privilegien so er jhnen gegeben hatt/vnd befahle sie jhrem Herren dem Bischoff. Da ist alle frewd verkehrt in ein trawrigkeit/ vnd der vordrig Krieg der jetzt in Lufft geschlagen war/wurd widerumb ernewert/vnd rüsteten sich die Partheyen zu beyden seiten zu einer Schlacht/kamen gegen einander bey dem Flecken Berchtheim/vnd gesiegeten zum ersten die Burger/erschlugen etlich Reysigen/vnd fiengen auch etlich/ darnach aber namen die Reuter vberhand/vnd erschlugen bey 1100. vnd fiengen bey 400. Da Bischoff Gerhard disen Sieg erlangt/starb er bald darnach.

Anno 1440. war ein grosser zwentracht zwischen dem Bischoff von Würtzburg/mit Namen Sigmund/der ein Hertzog von Sachsen war/vnd dem Capitul. Marggraff Albrecht/der auff des Bischoffs seiten ward/kam mit gewalt für Ochsenfurt des Capituls Statt/schluge Leytern an/vnd verschuff das etliche Krieger hineyn in das Schloß kamen/das eynzunemmen. Aber da sie nichts geschaffen mochten/mußt der Marggraff abziehen mit schaden. Es haben dise zwen Bischoff Johannes von Brunn/vnd Sigmund Hertzog von Sachsen dem Bisthumb also weh gethan/daß die Capitulherren verzweyfflet hetten/sie mochten es nimmermehr zu recht bringen. Deßhalben auch etlich auß jhnen vermeynten/sie wolten das Bisthumb gantz vnd gar vbergeben den Teutschen Herren/die gut Haußhalter waren/vñ verhofften sie wurden jhm durch jhre klugheit widerumb auff die füß helffen. Demnach tractierten sie mit dem Teutschen Meister/daß er mit verwilligung des Bapsts vnd Keysers dz Bisthumb sampt dem Hertzogthumb in sein Gewalt zu ewigen zeiten neme/doch mit den fürworten/daß er die gemachte Schulden alle außrichtet/vnd den Thumbherren/dieweil sie lebten/ein zimlich Jahrgelt/nach frommer Männer anmassung geb. Da der Teutsch Meister dise meynung vernam/begert er ein zeit sich darauff zu bedencken. Aber hiezwischen war ein Doctor der Rechten/zu Würtzburg geboren/mit Namen Gregorius Hamburg/der fürdert sich für die Capitulherren/bate sie hübschlich zu thun/solten sich selbs ersuchen/ ob sie Männer weren oder nicht: weren sie Männer/solten sie die Sach mannlichen an die hand nemmen. Dann ob schon heut der vnfall also were/möcht es morgen anderst werden. Sie solten so viel an jhnen were/dapfferlichen handlen/vnd darneben die Sach Gott befehlen/der möche sie wol vnd mit heyl auß der arbeitseligkeit führen. Durch dise wort wurden die Thumbherren in jhrem gemüht also gesterckt/daß sie jhre vordrige fürnemmen gar vnderliessen/vnd den Teutschen Meister/als er wider kam/vnd jhre anmutung annemen wolt/auch nicht hören wolten. Es verließ sie auch Gott nicht in jhrem vertrawen/sonder gab jhnen Gotfridum der ein Schenck war von Limpurg/vnd Rudolphen von Scherenberg/die alles vngemach wider zu recht brachten.

Gregorius Hamburg.

Marggraffe Albrecht hat den Bischoff von Würtzburg mit Krieg angefochten im jahr 1553. biß in das 1554.

Würtzburg durch den vō Grumbach eyngenomen.

Anno 1563.den 29.Septembris/als Wilhelm von Grumbach Reicharden von der Kher/ Thumbprobst zu Würtzburg im Closter Westerwinckel auffgehalten/hat er sich stäts gesterckt/ wissende daß der Bischoff zu Karstett läge. Der Fürst aber/so solche Practick jnnen worden/hat sich auff Sonntag den 26. zu abend in das Schloß Würtzburg gethan/das der Grumbach eynzunemen willens war. Nun ist der Bischoff nicht mehr dañ dieselbige Nacht im Schloß verblieben/ vnd Montags früh mit wenig Pferden auff Nürnberg zu geritten. Grumbach/so bald er das erfahren/ist er mit den seinen nach Heydsfeld vnder dem Schloß am Mayn hinab S.Burckhard zugeruckt/angefangen lermen zu blasen/vnd bey der Brucken etlich Fischer gezwungen/daß sie jhm den fuhrt durch den Mayn zeigten/hat das Metzger Thor angerandt/ohngeschafft widerumb abgezogen/zur Fischerporten hineyn kommen/den Burgern zugeschryen/sie sollen zu frieden/wo nicht/auch Preiß seyn/der Geistlichen Feind sey er/so sie jhm das seinig widerumb geben/ wölle er zu frieden seyn. Als er nun die Nürnberger Krämer/die Geistlichen vnd jhre Verwandten/sampt den jhrigen bewältiget/sich auff viel Pferd vnd etliche Fußknecht gesterckt/vnd viel Gold vnd Geldt vberkommen/hat er ein vertrag gemacht mit den jenigen so im Schloß gelegen/ auff den 7.Octobris/jhm sampt allen seinen Gütern die man jhm zustellen solt/vnd eynsetzen/solle man noch etlich tausend Gulden darzu geben/Er dargegen alle Gefangene ledig lassen/den Thumbprobst (so gefangen) vmb etlich tausend Gulden geschätzt/auff solches ist er den 8.Tag auß Würtzburg gezogen.

Hammelburg. Cap. cccxl.

AN der Sala (deren wir droben gedacht haben) ligt vnder andern die Statt Hammelburg oder Ammaleyburg/welche erstlich von Ammaley des Grossen Carols Schwester gebawen worden/doch nicht wie zu vermuten an dem ort da sie jetzund stehet/sonder bey dem Schloß Saleck/da noch heutigs tags ein Kirche/Thurn/ vnd Stattgraben zu finden. Es ist auch ein zimlich hoher Berg nicht weit von diser Statt/da vor langen zeiten ein Schloß jhres Namens gestandt/in welchem die Fundatrix gewohnet haben soll. Als Hammelburg noch ein Marckflecken vnd vnwehrlich/ist es im jahr 774. von gesagtem Carolo Magno dem Closter Fuld mit andern mehr zugeeygnet war-

Die Statt

Die Statt Hammelburg

In Francken/figuriert nach form vnd gestalt/wie sie heutiges Tags in Mawren vnd Thürnen verfasset ist.

JJJ ij

1100 Der Statt Hammelb:

Außlegung erlich:

A Burger Mühle.
B Sagl Mühle.
C Rhathauß.
D Spittal.
E New Kirchthurn.
F Faulthurn.
G Ober Thor.
H Ober N. Hauß.
I Münch Thurn.
K Wächters Häu.
L Renn Thurn.
M Nider Thor.
N Mül Thurn.
O Wiesen die Weyher
P Die Sadt.

rancken Contrafactur. 1101

n Ort diser Statt.

Wassergrab.	T Buch.	Y Domesberg.	2 Rotgerberhäußlein.
pflantzgärten.	V Herlesberg.	Z Eschenthal.	3 Wäßlers Lusthäußlein.
New Gärten.	X Offenthal.	1 Rode.	4 Wiesen.

JJJ iij den/

Das fünffte Buch

den/vnder welchem es also zugenommen/daß Keyser Otto den Ertzbischoff võ Mentz (welcher sich zu seinen Feinden geschlagē) zu Ameylburg im Stifft Fuld zu verwaren befohlen hat. Im 1200. jahr hat Abt Conrad von Malchos disen platz erstlichen mit Mawren lassen verwahren/welchen nachgehnds Keyser Albrecht im jah: 1303. auß fürbitt Abt Heinrichs mit Freyheiten begabet.

Schweinfurt ein Reichsstatt in dem Franckenlandt gelegen/beschrieben durch den Hochgelehrten Herren vnd Doctor/ Johannem Sinapium/Artzet des Hochwürdigen vnd Durchleuchtigen Fürsten vnd Herren/Herren Melchior Zobels/von Gutenberg/rc. Cap. cccxli.

Ie Statt Schweinfurt ligt am Mayn/ist ein Reichsstatt/vast mitten im Franckenland/an einem fruchtbaren ort von Weinwachs/guten Ackerbaw/Wiesen vnd Holtz. Johannes Cuspinianus der allda geboren ist/schreibt in seiner Chronicken/daß sie vnder Keyser Heinrichen III. des Hertzogen von Schwaben/ mit Namen Ottonis erblich gewesen/vnd nachmals ein Reichsstatt worden sey. Sie steht zu diser zeit auff der andern Hofstatt/vast ein Büchsenschutz von dem ort da sie vor zeiten gestanden ist. Solchen heißt man noch heutigs tags die alte Statt/ist aber kein Hauß mehr da/sonder alles voller Weingärten gepflantzet.

Dise Statt hat ein feinen Geträidmarckt/welcher den vmbligenden Dörffern wol gelegen ist/daß sie ihre Frücht allda verkauffen/vnd die Händler solches auff dem Wasser füglich hinweg führē mögē. Auch hat es alda ein zimlich weit berüffts Mülwerck/auff welchen des Wassersfluß dermassen gezwungen durch natürlich gelegenheit des orts/vnd durch Meisterskunst/daß er der Mülen zu sonderlichem nutz kompt/darzu auch die vmbligenden Flecken vñ Dörffer solcher durchs jar sich viel gebrauchen. Es hat dise Statt ein lange/grosse/hefftige beschwerung von Keyser vnd König gehabt/von wegen vieler versetzung oder verpfendung/derhalben sie sich offtmals widerumb zum Reich gelöst hat/vnd dardurch dermassen in abnemmung kommen/daß sie noch heutigs tags zu thun hat/vnd noch wol ein lange zeit zu thun wirdt haben/sich herauß zu wicklen. Erstlich hat König Albertus im jahr 1300. die Statt vnd Burg also dem Bißthumb Würtzburg versetzt. Zum andern hat sie Keyser Heinrich der siebend/Grafe Bertholden von Hennenberg im jahr 1310. versetzt. Zum dritten hat König Ludwig die Pfandtbrieff so obgedachter König Grafe Bertholden vber die verpfendung der Statt geben/confirmiert/vnd selbs die beschwerte Statt gegen jhm weiter versetzt/ sampt der Burg/Marckung/Vogtey vnd allen Zugehörungen/jhm darzu vor seiner Krönung zwo newe Verschreibungen/vnd zwo hernach darüber geben. Zum vierdten haben die nachkommen vnd volgenden Grafen von Hennenberg jhr Gebiet oder Recht/so sie vber die Statt vnd jhrer zugehörung hatten/den halben theil dem Stifft Würtzburg verkaufft vnd vbergeben/nemlich der Burg/Marckung/Vogtey/Gericht/Dörffer/Nutzungen/Eynkommen/Rechten/Gewonheiten/Zöll/Zehenden/Zinsen/sampt andern Rechten/von dem H. Reich herkommen. Zum fünfften hat König Wentzeslaus die groß beschwerung weiter gemehret/vnd vom Stifft Würtzburg ein newe summ Gelts darauff entlehnet/auch seiner Vorfahren Pfandtbrieff/so vber die Statt geben/ferner confirmiert. In summa/es seind der versetzung viel mehr/die kürtze halb werden vnderlassen. Vnd hat also die Statt bey hundert jahren in frembden Händen geschwebt. Derhalben auch Sigismundus Römischer König/das Privilegium/damit sie von Keyser Carlen dem vierten seinem Vatter begnadet/dermassen confirmiert/daß/wo sie ein Amptman wurden annemmen/vnd derselbig des Reichs/der Statt Recht vnd Gewonheit nicht mit allem fleiß handhaben/vnd ob der Burgerschafft nutz vnd frommen halten würd/solt der Raht Macht haben einen andern Amptmann zu erwöhlen vnd zu ordnen/zu vrlauben vnd abzusetzen/so offt es jhnen gelegen seyn würd. Solches hat auch Carolus IV. der Statt/ehe sie sich so wol vmbs Reich verdient/in einem sonderlichen Privilegio zugelassen/deßgleichen Maximilianus/zu letst auch Carolus der fünffte Keyser hat Sigismundi Privilegia bestätiget vnd von newem zugelassen. Weiter ist hie zu wissen/daß vor viel jahren zu Schweinfurt ein herrlich Benedictiner Closter gewesen/das Ann. 1283. ist verwandelt worden ins Teutsch Hauß/des vnordenlichen Lebens halb so die Mönchen da führten. Wer etwas weiters darvon wissen vnd lesen will/der besehe die Lateinische Cosmographey/da findt er wie vnd vnder wem gemeldtes Closter ist verwandelt worden. Dise Statt ist Ann. 1554. im Krieg zwischen Marggraffe Albrechten von Brandenburg vnd den Bischoffen von Würtzburg vnd Bamberg auch Nürnberg geplündert/vnd mit Brandt härtiglich beschädiget worden.

Roten,

Von Teutschlandt. 1103

Rotenburg an der Tauber. Cap. ccclij.

DJe Historien zeigen an/das vor zeiten die Hertzogen von Francken gar mächtig seind gewesen vor vnd ehe die Bischöff von Würtzburg an sich gezogen haben Land vnd Leut. Dann jhr Herrschafft hat sich weit außgestreckt biß in Schwaben/Thüringen/Bayern/ vnd haben sich etliche Hertzogen gehalten in der Statt Rotenburg/die nach jhren absterben kommen ist an das Reich/wie hievornen bey Rotenburg am Necker angezeigt ist. Diß ist ein hübsche Statt/vnd ligt hoch/ hat ein tieff Thal auff einer seiten in dem die Tauber herab fleuszt: Ist auch ein fruchtbarer Boden vmb sie/der Wein vnd Korn genug tregt/ vnd das gut/soll auch vmb der gelegenheit wegen/Jerusalem nicht vngleich seyn: den Namen belangend/solle sie von den roten Thürnen vnd Dach auß Ziegien gemacht/Rotenburg genandt werden. Von den Hertzogen diser Statt hab ich im nechsten Blat hie auch etwas geschrieben.

Von dem Tauberthal. Cap. ccclitj.

VOn dem Wasser Tauver/wirdt das Tauberthal genandt/das da entspringt in dem Dorff Wertingen hinder der Statt Rotenburg. An disem Wasser ligen die nach bestimbten Flecken. Rotenburg ein Reichsstatt/gelegen auff einem Berg/ vnd die Tauber fleuszt vnden für. Dise Statt hat mangel an Trinckwasser von wegen jhres hohen Lägers/ist sonst gar ein lustig vnd hübsche Statt. Item Kreglingen ein andere Statt/ist des Marggraffen von Brandenburg. Rötingen ein Statt des Bischoffs von Würtzburg. Weickersheim ein Statt vnd Schloß/ist der Graffen von Hohenloe. Mergentheim des Teutschen Ordens. Brumbach ein Bernharder Closter/darüber seind die Graffen vō Wertheim Kastvögt. Königshofen ein grosser Marckfleck des Bischoffs von Mentz. Lauden ein Statt der alten Graffen von Reineck. Bischoffsheim ein Statt des Bischoffs von Mentz. Wertheim ein Schloß vnd Statt/ist der Graffen von Wertheim/daselbsten falt die Tauber in Mayn. Bey der Statt Rotenburg hebt sich der Weinwachs an/geht in die Tauber hinauß biß an Mayn.

Königshofen an der Tauber/ein schöner Marckfleck. Cap. ccclitij.

ES ligt diser Flecken an einem sehr lustigen vnd guten ort/das aller dingen gnüge tregt/zu auffenthaltung menschliches Geschlechts: als nemblich/Korn/Wein/ Holtz vnd andere ding/vnd wirdt der Wein der da wächst/für anderen sehr weit geführt. Man helt jährlich da auff S. Mattheus tag ein Jahrmarckt/dahin viel Kauffleut kommen/auff die 40. oder 50. meil wegs her/vnd ist diser Marckt gefreyet worden von Keyser Carlen dem fünfften mit viel Freyheiten. Es hat auch viel schöner Steinbrüch da/darauß die Burger jährlich nicht ein kleinen gewün schöpffen/vnd wie klärlich zu sehen/so haben die Burger auß jhrem eygenen Kosten vñ verlegung im 1566. jahr ein schöne steinene Bruck vber die Tauber gebawen/deren gleichen man im gantzen Taubergrund nicht findt/vnd ist solches ein mal gewiß/daß vmb den gantzen Flecken so viel schöner vnd herrlicher Steinbrüch von Sandsteinen gefunden/daß deren gleichen im gantzen Franckenland kaum gefunden werden. Bey disem Flecken seind im jahr 1525. mehr dann 8000. Bawren zusammen kommen/vnd haben allda jhr Läger geschlagen auff einem Berg/welchen man den Thurnberg nennet/an welchem ort sie geschlagen seind worden von dem Schwäbischen Bundt/vnd seind vber 100. von disen 8000. nicht darvon kommen. Man sicht noch heut zu tag an demselbigen ort die Walstatt da sie erschlagen seind worden in einem Höltzlein/das man das Seiltheimer oder Deübiger Höltzlein nennet. Dann allda werden noch gantze hauffen Bein gefunden/auch Kopff die auff den alten stumpffen stecken. Es vermocht zu denselbigen zeiten der Flecken vast auff die 300. Burger/welche in diser Schlacht alle erschlagen seind worden biß auff 15. Letztlich hat er auch viel erlitten von Marggraffe Albrechten/welcher von jhm Anno 1552. hart gebrandschatzt ist worden/mehr dann vmb 3000. Gulden/welches die Burger alles in 6. oder 7. Tag erlegen musten. Anno 1557. ist ein schrecklicher grosser Sterbend der Pestilentz da gewesen/also daß nicht vber 13. Ehe seind gantz geblieben.

Schöne Steinbrüch.

Bawren Niderlag.

Sterbend.

Nennen

Das fünffte Buch

Hennenberg. Cap. cccxlv.

Hennenberg von Colunnesern herkommen.

Vu den zeiten als die Gothen fielen in Italiam / vnd verwüsteten alle ding vmb das jahr Christi 458. zog ein edler Römer in Teutschlande/ der war einer von der Saul/ sonsten von Colonna genandt/ daß er rhuhett/ kam ins Franckenlandt in den Wald da Hennenberg das Schloß ligt. Da gefiel jhm vnd seinen Dienern der Berg gar wol zu bawen. Vnd als man anfahen wolt den Boden oder Hoffstatt zu raumen/ da fand er ein wild Hun mit jhren Jungen auff dem platz / daher nennet er volgends das Schloß Hennenberg. Von welchem Keyser darnach dise Herzen zu Grafen gemacht/ hab ich in keiner Historien funden.

Von disen Grafen geschicht offt hin vnd her meldung/ daß sie sich in den Thurnieren viel haben finden lassen/ vnd erstreckt sich dise Grafschafft zum theil biß an den Thüringer Wald/ grentzet auch an Hessen/ vnd haben gemeldte Grafen dise Stätt vnd Schlösser vnder jhnen/ Mainingen ein Statt vnd Schloß an der Weer gelegen/ Themer ein Statt/ Schleussingen ein Statt vñ Schloß/ an der Schleuß gelegen. vnd ist diser Fluß gantz Fischreich: zwischen disen beydē Stätten ligt Fesser ein schön vnd reich Closter: Schmalkalden/ halb Hessisch vnd Hennenbergisch (da sich vor jahren der Schmalkaldisch Bundt enthebt hat) Maßfeld ein Marcktflecken sampt einem Schloß/ Kündorff ein starck Schloß/ Saul ein schöner Marcktflecken/ allernechst vor dem Thüringer Wald gelegen/ darbey grabt man zu jetziger zeit vberauß trefflich viel Eysenertz/ besonders auff dem Deulberg vnd Donnberg. Darnach nicht weit darvon ist ein Thal gelegen/ so man nesst in der Goldlauter/ da hat man vor wenig jahren Gold vnd Sylber gegraben/ ist jetziger zeit in ein abgang kommen/ derhalben man nicht viel vnkosten mehr an disem Bergwerck anwendet. Noch ein berhümbter Berg auff dem Netz genandt/ da gibt es vberflüssig viel Eysenertz/ vnd hat man allda ein kunstreich Wasserrad zugerichtet/ daß das Wasser ohne mühe in Känelen geschöpfft/ vnd hindan geleitet wird/ so dannethin auff dem Schmidfeld auch ein Eysen Ertzwerck gefunden. Zu dem so hat man bey disen gemeldten Ertzwercken vber die 20. Schmeltzhütten/ da schmidet man allerley Waaffen/ besonders vber die massen viel Büchsen/ sonderlich dieser gattung/ so man jetzt pflegt Muschketen zu nennen/ auch Handtrohr/ klein vñ groß aller gattung ein grosse anzahl/ vnd viel Fewrschloß/ auch andere nothwendige Waaffen mehr/ so in teutschen vnd welschen Landen/ auch in Vngern/ Polen/ allenthalbē weit vnd breit verführt werden. Der letzt Grafe dises Stammens hat geheissen Jörg Ernst/ ist Anno Christi 1585. mit todt abgangen/ vnd zu Schleussingen in der Schloßkirchen/ da dise Grafen gewohnlichen Hof gehalten/ mit Schilt vnd Helm gantz stattlichen begraben worden: deren Wapen ich hie für augen gestellt vnd herzu gesetzt hab: sein Gemahel so er hinderlassen hat/ ist ein Hertzogin von Würtenberg gewesen. Nach abgang diser Grafen von Hennenberg seind dise Landt/ theils dem Landtgrafen in Hessen auß krafft sonderbarer Erbverbrüderung zwischen beyden Häusern auffgericht/ theils aber durch einen sonderbaren Contract den Hertzogen von Sachsen zu gefallen.

Hennenbergisch Graffschafft gar reich an Eysen Ertz.

Wertheim. Cap. cccxlvj.

Wertheim die Grafschafft ligt am Mayn/ nemlich da die Tauber in Mayn fellt/ vnd jhre Herren seind alte Geschlecht: ist aber mir nicht wissend jhr ankunfft/ dann 250. jahr. Im jahr Christi 1300. hat der Grafe von Wertheim Boppo geheissen/ gelebt. Er verließ ein Sohn mit Namen Rudolph/ dem bracht sein Haußfraw zu die Herrschafft Bremburg. Dises Sohn Eberhard besaß beyde Herrschafften/ vnd verließ ein Sohn/ mit Namen Johannem/ der nam zu der Ehe ein Hertzogin von Teckh/ vnd starb im jahr 1407. von jhm seind kommen die nachgesetzten Grafen/ Johann vnd Michel/ rc.

Johann Grafe — Johann Grafe zu Wertheim — Jörg Grafe — Eberhard Grafe zu Wertheim — Johannes Canonicus zu Cöln/ vnd nach seines Bruders Tod Grafe zu Wertheim/ starb Anno 1497.

Michel Herr zu Bremburg — Michel Herr zu Bremburg — Wilhelm zu Bremburg — Asmus, Ludwig, Michel, Jörg.

Die Statt

Von Teutschlandt.

Die Statt Franckfurt

am Mäyn gelegen / dem Heyligen
Römischen Reich ohn mittel vnderworffen / wird hie nach
jhrer form vnd gestalt contrafehtet / sampt Sarenhausen vnd der
Steinen Brucken / die beyde Stätt zu-
sammen füget.

RRR Franckfurt

1108   Das fünffte Buch

Alß Graff Eberhard ohn Leibs Erben starb/verließ sein Bruder das Canonicat zu Cöln/vnnd ward Regent in der Graffschafft/vnnd alß er auch ohn Erben abgieng/fiel die Graffschafft an die Herrn vom Bremburg/die dann auch Gräffen von Wertheim von jhrem Stammen waren.

Franckfurt am Mayn. Cap. cccxlvii.

Franckfurt woher sie genennt wird.

Franckfurt ist ein einige Statt / nicht ferꝛ gelegen vom Franckenlandt an dem Wasser Mäyn/ die jhren Nammen behalten hat von dem Volck von dem sie anfenglich gebawen ist. Vor vnd eh aber die Francken in das Landt kommen sind/ soll sie Helenopolis geheissen haben. Sie ist von alten zeiten her gar ein namhafftige Reichsstatt gewesen/ vnnd sonderlich verordnet zu der wahl eines Römischen Königs. Der erst Keyser so da erwehlt worden/ist Keyser Arnolff gewesen. Es hat diese Statt mit der zeit vast sehr zugenommen in Reichthummen vnd Herꝛlichkeit von wegen der zweyen Jarmessen/so da gehalten werden / vnnd auß gantzem Teutschlandt / auß Italia/ Gallia/ Poland vnd Engelland Kauffleut dahin kommen/ vnd mit jhnen bringen allerley Waar. Die ein Meß wirdt gehalten vor Ostern mitten in der Fasten / vnnd die andere mitten im Herbstmonat.

Meß zu Franckfurt.

Es scheidet der Mäyn diese Statt in zwey theil/welche ein hübsche steinene Bruck widerumb zusammen fügt/vnd werden beyde Stätt geregiert von einem Rhat / haben auch ein Recht vnd Gericht. Die grösser Statt heist Franckfurt/vnd die kleine Saxenhausen. Der Nam Franckfurt kompt von Franco/ der ein Sohn Königs Marcomiri ist gewesen/ vnd die Statt wider auffgericht hat/ wie etliche sagen: aber die andern haben ein andere meynung/nemblich daß dieser Nam komme von dem Fahr/ so an dem ort vor zeiten vnder dem grossen Keyser Carlen die Francken haben gehabt / alß sie die Sachsen bekriegten. Doch erfindt sichs daß diese Statt auch vor den zeiten Caroli Magni Franckfurt geheissen. Man findt auch noch in Geschrifften/ daß Pipinus Keyser Carles Vatter in dieser Statt ein herꝛlichen Tempel vnnd Stifft gebawen hat in der Ehre des Seligmachers/der doch jetzt S. Bartholomeus heist.

S. Bartholomeus.

Deßgleichen hat nachmals sein Sohn Carolus Magnus auch gethan / der auß sonderlicher anmut so er zu dieser Statt gehabt/ gemeldte Stifft herꝛlicher begabt mit Dörffern/ligenden Gütern/ Zehenden/ Gerichtszwengen/ vnd dergleichen. Also haben auch etliche mehr Keyser nach dem grossen Keyser Carlen gethan. Da aber in nachkommenden jahren zwischen Keyser Ludwigen dem Bäyren vnnd Bapst Johannes dem 22. ein schedliche Zweytracht erstanden / darumb auch Keyser Ludwig im jahr 1338. ein Reichstag zu Franckfurt hielt/ in welchem allerley gerathschlagt/ vnd gesetzt ward wider des Bapsts fürnemmen/ auch Keyser vnd Bapst mit jhren anhengen einander verbanneten vnd auffs höchst verfolgten/ hat sichs begeben daß dem Stifft zu S. Bartholomeus viel entzogen ward von den vmbligenden Grafen vnd Edlen/ vnnd sahe der Keyser durch die Finger: dann es waren die Pfaffen auff des Bapsts seiten/außgenommen der Probst/der hatts mit dem Rhat vnd mit dem Keyser/ darumb blieb jhm auch sein Probstey vngeschedigt/ wie sie dann noch auff den heutigen tag ist/ was sie von alten zeiten her hat gehabt.

Concilium zu Franckfurt.

Im jahr 793. hat Carolus Magnus zu Franckfurt ein gemein Concilium gehalten/in welchem verdampt worden die Ketzerey so Felicianus wolt auff die bahn bringen/nemblich daß Christus nach der Menschheit nicht ein Sohn Gottes were / sonder ein zugewünschter Sohn.

Es hat auch Keyser Carle der 4. ein sonderliche liebe zu dieser Statt gehabt / darumb er dieses Ort geeignet hat der Wahl des Römischen Königs vnd Keysers/ vñ das bestätiget mit einer Guldenen Bullen/nemlich/daß da zusammen kommen sollen die 7. Churfürsten/ vnnd erwehlen ein König oder Keyser/rc. Man hat vorhin nicht allwegen zu Franckfurt die Wahl gehalten/ wiewol sie zum offtermal da beschehen ist: aber nach dem das Ort sonderlich darzu bestimpt worden/ ist der alt Brauch auch bestetiget worden/ so offt zwen in zweytracht erwehlt werden/ daß einer sich mit dem grossen Zeug für diese Statt legt/ vnnd wartet des andern anderthalb Monatlang/ ob er jhn dannen schlagen wöll. Vnd so sie zusammen kommen/ vnd einer den andern in die Flucht schlecht/ wird dem die Statt geöffnet/ vnd wirdt der für ein König gehalten der das Feldt behalt. Solches hat sich begeben zwischen Heinrichen Landtgraffen von Thüringen/ vnd Conraden Keyser Friderichs des andern Sohn. Item zwischen König Ludwigen von Bäyern vnnd Hertzog Friderich von Oesterreich/ deßgleichen zwischen Graff Günther von Schwartzenburg vnd Carolo dem vierdten. Wie sie aber gescharmützelt haben gegen einander/ ist hievornen bey den Keysern angezeigt worden.

Fechtmeister.

Hie ist auch weiter zu mercken daß in der Franckfurter Meß die Fechtmeister zu Franckfurt gewalt haben andere Fechtmeister zu machen/ vnd jnen die Titel zu geben dieser Meisterschafft/ vnnd ist solches den Franckfurter Bürgern für ein sonderliche Freyheit von den Römischen Königen

Von Teutschlandt.

Königen gegeben worden/ darumb so mag keiner an einem andern Ort den Nammen eines Freyfechters vberkommen vnd erlangen/ dann allein zu Franckfurt.

Im jahr 1495. ist von Keyser Maximiliano in dieser Statt das Cammergericht auff den letsten tag Octobris angefangen worden/ da dann der Keys. selbs auff dem Hauß Braunfels/ innhalt der Cammergerichts ordnung/ auff dem Reichstag zu Wormbs verfaßt vnnd beschlossen/ den Richter vnd die Beysitzer in Eydt genommen/ nemblich Graff Eytelfriderich von Zollern/ Cammerrichter/ Graff Bernhart von Eberstein den jüngern. Sodann die Doctores Reichart Graffe von Neckerdich/ Dietrich von Pleningen/ Niclaus von Heurin/ Jörg von Neideck/ Heininge Synania/ vnd Martin von Valdenrode Ritter. Hierauff ward Donnerstag den 3. Novembris das erst Königliche Cammergericht allda gehalten. Im jar 1546. ist diese Statt wider auß dem Protestierenden Bundt kommen/ vnnd ist der Graff von Büren mit zwölff Fehnlein Keyserlichen Knechten eyngelassen vnd mit dem Keyser vertragen worden. Darnach im jar 1552. ward diese Statt in dem schweren Krieg/ so der König auß Franckreich wider den Keyser im Teutschen Landen führt/ mit harter Belägerung von Hertzog Moritzen von Sachsen Churfürsten/ vnnd Marggraff Albrecht von Brandenburg belägert/ ward aber nit gewonnen: dann es zog Hertzog Moritz darvor ab/ vnd zuletst auch Marggraff Albrecht von Brandenburg.

Kammergericht zu Franckfurt.

Anno 1593. gieng den 16. Septembris zu Franckfurt/ in einem Hauß/ der Kühornen Hof genaut/ in der Bockenheimer Gassen ein schädlichs Fewr zu nacht vmb 12. vhr/ in einem Stall auff/ das wärt biß gegen Tag/ in welchem 11. Gutschenpferdt verbrunnen/ vnnd vast der gantze viereckichte Platz/ darauff vielenger Häuser mit Stroh/ Holtz vnnd Hew wol außgefüllt gestanden/ biß auff drey Eckhäuser verzehret worden: doch ist in dieser grossen Brunst/ auß Gottes fürsehung/ nicht mehr dann zwey Mannsbilder darauff gangen.

Geraw. Cap. cccxlviii.

Geraw so nicht weit von Franckfurt am Mayn gelegen/ ist Anno Christi 1390. von den alten Graffen zu Catzenelnbogen erbawet worden. Es hat die gantze Gegent/ vom Otenwald biß zum Necker/ ferner auch biß zum Rhein vnd Mayn von diesem Flecken oder Stättlein jren Nammen/ in dem es das Gerawer Ländlein genannt/ ist Korns vnd Weins halb so fruchtbar/ daß nit allein die Eynwohner dessen genug/ sondern wird auch auff dem Wasser in andere Landt/ alß Ringaw/ Mosel/ Niderlandt/ vnd andere Ort mehr geführet.

Geraw.

Bamberg. Cap. cccxlix.

Diese Statt heist eigendtlich Babenberg/ dann sie hat den Namen empfangen von einer Frawen die hieß Baba/ die war Hertzog Otten von Sachsen Tochter/ vnnd König Heinrichs Schwester. Ihr Mann hieß Albrecht/ vnd war Graff zu Bamberg/ ward aber getödt von Hattone Bischoffen zu Mentz. Doch wie das zugieng/ will ich hie vnden anzeigen. Alß aber die Herrschafft dem Keys. heimfiel/ nemblich Ottoni dem 3. gab er davon viel Güter Hertzog Heinrichen/ wie dann in seiner Freyheit geschrieben steht/ also lautend: Zu wissen sey allen Christgläubigen Menschen/ daß wir auff begeren vnd anrüffung vnser liebsten Mutter Adelheit/ vnserm lieben Enckel Hertzog Heinrichen zu Bäyern/ vnser Statt Babenberg genannt/ mit allen darzu gehörenden dingen/ auß vnserm Keyserl. Gewalt vnd Macht zu gebrauchen ewiger eygenschafft/ verliehen vnnd vestiglich vbergeben haben/ ꝛc. Neben der Statt Bamberg auff ein viertheil Meil ligt auff einem Berg gar ein alt wehrhafft Schloß/ das heist Altenburg/ vnd ist vor zeiten der Graffen von Bamberg Wohnung gewesen/ vnd dareyn hett sich gemelter Graff Albrecht gethan/ den der Bischoff von Mentz in todt gab/ welche History Eneas Sylvius gar klärlich beschreibt: aber mit verenderung etlicher Nammen. Er schreibt also: Es ligt vber der Statt Bamberg ein Bergschloß/ von natur vnnd kunst wol bewahrt/ in dem sich enthalten hat Albrecht ein Edler Graff von Francken/ der Hertzog Otten von Sachsen Tochter Sohn war/ nach dem er Graff Conraden Königs Ludwigen Sohn entleibt hett. Es belägert jhn der König etlich tag/ vnd da er sahe daß er das Schloß nicht wol mocht mit seiner stercke gewinnen/ erdacht er ein List wie er jhm zukommen möcht/ vnnd darzu halff jhm Bischoff Hatto von Mentz/ der ward in dieser Sach ein verräther. Danner fügt sich zu Graff Albrechten/ vnd bate jhn daß er mit jhm hinab steig zum König/ er wölt jhm die Sach vertädigen/ oder wolt jhn zum wenigsten wider in das Schloß bringen. Graff Albrecht glaubt vn̄ vertrawt dem Bischoff/ vnd gieng mit jhm auß dem Schloß/ alß sie aber herauß kamen/ sprach der Bischoff zum Graffen: Ich besorg es werd sich zu lang bey dem König verziehen/ wir wöllen vor zu morgen essen.

Altenburg/ ein Schloß.

Das fünffte Buch

Diß gefiel dem Graffen wol/ vnd gieng mit dem Bischoff widerumb in das Schloß/ assen miteinander zu morgen/ darnach stiegen sie hinab/ vnd alß sie zum Kön. kamen/ fieng der Kön. den Grafen vnd verurtheilt jn zum todt. Da rufft der Graff den Bischoff an/ er solt seiner gegebnen Trew statt thun. Aber der Bischoff antwort jhm/ er hett es gethan: dann er hett jhn auß dem Schloß geführt/ vnd gleich darnach wider dareyn geleitet/ mit jhm zu morgen gessen/ vnd da were das versprochen Geleit außgewesen/ er hett jhm nicht verheissen/ jhn zwey mal in das Schloß mit sicherem Geleit zu führen. Nach diesem ward der Graff enthauptet. Dieses Graffen Mutter hat Baba geheissen/ ein Schwester Keyser Heinrichs des Voglers/ von deren Babenberg jren Nammen vberkommen hat. Von diesem König Ludwigen findest du hievornen in der Geburtliny des grossen Keysers Carlen.

Bißthumb zu Bamberg anfang.

Im jahr Christi 1006. hat Keyser Heinrich der Heylig in dieser Statt ein Bißthumb auffgericht/ vnd das ehrlich begabt/ wiewol es hernach reicher ward nach dem todt des Hertzogen von Voitlandt. Da sich aber Bapst Benedictus der acht widriget das zu thun: dann die Landtschafft darumb gelegen ghört vnder das Bißthumb zu Wirtzburg/ erbote sich der Keyser zu thun was er möcht/ so fern jhm der Bapst verwilliget/ da fordert der Bapst von jhm alle jar hundert marck Sylber/ vnnd ein weissen außgebutzten Hengst. Aber Keyser Heinrich gab jhm darfür die Statt Beneventum in Italia/ stifftet zwey Münster daselbst/ vnd ward Eberhardus der erst Bischoff gesetzt. Keyser Heinrich erhöhet dieses Bißthumb so gar/ daß er wolt die vier Weltlichen Churfürsten solten von diesem Bischoff Lehen empfahen.

Eberhard der erst

Schwigger der ander Bischoff 1042	Heinrich von Catalonia 1242	Albrecht Graff zu Wertheim 1399
Hardwig 1047	Leopold Graff von Leyningen 1257	Friderich Freyherr von Auffporß 1421
Adelbert Graff zu Bogan 1054	Arnold Graff von Solms 1285	Anthoni von Rotenhan 1440
Gunther 1060	Leopold von Gerundlach 1295	Georg Graff von Schonburg 1459
Herman 1066	Wulfinus Freyherr von Stubenberg 1305	Philipp Graff zu Hennenberg 1475
Ruprecht 1076	Johann 1319	Heinrich Groß von Drockaw 1487
Otto Graff zu Andechs 1102	Heinrich 1322	Veyt Truchseß von Bomersfelden 1501
Egibert 1140	Wernher Schenck von Reicheneck 1329	Georg Marschalck von Ebmans 1503
Eberhart Hertzog zu Bäyern 1145	Leopold Freyherr von Egloffstein 1340	Georg Schenck von Limpurg 1505
Herman Marggraff zu Meyssen 1172	Friderich von Hohenlohe 1342	Wigand von Redowitz ein Franck 1522
Poppo Hertzog zu Meron 1177	Ludwig von Bebenburg 1351	
Enhino 1191	Friderich Frey von Truchadingen 1363	
Conrad 1202	Ludwig Graff von Meyssen 1366	
Eckenbert König auß Vngern 1203	Lambert von Borne 1376	
Poppo Hertzog zu Meron 1208		

In dieser Statt Bamberg ligt Keyser Heinrich mit seinem Gemahel Sanct Künigund im Thumb den sie erbawen haben/ begraben. Diese Statt hat kein Mawren vmb sich gehabt/ darumb sie auch vor zeiten vnder die vier Dörffer gesetzt worden. Es ist gar ein lustig Ort/ hat etliche Berg in der Statt/ vnnd viel Gärten/ wechst auch zimblicher Wein da/ vnnd vber die maß viel Süßholtz/ welches man mit Wägen hinweg führt in andere Stätt Teutscher Nation. Es wachsen auch mehr Pfeben vnd Melonen da/ dann sonst in keiner Statt Teutsches Lands: der Bischoff ist Herr vber die Statt.

Anno 1553. zog Marggraff Albrecht von Brandenburg für diese Statt/ vnd nam sie eyn/ auß vrsach/ daß sich der Bischoff mit dem von Wirtzburg wider jn zu der Gegenwehr verbunden hat/ vnd der Schatzung sich sperret.

Forchheim. Cap. cccl.

Zwischen Bamberg vnnd Nürnberg ligt ein Statt die heist Forchheim/ vnnd da hat der groß Keyser Carlen etwan das Oesterlich Fest begangen/ darumb ist sie ein eltere Statt weder Bamberg. Im jahr Christi 1553. ward diese Statt durch Marggraffen Albrechten von Brandenburg hart angefochten/ von dessen wegen daß der Bischoff von Wirtzburg sich zur Gegenwehr mit dem Bischoff von Bamberg vnd der Statt Nürnberg verbunden hatt.

Von Teutschland. IIII

Von dem Landt Oesterreich / vnd
andern Herrschafften so jhm vnderworffen.
Cap. ccclr.

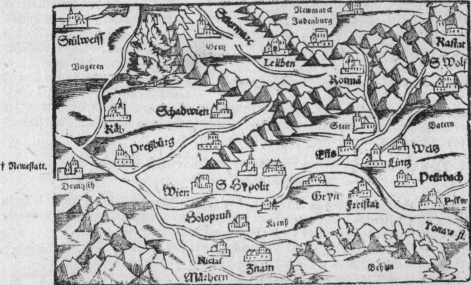

OEsterreich vnd die Gegenheit darumb gelegen/hat vor zeiten das Ober Pannonia geheissen/wie dann Vngerlandt das Vnder Pannonia. Aber da die Römer diese Länder vnder jhren gewalt brachten/vnnd darnach das Römisch Reich in Italia zergieng/seind gar viel Herrschafften erstanden/vnd ist etwan auß einem Land zwey oder drey Länder worden: alß auß dem Obern Pannonia/ist erwachsen Oesterreich vnd Steyrmarck/wiewol sie lang hernach wider zusammen vnder ein Herrschafft kommen seind/wie sie dann noch seind/Oestereich ligt an der Thonaw/aber Steyrmarck ligt neben auß gegen Mittag. Es ist das Oesterlandt trefflich sehr fruchtbar/dann es wird mit vielen Wässern begossen/darzu hat es ein guten geschlachten Grund/der viel Wein vnd Frucht bringt. Es ist auch reich an Holtz vnd Fischen. Der Wein wechst also vberflüssig darinn daß es Weins gnug gibt den Behemen/Märhern/Schlesiern vnd den nechsten Bäyern/vnd darvon groß Gelt erobert. Es hat diß Landt gar merklich sehr zugenommen/nach dem des Römischen Reichs Regierung an seine Fürsten kommen ist/das nemblich beschehen ist zu den zeiten Königs Rudolphs von Habspurg/da diese Herrschafft Erbloß ward/vnd der König sie zu letst seinem Sohn Albrechten gab/der auch Römischer König ward. Vber etlich jahr hernach ward zum Römischen König erwehlt Hertzog Albrecht von Oesterreich/der auch König in Behem vnd Vngern war/vnd von jhm an biß auff vnser zeit(wenig andere Keyser seind darzwischen gewesen)ist der Scepter des Keyserthumbs bey dem Hauß Oestereich blieben. Es ligt auch am In ein Statt/heist jetzund Anisum/zu Teutsch Ens/die hat vor zeiten Laureacum oder Lorch geheissen/vn haben die Römer da gehabt sitzen ein Landvogt. Man find viel darvon geschrieben bey den alten Geschichtschreibern. Die Thonaw laufft durch Oestereich/vnd hat vnder Lintz zwey gefehrliche örter/da die Schiffleut gar bald mögen verfahren vnd verderben. Der erst heist im Sew

Ens:

Sewrüssel.

LLL ij rüssel/

rüssel/vnd fallt da die Thonaw oder stöst sich mit grossem wüten an die Felsen so vnder dem Wasser ligen/vnd wann der Schiffmann da nicht wol erfahren ist/so verdirbt er mit dem Schiff. Darnach ein kleine halbe Meil vnder dem Flecken Gryn/kompt ein Strudel/da laufft das Wasser alles gerings vmbher in einem zwirbel/gleich wie ein vngestümme Windsbraut/vñ erweckt je ein zwirbel den andern/vnd die schlagen darnach grosse vnd wütende Wällen in der Thonaw/daß diese Gefährligkeit etwas grösser ist weder die vorige. Dann es gehn da viel Schiff vnder mit den Menschen/die zu wisen

Strudel in der Thonaw.

gen zeiten nicht wider gesehen werden. Man hat an dem Ort offt ein grund wöllen suchen/aber der Schlund ist also tieff/daß man zu keinem grund kommen mag/sonder es ist Bodenloß da. Was da hineyn fallt/bleibt drunden/vnd kompt nicht widerumb herfür.

Von Stätten/Dörffern/Schlössern vnd Clöstern/so an der Thonaw ligen. Cap. ccclij.

Es ligen vber die maß viel Stätt/Schlösser/Märckt/Dörffer vnnd Clöster in Oesterreich an der Thonaw zu beyden seiten/nemblich vnder Passaw hinab/ Bechlarn ein Stättlein vnd Schloß/vnd ein Marckt/da seind viel Töpffer/vnnd haben einen Richter da. Weitneck ein Schloß/Melck ein Fürstlich Closter/ein Schloß darbey/vnd ein grosser Marckt. Emersdorff ein Marckt/ Augstein ein Bergschloß/Spitz ein Marckt/Triwstein ein Stättlein vnd Schloß/Stein ein Statt vnnd Schloß/Krembß ein Statt/Rottwyg ein Benedictiner Closter auff einem Berg/Holenburg ein Schloß/Tulln ein Statt/Tulbing ein Schlößlein des Bischoffs von Passaw/Königstein/ Zismaur zwen Märckt/Stockeraw auch ein grosser Marckt/Greiffenstein ein Schloß dem Pfaffen Passawer Bißthumbs wol erkandt/Greiffenstein ein Bergschloß/Kitzendorff da wechst guter Wein/wie auch am Bysenberg/der da heist der Bysenberger/Closter Newenstein ein Schloß vnd Statt/da ist ein mechtig Closter gestifft von S. Leopold Marggraff zu Oesterreich vnd Fraw Agnes sein Gemahel/Keyser Heinrichs des 4. Tochter.

Bysenberger Wein.

Pfaff vom Kalenberg.

Statt Wien woher sie genannt wird.

Item Kalberg ein Bergschloß vñ ein Dorff darunder/da der seltzam Pfaff von Kalenberg Pfarrherr ist gewesen/von dem man durch das gantz Teutschlandt weiß zu sagen. Es wechst auch in derselbigen Gegne trefflicher guter Wein. Darnach kompt die Statt Wien/die nimpt nach etlicher sag/jhren Namen von dem Wasser genannt Wien/ligt an einem trefflichen guten Boden/da guter Wein wachst. Besser hinab ligen viel Schlösser vnnd Flecken/biß gen Preßburg die Statt/die zu der Kron Vngern gehört (da wachst auch guter Wein) alß Krainberg/ Haynburg Statt vnnd Schloß/vnnd darbey ein Berg genannt der Haynberg/da nisten die besten Falcken vnd Blawfüß/Rotenstein/Teben/Watenburg/Karolspurg/ Kotzo/Altenburg/Schlösser/Raab ein Bischoffliche Statt.

Von Teutschland.

Abcontrafactur vnd Gelegenheit der Statt Raab, sampt der Keyserlichen Majestat Läger. Cap. ccclij.

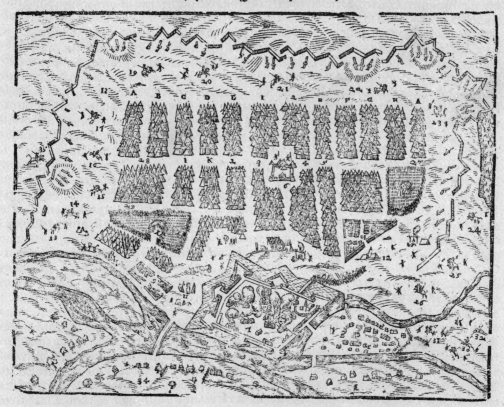

Außlegung der Buchstaben vnd Ziffern des Keyserlichen Lägers vor Raab, da auch alle fürnemste Herren gemeldet.

A Ihrer Kayf. Mayft.
B Ertzh. Ferdinandi
C Oesterreichische
D Des H. Röm. Reichs
E Behmische
F Vngerische
G Schlesische vnnd die von Lausnitz
H Märherische
I Saphovische
K Ferrarische
L Frantzösische

1 Teutsch
2 Oesterreichische
3 Florentinische } Fußvolck
4 Allerley
5 Des Castalden
6 Key. May. Zelt
7 Die Statt Raab
8 Proviandtplatz
9 Arckeley platz
10 Munitionplatz
11 12 Würtzheuser
13 Ertzhertzog Ferdinand

14 Herr von Brederoda
15 Margraffe von Baden
16 Pfaltzgraffe
17 Herr von Rosenberg auß Böhm.
18 Geschütz gegen dem Sind
19 Der Freyherr Vngnad
20 Graff von Schwartzenburg
21 Hertzog von Ferrara
22 Hertzog Wolffgang
23 Hertzog von Pommern
24 Der von Hypprio auß Merhern

25 Der von Klorith auß Lausnitz
26 Rockerdolff von Oesterreich
27 Die Vorstatt
28 —
29 —
30 Der Bathori
31 Hertzog von Guisa
32 Der Tregeso
33 Der Vagiton
34 Die Insel Comorn
35 Der Herr von Chaors
† In dieser Zahl ist der Ertzherg Carlen vnd Lazarus von Schwindi nicht begriffen.

J
M Jahr Christi 1566. ist Ihre Key. May. Maximilianus auß Wien verruckt mit einer grössen Anzahl Kriegsvolck, zu Wasser vñ Land in Vngern zu ziehen, mit hilff des gantzen Römisch. Reichs, wider den Türcken, den Ertzfeind der gantzen Christenheit, vnnd erstlich sich bey Altenburg nider gelassen, alda ist der gantz Hauff zusamen kommen, von dannen auff Raab gezogen, vnd bey dieser Statt hat Keyf. May. ihr Veldläger geschlagen, wie dir hie vor augen gestellt ist. Als nun mitler weil der Türckisch Keyser mit seinem Heer auß Vngern widerumb war verruckt, hat sich ihre Key. May. alßbald auch zum Abzug gerüstet, das Völck gevrlaubet, vnd allein den Graffen von Salm mit etlichen Fehnlein Knechten zu Raab in der Besatzung gelassen. Damals alß Keyf. May. noch zu Raab lag, ist ein leidiges vnfall zu Raab fürgangen: dann auff den ersten tag Octobris, im obgemelten jahr, ist ein schreckliche Brunst auffgangen, die hat schier die gantze Statt verzehrt, zu dem haben auch die Kriegsknecht, sonderlich die Italiäner in löschung der Brunst grosses Gut geraubt, so die Kauffherren dahin geflöhet, vnnd mochten die Hauptleut der Kriegsknechten Geitz hierinn nicht wehren. Es hat aber nachmals Keyf. May. ein grosse summa Gelts dahin geschickt, diese Statt widerumb zu bawen.

Raab verbrennt.

Alß im jahr Christi 1594. der Christen Ertzfeindt Sinan Bassa auff die 80000. starck in Vngern ankame, vnd die gewaltige Vestung Dotis vnnd S. Martins Berg eroberte, begab er sich darnach mit gantzer Macht für die Vestung Raab, belägert vnd beschosse die auffs hefftigste. In

dem

dem begab es sich/ daß am 9.Augusti die Belägerten zu Raab einen vnversehenlichen außfall zu Roß vnnd Fuß in der Türcken Schantz theten/ schlugen die Janitscharen darauß/ vnnd erlegten bey 200. fürnemer Türcken/ darunder zwen Begen vnd viel Reuter waren/ vernagelten dem Feind 5.stück Geschütz/ eroberten vier Fahnen/ darunder eine mit einem Silbern vnd verguldten Knopff gewesen/ etlich Thonnen Pulvers/ viel Kugel/ Säbel/ Büchsen/ Kleynoder/ vnd anders mehr/ so die Türcken in der Flucht hinderlassen. Eben dazumal haben dreyssig Hussaren zwischen der Rabnitz vnd Raab 300. Türckischer Pferd angetroffen/ dieselben zum theil erschlagen/ die andern auffgefangen. Am 11. Augusti haben die Türcken vor Raab mit schantzen widerumb so hefftig gearbeitet/ daß sie so nahe an die Vestung kommen/ daß die außgeworffne Erde in die Stattgräben gefallen/ beschossen auch damals Raab so hefftig alß vor nie/ doch haben die Belägerten/ solch jhr fürnemen mit schiessen zu wehren/ allen müglichen fleiß angewendet. Es wurffen auch die Türcken den 17. Augusti 18. Feirkugeln in Raab/ die aber auß sonderlicher fürsehung Gottes ohne schaden abgangen. Alß sich nun zwischen diesen tagen mancher Scharmützel vor Raab begeben/ seind am 29. gemeldtes Monats die Türcken vnd Tartern auff 10000. starck vber die Thonaw geschiffet/ vnnd bey der Insel Schütt die Christen im besten Schlaff in jhren Schantzen vberfallen/ vnd derselben viel erlegt/ die vbrigen zertreüt vnd in die Flucht getrieben: ist also derselbig Schaden/ den die Christen am Geschütz/ Proviand/ vnnd andern erlitten/ auff 500000. Gülden geschetzt worden. Ob wol damals dem Türcken auch ein zimliche anzahl auff dem Platz blieben/ seind sie nichts desto minder zu Wasser vnd Land mechtig worden/ weit vnd breit alles zu plündern vnd zu brennen widerumb angefangen/ Vesprin vnd Weißkirchen angezündet/ viel Christen mit sich in die ewige Dienstbarkeit hinweg geführt. Den 13. September stienge der Türck widerumb mit mechtigem Sturm an Raab zusetzen/ wurden aber von vnsern Mannlich abgetrieben/ vnnd vber die 12000. der Türcken erschlagen. Nichts desto weniger hielten die Feind hierzwischen mit Belägern der Vestung ernstlich an/ vndergruben vnd zersprengten die Pasten/ vnd stürmeten die Vestung fünff gantzer tag an einander/ ersetzten die müden mit frischen Knechten/ vñ bekamen von den zersprengten Pasteyen ein solchen vortheil/ daß sie schier mit ebnen Füssen auff der herabgerißnen Erden die Vestung anlauffen köndten. Wiewol sich nun die Belägerten die gantze zeit vber Ritterlich gewehret/ vnd offtermal die Türcken zuruck getrieben/ vnnd deren viel erlegt/ wurden sie doch endlich durch die viele der Türcken abgemattet/ also daß Graff von Hardeck/ sampt den andern darinn ligenden Obersten/ mit dem Sinan Bassa vmb ein stillstand zu werben verursachet/ sich auch mit dem Türcken die Vestung mit gewisser Condition auffzugeben verglichẽ. Hierauff wurden auff beyde Theil Geysel gegeben/ vnd der Accord gemacht vnd beschlossen: Nemblich/ daß der Sinan Bassa die Soldaten mit fliegendem Fehnlein sicher auß Raab solte abziehen/ vnnd gehn Hungerischen Altenburg beleiten lassen: welches wol Sinan Bassa bewilliget/ aber nicht durchauß (wie sein Brauch) gehalten. Die Türcken aber nachdem sie in die Vestung kommen/ haben ein guten Vorrath gefunden/ nemlich 3000. eymer Weins/ viel Mehl/ vnd andere Victualien/ vber die 100. groß Geschütz/ 300. Centner Pulvers/ vnd anders.

Nach solchem allem begab sich Graff von Hardeck gehn Bruck/ begert für die F.D. Ertzhertzog Matthiam vnnd den Marggraffen von Burgaw/ ward aber nicht fürgelassen. Alß er aber gehn Wien in Rhat vociert/ ist er/ so bald er daselbst in die Burg kommen/ in verhafftung genommen/ vnd sein Hauß durch Commissarien ersucht worden/ auch andere Comissarien auff der Post auff sein Schloß Krentzenstein/ alda alle seine Sachen zu inventieren vnd zu verschliessen abgefertiget. Folgends ist er mit Nicolao von Perlin den 5. Junij des 95. jahrs zu Wien in offenem besetzten Kriegsrecht fürgestellt/ vnnd jhnen die Vrtheil/ dieweil sie die Vestung wider jhren/ Keyserlicher Majestat gethanen Eydt/ dem Türcken vbergeben/ daß sie vom Leben zum Todt solten gerichtet werden/ gesprochen vnd verlesen/ hernach dem Profosen/ solche dem Scharffrichter zu seinen Henden zu vberantworten befohlen worden/ der sie an Ort vnd stelle/ da es sich gebürt/ führen/ vnd was Vrthel vnd Recht vber sie erkennt/ exequieren soll. Alß nun Graff von Hardeck auff den Platz zu der Pin/ so etlich staffel hoch/ vnnd dieselbig mit schwartzem Thuch/ wie auch der Stock/ darauff jhme die Hand solt abgehauwen werden/ vberzogen gewesen/ kommen/ ist er neben Magister Haunstein/ der jme an statt eines Predicanten zugeben/ vnd vier seiner Diener auff die Pin getretten/ jederman vmb verzeihung gebetten/ den Kragen von dem Halse gethan/ den Hut für die Augen gezogen/ auff den schwartzen Sammeten Pulster nider geknict/ vnd den rechten Arm auff den Stock gelegt/ darauff der Züchtiger/ sampt andern zweyen seinen Gehilffen hinderwerts/ daß er jhn nicht ansichtig worden/ in der eyl auf die Pin gelauffen/ der eine das Eysen auf die Handt gesetzt/ der ander mit einem eysern Schlegel darauff geschlagen/ vnnd der Züchtiger alßbald darauf/ vast gleich mit einander/ daß man eins mit dem andern nit recht warnemmen können/ jme den Kopff abgehauwen/ haben alßbald des Grafen Diener jhres Herzen Cörper mit dem schwartzen Thuch/ so auf der Pin gelegen/ bedecket/ vñ auf den Wagen/ so allda gewartet/ getragen. Also ist gleich nach dem Grafen von Hardeck Niclaus von Perlin auf die Pin neben zweyen Jesuitern kommen/ seinen Kragen weg geworfen/ auf gemeldtes Tuch auf seine Knie gefallen/ darauf der Züchtiger auf die Pin

Von Teutschlandt. MJ5

die Pin kommen/einen Streich gethan: weil aber Perlin den Kopff vornen etwas zu nidrig gehalten/hat er im ersten Streich jhme den Kopff nicht gar abgehawen/sondern alß er gefallen/noch zwen Streich gethan/aber denselben nicht gar abgelöst/sondern alßbald das schwartze Tuch über jhn geworffen.

Gammern ein Schloß vñ Marckt/da fahet man auß der massen viel Hausen/sind grosse Fisch in der Thonaw/dick auff ein mal 100.die führt man gen Wien vñ anderstwohin. Gran ein Ertzbischoffliche Statt mit einem Bergschloß/vnd ist ein natürlich warm Bad da. Lindenburg ein Marckt vnd ein Bergschloß/darauff behalten wirdt die Kron/mit der man pfleget zu krönen die König von Vngern. Weiter ist hiezu mercken/daß Oestereich vor drey oder vier hundert jahren nicht also mechtig ist gewesen/alß jetzund zu vnsern zeiten: dann es ist seydher

Lindenburg

darzu gefallen das Hertzogthumb von Steyermarck/das Landt Kernten vnd Crayn/die Graffschafft Cilien/vnd die Gräffschafft von Thyrol in dem Etschlandt/wie hernach gesagt wird.

Beschreibung der Statt Wien/gezogen auß dem Buch
so der hochgelehrte Doctor Wolffgang Lazius von der Statt Wien in Latein hat geschrieben.
Cap. cccliv.

Es sind in den alten Geschrifften daß Wien vor viel hundert jaren hat geheissen Vindobonna, vnd ist lang darnach dieser Namm geendert worden/vnd geheissen Fabiana, vnd wie Otto Frisingensis in seinen Historien anzeigt/haben etliche auß dem Bein V gemacht/vnd auß Fabiana Favianam gemacht. Vnnd auff die meynung findt man auch in den alten Stifftungs Brieffen des Closters zu den Schotten zu Wien also geschrieben: Wir haben diese Abtey gestifft auff vnsern Boden zu Faviana, so zu den jetzigen zeiten genennt wird Wienna, vnnd hat diese Brieff geschrieben Hertzog Heinrich von Oestereich im jahr 1158. Es zeugen auch Antoninus vnnd Ptolemeus/daß die zehend Germanisch Legion/so man die Lerchen Legion hat genennt/gelegen ist in Obern Pannonia, so damals Oestereich genannt worden/vnnd daher auch diesem Hertzogthumb von dem Römischen Reich geben sind 5. Lerchen in jhrem Wapen/das doch nachmals/wie auch hie vnden gemeldet wirdt/verendert ist in ein ander Zeichen. Von wem aber diese Statt anfenglich erbawen sey/weiß man nicht. Sie soll Anno 550. geschleifft worden seyn/vnnd also blieben biß zum jahr 1150. Es soll auch vor zeiten ein Bisthumb da seyn gewesen/das sein anfang genommen hat Anno 466.

Vindobona.

Bisthumb zu Wien.

Der erst Bischoff vnnd Apostel dieser Statt vnd Landts hat geheissen Mamertinus/der 2. Martianus/vnd der 3. Lucillus. Nach diesem sind die Longobarden eyngefallen/vnnd haben alle ding verderbt/vnd ist das Bisthumb auch nider gelegt worden/biß das Juvauier Bisthumb wider auffgerichtet worden/da ist vmb das jar 640. Conradus an die Thonaw Bischoff geordnet. Deßgleichen ist geschehen vnder dem Kön. Pipino im jar 740. zu welcher zeit von den zweyen Bisthumben Juvavia, vnd Laureaco(dazumal am In vnd Thonaw gelegen) ward Sodomus gesandt in Pannoniam alß ein Bischoff vnd Lehrer des Euangelii. Es erstreckt sich dazumal der Francier Herrschafft durch das Bayerlandt an den In. Nach dem grossen Keyser Carlen sind die Vngern oder Hunen herauß gefallen/vnd haben Teutschlandt gar schwerlich verderbt/vnd ist dahin kosten/dz die Statt Passaw an sich gezogen hat die 2. Bisthumb Laureat oder Lorch/jetz Ens vnd Fabian/vnd etlich andere Kirchen. Endlich im jar 1480. hat Keys. Friderich die Probstey zu Wien verwandlet in ein Bisthumb/vnd ein newe Probstey auffgericht. Es soll diese Statt 1. jahr lang ein Freystatt/vnd vnder dem Reich gewesen seyn/vnd von Keys. Friderichen dem 2. vbergeben den Hertzogen von Oestereich/seiner Trew vnd Dienstbarkeit halb so er dem Reich bewiesen: Vnd alß diese Statt auffgangen ist/vnd zugenommen an Reichthumen/menge der Leut/hübschen Gebewen/vñ dergleichen dingen/ist auch im jar 1237. angefangt worden von Keys. Friderichen dem andern ein Hohe Schul/vnd darnach im jahr 1356. durch den Ertzhertzogen Alber-

Hohe Schul zu Wien auffgericht.

Albertum diese Schul widerumb ernewert/vnnd darnach im jahr 1366. mechtig gemehret durch Hertzog Rudolphen den 4. Ertzhertzogen/zu welches zeiten auch der herrlich Thurn vnnd Schnecken am Münster auffgericht worden seind. Es haben auch die Kauffleut vnd Krämer von dem jar 1200. sich nach vnd nach gen Wien verfügt/vnd angefangen da zuhandtieren/vnd ist mit der zeit darzu kommen/daß da ein grosser Kauffhandel worden ist/vnnd ein Niderlag mancherley Güter. Dann man führt auß Teutschlandt auf der Thonaw dahin/vnd von dannen weiter in Vngern/Eysen Waar/Korn/Hüt vnd Kleyder. Dargegen bringt man auß Vngern Vieh vnd Ochsenhäut. Auß Italia bringt man gen Wien guten Wein/Wullen vnd auch Seydene Tücher/vnnd Frücht vber Meer her. Die Polander vnd Behemen kauffen zu Wien vnd führen hinweg Wein/bringen dargegen Häring vnd andere gesaltzene Fisch/Tücher vnd Bier. Aber die Italiäner kauffen zu Wien Augstein/Gold/Sylber vnd Päch. Zu den zeiten Plinij ist dieser Gewerb gewesen zu Carnuto/so jetz ein Dorff ist/vnd ligt 6. Meil von Wien/heißt zu vnsern zeiten zu Sanct Peternell. Im jar 1008. hat Hertzog Leopold viel Privilegien geben der Statt Wien/die er auch Wien nennt/von wegen des Kauffhandels/darnach die Statt mechtig zugenommen hat/vnd zu grosser Reichthumb kommen.

So ein gemeiner Landtag gehalten wirdt in Oestereich/werden 3. Ständ beschrieben/Prelaten/Landtsherren/Adel vnd Stätt/darunder der Prelaten Sitz/wie volgt.

Ersts 2. Bischöff/1. Wien/2. Newenstatt/3. Der Hohmeister S. Jörgen Orden/zu Mildstatt in Kernten/4. Meister Teutsch Ordens zu Wien/5. Meister S. Johans Orden.

Pröbst/Wien/Newenburg/S. Pölten/Glotzicknitz S. Andres bey Dresen/S. Dorothe zu Wein/S. Vlrich zu Newenstatt/zu Liechtenthal/Tirnstein/Berneck/Eystatt/Hertzogburg/Ardacker.

Aebt/Melck/Schotten zu Wien/H. Creutz zu Wien/Dreyfaltigkeit zur Newenstatt/Gottwig/Sensenstein/Altenburg/Gilgenfeld/Martzenzell/Newenberg/Seyterstetten/Zwettel/Gerenß.

Prior/Anspach/Genning/Maurbach.

Von Bischöffen zu Wien.

Mamertinus der erst 466	Anno 800	Hunen wegen/so es zerstört/vnd sind Anno 1140. Pfarherren worden	Bernhard Frey von Polhelm
Marcianus	Dietrich		Georgius von Slavonia
Cunald Lucillus	Otto		Petrus Bonorius
Sodomus	Oswald	Leo Spaur 1480	Johann Revellis 1522
Haymo	Radfrid	Bernhard 1485	Johann Fabri 1531
¶ Nach diese mißt die Christlich Religion abgangen biß	¶ Da ist abermals das Bißthumb abgangen/von der	Urban Johann	Friderich Nausea/ein vortrefflicher gelehrter Mann.

Pfarrherren.

Eberhard	Petrus 1266	Goufrid 1316	chen erwachsen das Pröbst worden sind/im jahr 1360.
Burckhard 1160	Gerhard 1270	Pollio	
Sighard 1210	Bernhard Brambeck 1280	¶ Nach diese mißt die Kir-	

Pröbst.

Wernher	Albrecht Graff zu Schaunburg 1440	Bißthumb ernewert/sind doch die Pröbst darneben blieben	Johann Bischano 1510
Albert 1370			Paulus von Oberstein 1517
Berthold 1382	Jobst Haußner 1460	Thomas von Cilia 1480	Johannes Rosinus 1544
Anthoni 1400	¶ Vnder diesem Probst	Virgilius Cantzler	Johannes Saur 1545.
Wilhelm Tuers 1412	hat Keys. Friderich der 3. das	Justus Chasma 1503	

S. Georgen Orden/der seinen Hohmeister hat/hat Keyser Friderich der dritt gestifft/den Hohmeister gefürstet/Mildestatt zum Hofläger jm eyngeben/auch den Bischoff zur Newenstate sampt den Thumbherren daselbst vnderthan. Was die Herren von Chranichberg/so ohn Erben gestorben/verlassen/jm auch geben/alß da ist Trautmansdorff/Scharffeneck/Petronell/ꝛc. Elbwangen die Probstey war er auch willens darzuzubringen/vnnd der Johanser Herren Commenthury zu Maurberg/aber der Todt wendet es.

Cuspinianus theilt Oestereich also auß/daß es grentze zu Auffgang an das Wasser Rab vnnd Rebnitz/vnd diese Grentz beschliessen die vier Wässer Lytta/Nardin/Pielag/vnnd Drasam. Zu Nidergang an das Wasser den In. Gegen Mittag vnd Mitnacht heist das Landt Ob vnd Nider der Ens/das theilt die Thonaw/hat 4. Feld im Oberlandt/was hie disseit gegen Mittag/ist das Steinfeld vnd Tulnerfeld/jenseit des Wassers Marchfeld vnd Gembßfeld/gehört in die Ober Herrschafft. Die Nider aber hat was hie disseit ligt/ist Ober vnd Nider Wiener Wald/was jenseit ober vnd vnder Meynhards Berg.

Erstlich ist gewesen/die Oestereichisch Marck vnder einem Landtvogt vom Keyser gesetzet/vnd hat sie Ludwig des Grossen Carols Sohn also beschrieben.

Von der Leiter hinauff biß an das Wasser Nardin/der lenge nach/in derselbigen ligen die Berge

Die Statt Wien

In Oesterreich / contrafehtet nach Gelegenheit / so sie zu vnsern Zeiten hat / welche zu einem sonderlichen Gezierd dieses Wercks erlangt hat von einem Ehrsamen / Hochverständigen vnd Weysen Raht derselbigen löblichen vnd weitberühmbten Statt / der Hochgelehrt Herz vnd Ehrwürdige Doctor / Herz Wolffgangus Lazius / gemelter Statt hoher Schulen Ordinarius / ein sonderlicher Liebhaber vnd fleissiger Forscher alter Ding vnd Historien der verlauffenen Geschichten.

MMM   Wien

Wien die Hauptstatt im Ertzhertzogthumb Oesterrei
gewaltigen Widerstands halb / so t
Chr

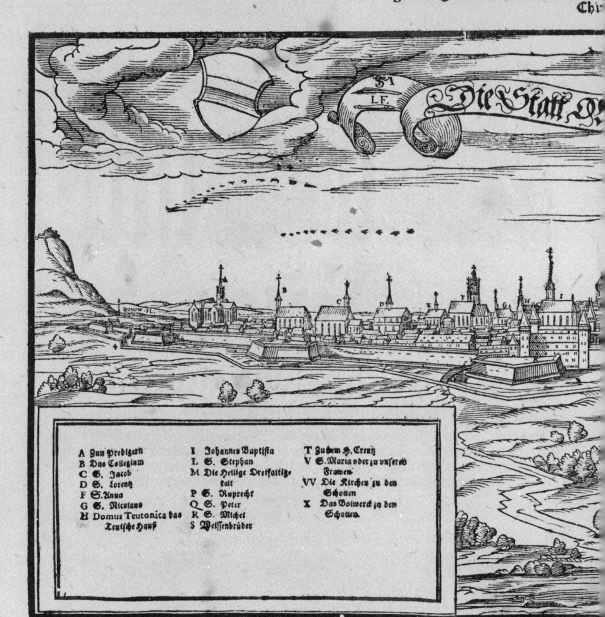

Welt wolbekandt/wegen deß Keyserlichen Hofs vnd deß
...ider den grimmigen Erbfeinde der
...ethan.

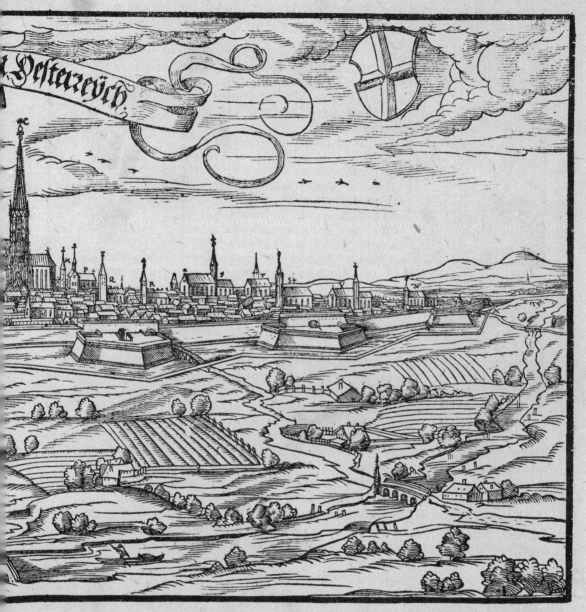

Das fünfft Buch

Wie das Für-
stenthumb
Oesterreich
auffgestiegen.
Berge Comagen: das ist/ der Callenberg vnd Wachaw. In der breite von Pielag biß zur Oresam. Also ists auch gescheiden worden zu Keysers Otten deß andern zeiten. Also ists nach vnd nach gemehrt worden/ vnd hat Marggraff Lupold/ Melck/ so das Isin Schloß genannt war/ mit aller
Herrschafft/ durch das Schwerdt darzu gebracht/ vnd also die Grenzen vmb viel geweitert/ vmb
das jahr 900.

Ernst vmb das jahr 1070. hat die Kastvogtey vber das Bisthumb Enß vnd Passaw erlangt/
vnd ward deß Römischen Reichs Prior geheissen. Jhm wurde seine Freyheiten von Nerone vnd
den folgenden Keysern/ durch Heinrichen
den 4. bestättiget. Jhm ward vergönt ein
bloß Schwerdt vnd Fahnen im Reich stäts
vorzuführen.

Lupold der Fünfft dieses Namens vmb
das jahr 1104. hat Eysenburg den Vngern
abgetrungen/ vnd damit das Land erweitert.

Heinrich Jasamergott war Hertzog zu
Bäyern gemacht durch Keyser Conraden
vmb das jahr 1140. Jhme ward aber das
Land ob der Enß darfür geben/ daß er von
Bäyern abstehn solt. Er war der Schild/
das Hertz deß Römischen Reichs genannt/
zum Hertzogen gemacht/ der Hertzog Hut ward jhm gegeben mit einem gezimmeten Krantz mit
dem Creutz.

Lupold der 6. Heinrichs Sohne/ hat zu Accon das new Oesterreichische
Wapen mit strengem streiten erlangt: das Hertzogthumb Steyrmarck/ die
Graffschafft Newburg: Lintz/ Welß/ hat er von den Bischoffen von Wirtz-
burg vnnd Passaw erkaufft: Newstatt hat er erbawen/ die Graffschafften
Peylstein/ Klingenberg/ Butten/ Huntzberg/ hat er zu Lehen bekommen.

Albrecht ward deß Hauses Habspurg erster Vicary vom Reich in Oe-
sterreich/ darnach von Keyser Rudolphen seinem Vatter zum Ertzhertzogen
gemacht. Er hat die Saltzpfannen zu Hall im Jnnthal auffbracht/ Anno
1290. Er bracht durch Heyrat darzu die Graffschafft Carniol/ sein Vatter zuvor hat die Graffschafft Hohenarg erheyrat mit Horb vnd Rotenburg/ vnd macht Albrechten zum Hertzogen in
Schwaben. Ehingen gehört auch zu Hohenburg/ deßgleichen Fridingen/ die Graffschafft Hay-
gerloch/ Schonberg vnd anders viel.

Otto König Albrechts Sohn/ nam Annam die Königin auß Behem/ die brachte jhm zu das
Land Crayn. Er war Vicary deß Reichs zu Tervis vnd Padua.

Albrecht/ Albrechts Sohne/ bracht durch Heyrat vnd Kauff die Herrschafft Pfirt an das Geschlecht. Rheinfelden die Reichsstatt den Graffen von Nidow verpfändt/ löset er an sich im jahr
1351. Er hat auch Schafhausen/ Newenburg vnd Breisach bekommen/ kaufft auch Freyburg Anno 1368. die Landgraffschafft im Elsaß.

Rudolph/ Albrechten deß Weisen Sohne obbestimpt/ hat durch Heyrat Margrethen Maul-
täßin das Hertzogthumb Kärnten vnd Graffschafft Tyrol erlangt. Die hohe Schul zu Wien
auffgericht. Er bekam auch die Marggraffschaft Burgaw/ so nach Marggraf Heinrichs Todt
ledig worden.

Lupold/ Albrecht Sohne/ hat die Grafschaft Feldkirch sampt der Statt Pludentz/ der Heyl-
genberg/ Walgöw/ rc. die Marck zu Tervis ward jhm vbergeben/ deßgleichen im Friaul Felters/
Cividat/ die Clausen/ vnd anders viel/ Triest/ rc.

Albrecht/ deß 3. Albrechts Sohne/ hat das Königreich Behem durch Heyrat bekommen/ deßgleichen Vngern/ er hat Griechisch Weissenburg zu Vngern bracht/ dem Despoten auß Sirfien
abgetrungen/ letzlich ward er auch Keyser. Mit Behem ist hinzukommen Schlesi/ Mährern/ rc.
Mit Vngern/ Dalmatien/ Croatien/ Windischmarck/ Portenaw.

Friderich Röm. Keyser/ Hertzog Ernsts Sohn/ hat darzu bracht Cilien vnd Görtz.

Maximilian auch Röm. Keyser/ Keyser Friderichs Sohn/ hat durch Heyrat/ da er deß Hertzogen auß Burgund Tochter Mariam nam/ Burgund/ Braband/ Gellern/ Lützelburg/ Lothrin-
gen/ Limpurg/ Holand/ Seeland/ Flandern/ Hennegöw/ Picardey/ Limpurg/ Artois/ Namur/
Falckenburg/ vnd anders mehr darzu gebracht. In Italien/ Padua/ Verona/ Vicentz. In Bäyern vnd sonst/ Köpffstein/ Rotenburg/ Salm/ Mechel/ Zutpfen.

Philippus ein Sohn Maximiliani/ erlangt durch Heyrat Hispanien/ Castilien/ Aragon/ Le-
on/ beyde Sicilien/ Michia/ Hierusalem/ Navarra/ Granaten/ Toleten/ Valentz/ Gadien/ Ma-
jorcken/

Von Teutschlandt.

sorcken/Hispalen/Sardinien/Corduba/Corsica/Murcia/Roga/Gienis/Algurron/Altzefir/Gibraltar/Canarien/Indien/Königreich/New Calabrien/Cathalonia/Asturia/Rossilion/Turrentania/Oristangen/Gotzien/Pisaurien/Athen/Neopatrien.

Carolus Röm. Keyser Philippi Sohn/bracht darzu Meyland/Utrecht/Frießlandt/Tripoli Tunis/Bugia/Africa/Gerben/Mexico/Cuba/Darzen/Cusco.

Ferdinandus Röm. Keyser/Siebenbürgen/Costentz.

Philippus Caroli Sohn/den Heyrat mit Engellandt/Franckreich vnd Portugall.

¶ Der Ertzhertzogen zu Oestereich Freyheiten seind: das Landt Oestereich/sol der Herrschafft von Oestereich/vnd derselbigen Erben/in absteigenden jhres Geschlechts Nachkommen/ewig Lehen seyn/also daß kein Römischer Keyser/kein Potentat oder Gewalt dareyn setzen soll. *Ertzhertzogen von Oestereich Freyheiten.*

Der Fürst sol auch alle Nutzung des Lands haben/desgleichen seine Nachkommen. Er sol auch seyn/der aller geheimest Rhat des Römischen Reichs/also daß kein Sach so in ewigkeit reicht/ohn sein wissen beschlossen werden oder geschehen soll/desgleichen seine Nachkommen.

Das Land Oestereich ist auch exempt vnd frey/sampt seinem Eynnemen/für alle andere Land/ aller Zinß vnd Aufflagen der Keyser in ewigkeit. Vnd die selben Fürsten von Oestereich seind dem Röm. Keyser kein Stewr noch Deinst schuldig/sie wöllen dan das gern thun/auß genommen zwölff gewaffneter Mann in seinem kosten in Vngern ein Monat lang zu halten:

Sie seind auch nicht schuldig vmb empfahung jhrer Lehen ausserthalben des Landts Oestereich nach zureisen/sonder sie sollen jhm in dem selbigen Landt geliehen werden. Vnnd ob jhm dz versagt wurde/sollen sie das drey mal schrifftlich erfordern/vnd mögens demnach ohn alle Forcht der Seligkeit besitzen/als hetten sie es Leiblich empfangen.

Derselb Ertzhertzog zu Oestereich/so jhm/wie oben steht/seine Lehen vom Reich geliehen werden/soll er die empfahen/bekleidet mit einem Fürstlichen Gewandt/vnder seinem Ertzhertzogen Hütlein/vmbfangen mit einem gezimmeten oder gespitzten Krantz/vnd ein Stab in seiner Hand haltend/auff seinem Pferd sitzend/vnd ist mit solcher gestalt der Leihung groß mechtig für andere gehaben.

Der Ertzhertzog zu Oestereich hat die Wirdigkeit vom Reich/daß er der Königlichen Kron Diadem/vnnd das Creutz der Keyserlichen Diadem auff seinem Ertzhertzogen Hütlein offentlich tragen mag.

Er empfahet auch sein Lehen frey ohn einige Gab.

Die Fürsten von Oestereich sollen vnd mögen jhr Gericht/Fürstlich Schwerdt/vnd des Landts Paner offentlich vor dem Reich vnd aller Welt tragen oder führen lassen.

Der obgemelt Ertzhertzog ist vmb kein Sach schuldig vor dem Reich zu Recht zu stehen/er wölle dann gern/sonder er mag einen seiner Lehenmann setzen/vor dem selben soll er dem Rechten gehorsam oder statt thun.

Er ist auch nicht schuldig auff die Reichstäg zu kommen/vnd zu erscheinen/dann mit gutem willen.

So aber der Hertzog auff einer Reichs versamlung ist/soll er alß ein Pfaltz Ertzhertzog gehalten werden/vnd nichts weniger im Sitz vnnd Gang zu der Gerechten seiten des Reichs/die erste statt nach den Churfürsten haben vnd behalten.

Das Reich soll auch dem Ertzhertzog zu Oestereich wider alle seine Vergwältiger/oder die jhm vnbillichs zu fügen/hilff beweisen/daß er Recht erlangt.

Er mag durch einen vnverleumbden Mann kempffen/vnd den selben seinen Kempffer mag desselbigen tags kein Fürst/noch andere Personen/keiner Verleumbdung anziehen.

Was der Hertzog zu Oestereich in seinen Landen oder Gebiet thut/oder auffsetzt/das soll weder Keyser noch ander Gewalt hernach nicht verendern.

Das Reich soll kein Lehen haben im Hertzogthumb Oestereich.

Welcher Fürst oder Herr im Hertzogthumb Oestereich Güter hat/so von jhm Lehen seind/die soll er niemandt leihen oder zustellen/er habs dann vor vom Hertzogen von Oestereich bestanden oder empfangen/wo das nit geschehe/seind die Güter dem Hertzogen frey eigen verfallen/allein die Geystlichen Fürsten vnd Clöster hierinn auß genommen.

Die Bisthumb vnd Stifft Saltzburg vnd Passaw/mit allen jhren Gütern/gehören vnder die Kastvogtey des Landts Oestereich.

Alle Weltliche Gericht/Schätz/Bergwerck/Müntzen/Wildprät/Fischweyd/Forst vñ Wäld/ in obgemeldten jhren Landen/sollen von dem obgemeldten Ertzhertzogen zu Lehen sein.

Der eltest vnder den Hertzogen soll die Herrschafft des Landts haben/vnd nach jhm sein eltester Sohn/erblich.

Doch also daß es von dem Stammen des Geblüts nicht komme/vnnd daß diß Hertzogthumb nimmermehr getheilt soll werden.

Wo aber gemeldte Fürsten vnerbsam abgiengen/so soll das Hertzogthumb vnd die Landtschafft an sein elteste verlaßne Tochter fallen.

NNN Der

Der Ertzhertzog hat frey Macht sein Landt zu vergaben vnd zu verschaffen wem er wil/ so er (das Gott verhüt) ohn Erbkinder abgeing/ vnd soll daran durch das Reich nicht verhindert werden.

So jemandt/ in was Wirden der wäre/ etwas seiner Landen/ oder wie das genannt möchte werden/ so er vom Reich oder von Geystlichen Fürsten Lehens/ oder ander Gaab weiß innen hett/ einem Hertzogen von Oestereich vnd Steyr verschaffen/ vergaben/ verpfenden wurd/ das dieselben Gaaben/ Käuff vnd Versatzungen/ weder Keyser noch jemand verhindern mögen.

Vnnd ob solche Gaaben/ Käuff vnd Vermächtnus so eylends geschehen/ daß der Keyser oder Lehen herren nicht möchten darumb angesucht werden/ das soll dem Hertzogen kein nachtheil gebären.

Des Ertzhertzogen von Oestereich vnnd aller seiner Fürstenthumb vnd Landt Vnderthanen/ Hauptleut/ Vögt/ Pfläger/ Rhät/ Diener vnnd Amptleut/ sollen für kein fremd Gericht des Reichs zu Westphalen/ zu Rotweil/ noch für kein ander Hof oder Landt gericht/ geladen noch erfordert werden/ sonder das Recht vor des Ertzhertzogen von Oestereich geordneten vnd gesetzten Richtern nemmen vnd geben.

Ob aber von einigem frembden Hof oder Landtgericht wider des gemeldten Hauß Oestereich vnd seiner zu hörigen Landt Vnderthanen etwas gehandlet/ geurtheil oder gesprochen wurde/ das selb soll nichtig/ krafftloß vnd cassiert seyn.

Der obgemeldt Ertzhertzog soll auch seine Landt gericht mit Edlen/ oder sonst mit andern Erbaren vnverleumbden Mannen/ an Ritters statt/ besetzen vnd verordnen mögen.

Auch so sollen die Vnderthanen vnnd Diener des Hauß gewalt haben offne Aechter zu halten/ vnd mit jhn gemeinschafft zu haben/ doch dz sie auff anrüffen der Partheyen/ die zu Recht halten.

Ob auch jemandt an der gemeldten Ertzhertzogen zu Oestereich Hof oder Landt gerichten in die Acht erkennt wurde/ so sollen dieselben an vnserm vnd des Reichs Hof nicht darauß genommen werden mögen/ sie seyen dann zuvor an der gemeldten Ertzhertzogen Hof oder Landt gericht darauß kommen.

Vnd was also vor des Fürsten der Oestereichischen Landen Verordneten vnd Gesatzten/ Hof vnd Landgerichten/ oder ander jhren Gerichten/ mit Vrtheil vnnd Recht erkannt vnd entscheiden wurd/ darbey soll es entlichen bleiben. Es wäre dann daß die Sach ein Appellation auff jhr trüg/ so soll doch dieselb nach Ordnung des regierenden Landesfürsten/ vnd der Landt Gebreuch/ auch nicht weiter dann in der Landts fürsten Cammer gericht vollführt/ vnd darüber an ein Römischen Keyser vnd König/ noch an des Reichs Cammergericht/ oder ander Gericht/ nicht appelliert/ suppliciert/ noch reduciert werden.

All auß jeden Jüden/ so der zeit vnder jhrem Gewalt sitzen/ vnd künfftiglich sitzen werden/ sollen bey allen jhren Rechten vnd Zugeordnungen bleiben/ wie die Hertzogen oder jhre Vorfahren solch Jüden hergebracht haben/ vnd die in jhren Landen halten/ Stewren/ vnd damit in allweg handlen vnnd fahren mögen in aller maß/ alß die Römischen Keyser vnnd König in dem Heyligen Reich von Rechten/ Freyheiten/ Gewohnheiten vnnd alten Herkommen die halten/ vnnd mit Stewren in andere weg mit jhnen fahren/ thun vnd handlen mögen. Sie mögen auch sonst in allen jhren Landen offen Wucher halten.

Der gemelten Ertzhertzogen von Oestereich vnverzeit Amptleut/ sollen in keinen Reichsstetten einige Recht haben/ vnd wär auß jhren Landen zeucht/ der mag nimmer auff sein zeit wider dareyn ziehen.

Welcher Eynwohner des Landts/ oder der Güter darinen hat/ wider den Ertzhertzogen thut/ heimlich oder offentlich/ der ist jhm Leib vnd Gut verfallen.

Die Ertzhertzogen mögen in den vorgemeldten jhren Fürstenthumen/ Herrschafften vnnd Landen/ die sie jetz haben oder in künfftigen zeiten gewinnen/ sich aller gewaltsame gebrauchen/ mit Freyung zu geben/ newe Auffschleg/ Müet/ Zoll/ vnd ander mehrung jhr Nutz vnd Rendt zu machen/ vnd auffzusetzen/ vnd deren all ander weg/ wie die genannt seindt/ vnd sich bewegen werden zu geneissen vnd zu gebrauchen/ zu gleicher weiß alß Römische Keyser vnd König/ die in dem Reich geben/ machen/ auffsetzen/ vnd gebrauchen mögen/ nichts darinn außgenommen.

Auch daß sie vnd jhre Erben vnd Nachkommen/ in allen jhren Landen/ Herschafften vnd Gebieten/ alß obengemeldet ist/ Graffen/ Freyherren/ Ritter/ Knecht/ auch Tugentsame vnd verdienete Personen von newem Edel machen/ denselben Wapen vnd Kleinot mit Schilt vnd Helm vnd allerley Gezierdheit/ Farben vnd Blaßnierung geben vnd leihen/ der Keyserlichen Rechten/ der Artzney/ der Sieben Freyen Künst Lehrer vnd Meister/ auch offen Schreiber vnd geordnete Richter setzen vnd creieren/ also dz die selben Graffen/ Freyherren/ Ritter/ Knecht/ Edelleut/ Lehrer Meister vnnd offen Schreiber/ geordnete Richter von Keyserlichem Gewalt gemacht/ geordnet vnd ceiert/ mögen gebrauchen/ vben vnd niessen/ alle Gerechtigkeit vnd Gewonheit/ doch dz sie vor an gebürlich Gelübd vnd Eydt darumb von jhn an des Keysers vnd des Reichs statt nemmen/ alß dann solch Gelübd vnd Eydt vor denselben Ehren vnd Wirdigkeit wegen zu thun gebürt.

Daß sie auch in allen jhren Landen/ Herschafften vnd Gebieten/ alß oben gemeldt ist/ all vnnd
jeglichen

Von Teutschlandt.

jeglichen Bastarten/ vnd ander Vnehelich geboren/ in welcherley Weiß das ist/ oder was Gebrechen die an jrer geburt haben/ Ehelichen/ vnd zu dem Rechten deren/ so Ehelich geboren sind/ bringen/ auch zu Ehren/ Würden vnd Ständen/ vnd allen Aemptern tugentlich machen/ vnd sie zu Vätterlicher vnd Mütterlicher vnd aller anderer Erbschafft beyder selber jhr Vatter vnd Mutter/ lebendig oder nach jhrem Todt/ es seyen Eheliche Erben vorhanden oder nicht/ zulassen. Auch all Vngeleumbd von welcherley That die solten durch Vrtheil oder sonst gemerckt vnd verleumbd vnd an jhren Ehren/ Würden vnd Ständen geschwecht seyn/ jhren Leumbde vnd Würde wider geben/ vnd sie in den vordrigen Stand wider zu setzen.

Auch Graffen/ Freyherren/ Ritter/ Knechte vnd Edelleut/ Lehrer/ Meister/ offen Schreiber/ vnd die geordneten Richter/ die sich jhrer Würde vnd Ampt nicht gebräuchen als recht ist/ darvon entsetzen von aller jhrer Würde vnd Ampt/ auch denen die es verschulden der Ritterschafft vnnd Meisterschaffe Zierheit abnemmen/ vnd von jhnen auffheben mögen.

Daß dasselbig Hertzogthumb hab alle vnd jede Recht/ Privilegien vnd Indult/ wie die andern Fürstenthumb deß Reichs auch haben.

Ob auch die District/ Gebiet vnd Hertschafft vorgemelts Ertzhertzogs erweitert werden/ durch Erbschafft/ Gabung/ Kauf/ Vermächnussen oder einig ander Anfall/ so sollen obgemelte Recht/ Freyheiten vnd Indult auff dieselben Mehrungen oder Erleuterungen vollkomblich gezogen werden. Sie sollen auch haben alle Vogtheyen vnd Vogtrecht/ in Bistumen/ Abteyen/ Probsteyen/ Klöster/ Gottshäusern vnd Kirchen/ an Leuten vnd Gütern/ die in jhren Hertschafften vnd Ländern oder Anderstwo gelegen sind/ deren Erbvögt sie seynd/ vnd zu Recht sollen seyn.

Vnd wider die obgeschriebenen Gnaden/ Privilegien vnd Freyheiten sollen nicht helffen thun oder seyn keinerley gemein/ Keyserlichen geschriebenen Gesetz oder Recht/ noch keinerley Gewonheit/ oder ander sonder Satzung oder Ordnung an einigerley end oder statt gemacht/ welcherley die sind/ ob die auch also gethan werden/ daß darvon sondere meldung von Wort zu Wort beschehen solt/ doch denselben Gesetzen/ vnd in den andern jren Stucken vnd Innhaltungen vnvorgrifflich.

Ob auch Röm. Keyser vnd König/ Freyheiten/ Gnad oder Brieff/ wie die wären/ gegeben hetten/ die wider vorgemelten deß Hauß Oestereichs Freyheit/ Brieff/ Gerechtigkeit/ Würde/ Gnad oder Gewonheit wären/ dieselben sollen gantz krafftloß vnd vnschädlich seyn/ vnd demselben Hauß Oesterzeich/ noch desselben Hauß Fürsten/ Hertzogen vnd Nachkommen keinerley Schaden noch Irrung bringen/ in kein weg.

Es sol auch dem gemelten Ertzhertzogen nichts schaden/ noch abbruch geben/ ob einiger der vorgemelten Brieff/ oder sonderlich einiger Artickel darinn zerrissen oder zerbrochen wär/ von König Ottocaren zu Behem/ oder König Bela zu Vngern/ oder noch verbrochen möcht werden/ sonder die Hertzogen sollen die Freyheiten all haben/ wie die vorgemelten lauten.

Wie dann die vorgemelten Freyheiten/ Privilegien/ Gaab vnd Gnad in etlichen Römischen Keysern/ Königen/ Privilegien/ Brieffen vnd Vrkundung/ mit mehrer Außführung/ lauter begriffen vnd außgetruckt sind/ vnd sonderlich in den nachgemelten Brieffen/ nemlich König Heinrichen deß Vierdten mit Eynführung zweyer Brief von Keyser Julio vnd Nerone/ König Heinrichen deß 5. Keyser Friderichs deß 2. mit Inserirung Keyser Friderichs deß 3. König Rudolphs/ König Albrechten/ König Heinrichen/ Keyser Ludwigen/ Keyser Carlens deß 4. König Wentzla/ König Sigmunden/ vnd Keyser Fridrichen deß 3. aller Röm. Keyser vnd König/ mit sampt andern Freyheiten vnd Handvesten/ die mit mehr Außführung vnd gründlichem Anzeigen begriffen sindt.

Im jahr Christi 1008. hat Hertzog Lupold viel Privilegien geben der Statt Wien/ die er auch Wien nennt/ von wegen deß Kauffhandels/ dardurch die Statt mercklich zugenommen hat/ vnd zu grossem Reichthumb kommen.

Von der Geburt vnsers Erlösers als man zahlt 1529. zoge Solymannus der Türckische Keyser (als jhn Johann Waynoda durch ein wunderlistigen Polacken Hieronymum Lascky auffgewicklet hat) durch Vngern in Oesterreich/ vnd belägert die Statt Wien am 13. Tag Herbstmonats: als er aber die auff alle weg mit stürmen vnd vndergraben genötiget/ vnd doch nichts schaffen mocht/ wegen deß Ritterlichen Hertzogs Philipsen Pfaltzgraffen (welcher deß Zusatz Oberster war) widerstand/ ist er den 16. Tag Weinmonats/ mit viel gefangenen Christen zu rück/ ohn geschaffter Sachen gezogen.

Anno 1590. den 7. Herbstmonat erhub sich zu Wien ein erschröckliches Erdbidmen/ welches der Statt mercklichen Schaden zufügt: sein Anfang war vmb 5. vhren nach Mittag: vmb Mitternacht war es am hefftigsten/ vnd wäret biß vmb 7. vhr deß folgenden Tags. Es war kein Hauß so starck nicht gefunden/ an welchem von vnden hinauß nicht ein Spalt zu sehen gewesen. Es hat auch damals die Kirch bey den Schotten mitten entzwey gebrochen vnd eyngeworffen/ das hinder Chor alles erschellet/ den Altar zerspalten/ daß man also die Kirch abbrechen müssen. Item S. Stephans Thurn ist auch dermassen erschüttert worden/ daß die Stuck eines Manns hoch herab

NNN ij   gefallen.

gefallen. Es hat auch der Thurn so bey der gülden Sonnen/ nicht weit vom rohten Thor gestanden/ das hinder Hauß an der Herberg eyngeworffen/ vnd 9. Personen vnd zwey Pferd darinn erschlagen.

Anno 1627. den 27. April. vmb 10. vhren vor Mittag/ erhub sich allda abermalen ein mächtige Fewersbrunst/ welche in wenig stunden in 160. Häuser angesteckt vnd in die Aschen gelegt.

Steyermarck. Cap. ccclvj.

Im Jahr 1200. oder vmb dieselbige Zeit/ ist die Steyrmarck durch ein Weib an das Hertzogthumb Oesterreich kommen. Ist erstlich ein Marggraffschafft gewesen/ vnd durch Keyser Fridericum Barbarossam zum Hertzogthumb gemacht. Der letzt Marggraffe hieß Ottocar/ vnd deß Tochter nam zu der Ehe Hertzog Lupold von Oesterreich/ vnd ward mit Verwilligung deß Keysers Hertzog in Steyrmarck. Hernach als diß Landt widerumb erbloß/ sandten die Landtsherren vmb ein Herren gen Bayern/ etliche wolten haben den König von Vngern/ der setzt sein Sohn gen Gretz/ der lebt nach seines Lands Sitten mit den Leuten/ darumb mochten sie jhn nicht leyden/ trieben jhn widerumb auß dem Landt vnd wendten sich an Hertzog Ottocar zu Oestereich/ der deß Königs von Behem Sohn war. Da zog der König von Vngern für Wien mehr/ dann mit 60000. Mann/ vnd die eine Witwe deß letzten Hertzog Friderichs Schwester/ von der hie vnden gesagt wird/ vbergab dem König von Vngern heimlich jhr Recht an dem Land Oestereich/ dieweil der König vor der Statt lag/ der gab jhr darumb ein Hertzogen von Reussen/ da war ein Fried gemacht/ wäret aber nicht lang. Dann als König Stephan von Vngern/ vnd König Ottocar von Behem sich vnderwunden deß Lands/ setzt König Ottocar in das Land den Bischoff von Olmüntz zu einem Hauptmann. In summa es kam zu einem grossen Krieg/ vnd lag König Ottocar ob/ die Vngern flohen/ vnd eylet jhnen Ottocar nach biß gen Preßburg/ vnd verwüstet das Land vbel. Diß geschahe im jahr 1206. vnd ward zu letzt aller Krieg versöhnt durch Heyraht. Gemelter Ottocar erobert auch das Hertzogthumb Kärnten/ das jhm verschrieben war im jahr 1269. Da gewann er Laibach/ vnd nöhtet was jhm zu wider war in Kärnten vnd Krayn Darnach fieng er ein Krieg an wider seinen Schwager den König von Vngern/ thät jm vnd seinem Land viel zu leydt/ beschlieff den Landtherrn jhre Weiber mit gewalt/ vnd treib sonst viel Vbels: dann das Römisch Reich stund viel jahr ohn ein König/ biß zu letzt Graf Rudolph von Habspurg erwehlt ward/ das laß ich nun hie anstehen. Steyrmarck hat vor zeiten Valeria geheissen/ vnd das von einer Frawen die ein Tochter war Diocletiani. Das Volck so darinn wohnet/ redt Teutsch/ wiewol etliche hie jenet dem Wasser Dravo oder Trasich sich der Windischen Sprach gebrauchen.

Laibach.

Cilia Graffschafft.

In diesem Landt ist ein alt Stättlein das heist Cilia/ da noch viel alte verfallene Gebäw gefunden werden/ vnd ist ein Graffeschafft da gewesen/ die starb auß vnder Keyser Friderichen Maximiliani Vatter/ vnd ward eyngeleibt dem Hauß Oesterreich. Es hat zur selben zeit in der Graffschafft geherrschet Gräff Friderich/ der war ein Bübischer Mann mit Weibern/ vnd sonderlich nahm er vber sein Ehefraw/ die ein geborne Gräffin von Croatien war/ noch ein Weib/ das bekümmert seinen Vatter also vbel/ daß er das Weib ließ erträncken auß grossem Eyfer der Gerechtigkeit. Da fuhr der mutwillig Sohn zu vnd beschlieff seiner Vnderthanen Weiber/ nöhtiget die Jungfrawen/ truckt hart das Volck/ zuckt zu jhm der Kirchengüter/ samblet allenthalben zu jm die Müntzfälscher/ Vbelthäter/ Wahrsager/ Schwartzkünstler/ vnd beharret also biß an sein End/ da erbt jhn sein Sohn Vlrich/ vnd folgt jhm nach. Vnd als er erschlagen ward/ waren bey 24. Anspracher seiner Erbschafft/ vnd gleich wie er in seinem Leben allenthalben Krieg vnd Auffruhr gemacht hatt/ also erweckt auch sein Sterben Zwytracht vnd Widerwertigkeit. Aber die Obern deß Lands verwilligten sich/ die Besitzung deß Lands Keyser Friderichen eyn zugeben. Da vnderstund Gräffe Vlrichs verlaßne Witwe zu beschirmen was sie inn hett. Aber Keyser Friderich war nach Eroberung vieler Schlösser mit gewalt endtlich zu Cilien vffgenommen/ auß Vbergebung eines Behems/ der war deß Graffen Rittmeister gewesen/ empfieng Geldt von dem Keyser/ vnd wendet sich ab von der Gräffin.  Es ist in Steyrmarck ein groß Volck/ das an vielen Orten Kröpff hat/ vnd die so groß/ daß sie etwas an der Red dardurch gehindert werden. Vnd die Weiber so jhre Kinder säu-

Von Teutschlandt.

gen wöllen/müssen die Köpff hinder die Achsel wie ein Sack werffen/sol dz Kind anderst zu den Brüsten kommen. Etliche meynen dz sie die Köpff haben von dem Wasser dz sie an dem ort trincken/vnd von dem Lufft des sie sich da gebrauchen. Man seudet viel Saltz in diesem Landt/vnd führt es in andre Länder. Darzu gräbt man auch viel Eysen vnd Sylber darinn/dann das gantze Landt ist Birgig/außgenommen gegen der Sonnen Auffgang/da es an Vngeren stoßt/da hat es grosse Ebne.

    Anno Christi 1593.ist zu Judenburg in der Steyrmarck ein schwartzer Stern in der Sonnen/ vnd gegen vber ettlich groß Geschütz welche grosse Kugeln nach der Sonnen geschossen/gesehen worden/vnd haben die Kugeln einen Schatten auff der Erden/an Farben wie ein Regenbogen gegeben.

    Es seindt auch bey der Sonnen viel Köpff mit jren langen Hälsen/vnd geflochtenen Binden/ wie auch ein langer dicker Storch mit einer Ketten angefesselt/erschienen.

Kärndten. Cap. ccclvj.

Das Landt Kärnten ist Birgig an dem Ort da es stoßt an Krayn: das ist/gegen Mitternacht hat es Steyr/gegen Vndergang vnnd Mittag stoßt es an das Welsch Gebirg vnnd Friaul/hat viel Thäl/ Bühel vnnd Berg. Es ist fruchtbar an Weytzen/hat viel See/Bäch vnnd Flüß/vnder welchen die Traun der fürnemest ist. Er fleust durch Steyr vnnd Vngern/vnnd fallt in die Thonaw. Es ist die Gelegenheit den Herren von Oestereich vnderthänig/vnnd wann ein newer Herr von Oestereich anstehet zu regieren/so haben die Kärnten diesen Brauch. Es ist auff gericht ein Marmelstein nicht weit von der Statt Sanct Veit im Zollfeld/darauff steigt ein Bawr/ dem das Ampt auß Erblicher Gerechtigkeit zu gehört/vnd von dem Geschlecht der Edlinger genannt/vnnd steht vmb jhn das Volck vnnd die gantze Bawrschafft. Vnd dann kompt gegen jhm der Fürst mit seinem Adel/der ist wol bekleidet/vnnd führen ein Paner mit des Fürsten Wapen. Aber der Graffe von Görtz laufft zwischen zweyen kleinen Panern vorher/vnnd er ander Adel volgt her nach wol gezieret vnd geschmuckt/allein der Fürst kompt in gestalt eines Bawren/mit seiner Kleidung/Schuhen vnnd dem Hut/vnnd trägt ein Hirten stab in den Henden/vnnd neben im ein Stier vnnd Feldpferdt. Vnd so der Bawr auff dem Marmelstein den Fürsten ersicht/schreyt er in Windischer Spraache (wie dann die Kärnten Windisch reden) vnnd spricht: Wer ist der/der also hochfertig daher pranget? Antwortet das vmbstehende Volck: Der Fürst deß Landts kompt. So spricht der Bawr: Ist er auch ein gerechter Richter vnnd Liebhaber deß Heyls vnsers Landts/freyer Eygenschafft? Ist Er auch ein Beschirmer deß Christlichen Glaubens? Antworten sie: Ja er ists/vnnd wirdts. Vnd muß jhm der Fürst vmb diese zwey Stuck geloben bey seinen Trewen/daß er Gerechtigkeit wölle halten/ vnnd derhalben so Arm werden/daß er sich mit solchem Viehe alß Stier vnnd Feldpferdt ernehren müsse. Auff das fragt der Bawr widerumb: Wie vnnd mit was Gerechtigkeit wirdt er mich von diesem Stul bewegen? Antwortet der Graff von Görtz: Man wirdts dich mit sechtzig Pfenningen von dannen kauffen. Diese zwey Haupt Viehe/der Ochs vnd das Pferdt werden dein seyn/vnnd du wirst deß Fürsten Kleidt nehmen/ vnd dein Hauß wirdt frey vnd vnzinßbar seyn. Auff das gibt der Bawr dem Fürsten ein sanfften Backen schlag/vnnd gebeut im das er ein rechter Richter sey. Damit steht er auff vnd führt sein Vieh mit jhm hinweg/vnd der Fürst steigt auff den Stein mit einen blossen Schwerdt/ kehrt sich vmb vnnd vnnd/gelobt dem Volck gut vnnd gleich Gericht. Darnach zeucht der Fürst in Sanct Peters Kirch/allernechst auff einem Berg gelegen/vnd nach verbrachtem Göttlichen Dienst zeucht er ab die Bäwerischen Kleyder/legt an die Fürstliche Gezierd/halt mit dem Adel vnnd Ritter schafft ein Wirtschafft/vnnd reit darnach widerumb in das Feld/setzt sich auff ein Richterstul/vnnd entbeut menniglichen Rechts zu statten/vnnd Lehen zu leihen. Der von Görtz setzt sich zur andern seiten hinder den Fürsten/alß ein Erbpfaltz graffe von Kärnten/vnnd leicht auch nach seiner Gerechtigkeit. Der Landt Marschalck nimet des Hertzogen Pferdt/ der Schenck den Gulden kopff/der Truchseß die silbern Schüssel. Vnd alß lang der Fürst auff dem Stul sitzt vnd leicht/so haben die Gradnecker von alter her die Gerechtigkeit vnd Gewalt/wz Wißmatten sie dieselbig weil abmäyen mögen/so ist das Hew jhr/man löse es dann von jnnen. Die Portendörffer haben die Gerechtigkeit vnnd Freyheit/so lang der Fürst sitzt auff dem Stul vnd leicht/mögen sie im Lande brenen wo sie wöllen/wer sich mit jnen nicht huldigent/vnnd nach der

Brauch ein Fürsten zu empfahen.

1126 **Das fünffte Buch**

Portendörffer abgang haben die Wardachsen solche Freyheit. Ottocar der König zu Behem hat diese Freyheit gehalten/ Graffe Meinhard von Tyrol/ alle seine Söhn/ Hertzog Ernst von Oestereich/ Keyser Friderichs Vatter/ im jar 1423. Keyser Friderich wolt auff dem Stul nicht leihen/ des halb das er Keyser war/ gab aber Brieff vnd Siegel der Landtschafft/ das er deren nicht schaden solt an ihrem Gebrauch. Keyser Heinrich der Heylig hat diese Gewohnheit bestädiget.

Kärnten kompt an Oestereich.

Im jar Christi 1331. ist das Hertzogthumb von Kärnten kommen an die Hertzogen von Oestereich. Dann Heinrich der letst Hertzog/ ließ kein Mänlich Erben hinder ihm/ darumb fiel das Hertzogthumb an das Römisch Reich/ vnd ward von Keyser Ludwigen zum Erblehen verliehen Hertzog Albrechten II. von Oestereich. Aber Hertzog Heinrich ließ hinder ihm ein Tochter/ die hett Johannes des Königs Sohn von Behm/ vnd ward ihm geben die Graffeschafft Tirol für das Hertzogthumb Kärnten. Vnd da der Maggraffe von Brandenburg dieses König Johannis verlaßne Witwe zu der Ehe nam/ ward er durch sie Graffe zu Tirol. Vnd alß er kein Erben hett/ schencket er die Graffeschafft den Hertzogen von Oestereich.

Von Fruchtbarkeit deß Lands Kärnten findest du hie vnden bey dem Windischen Landt.

Adel in Kärnten.

Dieser Adel/ so in Kärnten gwesen/ ist aller abgangen: Es warn Pfaltzgraffen welche würde hernach erblich an die von Görtz kommen. Comyn stifftet Werd/ am Werdsee. Graff Willelm zu Zellschatz stifftet Lavenhal/ sein Haußfraw Gurck. Graffen auß der Moldaw haben gestifftet Vitring. Ortenburg Grafen von Grachburg/ Gra Michel den letsten erbt der Graf von Cili. Sternberg fallt auff die von Ortenburg/ im Leyenstifft Ossiach/ Haffnerburg/ Graffen. Hertzen. Pleyburg/ Feyßnitz/ Freüntheim/ Alten Heurn/ Witzneck/ Auffstein stifft 6. Wyn/ Glaneck/ Selleheim/ Osterwitz/ S. Peter am Wallerberg/ Weysenberg/ Pulst/ Rottenberger/ Lebenacher/ Carlsperger/ Cappeler/ Schrawpamer/ Grafensteiner/ Truchßner/ Polauer/ Labecker/ Volckel/ Sunecker/ Wilnsteiner/ Stattburger/ Puelmdorfer/ Herburger/ Zeisselburger/ Greifenfelser/ Leonsteiner/ Plessinger/ von Roß/ Wardburger/ Freger/ Trostenheimer/ Paradeser/ Hardecker/ Nabensteiner/ Raspen/ Trimitzer/ Voldrarer/ Liebenberger/ Eychelberger/ Gressinger/ Rubenberger/ Himmelberger/ Steirberger/ Karlnsteiner/ Neger/ Portendorffer/ Harmstorffer/ Truttendorffer/ Morderndorffer/ Wernberger/ Felber/ Moßburger/ Sachsen/ Harilsteiner/ Herbecken/ Probant/ Prunner/ Fryacher/ Jobsten/ Pacher/ Paben/ Wuelraser Straßburg. Albecker/ vom Hauß/ Praunsperger Stainpruchler/ Sunerecker/ Schnisser/ Popuschacher/ Perger/ Ebersteiner/ Kriegenfelder/ Lembacher/ Veldsperger/ Redenawer/ Fraunsteiner/ Fliegenfüß. Von Waur/ Sunther/ Radweger/ Schmesser: von Carthing/ Stopffer/ Leibharden/ Rostocker/ Dobersperger/ Hoffman/ Harder/ Lambecken/ Perscharher/ Hornecker/ Schencken von Osterwitz/ Landsperger.

Tyrol. Cap. ccclviij.

Die Graffeschafft Tyrol vnd Inßpruck hat Hertzog Rudolff/ Hertzog Albrechts Son von Oestereich/ im jahr 1360. an das Hertzogthum Oestereich gebracht. Dann er hett des Grafen von Tyrol Wittib zur Ehe/ vnd wiewol dieselbe ein Tochter hett mit ihrem ersten Mann/ die Hertzog Ludwig von Bayern/ Keyser Ludwigs Sohn zu der Ehe nam/ vnnd mit ihr Meinhardum gebar/ ein Erben der Graffeschafft Tyrol/ starb doch der selb Meinhard ohn Erben/ vnnd vermacht die Graffeschafft dem Hauß Oestereich. Dann er war seines Vatters Brüder den Heren von Beyern feind/ vnnd also bleib die Graffeschafft bey den Heren von Ostereich/ biß sie hernach vertauscht ward vmb Kärnten/ wie gemelt. Diese Graffeschafft hat järlich ein solch groß Eynkommen/ vnnd ist also reich an Sylbergruben/ die bey Schwatz gefunden werden/ daß sie einem Königreich möchten vergleicht werden. Wie Obern Elsaß vnd das Breißgöw an das Hauß Oestereich kommen ist hab ich hie vornen in Beschreibung deß Elsaß angezeigt.

Krayn. Cap. ccclix.

Krayner stossen an die Hystereicher/ gebrauchen sich auch vast der Windischen Spraache. Es seyndt aber zweyerley Crayn: Eins ist trocken vnd dürfftig deß Wassers/ darinn die Hystereicher vnd Karsten zwischen Laibach vnd Triest in dem Gebürg wohnen/ biß an den Fluß Vna. Das ander Krayn ist wol befeuchtet mit mancherley Flüssen/ vnd sonderlich mit der Saw vnd Laibach/ von dem die Statt ihren Namen hat.

Als

Von Teutschlandt. 1127

Als Anno 1594.zu Selag in Krayn/ zwo Meil von Labach vnder dem Herren von Thurzen den 14. Augstmonats angefangen ein newe Kirchen zu bawen/ vnd zum Fundament graben/ hat man ein seltzam Gewächs in der Erden/ gleich einem Schwamb oder faulen Holtz gefunden/ ist formiert gewesen wie ein Menschen Kopff mit einem doppelten Kröß vmb den Halß/ vnd einem Türckischen Hut auff dem Haupt: die Schnur darumb einer Schlungen gleich/ hinden am Hut ein Wolffskopff mit einem scharpffen vnnd grewlichen Gesicht: vnden am Hut aber ein außgestreckter Arm/ daran nachfolgende drey Buchstaben VV N VV. gestanden/ vnd in der Hand ein Ruhten.

Hysterreich. Cap. ccclx:

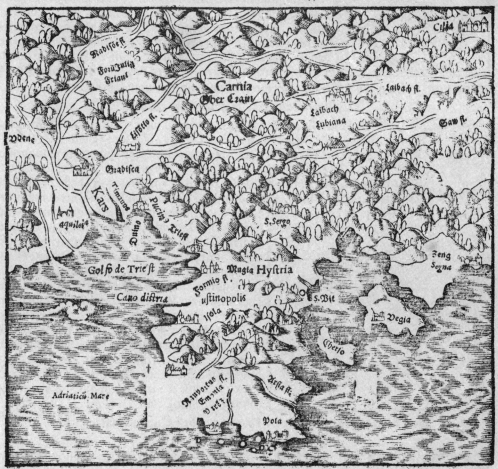

ES sind die Hystereicher jetz die Windischen/ bey welchen di Statt Parentium/ Pola vnd Justinopel (auff Welsch Capo de Hystria) die Hauptstatt Hystriæ/ ligen/ vnd stöst das Land an Italiam bey dem Adriatischen Meere. Es ist diese Gegne steinig vnd birgig/ vnd die Stätt so am Meer ligen/ gebrauchen sich der Welschen Sprachen/ wiewol sie die Windische Sprach auch können. Das Theil so an das Meer stöst/ ist den Venedigern vnderworffen: aber die Mittel-Erden hat das Hauß Oesterreich in/ vnd ligt darinn die Statt S. Veit genañt.

Aber Herr Ludwig Vergerius/ geboren auß diesem Land/ schreibt mir also zu von seinem Vatterland: Hystria streckt sich weit hinauß in dz Meer: als ein halbe Insel/ sein breyte hat bey 40000. Schritt/ wie auch Plinius vor viel jahren angezeigt hat: aber der Vmbgang ist viel länger dann er geschriben hat. Dann so man wil von Triest anfahen messen/ vnd vmbher fahren dem Staden nach biß zu S. Veit/ daß man Fiume nennt/ vnd ligt in dem Fanatico sinu (ist ein Meer das etwas in das Erdtrich geht) findet man mehr dann 200000. Schritt.

Diese gantze Landschafft ist gar vneben/ hat aber nit gar hohe vnd vnfruchtbare Berg/ sondern sie mögen sich mehr den Büheln vergleichen/ seyndt trefflich wol gepflantz mit Weinreben/ Oelbäumen vnd andern fruchtbare Bäumen. Item Korn/ Wein vnd Vieh gedeyen da mit vberfluß. Doch hat diß ein Berg der ist vast hoch/ den man auch seiner höhe halb nennt den grossen Berg/ Mosmaior. der neigt sich zum Fanatico sinu/ vnd den sehen die Schiffleut im Maere zum ersten in irem fahren. Es entspringt ein Brunn in seiner höhe/ der begeust durch seinen vberflüssigen Quall alle Aecker

Das fünffte Buch

so vnden an diesem Berg ligen. Es wachsen auch auff diesem Berg viel seltzame Kreuter/vñ die Artzet steigen darauff mit grosser arbeit/daß sie solche Kreuter abbrechen/nicht allein die Artzet so innerhalb dieses Landts jhre wohnung haben/sonder auch auß frembden Landen kommen gelehrte vnnd erfahrne Männer diesen Berg zu besichtigen seiner Kreuter halb.

Das Land Hystria hat drey fleissende Wasser/deren Nammen sind Formio/Nauportus vñ Arsia. Das erst ist vast klein/vnd hat sich etwan biß in Italiam zu erstreck. Man nennt es in gemeiner Sprache Risanum/vnd fallt bey Justinopel in das Meere/nach dem es sein Fluß auff 8000. Schritt getrieben hat. Das ander nennt man jetzt Quieto/vnd haben vor zeiten ettliche gemeint/es komme auß der Thonaw. Das dritt Wasser Arsia genannt/kompt auß einem kleinen See so vnder dem grossen Berg ligt/vnd endet sich an jhm zu vnsern zeiten Italia/was darüber ist/gehört zu Liburnia vnd Sclavonia oder Windia.

Von den Stätten Hystrie. Cap. ccclvj.

Die Stett Histrie so am Meere ligen/heissen Mugia/Justinopel/Insel/Pirano/Humago/Emonia/Parentium/Orser/Rouigno/Pola/S. Veit Ausserhalb aber des Meers Gestaden ligen noch viel mehr/sonderlich Pinguento/Montana/Portule/Bulle/Albona/ꝛc. Die fürnembste Statt in diesem Lande heißt Justinopel/vnd auff Welsch/Capo d'Histria: das ist/deß Lands Histrie Haupt. Plinius hat sie genennet Egidam. Sie ligt im Meere auff einem Felsen/vnd geht ein lange Bruck dar zu vom Landt/vnd ist sampt andern vielen Stetten vnder der Herrschafft Venedig/wie wol auch viel Stett in Hystria gehören vnder dz Hauß Oestereich. Es ist in dieser Statt mehr dann gnug Wein/Oel vnd Saltz: aber das Kron ist in etwz grösser achtung. Der Wein ist vast gut da.

Pucinisch Wein oder Reinfal.

Dann vnser von Justinopel ligt ein Castell vnnd ein Berg/so die alten Pucinum haben genannt/jetz aber heißt er Proseco/da wechßt so edler Wein/daß der Keyser Augustus vor langen zeiten vermeynt/Liuian were 70. jar alt worden/daß sie des guten Weins getruncken hatt. Der Lufft zu Justinopel ist heilsam: aber in ettlichen andern Stetten dieses Landts ist er nicht so vast gut/sonderlich von Humago biß gen Pola

Von den Marggraffen vnd Hertzogen deß Lands Oesterreich. Cap. ccclvij

Oestereich die Herrschafft ist in acht oder neunhundert jaren offt verendert worden vnd auß gestorben. Zum ersten war es ein Marggraffschafft/vnd ward die Orientisch Marck genannt/hat Marggraffen gehabt von des Hertzogen auß Bäyern Theodonis zeiten/biß zum Keyser Otten dem ersten 330. jar lang. Sie haben geheissen Valarius/Gripho/Albertus vnnd Decarius/Geroldus/Theodoricus/Gotfridus/Gerholdus/Baldericus/Sigonhardus/Lupoldus/Arnulphus/Gebelhardus/Rudigerus/Engelribus/Conradus. Nach diesen seind dareyn kommen die Graffen von Bamberg/ettliche nennen sie die Hertzogen von Schwaben/nemblich vmb das jar Christi 980. ward Graffe Albrecht Marggraffe in Oestereich/vnd nach jhm sein Sohn Lupoldus. Vnd als dieser bey Keyser Heinrichen dem 3. zu Ingelheim in Keyser Carlens Pallast auff der Hochzeit ward/starb er/vnnd ward sein Leib in Oestereich gefürt/vnnd zu Melck begraben/da die Marggraffen jhr Begrebnuß hatten. Nach jhm hat geregiert sein Sohn Heinricus/vnd Sohns sohn Albertus/der starb im jar 1056. Nach im hat sich dz Geschlecht also erstreckt.

J. Erne=

Von Teutschlandt. 1129

1. Ernestus oder Ernst ward erschlagen in Sachsen in einem Feldtstreit/im jahr Christi 1014. Sein Sohn Lüpoldus der Dritt/hat den Hof zu Melck verwandelt in ein Kloster. Lüpoldus der Vierdt oder Heilig/hat zu der Ehe genommen Keyser Heinrichs deß Vierdten Tochter/die vorhin hat gehabt Hertzog Friderich von Schwaben/vnd mit jhr geboren Friderichen vnd Conraden von Schwaben. Nach jhm hat geregiert in Oesterreich sein Sohn Heinrich/vnd der ward im Behemischen Krieg verwundt/vnd starb im jahr 1177. Es gab jhm König Conrad (der sein Bruder war der Mutter halb) das Hertzogthumb Bäyern/darauß Hertzog Heinrich der Hoffertig gestossen war. Vnd als er es 13. jahr besessen hatt/vnd deßhalben viel Krieg entstunden/macht Keyser Friderich der Erst ein freundlichen vertrag mit Marggraf Heinrichen vnd Hertzog Heinrichen deß Hoffertigen Heinrichs Sohn. Dann er nam etwas von dem Hertzogthumb Bäyern/ nemlich das vmb den Jhn gelegen war/vnd gab es zu der Marck/vnd macht auß der Marck Oesterreich im jahr 1170. ein Hertzogthumb/vnnd ward den Welffen Bäyerlandt widerumb: aber Marggraff Heinrich ward der erst Hertzog im Land Oesterreich. Nach jhm haben das Landt Oesterreich geerbt seine zween Söhn Lüpoldus vnd Heinricus. Diese fiengen in Oesterreich Reichhardum den König von Engeland/als er von dem Asiatischen Krieg vnd von dem heiligen Landt widerumb heim fuhr/vnd den Oesterreichern etwas Schmach vnd Vnbilligkeit hett bewiesen. Sie schetzten jhn auch vmb ein solche summa Geldts/da sie jhn ledig liessen/daß sie damit kaufften das Hertzogthumb Steyrmarck/Newburg/die Graffschafften Lintz vnnd Welß von den Bisthumben Passaw vnnd Würtzburg/vmbführten auch die Statt Wien mit einer newen Mawren/vnd baweten die Newe Statt von grund auff. Lüpoldus hat die Heyden auß Preussen helffen bestreitten/vnd hat in das Landt Oesterreich bracht den Schildt mit dem weissen Strich durch das roht Feldt/vnd ließ fallen den alten Schildt mit den fünff Lerchen/starb Anno 1194.

Nach jhm haben das Regiment gehabt Lüpoldus der 7. vnd Friderich sein Bruder/Friderich starb im jahr 1198. da man ein gemeine Reiß in das heilig Land thät/vnd belägert die veste Statt Damiatan. Aber Lüpoldus starb im jahr 1232. vnd ließ drey Söhn nach jhm/vnd viel Töchter/eine nemlich Gertrud ward vermählet Marggraff Herman von Baden/die auch zu letzt ein einiger Erb ward deß Lands Oesterreich/wiewol etlich. schreiben/daß sie Hertzog Heinrichs Tochter sey gewesen. Agnes ward vermählt dem Hertzogen von Kernten/vnd gebar mit jhr ein Tochter/die nam Graff Meinhard von Tyrol/vnd desselbigen Tochter nam König Albrecht von Habspurg/vnd ward durch sie Hertzog zu Oesterreich vnd Steyrmarck.

Nun komme ich widerumb auff Hertzog Friderichen der der letzte war von Männlichem Geschlecht in diser Genealogy. Er ward im jahr 1225. von wegen seiner bewießnen Diensten/zu einem König in Oesterreich gemacht/durch Keyser Friderichen dem 2. mit allen Privilegien vnd Ceremonien darzu gehörig. Aber im jahr 1236. wider der Kronen beraubt. Er war aller Räuber Patron vnd Schirmherr/war offt von deß Reichs Fürsten citiert/da er nicht erschien. Deßhalben Fridericus in Oesterreich zog/ward von jederman frölich als ein Erlöser empfangen. Er erobert das Land/vnd empfieng die Statt Wien an das Reich/befreyet sie darbey ewiglich zu bleiben/ Vnd also ward Wien dem Römischen Reich eyngeleibet. Dieser Fridericus macht zu Wien einen Hof/vnd beschlieff mit gewalt die aller schönst Bürgerin/darumb er auß der Statt vertrieben ward vnd auß dem Landt. Vnd als er sich erholt/kam er mit gewalt für die Statt Wien/vnd thät jhr viel Leydt an. Darnach zog er gen Rom vnd versöhnet sich mit dem Keyser/kam widerumb herauß/vnd wolt ruhig seyn/da sagt jhm ab der König von Vngern/der König von Behem/vnd der Hertzog von Bäyern. Er sieget an den Böhmen: aber die Vngern fielen jhm in das Land/ vnd als er sich weiter wolte bewerben/ward er ergriffen/vom Pferdt geworffen vnd erschlagen/ im jahr Christi 1249.

Viel streben nach dem Hertzogthumb Oesterreich.
Cap. ccclxiij.

Jn newem entstund ein grosser Vnfried im Landt: Dann es strebten viel Herren nach diesem Landt/besonder Vladislaus Marggraffe von Merhen/welches Gemahel war eine von Oesterreich/Marggraffe Herman von Baden/ deß Gemahel auch eine war von Oesterreich/Ottocarus/den man Atochter nennet/Primislai deß Königs Sohn von Behem/der auch Oesterreich eynnahm/vnd besaß es 26. jahr/biß G. Rudolph von Habspurg Röm. König war. Doch besaß er es nicht gar/sondern Marggraffe Herman von Baden besaß
auch

auch ein Theil/ vnd starb im jahr 1250. Er ließ hinder jhm ein Sohn/ vnd als er frembde Hülff sucht/ das Land eynzunehmen/ ward er zu Neapels durch die Frantzosen erschlagen/ bey leben seiner Mutter Gertrud. Daß aber Ottocarus nach Oesterreich strebt/ das gieng also zu. Nach dem gemelter Hertzog Friderich ohn Leibs Erben abgieng/ vnd noch zwo Schwestern hatt die Witwe waren/ kamen die Schwestern vnd setzten sich in Oesterzeich: aber das Landt hett kein vernügen an jhnen/ sie wolten einen Herrn haben/ darumb warb das grösser Theil vmb ein jungen Marggraffen von Meyssen/ daß er jhr Hertzog wurde. Vnd als die Bottschafft gen Prag in Behem kam/ wolt sie König Primislaus nicht fürbaß geleiten/ sondern schickt sie wider heim/ gab jhnen zu seinen jungen Sohn Ottocar/ bate sie/ daß sie mit den Landtsherrn händleten seines Sohns halben/ daß sie jhn zu einem Herren annehmen. Die Pfaffen im Landt Oesterzeich vberredeten auch die eine Schwester/ nemlich Margaritam/ die Hertzog Heinrichen Keyser Friderichen deß Andern Sohn zu der Ehe gehabt/ wie alt sie war/ daß sie den jungen Ottocarum zu der Ehe nam/ vnd jhr Erblich Recht an dem Landt jm verschrieb. Also kam Ottocarus in Oesterzeich. Vnd als er deß alten Weibs bald müd war/ ließ er jhr heimlich vergeben. Er fieng auch an im Landt etliche vnuerschuldter Sachen zu straffen/ vnd ließ seine Behemen rauben in Oesterzeich/ das klagten die Oesterzeicher vnd Steyrmärcker dem newerwehlten Röm. König Rudolphen von Habspurg. Bald darnach als sein Vatter Primislaus vnd auch sein älter Bruder König Wentzel starb/ war er König zu Behem/ zu dem daß er hette Oesterzeich vnd Steyrmarck.

Der Behmische König strebt nach Oesterzeich.

Als aber Graff Rudolph von Habspurg Röm. König ward/ vnd ein Reichstag hielt zu Nürnberg vnd alle Fürsten dahin kamen/ aber König Ottocar nicht kommen wolt/ sondern schickt ein Bischoff dahin/ der König Rudolphs Wahl offentlich widerruffen/ verdroß es alle Fürsten vast vbel/ vnd entbotten jhme durch den Burggraffen von Nürmberg/ daß er deß Reichs Rechten verlohren hett. Da antwortet Ottocar: Oesterzeich wäre jhm vermacht von seinem Weib/ Steyrmarck hette er mit dem Schwerdt gewonnen. Vnd als er sich besorgt/ besetzt er die Schlösser im Land/ vnd nam von den mächtigsten Herrn in Oesterreich vnd Steyr jedem ein Kindt zu Geysel/ vnd sendet sie in Behem. Da macht sich König Rudolph vff vnd zog für Wien/ die ergab sich bald/ deßgleichen alle Landsherren vnderwurffen sich dem Röm. König. Da must sich Ottocar ergeben/ vnd war gethädiget/ daß er sich sich den Landen Oesterzeich vnd Steyrmarck verzeihen must/ vnd daß jhm der Römisch König Böhem vnd Märhen zu Lehen gebe vnder einer Feldthütten/ daß es nicht männiglich sehen solt. Dann es schämbt sich Ottocar die Lehen offentlich zu nehmen. Dieweil er aber knyet vor dem Röm. König/ da zuckt man ein Seyl/ daß der vmbhang an der Hütten fiel/ vnd sahe jhn da jederman knyen vnd Lehen nehmen. Da must er auch den Landsherren jhre Kinder wider geben die er zu Geysel von jhnen genommen hatt. Da zog er mit Zorn hinweg. Da wolt sein Weib nicht bey jhm ligen/ daß er Lehen hette genommen von einem Graffen von Habspurg/ der vorhin seines Vatters König Primislai Diener vnd Hofmeister war gewesen. Es ließ sich Ottocarus bewegen von seinem thorechten Weib/ vnd brach den Frieden/ vnd sagt die Lehen wider auff/ daß er sie vom König Rudolph nicht haben wolt/ vnnd besamblet sich mit denen von Behem/ Poland/ Meissen/ Schlesi/ vnd andern mehr. Aber König Rudolph bestellt sich mit dem König von Vngern/ mit Graf Meinharden von Tyrol/ mit dem kamen sie von Steyrmarck vnd Kärnten/ vnd der Bischoff von Saltzburg mit den Bäyern/ der Burggraff von Nürmberg/ vnd andere viel Graffen/ Ritter vnd Herren/ vnd ward der Hauffen groß: aber König Ottocar hatte noch ein grössern Hauffen/ vnd hette auch gesieget/ wann die Seinen bey jhm gestanden wären. Sie sahen aber an daß er ein faule Sach hett/ vnd tyrannisch in Behem gehandelt/ darum wolten die Meißner vnd viel Böhem nit streiten wider König Rudolphen/ sondern da der Streit angieng zogen sie ab. Diese Schlacht geschahe zu Niderburg an S. Bartholomei Abend/ vnd kam König Ottocar vmb mit 14000. Mannen/ im jahr Christi 1278. Vnd als noch kein Fried war zwischen König Rudolphen vnd den Behemen/ legten sich viel Herren zwischen sie/ vnd ward ein Fried gemacht durch das Mittel/ daß König Rudolph solt geben sein Tochter König Ottocars Sohn/ vnd König Rudolphs Sohn solt nehmen Ottocars Tochter. Da das geschahe/ setzt König Rudolph seinen Sohn Graff Albrechten in Oesterzeich zu einem Fürweser/ biß auff den Reichtag zu Augspurg/ da macht er jn zum Hertzogen in Oesterzeich vnd Steyrmarck: aber den Grafen von Tyrol macht er zum Hertzogen in Kernten.

König von Böhem setzt sich wider König Rudolphen.

6. Albertus König Rudolphs von Habspurg Sohn ward Römischer König. Vnd als zu seinen Zeiten der König von Böhem erschlagen ward/ zog er mit Macht in Behem/ vnd satzt seinen Sohn Rudolphen zum König/ dem ward vergeben. Dieser König Albrecht hett auch ein Brüder mit Namen Rudolph/ der deß Königs von Behem Tochter hatt/ der ließ hinder jhm ein Sohn mit Namen Johannem/ den nam er zu jhm gen Wien/ vnd satzt seinen Sohn in Behem/ das bracht König Albrechten vmb sein Leben/ wie ich hievornen gemeldet hab/ in Beschreibung deß Schweitzerlands. Er hett viel Söhn/ einer mit Namen Lupold/ ward von Keyser Heinrich bestättiget in dem Erb deß jungen Hertzogen Hansen/ der König Albrecht seinen Vettern erschlagen hat.

7. Alber-

Von Teutschlandt

7. Albertus deß vordrigen Sohn/ genannt der Krum/ Hertzog
8. Lupold deß vordrigen Sohn.
9. Ernst Hertzog Lupolds Sohn.
10. Keyser Friderich deß vordrigen Sohn.
11. Keyser Maximilian deß vordrigen Sohn.

Von diesen wird bald mehr gesagt.

12. Carolus Keyser/ deß vordrigen Sohns Sohn/ vnd sein Bruder Ferdinandus. Daß du aber das gantz Männlich Geschlecht/ so auß König Rudolphen erwachsen ist/ bey einander habest/ hab ich sie in die nachvolgende Figur zusammen geordiniert nach jhrer Geburt. Es ist Graffe Rudolph geboren von Graffe Albrechten/ der Graffe zu Habspurg war/ Landtgraffe im Elsaß/ vnd Fehnrich der Statt Straßburg: aber sein Mutter war ein Gräffin von Kyburg vnd heiß Hedwig/ Graffe Hermans Tochter.

Geburt ny der Hertzogen von Oestereich/ von König Rudolphen an/ biß auff die jetzigen Herren ordenlich gerechnet.

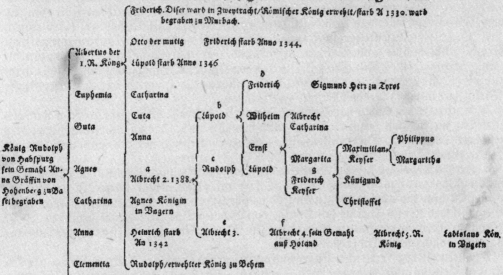

König Rudolff hatt seinen Vrsprung von den alten Graffen von Habspurg im Schweitzerland gesessen/ von deren Beschaffenheit wir droben bey Beschreibung deß Schweytzerlandt außführlich gehandlet haben

Sein Vatter war Albertus Graff zu Habspurg vnd Landtgraff im Elsaß/ sein Mutter Heilwige eine Gräffin von Kyburg/ andere meinen es seye gewesen Ita eine Gräffin von Pfulendorff: Er Rudolphus ist geboren Anno 1218. Er nennet sich einen Graffen von Habspurg vnnd Kyburg Landtgraff im Elsaß: In seinem Wapen führet Er ein gekrönten Löwen mit Pfawenfedern/ wie auß beygesetztem seinem Innsiegel/ so er gemeiniglich gebraucht/ zu sehen/ Er ward Römischer König Anno 1273. starb Anno 1291.

Die sieben Töchter König Rudolphs seind also versorgt worden. Euphemia ward ein Closter fraw. Guta ward Königin in Behem. Mechtildis ward vermählet Pfaltzgraffe Ludwigen/ vnd gebar Rudolphen vnd Keyser Ludwigen. Agnes ward vermählet Hertzog Albrechten von Sachsen. Catharina nam zu der Ehe H. Herman Marggrafen von Brandenburg. Anna ward Hertzogin in Bayern. Clementia Königin in Sicilia.

Albrecht

Das fünffte Buch

Albrecht der erst / Römischer König / hat zu der Ehe gehabt Fraw Elßbethen / Graffe Meinharten von Tyrol vnd Görtz Tochter / ein Hertzogin von Kärnten / die der Mutter halb ein Schwester war Hertzog Conradin von Schwaben / welche zum ersten zu Hall erfunden hat das Saltz Ertz in Oesterreich / vnnd angefangen hat zu bawen das Closter Königsfelden im Ergöw / da jhr Gemahel König Albrecht erschlagen ward. Es hatt dieser König Albrecht viel Kinder. Catharina ward vermählet Carolo dem Hetzogen von Calabria. Guta dem Graffen von Oetingen. Anna dem Marggraffen von Brandenburg. Agnes dem König von Vngern. Elßbeth dem Hertzogen von Bäyern. Rudolph ward von seinem Vatter König gemacht vber Behem / vnd alß er mit gewalt nicht dareyn kommen mocht / ließ er sich benügen mit der Regierung des Oesterlands Doch nam er darnach zu der Ehe Elßbeth König Wentzels verlaßne Witwe / vnd ward zum König gekrönt: aber er regieret nicht vber ein jar / starb im jar Christi 1307. nicht ohn argwon genommens giffts. Otto sein Bruder ward Hertzog zu Kärnten / vnd ward jhm geboren ein Sohn mit nammen Friderich / dem ward vermählet des Königs Tochter von Engellandt / starb aber eh er Hochzeit mit jhr hielt. Dieser Otto hat die Statt Colmar eyn genommen. Heinricus jhr Bruder ward geweicht / vnd solt Geystlich worden seyn / aber ward mit jhm dispensiert / vnd nam zu der Ehe Ruprechts des Graffen von Wirtenbergs Tochter. Doch findt ich kein Ruprechten in der Graffen von Würtenberg Genealogy / sonder viel Vlrichen / wie die Pfaltzgraffen haben viel Ruprechten.

a Dieser Albrecht ward der jüngst / vnnd ein Thumbher zu Passaw. Vnnd alß er seine Brüder all vberlebt / vnd der gantze Stamme an jhm stund / ward jhm zu gelassen ein Ehefraw zu nem-
Graffschafft men. Also nam er des letsten Graffen Vlrichen von Pfirdt im Sungöw Tochter Johannam
Pfirt. zu der Ehe / vnd brach mit jhr die Graffeschafft Pfirdt an das Hauß Oestereich. Dieser Graffe Vlrich starb im jar 1324. ohn Männlichen Saamen.

b Dieser Hertzog Lupold hat Veldkirch vnd die Graffeschafft Hohenberg in Schwaben / vnd Triest in Jstereich zum Hauß Oestereich gebracht / vnd ward bey Sempach von den Schweitzern erschlagen im jar 1387. Die Graffeschafft Hohenberg begreifft in jhr Horb / vnd Rotenburg am Necker. Graffe Rudolph verkaufft sie dem Hauß Oestereich im jar 1271.

c Hertzog Rudolph bracht die Graffeschafft Tyrol zum Hauß Oestereich / wie hie vornen gemeldet ist. Es ward jhm vergeben zu Meyland / starb im jar 1365. ist begraben zu Wien in S. Stephans Kirchen / dahinder Hertzogen Begräbnus durch jhn von Melck verruckt ist worden. Sein Gemahel war Keyser Carlens des Königs von Behmen Tochter. Er hat gestifft die Hohe Schul zu Wien / so vor jhm angefangen hat sein Vatter Albrecht / vnd sein Bruder Albertus hat es auch nach seinem Endt bestätiget.

d Dieser Hertzog Friderich ward genennt der Hertzog mit der lären Täschen. Er ward zu Costentz im Concilio in die Aacht gethan / darumb daß er dem Bapst hatt heimlich darvon geholffen. Es ward jhm auch viel Landts im Schweitzerlandt vnd am Boden see genommen / wie ich hie vornen bey der Statt Costentz hab gemeldet. Was sein Sohn Hertzog Sigmund gehandlet hab mit Hertzog Carlen von Burgund / findest du hie vornen in Beschreibung des Schweitzerlandts. Dieses Friderichen Bruder Wilhelm wolt zu der Ehe genommen haben / war auch wol halber geschehen / des Königs Tochter von Polandt: alß aber die Polacken sie gaben dem Hertzogen von der Littaw / der auch durch sie König in Polandt ward / mußt dieser Hertzog Wilhelm auß dem Königreich Polandt weichen / vnd starb entlichen ohn Erben. Sein Bruder Lupold wolt seinen Vatter Lupolden / der vor Sempach vmbkommen war / rechen: aber hat kein Glück im Glarner Krieg. Es nam auch der dritt Bruder / nemblich Ernst / des Hertzogen von der Massaw Tochter zu der Ehe / das vielen mißfiel / nach dem seinem Bruder Wilhelm die Schmach in Polandt begegnet / dz jhm die versprochene einige Tochter genommen von den Polandern / vnd dem Vngläubigen Hertzogen von der Littaw geben ward / wie hie vnden bey Polandt weiter gesetzt wirdt. Nun es nam gemeldter Hertzog Wilhelm ein Gemahel von Apulien / da es jhm fählet in Polandt.

e Hertzog Albrecht hat die Hohe Schul zu Wien heiffen stifften / vnd ward jhm vergeben von einem Artzet / vnd starb im jahr 1395. Er hat Oestereich in seiner Regierung / vnnd die andren Länder alle ließ er seinem Bruder Lupolden. Er gebar mit des Burggraffen von Nürenberg Tochter ein Sohn / nemlich Albrechten den 4. der war sonderlich gelehrt in der Astronomy vnnd Geometry / vnd war im auch vergeben. Alß bey seinem Leben seines Vatters Bruder Lupold von den Schweitzern erschlagen ward / fielen an jhn alle diese Länder / Kärnten / Steyrmarck / Krayn / Tyrol / Breißgöw / Hohenberg / Feldkirch / etc. Er führet ein Krieg wider den Marggraffen von Märhern / der Jost hieß / da ward jhm ein Süpplein geben daß jhn der Bauchlauff ankam / daran er sterben mußt. Er ließ hinder jhm einen Jungen Sohn / hieß auch Albrecht / vnd ward Römischer König / wie hernach volgt.

f König Albrecht hat gehabt Keyser Sigmunds Tochter zu der Ehe / vn ward durch sie König in Vngern vnd Behem / vnd ward darnach im jar 1438. auch zum Römischen König erwehlt: aber er starb bald im jar 1439. Da er zum Römischen König erwehlt ward / schickten jhm die Venediger ein herrliche Schencke: aber da man sie auff thet / starb mancher Mann darvon / vnd König

Albrecht

Von Teutschlandt.

Albrecht ließ die Botten alle tödten/vnd die Schencke verbrennen. Er ließ auch zwen von den Botten an einem Spiß braten/wie man hie zu Land darvon sagt.

Nach absterben König Albrechts haben sie die Landtsässen Hertzog Friderichen/der nach König Albrechten zum Römischen Reich erwöhlt ward/befohlen in dergestalten: wo König Albrechts verlassene Witwe/die schwanger war/ein Sohn brächt/daß er sein Vormünder were/ vnd so sie ein Fräwlein brächte/solt er ein Hertz im Landt seyn. Nun hett er einen Vettern Sigmunden/vnd einen Bruder Albrechten/die weren gern auch Hertzen im Landt worden. Vnd alß die Königin einen Sohn bracht/nam sich Hertzog Friderich der Vormundtschafft an. Die Ritter vnd Kriegsleuth so vnder König Albrechten gedient hatten/vnd jhren Sold nicht empfangen/griffen die Landtschafft mit Mordt vnd Brandt an/von denen kaufft sich Hertzog Friderich mit dreyssig tausend Gulden. Es fiel auch Johannes Huniades in das Land Oestereich mit zwölff hundert Pferden/vnd thet grossen Schaden. Er wolt die Cron haben die von Vngern hinder Keyser Friderichen geflöcht war/so wolt sie jhm Keyser Friderich nicht geben/deßhalben ein grosse Auffrhur entstund zwischen Vngern vnd Oestereich/vnd legten sich viel Herren in die Sach. Es henckten sich auch an einander Hertzog Albrecht vnd Hertzog Sigmund wider Keyser Friderichen/vnd ward zu Wien in der Statt ein solche Auffrhur/daß man vbel besorgte sie wurden gegen einander ziehen/wo nicht frembde Fürsten vnd Herren sich zwischen sie gelegt hetten. Der Adel vnd die Geistlichen Fürsten waren dem Keyser günstiger/so hieng das gemein Volck Hertzog Albrechten seinem Bruder an. In summa/alß die Burger von Wien wolten haben Ladislaum zu jhrem Herzen/vnd da es jhnen nicht erstreckt ward/haben sie Keyser Friderichen sampt seinem Gemahel Leonora/vnd Sohn Maximiliano/im Schloß zu Wien belägert. Da er aber durch hülff des Königs von Böhem ledig ward gemacht/zog er gen Rom vnd empfieng die Keyserliche Cron/vnd alß er widerumb heim kam/ward er auff ein newes in der Newenstatt vmblägert/vnd gezwungen/daß er der Landtschafft geben mußt den jungen Herren Ladislaum.

Alßbald aber Ladislaus an das Regiment kame/ward man jhme auffsätzig in Oestereich/ Vngerlandt vnd Böhem. Dann da er Anno Christi 1451. Hof hielt zu Ofen/schwuren zusammen Matthias vnd sein Bruder Ladislaus/Johann von Huniad Sohn/sampt den zweyen Bischoffen von Gran vnd Waradin/wolten auch den König Ladislaum erschlagen haben: aber die Sach ward verrathen vnnd fürkommen. Da entleibten die gemeldten zwen Grafe Vlrichen von Cilien des Königs Vettern/darumb Ladislaus gerichtet ward: aber sein Bruder Matthias ward gefänglich in Böhem geschickt/vnd vnlang hernach/alß König Ladislaus gestorben war/zum König in Vngern angenommen/wie ich das weitläuffiger in Böhem vnd Vngern angezeigt hab.

Noch stehet vns auß ein Person/nemblich Hertzog Ernst/von dem Keyser Friderich geboren ist/dem ward zu theil Steyrmarck vnd Krayn/vnd gebar mit Cimburga des Hertzogen von Littaw Tochter/der auch König in Polandt war/Keyser Friderichen den fünfften vnd Hertzog Albrechten/der zu Freyburg im Breißgow die Hohe Schul auffgerichtet hat/vnd zwo Töchter/eine nam Friderich Hertzog zu Sachsen/die ander Carlen Marggrafen zu Baden/von deren Marggrafe Christoffel geboren. Es führt Hertzog Albrecht viel Krieg mit seinem Bruder Friderichen: dann er beklagt sich/Er hette vntrewlich mit jhm getheilt/starb zu letst ohn Erben. Vnd alß Hertzog Sigmund Herr zu Tyrol auch gestarb/kamen alle Länder widerumb zusammen/Oestereich/Kärnten/Steyrmarck/Krayn/Cilien/Goritz/Isterich/Tyrol/Burgöwer Marck/Hohenburg/Veldtkirch/Sunggöw/Breißgöw vnd Elsaß/vnd wurden zwey Regiment oder Parlament gesetzt/eins zu Wien vnd das ander zu Inßpruck.

Zu dem Oestereicher Parlament gehören Oestereich/Kärnten/Steyrmarck/Krayn/Cilitz/ Goritz vnd Istria: Aber dem Inßprucker Regiment seind vnderworffen die Herrschafften in Schwaben/Veldtkirch/Sunggöw/Elsaß/Breißgöw vnd Tyrol. Friderich der dritt/Keyser Maximilians Vatter/hat zum ersten angefangen jhme zuzueygnen den Titul eines Ertzhertzogen. Sein Tochter Künigund ist vermählet worden Hertzog Albrechten von München/die ein Mutter gewesen der jetzigen Hertzogen
von Bayern.

Zwey Oestereichische Parlament.

ooo

Das fünffte Buch
Außführung der Oesterreichischen Geburtlinÿ.

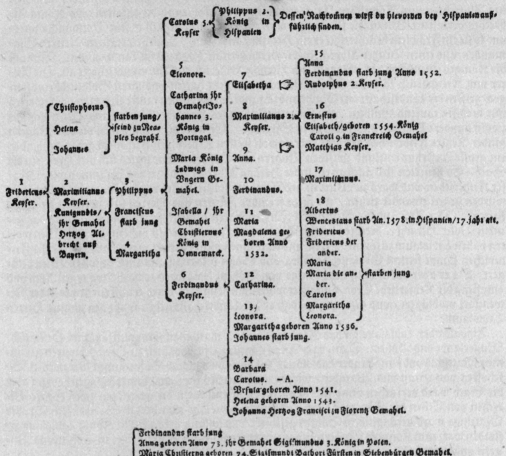

1. **Fridericus** der 4. diß Nahmens Römischer Keyser/ward geboren im Jahr 1415. starb Anno 1493. seines Alters in dem 77. vnd seiner Regierung in dem 33. Jahr/ sein Gemahel war Eleonora/ Edoardi Königs in Portugal Tochter.

2. **Maximilianus** Römischer Keyser der erst diß Nahmens/ist geboren zu Neaples Ann. 1459. wird zu einem Römischen König erwöhlt Anno 1486. vnd folget seinem Vatter Friderico in dem Keyserthumb Anno 1493. Jhme ward in seiner Jugend vermählet Anna/ Hertzog Francisci von Britannien in Franckreich des letsten seines Stammens Tochter/ als sie aber in Teutschland verreysen solte/hat sie König Carolus der 8. in Franckreich auffgehalten/vnd sie jhme vermählet: auff dises bekam Maximilianus Mariam/Caroli des letsten Hertzogen von Burgund Tochter/ vnd erwarb mit jhren das Hertzogthumb Burgund: Sie starb Anno 1482. vnd von diser kamen jhme seine Kinder. Nach diser nam er Blancam Mariam/Galeatij des Hertzogen von Meylandt Tochter: starb aber ohne Kinder.

3. **Philippus**/Keysers Maximiliani Sohn/ist geboren Anno 1478. Er bekam mit seiner Gemahelin Johanna Königs Ferdinandi auß Hispanien Tochter/das Königreich Hispanien mit

aller

Von Teutschlandt. 1135

aller zugehör/welches er sampt den Burgundischen Landen/auff seine nachkommene Könige in Hispanien transferiert. Er starb Anno 1505.seines Alters in dem 27.jahr.

4. Margaritha ward/alß sie drey jahr alt war/vermählet Carolo dem Delphin auß Franckreich/so hernach König war der 8.diß Namens/alß er sie aber hernach verlassen/vnd obgemeldte Mariam auß Britanien/Keyser Maximiliani Braut erwöhlet/nam sie Johannem Ferdinandum König in Hispanien/vnd nach jhme Philibertum Hertzogen in Saphoyen.

5. Eleonora/Philippi Tochter ward vermählet König Emanuel auß Portugal/vnd hernach Francisco 1.Königen in Franckreich: Sie starb Anno 1558.

6. Ferdinandus Philippi Sohn/ist geboren Anno 1503.den 10.Mertzen/wird Römischer König Anno 1530.vnd nach dem Carolus V.sein Bruder das Keyserthumb vbergeben/ward er Keyser An.1556.Starb An.1564.Sein Gemahel war Anna König Ludwigs in Vngern Schwester.

7. Elisabetha ist geboren Anno 1526. Jhr Gemahel war Sigismundus König in Polen. Sie starb Anno 1545.

8. Maximilianus 2.Römischer Keyser/geboren Anno 1527.starb Anno 1576.Sein Gemahel Maria Keyser Caroli V.Tochter.

9. Anna/geboren Anno 1528.ward vermählet an Albrecht Wilhelm Hertzogen in Bayern.

10. Ferdinandus ist geboren An.1529.nam erstlich ein G.schlechterin von Augspurg Philippinam Velserin/von deren er bekam Carolum Marggrafen zu Burgaw/vnd Andream Cardinal von Oesterreich/starb zu Rom Ann.1600.hernach bekam er eine Hertzogin von Mantua/von deren hatte er Annam/Keysers Matthiæ Gemahel. Er starb Anno 1594.

11. Maria geboren Anno 1531.starb Anno 1584.Jhr Gemahel war Wilhelmus Hertzog von Cleven.

12. Catharina geboren Anno 1533.hatte erstlichen Franciscum Hertzogen von Mantua/vnd hernach Sigismundum Augustum in Polen.

13. Leonora geboren Anno 1534.Hertzogs Wilhelmen von Mantua Gemahel.

14. Barbara geboren An.1539.starb An.1572.jhr Gemahel Alphonsus Hertzog von Ferrara.

15. Anna Keysers Maximiliani Tochter/geboren Anno 1549.starb 1580.jhr Gemahel war Philippus 2.König in Hispanien.

16. Ernestus geboren Anno 1553.Gubernator in den Spanischen Niderländischen Provintzen/starb zu Brüssel Anno 1594.in dem 42.jahr seines Alters.

17. Maximilianus geboren Anno 1558.war Großmeister des Teutschen Ordens/starb 1618.

18. Albertus geboren Anno 1559.war erstlich Cardinal vnd Bischoff zu Toledo in Spanien/hernach aber griff er zu der Ehe/vnd nam Jsabellam Königs Philippi 3.Schwester/vnd ward Gubernator in den Niderlanden.

19. Carolus zu Grätz/Keysers Ferdinandi 1.Sohn/ vnd Ferdinandi 2.Vatter ist geboren Anno 1540.starb Anno 1590.sein Gemahel war Maria Hertzog Alberti in Bayern Tochter/welche erst Anno 1608.starb in Kärnten.

20. Leopoldus geboren Anno 1586. war erstlichen Bischoff zu Straßburg vnd Passaw/vnd Abbt zu Mürbach/hernach aber Anno 1626.vbergab er den Geistlichen Stand/vnd verheuratet sich mit Elisabetha Hertzogin von Vrbin/Ferdinandi des Großhertzogen von Florentz Tochter.

21. Carolus geboren Anno 1590.nach seines Vattern Caroli Todt/ward Bischoff zu Preßlaw/vnd Großmeister des Teutschen Ordens/nach absterben seines Vetteren Maximiliani.

Von den Nachkommenen Caroli V. Römischen Keysers/ist bey Beschreibung des Königreichs Hispanien gehandlet worden.

Das fünffte Buch

Beschreibung des Hessenlandts/
so zu unsern zeiten die Landtgraffschafft von Hessen genennet wirdt.

Cap ccclxiiij.

Was under dem Mayn ligt/ wirdt von den Alten gerechnet zu dem Undern Teutschlandt/ vnd haltet inn zum ersten das Hessenlandt/ Thüringen vnd Meyssen. Das Hessenlandt gehet in Occident biß an den Rhein/ vnnd gegen Auffgang stoßt es an Thüringen vnnd Sachsen/ vnd gegen Mittnacht stoßt es an Braunschweig/ vnd nahe zu an Westphalen. Woher es den Namen hab uberkommen/ hab ich nicht gefunden/ dann daß ich an einem ort gefunden hab/ es werde von einem Berg Hasso also genandt. Ich wolt lieber sagen daß der Nam käme von den Völckern Catten/ so etwan in diser Gegenheit gewohnt haben. Diß Landt/ wie auch das gantz Nider Teutschlandt/ hat keinen Weinwachs/ außgenommen was auff dem Rhein vnd an der Lon ligt/ die durch das Hessenlandt laufft: aber Frucht vnd Vieh hat es genug. Insonderheit hat es ein gute gelegenheit mit der Wollen/ welche von Außländischen Kauffleuthen in grosser menge gesamlet vnd an ferre Ort/ ja wol in Engellandt selbsten verführt wirdt.

Von

Von Teutschlandt.

Von den Stätten Darmstatt/ Butzbach vnd Giessen. Cap. ccclxv.

Die Statt Darmstatt gehört eygentlich zu reden nicht in Hessen: Weil aber die Graffschafft Catzenelnbogen/ darunder dise Statt gehörig/ Anno Christi 1479. nach absterben Philippi des letsten Graffen/ durch Heurat an die Landtgraffen kommen/ wie drunden weiter gesagt werden soll/ haben wir selbiger allhier gedencken wollen. Es ligt dise Statt vier meilen oberhalb Franckfurt/ ist erst nach absterben Landtgraff Philipsen des ältern in einen Namen kommen. Dann damahlen wurden die Landt vnder den Söhnen zertheilt/ vnd richtet Landtgraff Georg der jüngste allda seine Fürstliche Hoffhaltung an/ da dann diß ort neben dem Fürstlichen Schloß an andern Gebäwen in kurtzem zugenommen durch die Niderländer/ welche sich dahin begeben/ vnd ist also biß auff disen Tag/ deß nachkommenen Landtgraff Georgen Residentz-Statt verblieben.

Butzbach vier meilen vnderhalb Franckfurt an dem Mayn gegen Giessen zu gelegen/ solle seinen Namen haben von den Bucinabantibus/ so dise Gegne bewohnet/ wie es Marcellinus gedenckt. Es ligt dise Statt in einem leymechtigen vnd sümpffigen Boden: Sie ist dreyherrisch/ wie mans pflegt zu nennen. Die halbe Gerechtsame stehet zu dem Landtgraffen zu Darmstatt/ jetzund Landtgraffen Philippen. Der ander halbe Theil stehet zu gleichen Theilen zu den Graffen von Solms Licha/ vnd Solms Braunfelß.

Giessen/ drey meilen oberhalb Martpurg gelegen/ auch den Landtgraffen Darmstattischer Liny zuständig/ ist eine herzliche Vestung mit Wählen vnd Gräben bester massen versehen/ ist erst verrhümbt worden durch die Hohe Schul/ welche Landtgraff Ludwig Anno 1607. den 8. Octobris da auffgericht/ vnd darüber Keyserliche Privilegia außgebracht/ mag eine Colonia der Martpurgischen Academey genennet werden.

OOO iij   Der

1138 Das fünffte Buch
Der berhümbten Statt Martpurg Abcontrafactur.
Cap. ccclvvj.

Erklärung etlicher Gebäwen vnd Oertern der Statt Martpurg.

- * Der Gryne.
- A Des Fürsten Sitz.
- B Pfarrkirch.
- C Der Keppels Herren vor zeiten Kirch.
- D Dise Port führt gen Franckfurt.
- E Etwan ein Barfusser Closter / jetzund der Hohen Schulen zugehörig.
- FGH Port / Mühl vnd Gärten.
- I Mitte der Statt.
- K Etwan Prediger Closter / jetzt der Hohen Schulen zugehörig.
- L Das Teutsch Hauß / vnd S. Elisabeth Kirche.
- M Zwen Flüß von der Lon.
- N Gärten vnd Wiesen.
- O Steinen Bruck.
- Oo Das ander theil der Statt / so man Weydenhausen nennet.

Artpurg war vor disem die Hauptstatt in Hessen / von dem Abgott Marte / Marpurgum / oder nach der andern Sag / von Marcomiro dem 27. Fränckischen König also genandt / ist im jahr Christi 146. zu bawen angefangen / vnd darnach 1055. vom Marggraffen Otto zu Hessen erweitert worden. Das Schloß ob der Statt hat Anno Christi 1484. Bischoff Ludwig von Cöln erbawen: wurd aber im jahr 1591. vom Landtgraf Ludwigen mit einem schönen Zeughauß / Lustgarten / Rennplatz vnd Fürstlichen Cantzley auffs herrlichste gezieret. In der Kirch S. Elisabeth / im Teutschen Hauß / welche im jahr 1231. zu bawen angefangen / vnd Anno 1283. außgemacht word / ligt Hertzog Ludwigs Gemahel begraben. Anno 1529. ward auff begeren Landtgraff Philips des ältern ein Colloquium zu Martpurg vom Abendmal Christi gehalte / dahin D. Martin Luther / Philippus Melanchthon / Zwinglius / Oecolampadius / Osiander / Bucerus / Hedio / vnd andere mehr vociert worden. Im jahr 1530. ist die Hohe Schul daselbst von Landtgraff Philipp zu Hessen / angerichtet worden / welche nach vnd nach biß zu disen zeiten in ein grosses auffnemmen kommen.

Zwinglius

Die

Von Teutschlandt. 1139

Die Fürstliche Statt vnd Vestung Cassel. Cap. ccclxvij.

CAssel an der Fulda gelegen/ ist heut die Hauptstatt in gantz Hessenlandt/ vnd ist von alter der Fürsten in Hessen fürnehmste Residentz-Statt gewesen/ wirdt vermutlichen Castel geheissen haben/ darauß hernach Cassel worden. Dann dise Statt war erstlichen nur ein Castell/ vnder deren zahl welche Drusus Tiberij Sohn hin vnd wider gebawen/ wider die Cattos (seind die Hessen) vnd andere Teutsche Völcker/ wie dann bey L. Floro vñ andern Römischen History schreibern zu finden: gleich wie in Niderland in der Clevner Gegne Castellum Menapiorum, jetz Kessel genandt/ vnd gegen Cales zu/ Castellum Morinorum, auch Cassel genandt wirdt: Etlich vermeynen es seye das Stereontium, dessen Ptolemæus gedenckt. Es ist dise Statt von den Fürsten nach vnd nach in Ehr gelegt/ vnd mächtig bevestiget worden/ mit Wählen vnd Gräben/ daß es wol ein rechte Hauptvestung mag genennet werden.

Zigenhain vnd Hirßfeld. Cap. ccclxviij.

ZWischen Cassel vnd Martpurg gegen Hirßfelden zu/ ligt auff der ebne in einem Murast/ die vortreffliche Vestung Zigenhain/ dergestalten mit Wählen vmbgeben/ daß man von aussenher kein Gebäw sehen mag/ ist eine der vornehmsten Vestungen in gantz Teutschland. Vier meilen von Zigenhain an der Fulda/ ligt die Statt vnd Abbtey Hirßfeld/ hat vor disem Herolsfeld geheissen/ von Herolfo so sie solle gebawet haben: Die Abbtey hat Lullus ein Ertzbischoff võ Mentz gestifftet Anno 738. welche hernach Carolus Magnus Keyser/ mit hertzlichen Privilegien begabet. Es ist da die Hauptkirchen ein schönes vnd künstliches Gebäw/ vnd sehens würdig.

Wetter. Cap. ccclxviiij.

WEtter/ so zwischen Martpurg vnd Franckenberg ligt/ ist erstlich ein Dorff gewesen/ vnd Oberwetter geheissen/ vnd ist nicht gar lang daß sie zu einer Statt gemacht worden. Es seind aber auß diser Statt viel hertzlicher vnd gelehrter Männer kommen/ die nicht allein Hessenland/ sondern auch andern Landen dermassen genutzet/ daß es gemeldter Statt zu sonderlichem Rhum dienet. Daher nicht vnrecht von jhr gesagt wirdt:

Nichts dise Statt fürbringen thut/
Dann nur was nutzlich ist vnd gut.

Franckenberg. Cap. ccclxx.

FRanckenberg drey meil von Martpurg/ ein berhümbte Statt in Hessen/ auff einem lustigen vnd fruchtbaren Boden gelegen/ soll jhren Namen von den Francken haben/ die daselbst/ alß sie wider die Sachsen kriegen wöllen/ jhr Läger geschlagen. Dise Statt ist von König Dieterich auß Franckreich im jahr Christi 520. zu bawen angefangen worden/ wiewol etliche solches Carolo Magno zumessen wöllen: aber von disem list man/ daß er sie Anno 804. zimlicher massen erweitert habe. Im jahr Christi 1476. ist dise Statt durch ein grosse Fewrsbrunst gantz vnd gar verzehret/ aber bald von der Burgerschafft daselbst widerumb auffgericht worden.

Nicht fern von Franckenberg ligt ein berhümbt Closter Heina genandt/ ist Anno 1221. erbawen/ vnd im jahr 1527. von Landtgraff Philippen in Hessen zu einem Hospital verordnet worden/ da täglich vber die 500. armer Leuth gespeiset werden.

Heina ein Closter.

Alßfeld. Cap. ccclxxj.

IST ein alte Statt Hessenlandts: wann sie aber erbawen worden/ kan man eygentlich nicht wissen. Wirdt für die erste gehalten/ so im gantzen Hessenlandt das Euangelium angenommen/ darzu Doctor Tilemannus Schnabel gantz trewlich geholffen.

Eschwege.

ES ligt dise Statt auch in Hessen: hatt Anno Christi 812. von Carolo dem Grossen jhren anfang genommen. Vor diser Statt ist im jahr 1070. zwischen Hertzog Ott vnd den Thüringern ein Schlacht geschehen/ da auff der Thüringer seiten ein zimlicher theil erlegt worden.

Das fünffte Buch
Von der Herrschafft des Hessenlands. Cap. ccclxxii.

ES ist vor zeiten das Hessenlande nur ein Graffschafft gewesen/vnd hat gehört vnder die Herrschafft Thüringen/wie man dann findt/daß Anno Christi 1042. Graff Ludwig zu Hessen zu Hall auff dem Thurnier ist gewesen/aber ist darnach ein Landtgraffschafft worden / vnd gestiegen vber die Landtgraffschafft Thüringen. Zu letst ist auch darzu kommen die Graffschafft Catzenelnbogen/durch des letsten Graffen einige Tochter/die Landtgraffe Heinrich zu der Ehe nam/wie ich hie vnden anzeigen will. Hie merck/daß der Bischoff von Mentz Bardo auß geheiß Keysers Conrads II. gab etliche Güter in dem Thüringer Landt einem Herren der hieß Ludwig mit dem Bart/vnd macht jhn zu einem Herren in demselbigen Landt. Diser Ludwig gebar ein Sohn der hieß Ludwig der Springer. Ludwig der Springer gebar auch einen Sohn/mit Namen Ludwig/dem gab Keyser Ludwig sein Tochter zu der Ehe/vnd macht jhn zum Landtgraffen in Thüringen/vnd der war der erst Landtgraff in Thüringen.

Lang hernach erwuchs die Landtgraffschafft von Hessen auß der Landtgraffschafft von Thüringen / wie sie dann ein gleichen Schilt führen/außgenommen das die roten strich im Löwen versetzt seind. Anno 1241. starb auß der Männlich Stamm in der Landtgraffschafft zu Thüringen / vnd kam dieselbig Herrschafft an die Marggraffen von Meyssen / mit verwilligung Keyser Friderichs des andern: dann Marggraffe Albrecht hett dises Keysers Tochter

Landtgraffe in Thüringe. zu der Ehe/so war sein Mutter ein Landtgräffin von Thüringen/darumb hett er mehr Rechts darzu dann ein frembder. Das laß ich nun

Viel Herrschafften in Hessen. hie anstehen vnd komme wider zu dem Hessenlandt. Hie solt du nun mercken/daß zwischen dem Rhein vnd dem Mayn vnd Westphalen das Hessenlandt nicht allein ligt/oder auch viel andere Landtschafften vnd Graffschafften in disem Circk begriffen werden/als das Rheingöw/der Westerwald/die Wetteraw/die Graffschafft von Nassaw/die Graffschafft von Königstein/die Graffschafft von Hanaw/die Graffschafft von Ysenburg/vnd andere viel mehr Herrschafften.

Rheingöw. Das Rheingöw hat gegen Mitnacht ein gebürg/deßhalb die Mittags Sonn mit gewalt dareyn fallt/vnd das Landt so fruchtbar macht/das seines gleichen zu einer so kleinen Ländlein in Teutschlandt nicht gefunden wirdt/besonder des guten Weins halben der darinnen wachst. Diß Gebürg

Wißbaden. geußt auß ein sied heiß Wasser zu Wißbaden/das ein meil von Mentz ligt/vnd zeucht sich der Berg vnd das Landt den Rhein hinab/vier oder fünff meilen ferr/vnd wird je länger je fruchtbarer/besonder zu Rüdesheim gegen Bingen vber/da der Wein am aller besten ist/vn wird geführt biß hineyn in Engellandt. Die Artzt schreiben von dem Wasser des Wißbadens/daß es Schwäbel/Alaun vnd wenig Nitrum halt/dienet den gestarreten Neruen oder Adern/erwärmbt die erkalten vnd verschwächten Glieder/vnd nimbt hinweg allen Wust der sich an die Haut setzt von Geschwär vnd Raude. Das Rheingöw gehört vnder das Bißthumb Mentz/vñ

Eldfeld. ist nicht mehr dann ein Statt darinn/mit Namen Eldfeld: aber hat viel schöner Dörffer/eins am andern gelegen/darunder etliche seind die sich den Flecken wol vergleichen. Vnder dem Rheingöw ligt das Stättlein Cub/das der Pfaltz zugehört/wie ich in der Pfaltz auch darvon geschrieben hab.

Catzeneln bogen. Darnach kompt die Graffschafft Catzenelnbogen/vnd die hat ein hübsch Schloß am Rhein ligen/das heißt Brubach/mit andern mehr Flecken. Zu diser Herrschafft gehört auch das Gerawer Landt/so zwischen Oppenheim vnd Franckfurt ligt.

Genealogy der Landtgraffen von Hessen/von S. Elisabeth an biß auff vnsere zeit.

1	2	3	4
Ludwig Landtgraffe zu Thüringen/S. Elisabeth sein Eheliche Haußfraw	Sophia Ihr Tochter/die nam Hertzog Hinrich von Brabant	Heinrich das Kindt von Hessen	Ludwig Bischoff zu Münster Otto Landtgraffe Sieben Töchter

Ludwig

Von Teutschlandt

Ludwig der erst ist Landtgrafe gewesen zu Thüringen/ starb Anno Christi 1227. vnd hat zu der Ehe gehabt S. Elisabeth/ die des Königs Tochter war von Vngern/ die starb Anno 1231. vnd ligt begraben zu Martpurg zu S. Elisabethen in einem köstlichen Sarck/ mit allerhand Edelgesteinen gezieret/ die Kirch bekam von jhr den Namen. Sie haben verlassen ein Tochter vnd ein Sohn. Der Sohn hieß Herman vnd starb jung/ vnd hat gehabt Beatricem des Hertzogen von Brabandt Tochter/ die darnach nam Grafe Wilhelm von Flandern. Da fiel die Herrschafft an Hertzog Heinrichen von Brabandt/ der Landtgrafe Hermans Schwester hett/ vnd gaben sie jhrem Sohn Heinrichen/ den man nennet das Kindt von Hessen/ wie sein Bruder hieß das Kindt von Brabandt. Landtgrafe Heinrich gebar Ludwigen/ Otten/ vnd sieben Töchter. Bischoff Ludwig hat gebawen den Saal zu Martpurg/ vnd die Capell auff der Burg. Die sieben Töchter wurden vermählet den Grafen von Seine/ Hennenberg/ Nürnberg/ Ochsenstein/ Waldeck/ ꝛc. Aber Landtgrafe Ott ward Regierer des Lands/ vnd von jhm streckt sich die Geburtliny weiter/ wie hernach volgt:

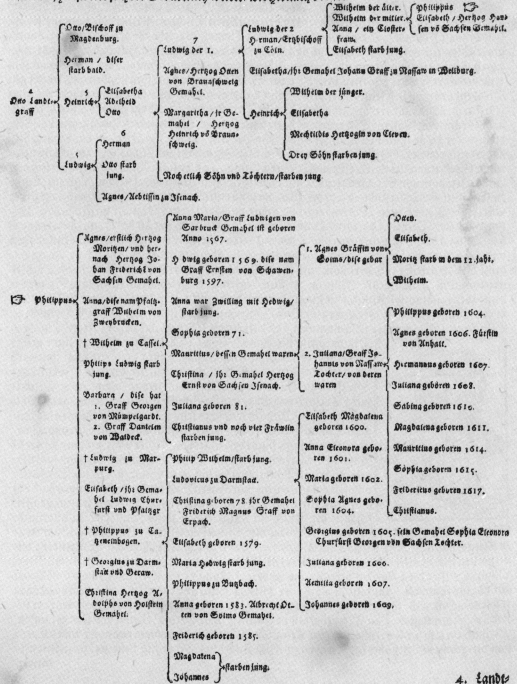

4. Landt-

4. Landtgrafe Ott gebar viel Söhn. Ott/ ward Bischoff zu Meydenburg/ vnd bawet daselbst ein Schloß/ das nennet er zu seiner gedächtnuß Ottenstein. Herman starb in der jugend/ vnd blieben zwen Herren im Land/ (5) Heinrich vnd Ludwig. Vnd damit das Land nicht zertheilt wurd/ seind sie mit einander zu raht worden/ vnd haben sich darzu verschrieben/ daß jhr einer solt dem Loß nach Weiben/ vnd das Regiment behalten: aber der ander solt ein abscheid nemmen mit Grebenstein/ Jmenhauß vnd Nordecken an der Leyen/ vnd solt kein Frawen nemmen. Sie seind auch weiter mit einander zu raht worden/ daß sie beyde werben wolten vmb ein Tochter/ vnd welchen dieselbige neme/ der solt Landtgrafe vnd Herz im Land bleiben. Vnd demnach kamen sie mit einander/ vñ wurben vmb des Marggrafen von Meyssen Tochter/ mit dem vnderscheid/ welchen die Jungfraw küssen wurd/ der solt Fürst im Land bleiben/ vnd der ander solt sich zu Grebenstein halte/ wie jetzt gemeldet ist. Da sie nun zu der Tochter kamen/ da hat sie Landtg. Heinrich zum Ehegemahel erwöhlt/ vnd der ist Fürst im Land blieben. Aber Landtgrafe Ludwig ließ es nicht bleiben bey gemeldtem Vertrag/ sondern er nam ein Gräfin von Spanheim zu der Ehe/ vnd gebar mit jhr (6) Landtgrafen Herman/ vnd dieweil er sich des Fürstenthumbs hett verzigen/ schickt er seinen Sohn Landtgrafe Herman auff die Hohe Schul/ daß er studiert vnd Geistlich wurd/ vnd sein Vetter Bischoff Ott von Meydenburg halff jhm auch daß er Thumkherr ward zu Meydenburg/ vnd ein zeitlang das Canonicat besaß. Aber Landtgraff Heinrich gebar ein Sohn/ mit Natten Ott/ der nam ein Gemahel von Cleve: Er hett auch zwo Töchter/ Adelheit/ die nam jhr schöne halb der von Polandt/ vnd die ander Elßbeth/ nam Hertzog Albrecht von Braunschweig. Landtgrafe Ott gieng vor seinem Vatter ab ohn Kinder/ da wolt Landtgrafe Heinrich das Land zugefügt haben seinem Tochtermann Hertzog Albrechten von Braunschweig/ aber er ward von jhm erzürnt/ daß er sprach: Somer vnser Fraw S. Elßbeth daß soll jhm schaden/ vnd schickt gen Meydenburg/ vnd ließ seines Bruders Sohn Landtgrafe Herman holen/ vnd macht jhn zum Fürsten im Land: vnd er ward geheissen/ Vnser Juncker der Landtgrafe/ Er hatte 1. Johannam Gräfin von Nassaw Sarpruck/ die hatte keine Kinder. 2. Margareth Burggräfin von Nürenberg/ die gebar jhme viel Töchter vnd Söhn/ der eine so nach jhm Herz im Land ward/ hieß Landtgrafe Ludwig. (7) Diser war der erst Grafe zu Zigenhain vnd Nidda. Er nam zu Lehenleuten die Grafen von Waldeck/ Lipp vnd Ridperg/ Anno 1446. er starb Anno 1461. vnd verließ von Anna Hertzogin von Sachsen drey Söhn/ Ludwigen/ Heinrichen vnd Herman/ vnd ein Tochter Elisabeth genandt/ Ludwig war der älter/ darumb regiert er nach dem Vatter/ vnd nam zu der Ehe Fraw Mechtild von Würtenberg/ vnd gebar mit jhren zwen Söhn/ die hiessen beyde Wilhelm/ vnd zwo Töchter. Aber sein Bruder Landtgrafe Heinrich hat an der Leyn regirt/ vnd gehabt Annam von Catzenelnbogen vnd Dietz/ mit deren er bekam die Graffschafft Catzenelnbogen vnd Dietz/ dann jh: Vatter Philip war der letzte dises Stammens/ starb Anno 1479. nam darauff die Herrschafft eyn/ darunder auch Darmstatt begriffen/ vnd mit jhr Söhn vnd Töchter vberkommen. Landtgrafe Wilhelm der älter regiert zu Cassel/ vnd sein Bruder zu Spangenberg: aber Landtgrafe Wilhelm der jünger hat im jahr Christi 1489. das Regiment zu Marpurg in den Graffschafften Catzenelnbogen/ Dietz/ Zigenhain vnd Nidda/ von Bischoff Herman zu Cöln seinem Vormünder fürgenommen/ vnd zu einem Ehegemahel gehabt Fraw Elisabeth Pfaltzgräffin/ die Anno Christi 1498. zu Franckfurt zu jhme gelegt ward: aber er starb ohn Kind Anno Christi 1500. vnd folgt jhm nach im Regiment Landtgraff Wilhelm der mittler/ der nam 1. Jolantham Gräffin von Vaudemont. 2. Annam/ Hertzog Mangen von Meckelburg Tochter/ vnd gebar mit jhr Anno Christi 1504. Landtgrafe Philippen. Diser Wilhelm war nach seines Vettern Wilhelmen des jüngern Tod belehnet mit den Graffschafften Catzenelnbogen vnd Dietz/ vnd wurden jhme solche bestätiget von Keyser Maximiliano dem ersten Anno 1505. darwider setzte sich Graff Johann von Nassaw/ so Elisabetham Graff Wilhelmen des jüngeren Schwester zu der Ehe hatte/ vnd seine nachkommene/ vnd waren stäts im streit diser Landen halb biß auff heutigen Tag. Diser Wilhelm krieget auch mit seinem grossen schaden die Pfaltz im Bayerischen Krieg/ vnd starb bald darnach.

Philippi Hertzogen in Hessen Bildnus.

Philippus sein Sohn ist im jahr 1528. wider die Bischoff von Mentz/ Würtzburg/ Bamberg in Kriegsrüstung kommen/ darnach im jahr 1534. hat er Hertzog Vlrichen von Würtenberg widerumb in sein Herrschafft geholffen/ derē entblößt war 15. jahr. Darnach 1535. hat er die State Münster mit andern Fürsten bekriegt vnd erobert. Anno 1536. ist er zur Schmalkaldischen Bündtnuß kommen. Im jahr 1542. hat er Hertzog Heinrichen von Braunschweig das Landt eyngenommen/ vnd alß darnach Hertzog Heinrich das Land widerumb erobern wolt/ ward er im jahr 1545. den letsten Tag Mertzens/ sampt seinem Sohn Carolo Victor/ von jhm gefangen. Hernach im jahr 1546. führet er den Krieg alß ein obrister Bundtsverwandter wider Carolum den fünfften. Alß aber der Krieg vnglücklich außschlug/ hat er sich dem Keyser in sein vertrawen

trawen gestellt im jahr 1547. Hertzog Heinrichen vnd seinen Sohn ledig geben/ vnd darnach im jahr 1552. auch loß worden. Im jahr hernach 1567. ist er gestorben/ vnd ist das Fürstenthumb vnder seine Söhn getheilet worden.

Wilhelm saß zu Cassel/ war ein verständiger Fürst/ vnd ein sonderlicher Liebhaber der Mathematischen Künsten: Starb Anno 1592. Sein Gemahel war Sabina Hertzog Christoph von Würtenberg Tochter.

Ludwig der ander Sohn Philippi saß zu Marpurg/ vnd starb Anno 1604. ohne Erben. Da nam Landtgraff Moritz eyn Marpurg/ vnd was vbrig nam Landtgraff Ludwig von Darmstatt/ waren aber diser theilung halber stäts streit vnder disen beyden Fürsten.

Philippus/ der dritt Sohn Philippi des Alte/ hatte inn Catzenelnbogen/ starb aber Anno 1583. ohn Erben/ vnd ward das Land vnder die vbrigen getheilet.

Georgius der viert Sohn Philippi/ sasse zu Darmstätt vñ Geraw/ hatte zwey Gemahel 1. Magdalenam ein Gräffin von Lipp/ von deren er seine Kinder. 2. Eleonoram eine Hertzogin von Würtenberg: starb ohne Erben.

Mauritius/ Wilhelmi Sohn ist geboren Anno 1572. Sein erste Gemahel war Agnes Graff Johann Georgen von Solm Tochter: die gebar jhme drey Söhn vnd ein Fräwlein/ vnd starb Anno 1602. Der erste Sohn war Otto ist geboren Anno 1594. der hatte erstlich Fräwlein Catharinam Vrsulam/ Marggraff Georgen Friderichen von Baden Tochter/ die starb jhme aber an der geburt Anno 1615. hernach name er Agnes Magdalenam Fürst Johan Georgen von Anhalt Tochter: Er starb aber bald darauff Anno 1617. vnd verließ also keine Kinder.

Landtgraff Ludwigen Bildtnuß.

Der ander Sohn Landtgraff Mauritzen war Mauritius/ der starb jung. Der dritt ist Wilhelmus/ dessen Gemahel Aemilia Elisabetha eine Tochter Graff Philip Ludwigen von Hanaw Müntzenberg. Fräwlein Elisabetha war Anno 1618. vermählet Hertzog Albrechten von Mechelburg: Sie starb aber wenig jahr hernach/ war jhrer vielfaltigen vnd sonderbaren Tugenden halber so an jhren geleuchtet/ eine Zierd aller Fürstlichen Fräwlein.

Anno 1603. nam Landtgraff Mauritz sein ander Gemahel Fräwlein Julianam Graff Johannen von Nassaw Dillenberg Tochter: von deren er vnderschiedliche Herren vnd Fräwlein erboren/ wie auß der Tafel zu sehen.

Ludwig Landtgraff Georgen Sohn zu Darmstatt ist geboren Anno 1577. starb Anno 1626. Sein Gemahel war Magdalena Marggräffin von Brandenburg/ von deren hatte er vier Fräwlein vnd ein Herren: Sie starb jhme Anno 1616.

Philippus/ Landtgraff Ludwigen Bruder/ ist geboren Anno 1581. sitzt zu Butzbach/ da er sampt den Graffen von Solms herrschet.

Von der Statt Fuld in der Buchen gelegen/ durch den Hochgelehrten Herren Gregorium Wicelium beschrieben. Cap. ccclxviij.

Vlda ist die Hauptstatt dises Ländleins/ so man die Buchen nennet/ von viele der Buchen/ mit denen es vmbgeben/ vnd ligt zwischen Thüringen/ Franckenlandt/ Wederaw vnd Hessen. Es ist auch die Buchen zimlich wol erbawen mit Stätt/ Schlössern vnd Dörffern. Es hat auch fliessende Wasser/ See/ Wäld/ Aecker/ Gärten/ Wiesen/ Brunnen/ vñ nach Lands art geschlachten Boden/ außgenommen daß es kein Wein tregt. Die Wasser so dardurch fliessen/ seind die Fuld/ Huna/ Werra vnd Vlstera. Die Dörffer so in der nähe vmb dise Statt Fuld ligen/ neñt man Cellen/ das noch anzeigung ist des alterszunemmenden Benedictiner Closters. Dise gantze Gegeheit wird mit Wälden vmbzäunet/ allermeist aber mit hertzlichen Eychen vnd Buchbäumen. Jhr Sprach ist gemischt mit Hoch: vnd Niderländischem Teutsch. Die begangenschafft der Statt Fuld stehet auff Wullen vnd Leinen/ vñ die Eynwohner führen solche Wahr zu verkauffen gen Würtzburg in Francken/ vnd gen Cassel in Hessen. Es ist in diser Statt gar ein altfränckisch Münster/ das ein sonderlich gezierd ist des gantzen Lands/ in der Ehr des Seligmachers gebawen/ vnd dahin in der rauchen art zu den zeiten des H. Bischoffs Bonifacij vnd Königs Pipini An. Christi 755. auch die Statt Fuld gebawen. Doch sagen die andern/ es sey diß Closter gebawen

bawen worden von gedachtem Bonifacio vnder dem Grossen Keyser Carlen/vnd darnach mit der zeit auch die Statt erwachsen. Es hat diß Closter ein herzliche alte Bibliothec/dergleichen keine in gantz Teutschlande seyn solle: Es seind alle Bücher von der Hand geschrieben/auff Pergament vnd in 48. Ordnungen abgetheilt. Es hat diß Closter auch viel gelehrter Männer gezogen/die auch mit ihren Geschrifften den Nachkommenden herzliche vnderweisung geben haben/sonderlich aber Rabanus/Strabus/Adrianus/vnd andere mehr/die sich dapffer mit Schreiben geübt. Item/diß Closter hat Bischöff geben gen Mentz/Freysingen/Halberstatt/Hildesheim/2c. Es ist auch größlich gefreyet worden von Bäpsten vnd Keysern/also daß es keinem Bischoff oder auch Ertzbischoff vnderworffen ist. Der Abbt ist auch einer auß den Gefürsteten Aebbten des Reichs/von Keyser Carolo dem vierdten darzu gewürdiget/welche auff den Reichstägen sitzen zu den Füssen des Keysers. Es ist auch der Primas aller Aebbt/vnd hat den vorzug vor ihren nicht allein in Teutschlandt/sondern auch in Franckreich: Er ist auch der Keyserin Cantzler/vnd hat viel Lehen hin vnd wider zu verlehen. Dise Abbtey ist also groß vnd mächtig/daß sie auch manchem Bisthumb möcht verglichen werden.

Die Aebbt von Fulda nach einander biß auff dise zeit.

1. Sturnus hat das Münchscloster Benedictiner Ordens daselbst gestifftet/Anno Christi 744. ist demselbigen vorgestanden fünff vnd dreyssig jahr.
2. Baugulfus war Abbt zwey vnd zwantzig jahr/starb Anno 800.
3. Ratgarius/ein Edler.
4. Aegil war Abbt Anno 818.
5. Rhabanus/mit dem Zunamen Magnentius Maurus/hat angefangen Anno 822. ist vorgestanden zwantzig jahr/hat freywillig resigniert/vñ ist hernach nach Otgario Ertzbischoff zu Mentz worden Anno 847.
6. Hatto I. ist gestorben Anno 856.
7. Thioto ist vorgestanden dreyzehen jahr/hernacher wegen zweyspalt der Könige Ludovici vnd Caroli entsetzt worden.
8. Fregardus.
9. Hugo/ist gestorben Anno 900.
10. Hainfridus.
11. Hajeho.
12. Hildebertus/auß dem Franckenland.
13. Hadamarus von Fulda/hat angefangen Anno 927.
14. Hatto II. ist hernach vnder Ottone dem andern/Ertzbischoff zu Mentz erwöhlt worden Anno 969.
15. Wernherus oder Werinharius ist Anno 982. als er Ottoni dem Keyser wider die Saracenen nachgezogen/in einer Schlacht blieben.
16. Erkanbaldus/ein Sachs/hat angefangen Ann. 983. hernach Ertzbischoff zu Mentz erwöhlt worden/ist gestorben Anno 1021.
17. Branthous I.
18. Poppo.
19. Richardus/ist gestorben Anno 1039.
20. Sigewardus/gestorben Anno 1043.
21. Rohingus/ist Henrico IV. nach Rom gefolgt/allda gestorben Anno 1047.
22. Egbertus/ist gestorben Anno 1058.
23. Sigfridus/ein Freyherr von Eppenstein.
24. Widerandus/auch ein Freyherr von Eppenstein/ist Abbt worden Anno 1060. gestorben Anno 1075.
25. Ruthardus/ein Mönch von Hirßfeld/ist von Henrico IV. dem Keyser Abbt erwöhlt/vorgestanden 21. jahr/gestorben Anno 1096.
26. Gotfridus/ist Abbt gewesen 13. jahr/hernach gutwillig die Abbtey vbergeben.
27. Wolfhelmus ist Abbt worden 1109. gestorben 1114.
28. Eheloffus/ein Abbt von Mürbach/von Keyser Henrichen wider der Abbtey gerechtigkeit dahin gesetzt/ist gestorbñ 1122.
29. Vdalricus ist gestorbñ zu Würtzburg 1134.
30. Henricus I. hat die Abbtey vbergeben.
31. Berthous I. ist vorgestanden zwey jahr.
32. Conradus I. ist gestorben 1140.
33. Aleholfus/ist auß befehl Bapst Eugenij entsetzt 1148.
34. Rutgerus.
35. Henricus II. Abbt von Hirßfeld/hat angefangen 1150.
36. Marquardus ist von Bamberg dahin beruffen worden/vorgestanden 14. jahr.
37. Hermannus von Herzfeldt.
38. Burckhardus.
39. Rutgerus.
40. Conradus II. angefangen 1177. vorgestanden 15. jahr.
41. Henricus III. von Cronberg/gestorben 1216.
42. Hermannus/ist in dem jahr/darinn er erwöhlt/gestorben.
43. Cuno von Elwangen/ist von Keyser Friderich dem II. dahin promoviert/ist vorgestanden 5. jahr.
44. Conradus III. rö Malkos hat 25. jahr reg.
45. Henricus IV. ein Edler von Ehrthal auß Buchen bürtig/ist Abbt worden 1249. gestorben 1269.
46. Berthous II. von Leipolds/ist/als er dem Kirchendienst abgewartet/vmbkommen 1271.

47. Berthous

Von Teutschland. 1145

47. Berthous der 3. ein Edler von Mackenzell ist 2. jar vorgestanden/ hat aber niemalen vom Bapst die Confirmation erlangen können.

48. Berthous der 4. ein Edler von Bimbach auß Buchen: er wehlt An. 1274. hat sich hernach mit erlaubnuß Keysers Rudolphi der Abtey entschlagen/ Anno 1286.

49. Marquardus der 2. ein Freyherr von Bickenbach/ starb Anno 1288.

50. Henricus der 5. ein Graf von Wildenaw/ regiert 25. jahr.

51. Eberhardus von Rotenstein/ starb Anno 1314.

52. Henricus der 6. ein Freyherr von Homburg/ regiert 40. jahr/ starb Anno 1353.

53. Henricus der 7. ein Edler von Cräluck/ starb Anno 1372.

54. Conradus ein Graff von Hanaw/ starb An. 1382.

55. Fridericus Rumrot/ ein Edler auß Buchen bürtig/ starb An. 1395.

56. Johannes de Merlew war auff dem Concilio zu Costentz/ starb An. 1414.

57. Hermannus von Buchenaw/ starb Ann. 1449.

58. Reinhardus Graff von Milnaw/ regiert 27. jahr.

59. Johannes der 2. ein Graff von Hennenberg/ regiert 45. jar/ starb An. 1513.

60. Hermannus ein Burggraff von Kirchberg/ starb An. 1529.

61. Johannes der 3. Graff von Hennenberg/ starb Anno 1541.

62. Philippus Schenck von Schweintzberg ein Hess/ ist von Paulo dem 3. zu dem Tridentinischen Concilio beruffen worden/ starb Anno 1550.

Im jar 1546. ist Hertzog Hans Friderich von Sachsen gehn Fulda kommen/ und den Abt umb 30000. Gulden geschetzt/ unnd vermeynten die Knecht die Statt zu plündern: aber durch Hilff Gottes/ ist es durch die Eynwohner verhütet worden.

63. Wolffgangus Theodoricus von Euskem/ starb An. 1558.

64. Wolffgangus Schutzbar.

65. Georgius Schenck/ regiert 3. Monat.

66. Wilhelmus Glantz/ regiert 2. jahr/ starb Anno 1571.

67. Balthasar von Dernberg/ hat von Keys. Maximiliano dem 2. die Regalien empfangen/ vñ von Bapst Pio dem 5. die Bestätigung/ starb Anno 1606.

68. Johann Friderich von Schwalbach.

Thüringer Landtschafft.
Cap. ccclxxiv.

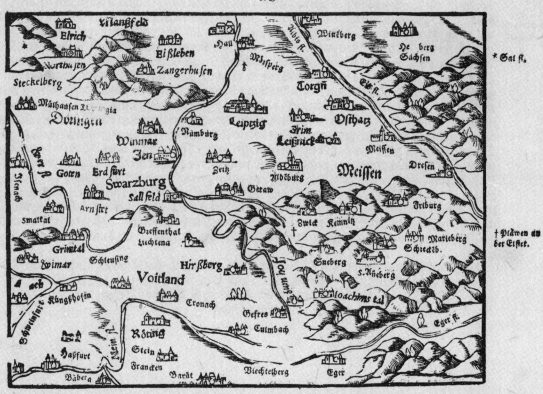

ppp Im Thü

As Thüringer Landt haben die Völcker vor zeiten Sorabi geheissen/ wie man meynt/ vnd seind darnach also mechtig worden/ daß sie ein besonder Königreich hatten in dem Teutschland. Ihr Herrschafft streckt sich dazumal biß an Mäyn in Franckenland. Aber da sie mit den Schwaben jren Nachbawren stäts im Hader lagen/ berufften sie die Francken auß dem Niderland/ vnd gaben jnen zu bewohnen das Mäyngöw vmb Wirtzburg/ damit sie kein gezenck mehr hetten mit den Schwaben. Das hab ich weitleufftiger hievornen gemeld in Beschreibung des Franckenlands. Als die Francken zum Mäyn kamen/ nam der Thüringer wesen ab. Also daß Anno Christi 524. der Thüringer Königreich ward abgethan von den Fränckischen Königen/ die nicht allein Franckenlandt vnder jhrem gewalt hatten/ sonder auch das Thüringer Landt/ vnd darnach das Franckenlandt.

Von der Statt Erdfurt. Cap. ccclxxv.

DJe Hauptstatt in Thüringen ist Erdfurt/ die Alten nennen sie Erphesfurt/ von einem Müller so Erff geheissen/ vnnd ein Furth am Wasser Geraw gehabt haben soll: daher wöllen etliche solle der Namme Erffurth entsprungen seyn. Hie hat der heylig Bonifacius der Teutschen Apostell ein Bisthumb gestifft: aber es ward bald gen Mentz gelegt. Der Boden vmb Erdfurt ist vber die Maß fruchtbar/ vnnd laufft ein Wasser durch die Statt das heist Gera/ darvon die Statt purgiert vnd geseubert wirdt. Sie ist angefangen worden zu bawen vnder dem Fränckischen König Clodoveo/ das ist vmb die zeit des Keysers Theodosij vnnd auch Arcadij/ vmb das jar Christi 460. Dagobereus von Franckreich hat auch etwas zu jhrem Baw geholffen/ daher auch das nechste Dorff Dabersted seinen nammen hat/ alß hies es Dagoberti Statt. Anno 1068. hat man die Mawr darumb gemacht/ vnd sie mit Thürnen bevestiget vnnd bewahret. Anno 1479. ist Sanct Cyriaci Schloß vor dem Brieler thor gebawen worden/ war vorhin ein Closter. Diese Statt soll grösse halb Cöln am Rhein vbertreffen. Es ist nicht darvon zu sagen/ wie die Statt in jhrem anfang also trefflich sehr hat zugenommen/ vnd ist gewachsen/ also daß der menge halb so darinn war/ fünff vnd zwantzig Pfarrkirchen darinn wurden auffgericht. Aber sie fiengen an bald danach widerumb abzunemmen. Anno 1417. gieng ein Fewr darinn auff/ vnd verbrann gar nahe *Fewersnoth zu Erdfurt.* das drittheil der Statt. Dann es waren ettliche darzu bestellt/ die Fewr solten eynlegen vnder welchen war ein Münch der Fürnembst/ aber er ward ergriffen vnnd mit glüenden Zangen zerrissen. Anno 1392. ward die Hohe Schul in dieser Statt auffgericht/ vnd vom Bonifacio dem 9. privilegiert. Anno 1509. erstund zwischen den Bürgern vnd dem Rhat ein Auffruhr von wegen der auffgelegten Stewr. Die Statt wolt wissen wie thewr sie versetzt were/ vnd funden daß sie versetzt war vmb 600000. Gulden/ darvon sie järlich an Bezahlung der Hauptsumma 30000. Gulden Zinß geben solten. Es vberschoß aber järlich die Summ des eynnemmens vber die Summ des außgebens/ darumb erhub sich der Lermen/ der doch mit der zeit ohn Blutvergiessen zertheilet ward. Wann auß dem Thüringer Landt ein Landtgraffschafft sey gemacht worden/ hab ich hievornen bey dem Hessenlandt gemeldet/ nemblich es ist geschehen zu der zeit Keysers Lotharij des andern. Es haben die Landtgraffen von Thüringen vor zeiten jhren Sitz vnnd Wohnung zu Isenach gehabt/ da auch Landtgraf Ludwig Sanct Elßbethen Gemahel mit seinem Eltern begraben ligt. Anno 1590. seind in dieser Statt bey Sanct Michel auf die drey hundert Häuser verbrunnen. Es hat auch in gemeldter Statt in vnser Frawen Kirch ein Glock/ soll jhrer schöne vnnd grösse halb weit vnnd breit jhres gleichen nicht gefunden werden/ ist Anno 1497. gegossen worden.

Als Burckhardus der König in Thüringen erschlagen ward/ hat Keyser Otto der Groß/ seinem Sohn Guilhelmo Ertzbischof zu Mentz gantz Thüringen vbergeben. Dannenhero noch kommet der Anspruch so Mentz an Erdfurt vorwendet.

Die Statt

Die Statt

Fulda vnd Erdfurt:

Ettlicher massen Contrafehtet/ wie sie mir vberschickt seind zu diesem Werck/ durch den Hochwirdigen Fürsten vnnd Herren/ Herren Philippum Schenck von Schweinßburg/ Abt zu Fuld/ vnnd durch den Wolgelehrten Herren Heinrichen Boppen/ Meister der Freyen Künsten/ vnd Astronomum zu Erdfurt/ welche beyde meinem Fürnemmen gantz geneigt/ gnediglich vnd gar gutwilliglich/ haben auff mein Schreiben jhre Hand zu diesem Werck gebotten.

ppp ij   Die Statt

1148 Die Statt Fulda in der Buchen/ a
contrafehret/

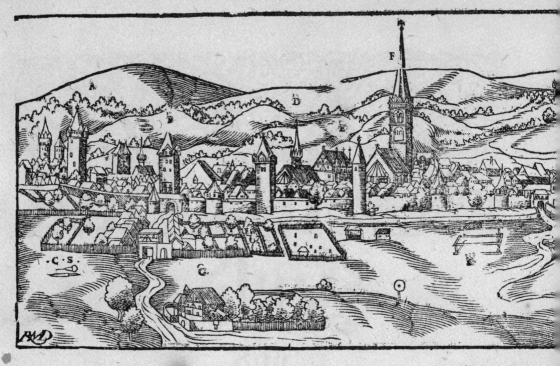

Erleuterung etli

A	Storn Thor	E	Rhathauß	I	Sa
B	Peters Thor	F	Pfarrkirch	K	Co
C	S. Niclaus	G	Heßligen	L	Pa
D	Barfusser	H	Cantzley	M	S

Erdfurt die Hauptstatt in T
aussaller f

Außlegung vnd Erklärung etlicher fürnem

†	Vorstatt	D	S. Martin	H	S.
A	S. Ciriacks Schloß	E	S. Veit	I	S
B	Brieler Thurn	F	Löwen Thurn	K	B
C	S. Thoman	G	Beata Virgo, zu vnser Frawen	L	S

Fürstlich Closter / zimlicher massen n grund gelegt.

1149

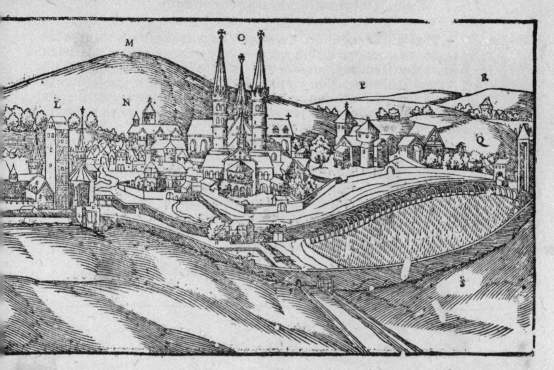

ieser Statt.

- N Newenberg Capell
- O Das Stifft
- P S. Michels Kirch
- Q Weiß Closter
- R Maberzel
- S Weinberg

nach eusserlichem ansehen ...sehet.

Statt mit den Buchstaben verzeichnet.

- M Prædicatores, zun Predigern
- N S. Martin
- O S. Bartholome
- P S. Johann
- Q Krempff Thor
- R Schmid Thor.

ppp iij Mülberg

1150 Das fünffte Buch

Mülberg ein gewaltig Schloß in Thüringen.
Cap. cccklxxvi.

Mülberg ein Schloß.

Iß Schloß ist Anno Christi 319. von einem Ritter erbawen worden/ welcher jme den Nammen von einer Mül/ so vnden am Berg gestanden/ gegeben. Da nun die Eynwohner sahen/ daß es ein feine Gelegenheit da hatte/ ist es nachgehender zeit zu einem Fläcken erwachsen. Es seind aber gemeldtes Ritters nachkommen zu Graffen worden/ vnd haben lange zeit in diesem Schloß regiert. Heutiges tags gehört es den Herren von Erdfurt zu: dann es jhnen im jahr 1330. vmb ein grosse Summa Gelts von einem Bischoff von Mentz versetzt worden.

Stolberg. Cap. ccclxxvii.

Stolberg.

S ist Stolberg die Statt in Thüringen/ so mit einem schönen Bergschloß gezieret/ Anno Christi 530 gebawen worden. Auß dieser Statt ist bürtig/ Herr Johannes Schneidenwein/ ein fürnemmer vnd gelehrter Mann/ der zu Wittenberg in der Hohenschul viel jar die Recht offentlich gelesen.

Grüneberg.

Grünenberg das Schloß in Thüringen/ ist von Landtgraff Ludwig zu Thüringen im jar Christi 1185. erbawen worden.

Von der Statt Gotha in Thüringen sampt jhrer Abcontrafactur. Cap. ccclxxviij.

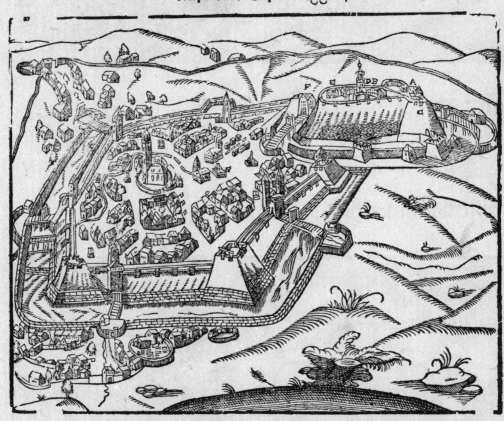

Erklärung der Buchstaben/ so in dieser Statt verzeichnet seind.

- A Die Cantzley
- B Des Fürsten Gemach
- C Zwey grosse runde Bollwerck
- D Der Fürstin Gemach
- E Das Zeughauß
- F Das vnder Gemach des Fürsten vnd des Schloß Hauptmanns
- G Der Marckt.

S vermehnen etliche/ die Thüringer haben jhr erst ankommen von den Gothen gehabt/ welche in diesem Landt der Statt Gotha jhren Nammen geben. Ich aber halte solches für ein vngewisse Rechnung/ wiewol sie erstlich im jahr neunhundert/ drey vnd zwantzig soll auffkommen seyn. Sie ist nicht sonders groß: aber bey vnsern zeiten durch Hertzog Johann Friderich/ Churfürsten zu Sachsen/ dermassen zierlich vnnd vest gebawen worden/ zusampt dem beyligenden

Fü st-

Von Teutschlandt. 1151

Fürstlichen Schloß Grimmenstein/ daß sie keiner andern Vestung Teutscher Nation nichts vorzugeben/ vnd ein jeden Gew alt leichtlich auffhalten mögen/ welche doch im jahr 1567. zerrissen vnd geschleifft worden ist. Dann als Hertzog Johann Friderich der mitler zu Sachsen etlichen vom Adel deren fürnemester Wilhelm von Grumbach gewesen/ so in des Reichs Aacht vnd Bann erkläret worden/ von wegen Fräffeln vnd Beraubung/ an etlichen Stenden Teutscher Nation begangen/ in dieser Vestung vndeschlauff vnd auffenthalt geben/ vnd er nach vieler Fürsten/ ja der Keyserlichen Majestat ernstliche warnung/ sich derselben nicht entschlahen wollen/ ist er sampt jhnen fur ein Echter erkandt/ vnnd von des Reichs Stenden Hertzog Augusto dem Churfürsten zubekriegen befohlen worden.

Dieser hat den 25. Jenners im obgedachten 5 r die gewaltige Vestung Grimmenstein/ sampt der Statt Gotha/ in nammen des Römischen Reichs vrplötzlich vberzogen/ durch den harten Winter belägert/ biß er sie auffs letst den 13. tag Aprillens/ vngefehr vmb sechs Vhr nach Mittag durch auffgebung eyngenommen/ vnd den Fürsten seinen Vettern/ sampt den Echtern gefangen/ eben des tags/ auff welchem auch sein Vatter selig der elter Hertzog Johann Friderich/ von weilandte Keyser Carlen dem 5. in der Mülbergischen Schlacht gefangen worden. Er ward mit 1000. Pferden auff einem Gutschen Wagen stracks nach Dresen geführt/ demnach Keyser Maximiliano gefenglich gen Wien vbersender/ welcher jhn zur Newenstatt/ demnach im Schloß Preßburg verwahren lassen. Im Zeughauß des Schloß Grimmenstein fand man 160. Stuck Geschütz auff Redern/ deren 9. der grössern der Churfürst vorauß zu seinen handen nam/ acht Mawrenbrecher schickt er dem Keyser/ die vbrigen theilt er zugleich mit Hertzog Wilhelmen des gefangnen Fürsten Bruder/ welcher zu solcher Belägerung geholffen. Von Echtern wurden auff dem Marckplatz zu Gotha den 18. Aprilis Wilhelm von Grumbach vnnd D. Christian Bruck geviertheilt. Die vbrigen/ Wilhelm von Stein/ David Baumgartner vnd Hans Bäyer/ mit dem Schwerdt gerichtet/ demnach auß der Keyserlichen Majestat Befehl die Wähl/ Bollwerck/ 2c. geschleifft vnnd zerrissen.

Jena. Cap. ccclxxix.

DIe Statt Jena in Thüringen in einem lustigen Thal an der Saal gelegen/ ist mit schönen Weinbergen vmbgeben/ auch mit Mawren vnd Thürnen wol versehen. Den Nammen belangende/ wöllen etliche derselbe komme vom Iano: aber Johannes Stigelius der fürtreffliche Poet will/ daß er von dem Hebraischen Wort *Iayn*, das in vnser Sprach Wein lautet/ entspringe/ vnnd das des grossen Weinwachs wegen so vmb diese Statt ist. Es hat auch da ein berümbte Hohe Schul/ die Anno Christi 1555. von Johann Friderich Hertzogen zu Sachsen auffgerichtet worden.

Jena.

Weimar. Cap. ccclxxx.

JM jar Christi 1244. ist diese Statt schon im wesen gestanden/ vnd vnder Keyser Friderichen dem 2. ein Gräffschäfft gewesen/ darnach Anno 1342. an die Landtgrafschaft Thüringen kommen/ als Hermannus der letste Graf von Weimar von Friderico dem strengen Landtgrafen in Thüringen/ vberwunden vnnd aller seiner Haab beraubt wardt: vnd diß kam daher/ weil gemelter Graf Herman/ als er zu Erfurt sich lustig machte/ vnd sahe Landtgrafen Friderichen mit einem schlechten geleit durch die Statt ziehen/ jhme schnapfflich zugerufen: wo nauß Fritz?

Weimar.

Meyssenlandt. Cap. ccclxxxj.

ES hat die Marck zu Meyssen den Nammen empfangen von der Statt Meyssen die an der Elb ligt/ welcher Statt Abcontrafehtung wir hernach gesetzt haben/ vnnd hat König Heinrich der erst ein Bisthumb da gestift. Diese Marckt stost an die Thüringer Landtgrafschaft/ sie hat viel vnnd nambhaftige Stätt/ als Schreckenberg/ Zeiz/ Freyberg/ welche weitleuffig ist hernach beschrieben/ Dresen/ Torga/ Leipzig/ vnd andere.

Das fünffte Buch

Von der Statt Leipzig sampt jhrer eusserlichen Contrafactur. Cap. ccclxxxij.

LEIBSIGK

Leipzig.

Eipzig am Wasser/ die Elster genannt/ gelegen/ ist anfenglich ein Dorff dieses Namens gewesen/ vnd Bischoffen Dietmaro zu Merßpurg Anno Christi 1021. vom Keys. Heinrich dem 2. verehret: hernach vom Marggraffen Otten/ Conrade des 2. Sohn zur Statt gemacht/ vnd vnder Keys. Friderichen dem 1. erweitert vñ bevestiget worden: ist jetziger zeit an Reichthumb vnd Gezierden die fürnemeste in Meyssen. Anno 1222. ist das Closter S. Thomas von Marggraff Dieterichen erbawen worden. Der Hohen Schul/ so Anno 1408. von Prag auß Behem vnder Marggraffen Friderichen zu Meyssen vnd Landtgraffen in Hessen dahin kommen/ ist Johannes Monsterbeck der Heyligen Schrifft Doctor erster Rector gewesen. Es ist auch zu Leipzig ein groß Gewerb mit kauffen vnd verkauffen/ darvon die Statt sehr zugenommen. Sie hat drey Jarmärckt: den ersten am Sambstag nach der Beschneidung: den andern Sambstags vor Jubilate: den dritten Sambstags nach Michaelis.

Von der Beherrschung des Landts Meyssen. Cap. ccclxxxiij.

Ann die Meyßnische Marck sey auffgerichtet worden/ hab ich sonderlich nicht gefunden. Das weiß ich aber wol/ daß sie mit sampt dem Thüringerlandt vnd Obern Sachsen zu den zeiten des Grossen Keysers Otten/ ward die Marck von Sachsen genannt/ eh das Hertzogthumb zu Obern Sachsen ward auffgericht. Darnach mit der zeit wurden die Länder von einander gescheiden/ vnnd fielen etwan wider zusammen. wie dann Anno 1241. da die Landtgraffschafft von Thüringen auch außstarb/ kam sie durch ein Weib an die Herren von Meyssen/ die darnach beyde Titel haben gehabt/ der Marck vnd der Landgraffschafft. Darnach Añ. 1423. alß der Churfürst von Sachsen ohn Männlichen Saamen abgieng/ vbergab Keyser Sigmund das Hertzogthumb zu Sachsen den Herren von Meyssen/ wie sie es dann noch innhaben. Vnnd demnach haben sie ein dreyfaltigen Titel: dann sie seind Graffen von Thüringen/ Marggraffen von Meyssen/ vnd Hertzogen von Sachsen.

Sachsen den Fürsten von Meyssen geben.

Vnnd auff das will ich nun die Genealogy oder Geburtliny setzen dieser dreyen Fürstenthumen.

1. Ludwig

Von Teutschlandt.

1. Ludwig mit dem Bart der erst Herr im Landt Thüringen.
2. Ludwig der Springer des vordrigen Sohn.
3. Ludwig des Springers Sohn. Er hett Keyser Lotharii von Sachsen Tochter zu der Ehe/ vnd ward der erst Landtgraff von dem Keyser gemacht.
4. Ludwig/ Keyser Conrads Tochtermann/ des vordrigen Ludwigen Sohn.
5. Ludwig des vordrigen Sohn. Dieser starb in dem Heyligen Landt Anno Christi 1182 vnd verließ kein Kind hinder jhm.
6. Herman des vordrigen Ludwigs Bruder. Er hett ein Tochter mit Nammen Juttam/ die nam Heinrich Marggraffen von Meyssen.
7. Ludwig des vordrigen Hermans Sohn. Er hatt Sanct Elisabeth zu der Ehe/ vnd sein Bruder Heinrich ward zum Römischen König erwehlt.
8. Herman S. Elßbethen Sohn.

Dieser starb Anno Christi 1241. ohn Kindt/ vnnd hat ein Schwester mit Nammen Sophiam/ die hat den Hertzogen von Braband zu der Ehe. Vnd sie vnderstund jhren Sohn Ludwigen von Braband zum Landtgraffen zu machen in Thüringen: aber die Meyßner woltens nicht lassen geschehen/ sonder machten Marggraffe Heinrichs Sohn/ mit Nammen Albrechten/ zum Landtgraffen in Thüringen/ des Mutter ein Landgräffin von Thüringen war/ vnnd Heinrich S. Elßbethen Tochter Sohn/ ward Landgraff in Hessen/ des Genealogy ich hievornen im Land zu Hessen gesetzt hab. Nun volget weiter die Genealogy der Marggraffen vnd Landtgraffen von Thüringen/ da sie in ein Hertzschafft kommen sindt.

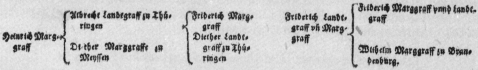

Hie merck/ die zwen Brüder Albrecht vnd Diether theilten die zwo Hertzschafften/ wie darnach auch Landtgraff Albrechts zwen Söhn theten/ Marggraff Friderich vnd Landgraff Dieter. Darnach kamen beyde Hertzschafften an ein Person/ nemlich an Friderichen den andern/ der hertz zwen Söhn/ Friderichen vnd Wilhelmen. Friderich ward Landtgraff vnd Marggraff/ vnnd vber das macht jhn Keyser Sigmund Anno Christi 1423. Churfürst in Sachsen/ für seine Arbeit die er des Keysers halb in Behem hett gehabt. Aber seinem Bruder Marggraff Wilhelm ward vbergeben die Marggraffschafft zu Brandenburg von Josen Marggraff zu Mährern vmb ein grosse summa Gelts. Nun will ich die Genealogy von Marggraff Friderichen vnnd Churfürsten zu Sachsen weiter strecken biß auff vnsere zeit.

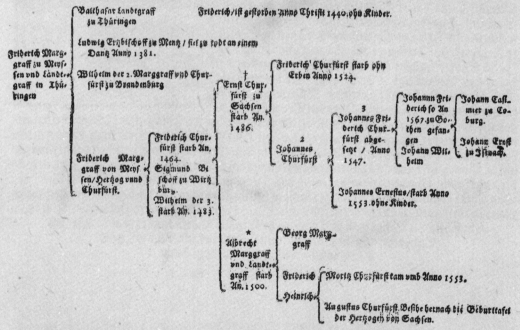

Vmb das jahr Christi 1468. ist Hertzog Ernst/ ein Vatter Hertzog Friderichs des vierdten/ Churfürst in Sachsen gewesen/ dem es in seiner jugendt gar seltzam ergangen/ sampt seinem Bruder Albrechten. Dann es war ein freffeler Edelmann im Land mit Nammen Conrad von Kauffungen/ der in Kriegsleuffen wol geübt/ war auch/ vertrieben auß seinem Vatterlandt/ vnd beraubet seines Vätterlichen Erbs durch Hertzog Friderichen vnbilliger weiß/ wie er meynt. Deshalben vermeynt er/ er wolt durch sein List vnnd gescheidigkeiten seines Schadens wol wider zukommen. Es war in Meyssen auff einem hohen Berg zwischen den Felsen ein wehrlichs Schloß/ mit Nammen Altenburg/ gelegen/ vnd das hat hie vnden am Berg ein hübsche vnnd wolverwahrte ja auch Volckreiche Statt/vnd wurden im Schloß die zwen jungen Herren Ernestus vnd Albertus des Churfürsten Friderichen Söhn erzogen. Das wust nun Conrad von Kauffungen wol/darumb macht er sich bey nacht dahin mit etlichen Gesellen/vnd mit Leytern/vnd durch Verräthrerey des Zuchtmeisters der jungen Herren/steig Conrad auff das Schloß/vnd ergriff die zween jungen Herren in jhrer Kammer/dröwet jhnen/wo sie sich liessen mit dem geringsten mercken/wolt er sie tödten. Vnd damit band er sie mit Seylern/führt sie hinweg in Behemer Wald/der hoffnung/er wölt ein Gelt durch sie zu wegen bringen/vnd die Schmach die jhm bewiesen/wider rechen. Mit dem kam er in Behemer Wald/welcher Sachsen vnd Behemen scheidet/vnnd meynt er were jetz wol entrunnen mit den hinweg geführten Herren/vnd möchte jhm kein geferligkeit mehr fürstehen. Nun war der jünger Herr vnder den zweyen gantz krafftloß worden Hungers vnd Dursts halben/vnd begert man solt jhm zu hilff kommen mit Essen vnd Trincken. Der Rauber ward durch sein bitt bewegt/vnnd kehrte zu einem Koler/hieß den Brot vnd Bier bringen. Hiezwischen aber ward man innen zu Altenburg auff dem Schloß vnnd in der Statt/was fürgangen ware/es erschrack jederman/vnd machten sich auch viel mit Waffen auff/dem Rauber nachzueilen. Als nun etliche in Wald kamen/wolt Gott daß sie eben den Fußgang traffen/durch welchen der Rauber die jungen Herren geführt hat/kamen also zu des Kolers Hauß/funden den Rauber/vnnd vberfielen jhn vngewarneter Sachen/fiengen jhn/vnd brachten jhn zu der Kindern Vatter/da ward jhm sein Lohn: dann es ward jhm sein Haupt abgeschlagen.

Von dem Behemer Wald vnnd Gebirg das sich herauß in Meyssen zeucht/vnd Metallreich ist.
Cap. ccclxxxiv.

Das Gebirg so Behemer Landt vmbfahet/wirdt von Ptolemeo (wie man meynt) das Suditer Gebirg genannt/vnnd ist gar Metallreich/sonderlich aber bringt es viel Sylbers. Vnden an diesem Gebirg/als es sich in Meyssen neigt/ligen diese Stätt/Freyberg/Annaberg/Gair/darnach kompt das Joachimsthal: aber der Schneberg ligt am Wasser Milda/da sich das Gebirg in Occident wendet. Es herrschet auch vber die jetz erzehlte Metallisch Erd das Edel Geschlecht die Hertzogen von Sachsen. Das Joachimsthal ist in den Bergen drinn/in welchem auch Jgla vnd Cottenberg ist. Gegen der Schlesy ist Reichenstein/Adelberg/Kupfferberg vnnd Goldberg. In der Statt Schönbach die am Wasser Eger in den Beheimischen Bergen ligt/grebt man vber die maß viel Quecksylber. Es schreibt Cornelius Tacitus der alt vnd hochberühmbt Römer von den Metallen Teutsches Lands gar anders/weder die erfahrung zu vnsern zeiten fürgibt/dann er spricht also: Ich zweiffel daran/ob die Götter vber diß Landt erzürnt seyen worden/daß sie jhm weder Gold noch Sylber geben haben. Darauß man verstehen mag/daß vor zeiten keine Ertzgruben im Teutschen Landt seind gewesen. Doch henckt gemelter Cornelius an seine vordrige Wort ein solch Clausel: Ich will es aber nicht für ein Warheit gesagt haben/daß Germania gar kein Gold oder Sylber Ader hab: Dann wer hat jhm nachgesucht? Jetz sucht man jhm gewaltiglichen nach/vnnd find auch mehr Metallen in Teutschland/weder in Hispania/Franckreich/Italia vnnd Polandt. Vmb das jahr Christi 1180. hat man zu Freyberg in Meyssen angefangen zu graben: aber am Schneeberg hat man angefangen Metall zu suchen Anno Christi 1470. vnnd an Sanct Annenberg Anno Christi 1510.

Von Teutschlandt.　1155

Die Statt Plawen

Welche die Hauptstatt ist im Voit-
landt/ auffs fleissigste abgemalet/ wie sie heutiges Tags in
Mawren vnd Thürnen eusserlich anzusehen: ist diesem herzlichen Werck der Cosmo-
graphy zu incorporieren Anno 1587. von einem Ehrsamen Rhat daselbst vberschickt
worden: darzu gantz trewlich geholffen die Wolgelehrten vnd
Ehrsamen Herren/

M. Valentinus Schüeer/
M. Blasius Berckholtz/
vnd der Ehrenveste/vnd fürnemme Herr
Augustinus Beyer: alle drey des Rhats daselbst.

　　　　　　　　　　　　　　ΩΩΩ ij　　　　Plawen

Plawen der Hauptsta

Außlegung vnd erklärung etlicher Bü

A	S. Johannis Kirch	H	Das Beinhauß	P	Ober W
B	Rhathauß	I	Der Runnen Thurn	Q	Schlach
C	Das Schloß	K	Neundorffer Thor	R	Hofwies
D	Die Pfarrthäuser vnd newe Schul	L	Straßburger Thor	S	Porte
E	Alte Schul	M	Das alte Schloß	T	Bleichp
F	Der kort Thurn	N	Der Rehmberg	V	Vnder
G	Gottsacker	O	Walckmül	VV	Brückn

X	Hanner Thor	e	Klappermül
Y	Hospital zu S. Elisabeth gebauet	f	Gericht
Z	Siechenhauß	g	Der Milwesbach
a	Das Forberg Reusa	h	Der Syra Bach
b	Das Dorff Reusa	i	Das Syra Thor
c	Das Reusa Holz	k	Papiermül.
d	Das Rin...		

Von der Statt Plawen/was sich in dieser fürnemblich verlauffen vnd zugetragen. Cap. ccclxxxv.

Plawen im Voitland.

Icht fern von Schneeberg/ am Wasser die Elster genannt/ ist Plawen in Nariscia gelegen/ deren situm Ptolemæus zum Anstoß Misiæ setzet. Das Wapen der Herrschafft Plawen ist ein gelber Löw mit einer roten Kron auff dem Haupt in einem schwartzen Schildt. Diese Statt ist heutiges Tags dem Churfürstenthumb Sachsen zugehörig vnd vnderworffen. Ihren Nammen nun belangend/ solle sie (nach etlicher meynung) denselben von der blawen Farb der Landschafft/ wenn man sie von ferren ansicht/ empfangen haben: oder/ wie andere wöllen/ von zweyen vberauß schönen blawen Blumen / die an dem Ort / da jetz die Pfarrkirchen Sanct Johannis steht/ seind gefunden worden: welche Kirch wann sie nach der letzten Brunst/ so die Statt (wie hernach wirdt gemeldet werden) erlitten/ widerumb auffs herrlichste erbawen worden/ zeigen zwey Lateinische Carmina/ von dem Wolgelehrten/ Ehrsamen vnnd Weysen Herren Gottfrido Hockero Burgermeister daselbst componiret/ darinnen das jar vnnd Tag begriffen/ klärlich an/ also lautende:

Vt tVa PræCVrsor ChrIstI stata festa CoLVntVr,
EXtrVItVr teMpLI nobILe taLIs opVs.

Aber glaubwirdiger ists/ daß etliche melden/ vnd sonderlich der Ehrwirdig vnd Wolgelehrt Herr M. Martinus Pfüntelius Antistes daselbst/ der Namme solle von zweyen Teutschen wörtern zusammen gesetzt seyn: nemblich von Plan: das eben heist/ vnd Awen: vnnd das der Awen wegen so vmb diese Statt seind. Daß aber nun gemelte Statt auff einem lustigen vnd fruchtbaren Boden/ alda allerley/ dem Menschen zu seines Leibs auffenthaltung dienenden/ herfür wachst/ gelegen ist/ kan fürnemlich auß zweyen mechtigen Fewersbrünsten/ durch welche sie gantz vnnd gar verzehrt/ vnd widerumb auffs lustigste erbawen worden/ abgenommen werden.

Plawen wann es erstlich in beruff kommen.

Es ist aber gemelte Statt allererst Anno 1194. in beruff kommen/ da sich ein Edel Geschlecht der Voite/ dem sie vnderworffen gewesen/ herfür gethan/ nemblich Heinrich der Reiche Voit genannt/ Herr zu Plawen/ Weida/ Gera vnd Greitz. Dieser hat vier Söhn von Bertha seinem Ehegemahel einer Gräffin von Tyrol/ Keyser Heinrichen des sechsten Bäse oder Muhme/ gezeuget/ welche alle nach des Geschlechts brauch Heinrich geheissen: deren einem er die Herrschafft Weida: dem andern Greitz: dem dritten Plawen/ vnd dem vierdten Gera gelassen: welches er entweder selbs also verschafft: oder (wie andere wöllen) die Sohne nach seinem Absterben gethan haben. Darnach vmb das jahr Christi 1228. hat Gutte/ Herren Heinrich Voits zu Plawen vnnd Gera Gemahel/ das Closter Cronschwitz bey Gera gestifftet: diese ist eine des Geschlechts der Burggraffen zu Aldenburg gewesen/ welche ein Schwester/ Mechtild genannt/ gehabt.

Nun schreibt Pirnensis/ daß in dieser Statt seind gesessen/ so die Herren von Plawen geheissen/ seind ihrer Ankunfft Edle Freye Herren von den Voiten im Voitland von den Römern dahin vor jaren verordnet gewesen/ vnd haben einen alten anfang ires Adels von den Römern/ wie dann vnder andern Römischen Voiten oder Vögten noch eines/ mit Nammen Drusus/ der im vhralten Schloß Voitsberg/ nicht weit von Plawen gelegen/ sein Wohnung gehabt/ in einem Disticho, so im Voitland vnd anderswo gar gemein ist/ gedacht wirdt:

Castra locans DRVSVS hic prætoria nomina monti
Fecit, posteritas servat & illa sibi,

Letsten Herren zu Plawen Titel.

Den letsten Titel so die Herren von Plawen Anno Christi 1526. gehabt/ ist gewesen: Herren von Plawen/ Graffen von Hartenstein/ des Heyligen Römischen Reichs Burggraffen zu Meyssen/ Oberster Capitener der Leoten Gesellschafft. Weiter spricht Pirnensis: dise Statt ist in zwo Städt gesöndert/ doch in einer Mawr/ hat ein wol gebawet Schloß/ empor auff einem Berg vber der Statt. Anno Christi 1266. ist das Prediger Closter zu Plawen angefangen worden/ vnd haben die Edelleut Canis genannt/ den Raum darzu geben/ welchen die Brüder mit hilff Hartman von Canis des fürnemmen Stiffters gebawet/ wiewol die Edlen Herren von Plawen des meistentheils an solcher auffrichtung getrieben vnd darzu geholffen haben. Im jar 1295. ist Heinrich der vierde genannt der Fromme / Edler Herr zu Plawen / welches Gemahel des Herren von Lützenstein Tochter gewesen/ seliglich verschieden. Anno 1207. starb in dem Prediger Closter zu Plawen Graf Gunther von Schwartzenburg ein Priester. Im jar 1327. ware Friderich Landtgraff zu Thüringen vnnd Marggraff zu Meyssen nur 15. jahr alt/ da wurd nach dem Todt Herren Heinrichs von Schwartzenburg zu einem Vormündern des jungen Fürsten vnd gantzen Landts vor der Landtgräffin vnd Landtschafft erkohren der Herr von Plawen/ welcher die Land gantz trewlich beschützte/ machete allenthalben in Meyssen vnd vmb den Behemer Wald guten Fried vnd sicherung biß ans Hessenlandt/ vnd richtet nach der Gerechtigkeit/ wie Pirnensis schreibt. Herr Heinrich von

Herr zu Plawen ist der Landtgraffen zu Thüringen vnd Marggraff zu Meyssen Vormünder.

Schwar-

Von Teutschlandt.

Schwartzenburg/ der vor jhm Vormünder gewesen/ ist in der Brandenburgischen Marck in einem Heerzug vor einem Schloß erschossen worden.

Anno 1356. hat Friderich der Gestrenge genannt/ Landtgraff in Thüringen vnd Marggraff zu Meyssen/ das Voitland/ welches auch von etlichen Terra Advocatorum oder Prætoriana genannt wird/ mit gewaffneter Hand eyngenommen/ da er durch viel vberlast vnd vnbilligkeit/ wie die alten Annales melden/ darzu verursacht: sonsten schreibt man/ er hab im jar 1354. sampt Keyser Carolo dem 4. wider den von Plawen gekrieget/ welcher etliche Schlösser vnd Stätt zum Königreich Behem gehörig/ Pfandsweiß innen gehabt/ vnd nicht wider geben/ noch Rechtliche Erkandnuß darüber leiden wollen. Pirnensis sagt eben die Vrsach/ vnd thut noch eins hinzu: Nemblich daß der Reuß von Plawen/ Marggraff Friderichs Leute auch berauben lassen von seinen Schlössern/ welches er dem Keyser geklagt: setzet aber das 1357. jar vnd sagt/ diese Heerfahrt sey geschehen ins Pleißner vnd Voitlandt/ vnnd erstlich für Zigenrück ein vestes Schloß/ welches mit Hunger gewonnen worden/ vnnd daß man jhnen das Wasser genommen: die darauff gewesen/ haben Leib vnnd Leben außgedinget: darnach ist man für Triptis/ item für das Schloß Stein/ für Ronnenburg vnd Weida gezogen. Als das veste Schloß erobert/ seind die andern Voite allenthalben fürsichtig worden. Keys. Carol hat behalten was der Kron zu Behem zustendig/ mit dem andern hat er Marggraff Friderichen begabet. Hernach hat der Reuß alle seine Voite sämptlich in ein Schewer getrieben/ jhnen schuld geben/ sie hetten die Schlösser willig auffgeben/ darumb er die Schewer angesteckt/ vnd (wie auch Albertus Crantzius meldet) alle darinnen verbrennen lassen.

Voitland wird eyngenommen.

Grewliche That des Reussen von Plawen.

Im jar 1466. führet Churfürst Ernst sampt seinem Bruder Albrechten einen Krieg wider den von Plawen/ name die Statt eyn/ vnnd legt ein Besatzung dareyn. Die Vrsach war/ daß desselben Gemahel eine von Bunow dem Adel viel vberlast gethan/ wie hernach weiters wird geredt werden: dieses gedenckt Broduphius/ sprechende: Daß Hertzog Ernst den Reussen von Plawen alß Rebellen vertrieben habe. Von diesem Krieg/ so vnder Friderico dem Gestrengen geschehen/ schreibt Fabricius also:

Plawen eyngenommen.

    Ipse domi Russum Plauensem bella mouentem
    De patriis victum cedere cogit agris,
    Hermundurorum veteres subiere Narisci,
    Vixerat illa diu libera turba, iugum.

Vmbs jar 1362. ist Fraw Magdalena von Plawen Graff Vlrichs zu Regenstein Gemahel gewesen. Anno 1373. am abend Petri vnd Pauli ist die Closter Kirch zu den Predigern zu Plawen angefangen zu bawen/ vnd im jar 1385. am tag Cosmæ vnd Damiani außgemacht worden. In diesem Closter seind viel Brüder von Graffen/ Herren vnd Edle Geschlechter gewesen/ alß Graff Gunther von Schwartzenburg ein Priester/ vnnd sein Bruder Graff Heinrich von Schwartzenburg ein Episteler: item ein Herr von Plawen/ Heinrich der 4. des Frommen/ Sohn.

Graffen vnd Herren seind Mönchen.

Im jar 1407. ist Heinrich Herr von Plawen/ Hohmeister in Preussen erkohren worden/ regiert drey jar/ lag sieben jar gefangen.

Anno 1430. zogen die Hussiten (deren Hauptleut vnd Heerführer Jace/ Procop vnd Peter von Maltitz gewesen) mit einem grossen Volck durch Meyssen auff Pirn/ Dresen/ Meyssen/ vnd vast für alle grosse vnd zimbliche Stätt/ plünderten Altenburg/ kamen darnach für Plawen. Zur selben zeit was ein Hauptmann vom Adel auff dem Schloß/ Ratschauer genannt/ dieser Pfleger gab den Hussiten das Schloß vntrewlicher Handlung vnd weiß (wie Pirnensis schreibt) an S. Pauli Bekehrung eyn/ darvon sie auch die Statt eroberten/ vnd gantz vnd gar zerstörten: namen alles was sie funden/ ermörderten vber 900. Menschen/ darunder zwen Brüder Prediger Ordens/ vnnd vier Teutscher Herren/ welche auff den Kirchhof des Closters lebendig in ein Grab begraben worden: letztlich verbrannten sie die Statt in grund/ wie solches auch Sebastianus Franck in seiner Cronick gedenckt vnd bezeuget.

Schloß zu Plawen vnd obers.

Register vnd verzeichnuß etlicher Eynwohnern/ so in diesem Hussietischen Tumult jämmerlich wider alle Trew vnd Glauben sind ermörd vnd erschlagen worden.

Die vom Adel.
Conrad Röder von Leubnitz
Otto Röder von Roderdorff
Conrad Röder von Pehl
Hans Rab von Reusa
Hans vnd Jhan von Mogwitz/ Gebrüder
Hans von Posen/
Wilhelm von Milaw mit dreyen Knechten
Hermann Kopp
Hans von Peinitz mit zwantzig

Knechten.
Heintz Rampff von Meßbach
Conrad Wolßdorff.

Brüder Prediger Ordens des Closters Plawen.
Nicolaus Eckart Priester
Conrad Herber Priester
Laurentius Lipffer Diaconus
Nicolaus Kandeler Subdiaconus

Nicolaus Zeißner Subdiaconus
Johannes Zesse Priester.

Brüder Teutsches Ordens.
Gotfridus Wolßdorff Compter
Hinrich von Schönberg Ritzer Bruder
Herr Paulus Pfarrherr

Herr Heinrich Tiergertel
Hans Wolff Custos
Nicolaus von Zeißsin
Hans Bechschneider
Nicolaus Hoten
Conrad Wolßohorffer
Joannes Günter
Nicolaus Vicarius vom Hof Francisci Ordens
Jobst Vicarius von der Neunstatt Augustiner Ordens.

Die

1160 Das fünffte Buch

Die Bürger.	Nicol Hüttr	Hans von Renndorff	Hans Binstock
Hans Scherer Burgermeister	Frießners Gesell	Peßelt Kannengiesser	Nicol Grundteiß
Heintz ⎱ Beyer/Gebrüdere	Conrad Kempff	Hans Brenner	Dietrich Dennerschmid
Nicol ⎰	Hans Bamberger	Dietrich Krauth	Nicol Preuß sein Sohn
Conrad	Conrad Bamberger	Nicol ⎱ Gebrüder die Töltz	Hans Peter
Hans Höpffner	Hans Kugelheim	Merten ⎰	Hans Weigand
Nickel Zeschman	Nicol ⎱ Berthel/Gebrüder	Hans ⎱	Hans Günter
Conrad Schuman	Hans ⎰	Conrad Trever	Nicol sein Sohn
Hans Meschwitzer	Heintz	Michel Engelschalck	Cuntz Vischiner
Conrad Keseler	Hans Ochse	Nopel Messerschmid	Eberhard Oltzan
Hans ⎱ Zeidler/Gebrüder	Hans Oelschlegel	Nicol Triebler	Merten Weiseman
Conrad ⎰	Nicol Spranger	Eberhard Scherer	Hans Göller
Nicol	Nicol Bawman	Merten Schützenmeister	Hans Krel
Conrad Schefer	Nicol Bleul	Heinrich Schieferdecker	Hans Peltschoit
Heintz Wolffram	Peter Bleul	Nicol ⎱ Fischer Gebrü.	Fritz Christen
Dietrich Schmid	Hans ⎱ Wolff	Lorentz ⎰ der	Nicol Peigerich
Nicolaus Gürtler	Nicol ⎰	Erhard Hammerschmid	Eberhard Kitzman
Nicolaus Frantz	Hans Thurmer	Nicol Knise	Conrad Hase
Heintz Schneider	Heintz Becke	Hans Oberst	Dietrich Hummel
Nicol ⎱ Pergner/Vatter vnd	Hans ⎱ Kartze/Gebrü.	Nicol Koch	Heinrich Schuster
Steffan ⎰ Sohn	Nicol ⎰ der	Nicol Knobler	Eberhard Schickel
Hans Pergner	Nicol Blechner	Hans Korn	Nicol Lenck
Conrad Eckart	Welß Heintz Heinrichs vnd sein (Sohn	Hans Koldiß	Hans Keobutel
Hans Windisch	Hans Michel	Fribel Schneider	Hans Christen
Albertus Stattschreiber	Nicol Papler	Jacob Toß	Nicol Fritzsch
Conrad Vobiser	Hans Gerber	Hans Pfüntel	Eberhard Schleicher
Peter Vlman	Hans Kircher	Heintz Mutarch	Erhard ⎱ Gebhard/Gebrü.
Hans Hunger	Michel Schmid	Hans Zeidel	Hans ⎰ der
Lorentz Schmoeder	Hans Klappermüller	Conrad ⎱ Roth	
Conrad Hüler	Cuntz von Vlm	Albert ⎰	

Groß Wasser. Anno Christi 1441. Montags nach Bartholomei/ ergoß sich das Wasser/ die Syra zu Plawen dermassen/ daß es nicht allein die Schaaff mit hinweg führte/ sondern reiß auch ein groß stuck auß der Mawer/ vnd warff ein Thurn vmb.

Im Jahr 1456. wurde das Closter zu Plawen von den Brudern Prediger Ordens von Leipzig reformieret: vnd name das Closter nachmals sehr zu.

Anno 1466. wurden die Bürger zu Plawen vervrsachet/ jhren eignen Herren zuverklagen: derhalben in gemeldten jar Donerstag Dorotheen/ Churfürst Ernst vnd Hertzog Albrecht zu Sachsen mit grossem Volck/ darunder des Herren von Plawen eigne Vnderthanen gewesen/ sich für die Statt Plawen gelegt. Also wurd die Statt vnd Burg/ sampt dem gantzen Plawischen Land am tag Scholastica erobert vnd eyngenommen. Wiewol in der Richtung hernach (wie Pirnensis schreibt) man den Herren von Plawen mit einer Summa Geldts zur widerstattung contentieren müssen. Damals name der Churfürst auch Olsnitz vnd Adorff eyn. Die Newstedische Croniken thut die Vrsach hinzu/ vnd schreibt/ daß der Herr zu Plawen damals regierend/ habe ein Gemahel gehabt/ des Geschlechts der Edlen von Bunow zu Elsterburgk/ diese hab viel Edelleuten vnnd andern jhre Häuser vnd Furwerge genommen vnd Schäffereyen darauß gemacht.

Plawen erobert vnd eyngenommen.

Im Jahr 1467. ist Herr Heinrich Reuß von Plawen der neun vnd zwantzigst Hohmeister in Preussen worden/ vnnd hat regnieret drey jar.

Anno 1478. haben die bösen Geyster bey Plawen zwischen Newendorff vnd Zoßwitz getantzet.

Teuffeltantz.

Im jar 1525. am dritten tag Maij ist das Prediger Closter zu Plawen an dreyen orten eröffnet vnd geplündert worden: dazu hat geholffen ein Bruder des Ordens Jörg Rauch von Gera/ welcher auch in der Stattkirchen auß der Fürsten nachlassen geprediget.

Bäwrische Auffruhr vmb Plaw. Eben in diesem jar haben die Bawren vmb Plawen auch ein Empörung gemacht/ wie sonsten an mehr orten geschehen/ sind ettlich tausent zusammen gelauffen vnd haben wöllen frey seyn: solches ist aber durch die Fürstliche Oberkeit bald vndernommen/ vnd die Capitener zum theil enthauptet/ zum theil sonsten gestrafft worden.

Anno 1548. ist diese Statt durch einen vnglückhafftigen Büchsenschuß angangen/ vnnd mit sampt den Vorstetten auff den Boden verschluckt vnd verzehrt worden. Dieser mechtigen Fewersbrunst desto besser eyngedenck zu seyn/ hat sie oben vermeldter Herr M. Göttfrid Hocker in zweyen nachfolgenden Versen/ darinn der tag/ Monat vnd das jar begriffen/ fürbilden wöllen:

BIs septena nItens MaII LVX fVLserat aLto,
VVLCanI rabIe GLaVCIa Lapsa sVbIt.

Im jahr 1564. hat in dieser Statt die Pest vom 10. Julio biß auff den 26. Septembris dermassen grassieret/ daß sie vber 1300. Menschen/ jung vnd alt hinweg genommen.

Es haltet Plawen vier grosser Jarmärckt: den ersten am Sontag Cantate: den andern am tag Johannis

Von Teutschlandt.

Johannis Baptistæ: den dritten am Sonntag vor Bartholomei: den vierdten am Sonntag nach S. Gallen tag. Die fürnemeste Handtierung dieser Statt ist der Tuchgewerb/ die werden wie auch die Schleyer oder Tüchlein von Baum wollen/ so allda bey grosser menig gemacht/ mit der Burgerschafft grossem Nutz weit vnd breit verführt vnd verkauffet.

Zwicka. ccclxxxvj.

Diese Statt im Voitlandt gelegen/ ist von einem Cidnus genannt/ gebawen/ vnd von Keyser Heinrichen dem I. Hertzogen zu Sachsen Anno Christi 922. mit grossem Vnkosten gebessert vnd gezieret worden. Diese wie andere Stett mehr im Voitlandt/ gehört vnder das Churfürstenthumb Sachsen.

Von dem Joachimsthal. Cap. ccclxxxvij.

Vmb das jar Christi 1526. hat man im Joachimsthal angefangen zu bawen/ vnd ist diß Thal auch so voll Gebews gesteckt worden oben vnd vnden/ daß die Häuser auff ein ander hocken/ vnd ein Anzeigung geben einer grossen Statt. Die Berg so vormals mit dicken Wälden vberzogen waren/ sind nicht allein außgereutet worden/ sondern auch mit vnzehlichen Gruben/ Gängen vnd Klüfften durchlöchert worden/ vnd die Thäler da sich vorhin die wilden Thier enthalten/ werden jetzunt von viel tausent Menschen eyngewohnet. Es haben zu etlichen zeiten des jahrs so grosse vnnd dicke Näbel diß Thal dermassen bedecket/ daß der Sonnen Schein gar nicht dahin hat mögen kommen: aber alß baldt die Bäum sindt außgereutet worden/ vnd das Erdtrich allenthalben mit Gruben vnnd Gängen aaßgethan/ vnd jetzt die Flüßlein ihren Außgang vberkommen/ hören auff die wüsten Näbel: dann die Berg sindt außgetröcknet/ vnd der Lufft viel freyer worden/ darumb diß Landt nicht mehr so dunckel vnd näblig ist. Es ist sonst in diesem thal gar ein rauhe Art/ vnd ein vngeschlacht Erdrich/ in dem nichts wachsen mag dann Schlehen vnd dergleichen dingen: aber was es oben auff nicht bringt/ das ersetzt es in der Teiffe/ da man solche grosse Frucht des Sylbers findet/ daß man auch gering in diesem Landt Maluasier trincken mag.

Wie man zum ersten in den Meysnischen Bergen innen worden ist Metall zu suchen. Cap. ccclxxxix.

In Meyssenlandt hat es sich vngefehrlich zu getragen/ daß man bey dem Wasser Sal Sylber gefunden hat/ an dem ort da der Flecken Hall ligt/ so etwan ein Dorff/ aber jetzund ein herrliche Statt/ vnd die auch von der Römer zeiten her in grosser achtung gewesen des Saltz bruñens halb/ vmb welchen etwan die Hermanduren vnd die Catten gezanck haben. Es hat sich an diesem ort begeben/ daß einer ein Last Saltz durch Meyssen in Behemer land führt (dann es hat Behem biß auff den heutigen tag kein eigen Saltz) vnnd fand in einem Karen gleich ein stuck Bleyertz/ das war von dem Wasser entdeckt vnd gewäschen/ vnd sahe auch gleich alß wäre ein Glantz von Goßlar. In summa/ er hub es auff vnd führt es mit der zeit gen Goßlar. Daß dieselbigen Fuhrleut pflegen viel Bleyes von Goßlar hinweg zu führen. Alß man nun dieses stuck Glantz probiert/ da fand man viel mehr Sylber darinnen weder der Goßlar Glantz innhielt/ darumb machten sich die Bergwercker von Goßlar gen Meyssen/ an das ort da jetzt Freyberg die edel Statt ligt/ fiengen an zu graben. Die Sylber gruben Abertham ist durch Glück vnnd auch Kunst erfunden worden. Es wohnet ein armer Ertzknapp im Waldt/ allein in einem Häuslein/ vnd hütet seines Herren Viehs/ vnd alß er auff ein zeit ein Gruben macht/ Milch dareyn zu setzen/ thet er auff ein Sylber ader. Er ward froh/ nam das Ertz herauß/ wusch es/ vnd fand viel bröcklin lauters Sylbers darinn. Darnach zeigt er es seinem Herren an/ vnd gieng zum Bergrichter/ begert dz er jhm geb das Recht zu dieser Fundgruben. Nach diesem allem fieng er an zu graben/ vnd fand auch viel Sylber gewächs/ darvon die Berglent ein grosse Hoffnung empfiengen zukünfftiger Reichthumb. Vnd wiewol sie jhrer Hoffnung nicht beraubt sind worden/ ist doch ein gantz jar Kosten vnnd Arbeit darauff gangen/ eh sie nutzung darauß haben mögen bringen. Deshalben viel vnwillig wurden des Kostens halb/ vnd verkaufften ihre theil so sie in dieser Gruben hetten. Da aber das Sylber mit gewalt angieng/ hett die Grub gar nahe eytel frembde Herren/ vnd der erst arm Mann der sie gefunden/ hatt kein theil mehr darinn/ vnd hett darzu verthan das Gelt so er gelöst hett auß den verkaufften Guckessen. Es war diese Grub also Sylberreich/ daß bey Menschen gedencken kein reichere Grub je erfunden ist/ auß genommen S. Jörgen Grub im Schneeberg.

Es stoßt an Abertham das Joachimsthal/ vnd das ist wenig elter. Es wohnet einer zu Gair in Meyssen mit Nammen Bachus/ der nam zu jhm in die Geselschafft Oeserum ein Behem/ vnd vnderstund mit jhm zu graben im Thal/ bey einem Dorff/ das da gar von den Menschen verlassen war: aber da sie gar nichts schuffen/ haben sie darvon gelassen/ vnd die Grub lassen wüst ligen. Etlich jahr darnach kamen zu samen in König Carles Bad/ so in Behemischen Bergen kürtzlich darvor erfunden/ Graffe Alexander von Leißnitz/ vnd ettliche Freyherren/ schossen Gelt zu sammen/ vnd liessen die vordrige Grub so zum ersten gefehlet hat/ wider auff thun/ vnd weiter suchen/ vnd eh sie das zu sammen geschossen Gelt gar vertheten/ funden sie viel mehr dan sie verthan hetten/ dardurch die Menschen in Meyssen bewegt wurden/ zogen ins Thal vnd fiengen allenthalben an mit grossem Glück zu graben.

Zeitz. Cap. CCCXC.

ES ist Zeitz in Meyssen am Wasser die Elster genant/ gelegen/ ein feine lustige vnd Bischoffliche Statt/ vnd soll (wie Johann Gazo schreibt) von Zitto/ der sie erbawen/ jren Namen haben.

Torgaw. Cap. CCCXCI.

TOrgaw so auch in Meyssen an der Elb gelegen/ ist ein alte Statt mit einem vesten vnnd Fürstlichen Schloß gezieret: Jhr Fundator sol Dagobertus ein Landtpfleger daselbst gewesen seyn.

Von der Churfürstlichen Statt Dreßden.
Cap. CCCXCII.

Erklärung etlicher Oerter der Statt Dreßden.

A Das Schloß
B Alten Dresd
C Zu vnser Frawen
D Das Zeughauß
E Die Pfarrkirch
F Windmühlen.

Diß ist

Die Statt Meyssen

Gantz schön vnd zierlich abcontra-
fehtet nach aller ihrer Gelegenheit / wie sie ietziger zeit ge=
schaffen vnd erbawen ist / an Kirchen / Pallästen / Plätzen / Thier=
gärten / vnd andern Oertern mehr / ꝛc.

Arx Ducum Saxoniæ	Der Hertzogen von Sachsen Schloß	T.B. Virginis
Turris fulmine inflammata	Ein Thurn von dem Wetterstral verbrant	Curia
Pons lapideus	Ein steinerne oder gewölbte Brück	Pharmacopolium
Domus Episcopi	Bischoffs hof	Domus in qua pannus venalis
Domus frumenti	Kornhauß	Pons ligneus
Scola Principis	Die Fürsten Schul	Officina laterum

Jß ist im Landt zu Meyssen ein namhafftige Statt / eines gesunden Luffts / fruchtbaren Bodens / mit Pasteyen / Mawren / Gräben vnd Wehren wol versehen. Sie ligt drey Meil ober halb Meyssen an der Elb / einem Schiffreichen Wasser / welches mitten durch beyde Stätt fleußt / deren die ein / so jenseit dem Wasser ligt / Alten Dreßen genennt wirdt. Doch werden sie mit einer schönen gewölbten Bruck zusammen gefügt. Die Churfürsten von Sachsen haben bey vnsern zeiten in dieser Statt in einem zierlichen vnnd schönen Schloß jhr wohnung vnd Hofhaltung / da sie auch ein solch wolgerüstet zeughauß / mit Geschütz / allerley Sturmzeug / Munition / Wehr vnd Waffen haben / daß dem selben kümmerlich ein anders in Teutscher Nation zu vergleichen / daß ich jetzt der schönen Fürstlichen Lustgärten / mit allerhand Bäumen / Gewächsen vnd andern / zu Ergetzung dienstlichen Dingen geschweige.

Von

Meyssen Abcontrafehtung.

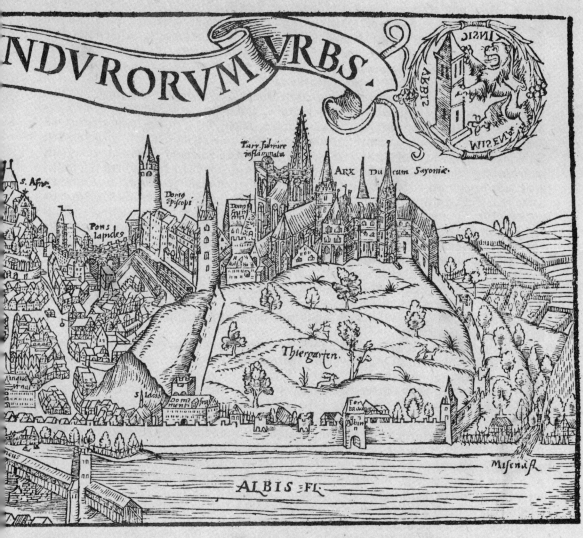

	Carcer	Gefängnuß Thurn
	Hospitale	Spital
	Porta ad Albin	Das Elb Thor
	Cœnobium	Das Kloster
	P. Iudæa	Judenthor

Von der Statt Meyssen. Cap. ccclxxxviij.

Die Statt Meyssen/ ist erstlich ein Reichsstatt gewesen vnder Keyser Heinrich dem 4. der alda ein zeitlang zwen Statthälter gehabt Bucco vnd Buchard/ des gleichen Keys. Conrad 2. einen mit Namen Herman. Das Landt/ wie auß Keysers Otten des 1. Brieffen zu sehen/ hat man genent Taleminci/ die Behemen habens genent Zirbiam/ wie es Coßmas/ der die Böhmische Historien beschriben/ nennt/ vnd die Wenden Lomaci/ des in seiner Chronick Bischoff Dietmar zu Mersenburg gedenckt/ vnd nent darinn zwey Wasser/ die Meysse vnd Jana/ die den Namen auff diese zeit noch haben. Es behellt auch noch den Namen ein Thal/ genannt das Minterethal/ vnd ein Dorf darneben/ es steht auch noch Lommitz ein Stettlin. Von dieser Statt Meyssen hat das gantz Land den Namen bekommen: dann alda erstlich die Bischoff/ darnach die Marggraffen Hoff gehalten. Es meynen etliche/ als Birckheimer vnd Appianus/ es sey das Lupsfurt

Das fünffte Buch.

Lupfurt im Ptolomeo.

furt/ des Ptolemeus gedenckt/ dann das an dem ort ein Furt vber die Elbe gewesen/ geben noch die Namen in der Vorstatt/ da eins die Oberfahre/ das ander Niderfahre genannt wird/ vn̄ auff zwo Meilen darvon jenseit des Wassers hinauff ligt ein Flecklin Rotschenbrode/ dz auch von dem Furt den Namen hat/ dan̄ Broda in Windischer Sprach bedeutet ein Furt. Lupff aber ist ein alter Teutscher Tauffnam/ wie dann auch Rötsch/ oder wie man jetzundt sagt/ Götze/ wie man sie dann in alten Brieffen vnd Verschreibungen findt.

Wer Meyssen gebawet.

Dieses Ort ist vor 670. jaren bewohnet gewesen: dann in einer Sächsischen Chronick wird der Statt Meissen gedacht im jar nach Christi geburt 888. Aber in der Meyßnischen Chronicken findet man daß Keyser Heinrich d' Finckler oder Vogler genan̄t/ die Statt Meyssen gebawt solle haben nach Christi Geburt 930. im 11. jar seines Keyserthumbs wider die Vngern/ die dehmals in Teuschlandt grossen schaden theten/ dem das Ort zu einer Besatzung sehr gelegen gewest. Nach jm haben desgleichen die andern Keyser jr besatzung allda gehabt wider die Wenden/ die jenseit des Wassers wohneten/ vn̄ hernach diese Landherren vn̄ Bischoffe wider die Behemen. Der Berg darauff das Schloß gelegen/ ligt auff allen seiten herumb frey/ hat feine Natürliche Gräben/ darvon es vest ist. Von dem Schloßberg biß an S. Afraberg ist ein grosse Steinene Bruck geschlossen. An dem Ort da das alt Schloß gelegen/ steht nichts mehr dan̄ ein hoher runder Thurn. Die Statt ligt eins theils eben/ eins theils an den Bergen/ darvon zwen/ als der Schloßberg vnd der Mertensberg/ als zwen Arme/ sich nach der Elb strecken. Im Grunde hinauff an der Tribisch ligt ein anderer Berg die Altenburg genan̄t/ von einem alten schloß das allda soll gelegen seyn/ jetzundt aber steht nichts darvon. Gegen Morgen dieser Statt fleußt die Elbe/ gegen Mittag die Tribisch/ Abendswerts sind die Berge/ nach Mitternacht das Bächlein die Meysse/ darvon die Statt den Nammen haben soll/ vnnd ob dasselb wol klein ist/ doch wie an andern Oertern/ muß es sehr bekandt gewesen seyn.

Fruchtbarkeit des Landes.

Es ligt diese Statt an einem bequemen Ort/ von wegen der vmbligenden Stett/ des Schiffreichen Wassers/ der Berg vn̄ gesunden Luffts. Herumb ist es ein gut Getreidlandt/ am Gebirge fruchtbare Weinberge/ vnd ohne zweiffel ist das Gebirg nich ohn Ertz; dann ein Meil darvon ist der Scharpffenberg gelegen/ an der Elbe hinauff/ da man Sylber vnd Bley ertz grebt/ vnd noch Freyberg vmb das dorff Möckerisch der Dibesgrund vnd Monzigerthal/ da man vor zwentzig jaren zubawen abgelassen. Gegen Abend nicht fer̄ von der Statt/ da etwan Wasserzise gewesen ist jetz zu Aeckern/ Gärten vnd Weinbergen gemacht. Auff dem Schloßberg der gegen Morgen ist ligen zwey Schlösser/ eins der Landtsfürsten/ sehr schön vnd herrlich/ welches Hertzog Albrecht von Sachsen gebawen/ das ander ist des Bischoffs Hof/ das Johannes der 5. angefangen/ vnd noch nicht außgebawen ist/ darzwischen ist die Thumbkirch gelegen/ vnd daran gegen Abend der Fürsten Capellen/ darinnen jhr Begrebnuß ist. Auff dem Berg gegen Abend ist Sanct Afra Closter/ das Bischoff Rheinhard gestifftet/ vnd nun vor dreyzehen jahren ein Fürsten Stul daraus gemacht. Vber die Elbe ist ein höltzerne schwebende Brucke/ daran die Fach sehr kunstlich gemacht/ des gleichen von Holtzwerck im Röm. Reich nicht seyn soll. Was sich sonderlichs in dieser Statt zugetragen/ des das man noch hin vnd wider geschrieben findet/ ist fürnemlich dises:

Meyssen von Behmen eyngenommen.

Im jar Christi 1076. erobert der Behemen Oberster Wagion genant/ die Statt Meyssen mit List. Der Marggraffe Ridach hat abwesende einem Hauptman die Statt befohlen/ den fordersten die Behmen herauß ein Gesprech zuhalten/ vnnd als er zu jhnen kame/ namen sie die Thor hinder ihm eyn/ vnnd erschlugen ihn vnversehens bey einer Kirchen an der Tribisch gelegen/ vnd auß befehl Hertzog Boleslai des 2. besatzten sie die Statt starck/ versagten den Bischoff Volckhold genant. Aber Marggraffe Echard versagt die Behmen wider nach seines Vatters Todt/ vnd befreyet die Bürger. Diß schreibet Dietmar etwan Bischoff zu Mertzburg.

Anno 1076. theten die Behmen auß anstifftung deß Keysers in Meyssen grossen Schaden mit Brennen vnd Mörden/ vnd kondten jnen die Sachsen/ die vber der Milde jr Läger hatten/ Vbgewässers halben nicht zu hilff kommen. Bekamen also Meyssen/ vnd bsatzten es/ aber Marggraff Eckbrecht/ der mit dem Keyser Geschwisterkind war/ alß bald er des Wassers halben fort kundt/ jagte er die Behmen wider zu Hause.

Anno 1429. in den Weynacht Feyrtag verbrannten die Hussitten die Vorstatt/ vnd Kirchen vmb Meissen/ kamen aber nicht weiter ins Landt.

Anno 1432. den 24. Tag Hornung/ ergoß sich die Elbe zum ersten mal daß sie vber die Brücken gieng/ vnd wäret vier Tage. Darnach zum andern mal am Tag S. Peters Kettenfeyer/ fiel ein Wolckenbruch vnd warff die gantze Brück eyn/ vnd die Mawr gegen Mittag/ vnd wäret das Gewässer fünfftag. Diß Gewässers gedenckt Albertus Krantz.

Von Teutschlandt.

Von der Statt Freyberg. Cap. cccxciv.

Freiberg ein berühmbte vnd schöne Bergstatt in Meyßner landt/ist gebawen von Marggraff Otten/ Marggraff Conrads Sohn/ zur zeit Keyser Friderichs mit dem Roten Bart/ vor 383.jaren/ im neunzehenden jar seines Keyserthumbs. An dem Ort da die Statt hingebawet/ sind vorhin zwey Dörffer gelegen/ dem Closter der alten Zelle zugehörig/ eines die Loßnitz geneßt/ von dem Bächlein dz dareyn fleußt: das ander Christians Dorff/ dar für dem Closter das Stettlin Ruspen gegeben worden. Diese Statt ist vom Bergwerck auff kommen/ dann alda etwan ein Fuhrmann von Halle nach dem Behemerlandt mit Saltz gefahren/ vnnd im Wagenleis ein Bleyertz gefunden vnnd zu Goßlar probieren lassen/ dasselb/ die weil es reicher von Sylber geweßt dann jhr Bleyertz/ haben die Sachsen lust dar zu gewunnen/ vnd sind heuffig dahin gezogen/ wie sie dann etwan auch in Vngern/ nach der Vngern Chronick/ vñ in der Walachey/ wie Felix Petantius schreibt erstlichen Bergwerck auffgebracht haben. Eben zu der selbigen zeit hat sich der Statt zum besten zugetragen/ dz der Bergmeister in Sachsen auff dem Zeller feld/ vnder dem von Braunsweig/ etlicher Beschwärung halben/ sampt der gantzen Knappschafft/ ein auffstehen gemacht/ nach Freyberg gezogen/ vnnd alda sich nidergelassen/ dar von noch das elteste Ort in der Statt genennet wird die Sachsenstatt/ vnd brauchen auch noch etliche Sächsische wörter. Als nun die Bergbursch sich da gesamblet/ hat die Statt zusehend zugenommen/ wie dann noch bey vnsern vnd Menschen gedencken am Gebirg in grossen Wildnussen herrliche Stett gebawet sind. Marggraffe Albrecht vnd Dieterich Gebrüder/ Marggraffe Ottens Söhne/ haben des Freybergischen Bergwercks halben mit ein ander gekrieget. So haben Heinrich der Sechst/ Adolph vnd Albrecht der erste/ drey Keyser/ desselben halb diese Landt vberzogen/ vnder denen hat sonderlich schaden denen von Freyberg Keyser Adolph zugefügt/ derhalb von demselben etwas weitleuffiger zu sagen ist.

Wie Freyberg auffkommen.
Die Sachsen sindt Bergleut.
Sachsenstatt
Krieg von wegen deß Bergwercks.

Eduardus des Naßlens der I. König in Engellandt/ hat ein grosse summa Gelts Keyser Adolphen gegeben/ Knechte darvon an zunemmen/ darumb betrug er den König vnd kaufft Meyßner Lande von Albrechten Landtgraffe in Thüringen/ vnd Margraffen zu Meyssen/ deß er grosse Schande hatte/ vnd war darzu des Käuffers verderben: dann des Landtgraffen Söhne/ Friderich vnd Dietman/ da sie wider des Keysers vngütigen Gewalt/ vnd wider jhres Vatters vnbilliches Fürnemmen mit Recht nichts erhalten kondten/ satzten sie es auff die Faust/ vnnd stellten sich zur Wehr: Aber der Keyser war jhnen zu gewaltig/ nam viel Stett in Meyssen eyn/ vnnd zog mit der gantzen Macht des Reichs für Freyberg/ die vor andren jhren Herren Trew hielten. Bald im anfang der Belägerung/ sagt man daß ein Stollen eyngangen/ vnd des Keysers Volck ein theil versuncken sey/ daß an diesen Oerteren nicht wunder/ die weil die Erde durch graben wird/ vnd man wol zu vnsern zeiten erfehrt/ daß etwan die Schechte alters halben wandelbar werden/ oder die Bergvesten eyn gehn.

Da nun der Keyser vor der Statt ein gantz jar vnd 4. Monat nichts außrichtete/ vnd die in der Statt kecklich vnd Maulich sich herauß wehreten/ griff ers mit List an/ vnd verheiß einem flüchtigen Geschenck/ der führet die Feind zwischen dem Erbischen vnd Donats Thor durch die Müntzbach in die Statt/ vnd ward also verrähterisch erobert. Das Schloß Frewdenstein genennt/ schribe Cuspinianus/ sey vndergraben worden: aber Garzo/ ein Boloneser sagt man habs auffgegeben/ welches beydes man auch in vnsern Chronicken zweiffelhafftig findet. Im Schloß waren jhr sechtzig vom Adel/ die ließ der Keyser wider Trew vnd Glauben Türckischer weise töden/ die ander/ guten Knechte/ die sich wol gehalten/ löset Marggraffe Friderich vom Keyser mit den dreyen Stetten/ Leißnitz/ Rochlitz vnd Grimme/ vnd weil er vmb das seine kommen war/ zog er auß dem Lande. Diewil aber Tugendt/ ob sie wol leydet/ nicht mag vndergetruckt werden/ so waren jhr viel die mit jm alß einem verjagten Herren mitleydung hetten/ den Feinden des Vbermuts vnd Tyranney halben/ zu wider vnd entgegen waren. Derhalben machte der Thüringische Adel/ vnd die auß dem Osterland/ dem Herren wider ein Hertz mit derer trewen Hilffe neben den Meyßnern/ die von der Belägerung vor Freyburg vberbleiben/ vnnd den Sächsischen Reutern/ die jhm der von Braunschweig Hertzog Albrecht schickte/ zog er wider des Keysers Volck/ vnd traff mit jhnen an der Elster vor Lucca/ vnd erschlug jhr so viel/ daß ein Sprichwort ward: **Es wirdt dir gehen wie den Schwaben für Lucca.**

Niderlag der Schwaben.

Nach erlangtem gewünschten Sieg ward Marggraffe Friderich mutig/ zog für Freyberg/ die Stat zu retten/ die dann von den Keyserischen schendtlich geplagt wurde/ vnnd da er die Statt mit gewalt eynnam/ erschlug er darinn was von frembden Knechten war/ etliche wurden geschetzt vn nd ledig gelassen/ macht widerumb den Weighard zum Burgermeister/ vnd gebote etlichen Bürgern die gut Keyserisch geweßt waren/ in zweyen tagen die Statt zu raumen.

Die

Die frembden außlendischen Knecht so in der Besatzung geweßt waren/ hetten wider die Bürger allerley schendtlichs mutwillen geübt/ verschnitten den Jungkfrawen vnd Weybern die Kleyder biß an die Gürtel/ den Männern jung vnd alt zogen sie die Gesäß ab/ vnd musten also bloß vor jhnen stehn/ vnnd mit Spott dienen.

Vmb Freyberg sind gelegen Dispolswald ein Stettlin gegen der Sonnen Auffgang/ zwischen Morgen vnd Mittag der Frawenstein/ gegen Mittag der Marienberg/ zwischen Abend vnnd Mittag Kemnitz/ nach der Sonnen Nidergang die Mitweyde/ zwischen Abend vnd Mitternacht das Stetlin Waltheim/ Mitternachtwertz die Statt Meyssen/ zwischen Auffgang vnd Mitternacht Dresen. Diese ist vnder den Meyßnischen Stetten vast die gröste/ vnd vor andern beruffen von wegen des gesunden Luffts/ deß Bergwercks/ vieler gebew vnd schöner Gassen. Sie ist Volckreich/ hat wol habende Bürger/ vnd seind allda die Leut gastfrey/ reinlich/ schön vnnd fründtlich. Die Vorstett sind wol bewohnet/ vnd wie newe Stett anzusehen. Vor dem Peters Thor/ ist die Bettelstatt/ vnd von dannen gegen dem Erbischen Thor die Newstatt vnd Dormhof/ vnd hinder dem Newen Kirchhof der Jüdenberg. Die fürnemste Züg so in 20. jaren erfunden worden/ seind der Dörreschonberg/ der Hochestol/ Dormhof/ Narrenfresser/ Daniel/ Gedeon/ Gabe Gottes/ vnd Remer. Vnd einhalbe Meil von der Statt auff dem Brande/ da viel fundiger Gänge sind/ S. Erasmus/ S. Wolfgang/ der Brandtstolle/ S. Barbara/ S. Martin/ S. Bartholome/ *Freybergisch Ertz.* zum Heyligen/ S. Vlrich/ S. Niclaus/ die Eyche/ der Vogelbaum/ die Dreyfaltigkeit/ das Heylige Creutz/ der Wildmañ/ die Gottes Gab/ die Faßnacht/ der Sonnenglantz/ König Dauid/ die Weissen Tauben. Von diesem Bergwerck sind etliche vom Adel reich worden/ die Hartisch/ Schönberge/ Rulicken/ Berbisdorff/ Mergenthal/ Kröen/ Schrencken/ Ziegler/ Weickart/ Hontzberg vnd Kolbing. Vnder das Frybergisch Bergwerck gehören auch diese vmbligende Flächen/ da man allenthalben dieser zeit noch bawet/ Scharpffenberg an der Elbe/ Sachsenburg an der Jschop/ Glaßhütte an der Weiseritz/ vnnd was zu dem gehörig/ Blattenberg/ Höckenberg/ Ober vnd Nider Frawenberg/ Leibenaw/ darnach Saida/ Frawenstein/ Tarant/ Byberstein/ Linda/ Odern/ Eule/ Sibeln/ Ruspen/ vnnd etliche die nicht weit darvon gelegen/ Pfaffenberg/ Heckendorff/ die Hütte/ Newdorff. Die Gänge vmb Freyberg seind reich an Sylber/ Kupffer/ Bley vnd Zinn. Es schreibet Albert. Magnus/ der etwan vor 200. jaren gelebet/ daß man gedigen Silber einem Letten gleich/ zu Freyberg gehawen hab. Jetziger zeit aber bringt es wenig/ allein an etlichen ortern/ alß auff der Gottesgab/ der schönen Marien/ vnd S. Gregorius Zeche. Vorzeiten hat man allda auff andere weise die Zechen gebawet/ nicht nach gewissen massen/ wie jetzunder: sonder hart neben einander gesuncken/ wie man an den alten Bingen sehen mag. Durch die Statt fleußt die Müntzbach/ vnd nicht weit darvon die Mulda/ darauff sie auß dem Behemerlandt jhr Holtzflösse haben. Vor S. Peters Thor an der Strassen nach Kemnitz ist ein Brunn für den außsatz/ heißt zum Fernen Siechen.

H. Moritz Churfürst. Jm jahr 1540. da Hertzog Johann Friderich regiert/ sind gezehlt worden an Leuten zu Freyberg die vber 12. jahr waren/ 32763.

Anno 1553. ward Hertzog Moritz Churfürst in der Schlacht im Bisthumb Hildeßheim/ im Ampt Peinen/ da er sich Riterlich wehret/ in die Hüfft geschossen/ darvon er im Läger starb/ den 11. Tag des Hewmonats/ vnnd ward das Eyngeweidt zu Sitershausen begraben/ den Cörper brächt man gen Freyberg den 23. Tag desselbigen Monats/ mit zwantzig Reuteren vnd Knecht Fahnen/ die neben seinem Grabe angehenckt seyndt.

Von

Die Statt Freyberg

In Meyssen abcontrafehtet vnnd beschrieben nach der länge/ wie sie ihren Anfang genommen/ vnd woher sie zu solcher Herrlichkeit/ die sie zu vnsern zeiten hat/ kommen sey.

SSS   Die Statt

1170　Die Statt Freyburg gan

URBIS SALUS EST CIVIUM CONCORDIA

Erklärung etlicher

A Der Ring	L S. Niclaus Kirch	V Alter Ring
B S. Peters Kirch	M Badstuben	VV Fürnehmbste Kirch
C Peters Gaß	N Kuttelhof	Y Roßmühle
D Peters Thor	O Mühl	Z Manewitz Hauß
E Fischergaß	P S. Donats Thor	1 Das Schloß
F Kornhauß	Q Nonnenkloster in der Sachsenstatt	2 Silberbruck Hauß
G Erbisch Thor		3 Oberelbster
H Müntze	R Mühle	4 H. Creutz Thor
I Rahthauß	S Meißnisch Thor	5 Nonnengaß
K Weingaß	T Meißnisch Gaß	6 Burckhauß

ich vnd schön abcontrafehtet. 1171

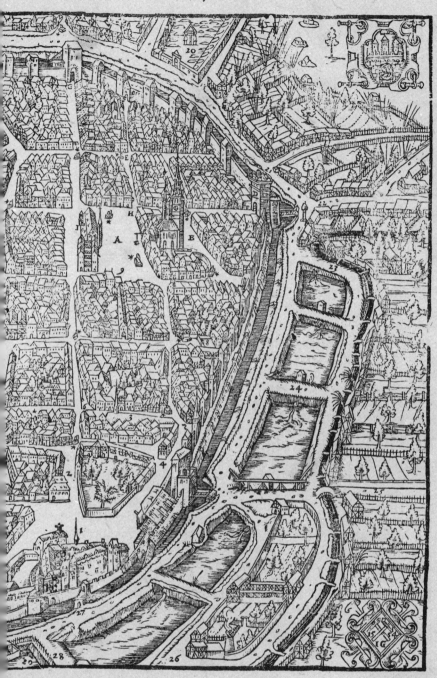

örter dieser Statt.

...änck 15 Der alte Gottsacker 22 Büchsengießhauß
...ats Marstall 16 Vnder eilffte Maß nach dem 23 Listkirchners Garten
...auß   Thormhof 24 Fünff Teich nach einander
 17 Vnder zehende Maß nach dem 25 Schießplan
...der Statt.   Thormhof/ mit einem Gepel 26 Leipzigische Gasse
 18 Vnder sechst Maß nach dem 27 Zugbrück am Schloß
...auß   Thormhof 28 Pulffermühle
...Schonberg 19 Schwartzfarbe 29 Nonnenwiese.
 20 Newe Gottsacker
 21 Die Rinne

SSS ij Von

Das fünffte Buch
Von dem Sachsen Landt / altem
vnd newem / sampt allen Herrschafften so darinnen ligen. Cap. cccxcv.

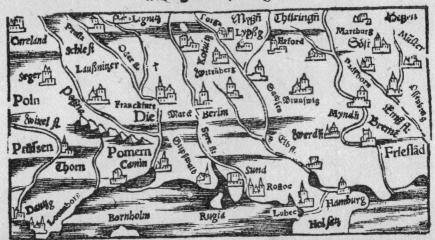

Sachsen Name.

As Sachsen Landt / hat lang vor dem grossen Keyser Carlen einen weiten Begriff vmb sich gehabt. Dann Westphalen / Braunschweig / vnd das man jetzundt Sachsen heißt / seind dazumal allein in Sachsen Landt gewesen / vnnd war kein vnderscheid vnder jhnen / dann daß etliche hiessen Sachsen Westphalen / die andren Sachsen Ostphalen. Die Westphalen endeten sich an dem Wasser Weser / vnd was vber der Weser wohnet / gegen Auffgang zu / heissen Ostphalen. Dieser Vnderscheid ist erstanden / wie etliche sprechen von den Longobarden.

Dann als dieses Volck in Italiam zog / da trieben sie auff viel Sachsen / die mit jhnen reiseten in Italiam / vnd da sie vber vierzehen jahr wider in Sachsen Landt kamen / hieß man sie Westwalen / die jetzunt heissen Westphalen. Die andren sprechen daß sie erstlich zu den zeiten Keyser Carles Westphalen seind genennt worden / damit man vnderscheid hett zwischen denen die sich bald zum Glauben liessen bringen / vnd den andren Sachsen / die zum dickermal ab fielen. Zu denselbigen zeiten hat Mechelburg / Pomern / Preussen / item Brandenburg / vnd was dem Polandt zugelegen war / alles Vandalia geheissen / vnd jhre Einwohner haben auch Sclauen oder Wenden geheissen / mit welchen die Sachsen / als sie zum Glauben komen waren / viel Streit vnd Vnrhu gehabt / wie ich hie vnden melden werd. Wo der Namme Sachs herkomen sey / ist nicht offenbar / dann daß in dem Sachsen spiegel also darvon wird geredt. Nach dem der Groß Alexander gestarb / haben die von Asia gestritten wider die Petroculos / die dem Grossen Alexander hilff hetten gethan / vnd haben sie vertrieben auß den Gegenheiten deß Landts Cilicie / da segelten die Petroculi vnd schifften darvon / vnd kamen achtzehen Kiel in Preussen / das noch ein Wildnus war / zwölf kamen in Rugiam / vnd von denen seind kommen die Stormaren / Dietmarschen / Holsteiner vnd Hedeler. Item die so noch heissen die von Stein. Nun heißt das Griechisch wort Petra zu Latein Saxum / vnd von diesem Saxum sollen die Sachsen heissen Saxones. Diese Meynung findestu geschriben im 3. Buch des Sachsenspiegels im 24. Artickel.

Wie die Sachsen deß Glaubens halb bestritten sind worden / durch die König von Franckreich. Cap. cccxcvj.

Nach dem die Francken vnnd Thüringer zeitlich zum Christlichen Glauben seind kommen / durch den Heyligen Bischof Bonifacium / haben die Sachsen noch steiff an jhrem Irthumb gehalten / darvon sie lange zeit mit keiner Macht getriben mochten werden / dermassen hatt sie der böse Geist mit Abgötterey besessen / die von den Römern bey jhnen auff gericht war / nemlich durch Drusum / als man meynt / oder durch seinen Sohn Germanicum / die vnder dem Keyser Augusto diß Landt hetten bestritten / vnnd erobert. Dann zu Merspurg auff dem Berg Eresberg hetten die Sachsen ein auff gerichte Abgöttische Seul / die man Irmenseul nannt / da Hermes vard geehrt: das ist / Mercurius / oder wie die andern sagen / Mars

vnd

Von Teutschlandt.

vnd ward die Statt auch darvon Martinopolis vnd Merspurg genennet. Etliche sprechen/ Irmenseul sey darumb also genennet worden/ daß es gleich als jedermans Seul vnd ein gemeine zuflucht sey gewesen aller Menschen: dann Mars ist ein gemeiner Gott bey den Heyden in Kriegen gewesen/ vnd nach jhrem Jrrthumb ist er gelauffen von einem Krieg in den andern/ gleich als were er zweyfelhafftig/ welchem theil er im Krieg den Sieg solt zustellen.

Sein Bildtnuß stund im Harnisch/ vnd hett in der rechten Hand ein Fehnlein/ darinnen stund ein Rosen/ die gieng bald auff/ vnd zergieng widerumb bald: also gehet es auch im Krieg zu. In der lincken Hand hett er ein Waag/ damit er anzeigt daß es ein vngewiß ding im Krieg ist. Jetzund neiget sich der Sieg auff dise seiten/ jetzund auff die andere. Sein Brust war oben hinauß vngewaffnet/ vnd ohn Harnisch/ vnd das bedeutet das vnerschrocken gemüth der Krieger. Im Schilt hett er ein Löwen/ der vber die andern Thier herrschet/ vnd darbey ware bedeutet der keck angriff grosser Thaten. Diser Löw stund in einer Feldung die war mit Blumen bestrewet: dann es ist dem Starcken nichts lustigers/ dann daß sie jhre Stercke im Heer erzeigen. Zu gleicher weiß hetten die Sachsen zu Meydenburg auch ein Abgöttin/ darvon die Statt also genennet ward: dann da hatten sie auffgericht ein

Mehdtburg von einer Magd.

Wagen/ darauff stund ein nackende Jungfraw/ die hett ein grünen Krantz auff jhrem Haupt/ vnd ein brennende Fackel in jhrer Brust. In der rechten Hand trug sie ein Figur der Welt/ vnd in der lincken Hand drey güldene Apffel. Hinder jhr stunden drey blosse Jungfrawen/ die hetten einander bey den Händen gefaßt/ vnd trug ein jegliche ein Apffel/ vnd mit abgewendtem Angesicht boten sie Gaben außzutheilen. Die Lateiner nennen solche Göttin Gratias, vnd die Griechen Charites. Nun an den Wagen waren gespannet zwen Schwanen vnd zwo Tauben. Die Heyden haben die Göttin Venus also gemahlet: dann die herrschet durch fleischgierigkeit in der gantzen Welt. Es folgten jhren nach die drey Gratien oder Gnaden/ Frewd/ Lust vnd Schöne/ vnd dienet je eine der andern/ welches bey den gefaßten Händen bedeutet wirdt. Sie kehren ab jhr Angesicht: dann sie verweisen nicht die bewiesenen Gutthat. Andere viel mehr Abgötter haben sie im Land gehabt/ die ich hie fahren laß. Nun da Dagobertus König in Austrasia vnd Hertzog in Thüringen war/ setzt er zum ersten an die Sachsen mit sampt seinem Vatter Clotario/ vnd zwang sie/ daß sie jhm jährlich 500. Ochsen zu Tribut mußten geben. Darnach ruckt Carolus Martellus des Grossen Keyser Carlens Großvatter mit Heerskrafft wider die Sachsen/ ob er sie möcht zum Glauben bringen/ aber er schuff nichts. Es vnderstund auch deßgleichen sein Sohn Carolomannus nach jhm/ aber er vermocht weder mit Worten noch mit Waffen die Sachsen von jhrem Jrrthumb zu bringen. Vnd nach dem er zu Rom ein Mönch war worden/ vnd sein Bruder der Pipinus Keyser Carlens Vatter in das Regiment trat/ fieng er auch an ein grossen Krieg wider die Sachsen/ ob er sie möcht zu Christo bringen: aber er richtet gar wenig oder nichts auß. Nach jhm fieng an sein Sohn der Groß König Carlen zu streiten wider die Sachsen/ sie zum Glauben zu bringen/ vnd währet der Krieg von anfang 30. gantzer jahr/ biß die Sachsen vollkomlich sich zum Glauben ergaben. Es ist nicht zu sagen was mühe vnd arbeit der fromme Keyser hette biß er sie vnder das Joch bracht. Er vberwandt sie zum offtern mal daß sie sich ergaben/ vnd verhiessen jhm zu leben nach seinem willen/ wolten hinweg thun den abgöttischen Dienst/ vnd vber sich nemen das Joch Christi: aber so bald er auß dem Land kam fielen sie widerumb darvon/ vnd schlugen auff das alt wesen/ vnd da mußt der Keyser widerumb Heer zusammen bringen/ vnd vber Rhein fahren/ vnd offt ein harten widerstandt leiden: dann die Sachsen stercketen sich je länger je mehr/ vnd wagten kecklich Leib vnd Leben wider den Keyser.

Clotarius greiffet die Sachsen an.

Anno Christi 772. hielt Keyser Carlen ein gemeinen Reichstag zu Wormbs/ vnd da ward beschlossen/ daß er mit gantzer Macht in Sachsen Landt ziehen solt/ vnd mit Gewalt die Sachsen zum Glauben zwingen/ wie er auch thet. Dann fuhr bey Vnderwesel vber das Wasser Lippa oder Lupia/ wie es Albertus Krantz nennet/ vnd verwüstet jhnen das Land mit dem Schwerdt vnd Fewr was er ankam/ vnd fürderlich eylet er gen Areßburg oder Merspurg/ vnd kehret vmb die Jrmenseul/ tilget auß alle Abgötterey/ vnd macht ein heimlich Gericht in Westphalen/ daß ein jeder der von dem Glauben abfiel/ solt ohn alles ander Vrtheil an den nechsten Baum gehenckt werden. Darvon ich hie vnden weiter schreiben will. Da verschickt er auch 10000. Mann mit Weib vnd Kind von der Elb vber Rhein in Braband vnd Flandern/ damit sie nicht mehr vnderstünden abzuweichen von dem Glauben.

Ein Reichstag zu Wormbs.

Anno Christi 785. ward Wildikindus jhr Hertzog von Gott erleuchtet/ daß er annam den Tauff/ der so lang widerstandt hatt gethan dem Keyser Carlen. Vnd also kam

Das fünffte Buch

Bisthumb in Sachsen.

Sachsenlandt vollkomlich zum Glauben/vñ fiel auch nicht mehr darvon. Da stifftet Keyser Carlen viel Bisthumen im Land/nemlich zu Osnabrug/zu Mimingrod/das hernach umb eins Closters willen Münster ward genandt/zu Salingstede/das jetzund Osterwick heißt/doch ward dasselbig Bisthumb lang hernach gen Halberstatt gelegt. Er richtet auch Bisthumb auff zu Werder/Mynden/Padelbön/vnd vber die Weser zu Hildesheim/vnd begabt die Bischoff mit Land vnd Leut/vnd mit vielen Privilegien. Aber das Bisthumb zu Meydenburg oder Magdenburg/ ward erst hernach von Keyser Otten dem Grossen gestifft/nach dem er die Wenden hett gedempt.

Von der Sachsen Sitten vnd Fruchtbarkeit jhres Lands.
Cap. cccxcvij.

ES haben die Sachsen von alten zeiten her ein vierfältigen vnderscheid vnder jhnen gehabt. Dann es waren ein theil Edel/ein theil Frey/ein theil Gefreyet/vnd die andern waren Knecht. Sie hetten auch Satzungen der Ehe halb/daß kein theil solt vergessen seines Stands vnd Wesens/sondern ein Edler solt nemmen ein Edle/ein Freyer ein Freyin/vnd ein Knecht ein Magd/ vnd welcher das brechen wurd/der solt darumb am Leben gestrafft werde. Es schreibt auch der heylig Bonifacius/daß die Sachsen dise gewohnheit hetten/ehe sie zum Christlichen

Ehebruch. Glauben kamen/daß sie die Jungfrawen vñ Eheweiber die sich hetten lassen schwächen/erwürgten vnd verbrandten: aber den Ehebrecher vnd Jungfrawenschwächer henckten sie darnach vber der verbrandten Frawen Grab. Item sie ehrten die grünen ästigen Bäum/vnd hetten zu Mer-

Irmenseul. spurg (wie gesagt ist) vnder dem freyen Himmel ein gemeine Abgötterey/die sie Jrmenseul nenneten/vnd darneben ehrten sie auch Mercurium/dem sie zu bestimpten Tagen Menschen opfferten. Sie glaubten auch daß sie jhre Götter nicht möchten in den Tempel beschliessen/noch mit menschlichen Figuren bilden/besonder vor vnd ehe sie der Römer Götter annamen/alß were Gott zu groß/vnd auch zu würdig darzu/vnd deßhalben widmeten sie der Gottheit die grünen vnd vngefangnen Wäld. Sie hielten viel von den abergläubigen dingen vnd dem Loß/vnd besonder auß dem Vogelgesang vnd jhrem fliegen namen sie vrkundt zukünfftiger ding. Doch kein grösser Aberglauben hatten sie/dann in dem geschrey

Fruchtbarkeit des Sachsenlandts.

der Pferden. Dise vnd dergleichen abergläubige ding hatten statt bey jhnen/biß daß sie zu dem Christlichen Glauben durch den grossen Keyser Carlen gezwungen wurden. Sie haben ein fruchtbar Erdtrich/in dem alle ding ohn den Wein wachsen. Sie haben auch viel Sylber vñ Ertzgruben/vnd besonder hat Keyser Ott der erst bey der Statt Goßlar ein Sylberader gefunden. Sie machen auch an manchem ort auß Brunnenwasser hübsch Saltz/darvon sie jährlichen grosse nutzung erobern. Sie seen Gersten

Bier. vnd Weytzen/darvon sie weiß Brodt machen vnd Bier. Das Bier trincken sie also vnmässig/ja reitzen vnd zwingen einander zu einem solchen vberfluß/das einem Ochsen zu viel were. Sie lassen es auch nicht darbey bleiben daß sie sich voll trincken/sondern trincken so lang biß sie widerumb nüchtern werden/vnd das treiben sie den gantzen Tag/vnd auch offt die gantze Nacht/vnd welcher die andern mit trincken vberwindet/der wirdt darumb gelobt/vnd ist jhm ein Ehr. Er vberkompt auch dardurch ein Kleinodt vmb welches er mit trincken gestritten hat/vnd zum Zeugnuß seiner erjagten Ehre/wirdt er gekrönt mit Rosen oder andern wolgeschmackten Kräutern. Diser schandtlich Brauch ist jetzund auch in das gantz Teutschland kommen/daß man jetzund die starcken Wein also vnmässiglich trinckt/gleich wie das gesotten Wasser/darauß viel vbels entspringt. Es gebrauchen sich die Sachsen grober Speiß/alß vngesotten Speck/roh Zwybel/gesaltzen vnd vngeleutert Butter. Am Sontag kochen sie an manchem ort/daß sie die gantze Wochen darvon zu essen haben. Jhre Kinder speisen sie nicht mit Brey oder Pappen von Mähl vnd Milch gemacht/wie im Obern Teutschlandt/sondern geben jhnen grobe Speiß/die doch vorhin wol gekäwet ist von der Kindsäugerin/vnd ätzen also die Kinder gleich wie ein Vogel seine jungen. Vnd daher kompt es/daß die Kinder in jhrer Jugendt gewohnen der groben Speiß/vnd werden darnach dester stärcker Arbeit zu leiden.

Von Teutschlandt

Von Ertz vnd Metall des Sachsenlands.
Cap. cccxcviij.

Es hat zu vnsern zeiten Sachsenlandt viel vnd mancherley Metallen/ besonders aber in dem Gebürg so zwischen Hessen vnd Sachsen ligt/ das die Alten Melibocum haben genennet. Bey Eißleben/ Mantzfeld vnd Hochstetten findt man ein Schiefferstein/ der hat in jhm etwas von Pech vñ Ertz/ vnd so man ein grossen hauffen herauß hat gegraben/ legt man vnden vmb den hauffen viel Spän/ vnd zündet sie an/ darvon die Stein auch angehen/ vñ geben ein geschmack gleich wie die schwartzen angezündten Kolstein. Vnd so zu zeiten ein sanffter Regen in

Schiffer bergwerck.

disen brennenden hauffen fallt/ erlöschet das Fewr nicht darvon/ sondern gehet noch mehr an/ vnd die Stein zerschmeltzen viel desto ehe/ welches ein anzeigung ist daß die Stein etwas Pechs in jhnen begreiffen. Vnd das ist auch hie zu mercken/ daß solche Schiefferstein haben gemeinlich ein gespreng von Goldfarben/ die representieren allerley Thier/ als in den Fischen/ Hecht/ Treyschen/ vnd andere art/ vnd in den Vöglen/ Hanen vnd etwan Salmandern: ja man hat in einem Stein gefunden ein Bildtnuß des Bapsts mit einem Bart vnd dreyen Kronen/ das haben vil Leuth gesehen. Etliche sagen auch/ es sey in der nähe ein See/ vnd wie desselbigen See Fisch vnd Thier geformiert seind/ also figuriert sich auch die Natur auff disem Schiefferstein. Es ist mir zugeschickt worden diser Schieffersteinen einer/ der hatte einen Fisch mit gedignem Kupffer formiert. Die Grafen von Mantzfeld haben nicht ein kleine nutzung eyngenommen von disem Schiefferbergwerck.

Bey Goßlar hat Keyser Ott der erst zu seinen zeiten gefunden ein groß Gut von Sylber vnd Ertz/ darvon er auch soll gebawen haben drey Stifft/ vnd ein Keyserlichen Pallast mit gar schöner Arbeit. Vnd als die Burger mißbrauchten die Gaaben Gottes/ ward GOtt erzürnt/ vnd verhengt daß ein Gruben eynfiel/ vnd erschlug bey tausend Menschen/ vnd nach derselbigen zeit hat man an selbigen orten weder Gold noch Sylber gefunden/ sondern allein Bley. Man gräbt zum ersten Vitrill/ vnd darauß schmeltzt man etwas Sylber vnd Bleys. Etliche schreiben daß man das Bergwerck zu Goßlar hab mit solcher weiß gefunden: Es war ein Edelman der hett ein Pferd das hieß Ramel/ der ritt auff ein zeit vber ein Berg vnd band das Pferd an ein Baum/ vnd dieweil es also gebunden stund/ scharzet es mit den füssen/ vnd grub herfür oder entblößt im Grund ein Bleyader/ darauß man gesehen mocht daß in dem Berg verborgen lag etwas Metallens. Es ward auch darnach diser Berg von dem Pferd genennet Ramel/ vnd ist zu vnsern zeiten in hoher achtung: dann er tregt ein wunderbarliche menge des Bleyes/ vnd stecket alles voll Bleyes. Item die Fürsten von Braunschweig haben ein groß Gut erobert auß den Gruben zu Cellerfeld/ vnd auß etlichen andern Gruben. Deßgleichen die Marggrafen so im Franckenlandt jhre Herrschafft haben/ seind nicht beraubt worden solcher oder dergleichen reichen Bergwercken: dann zu Golderanach haben sie alle Wochen bey anderhalb tausend Rheinischer Gulden wärth Gold auß dem Erdtrich gegraben.

Goßlar.

Viel Ertz knappen erschlagen im Bergwerck.

Wie Sachsenlandt jetzund getheilt wirdt.
Cap. cccxcviiij.

Wiewol vorzeiten Sachsenland in jm begriffen hat Westphalen/ Braunschweig/ vnd was biß zu der Elb gelegen ist/ hat man doch jetzund ein andere Rechnung darauff/ vnd nennet Sachsenlandt nicht nach den Wassern/ sondern nach den Herrschafften/ vnd also ist zweyerley Sachsen/ das Ober vnd das Vnder. Das Ober Sachsen ist vmb Wittenberg da das Churfürstenthumb ist. Aber das Vnder ist bey Lüneburg vnd Lawenburg an der Elb/ vnd begreifft in jhm Holsatz/ das vorzeiten Wagria hat geheissen/ Stormariam vnd Diethmarsen. Holsatz ist etwan ein Graffschafft gewesen/ aber jetzund ist es ein Hertzogthumb/ vnd halt sich der erstgeboren Sohn des Königs von Dennmarck darinn/ wie des Königs von Franckreich nechster Erb im Delphinat. Die Statt Hamburg ligt in Stormaria/ vnd ist gelegen vnder den Fürsten von Holsatz: aber in Diethmarsen ligt die Bischoffliche Statt Bremen.

Ober vnd Vnder Sachsen.

Das fünffte Buch

Von den Hertzogen zu Sachsen vnd ihrem Geschlecht.
Cap. cccc.

JN den zeiten alß der Groß Keyser Carlen bekriegt das Sachsenlandt/ war jhr Hertzog oder fürnehmster Hauptmann Witikindus/ den die andern nennen Wedekindum: Es nennen jhn auch etliche der Sachsen König/ vnd besonder des Landts Engern das in Westphalen ligt. Vnd die sagen daß vor dem Grossen Keyser Carle das Sachsen Landt seye von zwölff Landtherren regiert worden/ ein jahr vmb das ander. Vnd welchen in seinem Regiment ein grosser Krieg begriff/ den hielten die Sachsen für einen König biß zu seinem ende. Vnd also da Keyser Carle kam zu bezwingen das Sachsen Landt/ da war Witikindus ein Landtherr von Engern/ vnd hett das Regiment des gantzen Sachsen Landts/ vnd darumb ward er auch gehalten für ein König dieweil der Krieg wåhret/ vnd von jhm seind kommen viel Hertzogen/ König vnd Keyser/ die das Landt haben inngehabt. Diser Witikindus ist Anno Christi 770. auß Dennmarck kommen/ vnd ward Hertz in Sachsen/ vnd stritt auch dreyssig jahr wider den Grossen Keyser Carlen/ vñ ehe er den H. Tauff empfieng/ führt er in seinem Schildt ein schwartz Pferdt: aber nach dem Tauff machet er ein weiß Pferd darauß. Lang hernach da das Hertzogthum von Sachsen an die von Anhalt kam/ ward der Schilt geendert. Dann Bernhard ließ in den Schilt schwartz vnd gelb Sparren machen/ vnd einen Zweig von einer Rauten vbereck dardurch ziehen.

1. Witikindus der erst Hertzog in Sachsen: doch sagen etliche daß Lutolffus zum ersten Hertzog genandt sey worden.
2. Wigbertus des vordrigen Sohn.
3. Walbertus vnd Bruno des vordrigen Sohn.
4. Leopoldus Hertzog Bruno's Sohn.
5. Otto vnd Bruno Hertzog Leopolds Söhn. Von disem Hertzog Bruno ist Braunschweig genandt worden/ wie du hernach hören wirst.
6. Heinrich Hertzogs Otten Sohn. Vnd der ward Römischer König Anno Christi 937. Man nennet jhn den Vogler/ darumb daß er ein grosse anmut hett zum Vogelfang. Der Mutter halb/ die Keyser Arnolphs Tochter war/ ist er von des Grossen Keyser Carles Geblüt gewesen.
6. Otto der erst/ des vordrigen Sohn/ den man seiner grossen Thaten halb nennet den Grossen Keyser Otten. Er hat ein frommen vnd heyligen Bruder gehabt/ der war Ertzbischoff zu Cöln/ vnd hieß Bruno.
8. Otto des vordrigen Sohn der auch Keyser ward.
9. Otto der dritt Keyser/ des vordrigen Sohn.

Von Teutschlandt

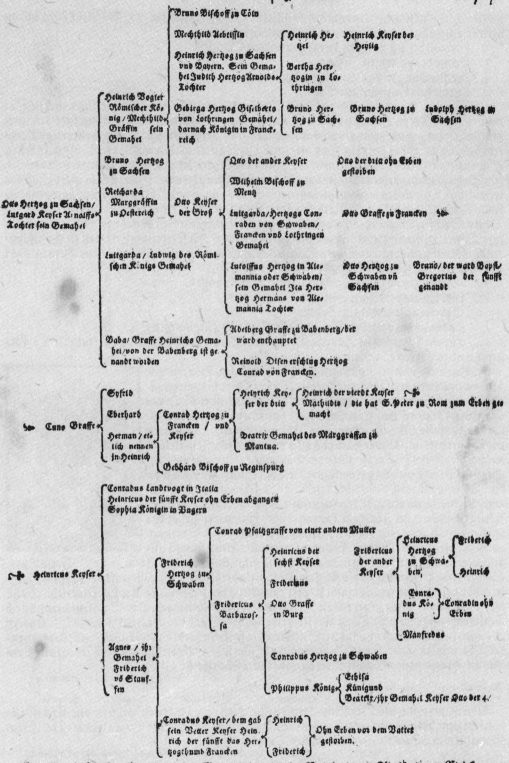

Der Groß Keyser Otto hat zwo Gemaheln gehabt/Editham vnd Adelheidam. Editha war des Königs von Engellands Tochter/vnd gebar jhm Lutolphum vnd Bischoff Wilhelmen. Aber Adelheid ein Tochter Königs Rudolphen von Burgund/vnd Bertha/die vorhin König Lotharius in Italia hat gehabt/gebar jhm drey Söhn/Heinrichen/Bruno vnd Otten/der nach jhm Keyser ward/vnd ein Tochter Adelheidam/die Graff Hug von Paris ham. Hie solt du weiter mercken/da Otto der erst Keyser ward/ist ein verenderung vnd ein ander Regiment in Sachsen worden: daß da ist das Hertzogthum vnd die Marck mit sampt Thüringen von einander geschei-den. Otto behielt für sich vnd für seine Nachkommende Thüringen/Meyssen vnd das Ober Sachsenland. Aber in dem Vndern Sachsenland auff der Elb macht er ein Hertzogthumb/vnd satzt dareyn ein trewen Mann mit Namen Herman/der war nicht von grossem Geschlecht geboren/

Das fünffte Buch

vnd macht jhn zu einem Hertzogen/der vorhin ein Vogt gewesen war/vnd des Geschlecht in vndern Sachsen hat sich außgespreitet/wie hernach volget:

1. Herman der erst gemacht Hertzog in vndern Sachsen.
2. Benno des vordrigen Sohn.
3. Bernhardus Hertzog Benno Sohn.
4. Ordolphus des vordrigen Sohn.
5. Magnus Hertzog Ordolphs Sohn. Der starb Anno Christi 1160. ohne Männlichen Samen. Da gab Keyser Heinrich der 4. das Hertzogthumb Grafe Luder von Querfurt/den man gemeinlich Lotharium nennet/vnd ward darnach auch Keyser erwöhlt. Der hett ein einige Tochter Gertrud/die gab er mit dem Hertzogthumb Hertzog Heinrichen von Bayern/vnd nach disem Heinrichen/erbt sein Sohn Heinrich Löw genandt/beyde Hertzogthumb. Aber er vnd darnach sein Sohn wurden von dem Keyser darvon gestossen jhres vbermuts halb/vñ also ward Sachsen wider ledig. Das wöllen wir nun hie lassen ruhen/vnd vns zu den Obern Sachsen fügen/vnd dieselbig Liny auch vollführen. Nach Keyser Otten dem 3. ist Hertzog oder Marggrafe worden in Obern Sachsen Bruno/der mit dem Heyligen Keyser Heinrichen Geschwisterkind war: dann jhre Vätter Heinrich Hetzel vnd Bruno waren Brüder. Hie solt du mercken/daß zu derselbigen zeit diß Marck in jhr begreiff Obern Sachsen/Thüringen vnd Meyssen: aber das Hertzogthum war dazumal in Obern Sachsen.

10. Bruno Hertzog oder Marggrafe in Obern Sachsen.
11. Ludolph des vordrigen Sohn.
12. Egbertus des vordrigen Sohn.
13. Egbertus des vordrigen Sohn. Diser starb ohn Männlichen Saamen.
14. Heinrich Hertzog zu Bayern. Der hatt ein Fraw von Sachsen/vñ vberkam sie das Fürstenthumb in Obern Sachsen.
15. Heinrich Löw des vordrigen Sohn/Hertzog zu Bayern/vnd Hertzog zu Obern vnd Vndern Sachsen. Der war der allermächtigst/vnd schrieb sich mit einem solchen Titul: Heinrich von GOttes Gnaden Hertzog des gantzen Sachsen vnnd Bayerlands/Pfaltzgrafe bey Rhein/Grafe zu Braunschweig/Lüneburg vnd Northen/ꝛc. Aber er ward von aller diser Hertschafft vertribt/wiewol die andern sagt/er sey allein des Bayerlands beraubt worden: aber sein Sohn sey nach jhm von allen Hertzogthumen gestossen worden. Albertus Krantz/d' ein geborner Sachs ist/schreibt/daß Heinrich Löw/den man auch den Hoffertigen nennet/sey von Keyser Conraden bekriegt worden/da er nach dem Hertzogthumb Schwaben stellet/das des Keysers Bruder/mit Namen Hertzog Friderich/besaß. Darnach vberlang ward er von Keyser Friderichen von aller seiner Hertzschafft gestossen/doch zu letst wider gen Braunschweig gelassen/da er starb Anno 1195. Vnd alß sein Sohn Hertzog Heinrich an des Keysers Hof war/vberkam er des Pfaltzgrafen bey Rhein Tochter/vnd durch sie mit verwilligung Keyser Heinrichs des sechsten/der Keyser Friderichs Sohn war/die Pfaltz. Nun zu der zeit alß Heinrich Löw vertrieben ward/ist in Sachsenlandt ein new Regiment auffgestanden. Dann Keyser Friderich der erst gab das Hertzogthumb zu Wittenberg vnd auch zu Löwenburg in Vndern Sachsen Grafe Bernharden von Anhalt/vnd Berneburg/der Albrechts Marggrafe von Brandenburg Sohn war/vnd von disem Bernharden seind kommen die Hertzogen von Sachsen/wie du nun weiter sehen wirst.

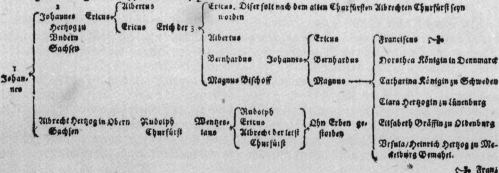

| Bernhard Grafe zu Anhalt | Albertus Churfürst starb An. 1260. | Albertus ein vralter Mann Churfürst | Otto zu Löwenburg / Rudolphus | Albertus ohn Erben / Johannes | Johannes |

Albrecht der ander dises Namens/Hertzog zu Obern vnd Vndern Sachsen/vnd Churfürst/vberlebt seine Nachkommen biß in das vierdt vnd fünfft Geschlecht: Starb Anno 1311. Sein Gemahel was Agnes Keysers Rudolphen Tochter.

Von Teutschlandt.

- Franciscus 1. Hertzog zu Sachsen Lawenburg starb Anno 1581.
  - Albertus
  - Magnus 3. Sophia König Gustaphi in Schweden Tochter/sein Gemahel
    - Gustaphus starb jung.
  - Franciscus 2. seine Gemahel waren
    - 1. Margaritha Hertzogin in Pomern/ starb Anno 1581. an der geburt
      - Maria geboren A. 75.
      - Augustus geboren Anno 1576.
      - Catharina Ursula geboren Anno 79.
      - Philippus geboren Anno 1580.
    - 2. Maria Hertzog Julij von Braunschweig Tochter/ diese gebar
      - Franciscum Julium Ann. 1584. Henricum Julium/sein Gemahel Gräffin von Ostfrißlandt/sie hatte zuvor Marggraf Ernst Friderichen von Baden/ vñ vor disem Ludwigen Churfürsten von Heydelberg.
      - Ernestum Ludovicum Ann. 1587. ward Ann. 1620. von den Oestereichischē Bawren erschlagē.
      - Hedwig Sibyllam.
      - Julianam.
      - Sabinam Catharinam.
      - Joachim Sigismundum.
      - Franciscum Carolum.
      - Rudolphum Maximilianum.
      - Hedwig Mariam.
      - Franciscum Albertum.
      - Johannem Georgium.
      - Sophiam Hedwig.
      - Franciscum Henricum.

Nach Johannem 2. ist Sachsen in der Hertzschafft getheilt worden. Under Sachsen ist blieben bey Johanne 3. vnd seinen Nachkomen: aber die Chur ist in Hertzogs Rudolphen Linien blieben. Vnd alß dieselbig Liny abstarb im Albrechten letsten Churfürsten/ solt die Chur wider kommen seyn an die Hertzogen zu Vnder Sachsen/ die rechte Erben waren: aber die Marggrafen von Meyssen zogen sie an sich auß gunst Keysers Sigmundi Anno 1423. vnd ward Marggrafe Friderich von Meyssen erster Hertzog vnd Churfürst in seinem Geschlecht. Die Hertzogen zu Vnder Sachsen haben jren Hof zu Löwenburg an der Elb nicht fern von Lünenburg/ schreiben sich Hertzogen zu Sachsen/Engern vnd Westphalen/ etc.

Chur in Sachsen verendert.

Geburtliny der Marggrafen von Meyssen/ nach dem in jhr Geschlecht die Chur von den Obern Sachsen kommen.

1 Frider. Churf.
- 2 Friderich Churfürst Sigmund Bischoff zu Würtzburg/ starb 1436. Heinrich starb jung. Anna Landtgr. in Hessen. Catharina Marggräffin in Brandenburg.
- 3 Wilhelm 3.
  - Margaritha
  - Anna
- 4 Ernestus Churfürst. Henricus starb jung. Amelia Hertzogin in Bayern. Anna Churfürst Albrechten vō Brandenburg Gemahel. Friderich Alexand. starben jung. Hedwig Aebtissin zu Quedlinburg. Martha Aebtissin zu Seißelen.
- 13 Albertꝰ 3.
  - 14 Georgius
    - Friderich Großmeister Teutschen Ordens in Preussen/ starb 1510.
    - 5 Friderich Churfürst Albertus Ertzbischoff zu Mentz starb 1484.
    - 6 Johannes Churfürst Ernestus Ertzbischoff zu Magdenburg starb 1513. Wolfgāg starb jung. Christina Königin in Dennmarck. Margaritha Hertzogin vō Braunschweig.
    - Wolfgang starb in der Wiegen.
    - Johannes starb 1537. ohne Kinder/ sein Gemahel Elisabeth Landtgräffin in Hessen.
    - Friderich starb auch ohne Kinder Anno 39. hatte Elisabeth ein Gräffin von Maußfeldt.
    - Magdalena jr. Gemahel Joachim 2. Marggrafe zu Brandenburg.
    - Christina/jr. Gemahel Landtgraff Philips in Hessen.
    - Christophorus 1.
    - Christophorus 2.
    - Anna
    - Agnes
    - Margaritha
    - 7 Joh. Friderich Churfürst
    - 8 Joh. Ernst Joh. starb jung. Marg starb in dē 19. jahr jhres alters. Maria Hertzogin in Pomern.
    - Joh. Ernst starb jung.
    - 9 Joh. Friderich
    - 10 Joh. Casimir zu Coburg.
    - 11 Johan Ernst zu Isenach.
    - Joh. Friderich starben Friderich jung.
    - 12 Joh. Wilh. Joh. Friderich 83. starb 56.
      - Friderich Wilh. Sibylla Maria starb jung. Maria geboren 1575.
      - Johannes
        - Joh. Philippus geboren 1597. Fridericus geboren 1599. Johan. Wilhelm geboren 1600. Frid. Wilhelm
        - Joh. Ernst geboren 94. den 21. Febr. Friderich geborē 1596. Wilhelm geborē 1598. Albrecht g. borē 1599. Joh. Friderich geboren 1600. Ernst geboren 1601. Friderich Wilhelm geboren 1603. Bernard ist geboren 1604. ist vor Wimpffen geblieben 1622.
- 15 Heinrich der from̄e Ludwig Anna Johannes starben jung. Catharina nam erstlich Sigismunden Hertzogen von Oesterreich: demnach Erich Hertzog von Braunschweig.
  - 16 Mauritius Churfürst
    - Severin. starb 1538.
    - 17 Augustus Churfürst. Aemilia jhr Gemahel Georg Marggraff von Brandenb. Sibylla/ Hertzog Frantzen in Sachsen Lawenb. Sidonia Hertzog Erichs von Braunschweig.
    - Albertus starb jung.
    - Anna
    - Joh. Heinr. Leonora Elisabetha starbē jung.
    - 18 Alexander Magnus Joachim Hector starbē jung.
    - 19 Christianus Churf.
    - 20 Dorothea
    - 21 Anna Martha Sophia Augustus Adolphus Fridericus starben jung.
    - 22 Christianus Churfürst.
    - 23 Johan. Georg Churfürst. Annā Sabinā starb jung. Augustus starb 1615.
    - Augustus starb 1616.
    - Sophia Eleon. geboren 1609. Maria Elisab. geboren 1610. Christianus g. 1612. st. jung. Joh. Georgius geboren 1613. Augustus geb. 1614. 13. Aug. Christianus geboren 1615. Henricus starb 1623. in dem ersten jahr.

1179

TTT iiij

1. Friderich Marggraff von Meyssen/ ward von Keyser Sigismunden Anno 1423. nach absterben Alberti 3. Churfürsten von Sachsen/ des letsten selbiger Linien/ gemacht zu einem Hertzogen in Sachsen vnd Churfürsten/ weil er vorgab/ daß es von Heinrichen dem Löwen/ so Churfürst in Sachsen war/ vnd ohne vrsach des Lands vnd der Chur beraubet/ her käme. Sein Gemahel war Catharina Hertzog Heinrichs von Braunschwig Tochter/ von deren er viel Kinder zeugte/ vnd starb Anno 1428.

2. Friderich der ander/ des vorigen Sohn/ ward Churfürst nach seinem Vatter/ starb zu Leypzig Anno Christi 1464. im 53. Jahr seines Alters: Sein Gemahel war Margaritha Keyser Friderichs des dritten Schwester/ die starb Anno 1484.

3. Wilhelmus Friderici/ des anderen Bruder/ hat von Keyser Albrechten dem andern das Hertzogthumb Lützelburg bekommen/ so er aber bald Hertzog Carlen von Burgund gegen einer summa Gelds abtretten müssen/ ist hernacher gen Hierusalem verreyset/ starb bald nach seiner widerkunfft Anno 1483. hatte von seiner ersten Gemahelin Anna/ Keyser Albrechts des anderen Tochter/ zwo Töchteren/ Margaritham/ die nam Johannem 3. Churfürsten von Brandenburg. Die andere/ Anna/ bekam Hertzog Heinrichen von Münsterberg/ Georgi Roggiebracht/ Königs in Böhem Sohn.

4. Ernestus Churfürst/ ist geboren Anno Christi 1412. ist eben der/ so mit seinem Bruder Albrechten von Conrado von Kauffungen nächtlicher weise auß dem Schloß Aldenburg entführt ward/ wie allbereit droben bey Meyssen ist gesagt worden/ starb Anno Christi 1486. Sein Gemahel war Elisabetha Hertzog Alberti 3. auß Vngern Tochter.

5. Friderich der dritte/ Ernesti Sohn/ Churfürst/ so Anno Christi 1502. die Hohe Schul zu Wittenberg auffgerichtet/ ward zu einem Römischen König erwöhlt/ hat aber das Keyserthumb Carolo V. vbergeben. Erlebte ausser dem Ehestandt/ vnd starb Anno Christi 1525. den 5. Martij.

Johann Friderich.n Churfürsten in Sachsen Bildtnuß.

6. Johannes/ Friderici Bruder/ Churfürst/ hat Anno Christi auff dem Reichstag zu Augspurg Keyser Carolo dem fünfften der protestierenden Confession vbergeben: Starb Anno Christi 1532. Sein erste Gemahel war Sophia Hertzogin von Mechelburg/ von deren er hatte Johann Friderichen/ Churfürsten/ die starb Anno Christi 1503. hernach name er Margaritham ein Fürstin von Anhalt/ von deren hatte er Johannem Ernestum vnd seine vbrigen Kinder.

7. Johann Friderich Churfürst/ ist geboren Anno Christi 1503. ward in dem Schmalkaldischen Krieg mit Landtgraff Philip auß Hessen von Carolo dem fünfften gefangen/ vnd seiner Churfürstlichen Würde beraubet Anno Christi 1547. vnd ward die Chur Hertzog Mauritzen seinem Vetteren verliehen: Starb im Jahr vnsers HErren vnd Heylands Jesu Christi 1554. Sein Gemahel war Sibylla Hertzogin von Gülch.

8. Johannes Ernestus ist geboren Anno Christi 1521. Starb ohne Kinder Anno Christi 1553. Sein Gemahel war Catharina Hertzog Philippi von Braunschweig zu Graubenhagen Tochter.

9. Johann Friderich der ander ist geboren Anno Christi 1529. diser ward auß befelch Keysers Maximiliani des andern/ in der Vestung Gotha/ da er doch Reichsächter/ Wilhelm Grumpachen mit seinen Gesellen auffgehalten/ gefangen/ vnd nacher Steyr in Oesterrich geführt/ da er in 28. Jahr seiner Gefangenschafft Anno Christi 1595. in dem 66. Jahr seines Alters gestorben. Sein erste Gemahel war Agnes/ Landtgraff Philippi in Hessen Tochter/ vnd Churfürst Mauritzen seines Vetteren Wittwen/ die starb jhme aber Anno Christi 1555. ohne Kinder/ vnd nam darauff Anno Christi 1558. Elisabetham Churfürst Friderichen von Heydelberg Tochter/ von deren er hatte vier Söhn.

10. Johann Casimir zu Coburg ist geboren Anno Christi 1564. nam Anno 1586. Churfürst Augusti von Sachsen Tochter Annam/ welche er aber auß argwohn bewiesener Vntrew/ widerumb von sich gelassen.

11. Johann Ernst zu Isenach/ ist geboren Anno Christi 1566. sein Gemahel ist Christina Landtgraff Mauritzen in Hessen Schwester.

12. Johann Wilhelm/ Johann Friderichen Churfürsten Sohn/ ist geboren Anno Christi 1530. ist Anno Christi 1568. den beträngten Evangelischen in Franckreich/ vnder Carolo dem neundten zugezogen/ hat auch seinen eygenen Bruder mit seinem Vetteren Churfürst

Von Teutschlandt. 1181

Augusto in der Vestung Gotha belägeren helffen/ starb Anno Christi 1573. Sein Gemahel war Susanna Dorothea Churfürst Friderichen von Heydelberg Tochter/ vnd dise gebahr ihm Anno Christi 1562. Fridrich Wilhelmen zu Aloenburg/ welcher nach absterben Churfürst Christiani seines Vettern minderjährigen Kinder Vormünder ware/ vnd Administrator der Chur Sachsen: Er starb Anno Christi 1602. den 7. Julij/ vnnd verließ von Sophia Hertzog Christoffeln von Würtenberg Tochter vier Söhn/ Johannem Philippum/ so geboren Anno Christi 1597. den 25. Januarij/ Fridericum/ Johannem Wilhelmum/ Fridericum Wilhelmum/ so man die Hertzogen von Sachsen Altenburg nennet: Der ander Sohn Johann Wilhelmen des Alten/ war Johannes/ so geboren Anno Christi 1570. starb den 9. Octobris Anno Christi 1605. vnd verließ acht Söhn/ wie die in der Geburt-Taffel zu sehen/ die man nennet die Hertzogen von Sachsen Weymar. Zwischen dem älteren diser Gebrüderen Johann Ernsten genandt/ vnd Johann Philipsen dem älteren Altenburgischer Linien/ hat sich ein ernstlicher Streit der Præcedentz vnd vorzugs halben erreget/ Johann Philips vermeynte weil sein Vatter der älter Sohn Hertzog Johann Wilhelmen were/ gebürete ihm billichen der vorzug: Hingegen war Hertzog Johann Ernst von Weymar seiner Person halb älter/ dann Hertzog Johann Philips/ vnd vermeynte derentwegen dem Jüngeren vor zu gehen/ welcher Streit so weit kommen/ daß dessentwegen vnderschiedenliche Churfürstliche vnd Kayserliche Decreta ergangen/ vnd gantze Bücher darvon geschrieben worden.

13. Albertus der dritt/ Friderici des anderen Churfürsten Sohn/ ist geboren Anno Christi 1447. war ein hertzhaffter Fürst/ hat Annaberg gebawen: Starb im Jahr Christi 1500. Sein Gemahel war Zedna/ König Georgij Poggiebractrij Tochter/ die starb Anno Christi 1510.

14. Georgius mit dem Bart/ Alberti Sohn/ ist geboren Anno Christi 1471. ein rechter Lutheraner Feind/ starb Anno 1534. Sein Gemahel war Barbara Königs Casimiri in Polen Tochter.

15. Heinrich der Fromb/ ist geboren Anno Christi 1473. zog in seiner Jugendt nacher Hierusalem/ vnd nam nach absterben seines Bruders die Evangelische Religion an: Starb Anno Christi 1541. Sein Gemahel war Catharina Hertzogin von Mechelburg.

16. Mauritius/ ist geboren Anno Christi 1521. hat Carolo dem fünfften gedienet wider Franciscum den ersten/ König in Franckreich/ vnd in dem Teutschen Krieg wider seinen Vetteren Johann Friderichen Churfürsten vnd seinen Schwäher Philippen Landtgraffen in Hessen/ vnd nach dem beyde Fürsten gefangen/ vnd Johann Friderich der Chur beraubet war/ ward er Churfürst an seine statt. Anno Christi 1550. belägeret er Magdenburg fünffzehen Monat lang/ hat hernach einen Krieg in Teutschlandt angefangen/ Landtgraff Philipsen seinen Schwäher widerumb frey gemacht/ Inspruck eyngenommen/ Franckfurt belägeret/ vnd darnach in Vngeren wider den Türcken gezogen: zu letst ward er in einem Streit wider Marggraff Albrechten von Brandenburg/ im Stifft Hildesheim/ mit einem Stuck geschossen/ daß er starb Anno Christi 1553. seines Alters im 33. jahr. Seine Gemahel war Agnes Landtgraff Philipsen Tochter/ von deren hatte er Anno Christi 1545. Albertum/ der starb jung/ vnd Annam/ Wilhelmi Printzen von Vranien Gemahel/ die starb Anno Christi 1577.

August Churfürsten in Sachsen Bildtnuß.

17. Augustus/ Churfürst Mauritij Bruder/ ist geboren Anno Christi 1526. ward Churfürst nach seinem Bruder/ hat im jahr 1580. publiciert die formulam Concordiæ/ starb im jahr 1586. Seine Gemahel waren 1. Anna/ Christiani 3. Königs in Dennmarck Tochter/ die starb Anno 1585. vnd von dere hatte er alle seine Kinder: hernach nam er Anno 1586. Agnes Hedwig ein Fürstin von Anhalt/ von deren hatte er keine Kinder.

18. Alexander/ Augusti Sohn ist geboren Anno Christi 1554. war Administrator des Stiffts Merseburg: Starb zu Dresen Anno 1565.

Christiani Churfürsten Bildtnuß

19. Christianus/ Churfürst ist geboren Anno Christi 1560. den 28. Octobris/ starb Anno 1591. den 25. Septembris. Sein Gemahel war Sophia/ Churfürst Johann Georgen von Brandenburg Tochter/ hatt ihren dritten Sitz zu Coldits.

20. Dorothea Churfürst Augusti Tochter/ ist geboren Anno Christi 1563. deren Gemahel war Heinrich Julius/ Hertzog von Braunschweig.

21. Anna/ geboren Anno Christi 1567. ihr Gemahel Johann Casimir/ Hertzog von Sachsen zu Coburg.

22. Chri-

22. Christianus der ander/ Christiani des ersten Sohn/ Churfürst/ ist geboren Anno Christi 1583. starb Anno 1611. Sein Gemahel war Hedwig Königin in Dennmarck/ Fürstliche Liechtenbergische Witwen/ von deren er hatte einen Sohn/ Augustus genandt/ der starb aber Anno 1616. ohne Kinder.

23. Johann Georg/ Christiani anderer Bruder ist geboren Anno Christi 1585. kam nach seinem Bruder an die Chur/ nam Anno 1604. den 16. Septemb. Sibyllam Elisabetham Hertzog Friderichen von Würtenberg Tochter/ die starb Anno 1606. ohne Kinder/ nach diser nam er Anno 1607. den 19. Julij Magdalenam Sibyllam Marggraff Albrechten von Brandenburg Tochter/ von deren er hatte seine Kinder/ deren ältestes Fräwlein Sophia Eleonora Anno 1627. vermählet ward Georgio Landtgrafen zu Hessen Darmstatt/ Ludovici Sohn/ vnd geschahe das Beylager den 4. April. zu Torgaw in Sachsen/ mit grossem Pomp vnd Pracht.

Von Braunschweig vnd Lünenburg.
Cap. ccccj.

Braunschweig die Statt ist angefangen worden Anno 878. ist genennet worden von dem Fürsten Bruno/ Brunonis vicus: das ist/ Bruns Fleck/ vnd ist diser Bruno gewesen Keyser Heinrichen des ersten Vatters Bruder. Nun diser Fleck Braunschweig hat zum ersten ein kleinen anfang gehabt/ der hat mit der zeit sehr zugenommen an Gewalt vnd Reichthumb/ also daß auch Fürsten von jhr genennet vnd getittelt seind worden. Sie vbertrifft viel Stätt im Teutschlandt/ in der grösse/ in der menge des Volcks/ in den schönen Häusern vnd lustigen Gassen. Sie hat fünff Märckt/ Plätz vnd Rhathäuser/ vnd auch viel Räht. Jhr erster Herr Bruno vnd alle seine Nachkommen seind Grafen gewesen/ biß zu dem jahr Christi 1238. da macht Keyser Friderich der ander auß diser Graffschafft ein Hertzogthumb. Graffe Bruno der dise Statt angefangen hat/ ward bald hernach mit vielen Bischoffen im Krieg von den vngläubigen Nortmannen erschlagen/ vnd kam auch sonst das gantz Christen Heer vmb. Dann so bald der starck Römisch Keyser Ludwig starb/ der die Nortmannen gewaltiglich von den Grentzen teutscher Nation vertrieb/ kamen sie mit grossen scharen in Sachsenlandt/ vnd verderben alle ding mit dem Schwerdt vnd Fewr. Da berufft der gemeldte Graff Bruno alle Herren des Lands/ vnd die nechsten Bischöff/ als nemlich den von Werden/ den von Mynden/ vnd den von Hildesheim/ vnd zogen einmütiglich wider jhre Feind/ vnd satzten jhnen auch für/ entweders Christlich zu sterben/ oder die Feind zu vberwinden/ mit der hoffnung/ wo sie vnderlägen/ wurd sie Gott darumb beseligen: Lägen sie aber ob/ so wolten sie es für ein groß Glück vnd Gnad Gottes erkennen. Also geschahe es/ da sie zu beyden seiten hefftig stritten/ daß der Fürst Bruno mit allen Bischöffen/ Landtherren/ Rittern vnd Christenmenschen erschlagen ward. Vnd da die todten Cörper ein weil vber einander lagen/ vnd beraubt waren von den Feinden jhrer Kleyder vnd Waffen/ mocht man nicht erkennen welches der Fürst oder Bischoff war gewesen/ darumb legt man sie mit einander in ein Gruben des Erdtrichs. Darnach zogen die Nortmannen in Galliam/ vnd trieben auch viel wütrey am Gestaden des Meers/ biß sie zu lest mit Gewalt ein Landt eynnamen/ vnd darnach Christen wurden/ vnd dasselbig Landt noch zu diser zeit von jhnen die Normandey genennet wirdt/ von dem ich auch in Gallia geschrieben hab.

Geburtliny der Hertzogen von Braunschweig.

Vmb das jahr Christi 1230. ist die Braunschweiger Herrschafft erhebt worden zu einem Hertzogthumb/ vnd macht der Keyser zum ersten Hertzogen vber Braunschweig vnd Lünenburg Ottonem/ der da kam auff Hertzog Heinrichen den Löwen/ der ein gemeiner Herr vnd Hertzog vber Sachsen war gewesen. Aber der Hertzog so nach gedachtem Heinrichen Löwen den Titul vberkam des Lands Sachsen/ hat gar ein schmale Herrschafft besessen/ wie auch dargegen die Hertzogen von Braunschweig ein kleinen Titul gehabt/ aber ein groß Landt.

Heinri-

Von Teutschlandt. 1183

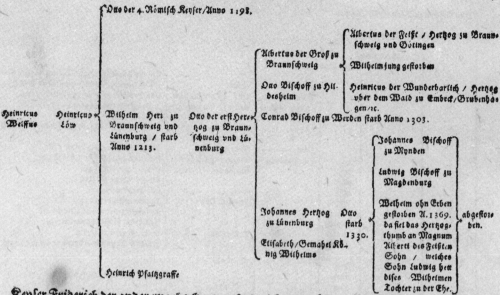

Keyser Friderich der ander/macht Hertzog Heinrichen deß Löwen Enckel Ottonem Hertzogen zu Braunschweig vnd Lünenburg/vnd gab jhm zum Wapen zwen gelbe Löwen/die sein Groß: vatter auß Engellandt gebracht hatt/für die Herrschafft Braunschweig: aber für Lünenburg gab er jhm ein blawen Löwen mit etlichen flecken/wie den Hertzog Herman vnd seine Nachkommen mit dem Titul des Hertzogthumbs Sachsen geführt hatte. Aber Hertzog Albrecht Grafe Bern: harden Sohn (der Hertzog war worden in Sachsen) der behielt den Titul des Lands Sachsen/ vnd behielt auch das Wapen/so die Grafen von Anhalt geführt hetten/nemlich gelb vnd schwartz Sparren neben einander gelegt/vnd ein Rautenkräntzlein dardurch gezogen. Hertzog Ottens zwen Söhn Johannes vnd Albertus/haben zum ersten die Herrschafft Anno Christi 1267. ge: theilt/aber gemeinen Titul behalten biß auff den heutigen tag. Daß sie schreiben sich beyde Her: tzogen zu Braunschweig vnd Lünenburg. Albertus ließ seinem Bruder Johanni Lünenburg/ vnd behielt er jhm selbs die bessere Herrschafft Braunschweig vnd Götingen/welche doch nach: malen noch weiter ward zertheilt. Hertzog Hansen Nachkommen behielten die Herrschafft Lü: nenburg biß zu Hertzog Wilhelmen/da kam dieselbige Herrschafft widerumb an die Hertzogen von Braunschweig.

Volget hernach die Geburtliny der Hertzogen von Braunschweig vnd Lünenburg/die von einem Stam: men kommen ist.

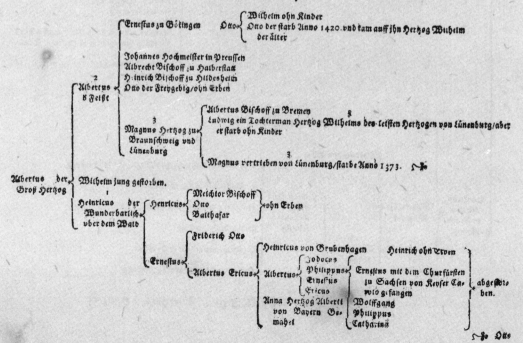

Das fünffte Buch

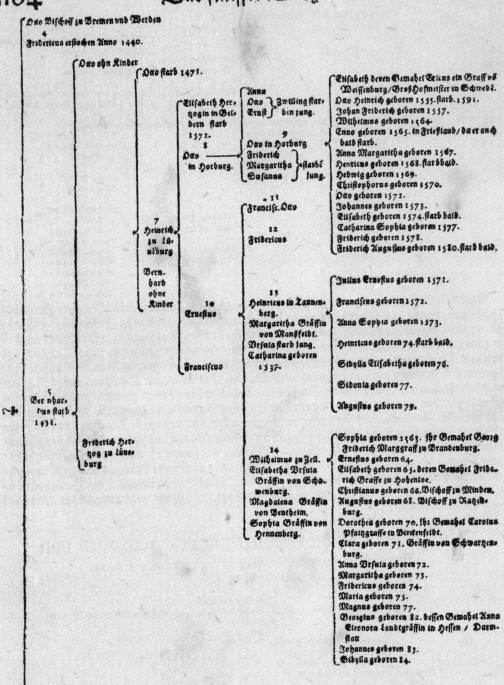

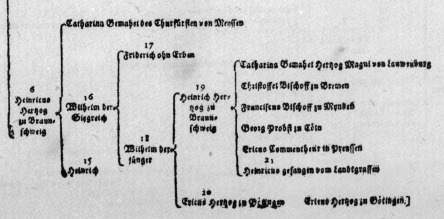

Von Teutschland. 1185

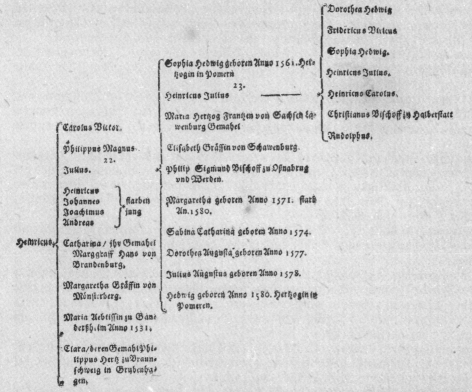

{ Heinricus, { Carolus Victor.
Philippus Magnus. 22.
Julius.
Heinricus
Johannes } starben
Joachimus } jung
Andreas
Catharina/ jhr Gemahel Marggraff Hans von Brandenburg.
Margaretha Gräffin von Mönsterberg.
Maria Aebtissin zu Ganderßh. im Anno 1531.
Clara/ deren Gemahl Philippus Hertz zu Braunschweig in Grubenhagen. }

{ Sophia Hedwig geboren Anno 1561. Hertzogin in Pomern.
Heinricus Julius 23.
Maria Hertzog Frantzen von Sachsen Lawenburg Gemahel.
Elisabeth Gräffin von Schawenburg.
Philip Sigmund Bischoff zu Oßnabrug vnd Werden.
Margaretha geboren Anno 1571. starb An. 1580.
Sabina Catharina geboren Anno 1574.
Dorothea Augusta geboren Anno 1577.
Julius Augustus geboren Anno 1578.
Hedwig geboren Anno 1580. Hertzogin in Pomeren. }

{ Dorothea Hedwig
Fridericus Vlricus
Sophia Hedwig.
Heinricus Julius.
Heinricus Carolus.
Christianus Bischoff zu Halberstatt
Rudolphus. }

1. Heinricus genandt der wunderbarlich/ hat in der theilung mit seinen Brüdern bekommen/ die Landt vber dem Wald/ da Embeck vnd Grubenhagen/ hat Braunschweig Administriert vor seinen jungen Bruder Wilhelmum/ dessen Vormünder er war. Nach dem aber Wilhelmus starb/ muß er das Landt seinem Bruder Alberto eynraumen. Seine nachkommen so alle in den Fürstenthumben Embeck vnd Grubenhagen gesessen/ haben sich erstreckt biß auff die Söhn Philippi so starb Anno 1551. die letzten waren Wolffgangus vnd Philippus/ mit welchen diese Liny abstarb. Der erledigten Landen halb erhub sich ein mechtiger streit/ zwischen den Hertzogen Braunschweigischer Liny/ vnd den Lüneburgischen. Die Hertzogen von Braunschweig namen die Landt eyn/ vnd besassen dieselbigen lange zeit/ musten aber dieselbigen widerumb abtretten/ vnd den Hertzogen von Lünenburg eynraumen.

2. Albertus der Feißt/ war jünger alß sein Bruder Heinrich/ saß zu Göttingen/ vnd nach absterben seines jüngeren Bruders Wilhelmi/ nam er Braunschweig eyn/ vnnd vertrieb seinen Bruder Heinricum/ starb Anno 1318.

3. Alß Hertzog Wilhelm der letzt von Lüneburg Hertzogs Otten Sohn/ vnd des Grossen Hertzogs Albrechten Enckel sterben wolt/ vbergab er sein Hertzogthumb Hertzog Magno von Braunschweig/ das verdroß die Hertzogen vber dem Wald/ die in gleichen Graden waren. Vnd alß Hertzog Ludwig von Lüneburg starb/ da vermählet sich sein verlaßne Haußfraw/ die ein Tochter war Hertzog Wilhelms des letzten Hertzogen von Lüneburg/ Graf Otten von Schauwenburg/ vnd kam das Hertzogthumb Lüneburg an Magnum Hertzogen Ludwigs Bruder/ der ward genannt/ der Hertzog mit der Ketten/ daß er pflegt ein grosse silberne Ketten zu tragen. Aber da er sich gar vngebürlich hielt/ vnd seines Vatters Straff nit annam/ ward er vertrieben/ vnnd Albrecht Hertzog von Obern Sachsen/ des letzten Hertzog Wilhelms von Lüneburg Tochter Sohn an sein statt genommen/ Anno 1371. Es ward auch dazumal das Schloß zu Lüneburg/ darauß der Hertzog der Statt viel zu leid gethan hatt/ gar zerbrochen: Der vertrieben Hertzog Magnus war in einem Krieg/ den er führt wider den Graffen von Schauwenburg/ erstochen/ vnnd sein verlaßne Gemahel nam zur Ehe Hertzog Albrechten von Lünenburg.

4. Fridericus/ ist nach Wenzßlao/ Anno 1400. zu einem Römischen König erwehlt worden/ ward aber da er von dem Reichstag kam/ auß anstifftung des Ertzbischoffen von Mentz/ von Heinrichen Graffen von Waldeck/ Friderichen von Hastingßhausen vnnd jhren Gesellen bey Fritzlar erstochen. Er verließ keine Erben.

5. Bernardus/ dieser ward Anno 1382. von Johann von Suichald vn Conrado von Steinberg gefan-

BBB

gefangen/vnd zu Pappenburg auffgehalten/biß auff das jahr 1388.da er mit 7000.Gulden erlöst ward. Von diesem kamen her diese heutigen Hertzogen von Lünenburg. Sein Sohn Friderich hat das Franciscaner Closter zu Zell bawen lassen/da er auch begraben worden/starb An. 1478.

6. Heinricus in Werbeck vnd Zell/ hat Lünenburg allein 16.jahr regiert. Hat den von Hartißghausen so seinen Bruder helffen ermörden/gefangen/in stucken hawen vnd auff das Rad legen lassen Anno 1401.starb Anno 1416.

Seine Gemahel waren/ die erste Sophia Hertzogin in Pomern/die gebar jm Wilhelmen/von dessen nachkommen wir darunder bey 16.vnd volgenden zahlen/reden werden. Sein ander Gemahel war Margaretha Landtgräffin in Hessen/von deren hat er Heinricum den Fridsamen/von dem bey der zahl 15.

7. Heinrich zu Lünenburg/ ist geboren Anno 1468. ist in dem Hildesheimischen Krieg dem Bischoff beygestanden wider seine Vettern Heinrichen vnd Erichen von Braunschweig/vnd hat Anno 1519. Erichen in dem streit gefangen/vnd nach Zell gefürt/ aber Anno 1521. gegen einer rantion wider ledig gelassen / starb Anno 1532. sein Gemahel war Margaritha/Churfürst Ernsten von Sachsen Tochter/die starb Anno 1529.

8. Otto/ist geboren Anno 1495. Dieser hat erstlich die Landt regiert/hernach aber dieselbigen seinem Bruder Ernsten gegen einer Summa geldts vbergeben/ vnnd sich zu Harburg gehalten/ starb Anno 1549.

9. Otto des vordrigen Sohn/auff Harburg/ist geboren Anno 1528. hat die Statt Lünenburg mit seinem Vettern Wilhelmen dem jüngern/widerumb versünt/starb Anno 1592. Sein erste Gemahel war Margaretha Gräffin von Schwartzburg/die starb Anno 1557. von deren hatte er Elisabeth Otto Heinrichen/vnd Johann Friderichen. Hernach nam er Hedwig eine Gräffin auß Frießlandt/die gebar ihm seine vbrigen 12. Kinder.

10. Ernestus ist geboren Anno 1497. ward erzogen an Churfürst Friderichen zu Sachsen Hoff. Hat Anno 1530.die Augspurgische Confession vnderschrieben/starb Anno 1546. Sein Gemahel war Sophia Hertzog Heinrichen von Mechelburg Tochter/die starb Anno 1541.

11. Franciscus Otto ist geboren Anno 1530. zu Jsenhag/starb Anno 1559.ohne erben: sein Gemahel war Elisabeth Magdalena Churfürst Joachims des 2.von Brandenburg Tochter.

12. Fridericus ist geboren Anno 1532.ward mit einem Stuck erschossen in der Schlacht vor Siuershusen Anno 1553.

13. Heinricus geboren Anno 1533. Dieser hat mit seinem jüngern Bruder Wilhelmen nach absterben jhrer Brüderen das Hertzogthum Lünenburg zehen jar regiert/ hernach aber durch einen gütlichen vertrag/Tannenberg vnd Starnbeck behalten/vnd seinem Bruder Zell mit der zugehör vbergeben/starb Anno 1598.zu Tannenberg: sein Gemahel war Vrsula Hertzog Frantzen von Lawenburg Tochter.

14. Wilhelmus der jünger ist geboren Anno 1535. hat mit seinem Bruder Heinrico zugleich regiert/hernach aber mit jhm die Landt getheilt vnd zu Zell gesessen. Nach absterben Graff Friderichen von Diepholtz vnd Pronchorst des letsten Anno 1581. sein jhm als dem Lehenherrn diese Land heimgefallen. Als auch Anno 1582. durch absterben Graff Otten von Hoyen auch des letsten seines stammens/die Graffschafft Hoyen an die gesampten Hertzogen von Braunschweig vnd Lünenburg gefallen/hat dieser Hertzog Wilhelm bekommen/ Hoyen/ Neupurg/ Broickhusen new vnd alt/Lewenaw vnd Vast. Hertzog Julius zu Braunschweig vnd Ericus zu Göttingen/ bekamen das vbrige. Sein Gemahel war Dorothea/König Christiani des 3. in Dennmarck Tochter/ die jhme geboren 7.Herren/vnd 8.Fräwlein/wie in der Tafel zu sehen.

15. Heinricus der Friedsame / hat seinen Bruder Wilhelmen auß Wolffenbüttel getrieben/ vnd daß Landt eyngenommen/starb Año 1473. sein Gemahel war Helena Hertzogin von Cleven/ die gebar jhm ein einige Tochter Margaritham/die nam Graff Wilhelm von Hennenberg.

16. Wilhelmus der Sigreiche/war von seinem Bruder Heinrichen auß Wolffenbüttel vertriben/da er nacher Hanover gewichen/ist in 7.mechtigen Schlachten obgelegen: sein Gemahel war Cecilia Marggräffin von Brandenburg: darnach nam er Mechthild ein Gräffin von Schawenburg. Er starb Anno 1482.in dem 90.jahr seines alters.

17. Friderich ward Anno 1454.in einer Schlacht gefangen von dem Bischoff von Cöln/ starb ohne Erben/ hatte 2.Gemahel/ die erste war Anna Hertzog Erichs von Braunschweig Tochter: die ander Margaretha ein Gräffin von Riperg.

18. Wilhelmus der jünger/ ist von dem Graffen von Winstorp/bey Pilshagen gefangen worden Anno 1451.starb Anno 1491. Sein Gemahel war Elisabeth ein Gräffin von Stolberg/ von deren er hatte 2.Söhn Heinricum vnd Ericum.

19. Heinrich der Elter / hat Hildesheimb Belägert Anno 1485. Hat sich auch an die Statt Braunschweig gewaget/vnd vermeint dieselbige auß zu hüngern/ weil aber der Statt von andern Hanse-stätten hilff zu kommen / hat er müssen ablassen / ist endtlich in belägerung des Schlosses

Von Teutschlandt.

Orth/mit einem grossen Stuck erschossen worden/Anno 1514. sein Gemahel war Catharina ein Hertzogin auß Pomern.

20. Ericus der elter zu Göttingen/ist geboren Anno 1470. ist in dem 18. jahr seines alters nacher Jerusalem gezogen. Hernach hat er Keyser Maximiliano zum ersten gedienet/vnd in 12. Schlachten gewesen: Endlich ist er Anno 1519. von seinem Vettern Heinrichen von Lünenburg gefangen worden/in belägerung Hildesheim: starb Anno 1540. hatte erstlich Catharinam Hertzog Albrechten auß Sachsen Tochter: hernach nam er Elisabeth eine Marggräffin von Brandenburg von deren hatte er Ericum den jüngern/der wohnet auch zu Göttingen. Hat Bremen belägert/ist aber geschlagen worden Anno 1547. Hat dem Spanier gedienet wider König Heinricum den 2. in Franckreich Anno 1557. hat sich auch wider Dantzig gelegt: Endlich aber ist er in Italia g. blieben vor Pavia Anno 1584. hatte 2. Gemahel/die erste Sidonia Hertzog Heinrichs auß Sachsen Tochter/die starb in dem Elend zu Weissenfels. Die ander Dorothea Princessin auß Lothringen. Hernach name er zu sich Catharinam von Weddam/von deren hatte er Wilhelmen von Braunschweig Freyhersen in Hurca vnd Lisfeld/vnd Catharinam die nam Andreas D'Oria ein Printz von Genua.

21. Heinrich der jünger ist geboren Anno 1489. ist Anno 1542. vom Churfürst Johann Friderichen auß Sachsen vnd Philippen Landtgrafen in Hessen auß seinem Landt vertrieben worden: Anno 1545. hat er ein Zeug versamblet im Stifft Weiden/ist erstlich nach Rotenberg in das Stifft Bremen/darnach auff das Landt Lünenburg gezogen. Darauff ist er in das erobert Landt Braunschweig gerückt/derhalb Landtgraff Philips zu Hessen alß Hauptmann/auß Befehl seiner Mitverwandten sich auffgemacht/desgleichen Hertzog Ernst zu Braunschweig vnd Lünenburg: Item Hertzog Moritz zu Sachsen etc. die haben sich bey Northeim gelägert.

Hertzog Heinrich ist vor Wolffenbüttel/das er zu belägern vnderstanden/auffgebrochen/ist nach Bockelen gezogen/darnach auff Kalsslden gerückt. Zu letzt ist der Landtgraff im October mit seinem Zeug auff den Braunschweiger gezogen in willen ihn anzugreiffen. Darauff alß es jetzund im angriff war/Hertzog Heinrich von Braunschweig sampt seinem Sohn Corolo Victore sich ins Landtgraffen Gefengnuß begeben/aber wider ledig worden im jahr 1547. Darnach hat er sich im jahr 1553. zu Hertzog Moritz gethan wider Marggraff Albrechten von Brandenburg/da ihm im Streit vmbkommen sind auff der Lünenburger Heyd bey Peina/zwen Söhn/Carolus Victor vnd Philippus Magnus/hat also dem Feind nachgehenckt biß ins 1554. jahr/starb Anno 1598. Seine Gemahel waren die erste Maria Gräffin von Wirtenberg/die starb Anno 1541. vnnd von deren hatte er alle seine Kinder/die ander Sophia König Sigmundi auß Polen Tochter/die starb ohne Kinder Anno 1575.

22. Julius/ist geboren Anno 1569. hat die Hohe Schul zu Helmstatt auffgericht Anno 1576. vnd nach seinem nammen Iuliam genannt. Hat Ericum den jüngern Hertzogen zu Göttingen geerbt/vnd zuvor auch ein theil von der Graffschäfft Hoya bekommen/welche Anno 1582. durch absterben Graff Otten des letsten dieses Stammens an Braunschweig gefallen/starb Anno 1589. sein Gemahel war Hedwig/Joachimi des 2. Churfürsten von Brandenburg Tochter.

23. Heinrich Julius ist geboren Anno 1562. ist Anno 72. erwehlt zu einem Bischoff von Halberstadt/vnd Anno 1582. zu einem Administratoren des Bißthumbs Minden/starb zu Prag Anno 1613. den zehenden Julii: sein erst Gemahel war Dorothea Churfürst von Sachsen Tochter/die ander Elisabetha König Christiani des 4. auß Dennmarck Schwester/von deren hat er seine Kinder: als namblich:

1. Dorotheam Hedwig geboren Anno 1587. den 4. Febr. nam Anno 1605. Fürst Ludwigen von Anhalt.

2. Fridericum Vlricum geboren den 5. April Anno 1591. dessen Gemahel Sophia Marggräffin von Brandenburg.

3. Sophiam Hedwig geboren den 20. Febr. Anno 1592. war erstlich Anno 1596. vermählet H. Augusto von Sachsen Churfürst Christian des ersten Sohn: hernach Anno 1607. Johann Ernsten Graff von Nassaw/zu Grönningen in Niderland.

4. Heinricum Julium geboren Anno 1597. starb Anno 1606.

5. Heinricum Carolum Postulierten Bischoffen zu Halberstadt/starb Anno 1615. zu Helmstett.

6. Christianum ist geboren den 10. Septemb. Anno 1599. Bischoff zu Halberstadt/Obrister in diesen Teutschen Kriegen: starb in dem Läger Anno 1626.

7. Rudolphum geboren den 15. Junii Anno 1602. starb jung.

Von der Statt Braunschweig. Cap. ccccij.

Der Gebäwen vnd Kirchen erklärung.

A S. Andreas	E S. Georg	H S. Martin	L S. Michel
B S. Cathartn	F S. Bartholome	I S. Magnus	M S. Gilg
C S. Peter	G Der Thumb	K S. Jacob	N S. Ciriaxberg.
D Zun Brüdern			

Onacra Wasser.

VNsern zeiten ist Braunschweig die fürnemeste/ auch gröste Statt in Sachsen/ gar wol bewahrt mit Mawren/ Gräben/ Thürnen vnnd Basteyen/ gezieret mit herzlichen Häusern/ schönen Gassen/ grossen vnnd wolgeschmuckten Tempeln. Sie ligt vast mitten in Sachsen Landt/ ist in vier Eck gebawen/ hat gar nahe gleiche lenge vnd breite/ begreifft in ihrem Vmbkreiß ein gute grosse halbe Teutsche Meil. Sie ist etwas grösser dann Nürnberg/ vnd kleiner dann Erdfurt. Gegen Orient hat sie das Meydenburger Bisthumb/ gegen Mittag den Hartzwald/ gegen Occident das Hildesheimer Bisthumb/ vnd gegen Mitnacht Lünenburger Herzschafft. Es laufft durch sie das Wasser Onacra/ welches da auß dem Hartzwald kompt/ vnd vnderscheidet die Statt in zwey theil/ führt mit ihm hinweg allen Wust/ vnd ist allenthalben mit Brücken bedeckt. Es lige diese Statt an einem ebnen Boden/ hat zwen Gräben vmb sich/ an etlichen orten drey/ die zum theil mit Wasser sind außgefült. Es ist auch zwischen den Gräben gerings vmb die Statt ein dicke Schütte vnnd grosser Wahl/ bevestigt mit allerley Gesteud vnnd Hecken: Trinckwassers halb ist mangel in der Statt/ darumb gemeinlich jederman Bier trinckt. Der Wein ist thewr da/ darumb trinckt man seiner nicht viel. Es sind 5. Märckt in dieser Statt/ 5. Gericht vnd Rhathäuser/ vnd so viel Oberkeiten. Anno 1374. erstund vnder der Gemein zu Braunschweig ein schwere vnd schedliche Auffruhr wider die Oberkeit. Dann das vnverstendig Volck hat ein vnwillen geschöpfft/ vnd ward ergrimmt wider ihre Obern/ trieben etliche zur Statt hinauß/ etliche erschlugen sie in der Auffruhr/ etliche liessen sie offentlich mit dem Schwerdt richten/ gleich alß hetten sie ein rechte Sach. Nun war einer vom Rhat der war alt/ vnd seines grossen Leibs halb gantz schwer/ daß er auch nicht so viel krefften hett/ daß er möcht vor dem Nachrichter nider knyen: aber dz vnangesehen/ ward er in einem Sessel sitzend gericht. Sie hetten kein ander Ansprach wider die Oberkeit/ dann daß sie das gemein Volck mit Schatzung vbernommen hetten/ vnd ihnen viel herter gewesen/ daß die Fürsten pflegten zu sein gegen ihren Vnderthanen. Vnd schryen das offentlich auß/ wurffen auff vnder den Handwercksleuten ein newen Rhat/ richteten alle sachen auß mit grossem Geschrey/ vnd mit Rhat/ daß andere Stätt die ein gut Regiment hetten/ nicht wenig bekümmert/ vnnd wol erkennen mochten/

daß

Von Teutschlandt

daß solche Vnbillichkeit vngerochen vnd vngestrafft nicht würd hin gehn. Anno 1352. erzeigt sich ein böse Zwiespaltung zwischen dem Hertzogen vnnd der Statt Braunschweig. Hernach im Jahr 1553. als Marggraff Albrecht von Brandenburg / die Bischöff von Wirtzburg vnnd Bamberg / mit sampt der Statt Nürnberg bekriegt mit grosser Macht zu Roß vnd Fuß / allenthalben viel Stätt vnd Flecken denselbigen zugehörig / eynnam / das Landt mit Fewr vnd Schwerdt beschedigt / vndernam sich Hertzog Moritz Churfürst von Sachsen / sampt Hertzog Heinrichen von Braunschweig vnd andern Fürsten des Römischen Reichs mehr / solchen mit grosser Macht zu widerstehn vnd abzutreiben / darauff geschahe auff der Lüneburger Heyd am 14. tag Julij von beyden theilen ein gantz blutiger Streit / doch fürnemblich der Reisigen wider einander / in welchem etlich tausent Reysiger zu beyden theilen erlegt wurden: doch behielten nach langem Kampff Hertzog Moritz vnnd die von Braunschweig das Feldt. Hertzog Moritz ward so hart verwundt / daß er nach wenig tagen starb / kamen auch da vmb andere mehr Fürsten vnnd Graffen / mit sampt einer grossen zahl vom Adel.

Marggraff Albrechts Bildnuß.

Wolffenbüttel / sampt derselben Belägerung Abcontrafactur. Cap. ccccij.

 Olffenbüttel ein schön vnnd vest Schloß den Hertzogen zu Braunschweig zustendig ist im jahr Christi 1542. vom Hertzog Johann Friderich / Churfürsten zu Sachsen vnd Philipp Landtgraff zu Hessen eyngenommen / aber Anno 1547. Hertzog Heinrichen wider zugestellt worden.

Das fünffte Buch

Von der Statt Lünenburg. Cap. ccccIV.

Lünenburg ist ein namhafftige/ doch nicht gar alte/ vnnd nun wol erbawte veste Statt/ mit Wählen vnnd Gräben vmbgebe/ mehr in die vierung dann in die ründe gebawen/ ist vngefehrlich 1450. Schritt lang/ vnnd 900. breit/ vnd ihr alß von der Hauptstatt hat das Fürstenthum den Nammen behalten. Es wöllen etliche daß die Heyden etwan daselbst auff dem Berg den Mon/ auff Latein Luna genañt/ für ein Abgott gesetzt vnnd geehrt haben/ daher es Lünenburg nachmals genañt solle seyn. Etliche aber/ alß Albertus Krantz/ sind der meynung/ daß wie man den Bürgen vnd Schlössern/ von dem ort des Erdrichs oder Grunds da sie auffgesetzt/ oder von den nechsten namhafftigen Orten pflegt Nammen zu geben/ also auch hab Lünenburg von dem ort Lunæ so da bey dem Wasser Elmenow gegen Mitnacht/ da ein Jungfrawen Closter auch des Nammens steht/ gelegen/ den Nammen bekommen. Wiewol vmb die Statt weit vñ breit grosse Heyd/ Oede vnd Wüste gewesen/ alß auch noch zu sehen/ so ist doch das Land vmbher zu vnsern zeiten zimblich wol erbawet vnd bewohnet/ die Statt ist insonderheit mit Steinen vnd hohen Häusern wol geziert/ weil daselbst Stein zu guter notturfft vnd Kalck vberflüssigen/ dann an andern orten gebrennt worden. Vnd wiewol die Statt Añ01430. alß die Behemen in Teutsch Land mit Kriegs gewalt fielen/ mehr dann zuvor bevestiget ward/ ist sie doch innerhalb kurtzen jahren mit Mawren/ Wählen/ Gräben/ Thürnen vnnd Bollwercken gerings vmbher notturfftiglich besser bewahret vnd bevestiget worden. Es sind da 3. nammhafftige Pfarrkirchen/ vnder welchen S. Johañes die Hauptkirch ist/ 3. Clöster/ vnder welchen S. Michel das eltest/ das etwan auff dem Berg gelegen/ darinnen ein grosse guldine Tafel mit gutem Arabischem Gold beschlagen/ vnd allenthalben vmbher auch die Bildt darinn mit vielen köstbarlichen Edlen Gestein/ vnd trefflichen Kleynotern geziert/ so eins vnzehlichen Schatz wärt ist. Zwey Siechenhäuser sind da auch reichlich versehen vnd begabet zu notturfftiger vnderhaltung der Armen/ Krancken vnd Bettrisen. Die fürnemest Nahrung/ Handthierung vnd Kauffmanschafft der Bürgern vnd Eynwohnern ist von dem Saltz/ des gnug vnd vberflüssig daselbst gesotten vnd weit vber Wasser vnnd Landt geführt/ auch das meist in den nahgelegnen Kauffstetten/ Hamburg vnd Lübeck verhandlet wirt/ wiewol der gemein Mann auch von dem Bier vnd gemeinen Kauffmanschafft nicht geringen Nuz vnd Frommen hat.

Von dem Saltzbrunnen zu Lünenburg.

Es ist hie zu wissen daß der vrsprünglich Quell vnd Brunnen des Saltzwassers erstlich nit weit von dem Kalchberg erfunden/ wol gefast vnd nach der alten weiß von starcken Personen darzu verordnet zu vnderscheidnen Stunden Nachts vnd Tags außgeschöpfft wirdt. Es wird außgetheilet zu gleich den Armen alß den Reichen/ vnd dieweil newerung vnd verenderung gefehrlich/ lasset man es bey der alten vnd vber Menschen gedencken hergebrachter weiß vnnd gebrauch bleiben/ wie auß

beygezeichneter Figur vngefehrlich zu vermercken. Vnd ist die groß Seul darinnen der Balck gefast/ an welchem der groß Eymer hanget/ lang vber Menschen gedencken da gestanden. Die Rören dardurch das Saltzwasser/ einem jeden gleich außgetheilt wirdt/ sind ordentlich nach eines jeden Hütten nicht mehr dann fünfftzig/ vnnd in einer jeden nicht mehr dann vier Pfannen/ welche vngleich den andern Sulken von Bley gegossen/ viereckt/ zwo Elen vngefehrlich breit/ vnnd einer Handtbreit tieff/ nach abnutzung vmbgeschmoltzen vnd ernewert werden/ darinn das Saltzwasser

History von der Statt vnd Hertzogthumb Lünenburg. Cap. ccccv.

Hermann Billing.

In den Sächsischen Chronicken lißt man / daß eines Ackermans oder Meyers Sohn auff einem Hof Stubeckhorn / auff der Lünenburger Heyd bey Soltow / mit namen Hermann Billing / bey Keyser Otten groß ward: dann von wegen seines trewen Dienstes vnd fleiß so er des Keysers Söhnen erzeigt / alß der Keyser in Italiam ziehen wolt / befelhe er jhme dem Hermann die Fürstenthumb Sachsen vnd Westphalen zuverwalten / welche alß der Keyser wider in Teutschland kam / er behalten hat / ist auch zum Hertzogen gemacht vnd damit belehnet worden. Von diesem Herman Billing haben viel Fürsten vnd Herren jhren Vrsprung. Er soll das Schloß auff dem Kalchberg außgebawen / vnd das Benedictiner Closter darbey auffgericht / vnd darnach sein Sohn Benno vollzogen haben / da auch die Fürsten von jhme entsprossen / jhr Begräbnuß gehabt / wirdt zu denselbigen zeiten für ein vnüberwindlich Schloß gerümbt / daher es auch die starcke oder veste Burg genannt ist worden. Dazumal ist auch vnden am Berg ein Flecken gelegen Modstorff genañt / an dem Wasser Elmenow / welches noch durch die Statt fleust vnd die Mülen treibt / vnnd vber drey Meilen in die Elb kompt. Alß nachmals Hertzog Heinrich der Löw / ein Sohn Hertzog Heinrichs des Welffen / auch von Herman Billings Geschlecht / Anno 1182. in Keyser Friderichs schwerer Vngnad war / vnd widerumb auß dem Ellend in Engelland drey jahr sich enthalten / heim kam / belägert er die gewaltige Kauffstatt Bardewick / von dem gemeldten Berg ein viertheil meilen gelegen / darumb daß sie jhn in seiner widerwertigkeit nicht hatten eynlassen / noch annemmen wollen. Er erobert die Statt Anno 1188. schleifft vnd zerstört sie gar. Von dem zerbrochnen Gebäw vnd Matery wurden die vmbligenden Stätt / sonderlich aber Lünenburg / mechtig gebessert vnnd erbawen. Dieselbige Statt wirdt gerümbt für der eltesten Stätten eine in Teutschlandt / vnd ehe dann Rom in Italia erbawen / da hat Keyser Carlen der Groß ein Bißthumb gestifft / welches nachmals gen Werden gelegt ward. Ist auch noch ein herrlich Thumbstifft daselbst / vnd viel Pfarrkirchen so von alter bestehen blieben: aber sonst ist es ein schlecht Dorff / darinn viel fruchtbarer Kolgärten gepflantzet werden.

Nach zerstörung Bardewick hat Lünenburg an dem Berg mercklich zugenommen an Volck / Reichthumb / Gebäw vnd Kauffhandlung. Also ist auch nach etlichen jahren Modestorff zu einer Statt vnder Otten dem ersten Hertzogen zu Lünenburg vnd Braunschweig / Wilhelms Sohn / der Hertzog Heinrichs des Löwen Sohn war / der viel guts im Land vnnd Herrschafft Lünenburg gethan / zugericht vnd erbawen worden / vnd den Nammen von der Burg auff dem Berg behalten / alß auch das Landt so erstlich ein besondere Herrschafft / darnach vnder gedachtem Otten ein Fürstenthumb des Reichs worden ist. Desselbigen Otten Söhn einer / Johann bekam in der theilung mit seinem Bruder Albrecht Anno 1267. Lünenburg / vnnd wendet grossen fleiß auff die Sultz / er fand ein newe Ader des Saltzwassers / darvon sie nicht gering gebessert worden.

Vmb das Fürstenthumb hat sich nach Hertzog Wilhelms todt Anno 1369. vnnd darnach / viel zancks erhaben / darauß grosse Krieg erwachsen zwischen den Fürsten von Sachsen vnnd Braunschweig / des die Statt Lünenburg höchlich hat müssen entgelten. Dann da Hertzog Magnus von Braunschweig nach Hertzog Wilhelms todt / der in des Keysers vnd Reichs Aacht starb Anno 1369. des Fürstenthumbs Lünenburg / der sich von dem gantzen Landt empfangener Handlung nach anmast / vnd mit dem Hertzogen von Mechelburg der Sächsischen Fürsten Beystandt krieget / wolt er den Geistlichen Prälaten vnd Herren im Land zu Mechelburg vnnd Holstein gesessen / vnd auff der Sultzen zu Lünenburg begütert / jhre eynkunfft daselbst auffhalten / welches der Rhat zu Lünenburg auß behafften vrsachen / pflicht vnd auffgerichten Vertrag verhindert / do ward er den Rhat sehr beschwert vnd verfolget / nam jhnen jhre Privilegien vnd der Statt Schlüssel / vnd ließ den Bürgern auß dem Schloß auff dem Berg viel Vberlast thun. Alß er auch Anno 1037. etliche Rhatsherren auff dem Berg zu jhm bescheiden hett / vnd sie nach gesagtem Geleit zu jm kamen / hat sie in ein Kammer beschlossen / vnd wöllen hencken lassen / das doch ein Graff vnnd ein Ritter / die den Rhatsherren sicherheit zugesagt hetten / gehindert / vnnd sich ehe zu stertzen erbotten / dann jren Glauben dardurch zu krencken zu lassen. In demselbigen jar theten die Fürsten von Sachsen anregung vmb das Fürstenthumb Lünenburg / von denen auch die von Lünenburg angelangt / sich nach berathfragung der Rechtsverstendigen / den Herzen zu Sachsen ergaben / von welchen

Elmenow Fluß.

Bardewick ein alte Statt.

Werden.

Die Sultz zu Lünenburg.

Lünenburg kompt an die von Sachsen.

sie auch

sie auch das Schloß zu zerbrechen vrlaub vnd viel Privilegien bekamen/darumb volgends jahr der Rhat zu Lünenburg/dem Hertzog Magnus abwesend schrifftlich abgesagt/vnd zugleich Freytags vor der Liechtmeß das Schloß auff dem Berg mit Geschicklichkeit vnd Kriegsbehendigkeit eyngenommen/zerstört/darvon noch der geringst theil darauff/ein Thurn vmb notturfftiger Wacht willen vberblieben. Darnach ist das Closter S. Michels in die Statt gelegt worden. Auff den tag Liechtmeß wurden Hertzog Albrecht vnd Wentzeslawo zu Sachsen von den Lünenburgern hertzlich empfangen/vnd ward jhnen vom Rhat vnd der Statt erbarlich gehuldiget.

    Volgends im Krieg zwischen beyden theilen/den Sächsischen vnnd Braunschweigischen Herren/ließ Hertzog Magnus von Braunschweig innerhalb einem Friedstand/von Michaelis biß auff Martini/die Statt Lünenburg mit 800. wolgerüster Männern zwischen der Sultz vnnd dem Kalchberg heimlich bey der Nachtzeit in der 11000. Jungfrawen nacht bestiegen/die Statt zu vbergwaltigen vnd zu erobern: aber es fehlet jhnen/vnd wurden eins theils erschlagen/vñ eins theils gefangen. Da nun die Feindsachen in volgendem jar 1372. zu beyden theilen veranlast/vnd zu der rechtmessigen Keyserlichen erörterung gestellt waren/vnd Hertzog Magnus gegen dem anlaß auff bewilligte zeit vnd stett nicht erschienen/sonder vngehorsamb außblieben/ist gegen jm auff erscheinen vnd erfordern des vngehorsamen theils/das Recht verfolgt vnd erörtert worden. Endtlich ist Hertzog Magnus Anno 1378. vor Dynster bey Bebenstein mit seinen Helffern todt blieben/ vnd seind die Sachen nach seinem tod mit seinen Söhnen Friderich vnd Berno durch gute Mittel vertragen worden/Also daß Albrecht Hertzog zu Sachsen des gestorbnen Hertzogs Magni verlaßne Witwe zu der Ehe nam/vnd beyde Brüder Friderich vnnd Berno Hertzogs Wentzeslai beyde Töchter zu der Ehe namen/vnd das Landt Lünenburg huldiget jhnen allen zugleich/vnd solt je der eltest vnder jhnen das Regiment annemmen. Darnach ward Hertzog Albrecht erschossen/ vnnd Wentzeslaus nam das Regiment an: aber jhm ward vergeben Anno 1387. alß er wider Hertzog Heinrichen kriegt. Anno 1388. hat ein Rhat vnd Gemeine Statt Lünenburg gehuldiget Hertzog Berno vnd Heinrichen/vnd wiewol darnach allerley jrrungen zwischen den Landsfürsten vnd der Statt Lünenburg zum offtermal erwachsen/seind doch dieselbigen in vielen Tagleistungen durch gütliche Verträge entscheiden/vnd zum offternmal vnraht vnd Krieg abgewendet. Anno 1562. wurde den 3. Decembris der hohe Thurn Spring ins Gut vom Wetter angezündet vnnd verbrennt.

Vom Vrsprung/Herkommen/Geschichten/vnd allerley Verenderunge der Statt Lübeck/so sich darinnen verloffen.
Cap. cccvj.

Lübeck Büte genannt.

Vbeck zu vnsern zeiten ein herrliche wolerbawte vñ berühmpte Gewerbsstatt/zu Wasser vñ Land mechtig/die fürnemste vnder den alten Wendischen Seestetten in Sachsen/gelegen in der Schwartaw im Land Vagern/so vor zeiten Vagria/jetzt aber Holstein genannt/ anfenglich von Fischern bey dem Meer an einem guten Ankfahr oder Hafen bewohnet/vñ wie die Chronicken sagen/hat sie Gottschalck der Christliche König der Obotriten vmb das jahr Christi 1040. erstlich daselbst angericht vnd die Burg darinn gebawet/vñ ist darnach Bute/entweders von desselbigen Königs Sohn also geheissen/oder von der Göttin Venus/oder nach einer andern Statt in Scythien bey den Meotischen Pfützen gelegen/welcher Ptolomeus gedenckt/genannt worden. Heinrich aber Butes Bruder hat sie Magnam Coloniam: das ist/die Groß Besatzung oder Großburg lassen nennen. Nachmals ist sie durch Lubemar vnd Crito des Rugen Grini Sohn mercklich gebessert. Aber zuletzt von wegen allerley widerwertigkeit vnd Krieg der Rugier zwischen die Trabe vnnd Wagnitz bey den Schiffreichen Wässern/da sie noch steht/vnder dem Christlichen Herren Adolphen von Schawenburg/der ein Graff zu Holstein von Keyser Lothario gemacht war im jar Christi 1140. gebawet vnd auffgerichtet worden. Ist kurtz darnach von einem Wendischen Herren Nicoloto vberfallen/geplündert/vnd folgends Anno 1158. gantz verbrant worden. Vnd alß jrer widerbawung halb von Graff Adolphen vnd Hertzog Heinrich Löwen sich Zweytracht zutrug/ist Graff Adolph vervrsacht worden die Statt dem Löwen zu vbergeben/vnder welchem sie durch verliehene Freyheiten vnnd allenthalben außgeschriebnen Privilegien in Kauffhändlen mehr dann vorhin an Volck vnd Reichthumb zugenommen hat. Sie haben auch durch desselbigen Hertzogen verhandlung bey König Waldemar erhalten/in seinem Königreich Dennmarck frey vnd sicher zu handlen vnd zu wandlen. Volgends ist das Bisthumb zu Aldenburg durch gemeltes Hertzogen bewilligung Anno 1163. gen Lübeck gelegt/vnnd hat Gerhard zu der zeit Bischoff/S. Johans Kirchen dahin auff den Sand gebawet/vnnd zwölff Priester mit zimlicher vnderhaltung dahin verordnet. Anno 1182. da Hertzog Heinrich der Löw in schwerer Vngnad vnd Verfolgung des Keysers war/gen Lübeck vnd darnach in Engelland flohe/hat Keyser Friderich die Statt Lübeck hart belägert/vnd alß die Bürger bey jrem Herren dem Löwen Rhat suchten/gab er jhnen zu antwort: er wüst jhnen diß mal keinen bessern Rhat zu geben/dann daß sie theten alß die

Rugen ein namhafftige Jnsel.

Ein Bisthum zu Lübeck.

noth

Von Teutschland.

noth vnd zeit erfordert. Also ist Lübeck dem Römischen Keyser vnderworffen/ vnnd zum Reich gebracht worden/ auch mit newen Privilegien gefreyet worden.

Alß Keyser Friderich Anno Christi 1191. starb/ hat sich Lübeck nach bekriegung Hertzog Heinrichen freywillig wider ergeben/ der hat mit des Bischoffs zu Bremen hilff gantz Holstein erobert: aber Adolphum nam es jhm wider eyn A. 1200. Fünff jar nach Hertzog Heinrichs tod/ hat Hertzog Wolmar zu Schleßwick/ König Kanuti Bruder diese Statt sampt Hamburg mit Kriegen vnder Dennmarck gebracht. Neun jar darnach ist die Statt biß auff ein Straß/ die fünff Häuser genant/ außgebrannt. Nachmals alß die Dänen den Bürgern vnträgliche Burden aufflegten/ da haben die Lübecker von Keyser Friderichen dem andern ein Mandat Anno 1226. an jre Nachbawren Herren vnd Fürsten vmb hilff erlangt/ vnd dardurch die Statt/ so die Dänen innhatten/ erobert/ vnd darnach auff Mariæ Magdalenę tag die Feind in die flucht geschlagen/ vnd sich auß aller Dienstbarkeit der Dänen mit erhaltung jhrer alten hergebrachten Gerechtigkeit gefreyet.

Anno 1238. ist die Statt schwerlich mit Brand geschedigt/ darumb gebotten ward/ die Häuser fürthin nicht mehr mit Stroh/ sonder mit Zieglen zu decken. Anno 1356. alß das Rhathauß abgebrannt/ hat sich die Statt von den beschwerlichen vnd gewonlichen Tributen des Königs zu Dennmarck in seinem Reich dem gemeinen Kauffmann auffgelegt/ erzettet. In nachgehnden zeiten seind viel entpörungen entstanden/ besonder vnder Keyser Carlen dem 4. seind aber fürsichtiglich zerleit/ vnd die Hauptsächer sampt ihrem Anhang gebürlicher weiß gestrafft worden.

Anno 1408. hat sich ein schwere Empörung wider den Rhat erhebt/ durch anreitzung etlicher ehrgeitziger Männer/ die auch gern hoch dran weren gewesen. Sie macht ein solche vnruh in der Statt/ daß der mehrertheil Rhatsherren auß der Statt wichen/ vnnd ward ein newer Rhat gesetzt/ dareyn die Vrsächer solcher Auffruhr zu vorderst gesetzt worden. Solches böß Exempel fraß vmb sich/ daß die zu Hamburg/ Wißmar vnd Rostock/ zur selbigen zeit gleicher massen noch erger sich gegen ihrer Oberkeit erzeigten vnd hielten. Alß aber das Regiment zu Lübeck dardurch je lenger je böser ward/ ist der alt Rhat Anno 1416. mit hohen begierden vnnd nutz gemeiner Bürgerschaffe durch des Königs Sigmundi Legaten ehrlich wider eyngeführt vnd auch eyngesetzt worden/ vnnd hat diese Statt forthin vnder einer fridsamen vnd verstendigen Oberkeit in Reichthumb sehr zugenommen.

Alß König Hans zu Dennmarck Anno 1500. mit den Schwediern/ bey welchen die Königin gefangen lag/ Krieg geführt/ ist die Statt Lübeck von jm mit verdacht/ alß welche seine Feind heimlich sterckte beladen vnd verfolget worden/ welcher Zweytracht endtlich durch Raimundum ein Cardinal/ sampt Hertzog Friderichen zu Holstein/ des Königs Bruder/ vnd Hertzog Magnus zu Mechelburg vertragen vnd hingelegt ist worden.

Año 1506. haben die von Lübeck zu erhaltung vñ fürderung jhrer alten Privilegien vnd Gerechtigkeiten/ ein schweren Krieg mit den Fürsten von Mechelburg vnd jhren Bundsgnossen/ sonderlich Hertzog Heinrichen von Braunschweig/ vnd den Marggraffen zu Brandenburg/ nicht ohn mercklichen schaden geführt/ ist aber endtlich Anno 1508. zwischen beyden theilen verglichen vnnd entscheiden worden/ also daß ein jeder theil den erlittnen schaden dulden must/ doch ohne abbruch vnd vndertruckung deren von Lübeck alter Privilegien vnd Gerechtigkeiten. Desselben jars hat jhnen König Hans vber den stattlichen Vertrag Anno 1506. zu Nicopen auffgericht/ viel Schiff auffgehalten/ biß es endtlich kommen ist zu einer schädlichen Schlacht. Darnach hat sich der langwierig Krieg zwischen dem König in Dennmarck vnd der Statt Lübeck erhalten/ da die Lübecker Schwedien entsetzten im jar 1509. vnd vnder jhren Gewalt brachten/ vnd in der widerheimseglung durch Sturm vñ Vngewitter mechtigen schaden an Schiffen/ sonderlich mit einem grossen Schiff/ Balhorn genannt/ an Leuten vnd Gütern im Meere erlitten. Vnder dem seynd bey 20. Dörffer von den Dänen verbrennt/ daher die von Lübeck des volgenden jahrs mit ettlichen andern Stätten jhren Bundsgnossen/ alß Rostock/ Wißmar/ Sundt/ etc. dem König abgesagt/ zu Wasser vnnd zu Landt bekriegt/ vnd Schwedien viel Volcks abgeschossen/ Stätt belägert/ Inseln eyngenommen/ Dörffer geplündert vnd verbrennt/ vnnd die Schwedischen Herren in jhr Landt gebracht/ zu dem allem in nachfolgenden jahr an S. Lorentzen abendt ein gewaltige Schlacht vnder Bornholm mit des Königs Volck zu Wasser gehabt/ vnd den Sieg behalten/ auch nechst Montags darnach bey beyle zweyhundert vñ fünfftzig Feindschiff der Holänder eins theils in die Flucht gejagt/ eins theils genommen/ vnd etliche verbrennt. Vnd alß jhnen die Dänen solchen Raub mit 22. Schiffen abzujagen vnderstunden/ seind sie mit 11. Schiffen der Lübecker abermals in die Flucht geschlagen worden. Solcher vnglückseliger Krieg hat dem König vast weh gethan. Anno 1511. ist zu beyden seiten ein bestendiger Vertrag vnd Fried wider auffgericht/ vnd seind die von Lübeck bey jren alten Freyheiten vnd Gerechtigkeiten blieben. Nach dem aber König Hans mit todt abgieng/ vnd sein Sohn Christiern König ward/ hat er nicht allein mit Lübeck vnd andern Stätten/ vnangesehen daß jhn sein Vatter trewlich gewarnet vnnd vermahnet/ mit allen Stätten in der Nachbawrschafft des Reichs guten Frieden zu halten/ sonder auch mit seinen eignen Vndersessen vnfried angericht/ darinn er vast allenthalben eines Holändischen Weibs mit Nammen Sieburg/ anschleg/ Rhat vnd willen gefolget.

Ein schedlicher Schiffbruch.

Anno 1515.hat er auff der Reiſe vor Tramund ein Schwediſch Schiff von 120.Läſten mit Gewand/Harniſch vnd Saltz geladen/im Frieden laſſen nemmen vñ gen Coppenhagen führen/auch daſſelbig wider ſeine eigne zuſag den von Lübeck nicht widerumb zugeſtellt. Darnach im volgenden jahr hat er vnderſtanden allen Kauffhandel vnnd Niderlag gen Coppenhagen zu legen/ die Statt Lübeck ſampt andern Seeſtätten dardurch zuverderben. Item deſſelben jars hat er auch den letzten Krieg mit den Schweden angehaben/darvon die von Lübeck vnnd andere Seeſtätt nicht geringen nachtheil vnd ſchaden/fürnemblich von des Königs Oberſten Hauptmann Severin empfangen vnd erlitten haben. Auß ſolchen eyngrieffen vnd beſchwerungen jhrer allen vnnd gemeines Kauffmanns gerechtigkeiten im Reich Dennmarck/bey welchen ſie der König zubleiben laſſen/verſprochen/ſeind die von Lübeck ſampt andern Seeſtätten verurſacht/ſich gegen König Chriſtiernen zu verbinden vnd zu ſtercken/ haben jhn alſo im ein vnd zwenſtigſten jahr mit gewaltiger Schiffrüſtung/ des Reichs Schweden/ das ſeiner groſſen Tyranney halben angefallen/entſetzt/ vnnd im nechſtvolgenden jahr im Augſt das Schloß zu Bornholm erobert. Bald darnach iſt König Chriſtiern auß dem Reich Dennmarck mit ſeinem Gemahel in Niderlandt gezogen/vnnd da haben die Dänen bald Hertzog Friderichen zu Holſtein das Königreich angetragen/ welcher es auch angenommen/vnd im jar 1524.Coppenhagen belägert. Es haben auch die von Lübeck mitler zeit von jren Verwandten obgemelten Severin auß Gotland vertrieben/das gantz Landt vnnd die Statt Wießbüren mit gewalt eyngenommen/ vnd hat ſich im beſtimpten jahr Stockholm den zu Lübeck ergeben/vnd jhren Geſandten die Schlüſſel zur Statt vberantwortet/ welche darnach die Geſandten dem Guſtaff Erichs Sohn vbergeben/ der dardurch ein gewaltiger König ſeines Vatterlands Schweden durch hilff vnd fürderung deren von Lübeck worden iſt. Solcher Wolthat iſt die Statt darnach wenig gebeſſert/hat ſeiner auch nicht viel genoſſen.

Bugenhagii Bildnuß.

Anno 1530.vmb Petri vnd Pauli/hat die Gemein zu Lübeck bey einem erbaren Rhat erhalten/ das ſie vorhin mehr mal begert hatten/ die Religion zu verendern in der Kirchen vnnd dem gebrauch der Heyligen Sacramenten/ vnnd ſeind kurtz darnach die alten Ceremonien daſelbſt nider gelegt/ vnnd iſt ein Kirchenordnung durch Doctor Johann Bugenhagen geſtellt vnd publiciert. Es ſeind auch dazumal die zwey Clöſter/ nemblich das Burg Cloſter zu verſehung der Armen/ vnnd Sanct Catharinen zu gemeiner Schul angerichtet worden. Vnd wiewol deſſelben jars erſtmals ein Keyſerlich Mandat an die von Lübeck außgangen/dardurch jhnen gebotten von ſolcher newer Ordnung vnd Lehr abzuweichen/ vnd daß die vier vnd ſechtzig Männer zu volziehung vnd fürſehung ſolcher Ordnung von der Gemein mit nachgebung des Rhats/erwehlt/ wider abgeſetzt möchten werden/ ſeind ſie doch bey ihrem Fürnemmen blieben/ vnnd volgends jars ſich mit den jetzberürten 64.vnd auch den andern 100.Bürgern/ welche von der gantzen Gemein im Nammen derſelbigen in den obligenden Sachen mit dem Rhat zu handlen vnd zu ſchlieſſen geſetzt/ verglichen/ vereiniget/ vnd mit Handreichung beſtätiget/ vber der angenommen vnd vorgenannten Religion feſt zu halten/ vnd iſt ein beſtendiger Fried zwiſchen dem Rhat vnd der Gemein auffgericht vnd bekrefftigt worden.

Nach tödlichem abgang des Friedſamen König Friderichs Anno 1533.als die Holänder von jhrer vngewohnlichen Segellation durch den Grund der Statt Lübeck/ vnd anderer mehr Stätten zu nachtheil nicht abſtehn wolten/ haben die von Lübeck etliche Schiff wider die Holänder zugericht/ die auch glücklich widerumb heim kommen ſeind. Im andern jahr darnach iſt in gehaltner Tagleiſtung zu Hamburg ein Stillſtand vnnd Fried zu beyden theilen vier jahr lang beſchloſſen worden. Darnach vmb Pfingſten deſſelben jahrs/ als Graff Chriſtoffel von Aldenburg 40000. Knecht/ König Chriſtiern zu erledigen ohngewarnet vber die Elb geführt/ vnnd die Statt Lübeck vmb hilff angelangt/ haben beyde Burgermeiſter zu Lübeck heimlichen verſtand mit dem Graffen gehabt/ vnd deßhalb die begerte hilff vnd beyſtand geleiſtet/ vnd iſt dem Hertzog von Holſtein nicht eh abgeſagt/ dann nach gewaltiger Eroberung des Schloß Trittow vnd Othein. Sie ſeind darnach darnach in See and gefahren/ vnnd es gebrandtſchatzt/ die zu Coppenhagen haben jhnen die Statt vnd Schloß im nammen des gefangnen Königs Chiſtierni auffgeben. Die Holſteiner haben ſich eilends gerüſt/vnd Othein erſtlich/ darnach Tramund eyngenommen/ Molen belägert/ vnd im abzug ein Bruck vber die Trab gemacht/ vnnd vngewarneter ſach hinüber gezogen/ ſich mit denen von Lübeck geſchlagen vnd obgelegen/ darzu jhn ein Bram (iſt ein klein geladen Schiff)mit viel Schützen genommen/ vnnd 60.Mann darinn erſchlagen/ auch andere 8.Schiff bey Sulckow mit jrem Geſchütz erobert. Nicht lang darnach ſeind die von Lübeck mit dem Land zu Holſtein durch Geſandte der Wendiſchen Stätt vnd Hertzog Heinrichen zu Mechelburg vnderhandlung wider vertragen/ vnd alle ſachen wider zu gutem Frieden gericht worden. Bald darnach haben die 164.erwehlte Bürger jhr Ampt verlaſſen/vnd ſeind die alten Rhatsherren ſo darvor entſetzt waren/ vermög Statuts weyland von Hertzog Heinrichen dem Löwen zu Sachſen geben (nemblich daß alle jar der drittheil des Rhats abgethan/ vnd ein frey jar ſoll ſeyn)wider zum Rhat beruffen vnd eyngeſetzt/ vnd das gantz Regiment dem Rhat einträglich wider zugeſtellt worden. Mit-

Coppenhagen auffgeben.

Von Teutschlandt

ker zeit ist vorgemelter Graff von Aldenburg mit seinem Kriegsvolck vnnd Verwandten von dem Hertzogen zu Holtzstein Christian/kurtz zuvor erwehlten König zu Dennmarck geschlagen/vnnd zwen Graffen/einer von Hoya/vnd einer von Teckelnburg blieben/vnd seind der Lübecker Schiff (so daselbst gelegen) genommen worden.

Graff von Aldenburg wird erschlagen.

Im jahr 1536. seind die von Lübeck mit dem erwelten König zu Dennmarck in Tagleistung zu Hamburg vertragen worden/vnd alß demnach die von Lübeck solches Hertzog Albrechten zu Mechelburg vnd Graffen Christoffeln/auch jhren der Statt Kriegsvolck liessen verkünden/mit vermahnung/die Statt Coppenhagen dem König Christian auffzugeben/haben die doch solches nit annemmen wöllen/sonder die Statt in harter Belägerung auffs ensserst auffgehalten/vnd zu letst nach langer Belägerung auß höchster noth/Hunger vnd Kummer auffgeben müssen. In solcher Belägerung ist der ein Burgermeister von Lübeck/mit Nammen Marcus Maier/der sich selbs nach dem alten entsetzten Rhat/in das Ampt gedrungen hat/in dem Schloß Wartenberg/in den Schwedischen Grentzen/gefangen gelegen/vnnd in dem Königlichen Läger zu Coppenhagen zum todt verurtheilt/vnd darnach geviertheilt/mit sampt seinem Bruder vnd einem Dänischen Pfaffen auff das Rad gelegt worden. Deßgleichen Georg Wullenweber der ander eyngetrungen Burgermeister/alß er im selbigen jar im Stifft zu Bremen seinen eygnen Geschefften nachreiset/ist er von dem Bischoff zu Bremen gefangen vnd peinlich verhört/vnd darnach von Hertzog Heinrich zu Braunschweig zur Steine Bruck verwahrt/vnd im volgenden jar vor Wolffenbüttel geköpfft/geviertheilt vnd auff das Rad gelegt worden.

Coppenhagen eyngenommen.

Nach dieser zeit ist die Statt Lübeck in ruh vnd einigkeit durch gute Gottsförchtige Regierung eins erbaren Rhats in gutem Frieden gestanden/vnd wiewol jr durch jetzgerürte hefftige Auffruhr vnd Krieg/auch durch vielfaltige Schiffbruch vnd verlust Kauffgüter vnwiderbringlichen schaden in kurtz verschienen jaren zugefügt/hat sie doch Gott durch seine Gütigkeit vnd sonderlichen Segen mit Reichthumb vnd zierlichen Gütern widerumb versehen vnd gemehret/darumb sie sich auch noch in gemein Gott dem Herzen ståts danckbar erzeigt/demnach ein Erbarer Rhat ob seinen gnadenreichen vnd seligmachenden Wort gegen vielfaltigen abschreckungen vnerschrocken beharret/vnd dasselbig außzubreiten/vnd mechtig bey jhnen zu verkünden/viel gelehrter Männer vngespartes fleisses vnd kostens zu sich berüffen/vnd bißher in Ehren vnnd Wirden gehalten vnd gehandhabet/vnder welchen der Hochgelehrt Mann Doctor Hermannus Bonnus alß ein trewer Vorseher vnd Superattendent derselbigen Kirchen die Heylig Geschrifft offentlich außgelegt/vnd ist nicht zu verhalten daß diese kurtze History der Statt Lübeck zu gutem theil auß seinem Büchlein/daß er auß allerley Chronicken/auch besonderlich Historien derselben Statt zusammen gebracht/vnd in Truck lassen außgehn/auffs kürtzest begriffen.

Meydenburg. Cap. ccccvij.

Die Statt Lüneburg nach jhrer G

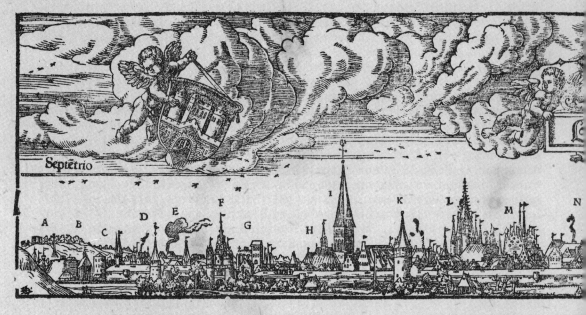

Erklärung etlicher fü

- A Die groß Paßey
- B S. Anthonius
- C Saltzmeister Thurn
- D Der Krämer Thurn
- E Ziegel Hütt
- F Ordwicker Thor
- G S. Niclaus
- H Der Heyligen Thal
- J S. Johans die Hauptkirch
- K Goldschmide Thurn
- L Das Rhathauß
- M Des Fürsten Hauß

Die Statt Lübeck / eine auß den fürnem

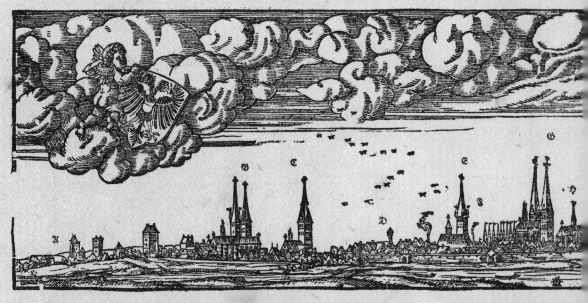

Erklärung etlicher für

- A Porta obstructa, Am Zgem
- B Cathedralis Ecclesia, Der Thumb
- C S. Otilia
- D S. Johann
- E S. Peter
- F Prætori
- G B. Virgo
- H S. Catha

...heit auff das aller fleissigst contrafehtet.

1197

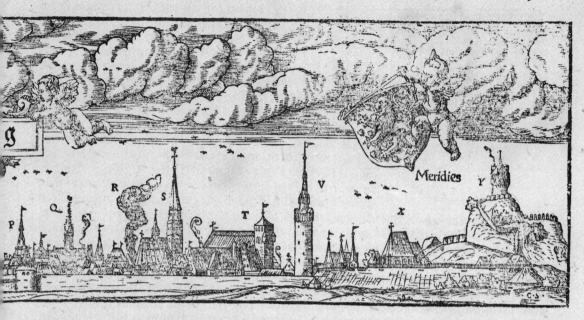

...erter dieser Statt.

		R	Die Sultz da man Saltz siedet	X	S. Ciriacus
	S. Gerhard	S	S. Lampertus	Y	Kalchberg
	Unser Frawen	T	S. Michels Closter		
	der Gefangnen Thurn	V	Thurn Spring ins Gut		
	der Krancken Hauß				

...tätten am Meere gelegen/ contrafehtet.

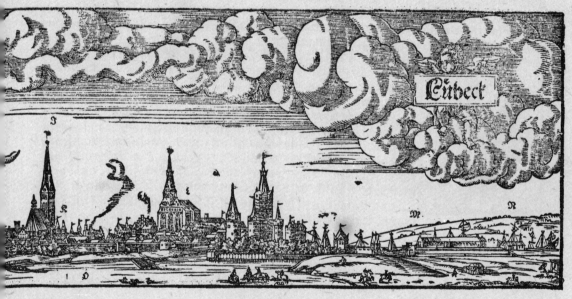

...er der Statt Lübeck.

I	S. Jacob	M	Hospitale vlcerosorum, Blatterhauß
K	S. Spiritus, zum Heyligen Geist	N	Trab fl.
L	Burgum	O	Wagnitz fl.

XXX v   Meyden,

Das fünffte Buch

Eydenburg ist ein alte Statt/ gelegen an der Elb/ von der ich hievornen gesagt hab/ warumb sie also genennt ist worden. Vnd nach dem die vngläubigen Wenden vorzeiten sie gar verwüstet hatten/ hat sie der Groß Keyser Ott vñ sein Gemahel Edith Königin von Engelland/ Anno Christi 949. wider auffgericht/ gefreyet vnd begnadet/ vnd das Bisthumb von Vallersleve dahin gelegt/ vnnd zu einem Ertzbisthumb gemacht. Vnd alß er das vnderstund/ war ein Bischoff zu Halberstatt mit Nammen Bernhard/ der legt sich wider den Keyser vnd verbotes jhm: dann die Statt war vnder seinem Bisthumb. Das verdroß den Keyser/ dieweil die Statt von Vätterlichem Erb sein war/ vñ ließ den Bischoff fahen/ vnd zu Quendelburg in Kercker legt/ da blieb der Bischoff mit gedult ein zeitlang/ ob vieleicht der Keyser sich eins bessern bedencken würd/ vnd jhn wider auß der Gefengnuß lassen. In dem kam herzu der Abend des Nachtmals Christi/ da gedacht der Bischoff an sein Dienstbarkeit die er in der Kirchen solt vollbringen/ vnd ließ jhm heilige Kleyder auß der Kirchen bringen/ alß er sie angelegt hat/ begert er daß man den Keyser zu jm berüfft/ das geschahe nun/ der Keyser meynt der Bischoff würd sich verwilligen zu der fürgenommen Sachen: aber der Bischoff hub auff sein Hand vnd thet den Keyser in Bann/ darumb/ daß er heet Hand angelegt/ an den Gesalbten des Herren/ vnd gebote darzu durch das gantz Bisthumb/ daß man kein Kirchen Ampt solt halten. Da fieng der Keyser an zulachen/ meynt er were von Sinnen kommen/ daß er ein solches vnderstund in der Gefengknuß. Aber darnach da er jhm weiter nachgedacht/ wolter den Sententz des Hirten nicht verachten/ sonder hieß den Bischoff ledig auß der Gefengnuß machen/ vnd schickt jn widerumb heim in sein Kirch/ vñ blieb das Fürnemmen des Keysers vnderwegen/ dieweil der Bischoff lebt. Aber nach seinem todt exequiert der Keyser mit verwilligung des Bapsts/ das er vorhin hat angefangen. Im jar 1270. fiel zu Meydenburg ein Jud am Sambstag in ein Sprachhauß/ vnd alß kein Jud jhm denselbigen tag herauß helffen wolt/ darmit der Sabbath am feyren nicht gebrochen würd/ must der arm Judd den gantzen tag im gestanck stecken. Da das geschrey für den Bischoff kam/ gebote er den Jüden bey grosser Straff/ daß sie den nachgehenden Sontag auch feyrten/ gleich wie sie den Sabbath hatten gefeyrt/ vnd also must der ellend Mensch zwen tag im Wust sitzen.

Meydenburgische belägerung.

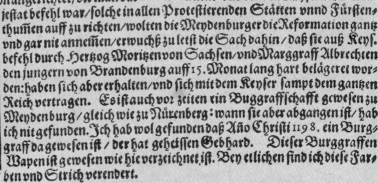

Anno 1547. Alß Carolus der 5. Römisch Keyser mit einem grossen Zeug zu Roß vnd zu Fuß in Teutschland kam/ ward alßbald im nechsten jar ein Reichstag zu Augspurg gehalten/ vnd ein newe Reformation der Religion angerichtet/ die man das Interim nennt/ vnd dieweil Keyserlicher Majestat befehl war/ solche in allen Protestierenden Stätten vnnd Fürstenthumen auff zu richten/ wolten die Meydenburger die Reformation gantz vnd gar nit annemen/ erwuchs zu letst die Sach dahin/ daß sie auß Keys. befehl durch Hertzog Moritzen von Sachsen/ vnd Marggraff Albrechten den jungern von Brandenburg auff 15. Monat lang hart belägeret worden: haben sich aber erhalten/ vnd sich mit dem Keyser sampt dem gantzen Reich vertragen. Es ist auch vor zeiten ein Buggraffschafft gewesen zu Meydenburg/ gleich wie zu Nürenberg: wann sie aber abgangen ist/ hab ich nit gefunden. Ich hab wol gefunden daß Año Christi 1198. ein Burggraff da gewesen ist/ der hat geheissen Gebhard. Dieser Burggraffen Wapen ist gewesen wie hie verzeichnet ist. Bey etlichen find ich diese Farben vnd Strich verendert.

Burggraffschafft zu Meydenburg.

Quendelburg.

Nicht weit von Magdenburg in Sachsen ligt Quendelburg oder Quedelburg/ ist mit sampt dem Closter daselbst von Keyser Heinrich dem Vogler erbawen worden/ da er auch gestorben vnd begraben ligt.

Quendelburg.

Von der Statt Oldenburg oder Aldenburg in Sachsen/ sampt jhrer abcontrafactur. Cap. ccccviij.

Die solt du wissen daß zwey Oldenburg seind: eins in Holsatz/ da vor zeiten ein Bisthumb gewesen ist: das ander in Frießlandt bey Bremen/ da die Edlen Graffen von Oldenburg ihre Wohnung gehabt/ von welchen die jetzigen Hertzogen von Holsatz/ vnnd die König von Dennmarck ihren Vrsprung genommen/ wie die nachvolgende Geburtlinj außweist. Otto der erst König des Nammens/ hat zu Aldenburg der fürnemesten Statt der Wagrien auffgericht ein Bischoffliche Kirch/

Von Teutschland.

Kirch/ vnd macht da zum ersten Bischoff denselbigen Marconem. In diesem Holsatzischen Alden- *Wandalen* burg haben vor zeiten gewohnet die Wenden oder Wandalen/ die seind so mutig gewesen/ daß sie *wo sie ge-* dem König auß Dennmarck dorfften ein Krieg anbieten. Es ist die Statt vor zeiten am Meere ge- *wohnet.* legen/ vnd hat ein gut Port gehabt/ ist aber jetz zu vnsern zeiten weit vom Meere gewichen: dann das Meere weicht an einem ort vom Land/ vnd am andern frist es ins Land/ daher kompts daß ein Statt vom Meere geht/ die ander geht darzu. Also ist Aldenburg auch geschehen/ alßbald sie vom Meere kommen/ ist sie verdorben/ vnd zu einem Dorff worden. Dann es steht vmb die Stätt gleich wie vmb die Menschen/ wie ein Mensch heut abgeht/ der ander morgen/ also steigen die Stätt auff vnnd ab. Wan das stündlein vñ dz Vrtheil Gottes hie ist/ so muß der Mensch oder ein Statt zugrund gehn.

ALDENBVRG.

Es hat vorzeiten Gotschalcus ein grosser Tyrann wider die Christen geherrschet in dieser Statt/ *Gotschal-* ward aber nachmals ein Gottseliger Mensch/ bracht viel Vngläubige zum Heyligen Tauff. Er *cus ein Ty-* ward also ein frommer Fürst/ daß er seinen Vnderthanen offt das Euangelium Christi prediget/ *rann.* vnd hielt mit gewalt an der Christlichen Religion. Nach Bischoff Marcon kamen Eguardus/ Wago/ Ezico/ Volcardus/ Reubertus/ Benno/ Meinerus/ Adelmus vnd Enzo/ zu welches zeiten das Aldenburgisch Bißthumb also weit vmb sich griff vnd reicht/ daß man drey Bißthumb darauß macht. Eins heist das Ratzenburgisch Bißthumb: das ander das Mechelburger/ auß welchem nach- mals ein Hertzogthumb ward: aber sein Bißthumb ward gelegt gen Swerin. Es war zu denselbigen zeiten Mechelburg ein groß Dorff/ 2000. Schritt lang/ vnd hett drey Schlösser/ zwey an den ör- tern vnd eins in der mitte. Vnder Keyser Heinrichen dem dritten/ vnd vnder dem Ertzbischoff von Hamburg Albrechten/ alß Gotschalcus Fürst im Landt war/ ist ein Fundament gelegt worden der zweyen Kirchen Swerin vnnd Ratzenburg/ darzu etwas kommen ist von dem weit außgespreiten Bißthumb Aldenburg/ so jetzung zu Lübeck/ vnd das kleiner ist/ vnd seind die Töchter vber die Mut- ter gestiegen. Das Aldenburger Bißtumb/ so die Wandalen Stargard nennen/ hat zwölff Bi- schöff gehabt/ vnnd nach dem es acht vnd viertzig jahr darnach durch die Vngläubigen abgetilckt ward/ kam es darnach gen Lübeck. Das ander Aldenburg so in Frießland ligt/ ist ein mechtige Graf- schafft/ vnd hat viel Flecken vnd Schlösser/ vnder welchen die Fürnemesten seind Appen/ Obet gund/ Westerburg/ ꝛc.

Geburtliny der Graffen von Schawenburg/
Aldenburg vnd Holsatz.

In dieser Geburtliny fahe ich an von dem Edlen vnd Strengen Ritter Adolphen von Salings- leue/ der vnder Keyser Conraden dem 2. zu einem Graffen ward erhöcht.

Adolphus

Das fünffte Buch

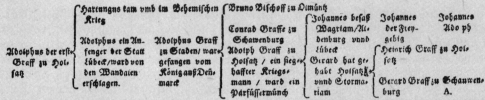

Daß hie angezeigt wirdt/ wie Graff Johann ein Vränckel Graff Adolphen des ersten Graffen zu Holsatz hab inngehabt Wagriam/ Aldenburg vnd Lübeck/ das soll verstanden werden von dem Aldenburg so in Holsatz ligt: dann hie vnden wird angezeigt/ daß die Graffschafft Holsatz sey durch ein Weib kommen an die Graffen von Aldenburg.

Gerardus der erst Hertzog/ ward Hertzog zu Schleßwick/ alß sein Bruder Albrecht gestarb/ vnd ein Fürst der Graffschafft Holsatz. Aber die Dietmarssen lieffen zusammen/ erschlugen jhn sampt vielen Edlen Anno 1405. Dann er beschwert sie gar zu viel. Es war darvor Anno Christi 1320. vnder der Graffen Gerarden dieses Anherren auch ein solcher Aufflauff vnd Schlacht fürgangen.

Stambaum der heutigen Königen in Dennmarck/ Hertzogen in Holstein/ vnd der Graffen von Oldenburg.

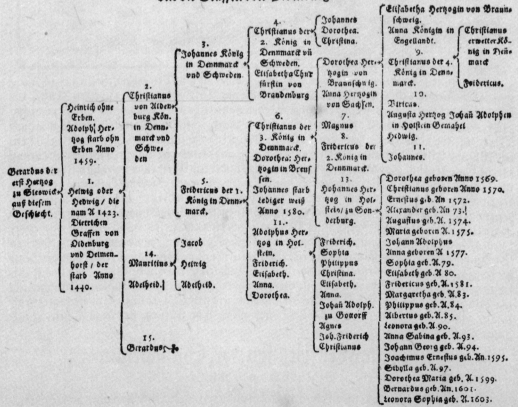

Von Teutschlandt.

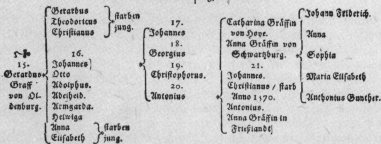

1. Theodoricus der Glückhafftig genannt Graff von Oldenburg vnnd Delmenhorst/ von welchem die König in Dennmarck/ die Hertzogen in Holstein/ vnd die heutigen Graffen von Oldenburg herkommen/ hatte seinen Vrsprung von Widekindo König in Sachsen/ mit welchem Carolus Magnus viel zu thun hatte. Walbertus Hertzog von Engren vnd Westphalen/ soll Oldenburg gebawen haben/ starb Anno Christi 856. Otto Graff von Oldenburg/ hat Anno 1247. an den fluß Delma/ das Schloß Delmenhorst gebawen.

2. Christianus ist durch vorschub Adolphi seiner Mutter Bruder/ bey wilchem er erzogen/ König in Dennmarck worden/ vnd nach absterben Adolphi wie gesagt auch in Holstein succedirt/ welches Keys. Friderich Anno 1474. zu einem Hertzogthumb gemacht. Anno 1462. ward er auch König in Schweden/ starb Anno 1482. Sein Gemahel war Dorothea Marggräffin von Brandenburg/ König Christophel seines vorfahren Witwen.

3. Johannes König in Dennmarck vnnd Schweden/ hat mit den Dietmarsen vnd Schweden vnglückhafftige Krieg geführt/ starb Anno 1513. sein Gemahel war Christina Churfürst Ernsten von Sachsen Tochter.

4. Christianus der 2. König in Dennmarck vnd Schweden/ ist wegen seiner Tyranney auß beyden Königreichen vertrieben worden. Nach dem er sich aber 10. jar hernach mit einem Heer auß Niderlandt gegen Dennmarck auffgemacht/ ward er Anno 1532. gefangen/ vnd naher Calenberg gelegt/ da er gestorben Anno 1559. sein Gemahel war Isabella Keyser Caroli des 5. Schwester/ die gebar jhm Johannem/ der starb bey Keyser Carolo Anno 1532. an dem Tag/ wie man schreibt/ sein Vatter auff dem Meer gefangen ward. Dorotheam die nam Anno 1532. Churfürst Friderich von Heydelberg/ vnnd Christianam die hatte den 1. Franciscum Sforzam den letzten Hertzogen von Meylandt/ vnd hernach Franciscum Hertzog von Lothringen.

5. Fridericus ward von seinem Bruder/ wider jhres Vattern Testament aller güter beraubt/ nach dem aber Christianus der 2. vertrieben/ ward er an seiner Statt König in Denmarck/ vnd bekam auch die vbrigen Landt/ starb Anno 1539. seine Gemahel waren/ die 1. Anna Churfürst Johañ von Brandenburg Tochter/ von deren er hatte Christianum den 3. vnnd Dorotheam/ die 2. Sophiam Hertzogin in Pomern/ die gebar jhm die vbrigen Kinder.

6. Christianus der 3. König in Dennm. hielt seinen Vettern Christianum den 2. gefangen/ hat Hafniam erobert: starb An. 1559. sein Gem. war Anna Hertzogin von Sachsen Lawenburg.

7. Magnus Bischoff zu Orpaten in Lifflandt: sein Gemahel war Großhertzogin auß der Moscaw/ starb ohne Kinder Anno 1580.

8. Fridericus der 2. König in Dennmarck ist geboren Anno 1536. hat Cronenburg die mechtige/ vnd verrümbte Vestung/ so man den Zont nennt gebawen. Welche dem Königreich ein mechtiges eyngetragen. Anno 1559. hat er die Freyen Dietmarsen gantz bezwungen/ starb Anno 1588. sein gemahel war Elisabeth Hertzogin von Mechelburg.

9. Christianus der 4. König in Dennmarck ist geboren Anno 1577. gekrönt Anno 1596. sein Gemahel Anna Catharina/ Churfürst Johann Friderichen von Brandenburg Tochter/ die starb Anno 1612. von deren geboren Christianus/ ward Anno 1625. alß sein Vatter in Teutschland zog/ zu einem König erwehlt/ vnd Fridericus.

10. Vlricus ist geboren Anno 1578. Hertzog zu Holstein vnd Administrator zu Suerin.

11. Johañes geboren 1583. ward Verlobt mit Borisy des Großhertzogen in der Moscaw Tochter/ starb aber vor dem Beyläger/ Anno 1602.

12. Adolphus/ ist geboren Anno 1526. Hertzog in Holstein/ starb Anno 1586. sein Gemahel Cristina/ Landtgraff Philippi in Hessen Tochter/ die gebar jhme/ Fridericum geboren Anno 1568. starb Anno 1587. Sophiam geboren Anno 1569. Philippum geboren Anno 1570. starb Anno 90. Christinam geboren Anno 1573. die nam Anno 92. Carolus Hertzogin Schweden vnd Finlandt. Elisabetham g. boren Anno 1574. starb Anno 87. Annam vnnd Johannem Adolphum Zwilling/ geboren Anno 1575. dieser war Ertzbischoff zu Bremen Anno 1585. wont auff Gottorff/ sein Gemahel Augusta/ seines Vittern Friderici des 2. Königs Tochter. Agnetam geboren An. 1570. Johann Fridericum erwelter Bischoff zu Bremen vnd Lübeck/ Christianum geboren Anno 1576. starb bald.

13. Johannes der jünger Hertzog zu Holstein geboren Anno 1545. zu Sonderburg/hatte 2. Gemahel. Sein erst Gemahel war Elisabetha Hertzogin von Braunschweig vnd Grubenhagen/die starb Anno 1586. die gebar jhm Dorotheam/Hertzog Friderichen von Lignitz Gemahel. Christianum/Ernestum/Augustum/diese zwen sein geblieben in der Schlacht vor Eger mit dem Türcken/ Anno 1596. Alexandrum/dessen Gemahel Dorothea ein Gräffin von Schwartzenburg/von deren Vlricus Administrator des Stiffts Suerin. Mariam/Johan Adolphum Bischoff zu Lübeck/ Annam/Sophiam/Elisabetham/Fridericum/Margaritham/deren Gemahel Johann Graff von Nassaw Sarbruck/Philippum/Albertum.

Die ander Gemahel Johañis war Agnes Hedwig/Fürstin von Anhalt/Churfürstliche Sächsische Wittib/die starb Anno 1616. nach dem sie geboren Leonoram/Annam Sabinam/Johañem Georgium/starb zu Tübingen Anno 1613. Joach. Ernestum/Sibyllam/Dorotheam Mariam/ Bernardum vnd Leonoram Sophiam/ zusammen 22. Hertzen vnd Fräwlein.

14. Mauritius Graff von Oldenburg/sein Gemahel Catharina Gräffin von Hoye/die gebar Jacobum/H:lwig vnd Adelheid/welche jhrer Erbschafft beraubt worden.

15. Gerardus Graff von Oldenburg/hat von seinem Bruder Christiano 40000. Gulden bekommen/vnnd Holstein abgetretten Anno 1467. starb in Franckreich Anno 1500. sein Gemahel war Adelheidis Gräffin von Tecklenburg.

16. Johannes starb Anno 1526. sein Gem. war Anna Fürstin von Anhalt.

17. Johannes hat auß gewissen vrsachen die Regierung seinen Brüdern abgetretten/starb Anno 1529.

18. Georgius/hat fleissig die Heylig Schrifft studiert/vnd die gantze Bibel mit eigner Hand geschrieben.

19. Christophorus ein Thumbherr/ein sonderlicher liebhaber gelerter Leuthen/hat sich in dem Teutschen Krieg zu den Protestanten gehalten/ist in der Schlacht zu Siuershusen gewesen/vnd sich hernach zu Marggraff Albrechten von Brandenburg gemacht/starb An. 1553. lediger weiß.

20. Antonius Graff zu Oldenburg hat die Landt regiert/nach dem sie Johannes sein Bruder abgetretten/starb An. 1573. sein Gemahel war Sophia Hertzogin von Sachsen Lawenburg.

21. Johannes Graff von Oldenburg vnd Delmenhorst/Herr zu Jheuer/Rustringen/Vistringen vnd Wangerland/welche Landt jhme vbergeben worden von Maria Gräffin von Jheueren/ vnd jhm die Vnderthanen schweren lassen Anno 1575. Dann jr Mutter Helwig war ein Gräfin von Oldenburg/sein Gemahel Elisabeth Gräffin von Schwartzenburg.

Anno Christi 1459. alß Hertzog Adolph von Schleßwig ohn Erben abgieng/zanckten vmb das Hertzogthumb König Christiernus/Hertzog Adolphi Schwester Sohn/vnnd Graff Ott von Schwartzenburg. Es war dieser Graff Ott in einem Grad ferrer dann Christiernus/aber er war in der Männlichen Liny/darumb meynt er/er solt vorgehn. Da fuhren die Landtherren in Holsatz zu/vnd erwehlten Christianum oder Christiernum/der König in Dennmarck war/zum Graffen vnd Hertzogen vber Holsatz/vnd gaben ein groß Gelt Graff Otten/damit er seines Anspruchs still stund/vnd darzu verwilliget sich auch der Bischoff von Lübeck/der auß Keyserlicher Gab Gewalt hatt/alß ein rechter Lehenherr diese Graffschafft zu verleihen. Also kam diese Graffschafft an den König. Aber das Hertzogthumb war dazumal schon eyngeleibt der Kron Dennmarck/darnach die König so lange zeit hatten gestrebt. Da kam es wider darzu daß durch viel Kinder vnd nach des Königs todt die Graffschafft Holsatz vnd auch das Hertzogthumb Schleßwig wider zertheilt wurden vnd der Kron entzogen.

Wie der Thurnier in Sachsen vor zeiten erstanden ist. Cap. cccciv.

Von Teutschlandt. 1203

Vmb die zeit alß man zahlt nach Christi geburt 934. Jar/ da Hertzog Heinrich von Sachsen der erst des nammens Röm. König/ vnd zum Reich erwehlt worden von den Fürsten vnd Edlen Teutscher Nation/ ist geschehen daß die Sachsen sehr genötiget wurden von den Vngläubigen/ nemblich von den Wenden/ Sclaven/ Reussen/ Gothen vnd Obotritten/ darumb vermahnet Keyser Heinrich alle Fürsten/ Hertzen vnd Stend des Reichs/ vmb gemeinen Nutzes willen/ jm hilff zu thun wider solche Feind der Christgläubigen. Auff das haben sich gerüst all Fürsten des Reichs mit jrem Adel/ besonder der Pfaltzgrff am Rhein/ der Hertzog von Schwaben/ der Hertzog von Francken vn der Hertz. von Bayern. Mit Pfaltzgraff Conraden/ alß mit dem Obersten Hauptman des Rheinstroms/ zogen Hertzog Eberhard von dem Elsaß/ der Hertzog von Lothringen vnnd Limburg/ die Graffen von Leiningen/ von Spanheim/ von Zweybrucken/ von Sein/ von Veldentz/ von Katzenelnbogen/ von Solms von Hanaw/ von Sarwerden/ von Kyburg/ ꝛc. Vnd vnder dem Fehnlein Hertzog Hermans zu Schwaben zogen der Hertzog von Braband/ der Hertzog von Burgund/ der Hertzog von Crabaten/ der Graff von Holand/ der Graff von Mümpelgart/ der Marggraff von Gülch: item der Graff von Helffenstein/ von Veringen/ von Justingen/ von Pfirt/ von Vrach/ von Vedkirch/ von Acheln/ von Hertzenberg/ von Grüningen ꝛc. Vnd mit dem Hertz. von Bayern kamen seine Vnderthanen vnd Nachbawrschafft/ alß der Hertzog von Behem/ der Marggraf von Oestereich/ der Marggraff von Märhern/ der Marggraff von Istereich/ der Graf von Schiern/ der Graff von Voitlandt/ der Graff von Zollern/ der Graff von Thübingen/ ꝛc. Vnd mit Hertzog Conraden von Francken kamen die Graffen von Wertheim/ Rheineck/ Hohenloh/ Pfawenburg/ Schlüsselberg/ Nürenberg/ Castel/ Freyburg/ Nassaw/ ꝛc. Vnd vnder des Keysers Zeug waren der Hertzog auß der Schlesy/ der Hertzog auß Westphalen/ der Hertzog von Engern/ der Fürst von Pomern/ der Pfaltzgraff in Sachsen/ Burggraff von Meydenburg/ Pfaltzgraf von Thüringen/ der Graff von Dorgöw/ der Graff von Rötel/ der Graff von Eberstein/ der Graff von Isenburg/ der Graff von Habspurg. Es kam auch zu der Graff von Rheinfelden mit 50. Pferden/ vnnd der Graff von Fürstenberg mit 60. Pferden. Ich hab hieher wöllen verzeichnen die 4. Landsfürsten mit jhrer Ritterschafft/ daß du sehest wie mechtig vor 500. jaren das Teutschlandt am Adel gewesen ist. Daß aber etliche hie angezogen werden für Hertzogen/ vnd die andern desselbigen Geschlechts für Graffen/ acht ich es sey darumb geschehen/ daß man vnderscheid hett vnder dem Landtsfürsten vnd seinen Brüdern. Dann es sind dazumal nit viel Hertzogen/ aber trefflich viel Grafen gewesen/ vnd dieselbigen ohn Erben abgestorben/ sind auß viel Grafschafften ein Hertzogthumb worden/ das magst du wol erkennen bey dem Hertzogthumb Wirtenberg. Dann es sind in diesem Zug Grafen gewesen von Acheln/ von Veringen/ von Hertzenberg/ von Vrach/ von Grüningen vnnd von Kalw/ ꝛc. deren keiner mehr vorhanden ist/ sonder alle gefast in ein Hertzogthum Wirtenberg. Also ist es gangen mit den Graffschafften Veldentz/ Zweybrucken/ Spanheim/ ꝛc.

Da nun dieser groß Christenlich Zeug wider die Vngläubigen mit grosser Macht zog/ vnd den Sieg wider sie behielten/ wolt König Heinrich dem versamleten Adel ein frölich Ergetzung machen/ vnd zurichten ein Ritterspiel. Dann es behertziget jhn daß der Adel bey seiner zeit in den Stetten gesessen/ vnnd sich vielleicht Burgerlicher Handtierung gebraucht/ nicht Adelich leben möcht/ vnd sich befleissen löblicher vnnd ehrlicher Thaten/ darumb schrieb er jhnen für ettliche Artickel/ denen sie nach solten leben/ vnd wo einer denen nicht nachkäme/ solt er in einem offentlichen Thurnier gestrafft werden. Der Artickeln waren zwölff/ die der König sampt andern Landtfürsten setzt. Der König satzt den 1. Artickel also lautendt: Welcher vom Adel reden oder thun wurde wider den Heyligen Glauben/ der solt nicht in Thurnier gelassen werden. Wolt aber ein solcher in Thurnier reiten in meynung zu geniessen seiner Vorfahren/ der solt im Thurnier geschlagen werden vnd offentlich geschendt. Den 2. Artickel satzt Pfaltzgraff Conrad: Welcher vom Adel geboren/ thut wider das Heylig Römisch Reich/ oder wider Keyserliche Majestat/ der soll in offenem Thurnier vor jederman gestrafft vnnd geschlagen werden. Den 3. satzt der Hertzog von Francken: Welcher vom Adel geboren/ seinen eignen Herren verrieth oder Feldflüchtig von jhm wurd/ oder in andere weg ohn noth ein Feldflucht mächt/ auch seine Bürgen vnverschuldt vnnd ohn recht vmbbrächt/ der soll gestrafft werden. Den 4. satzt der Hertzog von Schwaben: Welcher vom Adel geboren/ Frawen vnnd Jungfrawen entehrt vnnd schwecht/ oder dieselbige schmecht mit Worten oder Wercken/ der soll in offnem Thurnier gestrafft werden. Den 5. setzt der Hertzog von Bayern: Welcher vom Adel geboren Siegelbrüchig/ Meineydig/ Ehrloß erkannt/ oder gescholten/ oder darfür gehalten würd/ der solt in kein Thurnier gelassen werden: käm er aber/ solt er gestrafft werden. Darnach satzten die vier Thurnier Vögt/ vnnd die Räht des Thurniers diese vier Artickel. Der 6. in der Ordnung: Welcher vom Adel sein Betthgnossen heimlich oder offentlich vmbbrächt/ auch rhat vnd that darzu geb/ daß sein eigner Hertz ermördt oder zu todt geschlagen würd/ mit demselbigen solt man nicht Thurnieren/ ꝛc. Der 7. Welcher vom Adel Kirchen/ Clöster/ Witwen oder Waysen beraubt/ auch jhnen das jhr gewaltiglich vorhielt/ so man doch dieselbigen schützen vnd schirmen sölt/ der soll gestrafft werden. Der 8. Welcher vom Adel einem andern feind ist oder wirt/ ohn redliche forderung vnd anspruch/ oder solche

Recht

1204 Das fünffte Buch

IX. Recht nicht nach Kriegsordnung gebrauchen wirt/ ein theil dem andern brennt oder beschedigt/ besonder an Früchten/ Wein vnd Getreid/ damit der gemein Nutz gehindert werd: welcher auch für ein offnen Strassenreuber verrüfft were/ der soll gestrafft werden. Der 9. Welcher vom Adel im Reich Newerung vnd Beschwerung machen wolte/ mit weiter Auffsatzung dan vorhin der gemein Landtsbrauch vnd herkommen were/ es sey in Fürstenthummen/ Herrschafften/ Stätten/ oder andern Gebieten/ zu Wasser oder Landt/ ohn des Röm. Keysers Gunst oder Wissen/ in welcher weiß das were/ dardurch der Kauffmann die Straß nit brauchen möcht/ auch die anstossenden Länder sampt jren Eynwohnern vn Hindersessen beschedigt wurden an Nahrung/ Leib oder Gut/ der soll

X. im Thurnier gestrafft werden. Der 10. Welcher vom Adel geboren für ein Ehebrecher offentlich erkant wird/ Frawen oder Jungfrawen offentlich schendt/ der soll im Thurnier gestrafft werden.

XI. Die 2. letzten sétzt des Keys. Secretarius Meister Philipps/ vnnd lautet der 11. also: Welcher vom Adel geboren/ seinen Stand nit Adelich halt/ vnd sich von Rennten vnd Gülten/ die jm sein Erblehen/ Dienstlehen/ Rhatgelt/ Herrensold oder Eigenthumb/ jährlich ertragen/ nit betragen mag/ sonder mit Kauffmannschatz/ Wechßlen/ Fürkauffen vnd dergleichen Sachen/ oder sein Eynkommen mehren wolt/ dardurch sein Adel geschmecht oder veracht wurd/ wo er auch seint Hindersessen vnd Anstössen das Brot vor dem Mund abschneiden wolt/ vnnd er vber solche ding eynreiten wolt

XII. vnd Thurnieren/ der soll gestrafft werden. Der 12. Welcher wolt Thurnieren/ der nit von seinen Eltern Edel geboren were/ vnd das von seinen vier Anherren nit beweisen köndt/ der mag mit Recht dieser Thurnier keinen besuchen. So einer etwas verwirckt hett wider die 12. Artickel/ vnd wolt einer seiner Freunden für jn geschlagen werden/ solt der Herold das anzeigen/ auff daß er dester gnedigergehalten würd. Ob aber einer der straffbar were/ selbst Thurnieren wolt/ das gibt man zu/ doch verkündet man jhm die Straff vorhin. Vnd ob ein solcher außblieb/ soll er gefordert werden zum andern vnd zum dritten Thurnier. Item so einer vom Adel zu der Ehe hett genommen ein Burgerin oder Bewrin/ der möcht nicht Thurnieren biß ins dritt Geschlecht.

Wo vnd wann die Thurnier alle gehalten sind. Cap. ccccv.

A. Der erste Thurnier.

Anno Christi 938. ist der erst Thurnier gehalten worden zu Meydenburg/ vn ward da keiner gestrafft sonder alle Straff auff weiter verbrechen oder vbertrettung der Artickeln gestellt. Es hett den Kays. Heinrichen nichts anders zu diesem Ritterspiel bewegt/ dann daß er dem Adel/ sich tugentsamer Werck zu gebrauchen/ seines besten vermögens anzuweisen hett vnderstanden/ vnd darumb/ damit der Verbrecher gestraft vnd der Gut vnderschiedlich erkannt würde/ den Thurnier angestellt. Dann die Straf vnd das Lob behalten den Adel in Wirds lang werende.

Vnd waren dieses ersten Thurniers
Vögte
¶ In Schwaben:
Carl Herr zu Hohenhewen.
¶ Am Rheinstrom:
Maynolff Herr zu Erbach.
¶ In Bäyern:
Georg Herr zu Wolffartshausen.
¶ In Francken:
Ernst zu Ernbach Ritter.
Es liesse ein Römischer Keyser zu der Schaw vnd Helmtheilung aufftragen mit 390. Helmen/ vnder denen waren eylff Fürsten.
Gotschalck Hertzog zu Holand
Barium Fürst zu Pomern vn der Wende
Arnold Pfaltzgraff zu Sachsen
Johann Pfaltzgraff zu Thüringen
Otto Fürst vnd Graff zu Ascanien
Bilmar Fürst zu Reyssen
Pollislaw Fürst zu Delmantz
Reinher Graff zu Thüringen
Otto Marggraff zu Staden
Fridrich Burggraff zu Meydenburg
Theodo Fürst vnd Graff zu Neiten.
Es trugen auch mit einem Römischer Keyser auff 28. Graffen / mit Nammen:
Vlrich Graff zu Aldenburg
Philips Graff zu Valoys
Reinher Graff zu Harzacort
Gunther Graff zu Schwartzenburg
Ernst Graff zu Weissenfelß
Sigmund Graff zu Gleichen
Johann Buggraff zu Leißneck
Ernst Graff zu Woldeburg
Bruno Graff zu Eberßperg
Erich Graff zu Pein
Wilhelm Graff zu Arnßhag
Fridrich Graff zu Wunßdorff
Wilhelm Graf zu Ussen
Wilhelm Graf zu Luwenrode
Dietrich Graf zu Rochlitz
Heinrich Graf zu Bemundt
Sigmund Graf zu Allanson
Heinrich Graf zu Brenn
Johann Graf zu Leißnecken
Rudolph Rauggraf zu Cassel
Wilhelm Graf zu Greutzich
Ludwig Graf zu Eberstein
Johann Graf zu Enßenburg
Ruprecht Graf zu Nettel
Heinrich Graf zu der Winsenburg
Andre Graf zu der Lobbiburg
Philips Graf zu Nörlingen
Wernher Graf zu Ployssigk mit andern mehr Herren/ Rittern vnd Knechten.
Darnach ließ ein Pfaltzgraff bey Rhein aufftragen zu der Schaw vnd Helmtheylung mit 84. Helmen/ darunder waren 7. Fürsten.
Eberhard Hertzog in Elsaß
Paulus Hertzog zu Bare
Antoni Marggraf zu Pontomoson
Arnold Hertzog zu Borbon
Johann Hertzog zu Limpurg
Ligor Graf zu Burgundien
Heinrich Graf zu Mollesin.
Es trugen auch mit einem Pfaltzgraffen auff 16. Graffen.
Wegcker Graf zu Zweybrucken
Johann Graf zu Sarbrucken
Diether Graf zu Wirgenstein
Fridrich Graf zu Löw
Paulus Graf zu Horn
Wilhelm Graf zu Limburg
Wilhelm Graf zu Deckelnburg
Wilhelm Graf zu Solms
Wilhelm Graf zu Manderscheyd
Philip Graf zu Veldentz
Wilhelm Graf zu Diest
Hans Graf zu Blanckenburg
Wolff Graf zu Dagspurg
Wolff Graf zu Bentheym
Philips Graf zu Rheingraffenstein
Heinrich Graf zu Salm.

Die vbrigen waren Herren/ Ritter vnd Edlen/ da nach ließ aufftragen Herman Hertzog zu Schwaben mit 82. Helmen/ vnder denen waren neun Fürsten.
Eticho Hertzog in Obern Bäyern
Prinzlaw Hertzog in Crabaten
Friderich Hertzog zu Ardenien
Gerard Marggraff zu Gülch
Gottwald Graf vnd Herr zu Hennenberg
Heinrich Hertzog zu Lothringen
Radepeto der jünger Hertzog zu Meron/ Graf zu Andechs
Carl zu Ascanien
Ludwig Graf zu Montpeliart.

Es trugen auch mit Hertzog German von Schwaben auff 16. Graffen vnd Herren.

Friderich Graf zu Helffenstein
Johann Graf zu Behmond
Rudolph Graf zu Zollern
Vlrich Graf zu Vrach

Georg

Von Teutschlandt. 1205

Georg Graff zu Feldtkirch
Ludwig Graff zu Thübingen
Wilhelm Graff zu Masax
Wilhelm Graff zu Justingen
Johann Herr zu Brandiß
Rudolph Graff zu Werdenberg
Emerich Graff zu Grüningen
Erxfrid Graff zu Herzaberg
Ludwig Graff zu Pfirt/vnd Herr zu Rochius
Wilhelm Graff zu Acheln
Heinrich Graff zu Dalsaß
Gottfrid Herr zu Stoffeln
Friderich Herr zu Hohenstauffen
Auch ließ aufftragen der löblich vnd streitbar Fürst Berchtold Hertzog in Bäyern mit 96. Helmen/darunder waren acht Fürsten.
Eberhard Hertzog in Bäyern
Albrecht Hertzog im Edelsaß
Johann Fürst auff der Schampani
Arnold Fürst zu Schyern
Wentzlaw Hertzog zu Behem
Melchior Marggraffe zu Jsterreich
Otto Fürst in Vchtland
Loys Marggraffe zu Seuß/Graff zu Saphoy.
Es trugen auch mit Hertzog Brechtholden auff 18. Graffen.
Rheinher Graff im Hennegöw
Friderich Graff zu Hohenwart
Cuno Graff zu Rheinfelden
Eberhard Graff zu Sempt
Ernst Graff zu Hirßberg
Eberhard Graff zu Oningen
Hugwald Gr. zu Kyburg vnd Dillingen
Ruprecht Graff zu Angiers vnd Paris
Johann Graff zu Trumberg
Durckhard Graff zu Veringen
Friderich Graff zu Hohendruchading
Conrad Graff zu Lützelstein
Friderich Graff zu Eberstein
Eckbrecht Graff zu Vermandoys
Friderich Graff zu Veldenß
Radepoto Graff zu Hohenbogen
Ludwig Graff zu Sarwerden
Albrecht Herr zu Ehnenberg/mit andern Herren/Rittern vnd Knechten
Auff demselbigen Thurnier ließ vfftragen der Edel thewer Fürst Conrad Hertzog zu Francken mit 80. Helmen/darunder waren 4. Fürsten.
Bisetißlach Hertzog zu Behem
Dido Hertzog zu Westphalen
Heinrich Hertzog zu Meron
Ethico Hertzog zu Entziern.
Auch trugen mit Hertzog Conraden auff 22 Graffen.
Arnold der ander Graff in Flandern
Glaudo Graff zu Toloßa
Friderich Graff zu Montpelgart
Wilhelm Graff zu Wademont
Heinrich Burggraff zu der Newenburg
Friderich Graff zu Appermonts
Albert Graff zu Firnenberg
Ruprecht Graff zu Schlüsselburg
Johann Graff zu Castel
Otto Graff zu Arnsperg
Heinrich Graff zu Kammerstein
Arnold Graff zu Holand
Johann Graff zu Genff
Antony Graff zu Bolonien
Loys Graff zu Armenack
Wilhelm Graff zu Pfawenburg
Otto Graff zu Reineck
Ulrich Graff zu Hanaw
Wolff Graff zu Hohenloe
Wilhelm Graff zu Waldeck
Eberhard Graff zu Ravenspurg
Philips Graff zu Montieu. Das ander waren Herrn/Ritter vnd vom Adel.
Nach diesen vier Haubtleuten ließ aufftragen Otto Hertzog in Thüringen deß Keysers eltester Sohn mit 112. Helmen/darunder waren 8. Fürsten.

Voldemar Hertzog in Judland
Watzlawa Hertzog in Crabaten
Artwin Fürst zu Surben
Philips Graf zu Artons
Rabatho Hertzog in Reussen
Wißlaw Fürst zu Rugen
Cärl Marggraf zu Pontamonson
Friderich Graf zu Eylnburg/Burggraf zu Seißeliß.
Es trugen auch mit ihm auff 25. Grafen vnd Herren.
Wilhelm Graf zu Nievers
Rudolph Graf zu Avergny
Otto Graf zu Aldenburg
Friderich Graf von dem Rietperg
Georg Graf zu Homburg
Siebold Graf zu Ringelen
Heinrich Graf zu Biberstein
Friderich Graf zu Kolditz
Heinrich Graf zu der Hoye
Wernher Graf zu Gutzgaw
Otto Graf zu Maußfeld
Friderich Herr zu Marberg
Philips Graf zu Pliessen
Wilhelm Graf zu Wolckenstein
Gerard Graf zu Seyn
Rheinher Graf zu Zutphen
Wilhelm Graf zu Dieffalden
Wilhelm Graf zu Briancy
Weyprecht Graf zu Leyningen
Wilhelm Graf zu Kirburg
Ernst Graf zu Spiegelberg
Heinrich Graf zu Arnstein
Ernst Herr zu Waringrot. Das ander waren alle Ritter vnd Edlen.
Auff denselbigen Tag ließ aufftragen Hertzog Arnold von Bäyern mit 45. Helmen/ vnd mit ihm:
Ruprecht Hertzog zu Burgundien
Friderich Hertzog zu Bare
Groromißlaw Margg. zu Mährn
Otto Margg. zu Francken/mit andern Grafen/Herrn vnd Ritterschafft.
Darnach ließ aufftragen Heinrich Hertzog zu Sachsen/Keyser Heinrichs jüngster Sohn/ mit 85. Helmen/vnd mit ihm:
Rudolph Hertzog in Ober Bäyern
Esico Fürst zu Ascanien
Johann Burggraf zu Zorbick
Aldeber Graf zu Mörßperg/mit andern Grafen/Herrn vnd Edlen.
Hernach liessen andere Fürsten aufftragen/als Bratislaw Hertzog in der Schlesi/ mit 36 Helmen:
Eberhard Hertzog zu Lothringen/mit 48. Helmen
Messiro Hertzog in Polen/mit 32. Helmen
Gottfrid Hertzog zu Tungern vnd Bullion/mit 18. Helmen
Westecoy Fürst der Wenden/mit 39. Helmen
Bratißlaw Hertzog zu Pomern vnd der Wenden/mit 26. Helmen
Nesterico Hertzog in der Schlesi/mit 24. Helmen.
Bratißlaw Hertzog zu Behem / mit 65. Helmen
Rudiger Marggraf zu Oesterreich / mit 32. Helmen
Bolißlaw Marggraf zu Merhen/mit 40. Helmen
Wißlaw Fürst zu Wiltzine/mit 20. Helmen / vnd mit ihnen viel Grafen/Herren/Ritter vnd Edlen
Nach diesen Fürsten allen liessen aufftragen 12. mächtige Grafen im Reich.
Dieterich der alte Graf in Holand
Esico Graf zu Ascanien
Gunthram Graf zu Habspurg
Wilhelm Graf zu Montfort
Conrad Graf zu Kalw
Adolff Graf zu Reineck
Heinrich Graf zu Henneberg
Arnold Graf zu Cleve
Otto Graf zu Nassau

Wolff Graf zu Katzenelnbogen
Ludwig Graf zu Fürstenberg
Heinrich Graf zu Wertheim. Alle mit 128. Helmen aus guten Rittern vnd Edlen.
¶ Auch leissen darnieben vfftragen andere Graffen/Freyen/Herrn/Ritter vnd vom Adel/so viel daß/ob 2000. Helm in die vier Thurnier kamen/die alle auff denselben Tag wurden auff getragen vnd geschawet.

B. Der 2. Thurnier.
Deß andern Thurniers so gehalten worden von Conraden Hertzogen zu Francken/Anno 942 in seiner Hauptstatt Rotenburg an der Tauber/sind gewesen Thurniervögt.
Friderich Graffe zu Helffenstein auß Schwaben
Ludwig Graf zu Sarwerden am Rheinstrom
Thiebotto Graf zu Andechs im Land zu Bäyern
Ludwig Graf zu Eberstein im Landt zu Francken
Diesen Turnier haben alle Fürsten/Graffen/ Freyen/Ritter/vnd die vom Adel h. nachfolgend eygner Person besucht/vnd sind selbst geritten.
Conrad Hertzog zu Francken vnnd Lothringen / als oberster Thurniervogt dieses viertheils
Berchtold Hertzog in Bäyern/der glücklich vnd sieglich Kriegsfürst
Heinrich Hertzog in Beyern vnd auf dem Nordgöw
Rudiger Marggraf zu Oesterreich vnd Bechlaren
Dieterich Hertzog zu Engern
Heinrich Marggraf auf dem Nordgöw vnd zu Francken
Reinhard mit dem langen Halß Graf im Hönnegow
Arnold der ander seines Namens Graf zu Flandern
Arnold Fürst vnd Graf zu Seyera
Dieterich der ander Graf in Holand/ vnd Seeland in Frießland
Burckhard Graf zu Veringen
Adelbert Graf zu Sempt
Gottwaldi der fünffte seines Namens/ Graf vnd Herr zu Hennenberg
Walrab Graf zu Nassaw/Herr zu Löpern/zu Sünberg vnd Laurberg
Sighard Graf zu Hirßberg
Reinhard Graf zu Hanaw
Schweighard Graf zu Seyne
Ernst Graf zu Schwartzburg
Albrecht Graf zu Löwenstein
Wilhelm Graf zu Wertheim
Berchthold Graf zu Lechsmund
Rudolph Graf zu Vrach
Philips Graf zu Castell
Diebold Graf zu Kyburg vnd Dillingen
Weiprecht Graf zu Leiningen
Wolff Graf zu Werdenberg
Otto Graf zu Rheineck
Wilhelm Graf zu Montfort
Adam Graf zu Kirchberg
Sigmund Graf zu Gleichen
Gottfrid Graf zu Hohenlohe
Adolph Graf von H. Berg.
Die Freyherren.
Johann Freyherr zu Weinsperg
Ortolph Freyherr zu Rappoltstein
Emmerich Freyherr zu Epstein
Wilhelm Freyherr zu Hutsperg
Philips Freyherr zu Brandiß
Paulus Freyherr zu Justingen
Friderich Landherr zu Eckersaw
Vratislaw Panerherr zu Schwanberg
Georg Landherr zu Thron
Dieterich Landherr zu Wartenberg
Sigmund Landherr von Liechtenstein
Ambrosi Freyh. zu Kuxinge (zu Muraw

Ernst

Das fünffte Buch

Ernst Herr zu Rochlitz
Wolffhard Freyherr zu Hohen Sax
Seyfrid Freyherr zu Zimbern
Heinrich Freyherr zu Stöffel
Wenczlaw Panier herr zu Sternberg
Außhelm Herr zu Pelmont
Maczlaw Panierherr zu Bardowitz
Antoni Landtherr zu Eberdorff
Pantaleon Landtherr zu Tempelstein
Wilhelm Herr zu Hoachberg
Albrecht Herr zu Breuberg
Johann Herr zu Flügelaw
Friderich von Kirchlingen Herr zu Pältingen
Conrad Herr zu Keyserstul
Augustin Herr zu Kaltern
Johann Herr zu Ringenberg
Conrad Herr zu Meßkirch
Andres Herr zu Krenckingen
Friderich Herr zu Streitlingen
Wilhelm Herr zu Raudenburg
Amman Herr zu Hohen Geroltzeck
Reinhard Herr zu Wolffenweiler.

Die zu der Schaw bestellt warden.
¶ Von Schwaben.
Herr Heinrich von Hürnheim
Georg von Emß
Friderich von Mörßberg.
¶ Von Bäyern.
Herr Andres von Preissing/Ritter.
Friderich Rainer zu Rain
Hans von Brenensteim
¶ Vom Rheinstrom.
Herr Wilhelm von Cronberg
Engelhard von Reiffenberg
Friderich Gratschlag.
¶ Von Francken.
Herr Rudolph von Schaumburg
Friderich von Etrichshausen
Philipp von Vestenberg.

Die Frawen vnnd Jungfrawen so zu der Schaw vnd Helmthettung verordnet waren.
¶ In Schwaben:
Fraw Elisabeth geborne von Bodman/ ein eheliche Haußwirtin Herrn Wilhelm von Schellenberg
Fraw Agnes geborne von Rechberg/ein nachgelaßne Witwe Herrn Heinrichs von Tann
Jungfraw Catharina geborne von Freyburg.
¶ Von Bäyern.
Fraw Catharina geborne von Paulsdorf ein eheliche Haußwirtin Herrn Friderichs von Thöring
Fraw Lucia geborne von Landeck / ein nachgelaßne Witwe Herrn Sebalds von Taber
Jungfraw Magdalena von Murach.
¶ Vom Rheinstrom.
Fraw Barbara geborne von Nesselrod/ eheliche Haußwirtin Herrn Wolffens von Schwanberg
Fraw Anna geborne von Rüdißheim/ein nachgelaßne Witwe Wilhelm Brunsers
Jungfraw Magdalena geborne von Allendorff.
¶ Von Francken.
Fraw Ursula ein geborne von Künsperg ein eheliche Haußfraw Herrn Conrads von Felberg
Fr. Anna von Rosenberg/ein nachgelaßne Witwe Herrn Rudolph von Düngen
Jungfr. Agnes geborne von Seinßheim.

Die verordnete Grießwärtel.
¶ Von Schwaben.
Herrn Ernsten von Härnheim.
¶ Von Bäyern.
Herrn Wilbolden von Barsperg.
¶ Vom Rheinstrom.
Herrn Otten von Heussenstein.
¶ Von Francken.
Herrn Wolffen Schencken von Geyern.

Die zwischen den Seylen hielten.
¶ Von Schwaben.
Hansen von Schellenberg.
¶ Von Bäyern.
Sigmunden von Waldeck
¶ Vom Rheinstrom.
Heinrich von Eltz.
¶ Von Francken.
Arnold von Wenckheim

C. Der 3. Thurnier.

In disem 3. Thurnier/ so gehalten worden von Hertzog Ludwigen von Schwaben/ und Allemannien/ Anno Christi 948. zu Costentz am Bodensee/ sind gewesen Thurniervögt.

¶ Vom Rheinstrom.
Ernst Herr zu Winnenberg.
¶ Von Francken.
Erich von Redwitz/Ritter.
¶ Von Bäyern.
Heinrich von Fraunberg/Ritter.
¶ Von Schwaben.
Friderich von Hürnheim/Ritter.

Disen Thurnier haben alle nachfolgende Fürsten/ Graffen vnd Herren/ selbst besucht vnd geturniert.

Herman Hertzog zu Schwaben deß Geblüts von Bäyern.
Conrad Hertzog zu Francken vnd Lothringen/ den man nennet von Wormbs
Welpho der 2. Hertzog in Ober Bäyern/ S. Conrads Bruders Sohn
Heinrich Hertzog in Bäyern vnd Nordtgöw/ Keys. Otten deß grossen Bruder
Eberhard Hertzog zu Lothringen vnnd Graf zu Egisheim
S. Rot Marggraff zu Oesterreich
Bruno der 1. Marggraff zu Sachsen
Bizelinus Graf zu Habspurg
Burckhard Graf zu Veringen
Diebold Graf zu Kyburg vnd Dillingen
Walrab Graf zu Nassaw
Albrecht Graf zu Löwenstein vnd Kalb
Rudolph Graf zu Montfort
Diebolt Graf zu Pfirt
Ludwig Graf zu Helffenstein/ Herr an der Filz
Wieprecht Graf zu Leiningen
Wilhelm Graf zu Castell
Conrad Graf zu Vrach
Arnold Fürst vnd Herr zu Scheyern
Friderich Graf zu Hohenwart
Eberhard Graf zu Sempt
Sighard Graf zu Hirschberg
Ego Graf zu Fürstenberg
Wolff Graf zu Hohenzollern
Wolff Graf zu Katzenelenbogen
Friderich Graf zu Wertheim
Gottfrid Graf zu Hohenlohe
Eberhard Graf zu Retz.

Die Freyen / Laud- vnd Panerherren.
Friderich Herr zu Küuring
Johann Freyherr zu Weinsperg
Wentzel Panierherr zum Newen Hauß
Achatz Landher zu Zelcking
Georg Landherr zu Planckenstein
Ambrosy Herr zu Auxingen
Arnold Herr zu Fürwangen
Wilhelm Freyherr zu Kaltern
Leupold Landher zu Volckensdorff
Heinrich Freyherr zu Radenburg
Friderich Freyherr zu Falckenstein
Wilhelm Herr zu Meßtirch
Erasmus Herr zu Schelcking
Christoff Herr zu Wimda.

Die erwehlt man zu Grießwertel.
¶ Von Schwaben.
Herrn Carlen von Hohen Klingen/ Ritter
Außhelm von Mörßberg/ Ritter.
¶ Von Bäyern.
Herrn Dieterich von Lauwing/ Ritter.

Siboto von Waldgw/Ritter.
¶ Vom Rheinstrom.
Wolffharden Herr zu Rennenberg
Gangolff von Rudeßheim/Ritter.
¶ Von Francken.
Herrn Kilian von der Kere/Ritter
Erhfrid von Vestenberg/Ritter.

Die zwischen den Seylen halten sollen.
¶ Von Schwaben.
Herrn Ulrichen vom Stein.
Heinrich von Thürheim/Ritter.
¶ Von Bäyern.
Herrn Andres von Paulsdorff
Albrecht von Freyenseboldsdorff/Ritter.
¶ Vom Rheinstrom.
Herrn Arbogast von Franckenstein
Emmerich von Waldeck/Ritter.
¶ Von Francken.
Herrn Heinrichen von Giech
Wolffharden von Sternberg/Ritter.

Von den 4. Landen erwehlten sie zu der Schaw vnd Helmtheilung ein Alten vnd ein Jungen.
¶ Von Schwaben.
Herrn Dietrichen von Blumeneck für ein Alten
Conrad Weiting für ein Jungen.
¶ Von Bäyern.
Johann Ebren von Wildenberg/Ritter für ein Alten
Heinrichen von Sattelbogen / für ein Jungen.
¶ Vom Rheinstrom.
Wolter von Flersheim / Ritter / für ein Alten
Conrad Winter/für ein Jungen.
¶ Von Francken.
Herrn Erichen von Riedwitz/für ein Alten
Albrecht Förtschen von Durnaw / für ein Jungen.

Darnach erwehleten sie zu der Schaw vnnd Helmtheilung Frawen vnd Jungfrawen.
¶ Von Schwaben.
Fraw Irmenraut geborne von Bodman ein eheliche Haußfraw Herren Gottwa ds von Freyburg
Fraw Dietburga geborne von Kaltenthal / ein nachgelaßne Witwe Herren Seyfrids von Künßeck
Jungfr. Veronica geborne Nothafftin.
¶ Von Bäyern.
Fraw Wolffhild ein geborne Zängerin/ ein eheliche Haußfraw Herrn Jacobs von Sandicell
Fraw Demut geborne von Waldeck/ein nachgelaßne Witwe Herren Herman Achendörffers
Jungfraw Ursula geborne Preussin.
¶ Vom Rheinstrom.
Fraw Barbara geborne von Hammerstein/ein eheliche Haußfraw Herrn Engelhards von Pirmod
Fraw Issanta geborne von Sachsenstein ein nachgelaßne Witwe Herrn Wieprechts von Cronenberg
Junfr. Sicilia geborne von Landsperg.
¶ Von Francken.
Fraw Zibarda geborne von Bruneck/ ein Gemahl Herrn Hansen von Flügelaw
Fraw Anastasia geborne von Abysperg/ ein nachgelaßne Witwe Herrn Bernhards von Schaumberg
Jungfr. Imagina geborne von Hoinstein.

D Der 4. Thurnier.

In diesem 4. Thurnier so gehalten worden von Riedack Marggraffe zu Meyssen/ Graffe zu Mörspurg/Anno 968. in seiner Hauptstadt Mörspurg an der Sat/sind gewesen die Thurniervögt.

¶ Von Schwaben.
Wilhelm von Rippenburg/Ritter.
¶ Von

Von Teutschlandt.

¶ Von Bäyern.
Gränott Hofer/Ritter.
¶ Vom Rheinstrom.
Vorckprecht von Franckenstein/Ritter.
¶ Von Francken.
Ernst von Künßperg/Ritter.
Diesen Thurnier haben alle nachfolgende Fürsten/Graffen vnd Herren/selbst besucht vnd gethurniert.
Bratißlaw Hertzog in Schlesi
Wenceslaus Hertzog zu Behem
Heinrich Hertzog in Bäyern
Hugo Hertzog in Sachsen
Burckhard Marggraff zu Oesterreich
Otto Marggraff zu Francken
Bruno Marggraff zu Sachsen
Ridack Margg. zu Meyssen vnd Graf zu Mörßburg
Ortolff Graff zu Ascanien
Volchard Graf vnd Herr zu Henneberg
Friderich Graff zu Orlamund
Gunther Graff zu Schwartzenburg
Dieterich Graff zu Beuchlingen
Sigmund Burggraff zu Gleichen
Ernst Graff zu Manßfeld
Burckhard Graff zu Leißneck
Otto Graf zu Reineck
Theodo Graff zu Wittin
Johann Graff zu Wertheim
Heinrich Graff zu Stolberg
Erwin Graf zu Gleichen
Sigmund Graff zu Blanckenheim.
Die Freyherren.
Carl Edler Herr zu Quernfurt
Andreas Edler Herr zu Colditz
Friderich Freyherr zu Weinsperg
Wilhelm Herr zu Dann
Wolff Freyherr zu Dorgaw
Walther Freyherr zu Breuberg
Arnold Freyherr zu Warburg
Heinrich Herr zu Blessaw
Wilhelm Herr zu Wolckenstein
Erich Herr zu Gleißberg
Gottschalck Herr zu Liechtenaw.
Die verordneten Grießwertel.
¶ Von Schwaben.
Herrn Vlrichen von Freidingen/Ritter.
¶ Von Bäyern.
Herrn Wilbolgen von Tauffenkirchen.
¶ Vom Rheinstrom.
Conraden Kämmerer zu Wormbs.
¶ Von Francken.
Herrn Gottharten von Schweinshaupt.
Die zwischen den Seyten halten sollen.
¶ Von Schwaben.
Herr Vlrich von Frundsperg.
¶ Von Bäyern.
Herr Leonhart von der Wart.
¶ Vom Rheinstrom.
Herr Thöring von Hagen.
¶ Von Francken.
Herr Burckhard von Harras.
Von den 4 Landen erwehlten sie zu der Schaw vnd Helmtheilung ein Alten vnd ein Jungen.
¶ In Schwaben:
Hans Truchseß von Ringingen für ein Alten
Bernolph von Gemingen für ein Jungen.
¶ Von Bäyern.
Albrecht Weichser von Traublingen für ein Alten
Leonhard Leitenbecken für ein Jungen.
¶ Vom Rheinstrom.
Wolff von Fleckenstein für ein Alten
Emerich von Nesselrode für ein Jungen.
¶ Von Francken.
Heinrich Marschalck von Ostheim für ein Alten
Philip von Adelsheim für ein Jungen.
Die Frawen vnnd Jungfrawen so zu der Schaw verordnet waren.
¶ Von Schwaben.
Fraw Dorothea geborne von Bischofsheim/ein eheliche Haußfraw Sebastians von Dißchingen
Fraw Hilgard geborne von Heydorf/ein nachgelaßne Witwe Berchtholds von Schwendy
Jungfraw Illa geborne Truchsessin von Höfingen.
¶ Von Bäyern.
Fraw Vrsula geborne von Schatzenhofen/Herrn Heinrichs Heybecken Haußfraw
Fraw Anna geborne von Freudenberg/ein nachgelaßne Witwe Hilpolds von Brennberg
Jungraw Hipolita geborne von Breitenstein.
¶ Vom Rheinstrom
Fraw Magdalena geborne von Pirmont Sigmunds von der Leyen ehelich Gemahl
F. Elisabeth geborne von Paland ein nachgelaßne witwe Melchiors von Stein
Jungfraw Mechtild geborne von Huß.
¶ Von Francken.
Fraw Gertrud geborne von Leonrod/ein nachgelaßne Witwe Philips von Gutenbergs
Fraw Anastasia geborne von Münster/ein nachgelaßne Witwe Albrechts von Wenckheim
Jungf. Waldpurg geborne von Dünfeld
Diese nachbenante sind dißmals nicht zugelassen/darumb daß sie nicht heweisen kondten.
Ruprecht Späckt
Heinrich Kreyß
Philip von Sachsenhausen
Ridack Löser
Ernst von Winckenthal
Gabriel von Drat
Seyfrid von Scharpffenstein
Achatz von Rochaw
Fritz von Ammendorff
Georg von Krapitz
Thoman von Dönnen
Weiprecht von Glochaw
Heinrich von Deunstau
Sigmund von Grißlaw
Sebastian Rulcking
Christoff von Northausen
Jobst von Werther
Heinrich von Aschaffenburg
Ernst von Fauner
Johann von Beulwitz
Wolff von Mussel
Wilhelm von Trostwitz
Georg von Biberstein
Heinrich vom Hofe
Sigmund von Heym
Ernst von der Than
Rudolph von Molßdorff
Arnold von Rorleben
Johann von der Planitz
Kurtzhans von Weißbach
Johann von Schlehen
Wilhelm von Reitzenstein
Fritz von Kurwitz
Freundhauß von Kotzaw
Albrecht v.u Malsitz
Reinhard von Sparneck
Johann von Karlowitz
Ernst von Wallerswalden
Wilhelm von Schönfeld
Heinrich von der Salla
Friderich von Sternberg.

F Der 5. Thurnier.
In diesem 5 Thurnier / so gehalten worden von Lupold Marggraff zu Sachsen/vnd Herren zu Braunschweig/Anno 996. in seine Hauptstatt Braunschweig / sind gewesen Thurnierbögt diese vier Personen.
¶ Von Schwaben.
Friderich von Westerstätten/Ritter.
¶ Von Bäyern.
Hilpold von Schönenstein/Ritter.
¶ Vom Rheinstrom.
Wilhelm von Waldenstein/Ritter.
¶ Von Francken.
Conrad von Vestenberg/Ritter.
Diesen Turnier haben alle Fürsten / Graffen/ Freyen / Ritter / vnd die vom Adel hernachfolgend eygner Person besucht/ vnd sind selbst geritten.
Rudolph Hertzog zu Schwaben
Heinrich Marggraffe zu Brandenburg
Nestricus Hertzog zu Behem
Ludolph Marggr. zu Sachsen/Herr zu Braunschweig
Bruno der 2. Marggr. zu Sachsen
Berchthold Fürst vnd Graf zu Henneberg
Ortolph H. zu Sachsen vnd Lünenburg
Heinrich Hertzog zu Francken
Bernt H. zu Sachsen vnd Lüneburg
Heinrich Marggraf zu Oesterreich
Otto Fürst vnd Graf zu Schenern
Dieterich Graf zu der alten Marck
Adelberg Gr. zu Sempst vnd Eberberg
Babo Graf zu Abensperg
Bernhard Graf zu der Weissenburg
Reinhard Graf zu Steinfurt
Albrecht Graf zu Löwenrod
Berengari Graf zu Ascanien vnd Bälstätten
Fridrich Graff zu Andechs
Ott Graf zu Rißaw Herr zu Sunberg
Conrad Graff zu Cleve
Theodo zu Wittin vnd Mörpurg
Rabotho Graff zu Hohenward
Wernher Graf zu Spiegelberg
Wilhelm Herr zu Kranchsfeld
Andre Herr zu Lobbinburg
Antoni Herr zu Colditz
Gotthard Herr zu Gleißberg
Friderich Herr zu Daun
Heinrich Herr zu Hounburg
Philips Reuß Herr zu Blawen
Dieterich Herr zu Dorgaw
Arnold Herr zu Eysenburg
Sigmund Herr zu Woldenburg.
Die vom Adel so zu der Schaw vnd Helmstheilung verordnet wurden von den vier Landen.
¶ Von Schwaben.
Herr Andre von Gundelfing für ein alten Herren
Wolffharden von hohen Ahelsingen für ein Jungen
¶ Von Bäern.
Herrn Sigbotho von Degenberg für ein Alten
Albrechten Stauffer zu Thonawstauff für ein Jungen
¶ Vom Rheinstrom.
Herrn Heinrichen von Helffenstein für ein Alten.
Sigmunde von Waldeck für ein Jungen
¶ Von Francken
Herrn Heinrichen von Brunbach für ein Alten
Reicharde von Rosenberg für ein jungen.
Die Frawen vnd Jungfrawen so zu der Schaw verordnet waren.
¶ Von Schwaben.
Fraw Demut geborne von Brandiß/ein eheliche Haußwirtin Herr Vlrichs von Bodman
Fraw Elisabeth geborne von Elderbach/ein nachgelaßne Witwe Herrn Georgens von Welden
Jungfraw Felicitas geborne von hohen Ahelsingen
¶ Von Bäyern.
Fraw Agnes von Laining ein eheliche Haußfraw Herrn Wolffens von Blessing zu Zimberg
Fraw Margreta geborne von Fronhofen ein nachgelassene Witwe Heinrichs von Nasperg

Jungfraw

Das fünffte Buch

Jungfraw Anna geborne Rainerin zum Rain.

¶ Vom Rheinstrom.

Fraw Agnes geborne Fraw zu Brauneck/ein eheliche Haußfraw Herrn Hansen von Hirßhorn

Fraw Guta geborne Fraw von Finstingen/ein nachgelaßne Witwe Herren Wieprechts von Pallaut

Jungfraw Juliana geborne von Hendtschußheim.

¶ Von Francken.

Fraw Helena geborne von Andlaw/ein ehelich Haußwirtin Herrn Hansen von Wolffskele

Fraw Barbara geborne von Andlaw/ein nachgelaßne Witwe Herren Georgens Schencken von Roßberg

Jungfraw Sibylla gebr:ne von Rednitz.

Die verordneten Grießwärtel.

¶ Von Schwaben.

Herr Wilhelm von Freyburg.

¶ Von Bäyern.

Herr Walther von Mülberg.

¶ Vom Rheinstrom.

Herr Seyfrid von Flersheim.

¶ Von Francken.

Herr Conrad von Seiußheim

Die zwischen den Seylen hielten.

¶ Von Schwaben.

Herr Ludwig von Ellerbach.

¶ Von Bäyern.

Herr Wilhelm Rainer zum Raine.

¶ Vom Rheinstrom.

Herr Friderich von Schönberg.

¶ Von Francken.

Herr Wolff von Rotenhan.

In diesem Thurnier wurden die nachfolgenden an der Schaw aufgestellt.

Thomas von Fewrsperg
Georg von Bonhalm
Marius Himmelberg
Johann von Kapffenstein
Tobias von Lengkheim
Ernst von Manßwerd
Contz von Niderspurg
Kirchhanß von Oesterberg
Rudolph von Regendorff
Hans von Dachsberg
Christoff von Saldenhofen
Fritz von Eibißbrunn
Reinhard von Fürstenthal
Wolff von Zebingen
Gottfrid von Wachsdorff
Wolf von Sparneck
Bernhard von Zülnhart
Jobst von Leining
Heinrich von Weingarten
Heintz von Machatz
Dieterich von Schleben
Friderich von Schotten
Georg Reck von End
Ernst von Reitzenstein
Fritz von Schönfelß
Seibold von Schleintz
Christoff von Etmansdorff
Hans von Bockwitz
Dieterich von Heym
Wolff von Burckdorff
Friderich von Finckenstein
Ernst von Hertzenfeld
Philip von Breuchlingen
Andres von Kirchschlag
Friderich von Lunteich
Hans Georg von Neydeck
Jacob von Ottenwitz
Tono von Rastenstein
Johann von Sprintzenstein
Friderich von Drackenberg
Senff von Eibißwald

Johann von Wilhelmsmauer
Amman von Zabelsperg
Endres von Egloffstein
Heinrich von Rechberg
Wilhelm von Wolffstein
Wolffgang von Grechschlag
Melchior von Rabiol
Melchior von Bäyersdorff
Wolff von Höundorff
Sebold von Oberweimar
Andreas von Hirsberg
Hans Rösch von Römelsberg
Friderich Groß
Heinrich von Mechtelgrien
Gumprecht von Carlowitz
Rudiger von Langenberg
Ortolph von Veltheim.

F. Der 6. Thurnier.

Deß sechsten Thurniers so gehalten worden von dem Röm. Keyser Conrad dem 2. deß Namens/Hertzogen von Francken/Anno 1019. zu Trier an der Musel/sind gewesen Thurniervögt die nachfolgenden.

¶ Von Schwaben.

Rudolph Herr zu Stöffel.

¶ Von Bäyern.

Seyfrid von der Ward/Ritter.

¶ Vom Rheinstrom.

Wilhelm von Cronberg/Ritter.

¶ Von Francken.

Kilian von Wolffskele/Ritter.

Diesen Thurnier haben alle Fürsten/Graffen/Herrn/Ritter vnd vom Adel/hernachfolgende eigner Person besucht/vnd sind auch selbst geritten.

Conrad Röm. Keyser Hertzog zu Francken
Eberhard Hertzog zu Lothringen
Magnus Hertzog in Sachsen vnd Lüneburg/Churfürst
Welpho der 3. Hertzog in Bäyern
Heinrich Hertzog in Frießland
Carle Hertzog zu Bare
Philips Marggraf zu Pontamonson
Philips Landgraf in Edelsaß
Eberhard Graf zu Sempst Ebersperg
Ortolph Graf zu Ascanien
Erster Hertz zu Brenderode
Seyfrid Burggrafe in Kärnter Lande vnd Frießland
Ott Fürst vnd Graf zu Scheyern
Heinrich Graf zu Löwen vnd Brüssel
Hug Graf zu Orliens
Baldewein der 6. Graf zu Hennegöw
Dieterich der dritte Graf in Holand vnd Seeland
Dieterich Graf zu Cleve
Otto Graf zu Nassaw
Walrab Graf zu Gülch
Ortolph Graf zu Hohenwart
Wilhelm Graf zu Katzenelnbogen
Heinrich Graf zu Spanheim
Tschoffart Graf zu Leiningen
Enienhart Graf zu Seyne
Ludwig Graf zu Reneck
Johann Graf zu Sarbrücken
Friderich Graf zu Wertheim
Heinrich Graf zu Werdenberg
Wilhelm Graf zu Veldentz
Ulrich Graf zu Hanaw
Dieterich Graf zum H. Berg
Heinrich Graf zu Zweybrücken
Emprecht Graf zu Kirchberg
Ernst Graf zu Hoy
Heinrich Graf zu Firnenberg
Eberhard Graf zu Lützelstein
Wilhelm Graf zu Manderscheyd
Gerlach Graf zu Hohencastell
Johann Graf zu Sarwerden

Anthony Graffe zu Alten Spärhelitz
Endres Graffe zu Newenburg
Balthassar Graffe zu Saussenburg
Wilibold Herr zu Rapoistein
Conrad Herr zu Bußnang
Gangolff Herr zu Rennenberg
Dieterich Herr zu Hohen Geroldseck
Ambroß Herr zu Mernit
Wolff Herr zu Büdingen
Sigmund Freyherr zu Stöffel
Erasmus Freyherr zu Kobern
Wolff Freyherr zu Brandiß
Philips Herr zu Arburg
Friderich Herr zu Rodenbach
Johann Herr zu Zollern
Andres Herr zu Branburg
Wolffard Herr zu Hohenack
Wilhelm Herr zu Pelmont
Anastasius Herr zu Rode.

Die verordneten Grießwertel.

¶ Von Schwaben.

Herr Nicolaus von Fridingen/Ritter.
Herr Jacob von Kunseck/Ritter.

¶ Von Bäyern.

Herr Ortolph von Thyring/Ritter.
Herr Steffan von Nußperg/Ritter.

¶ Am Rheinstrom.

Herr Wolff Bäyer von Bopparten/Rit.
Herr Johann von Hirßhorn/Ritter.

¶ In Francken.

Herr Jacob von Ebenheim/Ritter
Herr Antony von Grunbach/Ritter.

Die zwischen den Seylen halten sollen.

¶ Von Schwaben.

Herr Friderich von Westerstätten/Rit.
Herr Heinrich von Sachsenheim/Rit.

¶ Von Bäyern.

Herr Hilpold von Schönstein/Ritter
Herr Engelhard von Thaunawstauf/Rit.

¶ Vom Rheinstrom.

Herr Wilhelm von Waldenstein/Ritter.
Herr Dieterich Brumser/Ritter.

¶ Von Francken.

Herr Conrad von Vestenberg/Ritter
Herr Kilian von Grunbach/Ritter.

Die man im Thurnier empfangen hat.

Wolff Echter
Philips von Sachsenhausen
Ernst von Winckelthal
Wilhelm von Etsch
Ridack Lösser
Gabriel von Dradt
Eberhard von Rechberg
Georg von Kranitz
Heinrich von Nippenburg
Weitbrecht von Glachaw
Conrad von Schumburg
Joann von Paulsdorff
Heinrich von Dennstatt
Paulus von Mospach
Ernst von Fanner
Johann von Pautwitz
Jobst von Werter
Wolff von Frewdenberg
Georg von Biberstein
Sigmund von Heym
Rudolph von Molsdorff
Hans von Schwalbach
Johann von der Planitz
Ernst von Walderswalden
Ulrich von Westerstätten
Wilhelm von Reitzenstein
Georg vom Bach
Freundhans von Katzach
Endres Murher
Friderich von Sternberg
Jobst Schilling
Heinrich von Sala
Karine von Hutten
Albrecht von Malditz
Heinrich von Birckenfelß

Arnold

Von Teutschlandt.

Arnold van Rexlöwen
Kurthans von Weißbach
Leonhard von Haßlang
Wolff von Mussel
Wilhelm von Schönfeld.

G. Der 7. Thurnier.

Deß 7. Thurniers so gehalten worden vom Römischen Keys. Heinrichen deß 2. seines Namens Anno 1042. zu Hall in Sachsen an der Sal / sind gewesen Thurniervögt.

¶ Von Schwaben.
Diebold von Reischach /
¶ Von Bäyern.
Wunibald von Cameraw /
¶ Vom Rheinstrom.
Michel von Mörsperg
¶ Von Francken.
Jacob von Erichshausen / alle 4. Ritter.

Diesen Thurnier haben alle Fürsten / Grafen / Freyherren / Ritter vnd die vom Adel / in eygner Person besucht vnd selbst geritten.

Otto Hertzog zu Sachsen vnd Lüneburg
Burzinoeus Hertzog in Behem
Albrecht Marggraff zu Oestereich
Otto Marggraff auff dem Nordgöw
Theodo Marggraff zu Laußnitz /
Albrecht der Schön Marggr. zu Brandenburg
Conrad Hertzog in Bäyern
Eckhard Marg. zu Meyssen vnd Graf in Ostduringen
Ludwig mit dem Bart Graf zu Hessen
Dieterich Gr. zu Wittin vnd Mörsperg
Arnold Graf zu Cham vnd Vochburg
Fridrich Graf zu Ortenberg
Arnold Graf zu Dachaw
Mangold Graf zu Helffenstein
Albrecht der 2. Graf zu Kalw
Wolffram Graf zu Veringen
Richinus Graf zu Dillingen
Oto Graf zu Diffalden
Heinrich Graf zu Manßfeld
Heinrich Graf zu der Hoye
Eckhard Graf zu der Scheyern
Hartinus Graf zu Hirßberg
Fridrich Burggraff zu Meyssen
Berchthold der 2. Graf zu Hennenberg
Fridrich Graf zu der Osterburg
Heinrich Graf zu Schwartzburg
Johann Graf zu Aldenburg
Fridrich Graf zu Castell
Diebold Graf zu Lechsmund
Engelbrecht Graf zu Wasserburg
Eghard Graf zu Burckhausen
Conrad Graf zu Hohenlohe
Botho Graf zu Stollberg
Otto Graf zu Bentheim.

Die Freyherren.
Fridrich Freyherr zu Ranchsfeld
Dieterich Edler Freyherr zu Quernfurt
Heinrich Herr zu Waringrode
Watzlaw Bauerherr zu Wartenberg
Othmar Landherr zu Eckersaw
Heinrich Freyherr zu Daun
Wolff Landherr zu Traun
Laßlaw Panerherr zu Newenhauß
Wentzel Landherr zu Bardwitz
Sigmund Freyherr zu Hochaburg
Wilhelm Freyherr zu Tautenberg
Wilhelm Panerherr zu Seeburg
Christoff Panerherr zu Castolowitz
Hieronymus Herr zu Gemmen

Die erwehlt man zu Griesswertel.

¶ Von Schwaben.
Herr Walther von Enß / Ritter.
Herr Heinrich von Eptingen / Ritter.
¶ Von Bäyern.
Herr Fridrich von Frawenhofen / Ritter.
Herr Wilhelm Ebron von Wildenberg / Ritter.

¶ Vom Rheinstrom.
Herr Dietrich Bosen von Waldeck / Rit.
Herr Fridrich von Reiffenberg / Ritter.
¶ Von Francken.
Herr Bernhard von Seckendorff / Ritter.
Herr Hiltprand von Seinßheim / Ritter.

Die zwischen den Seylen halten sollen.

¶ Von Schwaben.
Herr Herman von Boßweil / Ritter.
¶ Von Bäyern.
Herr Seboid von Leubelsingen / Ritter.
¶ Vom Rheinstrom.
Herr Harteman von Anweil / Ritter.
¶ Von Francken.
Herr Hilpold von Rotenhan / Ritter.

Die man in gemeldtem Thurnier vmb ihren Vngehorsam geschlagen hat / folgen jetzt.

Einer von { Hessprg
Lendersheim
Boxaw
Stockheim
Habsperg
Ein Gotzman zum Thurn
Einer von { Sandiselk
Felberg
Blettenberg
Camer
Wendtig
Sicking
Einer zum Wilden Thurn
Bonstetten
Randeck
Einer von { Hassnang
Hoheneck
Truchling
Ein Körtsch zu Durnaw
Einer von Neyneck
Einer von Wallenfelß
Einer von Walnrode
Ein Hiert von Saulheim
Einer von Nesselrode
Ein Brendel von Hounburg
Ein Kranich von Kirchheim
Einer von Egloffstein.

H. Der 8. Thurnier.

Deß 8. Thurniers / so gehalten worden von Herman H. zu Schwaben vnd Alemannien 1080. zu Augspurg / sind gewesen Thurniervögt.

¶ Von Schwaben.
Rudolph von Rechberg / Ritter.
¶ Von Bäyern.
Ambrosi von Mülberg / Ritter.
¶ Vom Rheinstrom.
Conrad von Allendorff / Ritter.
¶ Von Francken.
Reinhard von Leonrode / Ritter.

Diesen Thurnier haben alle Fürsten / Grafen / Herrn / Ritter vnd die vom Adel / eigner Person besucht / vnd sind selbst geritten.

Herman Hertzog zu Schwaben vnd Graf zu Zäringen
Leupold Marggraff zu Oesterreich genannt der Schön
Engelbrecht Landgraff in Bäyern vnd Graf zu Lavant
Otto Graf zu Habspurg
Otto Graf zu Vallon
Lendolph Hertzog in Kärnten
Wilhelm Graf zu Monfort
Rudolph Graf zu Werdenberg
Wolffard Graf zu Veringen
Otto Graf zu Hohen Castell
Diebold Graf zu Vochburg
Engelbrecht Graf zu Wasserburg
Welffo Hertzog in Bäyern
Friderich Hertzog in Schwaben
Otto Pfaltzgraff zu Wittelspach
Eckhard Marggraff zu Meyssen
Poppo Graf zu Hennenberg

Schweighard Graf zu Hirschberg
Walrab Graf zu Nassaw
Conrad Graf zu Wittin
Eberhard Graf zu Abensperg
Conrad Graf zu Dachaw
Friderich Graf zu Hohentogen
Arnold Graf zu Andechs
Fridrich Graf zu Sarbrücken
Diebold Graf zu Lechsmund
Johann Graf zu Wertheim
Otto Graf zu Wolfarthausen
Burckhard Graf zu Mossperg
Botho Graff zu Burckshausen
Chiemo Graff zu Scherding
Heinrich Landgraff zu Stöffling
Ludwig Gr. zu Helffenstein, Her: an d Jlm
Philips Graff zu Mosak
Rudolph Graff zu Weinhorn
Wilhelm Graff zu Eberstein
Heinrich Graff zu Lützelstein
Otto Graff zu Reyerk
Gunther Graff zu Schwartzenburg
Leupold Graff zu Kalw
Mangolt Graf zu Kyburg
Friderich Graf zu Pfirt
Ego Graf zu Freyburg
Herman Graf zu Hohenlohe
Wolffram Graf zu Dornberg
Rudolff G. zu Falckenstein vnd Newburg
Thimon Graf zu Kyburg

Die Freyen / Land vnd Panerherren.

Heinrich Freyherr zu Rozius
Wilhem Freyherr zu Zimbern
Eberhard Herr zu Hohenhewen
Endres Freyherr zu Justingen
Paulus Freyherr zu Brandiß
Johann Freyherr zu Pelmund
Philips Freyherr zu Stofflen
Wolffgang Freyherr zu Hohengerolzeck
Jacob Freyherr zu Hohenfelß
Nicolaus Freyherr zu Kobern
Anton Freyherr zu Bruck
Rudolph Freyherr zu Weinsperg
Heinrich Freyherr zu Erenfelß
Wilhelm Freyherr zu Brenberg
Ernst Freyherr zu Bickenbach
Ruprecht Freyherr zu Hurtsperg
Johann Freyherr zu Epstein
Wilhelm Freyherr zu Rapoltstein
Sigmund Freyherr zu Dachsperg
Heinrich Herr zu Stauffen
Ambrosi Herr zu Hohenack
Wolffart Herr zu Reineck

Die zu der Schaw bestellt wurden.

¶ Von Schwaben.
Hans Bussch von Bussenberg / für ein Alten
Wilhelm von Habspurg / für ein Jungen
¶ Von Bäyern.
Hansen von Ahaun / für ein Alten
Wilhelm von Brenberg / für ein Jungen
¶ Vom Rheinstrom.
Friderich von Helffenstein / für ein Alten
Daniel von Reiffenberg / für ein Jungen
¶ Von Francken.
Ernsten von Wenckheim / für ein Alten
Otten von Leonrode / für ein Jungen.

Die Frawen vnnd Jungfrawen so zu der Schaw bestellt wurden.

¶ Von Schwaben.
Fr. Agatha geborne von Enß / Georgens von Mörßpurg eheliche Haußfraw
Fr. Wilrand geborne von Rosenberg ein nachgelaßne Wittwe Herren Albans von Freundsperg
Jungfr. Brigitha geborne von Landaw.
¶ Von Bäyern.
Fr. Agnes geborne von Welffenstein eheliche Haußfraw Herren Heinrichs von Frawenberg
Fr. Dietburga geborne von Kamer / ein nachgelaßne Wittwe Herren Georgens von Leyning

Das fünffte Buch

Jungfraw Afra geborne von Fronhofen.
¶ Vom Rheinstrom.
Fraw Irmgart geborne von Hirßhorn/ ein eheliche Haußfraw Erhard Kemmerers von Wormbs
Fraw Anna geborne von Flersheim/ ein nachgelaßne Witwe Herrn Dietrichs von Sickting.
¶ Von Francken.
Fraw Künigund geborne von Rotenban/ ein Ehelich Haußfraw Hansen von Seinsheim
Fraw Theodora geborne von Reitzenstein ein nach gelaßne Witwe/ Herrn Reinhards von Rabenstein
Jungfraw Ehrntraut geborne von Felperg.

Die an der Schaw auffgestellt worden.

Arnold von Braunsperg
Johann von Hohenstein
Gottfrid von Stockheim
Heintz von Bellersheim
Ernst von Rettich
Jobst von Birgel
Von Löwenstein einer
Von der Leyen einer

Einer von {
Venningen
Gemmingen
Bonstetten
Hohen Eck
Jungingen
Werdingen
Gundelsheim
Thalheim
Wending
Stadion
Stadion
Erolzheim
Kammerberg
Rorbach
der Wardt
von Hohenwaind
Reydenbuch
Satzenhofen
Felperg
Buttenberg
Wirßberg
Abßperg
Sternberg
Münster
Seckendorff
}

Philips von Bicken
Friderich von Staffel
Wilhelm von Cleen
Christoff von Wiltz
Johann von Homolstein
Einer von Waldeck
Ein Brendel von Homburg
Ein Spedt
Von Neidperg einer
Vom Rotenstein einer
Ein Rüd von Kolnberg

Einer von {
Eychelberg
Hallweil
Reischach
Stein
Wernaw
Dachenhausen
}

Ein Sturmfeder {
Rodt
Wolffstein
Haßlang
}

Einer von {
Leubelfing
Trüchtling
Schönstett
Lentersheim
Redwitz
}

Ein Zöllner
Einer von Heßperg
Ein Gehling
Ein Vogt von Reineck
Einer von Luchaw
Einer von Liechtenstein
Vom Stein zu Altenstein

Vnder diesen allen/ ward der mehrertheil nach gehörter Vrsach zu diesem Thurnier eyngelassen/ als nemlich.

Einer von {
Lichtenstein
Schönstett
Trüchsting
Abßperg
Stein zum alten Stein
Leubelfing
Münster
der Wardt
}

Ein Vogt von Reineck

Einer von {
Bicken
Staffel
Bellersheim
Waldeck
Gonnolstein
}

Ein Brendel von Homburg

Einer von {
Löwenstein
Neydberg
Venningen
Rotenstein
Gemmingen
Bonstetten
Hallweil
Reischach
Weitingen
Rietheim
Stein
Gundelsheim
Wernaw
}

Ern Sturmfeder

Einer von {
Stadion
Wolffstein
Eroltzheim
Kamerberg
Rodt
Haßlang
Sternberg
Buttenberg
Redwitz
Wending
Luchaw
Lendersheim
Satzenhofen
Hohenreyne.
}

Die verordneten Griefswertel.
¶ Von Schwaben.
Herr Sigmund von Klingenberg Ritter
Herr Albrecht von Landaw/ Ritter.
¶ Von Bäyern.
Herr Wernhart von Seiboldsdorff/ Ritter.
Herr Andres von Buchberg/ Ritter.
¶ Vom Rheinstrom.
Herr Wolff von Reiffenberg/ Ritter.
Herr Ott Graeschlag/ Ritter.
¶ Von Francken.
Herr Jobst von Egloffstein/ Ritter.
Herr Georg von Eheuheim/ Ritter.
Die zwischen den Seylen hielten.
¶ Von Schwaben.
Herr Rudolph von Rechberg/ Ritter.
Herr Hans von Blumeneck/ Ritter.
¶ Von Bäyern.
Herr Leonhard von Kameraw/ Ritter.
¶ Vom Rheinstrom.
Herr Gottfriden von Franckenstein/ Ritter
Herr Wernher von Schönberg/ Ritter.
¶ Von Francken.
Herr Conrad von Schaumburg/ Ritter.
Herr Eberhard von Walnrode/ Ritter.

J. Der 9. Thurnier.

Deß 9. Thurniers/ so gehalten worden von Rudolff Hertzog zu Sachsen/ vnd Graffe zu Suppinburg/ Anno 1119. zu Göttingen in der Haupstatt der Raugraffen von Thassel/ seyndt gewesen Thurniervögt.

¶ Von Schwaben.
Gotthaw von Andelaw/ Ritter.

¶ Von Bäyern.
Heinrich von Thöring/ Ritter.
¶ Vom Rheinstrom.
Wilhelm von Hundsbusch/ Ritter.
¶ Von Francken.
Kilian von Weissenhaw/ Ritter.

Diesen Thurnier haben alle nachfolgende Fürsten/ Graffen vnd Herren/ selbst besucht vnd gethurniert.

Heinrich Hertzog in Bäyern.
Friderich Hertzog in Schwaben
Bradißlaw Hertzog in Böhem
Albrecht Marggraff zu Brandenburg
Otto Marggraff zu Meyssen
Ludwig Landgraff in Thöringen
Dietrich Marggraff zu Laußnitz
Otto Marggraff zu Staden
Seyfrid Burggraff zu Meyssen
Gerhard Graf zu Supplingburg/ Herr zu Arnsperg
Poppo der 17. Graf zu Henneberg
Heinrich Graf zu Wittin
Otto Graf zu der Alten Marck
Arnold der 2. Graf zu Cleve
Heinrich Graf zu Schwartzburg
Ernst Graf zu Hirßberg
Wilhelm Raugraff zu Thassel
Otto Graf zu Aldenburg
Emich Graf zu Leyningen
Wolff Graf zu Reneck
Johann Graf zu Lißneck
Eberhard Graf zu Altenaw
Theodo Graf zu Rochlitz
Heinrich Graf zu Brem
Volrad Graf zu Mansfeld
Johann Graf zu Rietberg
Heinrich Graf zu der Winssenburg
Wilhelm Graf zu Hone
Friderich Graf zu Spiegelberg
Rethard Graf zu Deckelnburg
Georg Graf zu Diffalten
Johann Graf zu Bentheim
Heinrich Herr zu Waringrode
Friderich Edler Herr zu Querenfurt
Johann Herr zu Honnurg
Dieterich Herr zu Plessaw
Wilhelm Freyherr zu Beraw
Philips Schenck Herr zu Trauttenberg
Quarg Herr zu Wildenfeiß
Endres Herr zu Schöurfeld
Johann Herr zu Warber.

Welche zu der Schaw erwehlt worden.
¶ Von Schwaben.
Bernhard von Rietheim/ für ein Alten.
Ber Schilling/ für ein Jungen.
¶ Von Bäyern.
Wolffgang von Sandicel/ für ein Alten
Leonhard von Seiboldsdorff / für ein Jungen.
¶ Vom Rheinstrom.
Wolff Schluchterer/ für ein Alten
Joh. von Hohenweissel/ für ein Jungen.
¶ Von Francken.
Heintz von Elrichshausen/ für ein Alten
Berwolf von Gnottstatt/ für ein Jungen

Die Frawen vnnd Jungfrawen / so zu der Schaw erwehlt worden.

Fraw Gutta geborne von Wirt/ Herrn Georgens von Steinberg Eheliche Haußfraw
Fraw Dorothea geborne Honlang/ ein nachgelaßne Witwe Hansen Dieters
Jungfraw Anna geborne von Rocho.
¶ Vom Rheinstrom.
Fraw Adelheid geborne von Feldtheim/ ein eheliche Haußwirtin Wilhelms von Liß
Fraw Magdalena geborne von Büllaw/ ein nachgelaßne Witwe/ Herren Abhards von Neydorff
Jungfr. Apollonia geborne von Schleben.

¶ Von

Von Teutschlandt.

¶ Von Bayern.
Fraw Anna geborne von Ende/ein Eheliche Haußwirtin Sigmund Goldtackers
Fr. Magdalena geborne von Schweinsberg/ein nachgelaßne Witwe Johansen von Mornhold
Jungf. Magdalena geborne von Kranitz
¶ Von Francken.
Fraw Margareta geborne von Bünaw/ ein Gemahel Herrn Jobsten von Werter
Fraw Elisabeth geborne von Hartaß/ ein nachgelaßne Witwe Dietrichs von Münchwitz
Jungfraw Anna geborne von Leipzig.
Die verordneten Grießwertel.
Levin von Buchßdorff
Heinrich von Heym
Antony von Wirtzburg
Wilhelm von Reder.
Die zwischen den Seylen hielten.
Herr Dietrich von der Planitz }
Herr Heinrich von Zebitz/ } Ritter.
Herr Georg von Langenen/ }
Herr Philip von Steinberg }
Welche in diesem Thurnier entpfangen vnd geschlagen sind worden.
Philips von Rüdeckheim
Friderich von Staffel
Gottfrid von Stockheim
Fritz von Waldeck
Heintz von Bellerßheim
Georg von Honolnstein
Philips von Neidsperg
Hans von Rottenstein
Daniel Brendel zu Hounburg
Jung Thambässer
Senffhans von Rietheim
Nicolaus von Winckelthal
Christoffel von Dradt
Ernst von Blachaw
Heinrich von Dennstatt
Karias von Aschaffenburg
Hans von Molßdorff
Wolff von Weißbach
Reinhard von Nordhausen
Endres von Sternberg
Nihilwein von Troschwitz
Leonhard von Kotzaw
Ludwig von Karbonitz
Ernst von der Salla
Sigmund von Welderswalden
Heinrich von Maltitz.

R. Der 10. Thurnier.
Deß zehenden Thurniers so gehalten worden von Welphs Hertzog in Bayern vnd Spolet/ Marggraff in Corsica/ Hertz zu Sardinia/ Anno 1165. in seiner Hauptstatt Zürich an der Limmat/ sind Thurniervögt gewesn.
¶ Von Schwaben.
Friderich von Stauffen/Ritter.
¶ Von Bayern.
Johann von Laining/Ritter.
¶ Vom Rheinstrom.
Wernher Greiffencla/Ritter.
¶ Von Francken.
Georg Fuchs/Ritter.

Diesen Turnier haben alle Fürsten/Graffen/ Freyen/Ritter/vnd die vom Adel hernachfolgend eygner Person besucht/vnd sind selbst geritten.
Welffo Hertzog in Bayern vnd Spolet/ Marggraffe in Corsica/ vnd Herr in Sardinia/ bracht mit ihm 78. Thurnier Helm/vnnd trugen auch auff mit ihm:
Die Graffen.
Ernfrid Graff zu Lentzburg
Albrecht Graff zu Dockenburg
Johann Graff zum H. Berg
Rudolph Graff zu Dengen
Wilhelm Graff zu Weissenhorn
Ludwig Graff zu Nassaw
Heinrich Graff zu Nellenburg
Sigmund Graff zu Hertzaberg
Cony Graff zu alten Frawenfeld
Sigmund Graff zu Bucheck
Wilhelm Graff zu Sargans
Endres Graff zu Härwangen
Johann Graff zu Winterthawer
Georg Graff zu Feldtkirch
Heinrich Graff zu Ober Baden
Jobst Graff zu Spiegelsperg.
Die Freyherren.
Wolffran Herr zu Walsee
Niclaus Herr zu Signaw
Albeck Herr zu Zimbern
Johann Herr zu Kranichsberg
Albrecht Herr zu Sterlingen
Ernfrid Herr zu Brandiß
Hugo Herr zu Falckenstein
Johann Herr zu Ober Goßheim
Niclas Herr zu Arwingen
Friderich Herr zu Eschenbach
Wolff Herr zu Bonstätten
Rudolph Herr zu Bußnang
Wolffhart Herr zu Joch
Ruprecht Herr zu Krenckingen
Reinhard Herr zu hohen Wolfflingen
Wilhelm Herr zu Thalmessingen
Friderich Herr zu Keyserstul
Friderich Herr zu Wendeßweiler
Die Ritter.
Philips von Hallweil
Seyfrid von Thöring
Heinrich von Rinach
Anßhelm von Achdorff
Arnold von Küssenberg
Adam von Freyburg
Hartwig von Mülberg
Ott Wolff von Bodman
Seyfrid von Ramßdorff
Friderich von Schellenberg
Albrecht Haußner
Contzelman von Ellerbach
Erb von Sawersew
Heinrich von Waldeck
Albrecht von Sempach
Sigmund von Klingenberg
Ernst von Layning
Hans Wolff von Hounburg
Ernprecht von Wolffhausen
Die Edlen.
Hans Druchseß von Ringingen
Hans Albrecht von Fridingen
Rude von Hetzkilch
Wilhelm Eipßer von Eipß
Hein von Schwerdschwarden
Frodwein von Hunweil
Leonhard von Hohenrein
Christoffel von Hertenberg
Heintz Druchseß von Diessenhofen
Eberlin von Landenberg
Friderich von Oting
Dietz Druchsieß von Höfingen
Contz von Hechingen
Hemmeran von Schönstätt
Hein von Bruchthal
Anßhelm von Heklingen
Hans Leonhard von Eisenhofen
Claus von Brunstein
Christoffel von Erbach
Dieterlin von Schlierbach
Offhans von Bubenberg
Heiny von nider Goßheim
Helly von Etißweil
Cuntzel von Blumeneck
Friderich von Glaris

Die mit Pfaltzgraffe Ott. p von Wittelspach zu dem Thurnier auffgetragen haben.
Heinrich Graff zu Burckhausen
Otto Graff zu Lavant
Heinrich Landgraff zu Stauff am Regen
Albrecht Graff zu Hohenbogen
Wilhelm Herr zu Bruck
Heinrich Graff zu Leonsperg
Arnold Herr zu Schönstein
Heinrich zu Hohenfelß
Die Ritter.
Leonhard Leutenbeck
Hans von Haßlang
Wilhelm von Sandicel
Seyfrid von Schwangaw
Heinrich Ebron zu Wildenberg
Georg Fuhmessel
Heinrich von Aschaw
Jobst von Kämmat.
Die Edlen.
Hiltbrand Hornbeck
Leonhard Schirffeysen
Caspar von Bratteneck
Friderich von Wildenwart
Wolff Greiff von Greiffenberg
Wentzel von Haldenburg.

Die mit Hertzog Heinrich von Bayern zu der Schaw haben auffgetragen.

Johann Graff zu Forchtenstein
Heinrich Graff zu Vornbach
Eberhard Graff zu Pfeilstein
Heinrich Herr zu Eckersaw
Wentzel Herr zu Sternberg
Wilhelm Herr zu Ebersdorff
Ernst Herr zu Kunringen
Wilhelm Herr zu Thron
Leupold Herr zu Losenstein.
Die Ritter.
Reuß von Bappendorff
Heinrich von Eynnerberg
Contz von Wildenforst
Walter von Fladeneck
Hans Heinrich von Horneck
Heinrich Geschlacht von Wildenwart.
Die Edlen.
Sigmund von Galleuberg
Herman von Gendtersdorff
Adolph von Herbrechting
Thoman von Harach
Georg von Griebingen
Philips von Himelberg
Reinhart von Harenstein
Niclaus von Kellerßhard
Reinhard von Hüntberg.

Die mit Marggraff Lupolden von Oesterreich zu der Schaw auffgetragen haben.

Ein { Graff von Fortenstein
{ Graff zu Heimburg
{ Graff zu Hardeck
{ Graff zu Pfanberg
{ Herr zu Meissenaw
{ Herr zu Hochaburg
{ Herr zu Folckendorff
{ Herr zu Scheffenberg
{ Herr zu Saneck
{ Herr zu Newenhauß
{ Herr zu Hocholting
{ Herr zu Flachsperg.
Die Ritter.
Hans von Attenfelß
Andreas von Schmalenberg
Heinrich von Hallerstein
Wolff von Albrechtsheim
Wolff von Haßlang
Friderich Leutenbeck
Heinrich von Falckenstein.
Die Edlen.
Ebald von Fladeneck
Thomas von Fritzßdorff
Leapold von Feldebrunn
Ernst genannt der Gall
Heinrich genannt der Gradner
Lorentz von Sandicel
Albrecht von Aschaw
Friderich von Gendersdorff
Anßhelm von Harprechstein
Georg von Cappel.

Die

Das fünffte Buch

Die mit H. Ottocarn von der Steyrmarck zu dem Thürnier auffgetragen haben.
Herman Graff zu Zilij
Wilhelm Herz zu Crey
Johann Herz zu Esslingen
Johann Herz zu Pettaw
Albrecht Herz zu Liechtenstein.
  Die Ritter.
Ernfrid von Eymerberg
Wolff von Frannaw
Sigmund von Gloiach
Ernst von Heldenstein.
  Die Edlen.
Georg von Hellenschaw
Arbogast von Kranichsperg
Dieterich von Rappenstein
Heinrich von Krebsdorff
Hans Reuß von Lagelstein
Friderich von Mognitz
Frantz von Manswerdt
Philips von Mittendorff
Rudolff von Hinderholtz
Endres von Nidersperg
Adam von Spangenstein.

Die mit H. Heinrich von Kärnten zum Thürnier haben lassen auffgetragen.
Wilhelm Gräff zu Berneck
Sebastian Herz zu Krey
Heinrich Herz zu Liechtenberg
Lüpold Herz zu Liechtenstein
Friderich Burggraff zu Lintz
Ambrosi Herz zu Teschermomel
Heintz von Beilstein/
Georg von Fladnitz/
Hans von Alpffalten/   } Ritter.
Endres von Hiniperg
Friderich Gleißner
Frödenschad von Holneck
Frischhans von Kellerberg
Eckhard von Schweinward
Eberhard von Fewersperg
Frewdenreich von Leussingen
Eberhard von Krottendorff
Sigmund Kefermüller von Eychenberg.

Die mit Marggraff Engelbrechten von Oesterreich vnd Kronburg im Thürnier haben lassen auffgetragen.
Sigbott von Truchsing
Außhelm von Stein
Wernher von Boraw
Sigmund von Leberskirchen
Oswald von Aheim auff der Filß
Wernher Granß/ alle 6. Ritter.

Die mit Margaraff Berchtolden von Eger vnd dem Newenmärck zum Thurnier auffgetragen.
Erasmus von Waldaw/ Ritter
Friderich Heybeck zu Weissenfelß/Rit.
Albrecht Weicher von Trawbling
Philips Vrsenbeck
Albrecht von Rümsperg
Wolffram von Degenberg
Hilpolt von Brenberg
Heinrich von Wildeck
Sigmund von Wildenforst
Dieterich von Hautzendorff.

Die mit Marggraff Diebolden von Vohburg auffgetragen haben.
Rudolff Stahel/ Ritter
Albrecht von der Wart/ Ritter
Ernfrid von Frundsperg
Seyfrid Rösch von Nußberd
Heinrich von Paulsdorff
Endres von Strudel
Armenreich von Mechselreim
Friderich Panichner

Die mit Marggraffe Berchtolden von Oesterrich/ Graffen zu Andechs haben auffgetragen.
Erasmus von Tauffkirchen/ Ritter
Ringpeter von Schönstein/ Ritter
Wolffram von Rotaw
Wolff von Staudach

Leonhard von Täntzenberg
Leupold von Pfeffenhausen
Heinrich von Nidern Arnbach.

Die mit Landgraff Otten von Stöffling vnd Stauff am Rhein haben auffgetragen.
Conrad von Breitenstein/ Ritter
Ernst von Paulsdorff
Leonhard von Berbing
Friderich von Murbach
Heinrich von Wolffstein

Die mit Burggraff Heinrichen Graffen zu Kalmüntz haben auffgetragen.
Hehmeran Zenger zum Zangenstein/
Fritz Hofer zum Lobenstein/
Heinrich Ecker zu Eck/   } Ritter.
Gundolff von Bartsberg/
Georg von Satzenhofen/
Seyfrid von Leubelfling/
  Die Edlen.
Ernfrid von Dachaw
Heinrich von Waldaw
Erasmus von Ramsberg
Heymeren von Pauksdorff
Ernst von Hohenfelß.

Die mit dem reichen Graffen Arnolden von Dachaw haben auffgetragen.
Krumbhans von Freyen Seiboldsdorff/
Heinrich Küchler von der Hohen Küchel/   } Ritter.
Hans Rauch von Preissing/
Friderich von Leberskirchen
Otto von Pientzenaw/
  Die Edlen.
Erhard Rahner zu Rayn.
Herbrecht von Schwendt
Kacholff von Noping
Hehmeran von Sattelbogen
Friderich im Holtz
Leonhard von Offenstätten
Albrecht von Frödenberg
Martin von Offenberg
Wernher Schenck in der Awe.

Die mit Graffe Albrechten von Habspurg haben lassen auffgetragen.
Endres Herr zu Pelmont
Ernst Herr zu Keyserstul
Niclaus Herr zu Fürwangen
Friderich Herr zu Justingen
Heinrich Herr zu Wassersteltzen
Conrad Herr in Wolffenweiler
Contz Schnäbelin von Landeck/ Ritter.
Philip von Hewdorff
Fritz Schnäbelin von Boßweil
Erff von Lobenberg
Sigmund von Fürst
Genn von Degerfeld
Fritz von Obern Baden
Hans Schenck von Stauffenberg
Sebastian Truchseß von Wintersteten

Die mit Graffe Conraden Fürsten zu Balloy haben auffgetragen.
Otto Wolff zu Absperg
Rudolff Stumpff
Endres von Hachsenack
Samson von Wildeck
Fritz Jüdman
Sigmund von Kager

Die mit Graff Boppen/ Färsten zu Hennenberg haben auffgetragen.
Adolff von Schaumberg
Friderich Wolffskele
Burckhart von Seinsheim
Wolff von Egloffstein/ alle vier Ritter.
Wilhelm von Sternberg
Kilian von Grünbach
Philips von Wenckheim
Wilhelm von Rotenhan

Friderich von Auffseß
Heinrich von der Linden
Wilhelm Voyt von Saltzburg
Heinrich von Schweinshaupten
Johannes von Redern
Erwin von Düngen
Ruprecht von der Thann.

Die mit Graff Otten von Balloy haben lassen auffftragen.
Wolff von Harschtkirchen/ Ritter
Friderich von Lengfeld
Seyfrid von Rammelstein
Wilhelm Schenck in der Aw.

Die mit Graff Otten von Nassaw haben lassen auffftragen.
Otto von Baldeck
Friderich Kämmerer von Wbrms
Kleinhans von Reiffenberg
Martin von Ingelheim/ alle 4. Ritter.
Johann von Rüdißheim
Friderich Greiffenclae
Georg von Budafeld
Anßhelm von Heussenstein
Heinrich von Cronberg
Ernst von Fülweil.

Die mit Graffe Berchtolden von Bogen vnd Winberg zum Thurnier haben lassen auffftragen.
Heinrich von Kammerberg/ Ritter
Paulus von Sunching
Ernst von Welchenberg
Contz Stör zum Störnstein

Die mit Graff Hugen von Montfort haben lassen auffftragen.
Hans Hug von Bodman/ Ritter
Christoffel von Freyburg
Georg Waldner
Heinrich von Landsperg
Wilhelm von Hohenlingen
Jacob von Fridingen
Hans Eberhard vom Hauß
Heinrich von Hewdorff.

Die mit Graff Gebharden von Castel haben lassen auffftragen.
Gangolff von Schonstein
Gottfrid von Thonastauff
Seyfrid von Hertenberg
Reichhard von der Awe.

Die mit Graff Sigmunden von Kyburg haben lossen auffftragen.
Heinrich von Hallweil/ Ritter
Friderich von Hüttenberg
Albrecht von Küssenberg
Ernst von Gundersweil
Heinrich von Lauternaw
Georg von Friesengen

Die mit Graff Rabatho von Ortenberg haben lassen auffftragen.
Wilhelm von Buchberg/ Ritter
Ottwaller zum Wildenthurn/ Ritter
Heinrich Rindsmanl
Andres Stachel zu Stacheleck
Friderich Eichberger zu Reb.

Die mit Graff Heinrichen von Schwartzburg haben lassen auffftragen.
Eberhard von Stroßberg/ Ritter
Georg von Willensdorff/ Ritter
Heinrich von Brandenstein/ Ritter
Friderich Hund
Seyfrid von Dennstatt
Hans Appel Ditzhymb
Alhard von Witzleben.

Die mit Dieterichen von Hall vnd Wasserburg haben lassen auffftragen.
Wilhelm von Nußdorff/ Ritter
Friderich von Hohenrein
Philips Schielwatz
Hans Schirffseyen

Die mit Graff Albrechten von Schwabeck haben lassen auffftragen.
Sigmund von Landaw/ Ritter
Albrecht von Rietheim
Endres von Welden

Fride-

Von Teutschlandt. 1217

Fridrich von Mündelheim
Heintz von Hohen Ahelstingen
Eberlin von Ellerbach
Rudolph von Hounburg
Die mit Graffe Heinrichen von Lechsmund vnd Burckheim auffgetragen haben.
Fridrich von Oeting/Ritter
Hans Heinrich von Wending
Erhart Geißbard/genannt Hotzman
Conrad von Rammelstein zum Loch
Die mit Graff Ludwigen zu Werdenberg haben lassen aufftragen.
Friderierich von Ellerbach/Ritter
Hans Dieterich von Stauffenberg
Heinrich von Freyburg
Dieterich von Andlaw
Wilhelm von Künseck.
Die mit Graffe Eberharden von Abensperg vnd Roteneck haben lassen aufftragen.
Reinhard von Lengsfeld
Arnold von Jagßdorff
Diebold von Sintzenhofen
Wilhelm Stingelhamer.
Die mit Graffe Thoma von Reneck haben lassen aufftragen.
Friderick von Wolffskele/ }
Wilhelm von Rosenberg/ } Ritter.
Wolff von Hornstein/ }
Wolff von Rochberg }
Kilian von Liechtenstein
Bötz von der Linden genannt von Sedorff.
Die mit Graffe Beringern von Castell vnd Sultzbach haben lassen aufftragen.
Friderich Vrsenbeck/Ritter
Heinrich von Falckenstein
Everhard Morßpeck.
Die mit Graffe Sigharten von Schalla vnd Burckhausen haben lassen aufftragen.
Walther Thürner zum Thurn/Ritter
Heinrich von Leuprachtingen
Bernhard von Manßbach.
Die mit Graffe Heinrichen von Fürstenberg haben lassen aufftragen.
Wolff von Blumeneck/Ritter
Melchior von Stauffenberg/Ritter
Johann von Berenfelß
Walther von Hastatt
Heinrich von Landsperg
Wilhelm Schäfflein
Wolff Scheffler genannt Geßler.
Die mit Graffe Hartwig von Bogen haben lassen aufftragen.
Conrad von Darlitty/Ritter
Heinrich Oilinger
Fridrich Butzner zu Butzen.
Die mit Graffe Virichen von Hanaw haben lassen aufftragen.
Conrad Schenck zu Schweinsberg/Rit.
Heinrich von Lauter/Ritter
Georg von Sachsenhausen
Conrad Riedesel
Philips von Sanheim
Johann von Rüdickheim
Ernst von Hatzfeld
Die mit Graffe Conraden von Mörßburg haben lassen aufftragen.
Philips Jude von Burckberg/Ritter
Fridrich von Altzhausen
Endres von Hadlenburg
Die mit Graffe Friderichen von Pfirt haben lassen aufftragen.
Sigmund Graff zu Süllingen
Fridrich zu Endlibuch/Ritter
Heine von Waltersweil/Ritter
Heuruß von Schönaw
Heinrich von Neuneck.
Die mit Graffe Eberharden von Schöring vnd Bornbach haben lassen aufftragen.
Hans Gessel von Altenburg/Ritter

Arnold Trenbeck von Trenbach
Fridrich von Watzendorff
Wolff Awer zu Ballach
Fridrich Schwendner zu Schwend

Die mit Graff Albrechten von Kalw haben lassen aufftragen
Contz von Rechberg/ }
Hans Truchseß von Heffting/ } Ritter.
Fridrich von Wetting/ }
Wolff von Zülnhard
Heintz von Sternfelß
Albrecht von Stein
Peter von Reickenfelß
Hans von Ertzberg
Caspar von Thalheim

Die mit Graffe Diebold von Lechsmund haben lassen aufftragen.
Dirolph von Bogßberg
Johann von Westernach
Wolff von Hoping.

Die mit Graff Heinrichen van Wertheim haben auffgetragen.
Dieterich von Erolzheim/ }
Heinrich von Bebenberg/ } Ritter.
Christoffel von Thünfeld/ }
Seyfrid Karg von Stättenberg
Friderich Zobel
Frechhans von Berlaching
Kilian von Hartheim
Wilhelm Vogt von Rheineck
Die mit Graff Heinrichen von Grießbach haben auffgetragen.
Fridrich von Brunn
Rheinher von Hürnheim
Peter von Hohen Eck.

Die mit Graff Ludwigen von Helffenstein Herrn an der Flß auffgetragen haben.
Wolffgang Schilling/Ritter
Conrad von Wernow/Ritter
Lang Fridrich von Bechberg
Wilhelm von Zülnhard
Hans von Dachsenhausen
Rudolph von Westerstätten.

Die mit Graff Rudolffen von Hohenzollern haben lassen aufftragen.
Fridrich von Kaltenthal/Ritter
Seyfrid von Stein Ritter
Heinrich von Osterkingen
Wernher Herter von Gameringen
Wilhelm Spädt
Albrecht von Schellenberg
Hans von Paußweil
Fridrich von Neuneck

Die mit Gräff Rudolff von Rapperswell haben lassen aufftragen.
Georg von Künberg/Ritter
Hans von Dannenfelß/Ritter
Heintz von Seweßheim
Wolff von Grünenstein
Frantz von Bubenberg
Christoffel von Etißweil
Hans Schenck von Landeck
Die mit Graff Wernher von Seine haben lassen aufftragen.
Heinrich von Hammerstein/Ritter
Wilhelm von Eltz/Ritter
Fridrich von Kappri
Johann von Helffenstein
Heinrich von Landeck
Emmerich von der Leyen
Die mit Graff Rudolffen von Tübingen haben auffgetragen.
Hans der älter von Stadion/Ritter
Wolff von Ehingen/Ritter
Hans von Dornstätten
Röschwolff von Schelcklingen
Friderich von Dischingen
Wilhelm von Sachsenheim

Wolff von Gameringen.
Hernach folgen alle Graffen/Freyherren/Ritter vnd Edlen so bemeldten Thurnier auff ihren eygnen Kosten besucht/vnd zu der Thurnier Schaw selbst haben lassen aufftragen.
Die Graffen.
Emmerich Graff zu Leiningen
Rudolph zu Altenfrawenfeld
Friderich zu Veldentz
Ludwig zu Nidaw
Vlrich zu Vrach
Wilhelm zu Feldkirch
Rheinher zu Willisaw
Wilhelm zu Frawenburg
Ruprecht zu Sujenburg
Caspar zu Asperg
Rudolph im Algow
Wilhelm zu Kirchberg
Cruffz zu Hohenlohe
Johann zu Sarbrucken
Heinrich zu Dornberg
Johann zu Salm
Endres zu Metsch
Johann zu Newenburg
Getheinrich zu Acheln
Friderich zu Wangen
Nicolaus zu Vallandiß
Heinrich zu Straßberg
Die Freyherren.
Hans Heinrich zu Rotius
Friderich zu Kaltern
Johannes zu Stöffel
Vlrich zu Wittelspach
Wolff zu Hohen Sax
Wilhelm zu Hohen Gerolzeck
Wilhelm zu Zimbern
Hans zu Brandiß
Burchard zu Weinsperg
Rudolph zu Rappolstein
Gottfrid zu Hohen Hewen
Gangolff zu Gundelfingen
Ludwig zu Ochtnstein
Friderich zu Krenckingen
Haunfrid zu Thalmessingen
Heinrich Herr zu Ringenberg
Oberling von Ruxingen
Gangolff zu Stauffen
Andreas zu Endenberg
Jacob zu Meßkirch
Heiny zu Frawenstein
Wilhelm zu Randeck
Ruprecht zu Hohen Eck
Heiny zu Willandingen
Ernfrid zu Schnabelberg
Philips zu Thorberg
Niclaus zu Bechberg
Philips zu Loch
Sebastian zu Freyenstein
Rude zu Arwangen
Friderich zu Rappenberg
Wolffgang zu Arburg
Die Ritter.
Albrecht von Bernstein
Wilhelm von Landaw
Albrecht Güß zum Gässenberg
Hans von Knöring
Vlrich von Annaberg
Contz von Rechberg
Alhard von Hurnheim
Wolff von Reuschach
Heinrich von Waldeck
Ermarich von Egringen
Ernst von Tennesberg
Heinrich Schnäbelin von Krantzaw.
Die Edlen.
Friderich von Endingen
Wilhelm Inbrucker
Heinrich von Diebenthal
Wolff von Eintzerberg
Ernst von Gallenberg
Jobst von Himmelberg
Georg von Grandrichingen
Johann von Hofkirch
Thoman von Schalnberg

Wilhelm

Das fünfft Buch

Wilhelm von Dachsperg
Heinrich zu Zabelsberg
Contz von Rottenstein
Endres von Dumritz
Caspar von Pietzenbach
Hans Thorer von Thörlin
Heinrich von Büchberg
Nicolaus von Pfeffenhausen
Ernst von Greiffenstein
Wolffgang Zenger
Sigmund von Rotaw
Michel von Starckenburg
Wilhelm von Bleß
Antoni von Spaur
Conrad von Firmion
Contz von Landaw
Erasmus von Schwendt
Wilhelm von Welwardt
Arnold von Rumanßfelden
Heinrich von Gemmingen
Hans von Hilting
Georg von Lustnaw
Friderich von Bemburg
Matthias von Wolckeringen
Hans Schnäbelin von Aurburg
Eberhard von Nippenburg
Wolffhard von Renchingen
Rudolph von Bopffing
Hans von Zewrbach
Otto von Schwalbach
Philips von Newenfelß
Eberhard von Wißweiler
Eberhard von Kippenem
Sigmund von Kirchhofen
Ambrosi von Schuttersweiker
Georg von Körnberg
Georg von Neuweiler.

Es wurden von den 4. Landen auf jedem Land 3. verordnet / welche die Aempter besetzen solten / damit der Thurnier ordenlich gehalten wirdt.

¶ Von Schwaben.
Hans Hügen von Bodman / Ritter
Heinrich von Hohen Adelsfugen
Albrecht von Schellenberg
¶ Von Bäyern.
Wernher Gransen Ritter
Heinrich von Paulsdorff
Wolffrainen von Degenberg.
¶ Vom Rheinstrom.
Wilhelm Eltz / Ritter
Heinrich von Cronberg
Hans Schencken von Landeck.
¶ Von Francken.
Burckhard von Seinßheim / Ritter
Kilian von Liechtenstein
Heinrich von Bemburg.

Diese zwölff sassen nider vnd erwehlten erstlich zu der Schaw 8. Mann auf den 4. Landen.
¶ Von Schwaben.
Friderich von Ellerbach
Endres von Welden
¶ Von Bäyern.
Hans von Haßlang
Albrecht von Wardt.
¶ Vom Rheinstrom.
Heinrich Schnäbelin von Kanzaw / Ritter
Friderich von Greiffenklaw
¶ Von Francken.
Adolph von Schaumberg / Ritter
Wilhelm von Rotenhane.

Die verordneten Frawen vnd Jungfrawen zu der Schaw.

¶ Von Schwaben.
Fraw Elisabeth / ein eheliche Haußwirtin Herren Philippen von Hallweil / geborne von Ellerbach
Fraw Margareta geborne von Hatstat / ein nachgelassene Witfraw Herren Hansen von Künßeck

Jungfraw Sibylla / geborne vom Stein zu Steineck
¶ Von Bäyern.
Fraw Dorothea ein eheliche Haußfraw Herren Frümbhansen von freyen Seyboldsdorff Ritters / geborne von Preising
Fr. Helena von Rayning / ein nachgelassene Witwe Herren Seybolds von Mülberg
Jungfr. Ursula / geborne von Büchberg.
¶ Vom Rheinstrom.
Fr. Agnes / ein eheliche Haußfraw / Herrn Friderichs von Endelibuch Ritters / geborne von Landsperg
Fr. Barbara geborne von Ingelheim / ein nachgelassene Witwe Herren Dietrichs von Cronberg
Jungfraw Anna von Pirmont.
¶ Von Francken.
Fr. Margaretha ein eheliche Haußfraw Burckhards von Seinsheim / geborne von Landersheim
Fraw Catharina / geborne Schenckin zu Bäyern / ein nachgelassene Witwe Herren Friderichs von Veckendorff
Jungfr. Agatha / geborne von Ehenheim.

Die Griesswärtel.
¶ Von Schwaben.
Herr Conrad von Rechberg / Ritter
Herr Christoffel von Freyburg / Ritter.
¶ Von Bäyern.
Herr Heymeran Zenger zum Zangenstein Ritter
Erasmus von Waldaw / Ritter.
¶ Vom Rheinstrom.
Herr Martin von Ingelheim / Ritter
Friderich Kaimerer von Wormbs / Ritter
¶ Von Francken.
Herr Hieronymus von Rosenberg / Ritter
Friderich Wolffstele / Ritter.

Die zwischen den Seylen halten sollen.
¶ Von Schwaben.
Wolff von Zülnhaard
Hans Albrecht von Fridingen.
¶ Von Bäyern.
Sigmund von Leberskirchen
Friderich Murcher.
¶ Vom Rheinstrom.
Dieterich von Andelaw
Johann von Rüdißheim.
¶ Von Francken.
Ruprecht von der Thann
Philips von Wectheim.

Die auffgestellten an der Schaw.

Georg Frümessel / ⎫
Wolff von Fronaw / ⎪
Walther von Fladeneck / ⎬ Ritter
Ernst von Heldenstein / ⎪
Hans Apffalter / ⎪
Heinrich von Brandenstein / ⎪
Wolff von Harßkirch / ⎭
Heiny Schwerschwanden
Contz von Hechingen
Friderich von Otting
Dieterling von Schlierbach
Christoffel von Erlach
Friderich von Glaris
Jobst von Kemmat
Friderich von Wildenwart
Wentzel von Haldenberg
Thoman von Harach
Niclaus von Kelbershardt
Leupold von Feldbrunn
Georg von Kappel
Dieterich von Kappenstein
Hans Reusi von Lagelstein
Friderich von Mognitz
Adam von Spangenstein
Eberhard von Krottendorff
Frödenschad von Holneck
Dieterich von Hautzendorff
Frießhans von Kellerberg.

L. Der 11. Thurnier.

Des eylfften Thurniers so gehalten worden von Florentz Graff in Hennegöw / Holand vnd Seeland / Anno 1179. zu Cöln in der Käyserlichen Freystatt / am Rhein / so Thurniervögt gewesen diese vier Personen.

¶ Von Schwaben.
Wilhelm von Landaw / Ritter.
¶ Von Bäyern.
Seyfrid von Lübolsing / Ritter.
¶ Vom Rheinstrom.
Johann von Helffenstein / Ritter.
¶ Von Francken.
Otto Wolff von Absperg.

Diesen Thurnier haben alle Fürsten / Grafen / Freyherren / vnd vom Adel hernach genannte besucht / vnd sind selbst geritten.

¶ Die Fürsten.
Conrad Pfaltzgraffe bey Rhein / Churfürst / Keyser Friderichs Bruder
Philips Hertzog zu Schwaben / Key. Friderichs Sohn / ward nachmals Römischer König
Gottfrid den man nennt im Bart / Hertzog in Braband vnd Lothringen
Otto Margg. in Italia vnnd Graffe zu Burgund / auch Key. Friderichs Sohn
Heinrich Hertzog zu Lympurg
Gößelin H. zu Ardenien
Friderich H. zu Bare
Friderich Marggraff zu Hochberg
Ludwig erster Landgraff zu Thüringen.

Diese Graffen.
Baldwin in Hennegöw
Johann zu Mawr
Philips zu Flandern
Wolrad zu Gülch
Florentz in Hennegöw / Holand vnd Seeland / Herr in Frießland
Gertz zu Gellern
Heinrich zu Lützelburg
Warmund zu Spanheim
Wolrab zu Nassaw
Otto zu Cleve
Gebhard zu Hirßberg
Wolckard zu Lechsmund
Albrecht zu Leck
Adolph erster Graff zu Altenaw
Heinrich zu Arnsperg
Mangold zu Veringen
Heß zu Leiningen
Wilhelm zu Altenburg
Ludwig zu Helffenstein
Otto zu Wolffarthausen
Gebhard zu Sein
Conrad zu Kalw
Rheinher zu Hanaw
Ludwig zu Wirtenberg
Hertz zu Wittelspach
Otto zu Ravensperg
Albrecht zu Dillingen
Ludwig zu Sarbruck
Hermann zu Grüningen
Ludwig zu Pfire
Ego zu Freyburg
Conrad zu Hohenlohe
Ludwig zu Veldentz
Johann Dyffalten
Ernst Löve
Heinrich Sarwerden
Wilbold Appermond
Friderich Lützelstein
Johann Falckenstein
Wilhelm Horn
Heinrich Dockenburg
Philips Fiernenberg
Wilhelm zu Mörß
Wolff zu Salm
Albrecht zu Acheln
Ego zu Vracht
Albrecht zu Asperg

Wolff-

Von Teutschlandt. 1235

Wolffhard zu Thierstein
Herman Wecker zu Zweybruck
Ehrnfrid zu Dachsperg
Philip zu Solms
   Die Freyherren.
Johann von Bretten rode
Anthony Waßenar
Vimon zu Montfort
Cuno zu Cronenberg
Philips zu Egmund
Alhard zu Fön
Wilhelm zu Erckel
Gotthart zu Renß
Niclaus zu der Merwen
Ortolph zu Leyningen
Adolph zu Adingen
Friderich zu Saffenburg
Reinard zu Remerszhal
Johann zu Mixmdung
Wilhelm zu der Horst
Albard zu Beyßbeck
Wolffhard zu Beuwern
Sighard zu Aspern
Johann zu Heinsperg
Friderich zu Paulonen
Alhard zu Isselstein
Johann zu Heinstetten
Alhard zu Einßkirch
Georg zu Walkort
Aßmus zu Düllingen
Ruprecht zu Peterse
Reinhard zu Mons
Albrecht zu Heuster.

Diese 12. Personen wurden gesetzt/daß sie die Aempter verordneten/nemlich auß den vier landen.
   ¶ Von Schwaben.
Herr Engelhard von Wirdperg
Wilhelm von Neuneck
Friderich von Kndringen.
   ¶ Von Bäyern.
Herr Wilhelm Granß
Andreas Dachawer
Wolff von Schatzenhofen.
   ¶ Vom Rheinstrom.
Herr Cornelius von Nesselrode
Heinrich von Burscheydt
Philips Bäyer von Bapartcz.
   ¶ Von Francken.
Herr Ernst von Rosenberg
Daniel Vont von Saltzburg
Contz von Luchaw

Die zu der Schaw verordnet wurden auß den vier landen.
   ¶ Von Schwaben.
Dieterich von Emßz/für ein Alten
Sigmund von Rechberg für ein Jungen
   ¶ Von Bäyern.
Eberharden Kuchler von Hohen Kuchel/ für ein Alten
Ott von Harschkirchen/für ein Jungen.
   ¶ Vom Rheinstrom:
Friderich Brumsern für ein Alten
Arnold Quaden für ein Jungen
   ¶ Von Francken.
Hanß von Wenckheim für ein Alten
Ernest von Birckenfels für ein Jungen.

Die 12. Frawenperson zu der Schaw
   ¶ Von Schwaben.
Fraw Agnes ein Eheliche Haußfraw Herrn Melchiors von Landaw/geborne von Rechberg
Fraw Adelheit geborne von Franckenstein/ein nach gelaßne Witwe Herrn Dieterichs von Raudeck
Jungkfraw Tiburtia/ein Tochter Heinrichs von Gemmingen.
   ¶ Von Bäyern.
Fraw Dorothea ein Eheliche haußfraw Herrn Walthers von Waldeck/geborne von Satz zu Eck
Fraw Anna geborne Hornbeckin/ein nach gelaßne Witwe Ehnfrids von Wildenwart

Jungfr. Ehrentraud ein Tochter Herrn Wilhelms von Brenberg.
   ¶ Vom Rheinstrom.
Fraw Mechtilda/ein eheliche Haußwirtin Albrechts von Schwanberg/ein geborne Schenckin von Schwientzberg
Fraw Philtyppa geborne Fraw von Rode/ein nachgelaßne Witwe Herrn Guntrams von Cleen
Jungfraw Cordula/ein Tochter Herrn Emmerichs von Horst.
   ¶ Von Francken.
Fraw Margreth ein eheliche Haußfraw Jacobs von Liechtenstein/geborne von Bänelperg
Fraw Gutta geborne Schenckin von Roßberg/ein nachgelaßne Witwe Friderichs von der Thann
Jungfraw Elisabeth/ein Tochter Heinrichs von Vestenberg.

Die erwehlt man zu Grießwertel.
   ¶ Von Schwaben.
Herr Friderich von Sichingen
Herr Erich von Hanß.
   ¶ Von Bäyern.
Herr Leonhard Ursenbecken
Herr Wernher Kuchler von der hohen Kuchel.
   ¶ Vom Rheinstrom.
Herr Heinrich Greiffenclaw
Herr Heinrich von Odenkirch.
   ¶ Von Francken.
Herr Ernsten von Redwitz
Herr Kilian von Altenstein.

Die zwischen den Seylen halten sollen.
   ¶ Von Schwaben.
Oßwald von Waldeck
Nicolaus von Venningen.
   ¶ Von Bäyern.
Alhard von Hutzendorff
Erhard von Achheim auff der Ilsh.
   ¶ Vom Rheinstrom:
Johann von Rudißheim
Hauß von Hendschußheim.
   ¶ Von Francken.
Rudolff von Hutten
Wilhelm von Wolskele.

N. Der 12. Thurnier.

Deß 12. Thurniers so gehalten worden vom Römischen Keyser Heinrichen dem 6: deß Namens König zu Neapolis/Sicilien vnd Sardinien/Hertzog zu Schwaben/Anno 1197. in der Keyserlichen Reichsstat Nürnberg an der Pegnitz/sindt gewesen Thurniervögt.
   ¶ Von Schwaben.
Hans von Hirnheim/Ritter.
   ¶ Von Bäyern
Wilbold von Degening.
   ¶ Vom Rheinstrom.
Wilhelm von Reissenberg/Ritter.
   ¶ Von Francken.
Ortholph von Wilhelmsdorff.

Diesen Thurnier haben alle Fürsten/Grafen/Herrn/Ritter vnd die vom Adel/eigner Person besucht/vnd sind selbst geritten.

Die Fürsten.
Heinrich Hertzog zu Sachsen vnd Bäyern/genannt der Hochfertig
Friderich Hertzog zu Beham
Wentzlaw Marggraff zu Märhern
Lützelman Hertzog zu Deck
Herman Landgraff in Thüringen
Berchthold Hertzog zu Meron
Conrad Marggraffe zu Laußnitz vnnd Graf zu Rochlitz
Rudolph Marggraff zu Baden
Wenrher Marggraff zu Hochberg
Heinrich Marggraff zu Runßberg
Poppe Graf vnd Herr zu Hennenberg.

Die Graffen.
Arnold zu Cleve
Friderich zu Orlamund

Berchthold zu Vochburg
Berchthold zu Hohenbogen
Altman zu Abensperg
Dieterich zu Hall
Berchthold zu Lechsmund
Conrad zu Moßberg
Gebhard zu Hirßberg
Eberhard zu Dornberg
Gebhard zu Roteneck
Berchtold zu Breißpach
Ulrich zu Stein auff dem Nordgöw
Conrad von Weissenhorn
Gerlach zu Naßaw
Lamprecht zu Doringen
Heinrich zu Reneck
Albrecht zu Düllingen
Reinhart zu Hanaw
Ludwig zu Pfirt
Albrecht zu Werheim
Rudolph von Montfort
Friderich zu Frenburg
Heinrich zu Werdenberg
Johann zu Helffenstein
Gebhard zu Hohenloe
Sigmund zu Gleichen
Johann zu Castel
Philips zu Hohendruchading.

Die Freyherren.
Heinrich Reuß zu Plawen
Gotthard zu Weinsperg
Gottfrid zu Limburg
Wolff zu Breuberg
Andres zu Daun
Mang zu Heideck
Philips zu Bruneck
Eberhard zu Weitelspack
Sigmund zu Hußperg
Heinrich Herr zu Kammerstein
Gebhard zu Grünblach
Friderich Herr zu Erbach

Diese zwölff nachbenante seyndt geordnet worden daß sie die Aempter außtheilen/auß den vier Landen.
   ¶ Von Schwaben.
Herr Hans Friderich von Fridingen.
Niclaus von Eptingen
Wolff von Hallweill.
   ¶ Von Bäyern.
Herr Wilhelm von Mülberg
Sigboth von Barsperg
Wolff von Pauls dorff.
   ¶ Vom Rheinstrom.
Herr Heinrich von Staffel
Reinhart von Stockheim
Wilhelm von Seynbach.
   ¶ Von Francken.
Herr Wolff Fuchs
Friderich von Ebenheim
Heinrich von Luttersheim.

Die zu der Schaw bestellt wurden.
   ¶ Von Schwaben.
Hans Heinrich von Anweil für ein Alten
Heinrich von Bach für ein Jungen.
Heinrich von Ramsperg für ein Alten
   ¶ Von Bäyern.
Heinrich von Ramsperg für ein Alten
Georg Haußner für ein Jungen.
   ¶ Vom Rheinstrom.
Herr Wernher von Pirmont für ein Alten
Johann von Schöneck für ein Jungen.

Die Frawen vnnd Jungfrawen so zu der Schaw bestellt wurden.
   ¶ Von Schwaben.
Fraw Adelheid Herren Albrechts von Ahlsingen Eheliche Haußfraw/geborne von Hacholting
Fraw Gutta geborne von Westerstetten/ein nachgelassen Witwe Herren Philipsen Sturmfeders
Jungfr. Anna geborne von Gundelsheim.
   ¶ Von Bäyern.
Herren Wilholds von Preysung Eheliche Haußfraw/geborne von Hitzkershausen

Fraw

Das fünffte Buch

Fraw Agnes geborne von Greiffenberg/
nachgelaßne Wittwen Conrads von
Berding
Jungfraw Margareta Herrn Diebolds
Tochter von Messenhausen.
¶ Vom Rheinstrom.
Herrn Heinrichen von Landsperg eheliche
Haußfraw/ein geborne von Lößnich
Fr. Hildegard geborne von Raßumhauß/
ein nachgelaßne Wittw Herrn Wil=
helms Hürten von Saulnheim
Jungf. Anastasia geborne von Ingel=
heim.
¶ Von Francken.
Fraw Dietburga ein eheliche Haußfraw
Herrn Johansen von Wirtzberg/ ge=
borne von Streitenberg
Fr. Anna geborne von Stetten ein nach=
gelaßne Wittwe Herrn Wilhelms von
Streitberg
Jungfraw Walpurg ein Tochter Herrn
Wilhelms von Rheinstein.

Die verordneten Griesswertel.

¶ Von Schwaben.
Herr Bring von Lutzberg
Herr Schweighard von Hatstatt
¶ Von Bäyern.
Herr Leonhard von der Kürn
Herr Adelhard von Ramsperg.
¶ Vom Rheinstrom.
Heinrich von Helffenstein
Herr Emerich von Cronenberg.
¶ Von Francken.
Herr Dieterich von Dungfeld
Jobst von Egloffstein.

Die zwischen den Seylen hielten.

¶ Von Schwaben.
Friderich von Berenfelß
Conrad von Züluhard
¶ Von Bäyern.
Johann Frümesseln
Herr Gottfrid von Waldaw.
¶ Vom Rheinstrom.
Arnold von Flersheim
Johann Bäyer von Bopparten.
¶ Von Francken.
Wolff von Redwitz
Kilian von der Kere.

An dieser Schaw wurden 6. Helm auff=
gestellt.
Einer von Herten
Einer von Nideck
Von Steinaw
Von Hohenstein
Von Hoheneck
Von Geylling.

N. Der 13. Thurnier.

Deß 13. Thurniers/ so gehalten worden von
der Ritterschafft deß Rheinstroms vnder
Keyser Philippen Hertzogen zu Schwaben/ec.
Anno Christi 1209/zu Wormbs an dem
Rhein/sind gewesen Thur=
niervögt.

¶ Von Schwaben.
Ernst von Staffel/Ritter.
¶ Von Bäyern.
Sighard von Leubelsing/Ritter.
¶ Vom Rheinstrom.
Johann von Ingelheim/Ritter.
¶ Von Francken.
Ludwig von Redwitz/Ritter.

Diesen Thurnier haben alle nachfolgende Für=
sten/Graffen vnd Herren/selbst besucht
vnd gethurniret.

Die Fürsten.

Otto genannt der Rot/Pfaltzgraffe bey
Rhein/Hertz. in Bäyern/Churfürst/ec.
bracht sein Gemahel Fraw Gertrud/
ein Tochter H. Heinrichs bey Rhein
mit jhm
Wilhelm H. zu Sachsen/Churfürst/ec.
bracht sein Gemahel Fraw Helena/ein
Tochter Kön. Woldemars von Den=
nemarck mit jhm.
Albrecht Marggraff zu Brandenburg
Churfürst/ec. bracht sein Gemahl Fraw
Mechthilda/ein Tochter Marggraff
Conrads von Landsperg mit jhm.
Leupold genannt der Erenreich/Hertzog
zu Oesterreich
Heinrich der 2. seins Namens H. in Bra=
band vnd Loterick
Friderich H. zu Lothringen/bracht sein
Gemahel ein geborne Hertzogin von
Bare mit jhm
Friderich der 2. seins Namens Hertzog in
Schwaben/ec.
Bossemißlaus H. zu Behem/bracht mit
jhm zu diesem Ritterspiel die Hochge=
borne Fürstin Fr. Hiltpurg/ein Toch=
ter deß vorgenannten Ehrenreichen
H. Leupolden von Oesterreich/vnd nach
gelaßne Wittw weylands deß Aller=
durchleuchtigsten K. Heinrichen deß 6.
vnd wiewol die Oestereichische Chro=
nick anzeigt/sie hab Margaretha ge=
heissen/wird sie doch Fraw Hildpurg
genannt/erfunden
Otto Marggr. in Italien vnd Graff zu
Burgund/geborner H. zu Schwaben
Ulrich Hertzog zu Kärnten
Heinrich Burwin der älter/verließ den
König. Titel zu Obotritten/vnd schrieb
sich allein Fürst vnd Herr der Wenden
Lützelman Hertzog zu Deck bracht sein
Gemahel/ein geborne Gräffin von
Grüningen mit jhm
Dieterich Marg. zu Meyssen/zu Laus=
nitz vnd in Osterlandt/Graf zu Weis=
senfelß/ec.
Herman der Ehrvest Landgraf in Thü=
ringen vnd Hessen/bracht sein Gema=
hel Fraw Sophia/ein geborne von
Bäyern
Bonifacius der 2. seins Names/Märg.
zu Monferer/bracht sein Gemahel
Fraw Cunaria ein Tochter K. Ema=
nuelis von Constantinopel mit jhm
Dieterich Marggr. zu Sachsen Graf zu
Grentsch vnd Summerscheinburg
Heinrich Marggr. zu Runßberg
Philip Marggr. zu Seuß vnd Graf zu
Saphoy
Conrad Marggr. zu Laußnitz vnd Graf
zu Rochlitz
Burckhard seins Namens der 2. Marg.
zu Hochberg
Eckprecht Marggraff zu Sachsen
Albrecht der Leichtfertig/Marggr. zu
Landsperg vnd im Osterland
Baldwein Gr. in Hennegöw vnd Flandn
Berchthold Burggraff zu Nürmberg
Dieterich Gr. in Holand/vnd Ruprecht
sein Bruder/Graf zu Kärnten
Heinrich Fürst zu Anhald/Graf zu Asca=
nien/vnd Herr zu Bernberg
Wernher Graf zu Habspurg
Berchthold Graff zu Audechs vnd Me=
ron/Marggr. zu Oesterreich.

Die Graffen.

Adelberg zu Ebersberg
Heinrich zu Nassaw Graf Ottens Sohn
Eberhard der 1. zu Wirtenberg
Rudolph zu Werdenberg
Lamprecht zu Veringen
Haug zu Montfort
Ulrich zu Wittin
Gottfrid zu Zigenhan
Heinrich zu Zweybrück
Ego zu Frenburg
Ulrich zu Helffenstein
Gebhard zu Hirschberg
Wolff zu Castel
Wilhelm zu Mörß
Ulrich zu Kalw
Ambrosius zu Dietz
Conrad zu Falckenstein
Volckhard zu Lechsmund
Dieterich der 5. zu Cleve
Gerhard zu Geldern vnd zu Zutphen
Gottfrid zu Hohenloe/brach/sein Ge=
mahel ein Landtgräffin von Leuch=
tenberg mit jhm
Dieterich Graf zu Manderscheid/brachte
sein Gemahl Fr. Elisabeth/ein Toch=
ter Graffe Ottens von Nassaw mit
jhme
Johann zu Eckmund
Wolff zu Ortenberg
Emich zu Leiningen
Hartwan zu Katzenelnbogen
Reichard zu Seine
Ludwig zu Pfirt
Otto zu Reineck
Wilhelm Graff zu Wertheim
Philip zu Firnenberg
Adolph erster zu Altenaw vnd dem Berg
Johann zu Sarwerden
Arbogast zu Lützelstein
Salmander zu Diest
Reinhard zu Thrumberg.

Die Freyherren.

Weirich Reuß zu Plawen
Albrecht zu Burgaw
Gottschalck zu Rochius
Berchthold zu Wiffen
Braunhaus zu Gerolzeck
Philips zu Braubach
Friderich zu Liechtenberg
Wilhelm zu Falckenberg
Endres zu Hohenhewen
Paulus zu Brauneck
Walther Schenck zu Limpurg
Friderich zu Weinsperg
Wibold zu Heyltrum
Ernprecht zu Rapolsstein
Heinrich zu Runckel
Ernfrid zu Rodmachern
Antonius zu Dornberg
Degenhard Herr zu Heldenstein
Georg zu Ochsenstein
Johann zu Warberg
Wolff zu Brandiß
Sigmund zu Franckenstein
Anton zu Reineck
Christoff zu Bitsch
Friderich zu Blessaw
Ernfrid zu Bickenbach
Wolff zu Ißlzging
Gundram zu Grundlach
Wolffgang zu Dauben
Albrecht zu Stoffel
Georg Schenck zu Erbach
Wilhelm zu Taudenberg
Wernher zu Daun
Anton zu Büdingen
Erwein zu Stauffen
Schmaßman zu Hohenack

Die Ritter.

Georg von Falckenstein
Erph von Andlaw
Hildbrand von Baldeck
Hans Bäyer von Bopparten
Dieterich von Eltz
Emmerich von Helffenstein
Wilhelm von Schellenberg
Herman von Wenckheim
Heinrich von Bremberg
Conrad Truchseß von Wetzhausen
Alb von Franckenstein
Götz von Frenburg
Schweiger von Frawenberg
Georg von Greiffenclaw
Langhans von Fleckenstein
Ouirin von Nesselrode
Leupold von Halderstein
Endres von Windenberg
Johann von Poland

Philips

Von Teutschlandt. 1221

Philips von Landsperg
Heinrich von Seinßheim
Hans von Bodman
Alhard von Harph
Ernst von Honnolstein
Heinrich von Nußberg
Hans von Mörßberg
Hans von Bellersheim.

Die Edlen.

Groß Ott von Hirßhorn
Asmus von Andelaw
Adam Boß von Waldeck/der Alt
Wendel von Helmstatt
Friderich von Helffenstein
Hans Bäyer von Boppärten
Bleicker von Sickingen
Hans Kolb von Bopparten
Ernst von Neydberg
Hans von Pirmont
Albrecht von Karßberg
Wigoleus von Frawenberg
Hans Reyner zu Reyne
Arnold von Nußberg
Wilhelm von Eich
Friderich Kämmerer von Wormbs
Albrecht Winter
Niclaus von Franckenstein
Sigmund von Hurnheim
Heinrich Spät
Wolff von Hatstätt
Georg von Cameraw
Friderich von Leyning
Sigmund von Wolffstein
Wolff von Fronhofen
Emmerich von Eltz
Bernhard von Rüdißheim
Johann von Heussenstein
Ernfrid von Helmstatt
Wendel von Gemmingen
Wolff von Stadion
Albrecht von Knöringen
Georg von Freyburg
Wilhelm von Ahelfingen
Adolph von Cleen
Christoffel von Lauter
Ernst von Fylweil
Johann von Greiffenclae
Wolff von Heymerich
Heinrich von Brunbach
Götz von Seinßheim
Heinrich von Wiltz
Moritz von Schaumberg
Rack von Seckendorff
Apel Schenck zu Bäyern
Egolff von Rotenhan
Ott Frey von Dorn
Arian von Oratz
Sigmund von Ernberg
Otto von Lindenfelß
Ernst von Hornstein
Heinrich von Breitenstein
Eunfrid von Wildenstein
Erasmus von Sieboldsdorff
Georg von Waldeck
Sigmund von Etzenhofen
Balthasar zum Hauß
Wolff von Rheim an der Kilß
Rösch von Budafeldt
Wolff von Fleckenstein
Reinhard von Klärscheim
Erb von Blettenberg
Conrad von Trachenfelß
Albrecht Sturmfeder
Wolff von Jüngingen
Friderich von Ehingen
Wilhelm von Welward
Conrad von Entzberg
Melchior von Forst
Philips von Palland
Ernst von Landsperg
Endres von Falckenstein
Wilhelm von Eberg
Albrecht von Suntheim
Sebastian von Hatzfelt

Mang von Westerstetten
Dieterrich von Welden
Einmerich von Rode
Nicolaus von Denningen
Wilhelm Flach
Ernst von Dorfelden
Johann von Dürckenheim
Heinrich von Weingaren
Dieterich von Egloffstein
Heinrich von Auffjeß
Wernher Knebel
Marquard von Bibra
Wernher Riedesel
Hans von Reiffenberg
Ernst von Bömelburg
Sebastian Keßel
Jobst von dem Baumgard
Friderich von Stein zum Stein
German Feßler
Christoffel von Camer
Wolff von Nußdorff
Albrecht von Windenberg
Frantz von Cronenberg
Hans Dieter von Reinaw
Frantz von Wachenheim
Diebold von Auglach
Adolph von Hendschußheim
Mies von der Leyen
Sebastian Hetzer
Ernst von Hagen
Heinrich von Honnolstein
Emmerich von Staffel
Eyssenbart von Borscheid
Wolff von Bach
Sigmund von Bernfelß
Eustachius Hürt
Johann von Breitenbach
Ebald von Seckingen
Wolff von Sötern
Friderich adm Thann
Georg von Schwartzenberg
Hieronnimus von Lindaw
Sebastian Winter
Cunz von Belitzheim
Hans Brack von Klingen
Wolff von Mörßberg
Frantz von Eniz schelm von Bergen
Sigmund von Fischborn
Hans Rietel
Corrad von Spatheim
Georg von Pfraumheim
Hans Rösch von Oberstein
Emmerich von Reiffenberg
Dieterich Faulhaber
Götz von Sachßenheim
Fröwin von Waldenstein
Philips von Mülheim
Otto von Langenheim
Oswald Beger
Hans von Schwalbach
Fritz Zorn von Bullach
Heinrich Brenden
Sebastian Pfaw von Rietberg
Rudolph v. m Rüdingen
Wilhelm Haffner
Gunther von der Planitz
Wolff von Schalnberg
Heinrich von End
Matthias von Düllingen
Ott Rab von Feldheim
Mang Inbrücker
Ludwig von Rüdickheim
Albrecht von Mornholtz
Frantz von Winckelthal
Melchior von wartberg
Wilhelm von Salder
Adolph von Rußingen
Netzig von Lützelburg
Friderich von Erlickheim
Mang Holtzadel
Philips von Randeck
Benedict von Büdickheim
Hans von Liderbach
Heinrich von Schönberg
Pauls von Dieden

Philips von Hagenbach
Siepold Krannich von Reichheim
Hans von Sulchheim
Wernher Hag.

Die nachfolgenden zwölff waren die Hauptleut mit aller Ordnung deß Thurniers.

Hans von Helmstatt
Wolff von Flersheim
Wilhelm von Trachenfelß
Friderich von Henningrich
Johann von Landsperg
Philips von Rüdeßheim
Melchior von Heissenstein
Heinrich von Hatstatt
Antzhelm von Handschußheim
Philips von Cronberg
Wolff Kämmerer von Wormbs
Arbogast von Erenberg.

Die nachbenannten seyndt in diesem Thurnier verordnet zwischen den Septen zu halten vnd zu künfftigen Tuhrniervögten erwehlt.

Sigmund von Eltz/
Erpff von Sickingen/ } Ritter.
Wolff von Hirßhorn
Ernfrid von Andelaw.

☉ Der 14. Thurnier.

In diesem 14 Thurnier/ so gehalten worden von der Ritterschafft deß lands zu Francken/ 1235. zu Witzburg am Mayn sind diese vier Ritter zu Blatt getragen worden.

Sigmund von Eltz
Wolff von Hirßhorn
Ernfrid von Andelaw
Erpff von Sickingen.

Diesen Turhier haben alle Fürsten/ Graffen/ Freyen/ Ritter/ vnd die vom Adel hernachfolgend eygner Person besucht/ vnd sind selbst geritten.

Ludwig Pfalzgraf bey Rhein vnd Hertzog in Bäyern/ Churfürst/ rc. Dieser ward nachmals zu Kelheim bey dem heiligen Geist von einem vnerkandten erstochen

Albrecht der 2. Marggraf zu Brandenburg/ ein Sohn Marg. Ottens deß Churfürsten

Otto genannt das Kindt/ H. zu Braunschweig vnd Lüneburg

Friderich Hertzog zu Beyern/ vnnd sein Brüder Wentzhaus Marggrafe zu Mähren

Heinrich genannt der Grawsam/ Hertzog zu Oesterreich

Jos. der jünger Hertzog zu Lothringen

Heinrich Beynwein der jung Fü. sti vnd Herr der Wenden/ bracht seine beyde Söhn Johannem vnd Niclausen mit ihm

Ludwig der Selig/ Landtgraf in Thüringen vnd Hessen

Johann H. zu Mechelburg ein Sohn deß jungen Herrn Beurweins/ bracht sein Gemahl ein geborne Fürstin von Hennenberg mit ihm

Heinrich der 6. seins Namens Hertzog zu Brabandt

Herman der 3. seins Namens/ Marg. zu Baden/ Hertz zu Veron

Niclaus H. zu Warle vnd Wenden/ ein Sohn deß jungen Herrn Bäurweins/ bracht sein Gemahel ein geborne Fürstin von Anhalt mit ihm

Friderich der 2. seines Namens Burgg. zu Nürnberg deß alten Geschlechts/
bracht

bracht sein Gemahel Fraw Helena ein geborne Hertzogin von Sachsen mit jhm
Wilhelm Graf in Holand vnd Seeland/ Herr in Frießland
Berchthold der 6. seines Namens Fürst vnd Graff zu Hennenberg

Die Graffen.

Wernher Graf zu Habspurg/ ein Sohn deß ältern Graffen Rudolphs
Diebold Graf zu Lechsmund/ ein Sohn Grafen Volckards
Gebhart der 3. seins Namens/ Graf zu Hitschberg
Emich der 2. seins Namens/ Graf zu Leyningen
Eberhard der 1. seines Namens/ Graf zu Wirtenberg/ bracht sein Gemahel Fraw Agnes ein Tochter Hertzogen Berchtolds von Zäringen mit jhm
Gerhard der älter Graffe von Gülch/ bracht sein Gemahl ein geborne Gräfin von Flandern mit jhm
Eyo Graf zu Fürstenberg vnd Freyburg bracht sein Gemahel ein Fräwlin von Neiffen mit jhm
Berchthold der 9. seines Namens Graff zu Andechs vnd Meron/ Märggraff zu Oesterreich/ bracht sein Gemahel Fraw Hedwigen/ geborne Marggr. von Brandenburg vnnd Sachsen mit jhm
Herman Graffe vnnd Herr zu Deck/ ein Sohn Hertzogs Lützelmans
Ulrich Graf zu Helffenstein/ Herr an der Filß
Wolffram Graf zu Veringen/ bracht sein Gemahl ein Gräfin von Habspurg mit jhm
Hartman der letzte seines Geschlechts/ Graf zu Dillingen
Heinrich Graf vnd Herr zu Castell
Friderich Graf zu Hohenlohe/ vnd etlichen Graf genannt/ ein Sohn Grafen Gottfrids.

Die Graffen.

Walrab zu Nassaw
Ludwig zu Sultzbach
Ulrich zu Hanaw
Rudolph zu Monfort
Heinrich zu Ortenberg
Philips zu Reneck
Conrad zu Kalw
Haug zu Werdenberg
Ego zu Vrach
Adolph der 3. zu dem Berg
Friderich der 2. Graf zu Pfirt
Ludwig zu Bleychen
Friderich zu Schlüsselberg
Friderich zu Hohend: schading
Leonhard zu Vornbach
Conrad zu Weissenhorn
Wilhelm zu Kammerstein
Philips zu Feuchtwangen
Friderich zu Pfirt
Wolffgang zu Wertheim.

Die Freyherren.

Heinrich seines Namens der 3. Herr zu Burgaw
Gerlach Schenck Freyherr zu Limpurg
Breißlaw Panerherr zu Sternberg
Gottfrid Freyherr zu Epstein
Wilhelm Freyherr zu Brauneck
Wilhelm Freyherr zu Heydeck
Wentzel Panerherr zu Schaumberg
Conrad Freyherr zu Weinsperg
Wolffgang Freyherr zu Geroltzeck
Johann Herr zu Liechtenberg
Georg Herr zu Hohenhewen
Wilhelm Herr zu Rotiss
Heinrich Herr zu Laber
Wilhelm Freyherr zu Zimbern
Nida Panerherr zu Warsenberg

Kundrion Herr zu Liechtenstein
Heinrich Herr zu Dornberg
Philips Schenck Herr zu Erbach
Eysenbart Herr zu Finslingen
Wilhelm Herr zu Traun
Degenhare Herr zu Hellenstein
Hans Schenck Herr zu Seydaw
Wolff Herr zu Falckenburg
Hans Herr zu Summersenburg
Wolffram von Eckersaw.

Die Ritter.

Friderich von Ebenheim
Engel von Rosenberg
Mathias von Deißgaw
Kilian von Brunbach
Heinrich von Haldersberg
Adam von Schaumberg
Gerhard von Wartberg
Ulrich der Alt von Tamer
Leonhard von Sandicel
Götz von Andelaw
Leupold von Polheim
Diebold von Liechtenstein
Wolff von Schönberg
Christian von alten Stein
Hans von Frawenberg
Wolff von Freyburg
Sigmund von Rietheim
Georg von Ahelfingen
Seyfrid von Berlaching
Leupold von Frewdenberg
Rüdinger von Palland
Philips von Rotenhanen
Conrad von Seckendorff
Adolph von Eys
Conrad Weltheim
Conrad von Wenden
Friderich der Lang von Thüngen
Bernhard Weiß
Michel von Seinßheim
Heinrich von Calofffstein
Sigmund von der Kere der jung
Friderich von Eyburg
Dieterich von Wencheim
Ernst Truchseß von Wetzhausen
Conrad Schenck von Schweinsberg
Ludwig von Hütten
Ernst von Hallerstein an der Ranach
Seyfrid Fuchß
Conrad von Auffieß
Philips Kammerer von Wormbs
Lienhard vom Stein
Ernst von Bemberg
Conrad von Gutsenberg
Heinrich von Redwig.

Die Edlen.

Conrad von Landaw
Wolff von Rechberg zu hohen Rechberg
Heinrich Fuchß von Fuchsberg
Ernst von Bibra
Wendel von Fronhofen
Friderich von Barsperg
Heinrich Reyner zum Reytt
Gottlieb von Sünching
Ernfrid von Landsperg
Heinrich von Raudeck
Conrad Truchseß von Winterstätten
Christoff von Oberheim
Frum hans von Cronberg
Christian von Mindelsheim
Friderich Truchseß zu Waldpurg
Gunther von Buchberg
Conrad Truchseß von Bummersfelden
Götz von Eroltzkeim
Wilhelm zu Pappenheim Marschalck
Hetzel von Nußperg
Hiltbrand von Brennburg
Friderich von Wolffstein
Hans von Sickingen
Kleinhans von Ringingen
Friderich von Ellerbach
Friderich Kolb von Boppaiten
Georg von Sellenberg
Ortholff von der Thann
Jacob von Bodman der Alt

Georg von Lauhenberg.
Heinrich von Stäuffenberg
Hans von Dachsenhausen
Contz Rüde von Komberg
Friderich der jung von Rietheim
Wilhelm Zobel
Friderich von Wolffskel
Wilhelm Groß von Drockaw
Heinrich von Giech
Philips von Guttenberg
Dam von Hartheim
Otto von Hirßhorn
Dieterich von Venningen
Sebastian von Vestenberg
Ernst von Rotenhan
Paulus von Hürnheim
Mang von Westerstätten
Wolffgang von Stetten
Diebold von Stein
Sigmund von Herbelstätt
Georg von Stettenberg
Wilhelm von der Kere
Heinrich von Kaltenthal
Wernher von Siebolds dorff
Wolff von Welden
Truchlieb Truchseß von Baldersheim
Hans Albrecht von Haßberg
Wilhelm von Velberg
Philips Schott
Wilbold von Wichsenstein
Gregory von Weyer
Adam von Kinseck
Reinhard von Abßperg
Bernhard Waldner
Georg von Eberstein
Wilhelm von Hewdorff
Wolff von Helmstat
Heinrich von Gemmingen
Heinrich von Wiesenthaw
Georg von Eyb/ der jung
Philips von Streitberg
Hans Zoller der Schwartz
Friderich von Wirßberg
Friderich Wechsner
Jacob Zolner von Hallweil
Heinrich von Zülnhard
Conrad von Tettelsheim
Anßhelm von Redern
Daniel Vogt von Kedern
Sigmund von Dungfeld
Ernst Marschalck von Oberndorff
Heinrich von Tälheim
Friderich von Neidperg
Ernst von Hohenklingen
Wilhelm von Schweinshaupten
Hans von Trachenfelß
Conrad von Wilhelmsdorff
Hans von Steinaw
Wolffgang von Finsterloch
Friderich von Heldritt
Caspar von Brandenstein
Andreas Hund
Balthasar Sützel von Mergetheim
Heinrich von Leonrode
Sigmund Sticher
Sigmund von Miltz
Heinrich von Luchaw
Bernhard von Rabenstein
Friderich von Heussenstein
Conrad Marschalck zu Ostheim
Georg von Tedwitz
Ernst von Rechenberg
Hans Vogt von Saltzburg
Bartholome Schrimpff
Rudolph von Rheinstein
Sylvester von Wolffmarshausen
Georg von Moßbach
Philips Gebsattel
Lang Friderich Geyling
Christoffel von Birckenfelß
Junghans von Eynholtzheim
Sigmund von Münster

Samson

Von Teutschlandt.

Samson Buttler
Franck Aulner von Dieperg
Niclaus von Füllenbach
Wernher Esel
Ambrosy von Strotzberg
Hans Schenck von Symen
Friderich Echer
Reinhart von Reussenbach
Heinrich von Meyenthal
Frantz Habertorn
Hieronymus Landschad
Kilian von Oettelbach
Hans von Bintzendorff
Johann von Sötern
Simon von Kreilsheim
Conrad der grob Erthal
Emmerich von Newenstein
Kilian von Weissenfelden
Wolff Schütz von Leineck
Contz Schenck von Schonckenstein
Samson Schlückter
Christoff von Selwitz
Fröwin Mistelbeck
Friderich Forstmeister
Steffan von Honstein
Wilhelm von Windeck
Hans von Gemmingen

Diese nachfolgenden wurden auß den 4. landen zum theilen gegeben.

Hans von Fleckenstein
Friderich von Preissing zu Zinger
Wilhelm von Freyensebolsdorff
Wolffgang von Rosenberg
Georg von Rechberg
Georg von Grunbach
Hartung von Hatstatt
Conrad von Düngen
Wolffgang von Leining
Ulrich von Esserbach
Johann von Pallant
Friderich von Freyburg
Philips von Wenckheim
Hans von Flersheim
Conrad von Landaw
Ernst von Kammer.

Die Frawen vnnd Jungfrawen / so zu der Schaw erwöhlt worden.

¶ Von Schwaben.
Herr Götzens von Andelaw ehelich Gemahel / geborne vom Hauß
Herrn Georgens von Freyburg nachgelaßne Witwe / geborne von Haunburg
Junffr. Magdalena geborne Marschälckin von Bappenheim.

¶ Von Bäyern.
Herrn Wilhelms von Frawenberg eheliche Haußfraw / geborne von Preissing
Albrechts von Barßperg gelaßne Witwe geborne von Leyning
Jungfraw Anastasia / geborne von Fronhofen.

¶ Vom Rheinstrom:
Herrn Friderichs Kämmerers eheliche Haußwirtin / geborne von Fleckenstein
Albrechts von Randeck nachgelaßne Witwe / geborne von Jugelheim
Jungfraw Elisabeth / geborne von Helffenstein.

¶ Von Francken.
Herrn Ernsten von Bemburg eheliche Haußwirtin / geborne von Hutten
Heinrichs von Guttenberg nachgelaßne Witwe / ein geborne Füchsin
Jungfr. Catharina / geborne von Thann.

Die 4. verordneten Grießwärtel auß den 4 Landen / alle Ritter.
Von Kamer Ulrich der Alt
Wolff von Freyburg
Dieterich von Wenckheim
Rudiger von Pallant.

Die vier zwischen den Seylen zu halten / auch alle vier Ritter.
Wolff von Ehenheim
Heinrich von Egloffstein

Friderich der Lang von Thüngen
Sigmund von der Kere der Jünger.

Diese wurden nicht zugelassen / nemlich zu thurnieren.

Gregory von Weyer
Wilhelm von Oreckaw
Georg von Laubenberg
Wolff von Stetten
Hans von Pintzendorff
Kilian von Oettelbach
Emmerich von Newenstein
Heinrich von Wisenthaw
Friderich von Wirßperg
Anshelm von Redern
Friderich Wechamer
Wolff von Finsterloch
Bartholome Schrimpff
Sylvester von Wohmarshausen
Sigmund Stieber
Wernher Esel
Lang Friderich Geyling
Samson Butler
Wilhelm von Eicholtzheim
Conrad von Erthal.

P. Der 15. Thurnier.

In diesem 15. Thurniers so gehalten worden von der Ritterschafft zu Bäyern / Anno 1284. zu Regenspurg an der Thonaw / sind gewesen Thurniervogt diese vier.

¶ Von Schwaben.
Sigmund von Rietheim / Ritter.
¶ Von Bäyern.
Hans von Frawenberg / Ritter.
¶ Vom Rheinstrom.
Conrad von Seckendorff / Ritter.
¶ Von Francken.
Conrad Schenck von Schweinßberg.

Diesen Thurnier haben alle Fürsten / Graffen / Herrn / Ritter vnd vom Adel / hernachfolgende eigner Person besucht / vnd sind auch selbst gerieten.

¶ Die Fürsten.
Otto Pfaltzgraffe bey Rhein / Hertzog in Bäyern
Joh. Hertzog in Schlesy vnd zur Lignitz
Albrecht Hertzog zu Oestereich / Graff zu Habspurg
Sibotho Landgraff zu Leuchtenberg
Wernher Graff zu Berneck
Hetzel Graf zu Orrenberg
Wilhelm Graf zu Biberstein
Johann Graf zu Abensperg
Dieterich Herr zu Folckensdorff
Friderich Herr zu Hohenfelß
Albrecht Herr zu Laber vnd Sitzing
Andres Schenck Herr zu Sidaw
Bernhard Herr zu Train
Heinrich Herr zu Wildenfelß
Heinrich Herr zu Greyfelß.

Die Ritter.
Caspar von Thöring
Georg von Kamer
Albrecht von Barßberg
Erasmus von Leining
Hans Zengner zum Schneeberg
Dieterich von Kamer
Sigmund von Frawenberg
Wigoleus von Wolffstein
Eynsidel von Clausen
Ott Schenck von Bäyern
Nicolaus von Nußberg
Caspar von Frawenhofen
Peter Reyner von Reyne
Christoff von Boxaw
Peter Ecker von Steffling
Georg Marschalck
Wolff Forsch zu Dörnaw
Jacob von der Kürn
Adam von Schalnberg
Friderich Preissinger zu Zimberg
Conrad von Tyraßpurg

Albrecht Förster zum Wildenforst
Mön vom Loch
Wilhelm von Manßpeck
Däm von Seidlitz
Johann Nothafft zu Wernberg
Veit von Breytenstein
Friderich von der Thaun
Ernst von Halderstein.

Die Edlen.
Wolff Zenger zum Schneeberg
Georg von Falckenstein
Albrecht Nothafft zu Wernberg
Conrad von Camer
Erhard von Brenberg
Friderich vom Stein zum Stein
Erasmus von Frawkberg
Conrad von Hurnheim
Ernst von Wolffstein
Erasmus von Rotaw
Wilhelm von Nußdorff
Diepold von Haßlang
Arnold von Kammelstein
Friderich von Pintzenaw
Seyfrid Schenck von der Awe
Peter von Kammerberg
Rütger von Achdorff
Adam Schenck von Bäyern
Hans von Katzenstein
Jacob von Redwitz
Endres Inbrucker
Georg von Leyning
Christoff von Tauffenkirchen
Engelhard von Seckendorff
Seitz Marschalck von Oberndorff
Ulrich Ecker zu Eck
Georg von Freundsperg
Dieterich Hofer zum Lobenstein
Endres Trautsone
Sigmund von Preussing
Sigmund Stachel zu Stacheleck
Heinrich Stauffer zu Stauff
Hans Georger
Erhard von Buchberg
Wolffram von Hallerburg
Heinrich von Schönstein
Andres Mautzner von Hotz
Conrad von Hertenberg
Johann von Seidlitz
Ortlieb von Halbenfelß
Wilbold von Aheim
Rudolph Stör zum Störstein
Christoff Syrian
Peter Förster zum Wildenforst
Ernst von Rodt
Wolff von Flersheim
Junghans von Waldeck
Conrad von Wemding
Georg von Boxaw
Sigmund von Eychberg
Georg Oberheimer
Eberhart von Erpff
Hans von Enjenhofen
Georg von Harschkirchen
Hans von Frödenberg
Sigmund von Seefelden
Albrecht von Wildenstein
Ernst von Klammerstein
Daniel von Brandenstein
Wolffgang von Schnirehen
Dieterich von Hohenrein
Heinrich von Dietenstein
Georg von Sattelbogen
Ludwig von Barßperg
Hans von Landaw
Eberhard von Waldaw
Wolff Dörer zum Dörlitz
Hans Awer in der Awe
Dieter von Sanching
Georg von Rietheim
Georg von Thöring
Wolff von Heydorff
Hans von Landelberg
Wernher von Leytenbeck
Heinrich Heybeck zu Weisenfelden

Chri

Das fünffte Buch

Christoffel von der Wart
Sigmund von Reyzenbuch
Heinrich Zänger zu Drauzuitz
Wilhelm Gebwolff
Friderich von Ramsperg
Friderich Renner zum Renne
Albrecht Murer zum Hauß
Hans von Sattelbogen
Albrecht von Auffteiß
Dietrich von Nußberg
Hans von Holneck
Andres von der Kurn
Wilhelm Waller von Wall
Hans von Steinberg
Ulrich von Sachsenhofen
Dierolt von Kamer
Niclaus Greiff
Maug Marschalck von Pappenheim
Heinrich von Breitenstein
Sigmund von Nußdorff
Oßwald Thurner zum Thurn
Hans von Sandicel
Heinrich von Wulsiorff
Wilhelm von Gumpenberg
Veit von Rechberg
Sigmund von Ramßdorff
Mattheus von Birgtl
Wilhelm von Wildenstein
Erasmus Göwlick
Dietrich vom Stein zum Stein
Ernst von Welden
Georg von Hendschußheim
Seyfrid von Buchberg
Georg von Seckendorff
Heinrich von Beiding
Conrad von Schellenberg
Hans von Altheim
Hans von Bodman
Ernst von Friedingen
Bans von Helmstatt
Wolff Kemmerer von Wormbs
Johann von Fleckenstein
Wilhem Kreyß von Lindenfelß
Wilbold Heydeck
Hans Gebwolf
Dietrich von Nußberg
Alexander Zenger
Seitz von Eychberg
Appel von Seckendorff
Georg von Frawenberg
Georg von Fronhofen
Heinrich von Kammerberg
Wilhelm van Reydenbach
Sigmund von Rotenberg
Georg Wercher von Traubeling
Ernst von Ransdorff
Eroff von Sickingen
Rudolph von Flerßheim
Poppeling von Ellerbach
Friderich von Achdorff
Dreyolff Güß zum Güssenberg
Seyfrid von Siech
Andreas von Freyburg
Eberhard Reichartinaer
Sigmund von Staudach.

Die zu der Schaw verordnet wurden auß den vier Landen sind diese.

¶ Von Schwaben.
Poppeling von Ellerbach
Ortolph Güß von Güssenberg
Conrad von Schellenberg
¶ Von Bäyern.
Friderich von Pintzenaw
Diebold von Haßlang
Wilhelm von Nußdorff
¶ Vom Rheinstrom.
Wilhelm Kreyß von Lindenfelß
Wolff Kämmerer von Wormbs
Johann von Fleckenstein
¶ Von Francken.
Appol von Seckendorff
Rheinhard von Schaumberg
Wolff von Egloffstein.

Zu diesen 12. Mannspersonen wurden auch erwehlt zwölff Frawen und Jungfrawen von den vier Landen zu der Schaw:

¶ Von Schwaben.
Popelling von Ellerbach eheliche Gemahl/geborne von Schellenberg
Albrechts von Freydingen nachgelaßne Wirwe/geborne Fraw von Hohenhewen
Jungfraw Juliana von Hewdorff
¶ Von Bäyern.
Wilhelms von Aheims Gemahel/geborne von Schönenstein
Wolffen von Preißings nachgelaßne Wirwe/geborne von Waldeck
Jungf. Catharina/geborne von Leyning
¶ Vom Rheinstrom.
Rudolff von Flerßheim eheliche Gemahl/geborne von Haistatt
Hansen von Franckensteins nachgelaßne Wirwe/geborne von Venningen
Jungfraw Elisabeth/geborne von Fleckenstein.
¶ Von Francken.
Wolffen von Egloffstein eheliche Gemahel/geborne von Rotenhan
Heinrichen von Auffsieß nachgelaßne Wirwe geborne von Guttenberg
Jungfraw Barbara geborne von Thünfeldt.

Die verordneten Grießvertel.
¶ Von Schwaben.
Conrad von Hurnheim
¶ Von Bäyern.
Caspar von Thoring.
¶ Vom Rheinstrom.
Rudolph von Flerßheim
¶ Von Francken.
Wolff Förtsch von Thurnaw.

Die zwischen den Seylen halten sollen.
Sigmund von Rietheim/
Conrad Schenck von Schweinsberg/
Hans von Frawenberg/
Conrad von Seckendorff/
} Ritter.

N. Der 16. Thurnier.

In diesem 16. Thurnier so gehalten worden von der Ritterschafft deß Lands zu Francken/Anno 1296. zu Schweinfurt am Mäyn/wurden diese vier Ritter zu Blatt getragen.
¶ Von Schwaben.
Conrad von Hürnheim
¶ Von Bäyern.
Dieterich von Kammerer.
¶ Vom Rheinstrom.
Wolff Kammerer von Wormbs.
¶ Von Francken.
Otto Schenck von Bäyern.

Diesen Thurnier haben die nachfolgenden Fürsten/Graffen/Herrn/Ritter und Edlen besucht.
Heinrich Hertzog zu Braunschweig und Lüneburg
Otto der milt Hertzog zu Braunschweig
Herr Göting Oberwald
Dietrich Marggraff zu Laußnitz
Albrecht Landgraff in Thüringen / und Pfaltzgraff zu Sachsen
Heinrich Hertzog in Braband und Landgraff zu Hessen
Friderich Burggraff zu Nürnberg
Johannes der jünger Burggraf zu Nürenberg/sein Bruder
Friderich Fürst und Graf zu Hennenberg/Herr zu Schleusing
Otto Graf zu Hennenberg
Johann Graf zu Oelamund und Weinmar

Ruprecht Graf zu Naßaw
Philips Graf zu Acaeck
Günther Graf zu Schwartzenburg
Adolph Graf zu Senne
Friderich Graf zu Helffenstein
Johann Graf zu Wertheim
Albrecht Graf zu Sultz
Ederhard Graf zu Wirtenberg
Heinrich Graf zu Leyningen
Gerlach Graf zu Nassaw
Philips Graf zu Hanaw.

Die Freyherren.
Friderich Schenck Freyherr zu Lympurg
Albrecht Herr zu Wutzenburg
Wilhelm zu Runcfel
Heinrich Herr zu Weserburg
Onarg Herr zu Wildenfelß
Bernhard Herr zu Herdeck
Dieterich Herr zu Bickenbach
Johann Herr zu Brauneck
Albrecht Herr zu Falckenstein
Wilhelm Herr zu Ochsenstein
Friderich Herr zu Dorn.erg
Albrecht Schenck Herr zu Erbach.

Die Ritter.
Gottschalck von Nesselrode
Jacob von Bodman
Ulrich von Breitenstein
Wolff von Waldeck
Heinrich Marschalck zu Pappenheim
Hans Fuchs von Fuchsberg
Veit von Rechberg
Appel von Seinßheim
Götz von Seckendorff
Heinrich von Schaumberg
Hans von Grunbach
Ulrich von Westerstätten
Georg Schenck von Bäyern
Jacob von Cronberg
Hans von Witzleben
Albrecht von Hallerburg
Erckinger von Wildenhawen
Leupold von Frewdenberg
Heinrich von Sicking
Martin von Rotenstein
Wernher Nothafft
Hans Landschad
Heinrich Zolner
Hypold von Biech
Georg von Rosenberg

Die Edlen.
Sigmund Marschalck von Pappenheim
Ernst von Passant
Jacob der Groß von Bodman
Friderich von Fleckenstein
Erasmus der Reich von Leyning
Georg von Leyen
Georg von Preißing zu Krawinckel
Hans von Helmstatt
Hans Nathafft der Schicket
Albrecht von Klein von Rechberg
Georg Zenger genannt Kraußhaar
Hans von Seinßheim
Hans Gros von Drockaw
Wilhelm von Wenckenheim
Georg Vogt von Saltzburg
Franck von Reitzenstein
Friderich von Militz
Fritz von Meraetheim
Ludwig der Alt von Auffseß
Conrad von Seckendorff
Friderich von Nesselrode
Lutz von Hurnheim
Georg von Brunbach
Hans von Blettenberg
Friderich von Helmstatt
Friderich von Freyburg
Georg von Wolffskele
Albrecht Spedt der Lang
Philips Rüde von Kolnberg
Heinrich von Eltz zu Eltz
Contz von Wallenrode
Otto von Liechtenstein
Sigmund von Wolmershausen

Georg

Von Teutschlandt.

Georg von Pfraunheim
Wolff Rach zu Dauburg
Alexius von Wildenstein
Georg von Rabenstein
Georg von Blanckenberg
Georg Schenck von Symertz
Heinrich von Holbach
Georg von Razumhauß
Hans Röder der von Diech
Dieterich von Knöritig
Wendel von Ahelsting
Caspar von Krelsheim
Johann von Eglofssein
Heinrich von Wellenfelß
Hans von Wolffstein
Georg von Guttenberg
Hans von Kölnbach
Heintz Stör zum Störstein
Franck von der Kere
Ortlieb von Holderfelß
Georg von Wissenthaw
Heinrich von Blanckenfelß
Hans von Miselbach
Albrecht von der Kere
Dürr Ludwig von Hutten
Ernst von Jüngingen
Rudolph von Bünaw
Hans Marschalck von Ostheim
Lutz von Rotenhane
Bertram von Härph
Engelhard von Breitenstein
Eberhard von Hatzfeldt
Wolff von Gemmingen
Bernhard von Waldeck
Burckhard von Stadion
Georg von Stein zum alten Stein
Albrecht Holtzadel
Hans von Stettenberg
Friderich Kämmerer von Wormbs
Ernst von Rosenberg
Sigmund von Feulschdorff
Friderich Fuchß von Bnubach
Hans von Pommerssen
Röschhans von Berlaching
Friderich von Sachsenhausen
Boß von Waldeck
Hans Schenck von Schweinsberg
Gunther von Bünaw
Ernst von Helmstätt
Hans von Eussenhofen
Matthias von Feulsich
Plicker von Gemmingen
Erasmus von Sieboldsdorff
Bernhard von Käußeck
Ernst von Wirßberg
Georg von Absperg
Heinrich Metzch zu der Heydt
Seitz von Thüngen
Hans Förtsch von Dornaw
Georg von der Planitz
Wilhelm von Eberstein
Volrab von Veldheim
Hans von Hohenlang
Ludwig von Schwiegfeld
Georg von Hussenstein
Georg von Altenstein
Hans Schelm von Bergen
Ernst von Kochberg
Christoff von Offenstetten
Heintz Truchseß von Awe
Philips von Schlandersberg
Georg Truchseß von Bommersfelden
Götz von Wolffersdorff
Hans Swinigerer
Adam von Rabenstein
Georg Wolff von Harras
Matthias von Schönberg
Ludwig von Rüdißheim
Götz von Bellersheim
Wernher von Lindaw
Hans von Sulmandingen
Hans von Sternberg
Hans Kuttenawer
Contz von Ebenheim
Wilhelm von Newenhauß

Hans von Königseck
Arnold von Herbeystatt
Albrecht Weitz der Jünger
Hans von Elrichshausen
Heinrich von Bibra
Peter von Altenstein
Conrad von Waldenstein
Martin von Risenbach
Erhard von Steinaw.
Diese acht wurden erfordert von den 4. Thurnierervögten/ darmit sie ihnen hülffen die Aempter besetzen.
¶ Von Schwaben.
Heinrich Marschalck von Pappenheim Ritter/ für ein Alten
Joben den Grössern von Bodman/ für ein Jungen.
¶ Von Bayern.
Ulrich von Breitenstein für ein Alten
Erasmus den Reichen von Leyning für ein Jungen.
¶ Vom Rheinstrom.
Jacoben von Cronenberg Ritter/ für ein Alten
Ernsten von Pallant für ein Jungen.
¶ Von Francken.
Hypolden von Giech Ritter/ für ein Alten
Wilhelmen von Wenckenstein für ein Jungen.
Diese 8. erwehlten vnd besetzten alle Aempter deß Thurniers/ erstlich erwehlt. n sie 12. zu der Schaw / von jedem land drey.
¶ Von Schwaben.
Heinrich von Bodman/ Ritter
Albrecht den Kleinen von Rechberg
Hans von Helmstatt.
¶ Von Bayern.
Wolffen von Frawenberg/ Ritter
Georgen von Preissing zu Krawinckel
Georgen Zanger genannt Kraußhaar
¶ Vom Rheinstrom.
Gottschalck von Nesselrode/ Ritter
Friderichen von Falckenstein
Berchtramen von Harpff.
¶ Von Francken.
Apeln von Seinßheim/ Ritter
Georgen Voyt von Saltzburg
Ludwig von Hutten.
Die Frawen vnnd Jungfrawen / so zu der Schäw erwehlt worden.
¶ Von Schwaben.
Wolffen von Gemmingen eheliche Gemahel
Endres von Knöringen nachgelassene Witwe
Jungfr. Agnes geborne von Freyburg.
¶ Von Bayern.
Wolffgangs von Waldeck eheliche Gemahel
Hansen von Frewdenberg nachgelaßne Witwe
Jungfraw Catharina von Preissing.
¶ Vom Rheinstrom.
Friderich Kämmerers von Wormbs Gemahel
Heinrichs von Franckreich nachgelaßne Witwe
Jungfraw Agnes Landschädin.
¶ Von Francken.
Heinrich Zollers Ritters ehelich Gemahl
Melchiors von Wiesenthaw nachgelaßne Witwe
Jungfraw Helena geborne von Liechtenstein.
Die verordnete Grießwärtel.
¶ Von Schwaben.
Veit von Rechberg Ritter.
¶ Von Bayern.
Wolffgang von Waldeck/ Ritter.
¶ Vom Rheinstrom.
Hans Landschad/ Ritter.
¶ Von Francken.
Erckinger von Rotenhose/ Ritter.

Die vier haben zwischh deh Seylen gehalten.
¶ Von Schwaben.
Conrad von Hurnheim/ Ritter.
¶ Von Bayern.
Dieterich von Kamer/ Ritter.
¶ Vom Rheinstrom.
Wolff Kämmerer von Wormbs/ Ritter
¶ Von Francken.
Ott Schenck von Geyern/ Ritter.

K. Der 17. Thurnier.

In diesem 17. Thurnierg so gehalten worden von der Ritterschafft deß Lands zu Schwaben Anno 1311. zu Ravenspurg in Schwaben/ wurden diese 4. Ritter zu Blatt getragen.
¶ Von Schwaben.
Jacob von Bodman.
¶ Von Bayern.
Wolff von Frawenberg.
¶ Vom Rheinstrom.
Gottschalck von Nesselrode.
¶ Von Francken.
Apel von Seinßheim.
Diesen Thurnier haben alle Fürsten/ Graffen/ Herrn/ Ritter vnd vom Adel / hernach folgende eigner Person besucht/ vnd sind auch selbst gericten.
¶ Die Fürsten.
Johann Hertzog in Nider Bayern
Rudolph Hertzog zu Oesterreich
Ludwig Hertzog zu Lüneburg
Ulrich Hertzog zu Teck
Rudolff der Groß Marggr. zu Baden
Heinrich Marggraff zu Meyssen
Albrecht Marggraff zu Hochberg
Ludwig Landgraff zu Hessen
Johann Marggraff zu Röteln
Johann Marg. zu Leuchtenberg
Friderich Burg. zu Nürmberg.
Die Graffen.
Heinrich zu Orlamünd
Ludwig zu Katzenelnbogen
Wolffgang zu Kyburg
Wolffgang zu Montfort
Georg zu Oreenberg
Hans Friderich zu Zollern
Sigmund zu Eubingen
Friderich zu Zweybrücken
Hans zu Castel
Eberhard zu Wirtenberg
Friderich zu Metsch
Philips zu Hohenburg
Hans zu Thierstein
Ott zu Hennenberg
Reinhard zu Reneck
Fridrich zu Oting
Wilhelm zu Kirchberg
Albrecht zu Werdenberg
Georg zum H. Berg
Albrecht zu Hohenloe
Heinrich zu Tengen
Diebold zu Fürstenberg
Albrecht zu Sultz
Heinrich zu Thierstein
Wolff zu Löwenstein
Wilhelm zu Lupffen.
Die Freyherren.
Christoff Freyherr zu Limpurg
Friderich zu Stöffel
Albrecht zu Brandiß
Wilhelm zu Epstein
Heinrich zu Ochsenstein
Conrad zu Hohenhewen
Wilhelm zu Finstingen
Heinrich zu Zimbern
Dieterich Runckel
Ludwig zu Liechtenberg
Johann zu Rozius
Wilhelm zu Rapolstein
Friderich zu Gundelfing
Die Ritter.
Wilhelm von Rechberg
Conrad von Landaw

Albrecht

Das fünffte Buch

Albrecht Truchseß zu Waldsee
Dieterlin von Ellerbach
Wilhelm Marschalck zu Biberbach
Caspar von Bodman
Friderich von Stauffenberg
Jacob von Laubenberg
Hans von Dachenhausen
Ortlieb von Westerstetten
Albrecht von Hürnheim
Sigmund von Walden
Heinrich von Haßberg
Wolff von Frawenberg
Hans von Ahelfing
Friderich von Andelaw
Adam von Königseck
Wolff vom Hauß
Heinrich Waldner
Heinrich von Palland
Poppolein vom Stein
Caspar von Berenfelß
Wildhans von Riedheim
Mang von Freyburg
Dieterich von Kaltenthal
Christoff von Sieboldsdorff
Wilhelm von Landsperg
Dieterich von Wolffstein
Bet von Haßstatt
Conrad Spet genannt Frükauf
Heintz von Abßperg
Bernhart von Eberstein
Dieterich von Neidperg
Wolff von Heẅdorff
Conrad von Helnstatt.

Die Edlen.

Wolff von Hohenklingen
Heinrich von Landaw
Friderich von Preissing
Hans von Grunbach
Georg von Schweinshaupten
Hans Kolb von Bopparien
Heinrich von Drachenfelß
Frischhans von Hohenfreyburg
Eberhard von Hohenfridingen
Hans Wolff von Hauuburg
Erckinger von Rechenberg
Christoff von Landenberg
Bilgram von Heẅdorff
Hans Groß vom Hauß
Hans Ulrich von Rechberg
Heinrich Schenck von Schenckenstein
Wolff von Schellenberg
Georg Waldner
Burckhard von Ellerbach
Georg von Waldeck
Wernher von Clausen
Sigmund von Aheim auff der Filß
Friderich von Thöring
Wolff von Hausen
Steffan von Schnyhen
Frantz von Eissenhofen
Wilhelm von Stettenberg
Wendel von Knöring
Heinrich von Gemmingen
Friderich von Venningen
Georg von Wallenrode
Contz von Blassenberg
Erasmus von Liechtenstein
Friderich von Egloffstein
Heinrich von Höchstetten
Contz von Hornstein
Georg Pfaw von Rieteberg
Bernhard Schilling
Heinrich von Zölnhard
Caspar von Randeck
Wolff von Stadion
Contz von Löwenstein
Hans von Thalheim
Georg von Sternfelß
Hans Truchseß von Ringingen
Otto Truchseß von Diessenhofen
Hans Schenck von Winterstetten
Conrad von Dietzißaw
Hans von Winida
Wolff Truchseß von Höffing

Wolff von Braßberg
Hans Ebron von Wildenberg
Jacob von Weiler
Contz Zänger zum Schneeberg
Friderich von Heßnack
Albrecht Nothafft zum Bodenstein
Wildjäckel von Kamer
Wilhelm Heẏbeck der Groß
Seitz von Leyning
Hans Stachel von Stacheleck
Wolff von Apffenthal
Sigmund von Leytenbeck
Fritz von Anwen
Georg Nothafft von Reintz
Hans Eck von Reischach
Hans von Baultzweil
Wilhelm von der Kere
Hans Erch/eß von Bommersfelden
Wolff Lesch der Freẃdig
Ernst von Schönberg
Wilhelm von Neuneck
Heinrich von Entzberg
Wilhelm Adelman
Littelschelm von Bergen
Hans von Büdicheim
Jacob von Ussigheim
Hans von Liebenstein
Georg von Rotenstein
Schimpff von Giltling
Bernhard Schnebelin
Clauß vom Weyer
Ernst von Gundelfing
Wolff von Schwangaw
Sigmund von Finsterloch
Eringer von Bubenhofen
Hans von Ehingen
Wolff von Bernhausen
Contz von Offterdingen
Georg Rößlin zu der Burg
Heinrich Holtzapffel
Freund hans von Ruxingen
Conrad von Haunenhofen
Marx von Epting
Hans von Ratzumhauß
Maxritz von Blieming
Albrecht von Wickarod
Friderich von Landesperg
Albrecht von Winckenthal
Friderich Beger
Jung Georg von Altzheim
Hans Schweingriesi
Hans von Geißpitzheim
Georg von Pflaundorff
Matthias von Thünsfelde
Heinrich von Wenckheim
Hans von Gameringen
Albrecht von Schwendy
Friderich von Welward
Lutz von Wernaw
Georg Herter von Herteneck
Reinhard von Newhausen
Niclaus von Zirckenfelde.

Die vier Ritter haben zwischen den Seylen gehalten.

¶ Von Schwaben.
Jacob von Bodman.
¶ Von Bäyern.
Wolffgang von Frawenberg.
¶ Vom Rheinstrom.
Gottschalck von Nesselrode.
¶ Von Francken.
Apel von Schweinsheim.

§ Der 18. Thurnier.

In diesem 18. Thurnier / so gehalten worden von der Ritterschafft vom Rheinstrom / Anno Christi 1337. zu Ingelheim am Rheine wurden diese vier zu Blatt getragen.

Hans Truchseß zu Waldpurg ⎫
Friderich von Preissing ⎬ Ritter.
Erasmus von Liechtenstein ⎪
Adam von Künßeck ⎭

Diesen Thurnier haben alle Fürsten / Grafen / Herrn / Ritter vnd vom Adel / hernachfolgende eigner Person besucht / vnd sind auch selbst geritten.

¶ Die Fürsten.
Rudolph Pfaltzgraff bey Rhein / Hertzog in Bäyern
Bernhard Hertzog zu Braunschweig vnd Lüneburg
Gerlach Hertzog zu dem Berg
Rudolph der Groß / Marggraffe zu Baden
Ludwig der friedsam / Landgraffen zu Hessen
Wilhelm der Jünger / Marggraffe zu Gülch
Ludwig Landgraff zu Leuchtenberg
Eberhard der Greiner / Graff zu Wirtenberg
Friderich Graff zu Hennenberg

Die Graffen.
Johann zu Nassaw vnd Sarbrucken
Wolff zu Katzenelnbogen
Johann zu Hohenzollern
Ulrich zu Hanaw
Friderich zu Leyningen
Ott zu Wertheim
Johann zu Freyhingen
Albrecht zu Kirburg
Sigmund zu Fürstenberg
Wecker zu Zweybrucken
Eberhard zu Falckenstein
Heinrich zu Salm
Friderich zu Sarwerden
Georg zu Thierstein
Georg Wildgraffe zu Daun
Wilhelm Rheingraffe zu Stein.

Die Herren.
Wilhelm Herr zu Westerburg
Ludwig zu Liechtenberg
Albrecht zu Rapolstein
Oßwald zu Ochsenstein
Eberhard zu Runckel
Johann zu Ebstein
Wilhelm zu Falckenstein
Dieterich zu Stauffen
Christoff zu Weinperg
Friderich zu Justingen
Wilhelm von Hohengeroltzeck
Friderich zu Königstein
Dieterich zu Bickenbach
Friderich zu Finstingen
Wolffgang zu Reineck
Friderich zu Lösenich

Die Ritter.
Friderich von Andlaw
Georg von Hirshorn
Ludwig von Helmstatt
Hans von Baldeck
Wolff von Dalburg
Conrad von Sickingen
Engelhard von Neidberg
Heinrich Bäyer genannt Kolb
Conrad von Haßstatt
Ludwig von Frawenberg
Johann von Helffenstein
Georg Duchseß von Waldpurg
Friderich Zobel
Georg Schenck von Schweinsberg
Wernher von Eltz
Jacob von Pirment
Wilhelm von Esch
Johann von Rüdisheim
Ludwig von Heusenstein
Adam von Cleen
Hans von Lautern
Dieterich von Franckenstein
Hans Greiffenclae
Sigmund von Filweil
Wilhelm von Hemmerich
Rudolph von Wiltz
Georg Frey von Dern
Antony von Orot

Sighart

Von Teutschlandt. 1227

Sighard von Ernberg
Wolff Kreiß von Lindenfelß
Weidhard von Hornstein
Hans Specht von Bubenheim
Bernhard vom Hauß
Hans von Bubenfeldt.
Die Edlen.
Eberhard von Fleckenstein
Ludwig von Flersheim
Heinrich von Blettenberg
Wilhelm von Windenberg
Heinrich Nothafft von Wernberg
Philips von Rode
Erasmus von Rechberg
Ernst von Helmstatt
Ludwig von Falckenstein
Heinrich von Sachsenhausen
Heinrich von Hornstein
Heinrich von Zabern
Hans von Sundheim
Georg von Hatzfeld
Reinhard von Finningen
Hans Weiß von Fewrbach
Diebold Kranch von Kirchheim
Sigmund Feßler
Ernst von Streitberg
Jacob von Gundelsheim
Heinrich von Reiffenberg
Peter von Beumelberg
Heinrich von Witzleben
Wilhelm Kessel von Rode
Heinrich von Flehingen
Ernst von Heldrett
Hans Landschad zu Steinach
Hans von Nesselrode
Ludwig von Trachenfelß
Hans von Cronenberg
Sigmund von Siboldsdorff
Heinrich von Palland
Burckhard von Schaumberg
Jacob von Landsperg
Seyfrid von Hattstein
Wolff von Pintznaw
Hans von Eiberg
Diether von Westerstätten
Pauls von Gillingen
Friderich von Pfettelbach
Dieterich Flach der Alt
Adam von Dorfelden
Wilhelm von Weingarten
Georg Voyt von Reineck
Dieterich Knebel von Sielz
Wolff Rietesel
Georg von Banmgart
Ernst Hagk von Durlach
Johann von Baltzhofen
Dieterich von Hirßberg
Adam von Reinaw
Hans von Wachenheim
Georg von Anglaw
Friderich von Hatzfeld
Ludwig von Dürckheim
Friderich von Sultzbach
Hans von Hendschuchsheim
Georg von Mandelshe....
Gerlach von Harpff
Albrecht Göler
Dietrich von der Lyen
Georg Hofwart
Hans von Gemmingen
Gerhard Fetzer
Heinrich von Baldeck
Hans von Honolstein
Georg von Wolffstel
Niclaus von Helbringen
Ludwig von Hagen
Bernhard von Birckenfelß
Dieterich von Borschit
Sigmund Schechinger
Wilhelm von Saulnheim
Georg von Liechtenstein
Oswald von Leberskirchen
Wolff von Rotenstein
Lerentz von Staffel
Wolffgang Rack

Heinrich Bach
Wilhelm von Breitenstein
Wolff von Berenfelß
Ludwig von Sickingen
Heinrich von Sötern
Adam von Dann
Friderich von Schwartzenberg
Molff Holtzadel
Sigmund Brack von Klingen
Georg vom Weyer
Friderich von Guttenberg
Christoffel von Klingen
Christoffel von Lindaw
Krafft von Spanheim
Friderich von Randeck
Georg von Schönenberg
Thomas von Wirßberg
Wolff von Erlickheim
Friderich vom Stein
Hiltpold von Lyderbach
Heinrich von Lützelburg
Wilhelm von Rülingen
Hans von Büdickheim
Albrecht von Mentzingen
Hans von Winckenthal
Wolff von Rüdickheim
Conrad von Ernberg
Wolff vom Newenhauß
Hilbrand Flach
Heinrich Pfeil
Philips Rüde
Wilhelm Hund
Albrecht von Pfraunheim
Gabriel von Haunhofen
Johann von Büdingen
Ludwig von Hannweil
Georg Adelman von Adelmansfelden
Seitz von Thünfeldt
Friderich Feßler
Conrad Zorn von Bülach
Dieterich Haffner
Caspar Burgermeister von Dietzißaw
Wolffgang Beger der Elter
Wernher von Langnaw
Wilhelm Pfaw von Rietberg
Wolff von Oting
Diebold von Jungen
Friderich Sturmfeder
Heinrich von Schwalbach
Albrecht Faulhaber
Georg von Breitenbach.

¶ Der 19. Thurnier.
In disem 19. Thurnier so gehalten worden von der Ritterschafft deß Lands zu Francken/Anno 1362. zu Bamberg an der Redntz/ wurden diese 4. Ritter zu Blatt getragen.

Georg von Hirßhorn/Ritter.
Heinrich Nothafft/Ritter.
Ludwig von Helmstatt/Ritter.
Georg Voyt von Rheineck.

Diesen Thurnier haben die nachfolgenden Fürsten / Graffen / Herren / Ritter vnd vom Adel selbst besucht.
¶ Die Fürsten.
Ludwig Landgraff zu Leuchtenberg
Heinrich Landgraff zu Hessen
Friderich Burggraff zu Nürnberg
Otto Graff zu Henneberg
Friderich Graff zu Henneberg.
Auch diese Graffen.
Johann zu Orlamund
Philips von Katzenelnbogen
Rudolph zu Reneck
Ludwig zu Oting
Wilhelm zu Zollern
Georg zu Castell
Wilhelm zu Wied
Reinhard zu Newenaar
Philips zu Wittichenstein

Friderich Burggraff zu Meissen
Heinrich Graff zu Schwartzburg
Otto zu Wertheim
Ulrich zu Hanaw
Ludwig zu Helffenstein
Albrecht zu Leißneck
Ludwig von Eisenburg Graff zu Budingen
Albrecht zu Seyne
Gerlach zu Mandersheldt
Albrecht zu Hohenlohe
Die Freyherzen
Friderich Burggraffe zu Kirchberg
Friderich Schenck zu Limpurg
Georg Avensperg
Georg Hendeck
Georg Runckel
Heinrich Wildenfelß
Wolff zu Hohenfelß
Heinrich Reuß zu Blawen
Wilhelm zu Mintzenberg
Hans zu Weinsperg
Wilhelm zu Bruneck
Albrecht zu Zimbern
Friderich zu Bruck
Wilhelm Kranichfeld
Wilhelm Dornberg.
Die Herren.
Albrecht zu Arnstatt
Johann zu Stauffen
Wilhelm zu Feuchtwangen
Gnard zu Flüglin
Gotelieb zu Schönberg
Eberhard zu Schönfeld
Dieterich zu Kamerstein
Heinrich zu Ernfeld
Christoffel Vogt vnd Hert zu Elnbogen
Gerlach zu Eysenburg
Gerlach zu Rennenberg
Wolffgang zu Rennenberg.
Die Ritter.
Adam von Schaumberg
Georg Schenck von Gehren
Friderich von Wolffskel
Hans von Schweinshaupten
Wolff von Abßberg
Philips von Rechberg
Hans von Freyburg
Friderich von Preissing
Georg von Hirßhorn
Hans Landschad
Kilian von Rosenberg
Heinrich Fuchß
Georg Förtsch
Conrad von Hornstein
Niclaus von Venningen
Heinrich von Berbing
Dieterich von der Kere
Ludwig von Grunbach
Hilpold von Eberßheim
Ernst von Rotenhane
Wolffgang von Grech
Sebastian von Seckendorff
Friderich von Wallenfelß
Wolff von Oting
Georg Ecker zu Eck
Hieronymus von Seybolsdorff
Heinrich von Seinßheim
Georg von Leutersheim
Ludwig Truchses von Awe
Conrad Marschalck
Gumbrecht von Streitberg
Melchior von Gundesheim
Gregorius von Egloffstein
Dietz von Liechtenstein.
Die Edlen.
Hans Senck von Geyern
Dietz von Stein
Wilhelm Fuchs von Fuchsberg
Erasmus von Egloff
Conrad von Ebenheim
Wolff Marschalck von Ostheim
Friderich von Woiffstein
Wolff von Rheinstein
Niclaus von Reitzenstein

Heinrich

Das fünffte Buch

Heinrich von Altenstein
Wolff von Guttenberg
Ambrosi von Eberstein
Philips von Auffseß
Georg Zolner von Hallweil
Heinrich von Wolffskele
Hans von der Kere
Albrecht von Wildenstein
Wolff von Lustenaw
Hans Adelman
Friderich von Otting
Wolff Rößlin zum Burgel
Adam von Maßmünster
Samson Reuß zum Thurn
Hans von Stetten zu Stetten
Friderich von Liechtenaw
Georg Kämmerer
Hans Schweingreist
Wolff von Newingen
Christoffel von Willenrew
Dievolt von Suncheim
Dionysius von Heldritt
Friderich Herz zu Herteneck
Wolffgang Fetzer
Georg von Gameringen
Contz von Richenaw
Friderich von Felberg
Wilhelm von Ussigheim
Hans von Blassenberg
Nicolaus von Wirtzberg
Georg Voyt von Saltzburg
Dieterich von Krenlsheim
Friderich Groß zu Drockaw
Contz von Mergetheim
Ernst von Stettenberg
Sixt von Thüngen
Albrecht von Rochberg
Frantz von Birckenfelß
Dieterich Pfehl
Ernst von Mudersbach
Fritz von Erichshausen
Kilian von Rochstetten
Wilhelm Voyt von Rheineck
Wolffgang Landschad
Wilhelm Letsch der Jünger
Hans von Randeck
Friderich von Fleckenstein
Hans vom Stein
Sigmund von Altzheim
Schweicker von Hornstein
Ernst von Venningen
Biltram von Andisheim
Wilhelm Göler
Hans von Bachenstein
Heintz von Ellerichshausen
Dietz von Thüngfeld
Wolff Gebsattel
Albrecht Götzman
Georg von Wichsenstein
Wolff von Pfettelbach
Friderich Mistelbeck
Ernst von Witenthaw
Otto Rüde von Kolnbach
Kilian von Zebitz
Marquard Stieber
Sigmund Waller
Wolff von Sachsenhausen
Friderich von Fischhorn
Albrecht von Bommersheim
Hans von Heussenstein
Hans Schenck von Schweißberg
Dieterich Knebel
Friderich von Bellersheim
Wilhelm von Pfrauheim
Wolffgang von Dörling
Albrecht von Watzendorff
Hans von Adelshausen
Christoffel von Menckhofen
Georg von Albrechtsheim
Fritz von Seintzenhofen
Sigmund von Tobelheim
Heinrich von Offenstetten
Friderich von Pfeffenhausen
Hans Awer von Bullach
Wolff von Büdingen

Friderich von Kronenberg
Sigmund von Rüdickheim
Wolff Awer von Winckel
Georg von Reiffenberg
Ludwig von Waldenstein
Hans von Hatzfeld
Georg Frey von Derten
Friderich Ridesel der Lang
Wolff Dratt
Wilhelm Holtzadel
Georg von Schwalbach
Friderich Weiß der Lang
Dieterich von Lindaw
Heinrich von Kleen
Hans von Lautern
Heinrich Hagk
Friderich Oleden
Frantz von Mandelsheim
Hans von Katzenstein
Gunther von Bünaw
Friderich von Wending
Georg von Minckwitz
Wilhelm von Hariaß
Eberlin von Boyfingen
Wolff von Witzleben
Hans von Hartheim
Heinrich von Malditz
Georg von Hopping
Hans von der Planitz
Georg Schütz von Leineck
Otto von Schleinitz
Hans von Thalheim
Heinrich Metsch
Friderich von Miltitz
Contz von Rüsenbach
Georg von Wulffersdorff
Sigmund von Dreßwitz

Diese 20. Personen wurden zu der Schaw verordnet auß den vier Landen.

¶ Von Schwaben.
Philips von Rechberg / Ritter
Hans von Freyburg / Ritter
Wolff von Lustnaw
Hans von Thalheim
Hans Adelman von Adelmansfelden.

¶ Von Bäyern.
Friderich von Preissing /
Georg Eckr von Eck /
Hieronymus von Seyboldsdorff /
Heinrich von Berbing / alle 4. Ritter
Albrecht von Wildenstein.

¶ Vom Rheinstrom.
Hans Landschad / Ritter
Niclaus von Venningen / Ritter
Adam von Maßmünster
Wilhelm von Ussigheim
Sigmund von Aletzheim.

¶ Von Francken.
Adam von Schaumberg /
Georg Schenck von Geyren /
Hans von Schweinshaupten /
Kilian von Rosenberg /
Ludwig von Grünbach / alle 5. Ritter.

Die Frawen und Jungfrawen so zu der Schaw bestellt.

¶ Von Schwaben.
Hansen von Freyburgs Ehelichs Gemahel
Friderichs von Stadion verlaßne Witwe /
Jungfraw Anna geborne von Wendig.

¶ Von Bäyern.
Ludwig Ebrons von Wildenberg Gemahel
Heinrichs von Breitenstein verlaßne Witwe
Jungfraw Barbara geborne von Waldeck.

¶ Vom Rheinstrom.
Georg von Leutesheim Ehelichs Gemahel
Conrad Fetzers nachgelaßne Witwe

Jungfraw Walpurg geborne von Eretzberg

¶ Von Francken.
Heinrich von Bachs eheliche Gemahel
Wilhelms von Eberstein nachgelaßne Witwe
Jungfraw Felicitas geborne von Griech.

Die Grießwärter.

¶ Von Schwaben.
Wolff von Luchsenaw.

¶ Von Bäyern.
Hieronymus von Riboldsdorff / Ritter.

¶ Vom Rheinstrom.
Niclaus von Venningen / Ritter.

¶ Von Francken.
Hans von Schweinshaupten / Ritter.

Die zwischen den Seyten hielten.
Georg von Hirshorn / Ritter
Ludwig von Helmstatt / Ritter
Heinrich Nothafft zu Wernberg
Georg Voyt von Reineck

Die außgestellten an der Schaw.
Sigmund von Dreßwitz
Georg von Wulffersdorff
Heinrich Metsch
Ott von Schleinitz
Hans von Hartheim
Wolff von Witzleben
Wilhelm von Hariast
Eberling von Hopping.

V. Der 20. Thurnier.

In diesem 20. Thurnier so gehalten worden von der Ritterschafft deß Lands zu Schwaben Anno 1374. zu Eßlingen am Neckar / und wurden diese vier Ritter zu Blatt getragen.

Hans Landschad
Friderich von Preissing
Georg Schenck von Geyren
Philips von Rhietheim

Diesen Turnier haben alle Fürsten / Graffen / Freyen / Ritter / und die vom Adel hernachfolgend eygner Person besucht / und sind selbst geritten.

Ruprecht genannt der kleine Pfaltzgraff bey Rhein / Hertzog in Bäyern
Bernhard Marggraff zu Baden
Friderich Burggraffe zu Nürmberg / Graff zu Zollern.

Auch diese Graffen.
Ulrich zu Wirtenberg
Gerlach zu Lassaw
Johann zu Seyne
Ulrich zu Helffenstein
Friderich zu Veldentz
Wolff zu Montfort
Ludwig von Oeting
Friderich zu Tübingen
Eitelfriderich zu Zollern
Bernhart zu Eberstein
Rudolph zu Sultz
Heinrich zum heyligen Berg
Wilhelm zu Kirchberg
Hanß zu Werdenberg
Ulrich zu Neyffen
Albrecht zu Hohenlohe
Sigmund zu Thengen
Wolff zu Luyffen
Emerich zu Löwenstein
Johann zu Hohenburg

Diese Freyherren.
Albrecht Schenck zu Lympurg
Ludwig zu Liechtenberg
Christoffel zu Laber
Sigmund zu Lympurg
Philips zu Brandiß
Wilhelm zu Rotzus
Gangolff zu Hohen Gerolzeck
Diebold zu Randerode
Eberhard zu Falckenstein
Melchior zu Gundelfing
Georg Bickenbach

Leonhart

Von Teutschlandt. 1229

Leonhart zu Erenfelß
Friderich Freyherr zu Robern
Friderich zu Weinßperg
Erb Kammerer
Heinrich Reuß zu Plawen
Wilhelm zu Zimbern
Wilhelm zu Heydeck
Wolff zu Rapoltstein
Wolff zu Hohenhewen
Ortolff zu Stöffel
Albeck zu Finstingen
Georg zu Hohenfelß
Hans zu Epstein
Hylbrand zu Bolanden
Eberhard zu Königstein
Jacob zu Reipoltskirch
Friderich zu Hohenfelß
Wolff von Stauffen
Gotthard Herr zu Dachsul
Johann zum Yssan
Johann zum Hagk
Friderich Schenck zu Erbach
Friderich Herr zu Lössenich

Die Ritter.

Jacob Herr zu Dalberg.
Christoffel von Landaw
Otto von Bientzenaw
Mang Marschalck zu Pappenheim
Mang von Stein
Albrecht von Rechberg
Philips von Cronenberg
Lutz von Freyburg
Wilhelm von Seinßheim
Hans Georg von Bodman
Friderich von Waldeck
Rheinhard von Ratzunshauß
Popolein von Elderbach
Raff von Gundelsing
Albrecht Nothafft zum Weissenstein
Ludwig von Kamer
Wolff Schilling
Wolff von Wernaw
Heinrich von Weingarten
Georg von Hatstat
Wolff Kammerer von Wormbs
Ludwig von Eissenberg
Heinrich von Helmstatt
Georg von Neidtperg
Ulrich von Absperg
Georg von Freundsperg
Wolff Güß von Güssenberg
Jacob von Lungseck
Raff von Ahelsing
Conrad von Welward
Friderich von Reitzenstein
Rudolph von Auffseß
Conrad von Hürnheim
Hans von Randeck
Wolff von Reischach
Diebold Spedt
Albrecht von Rechberg
Frey von Kaltenthal
Ebald von Stadion
Georg von Westerstetten.

Die Edlen.

Ernst von Freidingen
Albrecht von Rotenstein
Georg von Haunburg
Contz von Reitheim
Hans von Messenhausen
Georg Ringen
Wolff von Rosenberg
Georg Laudschad
Eberlin von Westerstetten
Ludwig von Eissenhofen
Reinher von Aldesheim
Gottschalck von Reichenaw
Georg Schenck von Simen
Arnold vom Habern
Friderich von Eptung
Hans Sturmfeder
Albrecht von Liechtenaw
Friderich von Kaltenthal
Wolff Stadion

Bilgram von Heydorff
Ambroß von Horneck
Arbogast von Erenberg
Hieronymus Fetzer
Hilpold von Kreißheim
Ulrich Lesch der Alt
Friderich von Schellenberg
Wilhelm Spedt
Christoffel von Sandicell
Hans Georg von Bodman
Hans von Hirßhorn
Heinrich von Gumpenberg
Friderich von Schwangaw
Albrecht von Wildenstein
Johannis von Firmion
Jacob von Landsperg
Wolff Druchseß von Höffingen
Sigmund von Pfeffenhausen
Georg von Knoring
Leonhard von Altheim
Alb von Landenberg
Friderich von Hornstein
Georg Marschalck von Oberndorff
Bleicker von Rüdißheim
Conrad Hoffward
Hans von Rabenstein
Christoffel von Welden
Kilian von Rosenaw
Christoff von Kochstetten
Georg von der Alben
Eberhard von Zülnhard
Christoffel von Achdorff
Joann von Stauffenberg
Contz von Bellersheim
Peter von Wertingen
Heinrich von Breitenstein
Paulus von Liebenstein
Arnold von Rorbach
Schimpff von Sitzlingen
Wolff Röder in der Mortnaw
Contz von Rosenberg
Friderich von Venningen
Johans Nothafft zu Reuß
Diether von Thalheim
Krafft von Dietzißaw
Friderich von Flüching
Wolff von Oting
Rudolph Reuß
Reinhart von Gemmingen
Friderich von Liederbach
Erpff von Klingen
Johans Forstmeister
Gebhard von Helbringen
Friderich von Symentingen
Oswald von Schwendy
Rudoph von Zülnhard
Ernst von Reinchingen
Ludwig von Yffenloch
Johans von Bubenhofen
Peter von Löwenstein
Friderich Göler zu Rauensputrg
Johans von Dürckheim
Reinhard von Blassenberg
Georg von Thünfeld
Wilhelm von Eiberg
Karius von Kochberg
Georg von Mentzingen
Johanns von Schechingen
Dam von Anglach
Ernst von Wadtweil
Hohannes von Sternfelß
Georg von Oberkirch
Wolff Weiler
Conrad von Erolzheim
Johans Holtzapffel
Georg von Lustenaw
Wolff von Bliening
Kilian von Wenckheim
Wolff von Reiningen
Heinrich von Bernhausen
Philips Stegh von Wirtenberg
Wolffgang Pfeyl
Jobst Pfeyl
Jobst von Schwalbach
Wolff von Ehingen

Wolff von Newhausen
Friderich von Entzberg
Wolff von Neuneck
Lutz von Dachsenhausen.

Die Verordneten und Helmthellung von den vier Landen.

¶ Von Schwaben.

Christoffel von Landaw
Hans Georg von Bodman
Raff von Gundelsingen
Georg von Neidperg
Conrad von Welward/ alle fünff Ritter.

¶ Von Bäyern.

Otto von Bintzenaw/Ritter
Friderich von Waldeck/Ritter
Albrecht Nothafft zum Weyssenstein/
Ritter
Ludwig von Kamer/Ritter.
Hans von Messenhausen
Sigmund von Pfeffenhausen

¶ Vom Rheinstrom.

Philips von Cronenberg/ ⎫
Reinhard von Ratzumhauß/ ⎬ Ritter.
Heinrich von Weingarten/ ⎪
Wolff Kamerer von Wormbs ⎭
Arnold vom Habern
Bleicker von Rüdißheim.

¶ Von Francken.

Wilhelm von Seinßheim/ ⎫
Mang von Stein/ ⎬ Ritter.
Rudolph von Auffseß/ ⎪
Wolff von Rosenberg ⎭
Georg Schenck von Symen
Ulrich Letsch der Alt

Die Frawen und Jungfrawen / so zu der Schaw verordnet waren.

¶ Von Schwaben.

Herren Mang Marschalcks von Pappenheim Eheliche Gemahel / geborne von Welden
Herren Heinrich von Rechberg nachgelaßne Witwe / geborne von Heydorff
Jungkfraw Hippolita geborne von Landaw

¶ Von Bäyern.

Herrn Albrechten Nothafften von Weissenstein eheliche Gemahel / eingeborne von Zängerin
Heinerichs vö Eissenhofets nach gelaßne Witwe / geborne von Seiboltsdorff
Jungkfr. Apollonia geborne von Nußdorff.

¶ Vom Rheinstrom.

Heinrichs von Weingarten eheliche Gemahel / geborne von Franckenstein
Friderich Kamers nachgelaßne Witwe / geborne von Ingelheim
Jungkfraw Walpurg / geborne von Mörspurg.

¶ Von Francken.

Herrn Ludwigs von Eissenburg eheliche Gemahel / geborne von Hutzen
Conrad von Rabensteins nachgelaßne Witwe / geborne von Thünfeld
Jungkfraw Dorothea geborne von Stettes zu Hochstettes.

Die verordnete Grießwärtel.

¶ Von Schwaben.
Graffe von Gundelsingen/ Ritter.

¶ Von Bäyern.
Friderich von Waldeck/Ritter

¶ Vom Rheinstrom.
Arnold vom Habern.

¶ Von Francken.
Rudolph von Auffseß/Ritter.

Die vier Ritter haben zwischen den Seyten gehalten.

¶ Von Schwaben.
Philips von Rietheim.

¶ Von Bäyern.
Fridrich von Preissing.

¶ Vom

Das fünffte Buch

¶ Vom Rheinstrom.
Hans Landtschad.
¶ Von Francken.
Georg Schenck von Geyern.
Die an der Schaw außgestellt
worden.
Wolff von Neuwingen
Hans von Bubenhofen
Hans von Schechingen
Georg von Thünfeld
Rheinhard von Blassenberg.

℟ Der 21. Thurnier.

Deß 21. Thurniers / so gehalten worden von der Ritterschafft zu Schwaben / Anno 1392. zu Schafhausen am Rhein / wurden dise 4 zu Blatt getragen.

¶ Von Schwaben.
Conrad von Welward / Ritter.
¶ Von Bäyern.
Ott von Binzenaw / Ritter.
¶ Vom Rheinstrom.
Reinhard von Ratzunhausen / Ritter.
¶ Von Francken.
Wilhelm von Seinßheim / Ritter.
Diesen Thurnier haben alle Fürsten / Grafen / Herrn / Ritter und die vom Adel / eigner Person besucht / und sind selbst geritten.

Die Fürsten.
Johannes Hertzog zu Bäyern
Friderich Hertzog in Oesterreich
Steffan Hertzog in Bäyern
Rudolph Marggraffe zu Baden
Ludwig Landtgraffe zu Hessen
Friderich Burggraffe zu Nürnberg
Wilhelm Graffe und Herr zu Henneberg
Eberhard Graffe zu Wirtenberg

Die Graffen.
Eberhard zu Sonnenberg
Philips zu Kirchberg
Albrecht zu Werdenberg
Wilhelm zu Oringen
Georg zu Leyningen
Wilhelm zu Hohenloe
Heinrich zu Thierstein
Ludwig zu Oting
Hans zum Hentigen Berg
Wernher zu Sulz
Johann zu Lupffen
Ludwig zu Montfort
Heinrich zu Ortenberg
Hans Friderich zu Zollern
Ernst zu Fürstenberg
Otto zu Reneck
Wolffgang zu Castell
Gerhard zu Seyne
Sigmund zu Masax
Heinrich zu Thengen
Heinrich zu Salm
Friderich zu Sarwerden.

Die Freyherren.
Wilhelm zu Limburg
Ludwig zu Heydeck
Friderich zu Roxus
Johann zu Ströffel
Leonhart zu Hohensax
Johann zu Abemperg
Albrecht zu Zymbern
Christoffel zu Brandis
Georg zu Hohenhewen
Friderich Herr zu Stauffen

Ritter.
Wilhelm Truchseß zu Waldpurg
Ludwig von Landaw
Heinrich Marschalck zu Bappenheim
Reich Hans von Bodman
Caspar von Blumeneck
Christoffel von Ellerbach
Heinrich von Hainburg
Dietrich von Freyburg
Wilhelm von Frawenburg
Heinrich von Hürnheim

Albrecht von Wolffstein
Georg von Andlaw
Reichhard von Künßeck
Georg vom Hauß
Ambrosi von Hohenklingen
Leupold von Preissing
Ernst von Fridingen
Wilhelm von Drachenfeltz
Erckinger von Rechberg
Hilbrand von Hewdorff
Wernher von Stettenberg
Gotthard von Eglossstein
Arnold von der Kere
Friderich Truchseß von Höfing
Johann Landschad
Georg von Helmstatt
Arnold von Fleckenstein.

Die Edlen.
Rheinhard von Westerstetten
Friderich von Habspurg
Anßhelm von Kaltenthal
Heinrich von Welden
Georg Schnäbelin von Landeck
Wilhelm Spedt
Simon von Haistatt
Endres Waldner
Eberhard von Helmstatt
Sighart von Hohenfriburg
Johann von Rotenstein
Sigmund von Hohenfridingen
Wolff von Hauttburg
Ernst Druchseß von Ringitgen
Claus von Westerstetten
Wilhelm von Reichenaw
Wilpold von Eych
Heinrich von Epringen
Sigmund von Liechtenaw
Ambrosi von Schellenberg
Hans Georg von Bodman
Albrecht von Landenberg
Wilhelm von Zülnhard
Wolff von Stauffenberg
Philips von Wettingen
Ernst von Giltting
Ulrich Schilling
Johann Röder in der Mornaw
Sigmund von Renchingen
Ernst von Watweil
Friderich von Sternfelß
Heinrich von Oberkirch
Röschhans von Ehingen
Wilhelm von Renneck
Gebhard von Franckenstein
Wolff von Hirßhorn
Johann Kemmerer von Wormbs
Conrad von Preussing
Michel von Sachsenheim
Johanns von Hürnheim
Arbogast von Landsperg
Seyfrid von Kaysperg
Emmerich von Oberstein
Reichhard von Staffel
Ruprecht von Venningen
Contz von Allotzheim
Friderich von Ernberg
Eberhard von Andlaw
Ludwig von Mörsperg
Paulus von Schaumburg
Reichhard von Welden
Seyfrid Münch von Basel
Wolff von Hendschuchsheim
Caspar von Flerßheim
Kilian von Seinßheim
Friderich von Ebenheim
Wolff von Thöring
Johann von Bintzenaw
Arnold von Preissing
Friderich von Frawenberg
Wolff von Seiboltsdorff
Wilhelm von Aheim
Heinrich Stauffer
Wilhelm von Wolffstein
Johann Zänger zu Oransing
Albrecht von Altenstein

Steffan von Kamerberg
Heinrich Murcher
Wernher Grantz
Wolff von Buchberg
Friderich von Falckenstein
Wolff von Abspeig
Ernst von Spanheim
Christoffel von Venningen
Christoffel von Randeck
Reich Johann von Lautersheim
Wolff Druchseß von Aw
Wolff von Wernaw
Dieterich von Ernberg
Ernbrecht von Neidprecht
Emmerich von Oberstein
Heinrich von Schawenburg
Christoffel von Hürnheim
Adolph von Gemmingen
Wilhelm Flach der Groß
Der jung Wolff vom Bach
Heinrich von Staffel
Schweicker von Giblißaw
Walter von Entlibuch
Wilhelm von Krenckingen
Diether von Neidberg
Andres von Weyer
Der alt Heinrich vom Bach
Johann von Wachenheim
Emmerich von Eberstein
Heinrich von Hagenbach
Wolff von Weiting
Friderich von Keyserstul
Herman von Mentzingen
Dietrich Münch von Basel
Jacob von Erolzheim
Friderich von Baltzhofen
Gert von Anglach
Johann von Berlapsen
Leonhard von Sattelbogen
Sigmund von Paulsdorff
Ernst von Waldaw
Wilhelm Schenck in der Aw
Michel von Steinheim
Schimpff von Gillingen
Hans Zänger zu Zengerstein
Johann Güß zu Güssenberg
Andres von Bächterg
Johann Truchseß von Ringingen
Heinrich von Rheinach
Contz Marschalck von Olerndorff
Friderich Stumpff
Johann Stahel von Staheleck
Friderich von Düxe
Heinrich Vogler
Reinhard von Gleß
Anßhelm von Euß
Jacob von Schropffenstein
Ernst von Hornberg
Jacob von Dannenberg
Ernst von Abspeig
Wolff von Maßmünster
Erasmus Sturmfeder
Friderich von Entzberg
Ernst Münch von Basel
Bernhard von Sundichingen
Friderich von Wemding
Rudolph Pfow von Rietberg
Johann Heinrich von Epting
Wernher von Eyß
Heinrich von Falckenstein
Wilhelm von Liechtenstein
Erhard von Spare
Wolff von Firmion
Melchior von Casell als
Friderich von Rheine
Hieronymus von Herodorff
Frischhans von Hauß
Georg von Reischach
Beck von Jüngingen
Conrad von Ehingen
Hans von Bernhausen
Rudolph von Renneck
Eberhard von Watweil
Georg Hans Waldner

Johann

Von Teutschlandt.

Johann von Sternenfelß
Georg von Raucheneck
Wolffgang Beger
Georg Feßler
Heinrich von Geißpitzheim
Wolff von Vdenheim
Hans von Liderbach
Wilhelm von Scheldberg
Fritz von Mülheim
Hans von Dischingen
Wolff von Gammeringen
Adam von Schwabsberg
Johann von Pflondorff
Georg zu Schwingrifft
Johann Kamerer
Mattheus von Finsterloch
Friderich von Helb.

Die zu der Schaw verordnet wurden auß den vier Landen.

¶ Von Schwaben.
Caspar von Blumeneck/
Heinrich von Hounburg/
Reichhard von Königseck/ } Ritter.
Friderich Truchseß von Höf-
fingen/
Georg Schnäbelin von Landeck
Heinrich von Ellerbach.

¶ Von Bäyern.
Wilhelm von Frawenberg/
Leupold von Preussing
Albrecht von Wolffstein } Ritter.
Wolff von Büchberg
Wernher Gramß
Wilhelm von Rhein.

¶ Vom Rheinstrom.
Wilhelm von Drachenfelß/
Johann Landschad/
Arnold von Fleckenstein/ } Ritter.
Georg von Helmstatt/
Gebhard von Franckenstein
Wolff von Hirßhorn.

¶ Von Francken.
Wernher von Stettenbach/
Gotthard von Egloffstein/ } Ritter.
Arnold von der Kere/
Paulus von Schaumburg
Kilian von Seinßheim
Reichhans von Lendersheim.

Die Frawen vnnd Junckfrawen so zu der Schaw bestellt wurden.

¶ Von Schwaben:
Herren Georgens von Andlaw ehelich
Gemahl/geborne von Reinach
Heinrichen von Frendingen nachgelaßne
Witwe/geborne von Bodman
Jungfraw Clara geborne vom Hauß.

¶ Von Bäyern:
Herrn Wilhelms von Frawenberg ehelich
Gemahl/geborne von Leyning
Wilhelm Gransen nachgelaßne Witwe
geborne von Gumpenberg
Jungfraw Barbara geborne von Sei-
boldsdorff

¶ Vom Rheinstrom.
Herrn Arnolds von Fleckenstein ehelich
Gemahl/geborne von Hirßhorn
Wilhelms von Weingarten nachgelaß-
ne Witwe/geborne von Randeck
Jungfraw Dorothea geborne von Si-
ckingen.

¶ Von Francken.
Herrn Arnolds von Stettenberg ehelich
Gemahl/geborne von Hutten
Albrechts von Seinßheim nachgelaßne
Witwe/geborne Füchsin
Jungfr. Apollonia geborne von Brun-
bach.

Die verordnete Griesswärtel.

¶ Von Schwaben.
Reinhard von Künßeck

¶ Von Bäyern:
Leupold von Preussing.

¶ Vom Rheinstrom.
Wilhelm von Drachenfelß/Ritter.

¶ Von Francken.
Gotthard von Egloffstein/Ritter.

Die 4. Ritter die in dem Thurnier zu Blatt getragen worden sind/haben selbst zwischen
den Seylen gehalten.

V. Der 22. Thurnier.

In diesem 22. Thurnier so gehalten worden
von der Ritterschafft deß Lands zu Bäyern/
Anno 1396. zu Regenspurg an der Thonaw/
vnd wurden diese vier Ritter zu Blatt
getragen.

¶ Von Schwaben.
Erckinger von Rechenberg.
¶ Von Bäyern.
Wilhelm von Frawenberg.
¶ Vom Rheinstrom.
Johann Landschad.
¶ Von Francken.
Gotthard von Egloffstein.

Diesen Thurnier haben alle Fürsten/Gra-
fen/Herrn/Ritter vnd vom Adel/hernachfol-
gende eigner Person besucht/vnd sind
auch selbst geritten.

¶ Die Fürsten.

Johann Pfaltzgraff bey Rhein/Hertzog
  in Ober vnd Nider Bäyern
Ludwig Pfaltzgraff bey Rhein/Hertzog
  in Ober vnd Nider Beyern/Graff zu
  Mortene
Ernst Pfaltzgraff bey Rhein/Hertzog in
  Beyern
Albrecht Landgraff zu Leuchtenberg
Balthasar Graff zu Schwartzburg
Georg Graf zu Ortenberg
Conrad Freyherr zu Ehrenfelß
Albrecht Freyherr zu Abensperg
Friderich Freyherr zu Hohenfelß.

Die Ritter.

Ludwig von Schellenberg
Vlrich zu Pappenheim
Wilhelm von Rechberg
Vlrich von Adelsing
Burckhard von Freyburg
Johann Zänger der Guldin
Albrecht von Wildenstein
Wilhelm von Büchberg
Friderich Amer
Johann Zänger zu Regenstauff
Erasmus Muher
Friderich Küchler von Hohen Küchel
Peter von Kameraw
Heinrich Gramß
Vlrich Ecker zu Eck
Wilhelm von Ramsperg
Dieterich Stauffer zu Stauff
Wilhelm von Frawenberg
Friderich von Wolffstein
Ludwig von Pietzenaw
Heinrich von Preissing
Wilhelm von Töring
Johann von Mörßpurg
Wolff von Geyern
Wolff von Aheim.

Die Edlen.

Johann von Sattelbogen
Albrecht von Büchberg
Sigmund Georg vnd Hanß sein Sohn
Haug von Barßberg
Wernher von Barßberg
Karius von Paulsdorff
Tobenhaß von Waldaw
Walthauser von Büchberg
Georg Awer der jünger
Seitz von Büchberg
Wilhelm Küchler von Mathickhofen
Georg Zänger Hansen Sohn
Parceval Zänger

Friderich Küchler zu Mathickho-
fen
Thomas Gramß
Wendel Ecker zu Eck
Hans Muhrer genannt Höffel
Wolffhart Zänger
Conrad von Nußberg
Junghans Muhrer
Hans Zänger Wolffhards Bruder
Vlrich von Kameraw
Georg Ecker zu Eck
Hans von Schönstein
Peter von Falckenstein
Wolff von Leibelfing
Balthasar von Aheim
Georg von Frawenhofen
Hans von Frawenberg
Hilpold von Kamer
Wernher von Thöring
Sigmund von Messenhausen
Georg von Waldeck
Friderich von Boxaw
Albrecht von Preissing
Rudolph Stauffer zu Stauff
Wilhelm von Eyssenhofen
Götz Zänger zu Regenstauff
Giltz Muher
Wilhelm Schenck in der Aw
Hans von Seefelden
Georg von Gumpenberg
Sigmund von Sandicell
Albrecht von Wildenstein
Hauptmarschalck zu Pappenheim
Wilhelm von Rechberg
Heinrich Paggelein von Ellerbach
Wolff Truchseß von Höfingen
Ortlieb von Reischach
Ortolph Güß zum Güssenberg
Götz Muher
Albrecht von Kamer
Ortlieb Zänger
Peter Ecker zu Eck
Eberhard von Nußberg
Eberhard von Boxaw
Diether vom Ramßpurg
Hans von Steinham
Wolffram von Florion
Oswald Waller zu Wall
Christoff von Wildenberg
Arnold von Leibelfing
Andreas von Aham
Diether von Satzenhofen
Wolffgang Herbeck
Eberhard von Sattelbogen
Christian von Frawenberg
Heinrich von Kammerberg
Vlrich Marschalck von Pappen-
heim
Sigmund Thurner
Ernst von Brettenstein
Junghans der Greiff
Georg von Waldeck
Warmund von Thöring
Vlrich Thörer vom Thörlin
Rudolph von Preissing
Heinrich von Raydenbuch
Thomas von Preissing
Oswald von Thöring
Roßwein Marschalck von Donners-
perg
Heinrich von Gumpenberg
Burckhard von Knöring
Vlrich Jüdman
Seitz Marschalck von Oberndorff
Johann Truchseß von Ringingen
Albrecht von Ringingen
Albrecht von der Alm
Wilhelm Stumpff
Johann Gebwolff zum Degenberg
Conrad von Kameraw
Friderich von Satzenhofen
Georg von Frawenberg
Wilhelm von Eychberg
Wilhelm Mörßpeck
Arnold von Kamer der jung

Oswald

Das fünffte Buch

Oswald von Thöring der Groß
Otto von Epß
Johann Thörer von Thor
Roschhans von Preissing
Heinrich von Schönstein
Ambroß von Aham
Wilhelm Marschalck zu Bappenheim
Johann von Hirßhorn
Friderich von Rambßberg
Gottfrid von Steinhan
Heinrich von Fleckenstein
Wilhelm von Scharpffenstein
Conrad von Helmstatt
Georg von Franckenstein
Johan von Randeck
Wolff von Satzenhofen
Dieterich von Frödenberg
Heinrich Weißbeck
Ulrich Nußdorff
Georg Druchseß zu Ringingen
Seitz zu Bappenheim
Philips von Rechberg
Ulrich der jünger zu Bappenheim
Heinrich von Giech
Wolff von Seckendorff
Johann von Reitzenstein
Wilhelm von Lentersheim
Arnold von Wenckheim
Contz von Frewdenberg
Diebold von Leittenbeck
Christoffel von Gumpenberg
Paulus von Abßperg
Wilhelm von Reinberg
Wolffgang von Rotaw
Wolff von Frawenberg
Wilhelm Leytenbeck
Dieterich von Harßkirchen
Dieterich von Frewberg
Wilhelm von der Alben
Heinrich von Landstein
Andreas von Herbelstatt
Johann von Dyrckheim
Wolffgang von Klammenstein
Wolffgang voo Birgel
Heinrich von Thunfeld
Johan Mautner von Katzenberg
Georg von Aheim
Steffan Mautner von Katzenberg
Georg von Elrichshausen
Johann Leydenbeck
Christoff von Schmyhen
Wilhelm von Gumpenberg
Johann Stachel von Stacheleck
Wigoleus von Rorbach
Johann von Gumpenberg
Albrecht von Königsfelder
Emmerich von der Leyen
Jobst von Mudersbach
Ernst von Wülffersdorff
Martin von Reicherding.

Die 4. Thurniervögt dieses Thurniers seynd
selbst zwischen den Seylen gewesen
und gehalten.

3. Der 23. Thurnier.

In diesem 23. Thurnier / so gehalten worden
von der Ritterschaffe deß Rheinstroms Anno
Christi 1403. zu Darmstatt bey Rhein / sind
diese vier Ritter zu Blau getragen
worden.

Johann von Mörßpurg
Ludwig von Schellenberg
Johann genannt der Güldin Zänger
Wolff Schenck von Geyern.

Diesen Thurnier haben alle Fürsten / Grafen /
Herrn / Ritter vnd die vom Adel / eigner Person besucht / vnd sind selbst geritten.

Die Graffen.

Heinrich zu Henneberg
Wilhelm zu Henneberg sein Sohn
Emmerich zu Katzenelnbogen
Johann zu Veldentz

Gerlach zu Seyne
Otto zu Solms
Georg zu Hohenloe
Heinrich zu Fürstenberg
Sigmund zu Zirnenberg
Albrecht zu Manderscheid
Wilhelm zu Lupffen
Philips zu Reneck
Sigmund zu Zigenhan
Wolff zu Wertheim
Philips zu Waldeck
Wolff zu Castell
Gumprecht zu Newenar
Eberhard zu Arburg
Johann zu Wigenstein
Georg zu Neydeck.

Die Freyherren.

Wilhelm zu Westerburg
Friderich zu Königstein
Gotthard zu Randerode
Wilhelm zu Bolanden
Georg zu Niderreissenberg
Johann zu Rennenberg
Georg zu Wintzberg
Georg zu Heydeck
Eberhard zu Königstein
Friderich von Bickenbach
Wilhelm zu Kobern

Die Herren.

Wilhelm zu Reineck
Engelhard zu Schwartzenberg
Wolffart der Elter
Friderich Sckenck zu Erbach
Anthonius Reippoltskirch
Arnold zu Sirck.

Die Ritter.

Otlieb von Franckenstein
Otto von Hirßhorn
Wolff Kemmerer von Wormbs
Friderich von Preissing
Brend von Seckendorff
Ludwig von Helmstatt
Erasmus von Seiboldsdorff
Philips von Streitberg
Philips von Kronberg
Kilian von Ebenheim
Friderich von Künßberg
Otto von Reiffenberg
Wolff von Spanheim
Georg von Eberstein
Heinrich von Wiltz
Georg von Hemmerich
Friderich Bäyer von Bopparten
Ernst von Drachenfelß
Georg von Hohenahelfing
Wolff von Sachsenheim
Wolff Schenck zu Schmeinßberg
Conrad von Hurnheim
Georg von Landßperg
Alban von Clausen
Wilhelm von Eltz
Georg von Falckenstein
Emich von Oberstein
Ludwig von Altenstein
Peter von Wachenheim
Wolff von Staffel
Karl von Guttenberg
Hans von Phraumheim
Ludwig Frey von Dern
Heintz vom Reitzenstein
Wilhelm Rietesel
Haus von Venningen
Dietrich Fuchß
Hans von Bömelberg
Götz von Atzheim
Wilhelm Zolner
Heinrich von Redwitz
Adam von Söttern
Hans von Lauter
Thomas von Wirßperg
Michel von Rödißheim
Heinrich von Rabenstein
Gottfrid von Sparneck
Ludwig von Mandelsheim
Thomas von Ernberg

Wolff von Birckenzelß
Johann von Wichsenstein
Mang von Schwalbach.

Die Edlen.

Dieterich von Hendschußheim
Ludwig von Andelaw
Rudolph von Mörßpurg
Albrecht von Schaumburg
Georg / Kilian vnd Haus die Füchs
Albrecht Rinßmaul
Johann vnd Eberhard von Darfelden
Johan / Friderich / Wolff / Gebhard vnd
  Johann vnd Wolff von Hirßhorn
Johann die Schencken von Schweinß-
  berg
Andres vnd Friderich von Flersheim
Johann / Georg vnd Jacob von Rosen-
  berg
Kilian / Sebastian / Wolf von Rosenberg
Friderich Kammerer von Wormbs
Johann von Waldenstein
Ludwig / Eberhard von Randeck
Conrad / Ludwig von Sickingen
Johann von Helmstatt
Georg / Albrecht Schencken zu Geyern
Christoff / Wolff von Grunbach
Wolff von Pirmund
Heinrich / Georg / Johann / Albrecht vom
  Heisenstein
Georg / Kilian von Seinßheim
Bleicker Landschad
Conrad / Georg von Ehenem
Contz vom Rotenhane
Contz Marschalck von der Schneid
Albrecht von Landsperg
Friderich von Falckenstein
Melchior von Walenfelß
Johann von Schweinshaupten
Philips / Johann / Ludwig / Georg / Ca-
  spar / Jacob / Alexander von Wilden-
  stein
Johann / Wolff vom Rheinstrom
Contz / Georg von Königsperg
Albrecht von Wolffstein
Wilhelm / Johann / Friderich / Haug /
  Georg / Philips / Erpff von Reiffen-
  berg
Heinrich / Georg / Wolff von Abßperg
Albrecht Wolffkele
Contz von Oberstein
Erpff von Spanheim
Kolb von Bopparen
Jacob Wendel vom Stein
Heintz vnd Wendel von Atzheim
Wolff von Greiffenclae
Johann von Venningen
Ernst von Weingarten
Johann Furtsch
Gregori / Ludwig vnd Johann von E-
  gloffstein
Johann von Fischborn
Diebold vnd Heinrich von Fischborn
Friderich / Paul / Johann vnd Melcher
  von Pommerschen
Achatz / Georg / Kilian vnd Ebold von
  Liechtenstein
Johann / Georg / Lutz Entelschelm
Johann vnd aber Johann Entelschelm
  von Bergen
Johann Truchseß von Aw
Georg von Schaumburg
Jacob / Philips / Johann / Andres / Peter
  vnd Matheus von Bellersheim
Dieterich von Ernberg
Meyas vom Stein zum Oberstein
Johann Fränckinger von Francking
Ebold vnd Contz von Giech
Wolff von Wernaw
Heinrich / Ludwig / Meyas / Caspar vnd
  Wernher von Pfronheim
Johann / Friderich / Georg vnnd Jacob
  von Büdingen
Rheinhard vnnd Johann von Lenters-
  heim

Georg /

Von Teutschlandt. 1233

Georg/Jacob vnd Peter von Rüdingen
Johann/Friderich/Wernher vnd Johan die Knebel
Johann Thomas/Georg vnd Fritz von Reitzenstein
Friderich Göler zu Ravenspurg
Georg vñ Ludwig die Freyen von Dern
Philips/Johann/Friderich/Georg/Johan/Mattheus/Johan/Albrecht vnd Philips der jünger die Riedejel
Johann vnd Heinrich von Orot
Georg vnd Johann vom Altenstein
Engel von Neidtperg
Dieterich von Gemming
Wolff von Westerstetten
Wilhelm Sturmfeder
Heinrich der Alt von Bach
Georg Voyt von Reineck
Wernher von Staffel
Heinz/Rarius vnd Wolff von Auffseß
Kilian vnd Albrecht von Stein
Georg von Eberstein
Conrad vnd Wolff von Stein
Heinrich/Friderich/Johann/Ludwig/Heinrich/Georg/Johann/Heinrich/Christoff vnd Friderich von Bommelberg
Mattheus/Georg/Friderich/Heinrich/Paulus vnd Johan von Schwalbach
Wolff von Hurnheim
Georg von Blanckenberg
Johann von Guttenberg
Christoff von Wachelen
Wilhelm Flach der Groß
Friderich der Frey von Dern
Heinrich von Guttenberg
Johann/Georg/Friderich die Zölner von Hallweil
Friderich vnd Johann die Weyssen von Fewrbach
Ludwig vnd Johan von Landaw
Friderich vnd Johan die Hacken
Johann von Hagenbach
Johann von Zülnhard
Ludwig/Johann/Friderich/Ernst/Johann vnd Jacob von Mandelßen
Johann/Bernd vnd Sebastian von Luther
Heinrich/Ludwig/Georg vnd Johann von Cleen
Johann/Friderich vnnd Ludwig von Lautern
Johann/Christoff/Jacob vnd Wilhelm die Dieden
Fritz von Kaltenthal
Eck von Stadion
Dieterich Spedt der Klein
Wolff von Weitzingen
Johann Schilling/Hofmeister
Georg von Liepenstein
Paals von Gillingen
Jobst vom Habern
Melcher von Mentzingen
Friderich von Durckheim
Johann von Hatstein
Friderich Kranich
Georg von Felberg
Freyrein Faulhabern
Kilian Zabel
Friderich von Lorentz Bibra
Johann von Wirßberg
Johann vnd Jacob von Eßicken
Wolff Groß von Drackaw
Adam vnd Freywein vnd Blassenberg
Johann vnd Fritz von Rabenstein
Lorentz vnd Friderich von Bommersfelden
Johann von Hutten
Georg von Rechberg
Jacob von Erolzheim
Johann von Eirichshausen
Wolff vnd Ulrich die Leschen
Contz Gebsattel
Friderich von Pfettelbach
Georg von Wichtenstein
Andres von Feultsch
Sixt von Wolmarshausen
Wolff von Redwitz
Carolli der Stieber
Otto Stieber
Georg von Saulnheim
Albrecht Fetzer
Friderich Fetzer
Wolff von Erlichen
Contz von Baltzhofen
Eberhard vnd Gebhard von Anglach
Conrad vnd Georg von der Tham
Diether/Philips vnd Johann von Berlapsen
Junghans von Domberg
Friderich Schelm von Berge

☩ Der 24. Thurnier.

Deß 24. Thurniers/ so gehalten worden von der Ritterschafft deß Landts zu Schwaben/ Anno 1408. zu Heylbrunn am Necker/sind diese 4. Ritter zu Blatt getragen worden.

Alban von Clausen
Wolff von Sachsenem
Adam von Sötern
Ludwig vom Stein zum alten Stein.

Folgen die Fürsten/Graffen/mit sampt der Ritterschafft die geturniert haben.

Ludwig Pfaltzgraff bey Rhein/Hertzog in Bäyern.
Jacob Margzgraff zu Baden/Graf zu Spanheim
Johann Burggraff zu Nürnberg
Eberhard Graf zu Wirtenberg
Friderich Graf zu Hennenberg.

Die Graffen.

Ludwig zu Reneck
Reinhard zu Hanaw
Reinhard zu Reneck
Ludwig zu Helffenstein
Wolff zu Oting
Johann zu Thierstein
Friderich zu Veldentz
Friderich zu Heiligen Berg
Eitelfriderich zu Zollern
Ermich zu Leiningen
Bernhard zu Eberstein
Hetzel zu Artenberg
Friderich zu Hohenloe
Johann zu Wertheim
Philips zu Kirchberg
Georg zu Löwenstein
Johann Rheingraffe zum Stein.

Die Freyherren.

Ludwig zu Liechtenberg
Heinrich Onarg zu Blawen
Johann zu Epstein
Albrecht zu Bickenbach
Wolffgang zu Geroltzeck
Wecker zu Ochsenstein
Georg zu Hendeck
Philips zu Weinsperg
Friderich zu Rotenbach
Friderich zu Falckenstein
Wilhelm Edler Herr zu Lymburg
Wolff Schenck Herr zu Erbach
Wilhelm Burggraff zu Kirchberg
Gangolff Herr zu Stauffen
Wolffgang Herr zu Dachstal
Wolff Onarg zu Laben.

Die Ritter.

Wernher Ecker zu Eck
Wilhelm zu Palland
Georg zu Falckenstein
Friderich von Eberstein
Georg von Reichenaw
Heinrich von Waldenstein
Veit von Rechenberg
Georg von Stein zu Stein
Georg von Helmstatt
Friderich von Rüdißheim
Eberhard von Streitberg
Georg Zolner von Halweil
Ber von Knöring
Oswald von Welden
Erckinger von Rechenberg
Wolff von Gilching
Aberlin von Welward
Albrecht von Dachsenhausen
Wolff von Lobenstein
Hans von Newhäuten
Wolff Granß zu Vttendorff
Johann Schilling
Wolffhard zu Razumhauß
Georg von Zülnhard
Hauptmarschalck zu Pappenheim
Wolff Zobel
Georg von Liechtenstein
Diether von Gemmingen
Friderich von Kronberg
Ludwig von Auffseß
Rudolph von Bunaw
Ludwig von der Thann
Johann von Freynburg
Raff von Stadion
Friderich von Halstatt.

Die Edlen Knecht.

Albrecht von Rechberg
Sigmund vyn Freinburg
Wolff von Freynburg
Heinrich von Gumrenberg
Johann von Messenhausen
Diebold von Ellerbach
Heinrich vom Stein
Georg von Ahelsing
Heinrich von Helmstatt
Georg von Hurnheim
Dieterich Fuchs
Heintz von Seckendorff
Albrecht Fuchs
Adam von Rosenberg
Appel von Seckendorff
Heinrich von Westerstetten
Johann Truchseß von Hofingen
Hans von Hendschuchsheim
Johann von Flersheim
Johann von Sickingen
Paulus von Westerstetten
Conrad von Helmstatt
Johann von Spanheim
Kilian von Altheim
Nicolaus von Gemmingen
Contz Zülnhard
Diebold Spedt der Wunderlich
Johann von Wittingen
Georg von Gillingen
Friderich von Allezheim
Georg Schütz von Leyneck
Heinrich von Allezheim
Heinrich von Wachelem
Albeck von Dürckheim
Dam von Staffel
Wolff von Maßmünster
Wolffgang Reuß
Wilhelm von Landaw
Ulrich von Landaw
Alban von Clossen
Albrecht Küchler
Wolff vom Stein
Raff von Gundelsing
Friderich Wernaw
Conrad von Stein
Reuß Güß von Güstenberg
Arbogast vom Rotenstein
Georg von Rosenberg
Johann von Seinsheim
Georg von Liechtenstein
Johann von Ehenem
Wilhelm von Künßeck
Wolff von Stadion
Peter von Löwenstein
Georg von Hirßhorn
Wolff von Weingarten
Friderich Kämmerer von Wormbs
Adam von Liebenstein

Johann

Das fünffte Buch

Johann Georg von Ruxing
Heinrich Specht
Ulrich Landschad von Steinach
Friderich von Rod
Wolff von Kaltenthal
Georg von Hewdorff
Contz Schilling
Heintz von Welwart
Martin von Greiffenclae
Hanß Noshaffe von Remß
Georg von Hauß
Wolffgang von Bach
Johann Hirt von Saulheim
Contz von Epting
Hans von Lusnaw
Martin von Alletzheim
Wolff von Altheim
Eberhard Nothafft zu Remß
Wolffgang von Gemming
Albrecht von Neidperg
Contz von Knöring
Carol von Auffseß
Ludwig von Hirtzhorn
Johann von Horneck
Friderich von Helmstatt
Georg Zoller
Otto von Reischach
Georg von Ehenen
Kilian von Lentersheim
Wolff von Absperg
Christoffel von Gemmingen
Johann von Welden
Johann von Zülnhard
Heinrich von Kaltenthal
Steffan von Gemmingen
Albrecht von Jungingen
Georg von Newhausen
Wolffgang und Eberhard Spedt
Wilhelm von Habern
Wolffgang Sturmfeder
Contz von Welwart
Contz von Mentzing
Conrad von Ehingen
Wolff von Newhausen
Friderich von Entzberg
Adam Buch der Lang
Erhard von Welward
Wilhelm von Fleiching
Melcher von Fürst
Ludwig von Anglach
Otto von Bernhausen
Rudolph von Neuneck
Andres von Grundriching
Erhard von Watweil
Paulus von Pleining
Wolff von Deuningen
Wilhelm Göller
Georg von Erenberg
Hans von Dachhausen
Wolff von Wending
Hans Waldner
Georg von Hoping
Ulrich von Boyfting
Ulrich von Dachsenhausen
Johann von Bubenhofen
Contz vnnd Georg von Dachsenhausen
Heintz von Weiler
Rudolph Pfaw von Rietberg
Wölff von Thalheim
Albrecht von Schwendi
Christoffel von Ditzschaw
Eberhard von Weiler
Wilhelm von Rocksperg Marschalck
Wilhelm Fischer
Johann von Erolzheim
Wolff von Ditzschaw
Georg von Mentzing
Contz von Ofsterdingen
Caspar von Winterthal
Georg von Raucheneck
Wolffgang Holtzapffel
Friderich von Habern
Wolff von Erlicken
Georg von Geyspitzen

Adam von Sultzbach
Wolffgang Bäyer
Johann von Liderbach
Johann von Utenheim
Jacob Feßler
Contz von Gameringen
Christoff von Mulheim
Georg von Dischingen
Wilhelm Herter zu Herteneck
Wolff von Heldritt
Contz von Fleching
Christoff von Sontheim
Contz Adelman von Adelmanshausen
Georg von Otting
Johann Kemmeter
Herman Weiß
Niclaus von Finsterloh
Thomas von Schweingreiß
Friderich Hell
Johann von Pflomdorff
Friderich von Liechteneck
Peter von Newingen
Adam von Schwabsperg

Die 4. Ritter haben selbst zwischen den Seylen gehalten/ die man in diesem Thurnier zusamen getragen hat.

Bb. Der 25. Thurnier.

In diesem 25. Thurnier so gehalten worden von der Ritterschafft deß Lands zu Bäyern/ Anno 1412. zu Regenspurg an der Thonaw/ vnd sind diese vier zu Blatt getragen worden

Wolff Gramß zu Vtendorff/ Ritter.
Georg Stein zu Steinck
Wilhelm von Palland
Ludwig von Auffseß

Diesen Thurnier haben alle Fürsten/ Grafen/ Freyherren/ Ritter vnd die vom Adel/ in eygner Person besucht vnd selbst geritten.

Die Fürsten/ Graffen vnnd Herrn.

Steffan Pfaltzgraf bey Rhein/ Hertzog in Ober vnd Nider Bäyern
Heinrich Pfaltzgraf bey Rhein Hertzog in Nider Bäyern
Zwen Herrn zu Abensperg
Zween Herrn von Wildenfelß Vatter vnd Sohn.

Die Ritter.

Der jung Marschalck von Pappenheim
Heinrich von Kronberg vnd sein Sohn
Friderich vnd Johann von Ramsperg
Christian von Witzleben
Hilpold Frawenberger von Brunn
Friderich von Wembding
Hertzog Steffans Hofmeister

Die Edlen.

Ulrich Ecker zu Eck
Vitzthumb zu Straubingen
Conrad von Kammer vnd sein Sohn
Einer von Huraheim
Drey Stauffer von Ehrenfelß
Caspar vnd sonst zween von Thöring
Zween Schaumburger von Geburg
Erasmus von Leyning
Johann von Wolffstein
Sigmund von Frawenberg genannt Taubentittel
Wolffart von der Alm vnd sein Sohn
Einer von Absperg
Otto von Bientzenaw
Albrecht/ Wilhelm vnd Wigoles von Wolffstein
Georg von Katzenstein
Einer von Redwitz
Wilhelm von Frawenberg vnnd Georg seines Bruders Sohn
Johann von Achdorff
Parzofal von Frawenberg
Heinrich von Sieboldsdorff
Chun von Leyning
Georg von Standach deß Kammermeisters Sohn

Hans Thorer vnd sein Bruder
Zwen von Leyming
Ein Ehrnn von Wildenberg
Ein Schenckel
Einer von Kammer vnd Lemmerzagl/ sein Bruder Christof von Leyming
Drey von Barßberg
Zwen von Rotraw
Einer von Haßlang
Einer von Rammelstein
Zwen von Lentersheim
Friderich von Aw mit zweyen Söhnen
Ulrich Kagrer
Alban von Clossen
Aßman von Sieboldsdorff
Heinrich von Priessing
Hans von Freundsperg
Christoffel von Schönstett
Vier von Leibelfing
Seitz Marschalck von Oberndorff
Andres Zänger
Ulrich Schwicker von Gundelfing
Burckhard von Seckendorff
Tristan Zänger
Seitz von Frawenberg zu Zulbach
Wendel Ecker
Zwen Schencken von Geyern
Lienhart von Schönstein
Hildbrand in der Hell zu Rukoffen
Erhard von Buchberg
Drey von Leibelfing
Ein Sattelboger zu Sattelbogen
Heinrich Murher
Ein Sattelboger zu Schönberg
Eberhard von Sattelbogen
Ein Schatzenhofer von Beulstein
Erhard von Peissing
Drey Warter vonder Wart
Jacob vom Wolffenstein
Wilhelm von Reydenbuch
Lorentz von Wolffstein
Ein Mautner von Wasserburg
Wolffgang Gewolff
Heinrich Ecker zu Steffling
Wilhelm von Welden
Marquard Stör zum Störstein
Ein Stumpff
Wilhelm von Frawenberg zu Frawenberg
Zwen Förster zum Wildenforst
Dietrich von Lobenstein
Georg Marschalck zu Oberndorff
Heinrich Stauffer
Peter Ecker von Steffling
Johann Stauffer
Mattheus von Aldenburg
Johann von Clossen
Ein Reyner zu Reyn
Marx Warter zu der Wart
Ein Boxawer zu Boxaw
Erhard von Nußberg
Thesserus von Frawenhofen
Georg von Gundelfing
Friderich Schenck zu Geyern
Georg von Clossen
Ein Holnecker von der Windischen Marck
Jacob Kurner von der Kurn
Albrecht Murher
Ein Tauffkircher von Guttenberg
Ein Leyninger
Ein Stachel Jägermeister
Wilhelm Leytenbeck
Ein Paulsdorffer zu der Kurn
Caspar von Hertenberg
Ulrich Ecker zu Liechteneck
Heinrich Nussinger
Ein Heybeck zu Weissenfelden
Ulrich Murher
Georg Frawenberger zum Hag
Johann von Egloffstein
Heinrich von Auffseß
Rudolph von Preissing
Einer von Rottaw zu Nadaw

Georg

Von Teutschlandt. 1235

Georg von Awe
Johann Zänger
Nicolaus von Mißberg
Ein Ahamer von Aham
Götz Muhrer vnd sein Sohn
Johann Stör zum Stormstein
Johann Törtsch
Martin vnd Johann von Sattelbogen
Albrecht von Auffseß
Johann von Pfeffenhausen
Peter Waller von Wall
Weigeles Schenck zu Geyern
Ein Harßkircher
Johann Kuchler von der hohen Kuchel/
ein junger von Waldeck
Die 4. Thurniervögt dieses Thurniers seyndt
selbst zwischen den Seylen gewesen
vnd gehalten.

Cc. Der 26. Thurnier.

In diesem 26. Thurnier / so gehalten worden
von Ulrich Graf zu Wirtenberg / vnd Můmpelgart / Anno 1436 in seiner Hauptstatt
Stuckart / sind diese 4. zu Blatt getragen worden.

Wolff von Harph
Georg von Bellersheim
Johann Nothafft von Rems/ Ritter.
Michel von Löwenstein

Diese nachgeschriebene Fürsten / Grafen / Herren / Ritter vnd vom Adel / haben gemelten
Thurnier besucht vnd selbst geritten.

Die löbliche Gesellschafft im Bracken
Carol Marggraff zu Baden
Ludwig Graf zu Wirtenberg

Ein {
  Marggraff zu Hochberg
  Graf zu Oeting
  Graf zu Helffenstein
  Graf zu Montfore
  Graf zu Kirchberg
  Graf zu Werdenberg
  Graf zu Zollern
  Graf zu Eberstein
  Graf zu Fürstenberg
  Graf zu Diengen
  Graf zu Sultz
  Graf zu Lupffen.
}

Die Freyherren.

Ein {
  Freyherr zu Zimbern
  Freyherr zu Geroltzeck
  Freyherr zu Gundelfing
  Freyherr zu Brandiß
  Freyherr zu Waldpurg
}

Die Ritter vnd Knecht.

Einer von {
  Rechberg
  Schellenberg
  Stein
  Stetten
  Stadion
  Steinheim
  Oberndorff
  Zülnhart
  Eissenburg
  Hornstein
}

Ein Spedt
Ein Geuß zum Geussenberg
Ein Nothafft von Remß
Ein Tham von Kungen

Einer von {
  Neidperg
  Welward
  Hopffingen
  Ringingen
  Wemding
  Eichelberg
  Rechenberg
  Fillenbach mit einem roten Helm
  Aw
  Oting
  Wernaw
  Eyperg
  Weitingen
  Stauffenberg
}

Einer von {
  Oberkirch
  Newing
  Bubenhofen
  Bernhausen
  Pappenheim
  Hürnheim
  Freyburg
  Randeck
  Ellerbach
  Enß
  Königseck
  Ahelsing
  Fillabach
  Westersletten
  Sachsenheim
  Knöring
  Pfaltzheim
  Habsperg
  Spersterßeck
  Diessenhofen
  Gilsling
  Newhausen
  Rotberg
  Entzberg
  Welchen
}

Ein Schilling
Ein Hornung
Ein Burggraff von Augspurg

Einer von {
  Riecheim
  Bopffing
  Tetnang
  Schwabsberg
  Katzenstein
  Sternfelß
  Dietzißhaw
}

Folgen die Graffen / Herrn / Ritter vnd Edelknecht / deß Fürstlichen Hauß zu
Bayern.

Die Graffen vnd Herrn.
Ein Herr zu Abensperg
Ein Herr zu Wildenfelß.

Die Ritter vnd Knecht.

Einer von {
  Frawenberg
  Thöring
  Preissing
  Gumpenberg
  Buchberg
}

Ein {
  Nothafft
  Stauffer
  Zänger
  Ebron von Wildenberg
  Murer von Murbach
  Heybeck von Weissenfelden
  Schenck von Neydeck
  Rotawer
  Thurner
  Gramß
  Marschalck von Stumpßberg
}

Einer von {
  Clessen
  Barßberg
  Bienzenaw
  Seiboldsdorff
  Wildenstein
  Nußberg
  Hohenreyn
  Leyning
  Tanberg
  Frewdenberg
  Schmiechen
  Reydenbach
  Sandicell
  Eissenhofen
  Leberßkirch
  Welche
  Leibelfing
  Haßlang
  der Wart
  Tannendorff
  Schönstein
}

Die löbliche Gesellschafft im Falcken.
Die Graffen vnd Freyherren.
Ein Graf zu Lupffen
Ein Freyherr zu Stöffel

Ein Freyherr zu Hewen.
Die Ritter vnd Knecht.

Einer von {
  Randeck
  Dietzenhofen
  Hounburg
  Fridingen
  Blumeneck
}

Ein Geseler
Wilhelm Schenck von Kassol

{
  Hewdorff
  Helmsdorff
  Hohenthann
  Greyssen
  Gacknack
  Hunweil
  Bossweil
  Sichem
  Schondick
}

Einer von {
  Kotzaw
  Altenlandenberg
  Klingen
  Klingenberg
  Reischach
  Randenberg
  Wiefridingen
  Landenberg
  Münchweil
  Goldenberg
  Rotweil
}

Ein Schenck von Beuren
Ein Weltzer

Einer von {
  Steineck
  Grundlach
  Adelsreut
}

Die löbliche Gesellschafft im Steinbock.

Ein Knebel war König in der Gesellschafft
Ein Hertzog zu dem Berg

Die Graffen vnd Herrn.

Ein {
  Graf von Nassaw zu Dilnberg
  Graf von Nassaw zu Wißbaden
  Graf von Nassaw zu Beilstein
  Graf zu Eberstein
  Graf zu Eissenburg
  Graf zu Werseburg
  Herr zu Bickenbach
  Schenck Herr zu Erbach
}

Von Kronerg
Ein Waldbot
Ein Stumpff von Waldeck

Einer von {
  Drachenfelß
  Breitenbach
  Elrichshausen
  Waldeck
  Franckenstein
  Ehrlichheim
  Scharpffenstein
  Lindaw
  Wolffskele
  Staffel
}

Ein Quat
Einer von Spar hat ein weissen Flügel im
Schwartzen mit güldinen Sternen
Von Moderspach einer.

Die löbliche Gesellschafft im Fisch.
Die Graffen vnd Herrn.

Ein {
  Graf zu Werdenberg
  Graf zu Montfort
  Graf zu Hertzberg
  Herr zu Waldpurg
  Herr zu Gußnang
}

Ritter vnd Edles.

Einer von {
  Stauffenberg
  Königseck
  Hornung
  Wal
  Stein
  Nenneck
  Smeraw
  Hornbach
  Hohenthann
  Klingenstein
}

Ein Schenck von Winterthur

Vom

Das fünffte Buch

Einer von {
Vom Rößlin einer
Einer genannt Holtzapffel
Vom Berg einer
Bodman
Jungingen
Ellerbach
Eyssenburg
Rotenstein
Embs
Hornstein
Eychelberg
dem End
Rosenberg
Magenbach
Steinheim
Liebenstein
Erolheim
Greiffenstein
}

Vom Forst einer
Vom Dorn einer

Einer von {
Emendingen
Bleining
Ehingen
Stüb
Eberhardsweiler
Weissenbach
Wasserburg
Narndorff
Scheltzdorff
Ulrichingen
Schwangaw
}

Ein Granser von Granß
Ein Wolffsattel
Ein Fülchin
Von Heimhofen einer
Von Schweingrist einer
Von Waller ein Wal.

Hernach folgt die löbliche Ritterschafft im Land zu Francken.

¶ Die Fürsten/ Grafen vnd Herrn.

Ein {
Fürst vnd Graf zu Hennenberg
Graf zu Reneck
Graf zu Wertheim
Graf zu Castell
Graf zu Hohenlow
Freyherr zu Lympurg
Freyherr zu Weinsperg
Freyherr zu Bickenbach
Freyherr zu Schwartzenberg
Schenck vnd Herr zu Erbach.
}

Die Ritter vnd Edlen.

Einer von {
Rosenberg
Grunbach
Thünfeld
Mergentheim
Wolffskele
}

Ein Geyling

Einer von {
Tüngen
Karspach
Seckendorff
Altenstein
Lentersheim
Wenckheim
Stetten
Eheheim
Wisstatt
Seldeneck
Herbelstatt
Fechenbach
Streitberg
Sparneck
Berlaching
Kötzwitz
Altzheim
Kändinch
}

Ein Mönch
Von Eln einer
Ein Pfeil
Von Allenbach einer
Ein Hofwardt
Von Eberstein einer
Ein Frey von Dern
Von Ussickheim einer
Ein Schenck von Geyern

Von Rotenhan einer
Ein Malkoß hat ein rote Handsegen in eim weissen Schildt

Einer von {
Redwitz
Bibra
Liechtenstein
Schneeberg
}

Ein Schutz von Linach oder Weissenfelß
Von Riedern einer
Ein Fuchs
Ein Ridersack
Von Hartheim einer
Ein Zolner
Von Rheinstein einer
Ein Truchseß von Wetzenhausen
Von Wisenthaw einer
Von Schenckenstein einer
Ein Schott

Einer von {
Schaumburg
Auffs
Giech
Wolffmarshausen
Kreilsheim
Münster
der Thann
}

Ein {
Behm genant Mörlin
Lösch
Muffinger genannt Danndörffer
Hund von Rheinhofen
Seckendorffer
}

Einer von Trelbach
Ein Esel von Eselsheim
Ein Scheuck von Synern
Einer von Dottenheim
Einer von Elrichshausen
Ein Humprecht
Einer von Wießperg
Einer von der Kere
Einer genannt der Adel
Einer von Königsfelden
Ein Hilnar
Einer von Buttendorff
Ein Zobel
Einer von Leonrode
Ein Rud von Kolnberg
Ein Voyt von Reineck
Ein Schenck von Roßberg
Schelm von Bergen
Ein Lützelkopff

Einer von {
Meyersheim
Heßberg
Pfeffersdorff
Bebenburg
Wilhelmsdorff
Schrotßberg
Newenstein
Gütenberg
Rotenberg
Fillabach
Mospach
Reiffenberg
}

Ein Gotzman
Ein Dienstman
Ein Zolner von Rotenstein
Ein Truchseß von Baldersheim

Dd. Der 27. Thurnier.

In diesem 27. Thurnier so gehalten worden von dem Durchleuchtigsten/ Hochgebornen Fürsten vnd Herrn/ Herrn Ludwig Pfalzgrafen bey Rhein/ Hertzogen in Ober vnd Nider Bäyern/ Anno 1439. zu Landshut in Bäyern an der Iser/ wurden diese 4. zu Blatt getragen.

Georg von Freyburg
Michel von Rosenberg
Hans Stauffer von Sunching
Philips von Scharpffenstein.

Diesen Thurnier haben alle Fürsten/ Grafen/ Herrn/ Ritter vnd vom Adel/ hernachfolgende eygner Person besucht/ vnd sind auch selbst gestochen.

Ludwig der Reich Hertzog in Bäyern/ Pfalzgraffe bey Rhein/ Hertzog in Obern vnd Nidern Bäyern.

Die Graffen vnd Herrn.
Ein Graff zu Ortenberg
Ein Graff zu Schaumberg
Ein Herr zu Abensperg
Ein Herr zu Laber.

Die Ritter vnd Edlen.
Nothafft zu Wernberg
Frawenberger zu Frawenberg
Claussner zu Arnsdorff
Wolffsteiner zu Sultzburg
Gumpenberger zu Gumpenberg
Eychberger im Moß
Barßberger zu Barßberg
Thöringer zum Stein
Fronhofer zu Fronhofen
Ahamer an der Filß
Preissinger zu Krawinckel
Stauffer zu Ehrenfelß
Buchberger zu Winkler
Pflug zu der Schwartzenburg
Zanger zum Schneeberg
Rornstetter
Paulsdorffer von der Kürn
Geubeck
Sattelboger von Geltolfing
Bäuß
Kamerawer zu Kameraw
Hirßberger
Kamerberger zu Kamerberg
Schönsteiner
Sibolddörffer
Murer zu Murach
Boxawer zu Boxaw
Reyner zum Rein
Awer zu Bullach
Hofer zum Lobenstein

Ein {
Bienzenawer zu Wildenholtz
Büntzinger
Waldner zu Waldaw
Wolckensteiner
Hohenreiner zu Hohenrein
Egrer
Heubeck zu Wissenfelden
Wißbeck
Ebron von Wildenberg
Freyburger von Aß
Trüchlinger von Trüchling
Schmeycher
Leyninger von Degerbach
Rottawer zu Madabach
Schönstetter von Warnbach
Marelreiner von Maxelrein
Pfeffenhauser zu Lucabund
Lauffkircher zu Guttenberg
Schwartzsteiner zu Engelburg
Heßnacker zu Asseching
Mautner zu Katzenberg
Tauberger zu Drolmünster
Schenck von Neydeck
Thurner von Beuren
Sandicekler zu Sandicell
Haßlanger zu Haßlangsreut
}

Einer von {
Kamer zu Yetzenstein
Nußberg
Wildenstein zum Breiteneck
Degenberg zum Weissenstein
Hauzendorff
Rabenstein
Hanweil
der Alben
Schönberg
}

Ein Stachel von Stacheleck

Einer von {
der Fürst
Eyssenhofen
Luchaw (berg
Frewdenberg zu Frewdenberg
Waldeck
}

Judman von Offingking
Einer von Lobeneck
Einer von Wichsenstein
Ein Offenstetter zu Offenstetten
Ein Traumer

Von Teutschlandt.

Ein Warter zu Wart
Einer zum Rüd zu Gutteneck
Ein Ecker zu Kapffing
Ein Leberskircher zu Liechteneck
Ein Tanndorffer von Apffenthal
Einer zu Newkirchen
Die Fürsten/ Graffen vnnd Herren mit der Ritterschafft deß Landes zu Schwaben.

¶ Die Fürsten.
Carl Marggraffe zu Baden
Ulrich Graffe zu Wirtenberg
Ein Marggraffe zu Rötele

Die Graffen.
Einer zu {
Oting
Werdenberg
Montfurt
zum heiligen Berg
Thübingen
Fürstenberg
Thierstein
Helffenstein
Kirchberg
Eberstein
Nellenburg
Salgans
Thengen
Lupffen
}

Die Freyherren.
Einer zu {
Zimbern
Gundelffingen
Falckenstein
Heiwen
Brandiß
Stöffel
}
Ein Burggraffe zu Kirchberg
Ein Herr zu Stauffen
Ein Truchseß zu Walepurg.

Die Ritter vnd Edlen.
Einer von {
Eysenburg
Bodman
Haunburg
Blümeneck
Freyburg
Rotenstein
Landaw
Landenberg
Fridingen
Jungingen
}

Die löbliche Gesellschafft im obern Esel.
Einer von Bellersheim
Ein Kolb von Boparten
Ein Fetzer mit dreyen Winckelmessen
Einer von Droy
Einer zu Bellersheim mit rotem Schilt
Ein Kreck
Einer von {
Hirßberg
Wolmarshausen
Toteheim
Heyffenstein
}
Ein Schelm von Bergen
Einer von Rüdenhausen
Einer von Sachsenhausen
Ein Wolffskele
Einer von {
Büches roht Schilt weiß Creuß
Schwelbach
Neuhausen
Massenbach
Flechingen
Büches
Hattenheim
Erlickheim
Waldeck
Rosenberg
Pommerstein
Suchenheim
}
Ein Schenck zu Schweinßberg
Einer von Reiffenberg mit den Flügeln auff dem Helm dem Schilt gleich
Einer von Breitbach
Einer von Orgel
Einer von Reiffenberg mit Ohrn/ vnnd der Blawen Banck

Einer von {
Pfraunheim
Selberg
Anglach
Horneck
Balßhofen
Thalheim
Sturmfeder
Zwingenberg
}
Ein Kolb von Weinheim im Stumpff
Ein Forstmeister
Ein Kebler von Dubitz
Ein Reindecker wie die Nothafften inn Bäyern
Von Rosenberg ein Münch
Von Herecken einer
Ein Schwein
Ein Echter
Ein Waldman
Ein Weinhold
Von Bottendorff einer.

Die löbliche Gesellschafft im Nidern Esel.
¶ Die Graffen vnd Herren.
Ein Graf {
zu Katzenelnbogen
zu Nassaw
zu Hanaw
zu Seyen
zu Büdingen/ Herr zu Eysenberg
}
Ein Freyherr zu Epstein
Ein Freyherr zu Bickenbach

Die Ritter vnd Knecht.
Von Cronenburg einer
Ein Weiß von Fewrbach
Von Moderspach einer
Ein Brendel von Hounburg
Von Eleen einer
Von Bubenheim ein Specht
Von Saneck einer
Von Liesperg einer
Von Velweil einer
Einer von Büchenaw
Einer von Trübenbach
Von Liderbach einer
Einer von Sickingen
Einer von Berläching
Einer von Schwalbach
Ein Krieß von Landenfelß
Einer von {
Venningen
Gemming
Erlickheim
Hendschuchsheim
Ernberg
}
Ein Göler von Rauenspurg
Einer von Sternberg
Von Reyffenberg einer
Einer von Kronburg ohn Kron
Von Karben einer
Von Büches einer
Von Stockheim einer
Einer von Hohenweissel
Von Rackenberg einer
Einer von Hepenen genannt Gans
Ein Greiffenclae von Volrads
Ein Waldman
Einer von Neidperg
Einer von Helmstatt
Ein Rüd von Kolnberg
Einer von Mentzigen
Einer von Stettenberg/ re.

Die Fürsten vom Rheinstrom.
Ludwig Pfaltzgraffe bey Rhein/ Hertzog in Beyern Churfürst.

Die Graffen.
Ein {
Graff zu Mertz vnd Sarwerden
Raw Graffe
Graff zu Leyningen
Graff zu Firnenburg
Graff zu Rheingraffstein
Graffe zu Zwenbrücke/ Herr zu Bitsch
Graff zu Sarwerden
}

Die Freyherren.
Ein Freypanerherr zu Liechtenberg

Ein {
Freyherr zu Rapolstein
Freyherr zu Fünsting
Freypanerherr zu Ochsenstein
Freyherr zu Falckenstein
Freyherr zu Ramstein
Herr zu Ripelskirch
Herr zu Hasenburg
Herr zu Stauffen
}

Die Ritter vnd Edelknecht.
Einer von {
Franckenstein
Flersheim
Hallweil
Schöneck
Weingarten
Oberkirch
Landsperg
}
Ein Beger von Geispitzen
Herr Dieterich von Monstrak
Einer von Schwelchen
Einer von Maßmünster
Einer von Pienheim
Einer von Klett
Ein Münch von Basel
Einer von Hatstatt
Ein Zorn von Straßburg
Einer von {
Mörßburg
Rietheim
Spanheim
Löwenstein
}
Ein Fetzer {
Ockenheim
Stauffen
Wachenheim
Andlaw
Fleckenstein
}
Einer von {
Talberg
Ingelheim
Oberstein
Rotzumhauß
Hohenstein
Thann
}
Herr Adam von Anselßheim
Von {
Wittenheim einer
Mülnheim einer
Matzenheim einer
Thann einer
Rotberg einer
Epting einer
Zinßkam einer
Hatmansdorff einer
Rotelsdorff einer
}
Ein Boß von Waldeck
Ein Brunser
Von Winterberg einer
Wilhelm Flach
Einer von Kaltenfelß
Von Randeck einer
Von Löwenstein einer
Von Menckenheim einer
Von Engiß einer
Vom Hauß einer
Von Reinach einer
Ein Schnebelin von Landeck
Ein Kolb
Einer von Alben genannt von Sultzbach
Von Rackheim einer
Von Hedesheim einer
Von Hohenbüch einer
Einer zu Rhein.

Ee. Der 23. Thurnier.

In diesem 28. Thurnier/ so gehalten worden von der Ritterschafft deß lands zu Francken/ vnder Keyser Friderichen dem Dritten/ Anno 1479 zu Wirtzburg am Mayn sind diese vier Ritter zu Blut getragen worden.
Eberhard von Grunbach
Georg Fuchs
Erckinger von Seinßheim
Sebastian von Seckendorff.
Folgen die Fürsten/ Graffen/ mit sampt der Ritterschafft die geThurniert haben.

Das fünffte Buch

¶ Die Grafen vnd Herren auß den Fürstenthumben der Provintz zu Schwaben
Die Graffen zu Werdenberg
Die Graffen zu Oting
Die Graffen zu Fürstenberg
Die Graffen zu Kirchberg
Die Freyherrn zu Gundelfingen.
  Die Ritterschafft vnd Edlen.
Die Marschälck von Hohenriechen
Die vom Stein
Die Marschälck von Oberndorff
Die von Rechberg
Die Nohthafften von Rheintz
Die Kränich von Kirchberg
Die Thummen von Rongen
Die von Helm
Die Truchsessen von Höfingen
Die Specken
Die Schilling
Die Hofwart zu Kirchheim

Die von
  Welden
  Aurbach
  Rechberg
  Schechingen
  Freundsperg
  Welward
  Freyburg
  Ellerbach
  Knöringen
  Dachsenhausen
  Landtsperg
  Liebenstein
  Westerstätten
  Rechenberg
  Hürnheim
  Ahelfingen
  Stadion
  Sachsenhoim
  Blümeneck
  Landaw
  Zülnhard
  Wernaw
  Horneck
  Schawenburg
  Rod
  Newhausen
  Künseck
  Rietheim
  Wending

Die Graffen auß den Fürstenthumben der Provintz zu Bäyern.
Die Graffen zu Ortenberg
Die Freyherrn zu Abenspurg
Die Frawenburger/Herrn zum Hag
Die von Stauff/Freyherrn von Erenfelß
Die Freyherrn zum Degenberg
  Die Ritter vnd Edlen.

Die von
  Frawenhofen
  Haßlang
  Frawenberg
  der Almen
  Leyningen
  Dornstätt
  Maldeck
  Offenstätten
  Eissenhofen
  Weichß
  Paulsdorff
  Ramelstein
  Barßberg
  Machselreye
  Seyboltsdorff
  Otting
  Pienzenaw
  Bornstätt
  Kamerberg
  Nußdorff
  Gumpenberg

Die Jüdman
Die von Bodman
Die von Wolffstein
Die von Aheim
Die Nothafften

Die Zänger
Die von Preissling
Die von Kamer
Die von Breitenstein
Die von Frewdenberg
Die von Waldaw
Die Hofer zum Löwenstein
Die Murher
Die von Thanberg
Die von Sandicell
Die Ebron von Wildenberg

Die Graffen/ Freyherrn/ Ritter vnnd Edel Knecht auß den Fürstenthumben der Provintzen deß Rheinstroms.

Die Graffen zu Hanaw
Die Herren von Hohengerolzeck
Die Greiffenclaen
Die von Rotenstein
Die Graschlag
Die von Sickingen
Die von Hirßhorn
Die von Hendschußheim
Die von Gemmingen
Die Bosen von Waldeck

Sie von
  Fälckenstein
  Helmstatt
  Heussenstein
  Reitberg
  Flersheim
  Cleen

Die Spechten von Bübenheim
Die von Wolffstel
Die von Venningen
Die Goler von Ravenspurg
Die von Bach
Die von Weingarten
Die von Löwenstein

Die Fürsten/Graffen/Herren/Ritter vnnd Edel Knecht auß den Fürstenthumben der Provintz zu Francken.

Die Fürsten vnd Graffen zu Hennenberg
Die Freyherren zu Weinsperg
Die Freyherren zu Limpurg
Die Reussen von Plawen Herren zu Gretz
Die Füchß von Binbach
Die von Wolffstel
Die von Grumbach
Die Schencken von Roßberg
Die von Thüngen
Die von Seckendorff
Die von Rheinhofen
Die von Ehenheim
Die Truckessen von Wetzhausen
Die von Schaumberg
Die Truckessen von Walderßheim

Die von
  Herbelstatt
  Alletzheim
  Thünfeld
  Ridern
  Berlaching
  Heßberg
  Rosenberg
  Seinßheim
  Wanrod
  Vssickheim
  Moßpach
  Hirßberg
  Leonrode
  Münster
  Sparneck
  Redwitz
  Wenckheim
  Küngsperg
  Wilhelmsdorff
  Stein zum Altenstein

Die Truchsessen von Bommersfelden
Die von Bibra
Die Marschälck von der Schneid
Die von End
Die von Weichenfeld
Die Marschälck zu Ostheim

Landschaden
Zöbel
Vögt von Döttenheim
Genling
Vögt von Salzburg
von Egloffstein
von Rotenhane
Schencken von Bäyern
Förtschen von Thurnaw
Zölner von Halburg
Esel

Die von
  Streitberg
  Auffsseß
  Lendersheim
  Wirßberg
  Guttenberg
  Vestenberg
  Gottsman zum Thurn
  Luthaw
  Brandenstein
  Schützen von Leineck
  Schleinitz.

Diese vier Ritter haben zwischen den Seylen gehalten.

Herr Georg Fuchß
Herr Eberhard von Grunbach
Herr Sebastian von Seckendorff
Herr Erckinger von Seinßheim

Diese nachfolgende sind an der Schaw aufgestellt worden.

Ein Schenkk von Symern
Einer von Welden
Ein Grenßheim
Ein Schwengerer
Ein Paulusdorffer
Ludwig von Elrichshausen
Ein Munchinger
Einer von Steinaw
Ein Geyer
Ein Harand
Einer von Stein.

Folgende 38 seynd auff dißmal nicht zugelassen/ darumb daß ihre Eltern in fünfftzig jahren den Thurnier nie besucht haben.

Einer von Wiesenthaw
Zween von Wichsenstein
Einer von Rüssenbach
Einer von Wilnreud
Einer von Vttenheim
Ein Stieber
Ein Nestelbeck
Einer von Treßwitz
Einer von der Kere
Zween von Rauheneck
Ein Steinrücker
Ludwig von Hütez
Ein Gebsattel
Ein Schwengerer
Apel Schenck
Ein Fetzer
Einer von Miltz
Zween Grossen von Drockaw
Einer von Paubenstein
Wilhelm von Reydenbuch
Einer von Dorfselden
Ein Vogt von Salzburg
Einer von Drolzheim
Einer vom Reytzenstein
Einer von Simmentingen
Einer von Grijenck
Einer von Sternberg
Hans von Pfeffenhausen
Rudolph Pfaw von Rietberg
Zween von Jüngingen
Einer von Stauffenberg
Einer von Dachenhausen
Caspar von Landenberg
Melcher Sützel von Mergentheim.

Der

Von Teutschlandt. 1239

Ff. Der 29. Thurnier.

In diesem 29. Thurnier so gehalten worden von der Ritterschafft deß Rheinstroms vnder Keyser Fridrichen dem dritten/Anno 1480.in der Keyserlichen Freystatt Mentz am Rhein sind diese Personen zu Wintt getragen.

Heinrich Graf zu Fürstenberg
Georg von Frawenberg/Ritter
Hans von Flersheim
Bleickhard Landschad

Folgen die Fürsten/Graffen/mit sampt der Ritterschafft die gethurniert haben.

Herr Hans von Kronenberg Ritter/vnd König der Gesellschafft im Steinbock
Johann Graff zu Nassaw
Ott Graf zu Solms/Herr zu Mintzenberg
Bernhard Graf zu Leyningen/Herr zu Westerburg
Philips Graf zu Epstein/Herr zu Königstein
Hans Schenck zu Erbach
Bernhard von Stauffen/Freyherr zu Erenfelß.

Die Ritter.

Herr Lutz von Rotenhan
Georg von der Leyen
Eberhard von Hurnheim
Gottschalck von Harph
Vlrich von Breitenstein
Herr Eberhard von Grunbach
Jacob von Bodman.

Die Edlen.

Berchthold von Blettenberg
Berthram von Nesselrod
Wilhelm von Bernsaw
Paulus Löner von Breitbach
Philips von Wolffskele
Johann Greiffenclaw
Conrad von Bicken
Diether von Staffel
Friderich vom Stein
Philips von Bicken
Philips Rüde
Wilhelm von Nesselrod
Johann von Breitenstein
Hans Marschalck von Waldeck
Herman von Henger
Rabold von Blettenberg
Heinrich Preunser
Valentin von Mentzingen
Herman Schenck von Schweinberg
Franck von Kronenberg
Emmerich von Nassaw
Conrad von der Horst
Johann von Hohenstein
Jacob von Lindaw
Gerhard von Thalheim
Marsilius von Reiffenberg/der Jünger.

Die verordneten zwischen den Seylen.

¶ Von Schwaben.
Eberhard von Hurnheim.
¶ Von Bayern.
Vlrich von Breytenstein.
¶ Vom Rheinstrom.
Herr Gottschalck von Harp Ritter.
¶ Von Francken.
Herr Lutz von Rotenhan/Ritter.

Gg. Der 30. Thurnier.

In diesem 30. Thurnier/so gehalten worden von der Ritterschafft diß Rheinstroms/vnder dem Durchleuchtigsten Fürsten vnd Herren/Philipsen Pfaltzgraffen bey Rhein/Churfürsten/Anno 1481.zu Heydelberg am Necker/sindt diese vier zu Blatt getragen worden.

¶ Von Schwaben.
Herr Mang Marschalck zu Hohenriehen.

¶ Von Bayern.
Wolffgang von Waldeck.
¶ Vom Rheinstrom.
Herr Bertram von Nesselrod/Herr zu Ernstein/deß Hertzogthumb zu dem Berg Erbmarschalck
¶ Von Francken.
Hans von Seckendorff.

Diese nachgeschriebene Fürsten/Grafen/Herren/Ritter vnd vom Adel/haben gemelten Thurnier besucht vnd selbst geritten.

Philips Pfaltzgraffe bey Rhein/Churfürst
Albrecht Marggraff zu Baden
Heinrich Graf zu Bitsch
Philips Graf zu Hanaw
Bernhard Graf zu Eberstein
Heinrich Graf zu Lupffen.

Die löbliche Gesellschafft deß Esels.

Erckinger von Rotenstein/König der Gesellsellschafft deß Esels
Herr Engelhard von Neidperg
Herr Götz von Alletzheim
Hans von Rotenstein
Bleicker Landschad zu Steinach
Hans von Hirßhorn
Reinhard von Schawenberg
Eberhard von Neidperg
Hans vnd Wilhelm von Neidperg
Martin/Hans/Ludwig vnd Schweicker von Sickingen
Hans/Herr Matthisen Sohn von Helmstatt
Schweicker von Schaiwburg
Hans von Helstatt zu Grunbach
Georg Göler zu Ravensperg
Philips von Gemmingen
Diether vnd Ott von Gemmingen
Georg/Karius vnd Hans von Veuningen
Hartman vnd Dam von Hendschußheim
Michel vnd Georg von Erlicheim
Wilhelm Rüd vnn Büdickheim
Conrad von Franckenstein.

Hertzog Georg von Bayern bracht mit ihm diese nachfolgende Ritter.

Sebastian Graf zu Ortenberg.
Wilhelm Graf zu Kirchberg
Sigmund Graf zu Lupffen
Wolffgang Graf zu Oting
Philips Graf zu Kirchberg
Sigmund von Fronberg Freyherr zum Hag
Conrad Freyherr zu Heydeck
Hans Herr zu Degenberg
Marquard von Schellenberg
Hans von Wolffstein
Hans Stauffer zu Sünchig
Poppelin von Stein
Ludwig von Hasperg
Caspar von Vestenberg
Hans von Freundsperg
Wilhelm von Wolffstein
Andreas von Schwartzenstein
Christoff von Kamer
Georg von Buchberg
Vlrich von Breitenstein
Hans von Bientzenaw
Egloff von Nietheim
Georg von Frawenberg
Wolffgang von Waldeck
Veit von Rechberg
Hans von Bodman
Heintz von Schaumberg
Gilg Marschalck von Oberndorff
Hans von Rechberg
Hans von Fronhofen
Lorentz von Bibra
Georg von Preissig
Steffan von Schaumberg
Einer von Zillabach
Georg Nothafft zu Wernberg
Contz von Riethelm
Seitz von Oting
Einer von Ellerbach
Lorentz von Westerstetten
Vlrich von Riethelm
Mauritz von Sandiceller
Heymeran Rothafft
Heinrich von Paulsdorff
Erasmus von Seyboltsdorff
Hans von Clausen
Ein Awer von Brenberg
Achatz von Nußberg
Ein Schilwatz
Jägermeister deß Stiffts Freyssing
Ludwig von Sandicell
Georg von Clausen
Leonhard vnd Georg von Gumpenberg
Heinrich von Paulsweil
Wolffgang von Weichs
Stephan von Haßlang
Georg von Hohenrein
Hans von Haßlang
Hans von Hoheneck
Eitel von Erolzheim.

Die der Durchleuchtige Fürst Hertzog Otto von Bayern mit jhm bracht.

Balthasar Graf zu Schwartzburg
Albrecht Stauffer
Herr Ludwig von Eib/Ritter
Tristant Zänger
Lamprecht von Seckendorff Reinhofer genannt
Jobst Zänger
Alexander von Wildenstein
Georg von Waldaw
Ott von Rorbach
Sebastian von Waldaw
Contz von Helmstatt
Christoff von Murcher
Niclaus Pflug
Hans Rornstetter
Anshelm von Eycholzheim
Reinwart von Absperg
Dietz von Thüngen
Wolff Truchseß von Bummersfelden
Hans Marschalck von Biberach
Friderich von Barsperg
Wolffgang Rabensteiner zum Loch
Darius von Hertberg
Thoman Rüd von Kolnberg
Burckhard von Rorbach
Hans Zenger
Jobst von Egloffstein
Georg von Satzenhofen
Fritz von Riedwitz
Caspar Pflug
Karius von Oting
Georg von Mißelbach

Die der Durchleuchtigste Fürst vnnd Herr/Herr Friderich Marggraff zu Brandenburg mit ihm bracht hat.

Johans Graf zu Zollern
Wilhelm von Stadion
Mang Marschalck von Hohenreichen
Apel von Seckendorff
Christoff Schenck von Geyern
Eberhard von Grünbach
Neidhard von Wolffmarshausen
Alexander Marschalck von Pappenheim
Hans Truchseß von Weyhausen
Welwart von Frawenstein
Leonhard Marschalck von Hohenreichen
Fritz von Wixenstein/genannt Blanckenfelser
Hans von Stadion
Michel von Freyburg
Caspar von Zebitz
Burckhard von Stadion

Burck=

Das fünffte Buch

Burckhard von Ellerbach
Heintz von Zebitz
Veit von Walnrod
Veit von Rotenhan
Einer von Frewdenberg
Sebastian von Auffseß
Georg von Reitzenstein
Hans von Seckendorff
Georg von Egloffstein
Wilhelm von Bebenburg
Ludwig von Seinßheim
Heintz von Wenckheim
Otto von der Kere
Georg Weichsler
Ludwig von Hütten
Mauritz von Egloffstein
Dam von Reitzenstein
Georg von Grunbach
Martin von Egloffstein
Heintz von Leineck
Bernhard Fuchß
Ruprecht von Streitberg
Heintz von Leonrod
Karius Zobel von Gibelstatt
Dietz Truchseß von Wetzenhausen
Sixt von Seckendorff
Ludwig von Elrichhausen
Einer von Erolzheim
Philips vnd Steffan von Wölmershausen
Erasmus Schechinger
Hans Fuchß
Albrecht Förtsch von Durnaw
Fritz von Seckendorff
Erckinger von Seinßheim
Heintz von Rockendorff
Hans von Gundelsheim
Michel von Ehenheim
Erckinger von Rechberg
Contz von Wissentaw
Contz Burger
Veit von Zebitz
Christoff von Hausen
Friderich von Reitzenstein
Herman von Sachsenheim
Michel Groß von Drockaw
Adam Thum von Newenburg
Christoff Groß zu Drockaw
Einer von Redwitz
Einer von Wilhelmsdorff
Peter Esel
Friderich von Seinsheim
Egloff von Seckendorff
Contz von Grunbach
Job von Hütten
Utz von Knöring
Beringer von Lüchaw
Melchior von Seckendorff
Einer von Sternberg
Hans von Seckendorff.

Die löbliche Gesellschafft in der Kron.

Sigmund von Freyburg
Diebold von Hasperg
Mang von Hasperg   } Ritter.
Claus von Stadion

Die löbliche Gesellschafft im Fisch vnd Falcken.

Hans vnd Jacob, Grafe zu Mörß vnd Sarwerden
Hans Jacob Bodman
Dieterich von Blůmeneck
Herman vnd Ludwig von Epting
Hans vnd Caspar von Landenberg, alle sechs Ritter
Bernhard von Reinach
Friderich von Weitingen
Diether Humel von Stauffenberg
Falck von Weitingen
Heinrich von Zülnhard
Beringer von Landenberg
Hans von Entzberg
Erasmus von Weyer
Rudolph Pfaw von Rietberg
Hans von Laubenberg
Dieterich Reich von Reichenstein

Lotter von Berenfelß
Böcklin auß dem Endringerthal
Jacob von Epting
Ein Schenck von Winterstätten
Hartman von Andlaw
Jacob von Windeck
Albrecht von Klingenberg
Heinrich von Randeck
Hans von Reyschach
Arnold von Rotberg
Hans Friderich vom Hauß.

Die löbliche Gesellschafft im Einhorn.

Erasmus von Rotenburg Ritter, König der Gesellschafft
Michel Graf zu Wertheim
Heinrich von Lůchaw
Wilhelm Adel genannt von Tottenheim
Friderich von Giech
Heinrich von Walnrod
Georg von Waldenfelß
Heinrich von Wülffersdorff
Georg von Felberg
Wilhelm von Bibra
Georg von Schaumberg
Burckhard von Wolffmarshausen
Contz Marschalck von der Schneid
Philips von Riedern
Veit von Schamberg
Contz von Bibra
Heintz von End
Contz von Rotenhan
Hans von Rosenberg
Paulus von Absperg
Kilian von Schaumberg
Jeronymus von Rosenberg
Heintz, Martin vnd Philips von Gutenberg
Martin vnd Peter von Redwitz
Utz vnd Contz von Künsperg
Arnold vnd Andreas von Heßberg
Contz vnd Georg von Rosenberg
Philips Zobel
Diether Růde von Tottenheim
Wendel von Riedern
Ernst von Wolmarshausen
Hans Georg von Absperg
Arnold von Rosenberg
Christoff Marschalck
Dieter, Daniel vnd Georg von Raveneck
Götz von Wolmarsdorff
Contz von Rabenstein
Georg von Velberg
Balthasar vnd Caspar vom Stein
Ernfrid von Seldeneck
Heintz von Klingenberg
Claus Zobel
Christoph von Sparneck
Otto von Liechtenstein
Eberhard von Münster
Hans von Heßperg
Jeronimus von Liechtenberg
Valentin von Bibra
Contz vnd Friderich von Rosenberg
Wolff Gottsman
Michel von Schaumburg
Reinhard von Vssickheim
Wolff vnd Jobst von Lůchaw
Hans von Aussieß
Gottschalck von Sternberg
Karius von Desienberg

Die löbliche Gesellschafft im Bracken vnd Krantz.

Hans Spedt Ritter
Marquard vnd Conrad von Stein
Wolff von Westerstetten
Heintz vnd ein anderer Schilling
Erckinger von Trůchslingen genannt Mittelburger
Wolff von Bernaw
Hans Spedt
Einer von Stein
Zwen Spedten
Wolff von Dachsenhausen
Einer von Welward

Einer von Dürwang
Conrad vnd Bernhard von Stein
Einer von Wester stetten

Die löbliche Gesellschafft im Leypracken.

Ludwig Graffe zu Helffenstein
Georg von Rechberg
Hans von Ahelfinden
Reinhard von Sachsenheim
Hans Hoffward
Georg von Sundtheim
Ein Ochs
Simon von Liebenstein
Georg von Newhausen
Einer von Kotzaw
Hans von Liebenstein
Hans von Suntheim
Bernhard von Schaumberg
Ein Doyt von Salzburg
Peter von Hürnheim
Wernher Nothafft
Anthoni Röder
Ein Ochs
Burckhard Sturmfeder
Anßhelm von Vberg.

Die löbliche Gesellschafft im Wolff.

Philips von Dalberg, König in der Gesellschafft
Der jung Rheingraffe
Jacob Katzumhauß
Friderich von Fleckenstein
Hans von Landsperg
Friderich von Dalberg
Hans von Flersheim
Mias vnd Hans vom Stein
Hans von Spanheim
Jacob von Fleckenstein
Rudolph Bäyer von Bopparten
Adam vnd Wolff von Spanheim
Philips Brůser von Ingelheim
Eberhard Frey von groß Boltzheim
Friderich vnd Stephan von Ingelheim
Brendel von Löwenstein
Philips von Altenhan
Philips vnd Hans von Oberkirch
Heinrich Bäyer von Bopparten
Jacob Kranick
Philips von der Leyen.

Die löbliche Gesellschafft im Windt.

Johann von Eltz
Georg von der Leyen
Peter vnd Contz von Eltz
Dam von Palland
Hans von Hohenstein
Heinrich von Pirmont
Johann von Bientzfeld
Heinrich Schenck von Winterstetten.

Die löbliche Gesellschafft im Steinbock.

Hans von Kronenberg, König der Gesellschafft
Heinrich Graf zu Nassaw, Herr zu Bielstein
Ott Graf zu Solms
Erasmus Schenck Freyherr zu Erbach
Bertram von Nesselrode
Philips Blieck
Friderich von Moderspach
Philips von Breittach
Berchthold von Bletcenberg
Johann Greiffenclaw
Philips Růd von Kolnberg
Johann von Brgitenstein
Rapold aon Blestenberg
Philips von Wolffskele
Hans von Vben
Heinrich von Vben
Heinrich Brůnser
Wilhelm von Nesseleode
Franck von Kronberg
Johann von Hohenstein

Die ersten Beysitzer.

Philips Graf zu Hanaw

Bernhard

Von Teutschlandt. 1241

Bernhard vnd Jacob Beger
Gottfrid von Cleen
Heinrich von Karben
Gottfrid von Stockheim
Specht von Bubenheim
Philips von Buchas
Ein junger von Dorfelden
Peter Echter
Hans Jud vom Stein.

Die andern Beysitzer.

Heinrich von Oßwald Graschalck
Wolff von Bartsperg
Heinrich von Baden
Albrecht von Erxberg
Hans von Weiler.

Die von den vier Landen zum theilen geben haben.

¶ Von Schwaben.

Mang Marschalck zu Bappenheim
Wilhelm von Rechberg
Hans Jacob von Bodman
Vlrich von Westerstätten
Sigmund von Freyburg
Marquard vom Stein
Dietrich Spedt
Burckhard von Stadion

¶ Von Bäyern.

Alexander von Wildenstein
Wolff von Waldeck
Albrecht Stauffer von Sünchingen
Hans von Wolffstein
Heinrich Ebron zu Wildenberg
Friderich von Barsperg
Georg Nothafft zu Wernberg
Georg von Frawenberg.

¶ Vom Rheinstrom.

Erckinger von Rotenstein/König
Bleicker Landschad/Hofmeister
Jacob von Kleckenstein
Herr Bertram von Nesselrode
Dam von Pallandt
Herr Hans von Kronberg
Georg von der Leyen
Philips Kemmerer von Dalberg
Philips Wolffskele zu Wolckenburg
Philips Rud von Kolnberg
Johann von Eltz der jünger.

¶ Von Francken.

Eberhard von Grunbach
Hans Fuchs
Erasmus von Rosenberg
Georg von Schaunberg
Ott von Liechtenstein
Neidhardt von Volmarshausen
Veit von Walnrod
Dietz von Thüngen
Hans von Seckendorff.

Die zu der Schaw bestellt wurden.

Jacob vom Stein
Einer von Rotenstein
Einer von Büdickheim
Ein Vogt von Reinecken/genannt von Gmünden.

Diese haben zwischen den Seylen gehalten.

Berthram von Nesselrode
Wolffgang von Waldeck
Hans von Seckendorff
Erckinger von Rotenstein/König in der Gesellschafft deß Esels

Hh. Der 31. Thurnier.

In diesem 31. Thurnier so gehalten worden von der Ritterschafft zu Schwaben/An 1448 zu Stuckgarten im Wirtenberger landt/ sindt diese vier zu Blau getragen worden.

¶ Von Schwaben.

Herr Hans Jacob von Bodman.

¶ Von Bäyern.

Herr Sigmund von Leyning.

¶ Vom Rheinstrom.

Dam von Palland.

¶ Von Francken:

Erckinger von Seinsheim.

Diese nachgeschriebene Fürsten/Grafen/Herren/Ritter vnd vom Adel/haben gemelten Thurnier besucht vnd selbst geritten.

Friderich Marggraff zu Brandenburg mit den seinen
Heinrich Burggraf zu Meyssen Herr zu Plawen
Hans Friderich Graf zu Zollern
Friderich Graf zu Castell
Hans Graf zu Sonnenberg
Friderich Schenck Freyherr zu Limpurg
Christoff Schenck Freyherr zu Limpurg
Hans Freyherr zu Stöffel
Sigmund Freyherr zu Schwartzenburg.

Die Ritter.

Georg von Zebitz
Rudolph von Haßlang
Caspar Sack
Hans Jacob von Bodman
Lienhard Marschalck zu Bappenheim
Hans Fuchs
Friderich von Seinsheim
Conrad von Knöring
Erckinger von Rechenbach
Apel von Seckendorff
Christoff Schenck von Bäyern
Degenhard Fuchs
Friderich von Seinßheim
Ludwig von Hutten
Hans von Seckendorff
Raff von Gundelsheim

Die Edlen.

Hans von Eib
Sebastian vnd Contz von Wirßperg
Neidharde von Wolffmarshausen
Caspar von Krälsheim
Eberhard von Waldenfelß
Wilhelm von Bebenberg
Dietz von Haßberg
Hans von Leonrod
Hans von Aufftseß
Engelhard von Berlichingen
Georg von Giech
Heintz von Aufftseß
Hans Truchseß
Heintz von Leineck
Herman Marschalck
Philips von Wiesentaw
Krafft von Lentersheim
Hans von Zebitz
Hans Zolner von Rotenstein
Sigmund von Walnrod
Georg Truchseß von Bommersfelden
Michel von Wirßperg
Wilhelm von Stein zu Altenstein
Sigmund von Lüchaw
Hans von Aufftseß zu Wolckenberg
Contz von Zebitz
Dietz Truchseß von Wetzhausen
Carl von Heßberg
Friderich von Reitzenstein
Ott von Giech
Alexander Marschalck zu Pappenheim
Heintz Ochs von Gentzendorf
Wolff von Wolffskele
Christoff Groß von Drockaw
Wilhelm von Räsenbach
Ludwig von Elrichshausen
Erckinger von Seinsheim
Georg vnd Michel von Ebenheim
Veit von Rotenhan
Caspar von Klingenberg
Philippus Fuchs der Elter
Georg Marschalck zu Pappenheim
Hans von Entzberg
Hans/Sebastian vnd Mauritz von Seckendorff
Georg von Grunbach
Burckhard vnd Conrad von Stadion
Reinhard Fuchs
Eytelhans von Knöringen

Lorentz von Egloffstein
Vtz von Knöringen
Engelhard von Seinßheim
Sixt von Seckendorff
Contz von Rod
Philips Fuchs
Jobst von Egloffstein
Sebastian von Seinsheim
Einer von Ebenheim
Six von Seckendorff der jünger
Wolff von Dachenhausen
Georg von Seinßheim
Einer von Wichsenstein
Christoff von Seckendorf
Falck vnd Hans von Vetingen
Hans Fuchs
Philips von Stein zu Liechtenburg
Einer von Ebenheim
Einer von Wichsenstein
Endres von Rabenstein
Georg von Reitzenstein
Hans von Seinßheim
Ludwig von Knöringen

Die Wirtenbergischen.

Eberhard der elter Graf zu Wirtenberg
Wilhelm Landtgraf zu Hessen/seiner Schwester Sohn
Georg Graf zu Werdenberg
Crafft Graf zu Hohenloe
Heinrich Graf zu Fürstenberg/Graf Georgen Sohne
Georg vnd Eberhard Freyherzen zu Gundelsfingen Gebrüder
Hans Wernher Freyherr zu Zimbern
Wolffgang Freyherr zu Zimbern
Wolffgang Freyherr zu Gerolzeck
Hans Truchseß Freyherr zu Walpurg.

Die Ritter.

Mang Marschalck zu Hohenriechen
Georg von Velberg
Wilhelm von Stadion
Georg von Velberg der jünger
Sigmund vom Welde
Georg von Ehingen.

Die Edlen.

Burckhard von Ellerbach
Ernfrid von Velberg
Bernhard Nothafft
Caspar von Klingenberg
Wilhelm von Aurbach
Vlrich von Jüngingen
Ernst von Freyburg
Hans Güß von Sachsenheim
Ott von Seckendorff
Egloff von Freyburg
Lazarus von Suntheim
Wilhelm Güß
Aynus von Weyer
Gerhard von Dalheim
Georg von Hertenstein
Bernhard von Liebenstein
Hans von Reischach
Hans von Bubenhofen
Bernhard vnd Philips von Nippenburg

Die löbliche Gesellschafft im Leydbracken vnd Krantz.

Conrad Spet/König in der Gesellschaffte deß Brackens
Ludwig Graf zu Helffenstein
Albrecht Schenck Freyherr zu Limpurg.

Die Ritter.

Wilhelm von Rechberg
Vlrich von Westerstetten
Vlrich von Rechberg
Vlrich von Freundsperg
Hans Druckseß von Budißhausen
Hans von Westerstetten
Marquard vnd Diebold vom Stein
Conrad von Halsfing
Hans Spedt
Hans von Freundsperg.

Die Edlen.

Friderich von Rechberg
Wilhelm von Rechberg sein Sohn
ZZzz   Heinrich

Das fünffte Buch

Heinrich der jung vom Stein
Georg von Rechberg
Diebold Spedt der alt
Bernhard der Elter von Windeck
Adrian von Stein
Reinhard von Windeck der jünger
Dieterich vnd Ludwig Spedt
Thoman von Freundsperg
Ludwig/Veit vñ Albrecht von Rechberg
Adam von Freundsperg
Georg Bäyer/Ritter
Conrad von Stein der jünger
Reinhard Spedt
Eitel von Wernaw
Dieterich Röder von Offenburg
Ber von Hurnheim
Georg von Wernaw
Bernherd vnd Conrad von Stein
Hans von Hurnheim
Jacob von Wernaw
Hans Spedt genannt Mager
Contz vom Bach
Bernhard von Aurbach
Georg Spedt
Peter von Liebenstein
Einer von Westerstetten
Hans von Liebenstein
Hans von Gundelßheim
Reinhard von Nowhau en
Einer von Westerstetten
Heintz von Welwardt
Heintz Schilling
Georg von Newhausen
Wilhelm Böcklin im Winterthal
Hans von Weiler
Hans von Welward
Caspar Spedt
Anßhelm von Iberg
Hans von Rechberg
Erckinger von Hürnheim
Erckinger von Mittelburg
Einer von Westerstetten
Hans von Suntheim genannt Vffenloch
Georg von Welwardt
Hans Hoffwardt
Georg von Suntheim
Wilhelm von Sperberseck
Hans von Giltlingen
Burckhard Sturmfeder
Frantz Schenck von Schenckenstein
Ener von Westerstetten
Adam Thum von Kungen

Die von der Gesellschafft des Einhorns.

Dietz von Thüngen König in dieser Gesellschafft
Paulus von Absperg/Ritter
Jobst von Lichaw/Ritter
Conrad von Heßberg/Ritter
Otto von Liechtenstein
Georg/Michel/Veit/Wilbold vñ Contz von Schaamberg
Georg von Rosenstein
Wendel von Rüdern
Mauritz vnd Sigmund von Thüngen
Wolff/Endres vñ Daniel von Rheineck
Michel/Contz vnd Christoff von Rosenberg
Diether vnd Georg Rüd von Kolnberg
Wilhelm von Stetten
Heintz von Waldenfelß
Dietz Marschalck von der Schneidt
Stephan Zobel
Wilhelm von der Kere
Vß von Künsperg
Gotzschalck von Sternberg
Georg von Wulffersdorff

Die löbliche Gesellschafft in der Kron
Diebold von Heßberg/Ritter
Eitel von Erolzheim

Von der Gesellschafft im Falcken vnd Fisch
Vlrich Graffe zu Montfort

Wolff Graffe zu Fürstenberg/vnd Grafe Conrad sein Sohn
Andreas Graffe zu Sonnenberg
Haug Grafe zu Montfort vnd Pfauberg
Marquard von Roser/Ritter
Wilhelm von Zülnhard/Ritter
Hans Caspar von Laubenberg/Ritter
Caspar von Randeck
Hans Eitel von Staffel
Hans Vlrich von Aemßeck
Hans von Zülnhard
Albrecht vnd Hans von Küngseck
Hans von Laubenbach

Die löbliche Gesellschafft des Steinbocks.
Contz von Auffsieß zu Wolckenberg
Philips von Kronberg

Die löbliche Gesellschafft des Windt.
Dam von Palland

Die von der Gesellschafft des Wolffs.
Jacob von Fleckenstein König in der Gesellschafft
Herr Friderich von Dalberg/Ritter
Hans von Dalberg
Jacob vnd Georg von Reichenstein
Everhard Brendel von Haunburg
Hans von Flersheim
Adam Zorn von Büllach

Die von der Gesellschafft des Esels
Sweicker von Sickingen König der Gesellschafft
Erasmus Schenck Freyherr zu Erbach
Bleicker vnd Bernhard von Gemmingen
Johan von Helmstatt
Conrad von Sickingen
Michel von Berling.

Die Ritterschafft auß dem Lande zu Bäyern.
Wolff von Barsperg/Ritter
Georg von Eissenhofen
Bernhard von Seiboltsdorff
Veit von Maxelrein
Friderich Mautner zum Katzenberg

Diese wurd nur Schaw verordnet auf den vier Landen.

¶ Von Schwaben.
Conrad Spedt
Vlrich von Westerstetten/Ritter
Conrad von Ahelsing/Ritter
Wilhelm von Rechberg/Ritter
Hans Jacob von Bodman/Ritter
Marquard von Königseck/Ritter
Caspar von Klingenberg
Wilhelm von Zülnhard/Ritter
Herr Mang Marschalck zu Bappenheim
Herr Sigmund von Freyburg
Burckhard von Stadion.

¶ Von Bäyern:
Wolff von Barsperg
Georg von Eissenhofen
Bernhard von Seiboltsdorff
Veit von Maxelrein

¶ Von Rheinstrom:
Jacob von Fleckenstein
Friderich Kammerer von Dalberg/Ritter
Georg Theus von Ratzumhauß/Ritter
Contz von Auffsieß zu Wolckenberg
Philips von Kirnberg
Damm von Polland
Schweicker von Sickingen
Bleicker von Gemmingen
Reinhard vnd Johann von Helmstatt

¶ Von Francken.
Hans Fuchs/Ritter
Appel von Seckendorff/Ritter
Erckinger von Seinßheim
Georg von Ehenheim
Hans von Seckendorff
Mauritz von Eglofstein
Veit von Rotenhane
Sebastian von Wirßberg
Neidhardt Wolmarshausen

Caspar von Kielslein
Paulus von Absperg/Ritter
Heintz von Waldenfelß/Ritter
Georg von Schaumburg zu Ilmenaw
Dietz von Thüngen.

Die zu der Schaw verordnet wurden auß den vier Landen.
Hans von Wernaw/Ritter
Wolff von Asch
Eitel von Wernaw/vnd ein Schwelder
Wilhelm von Waldeck
Sigmund Rack
Jacob von Labenstein
Heinrich von Bünaw
Ott von Teilsch
Georg Metsch
Friderich von Holbach
Melchior Sützel von Mergetheim
Andreas von Wildenstein
Arnold von Blackenberg
Heinrich von Bünaw der jung
Heintz Röder zu Francken
Appel Schenck von Symen.

Ii. Der 32. Thurnier.

In diesem 32. Thurnier so gehalten worden von der Ritterschafft deß Lands zu Bäyern/Anno 1484. zu Ingolstatt an der Thonaw/vnd sind diese vier zu Blatt getragen worden.

Hans von Wolffstein/Ritter
Georg von Eissenhofen
Hans von Barsperg
Vlrich von Breitenstein.

Die Fürsten von Bäyern vnder welchen mit ihnen den Thurnier besucht haben.

Georg Pfaltzgraffe bey Rhein/Hertzog in Obern vnd Nidern Bäyern
Christoffel Pfaltzgraffe bey Rhein/Hertz. zu Obern vnd Nidern Bäyern
Georg von Frawenberg/Ritter
Hans von Wolffstein/Ritter
Vlrich von Breitenstein/Ritter
Adam von Thöring/Ritter
Hans Stauffer zu Sünching/Ritter
Erasmus von Seybolsdorff/Ritter
Lucas von Ahenn/Ritter
Steffan von Sunthen
Georg von Eyssenburg
Veit von Egloffstein
Wigoleus von Ahenn
Heinrich Ebron von Wildenberg
Jobst Zanger zum Schneeberg
Georg von Waldaw
Christoffel von Frawenberg
Hans Jüdman von Affecting

Welche von der Ritterschafft auß den vier Landen zum theil gegeben wurden.

¶ Von Francken.
Hans Fuchs/Ritter
Contz von Grunbach
Veit von Rotenhan
Georg von Schaumburg
Thoman Rüd von Kolnberg
Mauritz von Thüngen
Neidthard von Wolmershausen/ward denen in den vier Landen zu geben/sie zu vnderichten

¶ Von Schwaben.
Conrad von Ahelsing
Conrad Spedt
Alexander Marschalck zu Bappenheim
Burckard von Stadion
Ein Druchsäß von Bommersfelden
zwen von Habsperg
zwen von Schwendi.

¶ Vom Rheinstrom.
Contz von Auffsieß
Hans von Ahelsing.

¶ Von Bäyern.
Christoffel von Kammer/Ritter
Warmund von Frawenberg
Ludwig von Eheim

Heintz

Von Teutschlandt. 1243

Heintz von Königsperg.
Diese wurden vom Land zu Bäyern außgestellt.
Nicolaus Freyherr zu Abensperg
Georg Mistelbeck
Onarg Freyherr zu Wildenfelß
Einer von Offensteeten
Heyderich Leberskirchen
Sigmund von Apffenthal
Wolff Zaunrud zu Guteneck
Ein Ecker zu Kopffing.
Diese wurden vom Land zu Francken außgestellt.
Einer von Schönberg
Einer von der Were
Zween Truchsessen von Bommersfelden
Ein Ochs
Ein Schenck von Symen.

Die wurden vom land zu Schwaben außgestellt.
Mang von Hasperg/Ritter
Ulrich von Habsperg
Einer von Paulsweiler
Zween von Schwendi.

Diese sind außblieben von den obgemelten.
Ein Truchseß von Bommersfelden
Die beyd von Hasperg
Die beyd von Schwendi.
Diese sind in diesem Thurnier nicht zugelassen worden.
Heinrich von Wisleben
Georg von Watzmansdorff
Wilhelm von Reydenbuch
Ein Schwelcher
Wolff Zaunrüd zu Guteneck
Ein Stieber
Caspar Kemmetter
Georg und Heintz von Rotenach
Ein Etzelschelm von Bergen
Caspar Böcklin.
Die vier Grießwertel.
Sigmund von Leyning/Ritter
Veit von Egloffstein
Heinrich von Kammerberg/Ritter
Steffan von Schmihen.
Diese haben zwischen den Seylen gehalten.
Ulrich von Breitenstein/Ritter
Hans von Wolffstein/Ritter
Georg von Eyssenhofen
Hans von Barsperg.

℞ Der 33. Thurnier.

In diesem 33. Thurnier so gehalten worden von der Ritterschafft deß Lands zu Francken/ An 1485. in der Fürstlichen Statt Onoltzbach/ sindt diese vier zu Blatt getragen worden.
Diese nachfolgende sind geordnet worden auß den vier Landen Kundschafft zu hören/ zu dem Thurnier eynzulessen.
Die löbliche Gesellschafft im Falcken und Fisch.
Georg Graff zu Werdenberg
Conrad von Schellenberg/Ritter
Burckhard von Ellerbach
Heintz von Zülnhard
Die von der Gesellschafft deß Leydpracken und Krantz
Wilhelm von Aurbach/König
Conrad von Ahelsing/Ritter
Ulrich von Westerstetten
Conrad Spedt
Die von der Gesellschafft deß Pracken.
Conrad von Knöring/Ritter.
Sigmund von Freyburg/Ritter
Mang Marschalck zu Bappenheim/Ritter
Alexander Marschalck zu Bappenheim
Die Gesellschafft im Steinbock.
Philips von Dalberg ihr König
Hans von Flersheim

Friderich von Fleckenstein/Ritter
Die von der Gesellschafft deß Wolffs.
Friderich von Stein/Ritter
Wilhelm von Nesselrod
Berchtold von Blettenberg Ritter/Hofmeister
Gottfrid von Cleen
Contz von Auffseß.
Auß dem Landt zu Bäyern
Sebastian von Seiboldsdorff
Albrecht von Wildenstein
Georg von Gumpenberg/Ritter
Hans Judman
Die von dem Landt zu Francken.
Hans Fuchs/Ritter
Sirt von Ebenheim
Friderich von Seinßheim/Ritter
Veit von Rotenhan
Hans von Seckendorff zu Niderzheim
Hans von Grunbach
Philips Fuchs
Cuntz Fuchs
Hans von Seckendorff zu Kreßberg
Wilhelm von Bebenberg
Die von der Gesellschafft deß Bären und Fewerspang.
Georg von Absperg/Ritter
Hans von Auffseß/Ritter
Thoman Rüd König
Ott von Liechtenstein.

Die von den vier Landen zum theilen geben haben.

¶ Von Francken.

Auß der Gesellschafft der Fewerspang und Bären.
Hans Fuchs/Ritter
Herr Veit von Walnrod/Ritter
Hans von Egloffstein/Ritter
Erckinger von Seinßheim
Hans von Seckendorff der alt
Veit von Rotenhan
Georg von Ehenheim
Hans von Grunbach
Neidthard von Wolmarshausen
Die von der Gesellschafft deß Einhorns.
Thoman Rüd von Kolnberg/König
Herr Conrad von Ahelsing/Ritter
Herr Georg von Absperg/Ritter
Dietz von Thüngen.

Die Geselschafft im Bracken am Krantz in Schwaben.
Wilhelm von Aurbach ihr König
Conrad von Ahelsing/Ritter
Ulrich von Rechberg/Ritter
Ulrich von Westerstetten/Ritter
Conrad Spedt
Die löbliche Gesellschafft in der Kron.
Mang Marschalck zu Bappenheim
Sigmund von Freynburg/Ritter.

Von der Gesellschafft im Falcken und Fisch
Conrad von Schellenberg/Ritter/
Heintz von Zülnhard
Burckhard von Ellerbach/Ritter.
Auß der Gesellschafft im Wolff am Rheinstrom.
Friderich von Fleckenstein/Ritter
Hans von Flersheim
Philips Kemmerer von Dalberg.
Die von der löblichen Gesellschafft im Steinbock.
Friderich von Stein Ritter/König der Gesellschafft
Berchtold von Blestenberg Hofmeister
Wilhelm Nesselrode zu Balsterkam
Die löbliche Gesellschafft deß Esels.
Bernhard von Gemmingen.

Die auß den Fürstenthumben von Bäyern.
Sebastian von Seiboldsdorff/Ritter
Albrecht von Wildenstein
Georg von Gumpenberg/Ritter
Judman von Affecking
Die verordneten zwischen den Seylen.
¶ Von Schwaben.
Hans Spedt/Ritter.
¶ Von Bäyern.
Georg von Gumpenberg/Ritter
¶ Von Rheinstrom.
Wilhelm von Nesselrod
¶ Von Francken.
Georg von Ehenheim
Die verordnete Grießwärtel.
Friderich Marggraffe zu Brandenb.
Michel von Schwartzenberg Freyherr
Hans von Egloffstein/Ritter
Sebastian von Vollnrod/Ritter
Paulus Fuchs von Breitbach
Hans von Seckendorff
Georg von Ehenheim
Thoman Fuchs von Kirchschönbach
Friderich von Seckendorff.

Wie die Helm in der Theilung gestanden sindt.

Die löbliche Gesellschafft im Bären stehet auff der rechten seiten.

Meins G.H. Marggr. Friderichs von Brandenburg Helmcleinot
Burggraff Heinrich von Meissen/Herr zu Plawen
Friderich Schenck Freyherr zu Lympurg
Georg Graffe zu Helffenstein
Hans Graffe zu Schönberg
Hans Freyherr zu Schwartzenberg/Rit.
Christoff Schenck zu Geyern/Ritter
Erckinger von Rechberg/Ritter
Conrad von Berlaching/Ritter
Wilhelm von Bemmelburg
Georg Förtsch von Durnaw
Sittich von Zebitz
Dietz von Wölmansdorff
Hans von Auffseß
Wilhelm Güß von Güssenberg
Hans von Leineck
Hans von Eib zu Vestenberg/Hofmeister
Kilian von Walleufelß
Ulrich von Knöringen
Hans von Leonrod der älter
Georg von Giech
Georg von Wichsenstein
Christoff von Kozaw
Dietz Truchseß von Wetzhausen
Ott von Giech
Christoff von Hirßberg
Hans von Auffseß
Bernhard von Berlaching
Philips von Wisenthaw
Philips Truchseß von Wetzhausen
Hans von Eib der jünger
Günther von Bünaw
Michel Groß von Drockau
Hans von Auffseß
Contz und Jobst von Zebitz
Wolff von Dachenhausen
Heinrich von Bünaw
Hans von Giech
Heintz Röder im Voitland
Jobst von Feulsch
Günther von Bünaw der jünger
Hans von Reitzenstein
Arnold von Blanckenberg
Georg Groß von Drockau
Heintz von Reitzenstein
Sigmund Gebsattel
Heintz von Rosenbach
Ludwig von Elrichshausen
Andres von Rabenstein
Peringer von Kozaw
Neidthard von Berlaching.

Das fünffte Buch

Mein gnädiger Herr Marggraff Sigmundt steht auff der andern seiten mit seinen.

Eitel Fritz Graf zu Zollern
Hans Graf zu Castell
Albrecht Schenck Freyherr
Christoff Schenck Freyherr zu Limpurg
Philips Erbkammerer Freyherr zu Weinsperg
Mang Marschalck zu Pappenheim
Conrad von Knöring
Georg von Zedwitz Marschalck
Jacob von Landaw
Caspar Sack
Eberhard von Brandenstein
Raff von Gundelsheim
Heinrich von Feulitzsch/ alle 8. Ritter
Hartung Truchseß von Wetzenhausen
Caspar von Krelßheim
Sigmund von Wirßperg
Neidhard von Wolmarshausen
Hans Truchseß von Wetzenhausen
Crafft von Lentersheim
Hans von Berlaching
Hans von Leonrod der jung
Georg von Künsperg
Hans Truchseß von Wetzhausen
Dietz von Wülffersdorff
Hans Rothaffts
Philips von Wolffmarshausen
Hans von Wolffstein
Wilhelm von Leonrod
Wilhelm von Krebsheim
Christoff von Hausen
Contz von Wirßberg
Fritz von Wichtzenstein
Lorentz von Meyenthal
Hans Truchseß von Bommersfelden
Utz von Zedwig
Christoff Groß von Drockaw
Michel von Wirßberg
Georg von Kreilßheim der jung
Arnold Geyling
Thoman von Reitzenstein
Sigmund von Luchaw
Andreas von Wildenstein
Heintz Ochs
Hans Hofer
Job von Fleitsch
Hans Geyr
Peter von Rabenstein
Sebastian Mistelbeck.

Die auß der löblichen Gesellschafft deß Bärens und Fewerspang auff der dritten seiten.

Hans Fuchs
Appel von Seckendorff
Friderich von Seinßheim
Veit von Walnrod
Sixt von Ehenheim/ alle 6. Ritter.
Hans von Grunbach
Alexander Marschalck zu Pappenheim
Veit von Rotenhan
Mauritz von Egloffstein
Hans von Wenckheim
Contz Fuchs
Wigoles Wolffskele
Hans von Seckendorff
Erckinger von Seinßheim
Jobst von Egloffstein
Michel und Contz von Ehenheim
Carle von Grunbach
Hans Wilhelm/ Thoman/ Philips und Hartung Fuchs
Erckinger von Seinßheim der jünger
Carle von Grunbach
Contz von Grunbach
Georg von Ehenheim zu Geyern
Sebastian von Egloffstein
Hans von Künseck
Augustin und Sigmund von Seckendorff genannt Rheinhofer
Hartung Marschalck

Eilich von Seckendorff

Die auß der löblichen Gesellschafft im Einhorn stehen auff der vierdten Seiten.

Thoman Ried von Kolnberg/ König der Gesellschafft
Georg von Absperg/ Ritter und Doctor
Ludwig von Eib/ Ritter/ Hofmeister
Hans von Aufseß
Heinrich von Luchaw
Paulus von Absperg
Jeronymus von Rosenberg
Jobst von Luchaw
Conrad von Künsperg/ alle 6. Ritter
Die von Tüngen
Ernst von Wolffmarshausen
Wilhelm von Stetten der jung
Philips von Stein zu Liechenberg
Wolff/ Adel/ Michel/ Georg und Contz von Rosenberg
Christoff Marschalck
Neidhard von Thüngen
Moritz/ Heinrich/ Caspar/ Wilbold und Heinrich von Schaumberg
Caspar van Walnfelß
Ott von der Kere
Hans von Aufseß
Georg Marschalck von Ostheim
Heintz von Guttenberg
Andres von Heßberg
Peter von Redwig
Claus und Philips Zobel
Jobst und Wolff von Luchnaw
Moritz und Sigmund von Thüngen
Hans Georg von Absperg
Philips Schwentzerer.

Der Hochgeborne Graf und Herr/ Herr Eberhard zu Württenberg vnnd Mümpelgart der älter/ ist mit seinem Schawheim und der seinen auff der rechten Seiten an der Schaw gestanden.

Eberhard Graf zu Wirtenberg der älter
Eberhard Graf zu Werdenberg
Ludwig Graf zu Helffenstein
Ulrich Graf zu Werdenberg
Ott Graf zu Stollberg
Andres Graf zu Sonnenberg
Eberhard Freyherr zu Gundelfingen
Hans Weruher Freyherr zu Zimbern.
Die Ritter.
Wilhelm und Ulrich von Rechberg
Sigmund von Freyburg
Ulrich von Westerstetten
Friderich von Fleckenstein
Conrad von Schelnberg
Ulrich von Schlandenberg
Sigmund von Welden
Georg von Velberg
Wilhelm von Zulnhard
Ludwig von Hutten
Georg von Velberg der jünger
Die Edlen.
Reinhard von Newhausen
Philips von Dalberg
Ulrich von Züngingen
Conrad von Stein
Georg und Wilhelm von Rechberg
Michel von Freyburg
Sigmund von Seckendorff/ Rheinhofer genannt
Heintz von Walnrod
Hans von Giltlingen
Wilhelm von Reischach
Dieterich Spedt
Hans von Liebenstein
Hans von Wertingen
Hans von Hirnheim
Wilhelm Schilling
Adam Thum von Küngen
Bernhard von Hurnheim
Ulrich von Wernaw
Fritz Schenck von Schenckenstein

Der Hochgeborne Graf und Herr/ Herr E. eberhard Graf zu Wirtenberg und Mümpelgart der jünger/ ist mit seinem Schawheim und den seinen auff der lincken seiten an der Schaw gestanden.

Eberhard Grafe zu Wirtenberg vnnd Mümpelgart der jung
Wecker Graf zu Bitsch
Crafft Graf zu Hohenlohe
Heinrich Graf zu Fürstenberg
Hans Freyherr zu Stöffel
Christoff Graf zu Werdenberg
Haus Spedt/ Ritter
Hans Truchseß zu Walpurg/ Ritter
Conrad von Adelsingen
Hans von Freundsperg/ Ritter
Leonhard Marschalck zu Hohenriechen/ Ritter.
Georg von Schechingen
Wilhelm von Aurbach
Hans von Flerßheim
Walther von Hürnheim
Conrad/ Reinhard/ Diebold Sped
Ott von Seckendorff
Conrad Thumb von Küngen
Burckhard von Ellerbach
Veit von Rechberg
Wernher Nothafft
Hans von Sachsenheim
Heintz von Zülnhard
Bernhard von Stein
Albrecht Truchseß zu Wetzenhausen
Erckinger von Hürnheim
Ernfrid von Velberg
Georg von Sundheim
Hans von Reischach
Philips von Abelsingen
Asmus von Weyer
Hans von Abensperg
Friderich von Newhausen
Hans Caspar von Bubenhofen
Wilhelm Böcklin
Bernhard von Nippenburg
Fritz Jacob von Anweil
Melchior Sützel von Mergetheim.
Die Ritterschafft auß dem Land zu Francken.
Sebastian von Seiboldsdorff/ Ritter
Georg Weißbeck
Georg von Gumpenberg/ Ritter.
Hans Judman
Albrecht von Wildenstein
Wolff Stör zum Störstein.
Die von der Gesellschafft des Steinbocks:
Johann Graf zu Nassaw
Friderich von Stein/ Ritter.
Hans von Schweinsberg/ Ritter
Wilhelm von Nesselrode
Emmerich von Nassaw/ Ritter.
Conrad von Aufseß
Berchthold von Blettenberg/ Hofmeister
Conrad von Bicken/ der jünger
Bilger von Langenaw
Gebhard von Eleen.

LI. Der 34. Thurnier.

In diesem 34. Thurnier/ so gehalten worden von der Ritterschafft deß Lands zu Francken Anno 1486. zu Bamberg an dem Rednitz sindt diese vier zu Blau getragen worden.

Georg von Gunpenberg
Philips von Dalberg
Conrad von Schellenberg
Hans Truchseß von Wetzenhausen

Diese vier nachfolgende sindt von den vier Landen zu theilen verordnet worden

¶ Von Francken.
Die von der Gesellschafft des Einhorns.
Dietz von Thüngen zum Reissenberg/ Hofmeister zu Mentz

Asmus

Von Teutschlandt. 1245

Aßmus von Rosenberg/Ritter.
Ott von Liechtenstein
Michel von Rosenberg.

Auß der Gesellschafft der Fewerspang.

Hans Fuchs/Ritter
Friderich von Seinßheim/Ritter
Veit von Rotenhan

Die von der Bären Gesellschafft.

Veit von Walnrod/Ritter
Georg von Eheuheim
Niclaus von Seckendorff
Wigolems Wolffskele
Mauritz von Egloffstein
Neidhard von Wolmershausen

Die vom Land zu Bayern.

Wolff von Barsperg Marschalck/Rit.
Wilhelm von Wolffstein/Ritter
Alexander von Wildenstein
Hans Judmau

Die vom Landt zu Schwaben auß der Gesellschafft im Falcken vnd Fisch.

Heinrich von Zülnhard
Erhard von Künjeck
Caspar von Raudeck.

Die von der Gesellschafft deß Leydpracken vnd Krantz

Conrad von Ahelfingen zu Hohenahelfingen/Ritter/König der Gesellschafft
Virich von Westerstetten/Ritter
Conrad von Stein zu Steineck
Wilhelm von Rechberg zu Dannenberg

Die von der Gesellschafft in der Cron.

Mang Marschalck zu Hohentriechen Ritter
Alexander Marschalck zu Bappenheim
Burckhard von Stadion.

Die vom Reinland auß der Wolffsgesellschafft.

Friderich Kämmerer von Dalberg/Rit.
Johann von Löwenstein.

Die von der Gesellschafft deß Esels

Bleicker Landtschad von Steinach
Schweicker von Sickingen
Hans von Rotenstein
Martin von Sickingen

Die von der Gesellschafft deß Steinbocks:

Philips von Kronberg

Die von der Gesellschafft deß Einhorns.

Thoman Rüd von Kolnberg/König der Gesellschafft
Heinrich von Lüchnaw
Dieter Rüd von Kolnberg.

Die Ritter.

Aßmus vod Rosenberg/Ritter
Jobst von Lüchaw
Georg von Velberg
Caspar von Vestenberg
Hans von Auffseß
Georg von Velberg der jünger
Hans von Hirßberg
Götz von Wülffersdorff
Heinrich von Eud
Heinrich von Witzleben
Hans von Schönberg
Ludwig von Eib
Ott Pflug der jünger
Ott Pflug der elter

Die Edlen.

Hans Rüd von Kolnberg
Dietz von Thüngen
Philips von Rüdern
Diether Rüd von Kolnberg
Veit von Schaumberg
Georg Rüd von Kolnberg
Mauritz vnd Sigmund von Thüngen
Arnold vnd Georg von Rosenberg

Michel/ Wilbold vnd Mauritz von Schaumberg
Heinrich von Schönenberg
Georg Marschalck zu Ostheim
Philips vnnd Sigmund von Bussickheim
Contz Hartung/ Veltin vnd Lorentz von Bibra
Philips Zobel
Philips von Thüngen
Conrad von Künsperg
Lutz vnd Heintz von Redwitz
Eberhard vnd Ernst von Liechtenstein
Fritz vnd Ott von Auffseß
Caspar von Waldenfelß
Contz Marschalck vnnd Claus Marschalck von der Schneyd
Heintz/ Philips vnnd Martin von Guttenberg
Darius/ Carius vnd Andres von Heßberg
Christoff von Sparneck
Georg Metsch
Caspar Metsch
Georg von Wülffersdorff
Georg/ Michel/ Christoffel/ Conrad der alt/ vnd Conrad der jünger von Rosenberg
Georg/ Hans Knoch vnd Georg von Schaumberg
Wolff Contz von Lüchaw
Wendel von Riedern
Neidthardt von Thüngen
Wilhelm Rüd der Kurtz
Lutz von Eib
Claus Stephan vnd Walther Zobel
Burckhard vnnd Ernst von Wolmarshausen
Hans Georg vnd Paulus der Ritter von Abzperg
Carius von Vestenberg/Ritter
Christoffel Marschalck zu Ostheim
Ott von Auffseß
Heintz von Wallenfelß
Dietz Marschalck von der Schney
Hans von Heßberg
Heintz vnd Vtz von Künsperg
Arnold von Hirßberg
Ott vnd Heintz von Liechtenstein
Claus/ Martin vnd Peter von Redwitz
Hans vnd Caspar von Altenstein
Hans von Altenstein der jünger
Heinrich vnnd Götz von Wülffersdorff bend Ritter
Appel von Guttenberg
Heinrich vom End
Philips Voyt von Reineck zu Vrsprung
Friderich/ Diether vnd Friderich von Witzleben
Georg/ Balthasar vnnd Philips von Stein
Daniel Voyt von Reineck zu Vrsprung
Friderich der jünger von Witzleben
Anßhelm von Eichholtzheim
Hans Stieber von der Planitz
Fritz Geyling
Peter Gebsattel
Georg Druchseß von der Aw
Wolff Gotzman
Hans von Giech der elter
Carius/ Nickel vnd Johan von Wolffsdorff
Heinrich Durigel
Philips Schweiger
Eberhard von Münster
Carle Knoch
Caspar von Schönberg
Götz von Rosenhan
Gottschalck von Sternberg
Martin von Sparneck
Sigmund von Lentersheim
Contz von Helmstatt
Ciriacus von Herbelstatt
Wolff von Tortenheim
Wilhelm von Steiten

Wilhelm von der Kere
Cesarius Pflug
Rudolff von der Planitz
Götz vom End zu Buntz/Ritter
Georg vnd aber Georg von Wirßberg.

Wie man zur Schaw auffgetragen hat/vnd wie sie zu allen sechten gestanden sindt.

¶ Auff der ersten Zeit.

Friderich Marggraff zu Brandenburg
Eitel Friderich Graff zu Zollern
Hans Graffe zu Sonnenberg
Georg Freyherr zu Heydeck
Christoffel Schenck Freyherr zu Limpurg
Mang Marschalck zu Bappenheim/ Ritter
Vlrich von Westerstetten/Ritter
Hans von Auffseß/Ritter
Georg von Zebitz/Ritter
Burckhard von Wolmarshausen
Hans Druchseß
Veit von Rechberg
Claus Zobel
Wilhelm von Rechberg der jünger
Fritz Geyling
Adam Thumb von Newburg
Karius von Wallenfelß
Hans von Wolffstein
Reinhard Spadt
Ernst von Wolmarshausen
Hans von Leonrod
Heintz von Welward
Contz von Rosenberg
Carl von Heßberg
Wolff von Gilsing
Heinrich von Feulsich
Erhard von Berlaching
Diebold Spedt
Ott von Giech
Vtz von Knözing
Carle von Wisenthaw
Christoffel von Hausen
Leupold Druchseß
Contz vnd Jobst von Zebitz
Hans von Auffseß
Hans von Eib
Hans von Reitzenstein
Heintz von Rabenstein
Simund von Lüchaw
Niclaus von Schierolting/Ritter
Caspar von Raudeck
Heinrich vnd Burckard von Bünaw
Heintz von Reussenbach
Hans von Königsperg

¶ Auff der andern Zeit.

Sigmund Marggr. zu Brandenburg
Ott Graffe zu Stolberg
Andres Graffe zu Sonnenberg
Friderich Schenck Freyherr: zu Limpurg
Hans Spedt/Ritter
Jeronymus von Rosenberg
Conrad von Knözing
Conrad von Künsperg
Wolff von Barsperg
Georg von Schaumburg
Sittich von Zebitz
Wilhelm Adelman/all sieben Ritter
Balthasar von Freyburg
Contz von Rosenberg
Contz von Vestenberg
Georg von Wirßberg
Conrad Spedt
Gabriel von Zebitz
Erhard von Künseck
Veit von Lentersheim
Leonhard von Wenckheim
Contz von Wirßberg
Wilhelm von Rechberg
Philip von Stein
Georg von Künsperg
Wolff von Knözing
Vtz von Absperg
Beringer von Kozaw
Fritz von Wetzhausen

AAAA iij   Die

Das fünffte Buch

Christoffel von Rosenberg
Hans von Auffseß
Hartman von Liechtenstein
Wilhelm von Leonrod
Friderich von Reitzenstein
Reinhard von Newhausen/ꝛc.

Auff der dritten Zeil.

Hans Graffe zu Castell
HerꝛHans von Schwartenberg/Freyher
Ulrich von Rechberg/
Paulus von Abßperg/
Erckinger von Rechenberg/ } Ritter
Job von Luchnaw/
Raff von Gundelsheim/
Heinrich Stieber/
Hans Fuchs/
Alexander Marschalck zu Bappenheim
Burckhard von Stadion
Heintz von Guttenberg
Neidthard von Wolmarshausen
Andres von Heßberg
Peter von Steinberg
Dietz Förtsch zu Durnaw
Caspar von Eib
Heintz von Leineck
Georg Spedt
Philips Zobel
Wolff und Sebastian von Luchaw
Wolff von Dachenhausen
Georg von Wichsenstein
Eustachius von Thüngen
Georg Schenck von Gevern
Sigmund von Wirßperg
Wilhelm von Roseneck
Philips von Wisenthaw
Philips von Wolmarshausen
Hans von Runsing
Peter Esel
Jacob Groß
Hartung Marschalck/ꝛc.

Die bey dem Francken Fähnlin gestanden sindt.

Hans Fuchs/Ritter
Georg von Ehenheim
Friderich und Engelhard von Seinßheim
Erckinger und Georg von Seinßheim
Neidthard/Wilhelm/Philips/Georg/
Hartung Fuchs
Mauritz und Jobst von Egloffstein
Thoman Fuchs
Contz von Gumbach
Contz der jünger von Gumbach
Sixt/Wigoleß/Hans/Melchior vnnd
Balthasar von Seckendorff
Wigoleß Wolffskele
Veit von Rotenhan
Dietz vnd Michel von Ehenheim
Jacob von Hutten
Erhard von Düngfeld.

Diese hernach sind für sich selbst zum Thurnier kommen.

Ernst Graffe zu Honstein
Heinrich Freyherr zu Geraw
Ernst von Schönberg Herꝛ zu Hartelstein
Hiltprand von Thüngen/Ritter
Dieterich von Harras/Ritter
Ludwig von Hutten/Ritter
Hans von Rosenhau
Hartung Druchseß von Wetzhausen
Christoff/Wolff Druchsessen von Bommerfelden
Dietz/Wilhelm/Philips/Bernhard/
Druchsessen von Wetzhausen
Matheus von Rotenhane
Ein Zoller von Hoffing
Sigmund und Erasmus Gebsattel
Einer von Giech
Contz von Wenckheim
Heinrich von Holbach
Philips von der Kere
Abel Schenck von Spittern
Eintz von Erbenstein

Die Gesellschafft von Schwaben im Bracken und Krantz.

Conrad von Ahelsingen/Ritter
Ludwig von Rechberg
Wilhelm von Rechberg zu Daußberg
Conrad von Stein zu Steineck
Karius von Oiling
Burckhard von Aurbach
Philips von Ahelsing
Conrad Schenck von Wintersletten
Jacob von Wernaw
Hans Caspar von Bubenhofen
Burckard Sturmfeder
Hans von Liebenstein
Philips von Nippenberg
Hans von Kaltenthal.

Die löbliche Gesellschäfft im Falcken und Fisch.

Hans von Reischach/Ritter
Hans Caspar von Laubenberg/Ritter
Heintz von Zülnhard
Fritz von Anweil
Wolff von Schwangaw
Heintz von Baltzweil
Hans von Neumneck

Die Gesellschafft in der Kron.

Egloff von Rietheim
Albrecht von Sulmentingen
Sebastian Marschalck von Pappenheim

Die löbliche Gesellschafft deß Eses.

Bleicker Landtschad König
Schweigher von Sickingen
Asmus Schenck Freyherꝛ zu Erbach
Hans von Rotenstein
Martin von Sickingen

Die Gesellschafft im Wolff.

Friderich Kemmerer von Dalberg/Rit.
Johann von Löwenstein
Erhard Fetzer im Gaw
Hans Kemmerer von Dalberg
Hans von Ingelheim
Adam von Landtsperg.

Die auß dem Land zu Bäyern.

Wilhelm von Wolffstein/Ritter
Christoffel von Preissing
Christoffel von Wolffstein
Wilhelm von Reyden uch
Sigmund Ecker von Köpffing
Alexander von Wildenstein
Martin von Waldeck
Hans Judman
Veit Kammelsteiner zum Loch
Wolff Zaunrud zu Gütenack

Die Gesellschafft im Steinbock.

Hans von Breitbach/Ritter
Philips von Kronburg
Friderich von Rüdißheim
Eitelschelm von Bergen

Die verordnete Griesswärtel.

Georg vnd Michel von Rosenberg
Dietz von Thüngen
Thoman Rude von Kolnberg

Die zwischen den Seylen hielten

Friderich Kemmerer von Dalberg
Asmus von Rosenberg Ritter
Haus von Rotenstein
Hans Spedt von Espedt/Ritter
Hans von Auffseß/Ritter
Alexander von Wildenstein

Vm. Der 35. Thurnier.

In diesem 35. Thurnier/ so gehalten worden von der Ritterschafft deß Landes zu Bäyern/ Anno 1487. zu Regenspurg an der Thonaw/ sindt diese vier zu Blat getragen worden.

Wilhelm von Wolffstein/Ritter
Heintz von Zülnhard
Philips von Kronburg
Hiltprand von Thüngen/Ritter

Die Ritter und Edlen/die vom Land zu Bäyern/ so in diesem Thurnier zu theilen verordnet waren.

Wilhelm von Wolffstein/Ritter
Hans Stauffer zu Sunching/
Heinrich Nothafft auff Runting/
Christoffel von Kamer/
Adam von Thöring/alle 4. Ritter.
Hans von Bentzenaw
Hans von Barsperg
Heinrich Ebron von Wildenberg
Haus von Pauls dorff
Hans Zänger zu Erbach
Hans Judman zu Affecking
Ulrich von Kammeraw
Christoffel von Krawenberg
Georg Nothafft von Wernberg
Walther von Gümpenberg
Mauritz von Danberg.

Die Ritter und Edelknecht auf dem Land zu Schwaben/ die zum theilen verordnet waren.

¶ Im Falcken vnd Fisch.

Herman von Eptingen/Ritter

In der Krone.

Wilhelm von Stadion/Ritter
Egloff von Rietheim/Ritter
Alexander Marschalck zu Bappen.

Die Ritter und Edlen deß Lands zu Francken.

Hans Knoch von Schaumburg
Ott von Liechtenstein
Michel von Rosenberg
Heintz von Grunbach
Heintz von Guttenberg
Christoffel Druchseß von Bommersfelden
Hans von Stein zum Altenstein.

Die zwischen den Seylen halten sollen.

Christoffel von Kammerer/Ritter
Herman von Eptingen/Ritter
Christoffel Druchseß von Bommersfelden
Hans Judman von Affecking.

Die verordneten Griesswertel.

Sigmund von Leining/Ritter
Christoffel von Wolffstein
Hans von Paulsdorff
Andres von Buchberg.

Diese nachfolgende sind zu dem Durchleuchtigen Fürsten/ Hertzog Albrechten von Bäyern/ꝛc. getheilt und eynzureiten verordnet.

Ulrich Graffe der alt/und Ulrich Grafe der jung zu Monfort
Georg Graffe zu Helffenstein
Johann Graffe zu Mörß vnd Sarwerden
Bernhardin von Stauff/Herꝛ zu Erenfels
Jeronymus von Stauff/Herꝛ zu Ehretfels
Hans von Stauff/
Burckhard von Knöring/
Heinrich Nothafft/
Hans von Freundsperg/
Georg von Grünenberg/ } Ritter
Sylvester von Pfeffenhausen/
Erasmus von Seiboldsdorff/
Hans von Bientzenaw/
Alexander zu Bappenheim
Sebastian von Seiboldsdorff
Hans von Barsperg
Georg von Waldaw
Georg Nothaffe zum Wernberg
Achatz von Nußberg
Caspar Torer zu Eyrasburg
Dott von Machelreyn
Walter von Gumpenberg
Peter Reyner zum Rhenn
Hans von Bientzenaw
Jeronymus von Seiboldsdorff
Georg vod Bartzsperg
Wilhelm von Paulsdorff
Wilhelm von Reidenruch
Wilhelm von Frewdenberg
Hans von Pfeffenhausen

Ulrich

Von Teutschlandt. 1247

Ulrich von Kammeraw
Veit von Rabelstein zum Loch
Melchior Adelman von Adelmansfelden
Hans Zänger zu Erelbach
Albrecht von Murach
Georg von Pappenheim
Albrecht von Wildenstein
Degenhart von Offenstetten
Contz von Grunbach/ec.

Die hernach benannten sind von dem Landt zu Francken Hertzog Albrechten von Bäyern zugetheilt.

Heinrich Herr zu Plawen
Götz von Wilmersdorff/Ritter
Ott von Liechtenstein
Michel und Carol von Rosenberg
Heintz von Guttenberg
Johann von Wulffersdorff
Wilhelm von der Kere
Heintz von Absperg
Heinrich von Bünaw der jung
Ulrich von Zedwitz
Jacob von Rabenstein
Hans Knoch von Schaumberg
Stephan Zobel
Hans von Stein zum Altenstein
Veit von Schaumberg
Friderich von Witzleben
Heintz Durzigel für ein Götzman
Ein Stieber
Hans und Georg von Blanckenfelß
Heing Ochs
Conrad von Reidtperg.

Diese hernachfolgende seindt zu dem Durchleuchtigen Fürsten/H. Georgen von Bäyern getheilt/mit seinen Gnaden in Schrancken zu reiten/zu dem obern Thor/vom Thum hinein.

Wolff Graffe von Oetting
Johannes Graffe zu Monefort
Albrecht Herr zu Wildenfelß
Johann zum Degenberg
Hintzschy Herr zu Rabenstein.

Die Ritter.

Wilhelm von Wolffstein
Johann Ebron von Wildenberg
Adam von Thöring
Johann von Eychberg
Christoff von Leuning
Johann von Haßlang
Lucas von Acham
Caspar von Vesenberg
Conrad von Helmstatt
Bernhard von Seiboldsdorff
Egloff von Rietheim
Sebastian von der Alm.

Die Edlen.

Burckhard von Nußdorff
Johann von Frawenhofen
Johann von Bodman
Christoff von der Alm
Contz von Rietheim
Caspar von Waldenfelß
Bleicker Landschad von Steinach
Christoff von Frawenberg
Jacob Truchieß zu Waldpurg
Conrad von Auffse:
Johann von Clossen der Elter
Sebastian von Waldaw
Mauritz von Lauberg
Jobst Zänger zum Schneeberg
Georg von Breitenstein
Johann von Clossen der jünger
Heinrich Ebron zu Wildenberg
Wolffgang von Sandicell
Christoff von Preyssing
Seitz von Thöring
Seitz von Frawenberg
Sigmund von Paulsdorff
Sigmund von Rorbach
Johann Lemenbeck

Wolff Weichser zu Weichs
Christoffel Zänger
Christoffel zum Wolffstein
Sigmund Thugner
Heinrich von Leberkirch
Johann veh Luchaw
Georg von Tauffkirchen
Hieronymus von Rottaw zu Madaw
Leonhard von Korberg
Diebold von Haßberg
Appel vom Stein zum Altenstein
Karius von Otting
Lorentz von Westerstetten
Heintz von Welward
Friderich Mautner
Carol von Wisenaw
Georg Weisbeck
Contz vom Ende
Johann von Reichenaw
Stephan von Luchaw
Christoff von Weichs
Caspar Schenck zum Schenckenstein
Clemens Trauner
Sigmund von Apffenthal
Georg von Hohenheim
Sigmund Ecker von Köpffing
Wolff Zaunräd zu Gutteneck.

Diese 6. Ritter hernach benannt sind vom Land zu Schwaben zu seiner Gnaden getheilt.

Wilhelm von Stadion
Ulrich von Schanderberg
Lutold von Bernfelß
Johann von Reischach
Ludwig von Reinach
Werner Nothafft

An Der 36. Thurnier.

In diesem 36. und letzten Thurnier/so gehalten worden von der Ritterschafft vom Rheinstrom Anno Christi 1487. zu Wormbs am Rhein/und wurden diese vier Ritter zu Blatt getragen.

Ludwig von Reinbach
Christoff von Kamer
Friderich von Dalberg
Otto von Liechtenstein.

Diesen Thurnier haben alle Fürsten/Grafen/Herrn/Ritter und die vom Adel/eigner Person besucht/und sind selbst geritten.

Philips Pfaltzgraff bey Rhein/und Hertzog in Bäyern
Hertzog Caspar in Bäyern/und Graf zu Veldentz
Johann Landgraff zu Leuchtenberg
Krafft Graf zu Hohenloe
Johann Rheingraffe
Wolff Graf zu Fürstenberg
Bernhard Graf zu Eberstein
Friderich Schenck von Limpurg/Freyherr
Wolff Herr zu Frawenberg
Wolff Herr zu Barsberg

Die Gesellschafft im Wolff haben den Thurnier gehabt.

Friderich Herr zu Dalberg/König
Graf Wecker von Bitsch
Johann von Landiperg
Jacob von Rotzenhausen
Philips von Dalberg
Johann von Flersheim
Jacob und Friderich von Fleckenstein
Ulrich von Thann
Jacob Kranich
Prenner von Lebenstein
Johann von Ingelheim
Eberhard Ketzer von Geyspitz
Eberhard Brendel von Hohenberg
Philips von Leyen
Carlen von Ingelheim
Hans von Liebenstein
Johann von Dalberg
Niclaus von Fleckenstein

Friderich Kranich
Heinrich Bäyer von Boppart
Paulus Boß von Waldeck
Adam Zorn
Dieterich von Dalberg
Hans Wolff von Spanheim.

Die Gesellschafft deß Esels.

Schweicker von Sickingen
Aßmus Schenck Freyherr von Erbach
Herr Götz von Adelsheim Hofmeister
Herr Georg von Venningen
Hans und Eckinger von Radenstein
Reinhard/Erhard/Joh. von Helmstatt
Georg Göler von Rauenspurg
Schweicker von Schaumberg
Conrad von Sickingen
Karius und Johans von Venningen
Hans von Herschorn
Conrad von Franckenstein
Bleicker von Gemningen

Beysteller.

Albrecht von Ernberg
Dietrich von Neideperg
Thoman Roder
Adam und Jacob von Landtsperg
Hans von Helmstatt
Heinrich und Dieterich von Hendschuchsheim
Herr Jacob Deger von Geyspitzen
Wolff von Schaumberg
Michel von Rosenberg
Eitelschelm von Bergen
Heintz Rud von Kolnberg

Die Gesellschafft im Winde.

Egmond von Palland
Johann von Eltz.

Die Gesellschafft im Steinbock.

Graffe Otto von Solms
Graffe Reinhard von Weserburg
Graffe Bernhard und Graffe Philips von Solms
Herr Hans von Kronberg
Berthold von Blettenberg Hofmeister
Herr Philips von Bicken
Herr Friderich von Thorfeld
Herr Philips von Wolffskele
Balter Kam von Nesselrode
Hans von Voem
Herr Hans von Waldeck
Dinterich von Staffel
Gotthard von Kleen
Cun von Nesselrodt
Johann und Philips von Kronberg
Conrad von der Horst
Engelbrecht von Stein
Heinrich und Johann Greiffenelae von Vokradis
Bleicker Landtschad der jünger
Caspar von Mielen
Franck von Liebenstein
Adam von Altendorff
Dieterich Kneisel
Johann von Helffenstein
Marsil. und Emerich von Reiffenberg
Zenjoff von Rosenberg
Johann von Breittenstein
Conrad Schenck von Weinsperg
Philips Rud von Kolnberg

Auß dem Land zu Bäyern.

Jobst Zänger
Georg von Barsperg.

Auß dem Land zu Schwaben die Gesellschafft im Fisch und Falcken.

Herr Burckhard Bäyer von Geyspitzen
Contz von Humstatt
Valentin von Wettingen
Reinhard und Johann von Neuneck
Dieterich Hummel von Stauffenberg

Die Gesellschafft im Leydhund am Krantz.

Herr Ulrich und Georg von Rechberg
Wilhelm und Hans von Welwart
Diebold Spedt
Peter von Liebenstein
Burckhard Sturmfeder

XXX iij

Das fünffte Buch

Bernhard von Nippenburg
Wilhelm von Sachsenheim
Hans von Kaltenthal
Hans Caspar von Bubenhofen
Philips von Ehingen.

Auß dem Land zu Francken die Gesellschafft im Bären.

Neidhard vnd Philips von Wolmarßhausen
Marx vnd Bernhard von Berlachingen
Herr Apel von Seckendorff
Carlin von Grunbach
Herr Ludwig vnd Jacob von Hutten
Asmus von Ehenheim
Melchior Sutzel von Mergentheim
Georg vnd Herr Niclaus von Scherlingen
Ludwig von Elrichshausen
Erckinger von Seinßheim
Michel Groß von Dorckaw.

Die löbliche Gesellschafft im Einhorn.

Ott von Liechtenstein
Dietz von Thüngen
Veis von Schaumburg
Thoman Rud
Leonhard von Wenckheim
Wendel von Riedern
Contz vnd Leonhard von Rosenberg
Hans Wolff von Absperg
Stachius von Thüngen
Andreas Voyt von Reineck
Stephan Zobel
Philips von Stein
Philips Schwegerer
Peter Echter
Wilhelm von der Kere

Sigmund Gebsattel
Johann Jud von Stein
Balthasar Stieber

Welche von der Ritterschafft auß den vier Landen zum theil gegeben wurden.

¶ *Vom Rheinstrom.*
Die löbliche Gesellschafft im Wolff.
Friderich Kämmerer von Dalberg/Ritt. König der Gesellschaffe.
Georg von Ratzunhauß/Ritter.
Hans von Landsperg/Ritter.
Rudolph Bäyer von Bopparten
Philips Kemmerer von Dalberg
Pauls Groß von Waldeck
Johann von Flersheim.
Die löbliche Gesellschafft des Steinbocks.
Johann von Kronberg/Ritter
Berchthold von Blettenberg
Philips Wolffkele
Philips Rud von Kolnberg
Die löbliche Gesellschafft des Esels.
Schweickard von Sicking König
Götz von Altzheim/Ritter.
Die löbliche Gesellschafft des Windt.
Egmund von Palland
Johann von Etz
Die auß den Fürstenthumb von Bäyern.
Herr Wolff von Fronberg Freyherr zum Hage
Wolff von Barsperg/Ritter
Jobst Zanger von Schneeberg.

Ende der xxxvj. Thurnier.

Die von den Fürstenthumben deß Lands Schwaben.
Von der Gesellschafft im Falcken vnd Fisch.
Burchhard Beger von Geyspitzen/Rit.
Johann von Wuneck.
Die von der Gesellschafft des Pracken am Krantz.
Ulrich von Rechberg/Ritter.
Diebold Spedt
Georg von Rechberg,
Die von dem Land zu Francken
Die von der Gesellschafft deß Bären.
Appel von Seckendorff/Ritter.
Erckinger von Seinßheim
Neidhard vnd Philips von Wolmarshausen
Erasmus von Ehenheim
Die von der Gesellschafft deß Einhorns.
Ott von Liechtenstein
Michel von Rosenberg
Dietz von Thüngen
Veis von Schaumburg
Thoman Rüd von Kolnberg
Die verordneten zwischen den Seylen.
Diebold Spedt
Wolff von Barsperg/Ritter.
Egmund von Palland
Neidhard von Wolmarshausen.
Die vier Griesswertel
Georg Theuß von Ratzumshauß/Rit
Rudolph von Bopparten
Pauls Voß zu Waldeck
Philips Herr von Saulheim.

Hamburg. Cap. ccccvj.

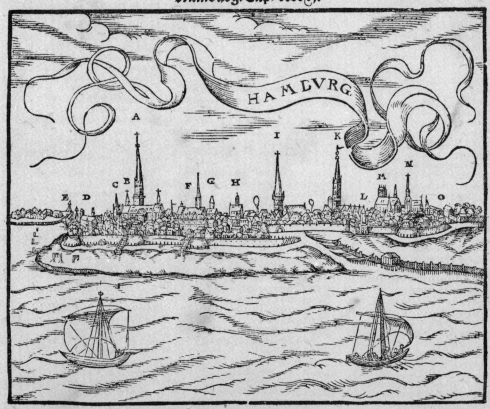

Erklärung etlicher Oerter.

A S. Niclaus
B Zum H. Geist
C Müller Thor
D Die Schartirch
E Die Nider Bruck
F S. Maria Magdal.
G S. Catharina
H S. Johann
I Thumbtirch
K S. Peter
L Der Winser Thor oder Porten
M S. Jacob
N S. Gertrud
O Das Stein Thor.

Albertus

Albertus Krantz ein fleissiger Beschreiber der Sächsischen Geschichten/ meynt/ das Hamburg seinen Namen empfangen hab von Hama einem trefflichen Kempffer. Dann als vor zeiten die Sachsen ein ewigen Zanck vnd Krieg mit den Denmärckern hatten/ ist solcher Vnfreid zu letst heim gestellt worden von beyden Partheyn zweyen trefflichen starcken Helden. Die Denmärcker hetten auff jhrer seiten Starcaterum/ der ein vngehewr grosser Mann war: aber die Sachsen stellten jhm entgegen Haman ein gewaltigen Fechter/ vnd damit er jhnen Ehr eynlege

vnd Mannlich were/ verhiessen sie jm so viel Gold als groß er war. Demnach kamen sie auff das Feld/ da sie mit einander solten fechten/ Starcaterus vertröstet sich auf sein Stercke/ gieng mit einem vnerschrocknem Hertzen gegen seinem Feindt/ gab jhm ein Streich mit der Faust daß er zu boden fiele. Aber Haman richtet sich bald wider vff/ lieff zu seinem Schwerdt/ vnd wolt damit seinen Feindt zu Boden schlagen/ da er mit ringen nichts schaffen mochte/ wie dann auch geschahe. Dann er führt ein gewaltigen streich auff Starcaterum/ fehlet seiner auch nicht/ sonder zerspielt jhm sein Haupt/ vnnd bracht jhn vmbs Leben. Diß Geschicht soll der Statt Hamburg diesen Nammen verlassen haben dann sie nachmals von Hamma Hamburg ist genennt worden.

Es hat Keys. Carle der Groß zum ersten ein Ertzbischoff dahin verordnet Heridagum. Darnach hat König Ludwig ein Münch auß dem Corbier Closter genommen/ vnd jhn zum Ertzbischoff gemacht/ jhm vnderworfen alle Mitnächtige Länder/ auch die Wandalen/ Denmärcker vnd Schwedier. Darumb auch Angarius zoge in Dennmarck/ vnd macht König Erichen zu einem Christen/ richtet auff bey einer Porten des Meers bey dem See Slia zu Schleßwig ein Kirch/ starb Anno achthundert/ fünff vnd neuntzig/ vnd als die Deumärcker wider zum Vnglauben fielen/ hat Keyser Ott der erst sie wider gebracht zum rechten Glauben/ wiewol sie auch nicht darbey behertzeten/ biß König Zweno den Tauff empfieng/ vnd Keyser Ott jhn daraus hub/ vnder mit viel Trübsal angefochten/ zu letst volkommenlich sich bekehrt/ vnd den abgeworffnen Glauben mit Hertzen annam. Es ist Hamburg die Hauptstatt vnder den Dietmasen/ Holsatzer vnd Stormärcker. Zu den zeiten Keyser Heinrichs deß dritten hat der Bischoff zu Hamburg die Statt mit einer Mawren vmbfangen/ vnd darein gesetzt drey Porten vnd zwölff Thürn. Es haben die Wandalen dieser Statt gar viel zu leid gethan/ darumb auch Bischoff Alebrandus die Kirch mit Quadersteinen auffführen/ auch andere Häuser bawen ließ/ vnd da fand man im Fundament viel alts Gebews/ vnd also ist die Statt nach vnd nach gebessert/ gestercket vnd erweitert worden/ vnd drey nambhaftiger Gebew darinn auffgericht/ nemblich die Thumbkirch/ deß Bischoffs Hof/ vnd der Hertzogen Richthauß. Es kam auch da ein Bischoff hernach/ der ließ die Stattmawr so seine Vorfahren angefangen hatten/ wider abbrechen/ vnd die Stein brauchen zum Thumbstifft/ den wolt er gemacht haben wie der zu Cöln ist: aber nach dem viel Widerwertigkeit zu fiel/ blieb das angefangen Werck vnaußgemacht. Anno tausent vnd sechstzig/ hat Albertus der Ertzbischof zu Hamburg vom Reich erlangt den höchsten Hofgewalt. Aber da jhm andere Bischöff auffsetzig wurden/ ward er vertrieben vnd Hertzog Magnus verfolgt jhn/ vnd kam dahin/ dz die Wandalen zu Meckelburg erschlug alle Christen/ vnd fiel darnach in Hamburg/ vnd verwüsteten daselbig Bißthumb vnd daß Schloß mit Fewr vnd dem Schwerd. Desgleichen thete sie zu Schleßwig. Sie rottete sich alle zu sammen/ fiele widerumb in den Vnglauben vnd welcher im Christlichen Glauben bleiben wolt/ den schlugen sie zu todt. Diß ist geschehen Anno Christi tausent/ sechs vñ sechstzig/ vnd diß ist die dritte Verleugnung gewesen der Wandalen/ die Keyser Carlen/ vñ nach jhm Keyser Ott/ vñ zum dritten jhr Fürst Gotschalcus/ den sie auch vm deß Glaubens willen erschlug/ sie zu Christo bekehrt hat. Zu derselbigen zeit hat der Ertzbischof zu Hamburg vnder jm die Bischofliche Kirch zu Bremen gehabt. aber es ist mit der zeit dahin kommen/ dz die Tochter vber die Mutter kommen ist/ vnd hat Bremen an sich gezogen das Ertzbißthumb/ darumb auch ein ewiger Zanck ist erwachsen zwischen diesen zweyen Kirchen.

Hamburg ein Ertzbisthumb.

Bremen. Cap. ccccvij:

Nicht weit von Ost Frießlandt ist Bremen die Bischoffliche vnd schöne Statt an dem Fluß Weser gelegen/ auß welchem das Wasser wunderbarlicher weiß mit einem grossen Rad vnder der Erden in Canalen mit grossem Nutz zur Statt geleitet wirt. Es grentzt diese Statt gegen

Das fünfft Buch

gegen Morgen mit dem Hertzogthumb Lünenburg/ vnd dem Bistumb Verden: Gegen Abend mit den Graffen von Oldenburg: gegen Mitnacht mit dem Bischoff von Bremen: gegen Mittag mit der Graffschafft Hoyen/ auff welcher Gegne auch die Weser vor die Statt fleust. Die Nahrung dieser Statt bestehet gantz in der Kauffmanschafft/ mit Wollen/ Tüchern/ Fischen vnd dergleichen Sachen/ dann da wächst weder Wein noch Korn/ hat aber doch schöne Weyden für das Viehe/ darauß die Statt auch jhren Nutzen zeucht.

Es ist in der Statt vnder andern denckwürdigen Sachen wol zu sehen die mächtige alte steinene Statua bey dem Rahthauß/ der Rolandt genannt/ Rolando/ Keyser Caroli deß Grossen Schwester Sohn/ so wider die alten Sachsen gestritten/ zu Ehren auffgericht.

Sonsten die Gestallt der Statt betreffendt ist dieselbige langlecht der Weser nach gebawen/ ist mit Wassergräben/ Wählen vnd Pasteyen genugsam versehen/ hat 12. Porten 6. Hauptporten vnd so viel kleine.

Jenseit der Weser gegen der Statt vber ligt eine rechte Veste die Braut genannt/ darzu von der Statt ein Brucke gehet. An dieser seiten ist albereit ein guter Anfang gemacht worden zu einer newen Statt/ so jhres vmbkreyß halber nicht viel geringer werden soll als die Alte. Der Platz solle mit einer rechten Fortification vmbgeben werden/ darein sich viel Niderländische Kauffleut/ auff vorgeschriebene Maaß von der Statt zu bawen erbotten/ darinn jhr Handlungen vnder der Obrigkeit Schutz zu treiben.

Es ist auch in dieser Statt/ so von Ptolomæo Phabiranum/ dannenhero auch vielleicht Bremen der Namen herkommen/ genannt/ ein Ertzbistumb vber alle Mitnächtige Provintzen gewesen.

Halberstatt. Cap. ccccxiii.

Durch diese Statt laufft ein Wasser mit Nammen Oltemia/ vnnd erhebt sich in jhrer mitte ein Bühel/ der hat auff der Höhe ein grosse weite/ vnd streckt sich sein lenge auff zwen Stadien oder Roßlauff. Es ligen auch darauff an zweyen örtern zwo Kirchen/ vnnd ist eine der Thumbstifft: aber in der mitte ist ein grosser Hof/ gerings vmb mit herlichen Thumbherren Häusern besetzt. Was auff dem Berg ligt/ nennt man die Statt/ vnd was darunder/ die Vorstatt. Es wohnet da kein Ley auff dem Berg. Carolus Magnus soll diß Bistumb gestifft haben. Man schreibt daß vm diese Statt sey ein außerwehlter Boden zu der Frucht tragung. Vnd wann die Frucht zeitig wirt/ richten sich die Acher so hoch auff/ daß sie einem Reuter auff den Kopff reichen. Es ist Meydenburg vorzeiten vnder diesem Bistumb gewesen: aber Keyser Ott der erst richtet zu Meydenburg auff ein Ertzbistumb/ vnd ward Halberstatt etwas gemindert. Doch ist anfänglichen das Halberstattisch Bistumb durch Keyser Carlen zu Salingstede auffgerichtet worden/ so man Osterwick nennt/ vnd darnach gen Halberstatt verruckt.

Die Bischöff daselbst.

Hildegrin	Burckhard Graf zu Bäyern	Friderich	Ernst Graff zu Honstein
Lutgrin	Wernhard Bruck	Leutolff/ Graff zu Staden	Rudolph von Anhalt
Hennio	Dietmar	Meyner von Kranßfeld	Heinrich Graff von Wertberg
Hildegrin	Herand	Catolff Graff zu Staden	Albrecht Graff von Weringrode
Evilpus	Reinhard	Bolrad Kranßfelder	
Sigmund	Otto	German Graff zu Blanckenburg	Johann von Heym
Bernhard/ Burggraff zu Meydenburg	Rudolph	Albrecht Graff zu Anolt	Ernst Hertzog zu Sachsen
Hildemard	Ulrich	Albrecht Hertzog zu Braunschwig	Albrecht Marggraffe zu Brandenburg
Arnold	Dittrich	Ludwig Landtgraffe in Thüringen	Sigmund Marggraf zu Brandenburg
Brandagen	Barthold Conrad	Albrecht Riomeredorff	

Mynden. Cap. ccccxiv.

ES weist auß die Sächsische Chronick/ daß Widekindus der erst Christlich Fürst in Sachsen/ hab Keyser Carlen zu gelassen/ bey jhm in seinem Schloß an der Weser gelegen/ ein Bischofflichen Sitz zumachen/ dann sie mochten beyde weite gnug darinn haben/ vnd sprach Widekindus zum Bischoffe also: Es soll auch mein gut Schloß Visingen so an der Weser gelegen/ mein vnnd dein seyn zu gleichem Recht/ daher es nachmal in der Sächsischen Sprach ist Myndyn genennet worden: aber mit der zeit ist auß Myndyn worden Mynden/ vnnd d is y verwandlet worden in e. Es ist auch da innerhalb der Mawren auffgericht worden ein Kirchen/ wie man noch an dem alten Gemäwr sehen mag.

Nach diesem verordnet König Widekindus einen Pfalz bey dem Schloß die Thumbkirchen zu bawen/ vnd richtet ein namhafftig Bistumb auff/ vnd nennet es von seiner ersten antwort her Myn-

Von Teutschlandt.

Myndyn daselbst soll Herimbert zum ersten Bischoff geordnet worden seyn/ welcher alles wol angeordnet/ vnd durch sein heilig Leben andern ein gut Exempel geben.

Nun folgen die Bischoff so viel zu finden in jhrer Ordnung.

1 Herimbertus der Erst/ ein Sachs/ sol gelebt haben als man zahlt 790
2 Hathardus der ander
3 Dieterich/ vnder diesem verhergten die Nortmannen Sachsen/ vnd ist der Bischof auch erschlagé worden
4 Wulffarius ein Sachs
5 Drogo
6 Adelbertus. Dieser hat viel von den Vngern erlitten
7 Bernhardus hat gelebt vnter Ottone I.
8 Ludarius
9 Evergisio
10 Heinwardus. Er hat seine Kirch geweyhet/ da man zehlt 952
11 Ludwardus 958. dieser empfieng von Keyser Otten die Fürstlichen Gezierden
12 Milo starb vnder Keyser Otten dem dritten 999
13.14.15 N.N. drey sind nicht zu finden
16 Bruno regiert 18. jahr
17 Engelbertus ein Bäyer 25. jahr/ starb 1080
18 Reinwartus 9. jahr
19 Folmarus ein Thumbherr von Hildesheim
20.21 N N zweyer Namen sind vnbekannt
22 Vitelo/ starb 1120
23 Sigwartus 21 jahr
24 Heinrich 12. jahr/ starb Anno 1156
25 Wernherus 17. jahr/ starb 1167
26 Anno Graf zu Blanckenbörg 14. jahr/ starb 1185
27 Diethmarus regiert vnder Keys. Heinrichen dem Sechsten
28 N. N. ist sein Namen vnbekandt
29 Conradus von Nepholt vnder jhm kamen die Prediger München gen Münden
30 Wilhelmus
31 Johannes 10. starb Anno 1252
32 Widekindus Graff zu Hoya 8. jahr/ starb 1261
33 Otto oder Cono 5. jahr starb 1265
34 Volquin/ Anno 1282
35 Conradus der ander 13. jahr/ starb 1295
36 Ludolphus von Storpe An. 1314
37 Gotfrid von Waldeck
38 Ludwig Hertzog zu Braunschweig vnd Lüneburg/ regiert 26 jahr/ starb Anno 1346
39 Gerhardus von Schawenburg 7. jahr/ vnder jm war ein grosse Pestilentz ins Teutschland
40 Dieterich 3.
41 Gerardus 2, ein Graff von Schawenburg
42 Otto 2. von Wettin/ starb 1368
43 Wittekindus von Berg 16. jahr/ starb 1384
44 Otto 3. von Minda
45 Marquard von Kendegbelm ein Schwab 1398. Er ward hernach Bischoff zu Costentz
46 Wittekindus von Bucke
47 Otto von Rechberg 1410
48 Williprand
49 Albrecht Graf von Hoya
50 Heinrich Graff zu Schawenburg 1490
51 Francisc. Hertzog von Braunschweig 1510
52 Georg Hertzog zu Braunschweig/ welcher auch die Bisthumb zu Bremen vnnd Werden verwaltet/ vnnd im 1566. jahr seine Legaten vff den Reichstag gen Augspurg gesendet/ etc.

Wie die Wandalen in Sachsen wider die Christen gewütet haben.
Cap. CCCCXV.

Andalen so man jetzt Wenden nennt/ haben vor zeiten gewohnet bey dem Mitnächtigen Meere/ vnnd sind gantz mechtig gewesen: aber nachmals sind sie von den Sachsen gedempt worden/ vnd zu einem guten theil hindersich vom Meere getriben/ vnd vast gemindert/ wie sie dann noch ein Ländlein innhaben/ vnd die Wenden genannt werden. Da sie aber noch in jrem Gewalt vnd in jhren Stetten waren/ haben sie grewlich gewütet wider den Christlichen Nammen/ vnnd mochten von jhrem Vnglauben nicht getrungen werden/ biß sie der König von Dennmarck zu Wasser/ vnd die Fürsten von Pomern/ die auch Wandalen waren gewesen/ vnd die Sächsischen Fürsten zu Landt angriffen vnd zwungen sie mit gewalt zum Christlichen Glauben. Es bemühet sich gar sehr mit jhnen der Groß Keyser Ott/ vnnd bracht die Sach auff ein guten Weg: aber alß sein Enckel starb/ vnd viel Vnrahts allenthalben auffstund/ fielen die Wandalen auch widerumb vom Glauben. Da sieng man widerumb ein Krieg an/ zu Landt vnd Wasser aber es war vergebens/ biß König Waldemarus von Denmarck der erst/ vnd Hertzog Heinrich der Löw/ sie anfieng zu plagen/ die brachten sie widerumb zum Glauben. Sie theten in jhrem Vnglauben den Christen gar viel zu leid. Dann sie fielen in Hamburg vnd kehrten sie vmb/ zerbrachen die Kirchen/ vnd zerstrewten die Christgläubigen. Die erste Zerstörung geschahe vnder dem Grossen Keyser Carlen von den Wilsern/ die auch Wandalen waren: die andere von den Nortmännern/ zu den zeiten des Bischoffs Ansgarij: die dritte von den Dennmärckern/ die Sachsenlandt verderbten. Darnach alß die Vngern de Landt zu Sachsen viel Krieg zufügten/ vnd dem gantzen Teutsch Land auffsetzig waren/ fielen die Wandalen auch vnder die Christen/ verhergten An. Christi 933. die Statt Hamburg. Zum fünfften ward Hamburg Anno Christi 1000. alß Keyser Ott der dritt starb/ aber einmal von den Wandalen zerbrochen/ alß sie nicht mehr der Sachsen gefangne Leut seyn/ vnd jhnen Tribut geben wolten. Es wurden auch zu Aldenburg bey sechzig Priester von den Wandalen jämerlich gemetzget: aber die andern Christen wurden sunst mit vielen Töden vmb jhr Leben gebracht: die leiste Verfolgung so die Wandalen den Christen haben gethan/ ist geschehen Anno tausent/ sechs vnnd sechzig vnder Keyser Heinrichen dem vierdten/ da ward daß Schloß zu Hamburg/ so wider die Wandalen gebawen/ im Grund abgebrochen/ vnd den Christen viel leids zugefügt.

Man hett manchmal mit den Wandalen gehandelt/ daß man sie zum Christlichen Glauben brecht: aber die schwere Schatzung so die Sachsen jnen aufflegten/ machten sie so gar widerspennig/ daß sie einen gantzen Haß gefaßt hetten wider den Christlichen Glauben/ vnnd meynten sie wolten geringer sterben/ dann vnder den Sachsen gehorsam seyn. Dann die Sachsen suchten mehr

Tribut vnd Schatzung bey diesen vngläubigen Leuten/ dann die Ehr Christi vnd deß Volcks Heyl. Darumb pflegten die Wandalen zu sagen: Der Christen Fürsten sind also rauch vber vns/ das vns leichter were zu sterben/ dan zu leben/ vnd ein solche harte Dienstbarkeit zu tragen. Man schindt vnd schabt vns biß auff die Bein/ wie mögen wir dann den newen Glauben annemmen/ die wir täglich mit newen Bürden beschwert werden.

Wittenberg in Obern Sachsen. Cap. cccc xvj.

Lutheri Bildtnuß droben lib. 5. c. 19.

Wittenberg ist zu vnsern zeiten der Hertzogen von Sachsen Haußhaltung vnnd Hauptfläck der Chur gewesen/ vnd den Namen von Witikindo dem ersten Christlichen Fürsten empfangen/ wie etliche meynen. Hertzog Friderich Churfürst hat vor etlich jahren in diesem Flecken auffgericht ein Hohe Schul/ die mit der zeit aller Welt bekannt ist worden. Es haben in dieser Schul die Doctores angefangen zu scherffen ire Vernunfft in der Heyligen Geschrifft/ haben verworffen Menschliche Satzung/ vnd die Biblisch Geschrifft zu handen genommen/ darvon geprediget vñ geschrieben aber es ist darauß ein grosse Auffruhr erwachsen zwischen jnen vnd denen so nicht jrer Religion anhangen. Der Mißbrauch etlicher Bäpsten vnd Bischöffen haben mercklich Vrsach geben zu dieser Auffruhr. Martinus Luther ein Doctor H. Geschrifft ist der erst Anfänger gewesen dieser Reformirten Religion/ vñ hat auch viel auff sein Meynung gebracht/ Gelehrte vnd Vngelehrte/ Fürsten vñ König Bischöffe/ Priester vnd München. Aber die andern/ der viel mehr sind/ halten vber jhren Satzungen vnd herbrächten Gewonheiten gantz starck/ dardurch Zweytracht entstanden/ viel Blut vergossen/ vnd viel Bücher geschrieben zu beyden seiten.

Es ist dieser Lutherus im jar Christi 1483. den 10. Novemb. zu Eißleben vñ Mittag zu 11. vhren geboren/ vnd auch widerumb daselbst Anno 1546. am 18. Febr. seliglich gestorben/ vnd folget gleich auff seinen Todt ein grosse enderung der Religion: dann es ward im jhar 1547. das Concilium zu Trient versamlet/ vnd im 1548. jar zu Augspurg auff den Reichstag ein newe Reformation in der Religion angerichtet/ so man das Interim geheissen. Es ward auch in diesen Trippel vnnd Krieg Johann Friderich Churfürst von Sachsen von Key. May. Kriegsvolck an der Elb gefangen/ Wittenberg vnd andere Stett eyngenommen/ der Hertzog seiner Chur beraubt/ vnd Hertzog Moritzen vbergeben.

Von

Von Teutschlandt.

Von einem grossen Krieg der vor zeiten in Sachsen gewesen.
Cap. ccccrvij.

Anno Christi 1073. haben die Fürsten von Sachsen/Thüringen vnd Meyssen/ sich gesetzt wider Keyser Heinrichen den vierdten/vnd zusammen gelesen meh dann 60000. Mann/vnd vnderstanden von ihnen zu werffen das Joch des bösen Regiments/so der Keyser in Teutschlandt führet. Vnd zum ersten baten sie ihn durch etliche Legaten oder Botten/daß er die Schlösser widerumb ließ zerbrechen/so er hin vnd her auffgerichtet vnd gebawen auff die Berg vnd Bühel. Vnd daß er widerumb genug thet vnd erstattet den Fürsten von Sachsen alles das so er ihnen entzogen hatt/ohn fleissige ersuchung. Item/daß er sich zu zeiten auß Sachsenlandt machte/in dem er von Kindswesen auff läge zu faulen vnd müssig zu gehen/vnd besichtigen auch andere Länder des Reichs/vnd ihnen nicht immerdar auff dem Halß lege. Item/daß er die heyllosen vnd schnöden Menschen/deren Rhäten er volget/von dem Hoff thet/vnd des Reichs Händel den Fürsten befehle außzurichten/denen es gebürt. Item/daß er das Frawen vnd Kebsweiberzimmer von ihm thet/vnd die Königin sein Ehegemahel liebet/vnd hielt sie als ein Ehefraw. Item/daß er sich entschlüg der Lastern/mit denen er in seiner Jugendt die königliche Würdigkeit befleckt hatt/besonder so er jetzund eines volkommenen Alters were/vnd Witz genug hette. Vnd zuletst baten sie ihn durch Gott/daß er sich gar verwilliget denen die Rechten begerten/vnd auff das erboten sie sich mit bereitem Gemüt zu dienen/doch als sich ihnen gebürt/die in einem Reich geboren weren. Wolt aber er sie mit Waaffen bezwingen/so solt er wissen/daß sie auch nicht ohn Waaffen weren: vnd ob sie schon ihm Trew geschworen hetten Ritterschafft zu leisten/so were doch das nicht geschehen: Dann so er zu besserung vnd nicht zu zerstörung der Kirchen ihren Dienst brauchte/vnd nach gewonheit seiner Vorfahren regierte/auch die Keyserlichen Gesätz recht vnd auffrechtlichen hielte.

Mißhandlung Keysers Heinrichen des vierdten.

Da die Bottschafft für den Keyser kam/ward er sehr ergrimmet/vnd gab dem Botten verdächtliche antwort/vnd schickt sie also hinweg/daß sie nicht wußten woran sie waren. Vnd als die Botten solches ihren Herren ansagten/seind sie hefftig erzürnet worden/vnd richteten sich zu den Waaffen/vnd zogen den nechsten auff Goßlar/da der Keyser pflegte zu wohnen. Aber er entran ihnen/vnd nam mit ihme die Kleynodter des Reichs / vnd ein theil des Schätz/so viel er mocht. Vnd nach vielen verlauffenen Sachen versamlet er alle Fürsten des Reichs/vnd brachs ein grossen Zeug zusammen/vnd wolt rechen die Schmach die ihm widerfahren war/vnd vngewahrneter sachen vberfiel er das Heer der Sachsen/vnd schlug ihr viel tausend zu todt/dann sie waren gantz vnbereit vnd vngerüstet/darumb flohen sie hin vnd her/vnd eylet ihnen des Keysers Heer nach auff zwo oder drey meil/vnd erschlug sie an allen orten/daß man viel hauffen der todten Cörper hin vnd her fand. Es erhub sich auch allenthalben von der Pferden gerenn ein grosser Staub/daß einer den andern nicht erkennen mocht/vn also schlug offt einer seinen Freund zu todt für seinen Feind. Doch kamen die Fürsten vnd Edlen von Sachsen gar nahe alle darvon: dann sie hatten genge Pferd/vnd mochten leichtlich entrinnen. Aber was zu fuß gieng in ihrem Läger/die schlug man nicht anderst zu todt/dan als metzget man das Viehe. Sie hetten ihnen fürgenommen das gantz Sachsenland außzutilgen/wo sie es hetten vermöcht. Aber es kamen auff des Keysers seiten auch viel vmb/Grafen vnd Edlen/vnd darumb eroberten sie den Sieg nicht ohn grossen verlurst.

Westphalen. Cap. ccccrviij.

Vor zeiten hat Westphalen Sachsen geheissen/ wie vorhin gesagt ist: aber nach dem sie mit den Longobarden in Italiam zogen/vnd zu letst wider herauß zu ihrem Heymat kehrten/wurden sie Westwalen genennet/wie die gemeine sag ist/vnd baweten mitten in ihrem Land ein newe Statt/ vnd nenneten sie Mediolanum: das ist/Meyland/nach dem Italiänischen Meyland/da jetzund das Bisthumb Münster ist/das geschahe Anno Christi 584. Diß Land stoßt gegen Orient an das Sachsenlandt: aber gegen Occident endet sich an dem Rhein: gegen Mittag hat es das Hessenlandt: vn gegen Mitnacht zum theil das Frießlandt vnd auch das Meer. Es seind vier

BBBB Bisthumb

Bisthumb darinnen/nemlich zu Münster/Osnabrug/Padelborn vnd Mynden/vnd die hat der Groß Keyser Carle gestifftet/besonder in Osnabrug vnd Münster/das vorhin Mymidgrod geheissen hat. Es seind etwan zwey Hertzogthumb darinn gewesen/eins zu Westphalen/das ander zu Engern/vnd sonst viel Graffschafften. Osnabrug ligt in Engern in einem lustigen Thal/das die Haß heißt. Die Land haben vorzeiten Julius vnd darnach Drusus Keysers Octavij Stieffsohn mit vielen Kriegen den Römern vnderworffen. Es ist vast ein wäldig Land/vnd darumb geschickt zum Vieh: Insonderheit hat es viel Eychwäld/darinnen die Schwein gemestet werden/die werden so feißt/daß man deren findt/die eine spannen dick Speck haben. Die Schuncken von den Schweinen seind sonderlichen verrhümbt/die werden in grosser menge geräuchert/vnd durch gantz Europam verführt/zur Frucht tragen ist diß Land nicht erwöhlt. Es hat viel lustiger Brunnen vnd fliessende Wasser. Das Volck darinn ist gerad vnd starck von Leib/vnd eines kecken oder vnerschrockenen Gemüts.

Osnabrug.

Vmb Söst vnd Dertmond ist es zimblich fruchtbar/deßgleichen vmb Padelborn: Man findt auch viel Metall darinn/vnd gute Stein zu den Bildern vnd grossen Gebäwen: Item Mülstein vnd Schleiffstein/vnd andere dergleichen. Sonsten ist von disem Land ein gemein Sprichtwort/das man pflegt zu sagen:

Hospitium vile,   Kranck Brodt/dünn Bier/lange Müle.
Sunt in VVestphalia,   Qui non vult credere loop da.

Doch disem zuwider/ist vnder anderm Bier in Sachsen so einen Namen haben das Paderbornische nicht das geringste.

Wie der Groß Keyser Carle diß Land/mit sampt dem gantzen Sachsenland/zum Christlichen Glauben bezwungen/ist hievornen gemeldet worden/nemlich daß es mit grosser noth zugangen ist. Dann sie kehrten sich an keinen Eyd/so sie etwan dem Keyser gethan hatten/fielen bald von dem Glauben/vnd das zum offtern mal/daß auch der Keyser gezwungen ward heimliche Richter in das Landt zu setzen/denen er Gewalt gab/wo sie einen funden der seinen geschwornen Eyd/des Glaubens halb/gebrochen/oder sonst Todtwürdig Laster begangen hett/den möchten sie/alßbald

Westphalen kümmerlich zum Glauben bezwungen.

sie ihn betretten köndten/nach ihrem gefallen töden/ohn fürgehende Citation/ohne klag/verhörung vnd entschuldigung/vnd darüber setzt er dapffere vnd gerechte Männer/die sich jhres Gewalts nicht mißbrauchen würden gegen den vnschuldigen. Diß heimlich Vrtheil erschreckt gar sehr die Westphalen/vnd behielt sie auch zu letst bey dem Glauben. Dann sie funden offt in den Wäldern etliche treffliche auch mittelmässige Männer an den Bäumen hangen/die man gar nicht vorhin angeklagt hatt. Vnd so man jhm nach fragt/was sie verwürckt hetten/so fand man daß sie den Glauben gebrochen hatten/oder sonst ein grosse Vbilthat begangen. Das Gericht währet noch zu vnsern zeiten/vnd man nent es das heimlich oder verborgen Gericht. Vnd die disem Gericht vorgesetzt seind/nennet man Scheffen oder Veimar/vnd seind auch dise Leuth also vermessen worden/daß sie meynen/jhr Gewalt strecke sich auch durch das gantz Teutschland. Sie haben etliche heimliche vnd verborgene Satzungen/nach denen sie die Vbelthäter richten/vnd halten sich auch also heimlich/daß noch keiner erfunden ist/der vmb Gelts willen oder vor forcht wegen etwas darvon hette geoffenbaret. Das grösser theil diser Westphalen Scheffen ist verborgen/daß sie sich nichts darvon lassen mercken/vnd so sie durch die Land ziehen/haben sie acht auff die Vbelthäter/vnd bringen sie für Gericht/verklagen sie/vnd bewähren nach jhrem Brauch/vnd so einer von jnen verdampt oder verurtheilt ist/so schreiben sie jn in das Blütbuch/vnd befehlen den jungen Scheffen die Execution oder des Nachrichters Handtwerck. Vnd also müssen die schuldigen/die nichts von jhrer verdammung vnd verurtheilung wissen/wo sie ergriffen werden/das Leben geben. Diß Gericht hat zu vnsern zeiten ein grossen abbruch genommen: dann man nimbt auch zu weilen darzu vnachtbare vnd leichtfertige Personen/vnd vnderwinden sich auch Burgerlicher oder Gerichtshändeln/so doch jhr Gewalt allein angesehen ist der Vbelthaten halb. Also viel von dem.

Bischoff von Cöln in Westphalen.

Das Land Westphaln ist zum grössern theil des Bischoffs von Cöln. Daß da H. Heinrich Löw von Keyser Friderich dem ersten vertrieben ward/vn jederman nach seiner Landschafft griff/nam der Bischoff von Cöln das Land Westphalen zu seinen Händen. Anno 1441.erhub sich ein grosse zwytracht zwischen dem Bischoff von Cöln vnd seiner Statt Söst. Dann der Bischoff wolt sie weiter dringen dann der alt Brauch war/das wolten sie jhm nicht gevolgen. Darumb trachteten sie nach einem anderen Herren/vnd im jahr Christi 1444. namen sie an zu einem Erbherren den Hertzogen von Cleve/vnd fielen von dem Stifft Cöln. Da ward der Bischoff erzürnt/vnd brachte die Böhem herauß/vnd thet grossen schaden im Landt vmb Söst. Aber die zu Söst fielen herauß Anno 1446. vnd theten dem Bischoff grossen schaden/siengen viel von seinem Volck/daß die Gefangnen 40000. Gulden geben mußten/damit sie ledig wurden auß der Gefängnuß. Da fuhr der Bischoff zu vnd ließ zu jhm bringen 26000. Böhmen/es kam auch der Hertzog von Sachsen vnd der Bischoff von Hildesheim/vnd hett er vorhin auß seinem Land ein groß Volck zusammen gebracht/vnd ward die gantz summa des Kriegsvolcks 80000. Mann/vnd führt die vber die Statt Söst vnd den Hertzogen von Cleve. Sie verhergten das Land vmb Söst/vnd namen ein viel kleiner Stätt. Die Statt Lippe stürmbten sie 14. Tag an einander/aber sie gewunnen sie nicht. Darnach legten sie sich vier Wochen für Söst vnd stürmbten die Statt 14. Tag lang/schufften aber nichts/sondern litten grossen schaden/vnd wurden viel Cölnischer vnd Böhmer erschossen/nemlich 1528. zu letzt mußten sie mit schaden abziehen. Es verkriegten vnd versetzten der Bischoff vnd Hertzog von Cleve zu beyden seiten gar nahe all jhr Land/vnd ward der Stifft Cöln gar verderbt.

Krieg von Söst.

Münster in Westphalen. Cap. cccxviiij.

Der Kirchen benennung.

A S. Pauls Thumbstifft.   C S. Lamprechts Pfarr.   E S. Gervasii.   G S. Martini Pfarr.
B S. Jacobs Pfarr.   D S. Gilgen Pfarr.   F S. Ludgeri Pfarr.   H Vnser Frawen Pfarr.

 Er Groß Keyser Carle hat die dritt Bischoffliche Kirch auffgerichtet in Westphalen zu Mymingrod/da in nachkommenden zeiten ein herrlich vnd Clösterlich Münster ward auffgerichtet/vnd auch von demselbigen Closter bald hernach die Bischoffliche Statt Münster ward genannt. Es ordiniert gemeldter Keyser Carle zum ersten Bischoff Ludgerum ein Frießländer/des Bruder Hilgrinus ein Bischoff war zu Halberstatt. Es meynen etliche es seye das alte Mediolanum gewesen/von dem in vorigem Capitul gesagt worden. Es ist Münster die schönste vnd beste Statt in gantz Westphalen/vnd ernehren sich die Burger mit der Kauffmanschafft/so sie auch in fremden Landen treiben.

Münster wirdt also von einem Closter genandt.

Das fünffte Buch

Bischoffe zu Münster in Westphalen/ wie dieselbigen in ihrer Ordnung beschrieben werden.

1. Ludgerus ward Bischoff zu Mymlngrode oder Münster/ Anno 794. vnd regiert 15. Jahr
2. Gerfridus des vorgehenden Bruders Sohn 15. starb Anno 810
3. Alfridus 835
4. Lubertus 850
5. Bertholdus 895
6. Wilhelmus 920
7. Richardus
8. Rumoldus
9. Hildeboldus
10. Dodo
11. Suederus / hat man für ein Heyligen gehalten
12. Dietrich 1000
13. Sigefridus
14. Hermannus: Diser weyhet das Closter vnd die Kirche vber dem Wasser/ in der Ehr der Jungfraw Marie/ vnd vnder ihm hat diß Closter so sehr zugenommen/ vnd ward so hoch berhümt/ daß des alten orts Name vergessen ward/ vnd Münsters Namm/ der Statt vnd Bisthumb blieb biß auff den heutigen Tage. Nach ihme ward erwöhlt
15. Robertus / der hat das Bisthumb reich gemacht
16. Friderich des Marggraffen in Meyssen Bruder 1070
17. Erpo / des vorgehenden Enckel/ zog mit Gottfredo gen Jerusalem/ Anno 1099
18. Theodoricus der ander
19. Burckhard
20. Egbertus
21. Wernherus 1160
22. Fridericus der ander/ alß zu diser zeit Hertzog Löw in Sachsen vom Keyser Friderichen dem ersten vertrieben/ kam Westphalen an das Ertzbisthum Cöln/ welches landt es biß zu vnser zeit behalten
23. Ludovicus 1190
24. Gottschalcus 1200
25. Hermannus Graff von Thenelnbogen/ regiert dreyssig jahr. Er ward der erst auß den Bischoffen zu Münster/ ein Fürst geheissen. Nach ihme ward erwöhlt
26. Otto Grafe. von Bentheim. Er ward der erst vom Capitul erwöhlt/ so die vorgehenden von den Keyseren seind geordnet worden
27. Dietrich Graffe von Isenburg
28. Rudolph von Holse
29. Otto der 3. von der Lippe
30. Wilhelmus der 2. von Holse 1295
31. Gerardus Graffe von Marck
32. Eberhard von Deest
33. Otto der dritt / Graffe von Naberg sechs jahr
34. Conradus
35. Ludwig von Hessen 49. jahr
36. Adolphus Graffe von Marck 1365
37. Johannes von Wernebroo
38. Florentius von Weneslaw
39. Potto von Potenstein ein Böhem
40. Heinrich Wolff
41. Otto der vierdt / Graffe von Hoya
42. Heinrich Graffe von Morsee 1415
43. Walramus Grafe võ Morsee / Erich der Bischoff von Osnaburg hat sich lang mit ihm vmb das Bisthumb gezancket
44. Johannes der ander Hertzog in Bayern
45. Heinrich: Diser war auch Ertzbischoff zu Bremen/ 1470
46. Conradus der ander/ war auch Bischoff zu Osnabrug 1500
47. Ericus Hertzog in Nidern Sachsen
48. Friderich des Churfürsten zu Cöln Bruder
49. Franciscus / Graffe von Waldeck: vnder disem haben die Widertäuffer zu Münster ihr vnsinnige Sect angefangen/ Anno 1534. vnd seind auch außgetilgt worden
50. Bernhard /diser hat seine Legaten auff dem Reichstag zu Augspurg gehabt/ Anno 1566.

Der Widertäuffer Auffrhur.

Anno Christi 1533. vnd 1534. ist durch die Widertäuffer an disem Ort ein grosse Auffrhur entstanden. Dann alß allenthalben menniglichen zu wissen ward/ daß die Widertäuffer in diser Statt ein vnderschlauff hetten/ hat sich dahin gemacht ein grosse menge des vnnützen Volcks/ vnd die haben also zusammen geschworen/ daß niemand ihr fürnemmen brechen mocht. Es legt sich wider die Statt ihr eygner Bischoff mit einem gewaltigen Zeug/ dem auch beystandt theten der Ertzbischoff von Cöln/ vnd der Hertzog von Cleve. Vnd da die Widertäuffer also belägert wurden/ seind sie offt herauß gefallen vnd haben ihre Feind vnderstanden zu beschädigen. Aber am letzten Tag des Augstmonats/ da der Feind von aussen die Statt gewaltiglich gestürmbt/ ist die gegenwehr auß der Statt so groß gewesen/ daß ihre Feind mit gewaltiger Hand hinder sich getrieben seind worden. Deß vberhuben sich die Burger in der Statt/ wurffen auff Johannem võ

Johannes von Leyden König.

Leyden auß Holand zu einem König/ der war nur geboren von einem vnachtbaren Geschlecht/ war aber ein hübsche Person/ war klug/ beredt/ hoher vernunfft/ keck/ fräfel/ vnd ein lästerlicher Mensch/ dem (sprich ich) gaben sie allen Gewalt/ auch vber ihre leibliche Nahrung. Er kam zu einem solchen lären Vrtheil seiner vernunfft/ daß er sich ließ bereden/ alßbald die Feind abzögen/ solt er mit seinem Heerzeug die gantze Welt durchziehen/ durchstreiffen vnd verderben/ wie vorzeiten hatten gethan die Gothen/ Cimbern vnd Longobarden/ so auch auß einem Winckel Teutscher Nation herfür geschlossen waren. Diser newe vnd thorechtige König ließ also an die Kirchthüren schreiben: GOttes Macht ist mein Krafft. Er ließ die Trabanten/ die seines Leibs Hüter solten seyn/ bekleiden mit grün oder graßechtiger vnd Himmelfarb/ wolt damit anzeigen/ daß er Gewalt hett auff Erden vnd im Himmel.

Münsterische Königs Waapen.

Sein Waapen war ein Kugel mit zweyen Schwerdtern durchstochen. Er hett Propheten die da geschickt waren zu liegen vnd zu triegen/ vnd auffrhur zu machen/ vnd die schickt er zu den nechsten Stätten. Er nam 15. Weiber/ vnd vergönt auch einem jeden zu nemmen so viel er wolt/ vnd die anderen waren alle gemein. Als nun der Bischoff die Statt zehen Monat lang belägert hette/ bracht er gewaltige hülff zu wegen/ damit er sie mit Hunger möcht bezwingen. Vnd dieweil sie also belägert waren von dem Bischoff/ erhub sich in der Statt ein Auffrhur/ vnd ließ der König mit dem Schwerdt richten 37. Burger die sich seinem fürnemmen widersetzt hatten. Im 14. Monat da gar nahe alle Nahrung auffgessen war/ hat das gemein Volck gesucht zu essen Kräuter/ Wurtzlen/ Hund/ Katz/ Mäuß/ Ratten/ vnd dergleichen vngezieffer/ ja sie haben gekocht Leder vñ Beltz/ vnd die gessen/ also nötigt sie der Hunger. Aber ihr König närtzet die arbeitseligen Leut/ vnd gab ihnen in diser Noth ein betrügliche hoffnung/ biß sie zu letst den Schalck merckten/ vnd erkanten wie sie verführt weren. Hiezwischen ward einer für den Bischoff gebracht/ der verhieß ihm/ so man ihm Rotten zugeb/ wolt er vber die Mawr steigen/ vnd die vbel verwarte Porten auffbrechen. Aber d' Bischoff mutet den Burgern zu/ daß sie sich ergeben. Vnd alß sie das nicht thun wolte/ hat sich d' Bischoff mit aller Macht zu stürmen gerüst. Da ward außgerufft es sölt jederman still seyn/

man

Von Teutschlandt

man wolt die Statt auffgeben/ vnd der König macht ein gewaltig Bößlein/ sprach fräfenlich also zu seinen Feinden: Wann jhr meine Statt belägert haben/ wöllen die Waaffen von euch legen vnd Frieden begeren/ so will ich es euch verzeyhen/ vnd euch an ewerm Leben verschonen. Dise Wort redet er mit einem solchen Gewalt/ daß auch etlich der Feind sich darab entsetzten. Aber es war vnder jhnen ein alter Kriegsmann/ der ergrimmet von zorn/ hetzt seine Mitgesellen an/ vollführten den Sturm/ trungen in die Statt/ namen die eyn/ schlugen zu todt wer jnen entzegen kam. Aber auß den Burgern hett sich bey 700. auff dem Marckt zusammen gethan/ die hielten starck an einander/ biß sie hörten daß der König an einem ort d' Statt gefangen war/ da nam jhnen die forcht alle stercke/ daß sie von einander flohen/ vnd ein jeder wo er sich verbergen mocht/ vmbsahe. Doch blieben bey 200. stehen/ die wurden von den eynfallenden Feinden angriffen vnd auffgerieben. Darnach sucht man die verborgenen Männer 10. gantzer täg lang/ vnd metzget was man fand. Doch ward der Weiber verschonet/ außgenommen so zu der Auffrhur geholffen hetten. Man fand hinder dem König vñ den Königischen so viel Speiß/ daß menniglich 3. Monat darvon hette zu leben gehabt. Nun die Haupsächer dises lästerlichen fürnemmens/ nemlich den König mit seinen fürnehmsten Helffern/ hat man mit Ketten gebunden/ vnd vmbher durch die nächsten Flecken geführt/ vnd zu letzt Anno 1536. im Hornung widerumb in die Statt Münster geführet/ mit glüenden Zangen gepfetzt/ vnd in drey eysen Kefich geschlossen/ vnd auff S. Lamprechts Thurn herauß genckt/ zu einer ewigen gedächtnuß jhrer Mißhandlung. Also ist diß elend Königreich nider gelegt worden.

Padelborn. ccccxx.

ES ist Padelborn ein alte Bischoffliche Statt in Westphaln/ in welcher ein herrlicher Thumb/ darinn nimbt der Fluß Pada vnder dem Chor-Altar seinen vrsprung: dannenhero die Statt Padelborn oder Padelbron genañt worden. Das Bisthumb hat Carolus Magnus gestifftet/ alß er die Sachsen vberwunden vmb das jahr Christi 794. Der Bischoffliche Sitz aber war zu Heristell einem vesten Schloß an der Weser/ fünff meilen von Padelborn gelegen/ welches Carolus Magnus gebawen/ alß er ein zeitlang mit dem gantzen Kriegsheer (daher es Herstal heißt) allda das Winterläger gehabt. Dann Padelborn war dazumalen noch nicht mit Mawren vnd Gräben vmbgeben/ sondern war nur ein grosser Flecken. Diß Bisthumb hatte vnder sich 24. Schlösser/ 20. Vogteyen/ 16. Clöster vnd 54. Parochien. Anno Christi 1506. ist dise Statt durch ein schädliches Fewer schier gar verzehrt worden.

Die Bischoff zu Padelborn.

1. Santus Haumarius oder Harimarius/ ein Edler auß Sachsen.
2. Baduradus.
3. Luitharius.
4. Priso.
5. Dieterich.
6. Vniwanus.
7. Dudo.
8. Volckmarus.
9. Retharius.
10. Meinwerckus/ ein Gellerischer Graff von Oesterbandt.
11. Rotho/ ein Freyherr von Bayren auß Gellern.
12. Imadus.
13. Poppo/ ein Edler von Hold.
14. Heinrich/ ein Graff von Weele/ oder wie andere wöllen/ ein Graff von Waldeck.
15. Bernhard/ ein Edler von Diseden.
16. Evergisus.
17. Sigefridus.
18. Bernhard der ander/ ein Edler von Eyseden/ oder Disede.
19. Bernhard der dritt.
20. Olivarus.
21. Willebrandus/ ein Oldenburgischer Graff.
22. Bernhard der vierdt.
23. Simon/ ein Graff von Schwalenberg.
24. Otto/ ein Graff von Ritberg.
25. Gunther/ ein Graff vō Schwalenberg.
26. Dieterich.
27. Bernhard der fünfft/ ein Graff von der Lipp.
28. Baldwinus/ ein Graff von Steinport.
29. Heinrich Spiegel von Dessenberg.
30. Simon der ander/ ein Graff von Sternberg.
31. Rupert/ Hertzog Wilhelms von Bergen ältister Sohn.
32. Hans/ ein Graff von Hoya.
33. Wilhelmus Hertzog von Bergen.
34. Dieterich/ ein Graff von Morsen.
35. Simon/ ein Graff von der Lippe.
36. Her

36. Herman/ein Landtgraff auß Hessen.
37. Ericus/ein Hertzog von Braunschweig in Grubenhagen.
38. Herman/ein Graff von Weyda/Ertzbischoff zu Cöln.
39. Adolphus von Schawenberg/ ein Sachs.
40. Rembertus von Kersenbruch.
41. Johannes/Graff von Hoya.
42. Salentinus/ein Graff von Isenburg/ Anno 1574. ist mit 1000. Pferden eyngeritten.
43. Heinricus/ein Hertzog von Sachsen Lawenburg/Ertzbischoff zu Bremen vnd Bischoff zu Osnabrug Anno 1577.
44. Theodorus von Fürstenberg Anno 1585. hat sich dem Bapst mit einem newen Eyd verbunden.

Beschreibung des Occidentischen Frießlands/ vnd von seinem Namen. Cap. ccccxvj.

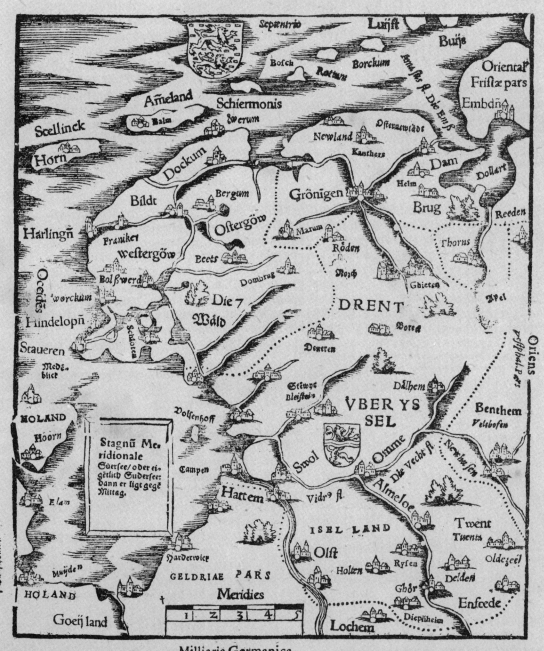

Von Teutschlandt. 1259

Frießland ist vor zeiten ein besonder Königreich gewesen/ das hat sich gezogen von dem Rhein alß er in das Meer falt/ dem Gestad des Meers nach biß zu den Cimbern/ so jetzund Judelande vnd das naher oder ausser Dennmarck genandt wirdt. Vnd wiewol das Land viel vnderschiedliche Namen gehabt/ vnd noch hat/ ist doch das Occidentisch Frießland/ so in diser Tafel verzeichnet wirdt/ allwegen für das fürnehmst vnd besser theil geschätzt worden/ streckt sich von der Insel dem äussern Fluß des Rheins biß zum Wasser Ems genandt/ vnd begreifft das Ostergöw/ Westergöw/ die sieben Wäld/ die Statt Gröningen/ denen auch zugelegt worden Drent vnd Twendt/ vnd ist das gantz Land wol erbawen/ hat viel Viehs vnd vberflüssige Weyd.

Es haben die Frießländer vor langen zeiten Phrisij geheissen/ wiewol sie auch Cauchi vor zeiten seind genandt worden/ vnd darnach Grunes von Gruno einem Fränckischen Hertzogen/ der die Hauptstatt in Frießland Gröningen 377. jahr vor Christi geburt gebawen hat/ nach jm genandt. Diß Land ist gantz vnd gar sümpffig/ vnd deßhalben kan man mit kriegen nichts darinn schaffen. Das Volck in disem Land ist gantz grob/ vnburgerlich/ vnd macht nicht viel geschäfft mit den Außländigen/ sie bleiben bey jhren groben Sitten/ vnd achten ander Leut gar nichts. Sie seind von alten zeiten her dem Bischoff von Bremen vnderworffen gewesen: aber jetzumal seind sie jhm nicht vast gehorsam. Doch ist Ostfrießland von altem her den Grafen von Holand vnderworffen gewesen. Bey jhnen ist der Teutschen Apostel der H. Bonifacius Bischoff zu Mentz vmb des Glaubens willen gemartert worden/ nach dem er das ober Teutschlandt zum Christlichen Glauben bekehrt hatte.

Es hat sich auch begeben alß Pipinus gestarb/ vnd sein Sohn Carolus Martellus Hertzog in Braband ward/ hat er ein grossen Zeug versamlet vber König Rapoten in Frießlandt/ bezwang jhn dahin daß er bewilliget ein Christ zu werden. Alß man jhn nun tauffen solt/ vnd er den rechten fuß jetz in den Tauff gestellet hett/ fragt er den Priester/ dieweil am Tauff so viel gelegen/ wo dan seine Voreltern hinkommen weren/ die den Tauff nicht empfangen hetten? S. Willibrodus/ oder wie jhn andere nennen Wulfrand/ ein heyliger Mann auß Engelland/ der ein groß theil in Holandt bekehrt hatt/ vnd in Frießland geschickt ward/ Christum da zu predigen/ antwort jhm: Sie weren nach der Schrifft ewiglich verdamt. Darauff antwort er: Das sein Gemüt vnd Will auch dahin gericht bey jhnen zu bleiben/ zog hiemit den Fuß widerumb herauß. Aber schnell vnd vnversehens war hie das gerecht Vrtheil Gottes: dann am dritten Tag hernach fand man jn todt/ daß man nicht wußt was jhm geschehen. Volgends prediget der H. Bischoff Willibrodus durch das gantz Frießland ohn jrrung vnd verhinderung/ vn bracht das Volck zum Glauben. Alle Nahrung der Frießländer stehet an dem Vieh. Jhr Feld ist eben/ sümpffig/ vnd gar gräsig/ vnd fruchtbar an Höw. Es hat kein Holtz/ sondern brauchen darfür schleimechte Wäsen/ vnd trocknen

Rapotus König in Frießlandt.

Kühkat/ damit sie das Fewr erhalten. Im jahr Christi 1230. ward gar nahe das gantz Frießland von dem Meer vberflößt/ es verdurben mehr dann 100000. Menschen. Sie müssen für vnd für an dem Meer groß Arbeit haben mit den Dammen/ die sie machen/ damit sie das Meer bezwingen/ daß es nicht herauß ins Landt lauffe. Aber wann es wütend wirdt/ vnd die Dammen zerbricht/ so laufft es weit in das Landt/ vnd ertränckt das Feldt/ die Frücht vnd die Flecken: dann da ist kein Berg der dem Meer seinen Fluß mög verhindern. Es wirdt das Landt gar fruchtbar nach des Meers vberfluß.

Von der Statt Gröningen im Frießlandt / sampt jhrer abcontrafactur.
Cap. ccccxxij.

Etlicher Oertern in diser Statt erklärung.

A Die Hauptkirch.
B Jacobinen.
C Der Herren Hauß.
D Geistliche Mägd.
E Boxringe Port.
F S. Martin.
G Minoriter Port.
H Vnser Frawen Kirch.
I S. Jacobs Gasthauß.
K Oster Port.
L Groß Adwoxheim Closter.
M S. Walpurgs Kirch.
N S. Teyretil Port.
O Poel Port.
P De Fratres.
Q S. Gertrud.
R S. Martins Kirch.
S Debodum.
T Hohe Kirch.
V letzter Port.

Röningen die Hauptstatt in Frießlandt / ist (wie in vorigem Capitul gesagt worden) erbawen / von einem / Gruno genandt / Anno 377. hat erstlichen keine Mawren gehabt / sondern nur geringe Wehren von Holtz gemacht. Anno 1510. ist sie mit Mawren / Gräben vnd Thürnen bevestiget worden / vnd nach vnd nach dergestalten verbessert / daß sie gleichsam vnüberwindtlich: es were dann / daß sie am harten / gefrornen Winter angriffen wurde. Es ist sonst dise Statt auch reich an Volck vnd Güteren. Sie hat jhre sonderbare Gesatz vnd Ordnungen / auch sonderbare Freyheiten. Anno 1536. hat sich dise Statt Carolo dem fünfften vnd dem Hauß Oestereich vndergeben. Anno 1594. ist sie von Printz Moritzen von Uranien Grafen von Nassaw im Nahmen der Herzen Staden mit 140. Fahnen hefftig belägert / vnd ist endtlichen dahin gebracht worden / daß sie sich an die Herzen Staden ergeben musten / vnd wurd zu einem Gubernator dahin verordnet Graff Wilhelm Ludwig von Nassaw.

Steinwick. Cap. ccccxxiij.

ES ist diß ein vberauß starcke vnd veste Statt in Frießlandt gelegen: Dise wurd Anno 1592. vom Graff Moritz von Nassaw / nach dem der Printz von Parma mit seiner Kriegsrüstung in Franckreich sich begeben / belägert: dann jhme sampt seinem Kriegsvolck auß diser Statt täglich viel vbertrangs vñ schaden geschahe. Dieweil er nun sahe / daß er an diser Statt / darinnen bey 1500. Soldaten lagen / mit schiessen nichts außzurichten vermochte / da doch innerhalb dreyen Tagen vnd Nächten vber die 6000. schüß in die Statt geschahen / hat er dise an dreyen orten vndergraben lassen / vnd alß das Fewr angangen / sie dermassen zersprenget / daß Kirchen / Clöster vnd Häuser vber hauffen gefallen / vnd viel Leuth in der Statt / wie auch im Läger vber die 100. Mann erschlagen vnd beschädiget worden. Da nun die Belägerten sahen / daß sie nichts mehr schaffen kondten / haben sie ein Accord mit Graff Moritzen getroffen / vnd jhme die Statt auffgeben /

Von Teutschlandt. 1261

ben/welcher auch angesehen den Eyd so sie jhrem König gethan/auch weil sie sich so dapfferlich/ alß rechtschaffenen Kriegßleuten gebüret/gegen dem Feind erzeiget/hat er sie zu Gnaden auffgenommen/vnd denselben Abend mit jhren Seitenwehren abziehen lassen. Die jenigen aber so S.Gertrudenberg auffgeben/gefänglich eyngezogen/vnd auff dem Marckte zum theil hencken/ zum theil enthaupten lassen.

Sonsten seind noch in Frießlandt die Städte/Lewarden/da diser Provintz Cantzley: Dock/ von dannen Gemma Frisius der vortreffliche Mathematicus bürtig gewesen: Franecker/da es eine verrhümbte Hohe Schul/vnd wohnen da gemeinlich die fürnehmsten Leut des gantzen Lands/ wegen seiner schönen gelegenheit.

Harlingen/ein gute Vestung an der Suyder See gelegen. Bolsward/Schloten/an einem grossen Fischreichen See gelegen. Vlst/Sneeck/rc.

Die Marck Brandenburg.
Cap. cccсxxiiij.

Vrzeiten haben die Wandalen oder Wenden vnd Sclaven das Land so vber der Elb ligt/inngehabt/vnd haben auch daselbst die Wendische oder Poländische Spraach gebraucht/vnd also ist Meckelburg/Pommern/Preussen/Brandenburg/Böhem vnd Polandt/alles ein ding gewesen/vnd haben den Christgläubigen viel leyds gethan. Es hat der Keyser Carle wider sie gekrieget/vnd nach jhm alle Keyser/biß sie zu letst vertrieben/oder dem Christlichen Glauben vnderthänig seind worden.

Im jahr Christi 920.belägert König Heinrich der erst/Brandenburg mit Heerskrafft/vnd schlug sein Läger zu Winters zeiten auff das Eyß/ vnd thet der Statt so viel vbertrangs an/daß sie sich mußt ergeben/vnd da namen sie den Christlichen Glauben an/vnd ward dazumal die Marck daselbsten auffgericht/vnd darnach durch Keyser Otten den dritten die Würdigkeit der Churwahl dahin gelegt. Sie namen auch an sich die Spraach vnd Sitten der Sachsen/vnd deßhalb werden sie auff den heutigen tag für Sachsen geachtet. Die Statt Brandenburg ist erstlich gebawen/vnd also genennet worden von Brandone vmb das jahr 1040. der ein Hertzog von Francken war/alß sie noch vnden am Rhein sassen/wie dann auch die Statt Franckfurt auff der Oder/im jahr Christi 1046.vnd Sund an dem Meere/da die Oder in das Meer laufft/von dem Fränckischen Hertzog Sunone gebawen seind worden/wie der Abbt von Spanheim auß alten Historien anzeigt. In disem Franckfurt ist im jahr Christi 1506.durch Joachim den ersten Marggrafen von Brandenburg ein Hohe Schul angerichtet worden. Zu Berlin halt diser Marggrafe Hoff. Die Marggrafschafft zu Brandenburg dieweil sie gestanden ist/hat sie manch mal andere vnd andere Herren vberkommen. Dann im jahr Christi 1319. starb sie auß vnd fiel an das Reich/da gab sie Keyser Ludwig der Bayer seinem Sohn Ludovico. Darnach im jahr Christi 1373.verkaufften sie die Hertzogen von Bayern dem Keyser Carlen/der auch König in Böhem war/vmb 200000.Gulden bar. Vnd da wurden 100000.Gulden bar bezahlt/aber für die andern 100000.Gulden gab der König etliche Stättlein von der Cron Böhem: nemlich/Lauffen/Herspruck/Reichenfeld/Sultzbach/Rosenburg vnd Hirsow: doch mit dem fürgeding/daß man sie widerumb lösen möchte/so man die obgenandte summa Gelts geben würde. Darnach setzt sich Keyser Carlens des vierdten Sohn/mit Namen Johannes in die Marck. Demnach kam dise Marck von disem Geschlecht nicht ohn groß Gelt an die Marggrafen von Mährern/nemlich an Marggrafen Josen vnd Procopium/die versetzten sie hernach vmb ein grosse summa Gelts Marggrafen Wilhelmen von Meyssen/wie hievornen in Beschreibung des Lands Meyssen auch gemeldet ist. Zu letst ward sie im Concilio zu Costentz durch Keyser Sigmunden dem Burggrafen von Nürnberg/der Friderich hieß/vnd ward ein Graf von Zollern/wie ich hievornen in der Statt Nürnberg angezeigt hab/vnd seine Nachkommen haben sie noch jnnen. Diser Burggrafe Friderich verkaufft die Herrligkeit so er zu Nürnberg hatte/vnd gab das Gelt vmb die Marck von Brandenburg im jahr Christi 1411.

Es erstreckt sich die Marck Brandenburg in die länge/auff die 60.teutscher meilen. Gegen Occident grentzt sie mit Sachsen/Meyssen vnd Mechelburg: gegen Mitnacht mit Pommern: gegen Orient mit Polen vnd Schlesien: gegen Mittag mit Böhmen/Laußnitz vnd Mährern.Sie wirdt getheilt in die newe Marck/in die Mitlere vnd in die Alte. Die alte Marck fangt an bey der Lüneburger Heyd/vnd erstreckt sich biß an die Elb. Sie hat 7.gute Stätt: alß nemlichen Tangermünd an der Elb/da etwan Keyser Carle der vierd Hoff gehalten: Stendel diser Marck Hauptstatt/Soltwedel/die Alte vnd Newe/Gardeleben mit dem Schloß Eischnippa/Osterburg/Werben/Senhusen. Neben disen hat sie noch viel geringe Stätt/beyneben viel Clöster

Brandeburg kompt zum Christlichen Glauben.

Sund.

Die Marck kompt an Böhem.

Die Marck kompt an die Grafen von Zollern.

vnd Stifft/vnd vber die 460.guter Flecken vnd Dörffer: Sie erstreckt sich in der länge vnd breite nicht vber acht teutsche meilen. Die mitler Marck fangt an bey der Elb/vnd gehet biß an die Oder vnd Spre/war vor disem von den Schwaben bewohnt: ist fruchtbar von Korn/hat auch gute Weyden vnd reiche Fischweyer. Die fürnehmsten Stätte/darinnen seind Brandenburg/Berlin/Franckfurt an der Oder/Spandaw/Newstadt. Dise Marck haltet bey 28.teutsche meilen in der länge vnd in die breite. Die new Marck erstreckt sich von der Oder biß an Polen/haltet in jhrem vmbkreiß vber die 24.teutscher meilen. Die Hauptstatt diser Marck ist Custrin/vnd nach diser seind Landsperg/Königsperg/Bernstein/Bernaw/ꝛc. die gantze Marck Brandenburg mit sampt jhrer zugehörd/begreifft in die 55.herzliche Stätt/64.Fleckẽ/15.Marckflecken/38.Schlösser/17.Mann vnd Frawen Clöster.

Von etlichen Stätten in der Marck Brandenburg. Cap. ccccxxiiij.

Berlin.

Berlin. Ise Statt in dem Brandenburgischen Churfürstenthumb gelegen/wirdt von dem Wasser Spree/so dardurch laufft/in zwo Stätt gesöndert/deren die eine Berlin/die ander da der Fürstliche Hoff Coln genandt wirdt/vnd ist Anno 1140. vom Marggrafen Alberto Vrso/oder Bär zu Brandenburg vnd Soldwedel gebawen/vnd von jhme Berlin genandt worden. Das Franciscaner Closter zu Berlin haben gestifftet Marggraf Ott vnd Albrecht Anno 1272. Marggraf Johann Churfürst zu Brandenburg vnd Fürst von Anhalt hat die Statt geweitert/vnd mit schönen Gebäwen gezieret. Ist jetzund ein Sitz der Churfürsten von Brandenburg/da sie jhren ordenlichen Hoff halten.

Bernaw. Bernaw nicht weit von Berlin hat auch vorgemeldter Marggraf Albert Vrsus/oder Bär/
Bernwald. wie auch Bernwald in der newen Marck/so jenseit der Oder ligt/erbawen/vnd also nach jhme genennet.

Spandaw. Cap. ccccxxvj.

Spandaw. Spandaw ein Stättlein zwo meil von Berlin gelegen. In disem ist Anno Christi 1591.eines Wagners Fraw grosses schwangers Leibs gewesen/vnd ehe sie das ziel der gebärung erräichet/hat das Kind in Mutterleib geweinet vnd geschryen/daß mans gar gering hat hören mögen: solches ist auch im jahr Christi 1530.zu Grimburg in Hessen geschehen. Anno 1594.hat sich der böse Geist zu Spandaw/wie auch zu Frideberg/leibhafftig sehen lassen/mit den Leuten geredt/gehandlet/jung vnd alt besessen/sie sehr geängstiget/vnd ein seltzam spiegelfechten mit jhnen gehalten/auch Gelt/Messer/Knöpff/Bendel vnd andere Sachen mehr außgestrewet/vnd wer solches auffgehebt/ist alßbald von jhm besessen worden.

Brandenburg.

Brandeburg ist die Hauptstatt in der mitleren Marck/wird von dem Fluß die Havel genandt/in zwo Stätt getheilt/die Alte vnd Newe / hat seinen Namen von Brandone einẽ Hertzog in Francken: dannenhero auch das gantze Land Brandenburg genandt. Es hat auch dise Statt viel vnd mancherley Privilegien/võ Keysern/Königen vnd Fürsten bekommen/dessen anzeig noch die Statua Rolandi in der newen Statt / mit dem blossen Schwerdt.

Custrin.

Custrin ist die Hauptstatt in der newen Marck/ist erstlichen von Johanne/Churfürst Joachimi des ersten Sohn/widerumb auffgebracht/vnd dergestalten bevestiget worden/daß es keiner Vestung in Teutschlandt viel bevor gegeben wirdt.

Die Statt Franckfurt

An der Oder/in dem Sachsenland in Brandenburger Marck gelegen/contrafehtet/von einem Ehrsamen vnd Weysen Raht zu disem Werck der Cosmographey/trewlichen vnd gantz freundtlich vberschickt/darzu fürderlichen geholffen hat der Hohen Schulen zu derselbigen zeit ein Hochwürdiger Rector/von mir Munstero deßhalben ersucht/vnd auff das höchst erbetten. Ich hab der Stätt in Teutschlandt nicht viel gefunden/die auff mein eynfältiges Schreiben mir in meinem fürnemmen so gutwillig gewesen.

CCCC ij Die

Anzeigung etlicher fürnehmen Gebäw.

A Parochialis Ecclesia, Pfarrkirch.
B Prætorium, Rhathauß.
C Das Seehauß.
D Der Juristen Collegium.
E S. Niclaus Kirch.
F Minores, Barfüsser.
G Das Groß oder der Artisten Collegium.

ndenburger Marck gelegen. 1265

tt Franckfurt an der Oder.

raß gen Berlin.
Georgen Kirch.
Straß nach Stettin.
Straß nach dem Landt zu Böhem.

M Ein Carthäuser Closter.
N Straß gen Presla.
O S. Gertruden Kirch.

CCCC iij Fundas

Das fünffte Buch

Fundation vnd zunemmen der Statt Franckfurt an der Oder/ auch etliche Geschicht so daselbst Kriegs halben vnd sonst geschehen/ vnd jetziges Wesen. Cap. ccccxxvij.

Franckfurt die Statt an dem Fischreichen Fluß der Oder gelegen/ hat auff einer seiten schöne Weinberg/ fruchtbare Acker/ vnd der andern seiten vber d' Oder ein schöne Aw vñ Wiesenwachs/ dergleichē Weyd vñ Holtz ein gute notturfft darzu gehörig/ ist Anno 1253. durch Gedinum von Hertzberg/ mit zulassung vñ befehl Marggrafe Johannes dises Nammens des ersten/ Marggrafe zu Brandenburg/ fundiert vnd zu bawen angefangen/ auch ein Niderlag verordnet/ daß viel Kauffgüter zu Wasser vnd Land dahin geführt vnd nider gelegt werden: andere wöllen/ seye von einem Marggrafen Sunone/ so ein Sohn war Glodomiri/ erstlich erbawen/ vnd hernach von Marggraf Johansen vnd seinem Bruder Ottone erweitert vnd verbessert worden.

Anno 1344. haben Rudolph Hertzog zu Sachsen/ ein Bischoff von Magdenburg/ Barnim ein Hertzog von Stettin/ ein Hertzog von Anhalt/ sich wider Ludovicum den jüngern/ welchem sein Vatter Keyser Ludwig der Bayer die Marck vbergeben/ also/ daß ihm alle Stätt in der Marck gehuldet vnd geschworen/ gesetzt/ vnd Franckfurt belägert. In des ist Marggrafe Ludwig zu Franckfurt gelegen/ vnd haben die von Franckfurt trewlich geholffen/ daß obgenandte Fürsten sampt andern Fürsten ihnen anhängig/ so vor Franckfurt fünff tag gelegen/ abgetrieben wurden. Anno 1432. seind die Hussern/ die zeit die Ketzer genandt/ vor Franckfurt gelegen/ haben aber mit schaden müssen abziehen. Anno 1437. hat Hertzog Hans von Sachsen die Bruck sampt den Schewren vnd Holtzhauffen vor Franckfurt abgebrandt/ alles Vieh hinweg getrieben/ den haben die von Franckfurt mit hülff ihrer Herrschafft zu Brandenburg jenseit Grogen geschlagen. Anno 1506. ist ein Hohe Schul durch Marggrafe Joachim/ des Nammens der erst/ vnd seinem Bruder Alberto/ so hernach Ertzbischoff zu Mentz worden/ zu Franckfurt verordnet/ vnd von Bapst Alexandro VI. vnd Keyser Maximil. I. bestätiget worden.

Lubus. Cap. ccccxxviij.

Lubus.

Ein meil von Franckfurt an der Oder ligt Lubus ein Schloß vnd Stättlein. Dises soll Ann. Christi 965. ein Hertzog auß Polen/ mit Namen Mitzlaus/ erbawen haben.

Seelow.

Nicht weit darvon auch im Bistthumb Lubus ist das Stättlein Seelow gelegen/ allda hat im jahr Christi 1593. den 25. Octobris eines Leinenwebers Fraw/ Margaretha Langin genandt/ zwey Mägdlein mit vnderschiedlichen Leibern doch nur mit einem Haupt in dise Welt geboren.

Mißgeburt.

Geburtlny der Marggrafen von Brandenburg/ vnd von dem Churfürstenthumb. Cap. ccccxxviij.

Vm ersten ist die Marck Brandenburg ein kleine vnd arme Landschafft gewesen/ deßhalb auch einen wundern möcht/ warumb Keyser Otto der dritt ein solchen armen Hertzen auffwarff zu einem Churfürsten/ so doch mächtige Hertzogen vorhanden waren/ alß der Hertzog von Bayern/ der Hertzog von Schwaben/ vnd der Hertzog von Francken/ die eines solchen Ampts würdiger möchten geachtet seyn/ dann ein armer Marggrafe. Darzu sprechen etliche daß der Keyser sein Sachsenlandt angesehen hab/ darvon jetzund vier Keyser waren entstanden/ vnd deßhalben setzt er auch ein Churfürsten in das Sachsenlandt vnd in sein Geschlecht. Vnd dieweil der Rheinstrom hat den Pfaltzgrafen vnd etliche Bischoff/ ordiniert er auch noch einen dem Sachsenlandt/ vnd das in der Marck zu Brandenburg/ damit die Churfürsten nicht alle in einem Landt weren. Nun zu den zeiten Keyser Friderichs des ersten/ waren Albrecht Grafe von Baleustäd vnd Anhalt/ Marggrafe zu Brandenburg gemacht. Nach ihm regiert Otto/ Adelbertus/ seine Söhn vnd Enckel biß zu Marggrafen Waldemarum/ vnder welchem die Marck für vnd für zunam/ vnd da diser Stammen in Waldemaro abgieng/ gab sie Keyser Ludwig im jahr 1300. seinem Sohn Ludwigen. Nach Ludwigen regiert sein Bruder Ludwig Romulus/ vnd nach disem Hertzog Otto/ der verkaufft die Marck Carlen dem vierdten/ Carolus vbergab sie hernach Marggrafen Josen vnd Procopio von Märhern. Dise Marggrafen verpfendten oder versetzten sie Marggrafen Wilhelmen von Meyssen. Darnach gab sie Keyser Sigmund dem Burggrafen von Nürnberg/ nemlich Friderichen/ der erboren war von den Grafen von Zollern/ die erlangt hetten die Burggrafschafft zu Nürnberg. Dise Grafen von Zollern

Von Teutschlandt.

kern solle jren vrsprung auß Italia habe/ von dem Röm. Geschlecht Colonna genant/ so noch heutigs tags im ansehen. Petrus Colonna/ welcher sich der erwöhlung Bapst Paschalis II. widersetzet/ vnd dessentwegen auß Italien vertrieben worde/ hat sich in Teutschlandt begeben vnder Keyser Heinrichen dem vierdten/ dessen Sohn Ferfridus gemeldtem Keyser gedient wider Bapst Gregorium den siebenden/ vnd ist von jhme erstlich Graff von Hohenzollern genandt worden.

Eitelfriderich der erst/ lebt Anno 1273. hatte von Keyser Rudolphi des ersten Schwester Elisabetha zwen Söhn. Friderichen/ den macht Keyser Rudolph zu einem Burggrafen von Nürnberg Anno 1273. vnd von disem kommen die heutigen Churfürsten von Brandenburg. Der ander Sohn war/ Eitelfriderich der ander/ vnd von disem kommen die heutigen Grafen von Hohenzollern. Friderich der vierdt Burggraff von Nürnberg/ ward von Keyser Sigismund Churfürst von Brandenburg/ starb Anno 1441.

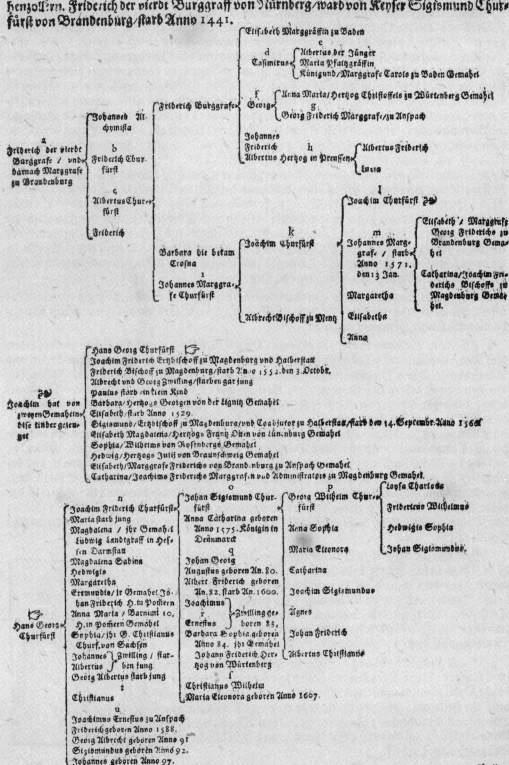

a Fride-

a Friderich der vierdt/ Burggraf von Nürnberg/ hat die Marck Brandenburg von Keyser Sigismundo/ welcher dieselbige von Wilhelmen Landtgrafen in Thüringen/ welchem sie von seinem Vettern Jodoco verpfendet war/ an sich vnd das Reich gelößt/ sampt der Chur vmb vier hundert tausend Gulden/ bekommen/ vnd hingegen die Burg Nürnberg/ sampt aller Gerechtigkeit verkaufft der Statt Nürnberg vmb 180000. Gulden: Sein Gemahel war Elisabetha Hertzogin in Bayern zu Landshūt.

b Friderich: Disem hat Johannes der älter Bruder/ der Alchymist genandt/ die Chur gutwillig abgetretten: Er hat sich mit bewilligung Keyser Friderichen des dritten/ genennet einen Hertzogen in Pommern/ Stettin/ der Cassuben vnd Wenden.

c Albertus/ Achilles genandt/ Churfürst nach seinem Bruder/ war wegen seiner mächtigen Stärcke von jederman gefōrchtet. Diser hat sich Anno Christi 1470. mit Bugislao M. Hertzogen in Pommern verglichen der Pommerischen Landen halben/ auff solche weiß: daß beyde Fürstliche Häuser zu gleich in jhrem Titul sich nennen mögen Hertzogen zu Stettin/ Pommern/ der Cassuben vnd Wenden/ vnd Fürsten zu Riga. Bugislaus aber vnd seine Nachkommene solten die Landt besitzen. Vnd so es sich zutrüge/ daß die Hertzogen auß Pommern abgiengen ohne Mannliche Erben/ daß alßdann dasselbige Hertzogthumb mit allem anhang zufallen solte dem Marggrafen von Brandenburg. Dahero solle es beschehen daß so offt die Hertzogen in Pommern jhre Lehen empfahen von den Keysern/ allezeit ein Marggraf von Brandenburg zugegen seye/ so den Lehenfahnen zugleich empfahe. Diser Albertus starb zu Franckfurt auff dem Reichstag in einem Bad Anno Christi 1486. Er hatte zwey Weiber: Erstlich Fraw Margaretha von Baden: vnd mit deren gebar er Marggraf Hansen/ der nach jhm Churfürst ward/ vnd diser sampt seinen Nachkommenen besassen die Marck biß auff dise zeit sampt der Chur: Hernach nam er Anno Christi 1458. Fraw Annam Churfürst Friderichen von Sachsen Tochter/ vnd mit deren gebar er viel Kinder/ Söhn vnd Tōchteren: darunder Friderich/ der sampt seinen Nachkommen/ die Landt hie aussen vmb Nürnberg besessen haben: Barbara/ deren Gemahel war Heinrich der ander Hertzog von Glogaw vnd Croßna/ der letste seines Stammens. Er vermachte seiner Gemahel das Hertzogthumb Croßna/ von dannen es nach langem Streit auff die Marggrafen von Brandenburg kommen.

d Casimirus Marggraf von Brandenburg in Francken vnd Voitland/ ist geboren nach der seligmachenden Geburt vnsers HErrn Jesu Christi 1481. Starb im jahr 1531. Sein Gemahel war Susanna Hertzogin in Bayern.

e Albertus/ Casimiri Sohn/ ist geboren Anno Christi 1522. war durch sein gantzes Leben dem Krieg ergeben. Er hat erstlich gedient Keyser Carolo dem fünfften in Franckreich vnd Teutschlandt/ ist von Hertzog Ernsten von Braunschweig gefangen/ vnd Churfürst Johan Friderichen von Sachsen zugeführt worden. Hernach hat er Hertzog Moritzen gedient/ Magdenburg belägert/ auch wider den Keyser selbsten gezogen. Nach disem hat sich ein Bundt zwischen etlichen Teutschen Fürsten mit der Cron Franckreich zugetragen/ fürgewendt die Freyheit Teutscher Nation zu handthaben/ da zog Hertzog Albrecht mit einem außerlesenen Zeug hin vnd wider im Teutschlandt/ auch in etliche Bisthumb vnd Stätt/ alß Speier/ Wormbs/ Mentz/ &c. vnd zog im jahr Christi 1553. wider den Bischoff von Würtzburg vnd Bamberg/ &c. vnd beschädiget Franckenlandt/ nam etliche Flecken eyn/ vnd ernewert den Krieg mit der Statt Nürnberg/ die er dann vormals auch belägert/ vnd ein grosse anzahl Flecken darumb beschädiget/ ist darüber Anno Christi 1553. in die Acht erkandt worden/ vnd hatte sich bey Marggraf Carlen von Baden auffgehalten/ da er auch gestorben zu Pforztheim den achten tag Januarij im jahr Christi 1557.

Georgen Marggrafen zu Anspach Bildnuß.

f Georgius Marggraf zu Anspach/ geboren Anno Christi 1484. ist in Vngeren bey König Ladislao seiner Mutter Bruder erzogen worden/ von dem er auch die Hertzogthumb in Schlesien/ Jägerndorff/ Ratibor vnd Oplen bekommen. Er hat die Augspurgische Confession vnderschrieben/ vnd hat sich in dem Teutschen Krieg jederweilen zu Churfürst Johan Friderichen von Sachsen gehalten. Starb Anno Christi 1543.

g Georg Friderich/ Georgij Sohn zu Anspach/ ist geboren Anno Christi 1538. hat Preussen in Nammen seines jungen Vettern Albrecht Friderichen administriert: Starb Anno Christi 1603. ohn Erben. Er hette zwey Gemahel: die erste war Elisabeth Marggraf Hansen von Brandenburg Tochter/ die starb zu Waschaw in Polen Anno Christi 1578. die andere Sophiam/ Hertzog Wilhelmen von Braunschweig Tochter.

h Alber-

h, Albertus der Elter/ist geboren Anno 1499. war Großmeister in Preussen: weil er aber dem König in Polen nach belieben nicht schweren wolte/ward die Sach dahin vertragen/daß Albertus Preussen/von dem König in Polen zu einem Lehen haben/vnnd sich einen Hertzogen von Preussen nennen solte. Er ward dieses Vertrags halb von dem Keyser in die Aacht erklärt/aber er behielt doch Preussen/vnd ist bey Brandenburg verblieben biß auff diesen Tag. Er starb Anno 1568.

Seine Gemahel waren die erst Dorothea König Friderichs in Dennmarck Tochter.

Die ander Anna Maria Hertzogin von Braunschweig/die gebar jm Anno 1553. Albrecht Friderichen Hertzogen in Preussen/der starb erst An. 1608. ohn manliche Erben. Dessentwegen die Landt auß der Churfürstliche Linien gefallen. Sein Gemahel war Maria Eleonora Hertzog Wilhelmi von Gülch Tochter/die gebar jhm Anno 1576. Annam/Churfürsten Johann Sigmund von Brandenburg Gemahel. Diese bracht von jhrer Mutter der Hertzogin von Gülch/an Brandenburg die Ansprach vnd Recht der Gülchischen Landen.

i. Johannes der 3. Churfürst/Alberti Sohn/der Groß genannt/dann er war einer langen/geraden vnd Heroischen statur/ist geboren Anno 1455. Er hat mit seinem Bruder/wie gesagt/die Landt getheilt/vnd für sich bekommen die Marck vnd Chur Brandenburg. Er starb Anno 1499. sein Gemahel war Margaritha Hertzogin in Sachsen.

k. Joachimus der 1. Churfürst/ist geboren Anno 1484. Er war ein gelehrter vnnd wolberedter Fürst. Hat auff dem Reichstag zu Augspurg Anno 1530. Keyser Carlen den 5. im nammen der Stenden/mit einer zierlichen Lateinischen Oration empfangen. Er hat Anno 1506. gestifftet die Hohe Schul zu Franckfurt an der Oder/starb Anno 1535. Sein Gemahel war Elisabeth König Johannis auß Dennmarck Tochter/mit deren gebar er 2. Söhn Joachimum vnnd Johannem/vnd 3. Töchter/Margaritham die nam erstlich Georg Hertzog in Pomern/hernach Johann Friderich von Anhalt. Elisabetham die hatte 1. Ericum den eltern Hertzogen von Braunschweig. 2. Poppo Graffen von Hennenberg. Annam/die hatte Albertum den 3. Hertzogen von Mechelburg.

l. Joachimus der 2. geboren Anno 1505. Churfürst/hat sich neben seinem Bruder zum ersten geheissen Hertzog zu Crosna/welches bißher streitig gewesen. Hat erstlich die Euangelische Religion in der Marck eyngefürt: starb Anno 1571. Er hatte 2. Gemahel/die 1. Magdalena Hertzogin von Sachsen/die starb Anno 1534. vnd von dieser hatte er viel Kinder. Die 2. Hedwig König Sigmundi auß Polen Tochter/die gebar jhm Sigmundum vnd 3. Töchter.

m. Johann Georg/Churfürst ist geboren Anno 1525. Er hat Carolo dem 5. gedienet in dem Teutschen Krieg/starb Anno 1598. seines alters in dem 83. jahr: Er hatte 3. Gemahel die gebaren jhme 21. Kinder. Die 1. Sophia Maria Hertzogin von der Lignitz/die gebar jhme Joach. Friderichen. Die 2. Sabina Marggraff Georgen von Anspach Tochter. Die 3. Elisabetha Fürstin von Anhalt.

n. Joachim Friderich ist geboren Anno 1546. ward Anno 1553. Bischoff zu Havelberg/vnnd Anno 1555. Bischoff zu Lebusch/vnd hernach auch Administrator zu Magdeburg. Anno 1598. ward er Churfürst nach seinem Vatter. Starb Anno 1608. Sein erst Gemahlin war Catharina Marggraff Hansen Tochter/die gebar jhme 7. Herren vnd 2. Fräwlein/vnnd starb Anno 1602. Hernach nam er Eleonoram Hertzog Albrecht Friderichen von Preussen Tochter/die gebar jhm ein Fräwlein Mariam Eleonoram.

o. Johann Sigmund geboren Anno 1572. ward Churfürst nach seines Vettern Todt Anno 1608. Er vermählet sich Anno 1594. mit Anna Hertzog Albrechten auß Preussen Tochter. Deren Mutter war Maria Leonora Hertzog Wilhelmi des letsten von Gülch Tochter: Dannenher jhr Churfürstlich Gnaden herzieren die prætension vnd Rechte an die Gülchische Landt. Er gebar mit seiner Gemahlin volgende Herren vnd Fräwlein. Georg Wilhelmen Anno 1595. Annam Sophiam Anno 1598. ward Anno 1614. vermählet Hertzog Vlrich Friderichen von Braunschweig. Mariam Eleonoram geboren Anno 1599. diese nam An. 1620. Gustaph Adolph Kön. in Schweden. Catharinam geboren Anno 1602. Joach. Sigismunden geboren Anno 1603. Agnesen Anno 1606. Johann Friderichen geboren Anno 1607. Albrecht Christianen geboren Anno 1609.

p. Georg Wilhelm geboren Anno 1595. ward Churfürst nach seinem Vatter/jhme ward Ano 1616. vermählet Fräwlein Elisabetha Carlotta. Churf. Friderichen des 4. von Heidelberg Tochter/mit deren er geboren Loysam Carlottam Anno 1617. Friderich Wilhelmen Anno 1620. Hedwig Sophiam Anno 1623. Johann Sigmunden Anno 1624. welcher aber den 30. October gemeltes jar/todts verfahren.

q. Johann Georg geboren Anno 1577. Marggraff zu Jegerndorff/Administrator des Bisthumbs Straßburg Anno 1592. starb endlich in Ungern Anno 1626. sein Gemahel war Eva Christina Hertzogin von Wirtenberg/ die gebar jhm Anno 1614. Albertum.

r. Ernestus/ dieser verwaltet in nammen seines Bruderen Churfürst Johann Sigmunden die Gülchischen Landt/ war auch Meister des Teutschen Ordens/ in der Marck/ Pomern/ vnd Sachsen/ starb Anno 1613.

s. Christianus Wilhelmus Ernesti Bruder/ geboren Anno 1587. Administrator des Stiffts Magdeburg. Sein Gemahel Dorothea Hertzogin von Braunschweig.

t. Christianus/ Churfürst Johann Georgen Sohn/ von Elisabetha Fürstin von Anhalt/ geboren Anno 1581. Sein Gemahel Maria/ Hertzog Albrecht Friderichen von Preussen Tochter.

u. Joach. Ernestus/ Christiani Bruder Marggraff zu Anspach/ ist geboren Anno 1583. jhme ward Anno 1613. vermehlet Sophia Graff Johansen von Solms Tochter von deren er An. 1616. gezeuget Fridericum.

Vom Fürstenthumb Mechelburg
ein kurtze Beschreibung auß den alten Chronicken der Wenden vnnd Mechelburgern gezogen.
Cap. CCCCXXX.

Hertzog Heinrichs zu Sachsen Bildnuß.

Mechelburg das Hertzogthumb sampt der Graffschafft Swerin/ Rostock vnnd Stargard/ vor zeit vngetheilte Herschafft/ ist ein sehr fruchtbar/ vberflüssig an Korn/ Holtz vnnd Fischreich Landt/ voll Viehes vnd Wildbräts/ mit vielen reichen vnd grossen Stätten/ Schlössern/ Flecken vnd Dörffern wol gezieret vnd erbawen. Die ersten Eynwohner desselbigen Fürstenthumbs sind vrsprünglich die Werlen/ vñ zierlichen nach der Römer Sprach Herulen genañt/ vnd mit den Wenden vnder eins Herzen vnd Königs Regierung begriffen.

Heruli.

Seind auch (wie bey den alten Chronickschreibern/ vnnd sonderlich dem grossen Carlen Römischen Keys. zu finden)

Obotriten.

Obotriten/ welches ein Griechisch Wort ist/ so viel alß ein Bundtschare oder Rotte genannt worden/ desgleichen die alt Statt Mechelburg (darvon hernach weiter zureden) ein Griechischen Nammen hat. Es ist auch zu mercken/ daß die alten Völcker Heruli vnd Werlen erstlich ein groß vnd weit Landt inngehabt vnd bewohnet haben/ vnd sind von Mitnacht mit dem Meere/ vnd gegen Mittag mit der Elb/ vnd gegen Auffgang mit der Spree/ vnnd gegen Nidergang von der Clauß vmbschlossen gewesen/ sollen etwan/ alß gegen Mitnacht ein grosser Sündfluß gewesen/ mit den Cimbern/ jetzt die Dänen genañt/ sich weit auß jhrem Landt biß in Scythien am end Europe dem fluß Meoti begeben haben. Vnd dieweil sie gegen Scandia oder Scona vber gewohnet/ ist bey etlichen der Wahn erwachsen/ daß sie mit den Wenden/ Gothen/ Longobarden/ Hunen/ Rugen/ ꝛc. auß Schonland herkommen sollen seyn. Jre Abgötter vnd Heyligen in denselbigen vnnd volgenden zeiten/ sind gewesen erstlich der Teutanes/ welches nach etlicher bericht der Mercurius seyn soll/ demselbigen haben sie Menschen geopffert/ vnd damit hoch geehrt. Darnach Radagast ein König bey jhnen gewesen/ demselben haben sie stattliche Tempel auffgericht/ vnd sein Bildnuß in Harnisch vnd Pantzer angethan/ vñ auff die Brust ein Ochsenkopff gesetzt. Item Siua ist Venus bey jhnen gewesen/ Parenito/ Suantonito/ Rugievito/ diese haben sie an etlichen orten geehret. Es ist ein vast streitbar/ frey vnd dapffer Volck gewesen / sind nie von den Römern vberwunden worden/ haben vnder dem Keyser Justiniano (wie Procopius schreibt) auch sonst viel Krieg helffen führen vnd selbs geführt/ auch stäts mit den Gothen vnd andern Völckern vnder den fürnemisten gewesen/ die Rom/ Italiam/ Franckreich/ Hispaniam/ Africam/ Europam vnd Asiam bekriegt haben/ darvon Flavius Blondus geschrieben.

Vnd wiewol der groß Keyser Carlen biß in die 33. jar (wie man darvon schreibt) mit den Sachsen gekrieget/ hat er doch die Werlen für seine Freund gern gehabt vnd gehalten.

Anty-

Von Teutschlandt.

Antyrius König der Werlen vnnd Wenden. Cap. ccccxxxj.

Ntyrius ein nambhaffter Hauptmann des grossen Alexanders / von einer streitbaren Frawen vnnd Amazonen am obberürten Ort in Scythia bey den Tanai vnd Meotischen Pfützen erzogen / ist der erst gewesen / der sich nach seines Herren Todt auß Scythia mit seinem Kriegsvolck / welche jhn zu jhrem König erwehlet hatten / in seiner Vorfahren der alten Werlen Vatterlandt zu Wasser mit einer Schiffrüstung erhaben vnd verfügt hat. Den Segel des Hauptschiffs hat er mit einem Ochsenkopff vnnd dem Pferdt Alexandri Bucephalo / dem also in Griechischer Spraach der Nammen von der gestalt des angebrannten Zeichens / vnnd auch sonst der Natürlichen gestalt des Kopffs gegeben / gezieret. Daher noch heutigs tags die Fürsten zu Mechelburg ein Ochsenkopff / etwan mit weissen hörnern / darnach / wie auch noch / die guldinen Hörner / durch weyland Keyser Carles des vierdten Privilegien vnnd Geschenck / mit einer guldinen Kronen / zur gedechtnus des alten Königlichen Stammens vnd Wirdens führen. Auch hat er die Spitz des Schiffs mit einem guldinen Greiffen in einem blawen Feld gezieret / des sich die Wendische Herren nachmals biß an den heutigen tag für jhre Waapen gebraucht haben vnd gebrauchen. Derselbig Antyrus ist an das Ort kommen / da die Wenden / vrsprünglich Windeli genannt / von dem Fluß Vindo / sonst Viadro / die Ader / darnach Vandali im Latein / wiewol sie ettliche von

des Tuisconis Sohn Vandalo (welchen Noe nach dem Sündfluß zum ersten gezeugt) also nennen wolten / gewohnet / hat jhm dieselbige mit Kriegsgewalt vnderworffen / da hernachmals er vnd alle seine Nachkommen König vnd Herren / die Herrschafft vnd Königlichen Titel der Wenden behalten / daselbst hin vnd her viel herrlicher Stätt vnnd Schlosser gebawt / alß nemblich Mechelburg / Werle / sonst Heruli / vnd das Königlich Schloß Stargard / das auff Wendisch so viel gesagt / alß Altenburg / vnd andere mehr Häuser / welche also erblich biß auff die jetzige Hertzogen von Mechelburg kommen.

Mechelburg. Cap. cccc xxxij.

S hat auch Mechelburg den Nammen von der grösse gehabt: dann *Megapolis* in Griechischer Spraach ein grosse Statt heist / darvon nachmals alle nachkommende Fürsten den Nammen vnd Titel behalten / vngeacht daß sie vor langer zeit zerstört vnd vnerbawen blieben. Es hat daselbst nicht allein Antyrius sonder auch lang darnach Billungus der mechtig König der Werlen vnd Wenden sein Königlichen Hof gehabt / vnnd ein Jungfrawen Closter daselbst auffgerichtet / darauß Hertzog Heinrich zu Sachsen der Löw ein Bißthumb gemacht / da drey Bischöffe von den Heyden erschlagen / begraben ligen. Desgleichen hat er Veneta oder Vineta nit weit vom Meere auffgericht / ein herrliche Gewerbstatt / dahin auß India / Griechen / Reussen vnnd andern Ländern Kauffmans Waar gebracht vnd verhandlet wirdt. Da auch Kauffleut der gemeldten Völckern gewohnet / darvon ettliche meynen / daß das Wasser auß dem See fliessend / zuvor die Ader daselbst den Nammen die Winow behalten hab / ist durch jhre eigne Burgerliche Vneinigkeit / Krieg / Empörung vom König zu Dennmarck gar zerstört vnd verhergt worden.

Item Rheta da noch alte Vrkund vnd Anzeigung einer feinen Statt vorhanden vnd zu besichtigen / da etwan ein Tempel des Abgotts Radagast gewesen. Die Statt hat sieben veste Thor gehabt / gerings vmbher mit tieffen Wassergräben vnd See bewahret. Es meynt Albertus Krantz / daß sie im Landt Stargard sey gelezen gewesen / bey dem grossen See / dieweil Stargard in Wendischer Spraach lautet ein alte Statt. Nach dem Antyrio dem ersten König der Werlen vnnd Wenden ist das Königlich Regiment bey seinen Nachkömblingen ein lange zeit blieben / welcher aller vnd ein jeden fürnemblich deren so vngläubig Tyrannen gewesen seind / hie zu melden vnnöthig ist. *Rheta ein Statt.*

Anno 340. oder vmb dieselbige zeit / ist vnder andern Visimarus ein namhafftiger Kriegsfürst vnd König gewesen / welcher von Geberico der Gothen König vertrieben / vnnd darnach bey dem Keyser Constantino mit einem theil des Vngerischen Reichs begabet worden / das er auch mit den seinen besessen hat. Von demselbigen soll die Statt Wißmar anfänglich gebawet worden / vnnd den Nammen von jhm behalten haben. Von desselben Sohn Wißißlao ist geboren Radagast / welcher vnder dem Römischen Keys. Arcadio mit Alarico der Gothen König in Oestereich / Croatien / Dalmatien vnd Italien / schwere Krieg geführt / vnnd die Statt Rom endtlich Anno 412. erobert / vnd darnach von dem Stilico bey Florentz hinderzogen / vnnd zu letzt in der flucht von den *Wißmar.*

Römern erwürgt. Er ist den seinen so lieb vnd wärt gewesen/daß sie jhn nach seinem Todt geheyliget vnd seinen Nammen in hohen ehren gehabt/ auch Flecken/ Dörffer vnd Wasserflüß nach jhm genennt haben. Wie grosse Krieg sein Sohn Corsico/darnach Friedbaldus/vnd desselbigen Sohn Gungerich/vnd volgends Genserich/ (der Carthago in Africa erobert/ vnd biß in Egypten vnnd Morenlandt regiert/vnnd des Keysers Valentiniani Gemahel sampt zweyen Töchtern hinweg geführt) in Italia/Franckreich/Hispanien vnnd Africa geführt haben/ ist bey allen Historien der Gothen vnd Wenden beschrieben/vnd in den alten Chronicken vberflüssig zu finden.

Billungus König.

Bey des Christlichen Keysers des Grossen Carlens Regierung vnnd an seinem Hof ist Aribertus gewesen/auß dem gemeldten Königlichen Stamme entsprossen/vnd hat der Keyserin Schwester erworben/vnd den Billungen erzeugt/welcher ein mechtiger vnd gütiger König gewesen/vnnd jhm vnderthänig gehabt in Sarmaten alle Wenden von der Wichsel bey Dantzig fliessend an biß an die Weser/vnd alle Völcker von der Ader an biß in das Landt Holstein/ hat zu Mechelburg/ wie oben angezogen/Königlichen Hof gehalten/ wiewol jhm seine Söhn Mizilaus vnd Misteus nicht nachgeschlagen/sonder die Christen hefftig v...folgt haben/ doch hat es den Misteus darnach gerawen/vnnd alß er den Christen anhengig worden/vnnd deshalben von den seinen/sonderlich den Wenden verhast vnd verfolgt/hat er sich freywillig in das Ellend begeben/vnnd zu Bardewick ein bußfertig Leben geführt/vnd drey Söhn von Margaretha Keyser Heinrichs des Ersten Tochter oder wie etliche setzen/ von einer Hertzogin auß Thüringen vnnd Sachsen / verlassen / Vdon/ Anadrach vnd Gneum. Von Vdone schreibt man/daß er alß ein vngläubiger Tyrann von einem flüchtigen Sachsen sey erwürgt worden Anno 1005. Aber sein Sohn Gotschalck (welchen doch Saxo Grammaticus Boribignei Sohn acht) ist ein Christlicher König zu Veneta gekrönt/ vnd zuletzt an der Elb vmb des Glaubens willen mit ettlichen andern Christen Anno 1014. vmbkommen.

Die Wenden verfolgen den Christlichen Glauben.

Rugen die Insel erobert.

Zur selbigen zeit haben die Wenden die Christlich Kirch grausamlich verfolget/ auch ettliche Bischoff/ alß den zu Bremen/ Hamburg vnd Mechelburg gemartert vnnd getödt/ darumb Hertzog Ordsloph zu Sachsen wider sie zwölff jar lang gestritten/ hat aber solch wütend Volck nicht zämmen können. Desselbigen Gotschalcks beyde Söhn/ nemlich der erst Bute/ welcher Lübeck bevestiget/vnd derowegen die Statt Lübeck den Nammen ein zeitlang von jhm gehabt/ vnd der ander Heinrich/ sind von dem Tyrannen auß Rugen Crito genannt/ durch zuthun jres eignen Volcks/ jhres Vatterlandts Reichen gewaltiglich entsetzt/ vnnd Bute ist im Landt zu Holstein von Polen erschlagen worden/hat ein Sohn Jdom verlassen. Aber Heinrich hat den Tyrannen Criton mit hilff seines eignen Weibs Sclavina erschlagen/ vnnd Sclavinam sein Haußfraw zu der Ehe genommen/vnd mit jhr zwen Söhn gezeugt/vnder welchen einer Canutus/von dem andern Sandopolcho in Zwentracht des Gebiets vñ Regiments getödt/ desgleichen dem Todtschleger darnach von einem Holsteinischen Edelmann auch widerfahren/ vnd ist nicht lang darnach der dritt Sinirus genannt/ohnbeerbt vmbkommen. Demnach hat Canutus Kön. Erichs zu Dennmarck Sohn von dem Keyser Lothario Anno 1135. durch Gaaben das Reich der Werlen vnd Wenden zu wegen gebracht/hat es aber mit Kriegsgewalt müssen gewinnen/vnd hat die zwen rechten Erben Nicolot vnd Pribißlaum junge Knaben von obberührtem Königlichem Stafften entsprossen/ zu Schleßwig gefengklich enthalten. Ist kurtz darnach von seinem Stieffsohn Nicolot erwürgt worden / vnd sind beyde jetzgemeldte rechte Erben wider zu jhren angeerbten Reichen vnd Landen kommen Año 1146. haben vnder sich die Landt getheilt/vnd den schandlichen Abgöttischen Dienst wider auffgericht vnder dem Bapst Eugenio. Nach dem Pribißlaus zu Lübeck gestorben/hat Nicolotus grossen Mutwillen wider die Christen geübt/vnd Hertzog Heinrich zu Sachsen der Löw/ alß er wider auß Italia von Keyser Friderichen heim kam/hat er den Nicolot auffs hefftigst verfolgt/ vnnd die fürnemeste Stätt von dem Nicolot angezündt vnd verlassen/ eyngenommen/vnd jhm sein Landt abgewonnen/vnd jhn endtlich erwürgen lassen.

Pribißlaus gestorben.

Schwerin. Cap. cccc*xxxij*.

Swerin.

Statt vnd Schloß Swerin oder Schwerin in Mechelburg gelegen / ist im jahr Christi 1163. von Hertzog Heinrichen von Sachsen gebawen vnd bevestiget worden.

Von

Von Teutschlandt.

Von den Mechelburgischen Fürsten/ so in der nachverzeichneten Genealogy benennt werden.

Pribißlaus. Cap. cccxxxiv.

Ribißlaus Nicoloti obberührter Sohn/ nach dem sich sein Bruder Vratislaus/ vor dem Hauß Werlen hart verwundt/ vnd sich Hertzog Heinrich Löwen ergeben/ hat Mechelburg vberfallen vnd gantz abgebrennt. Gleicher gestalt hat er mit etlichen andern Stätten gehandlet/ darumb Hertzog Heinrich ergrimmet vnnd den gefangnen Vratislaum/ der sich nicht zum Christlichen Glauben wolt begeben/ an ein Baum hencken lassen/ vnd ist Pribißlaus in Pomern geflohen vnnd entrunnen: aber nachmals in Frieden mit Hertzog Heinrichen vertragen vnd sind gute Freund worden/ die Christliche Religion angenommen/ vnd mit jhm Anno 1171. zum Heyligen Grab gezogen/ nach glücklicher widerkunfft zu Lünenburg im scharffrennen mit dem Gaul gestürtzt/ vnd darvon gestorben Anno 1179. vnd auff dem Kalchberg bey S. Michels Closter begraben/ von dannen sind seine Gebein in das Closter Doberan/ von seinen Vorfahren gestifft vnd erbawen (dahin sein Gemahel ein Königin zu Norwegen begraben ware) gebracht worden. Er ist der letzt gewesen/ der sich des Königlichen Namnens/ Titels vnd Würden gebrauchet. Dann das Land nach jhm ist in viel theil zertheilet worden/ vnd sind viel darvon von den vmbligenden Herren vnnd Fürsten entzogen/ auch vmb Abgötterey willen von vielen Herren vnd Keysern verwüst worden. Sein Titel auff seiner Begräbnuß an gemeldtem ort in Lateinischer Spraach befunden/ lautet also: Pribislaus Dei Gratia Herulorum, Vagriorum, Cirei Pœnorum, Polamborum, Obotrisarum, Kissinorum, Vandalorumque Rex. Welche Wörter Nicolaus Marschalck also außgelegt vnd erklärt hat: Pribißlaus von Gottes Gnaden/ der Werlischen/ der Holsterter/ der Völcker die an dem Wasser genannt Peni wohnen/ der Ratzenburger/ der Obotriten: das ist/ der Bündengarde oder Rotte von Mechelburg/ der Cussiner: das ist/ des Landes Rostock vnd der Wenden König. Es zeucht sich diese Geburtliny von Pribißlao dem letsten König der Obotriten auff zwen Johannes/ nemblich auff Johannem der zum König in Schweden ward erwehlt/ vnd auff Johannem der Herülen Herren/ von welchen zweyen sich die Geburtliny weiter außgespreitet/ wie hernach volget:

Doberan ein Fürstlich Schlos.

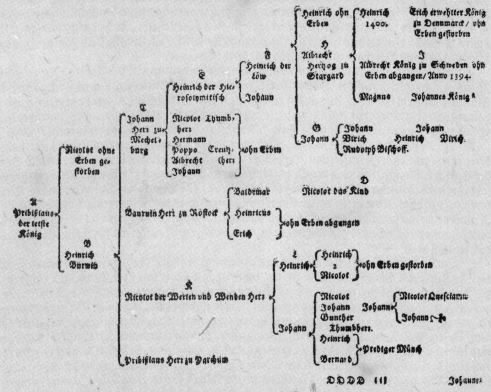

Das fünffte Buch

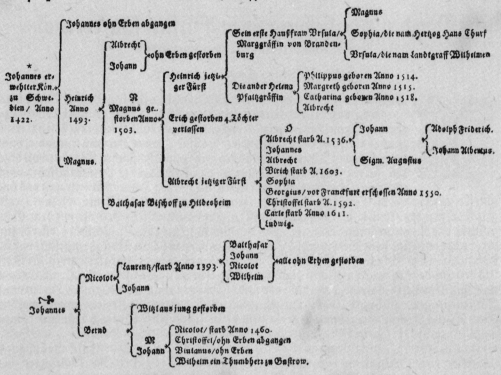

Vnd nach dem er ein Weib nam/ist er ohn Erben gestorben/vnnd ist die Herrschafft an Heinrichen vnd Johann den eltern zu Mechelburg vnd Stargard gefallen.

A Pribißlaus/wie gesagt/ist der letst König gewesen/vnd hat das Reich verlassen seinem Bruder/oder wie die andern schreiben/seinem Sohn Heinrichen Buruin.

B Auff Heinrichen Buruin fiel/nach tödtlichem fall seines Bruders oder seines Sohns/die gantze Herrschafft. Er stifftet zu Gustrow den Thumbstifft S. Cecilie/dahin er auch Anno 1278. begraben ward. Seine vier Söhn haben das gantz vnd zuvor vngetheilt Landt also vnder einander getheilt/Johann dem eltern ist das Gebiet der Statt vñ Landschafft Mechelburg zugeeignet: Baruin/Rostock/Nicolot dem 3. die Werlisch vnnd Wendisch Herrschafft: Pribißlao dem jungsten Sernenburg vnd Parcham mit jrem Zugehör zu theil worden.

C Johann der elter Hertz zu Mechelburg/mit dem Zunammen Knese Janike/hat 20. jahr zu Paris in Franckreich auff der Vniversitet studiert/vnd daselbst mit dem jungen König von Massilien vnd mit dem junzen König auß Cypern/alß seinen Schulgesellen/grosse gemeinschafft gehalten/vnd volgends deren jeglichem eine seiner Schwestern zur Ehe gestattet. Ihm aber ist des Graffen von Hennenbergs seines Schulgesellens Schwester verlobt vnd verheyrath worden.

D Nicolot Baldemari Sohn/das Kindt von Rostock genannt von wegen seiner thorheit/in deren er jme erstlich des Grafen von Ruppin Fräwlein sich hat geloben lassen/vnd darnach jhr wider abgesagt. Desgleichen auch des Marggraffen von Brandenburg Albrechts Tochter jhm verlobt/darnach sie auch verschmahet/daß Rostock vnd jhr Landt von dem Marggraffen von Brandenburg/viel vnglücks erlitten vnd vast vmbher verhergt worden/vnd haben sich demnach die von Rostock dem König zu Dennmarck zu vnglückseligkeit ergeben/auff daß sie nit Hertzog Heinrichen dem Löwen von Mechelburg zu theil wurden/welchen sie doch auffs letst für jhren Herrn haben dulden müssen.

E Dieser Heinrich zog im 1260. jar vngefehrlich mit König Ludwigen von Franckreich wider der Christen Feind den Suldan in Egypten/kehrt alßbald wider mit dem König vmb/vnnd wolt gen Jerusalem ziehen/vnd ward von den Ciliciern gefangen/vnd gen Damasco: vnd von dannen gen Alkair zum Suldan geführt/vnd daselbst 25. jar von dreyen Suldanen in Gefengnuß verwaret/vnd zu letst von dem dritten erwehlten Suldan/welcher etwan vnder diesem Heinrichen vñ seinem Vatter Johann dem eltern/ein Büchsenmeister/vnnd fürnemmer Kriegs befehl haber (wie man schreibt) gewesen/wol begabet vnnd ledig gelassen. Ist nachmals in der Reiß alß er heim zog/auff dem Adriatischen oder Venedischen Meere von den Seeräubern gefangen/beraubt/vnd wider gen Alkair geführt worden/daß sich der gemelt Suldan seines Vnglücks erbarmet/vnnd jhn noch reichlicher begabet vnd loß gelassen. Darnach ist er glücklich in Cypern kommen/da er von der Königin seines Vatters Schwester Tochter/vnd demnach in Massilien von der Königin auch seines Vatters Schwester Tochter hertzlich empfangen/vnd alß er sein Vatterlandt erreicht/mit grossen Frewden vnd Frolocken von seinem Gemahel Anastasia Hertzogin auß Pomern/bey

welcher

welcher sich vorhin 2. für jhr Gemahel fälschlich angeben/ vnd derhalben der ein mit dem Wasser/ der ander mit dem Fewr gericht wird/ erkannt/ vnnd sampetlich von allen seinen Vndersässen hertzlich empfangen vnd angenommen worden/ Anno 1298. ist darnach vber ein kurtze zeit gestorben/ vnd zu Doberan begraben worden.

F Heinrich/ Heinrichs des Jerosolymitischen Sohn/ ist ein streitbarer Kriegsfürst gewesen/ hat die Herrschafft Stargard mit seinem ersten Gemahel/ eins Marggraffen von Brandenburg Tochter vberkommen/ hat den Hertzogen in Oestereich Albrecht/ vnnd Graff Adolphen der Sachsen Feind/ biß in das Land Behem verfolget/ vnnd alß seine Mitgnossen des Kriegs vor den Feinden die Flucht gaben/ ist er alß ein Löw blieben stehn/ daher er bey menigklichen ein grossen preiß erlanget/ vnd den zunammen Löw behalten. Er hat auch nachmals Wißmar vnnd Rostock/ damals/ wie obberürt/ dem König zu Dennmarck vnterworffen/ wider von König Erichen auch mehr Landt an sich gebracht/ vnnd glücklich wider die Fürsten auß Pomern/ den Fürsten zu Meidenburg/ Hertzog Ott zu Braunschweig vnd den Vrsilaum zu Rugen/ vnnd den Hertzogen zu Schwerin/ welche Herrschafft Hertzog Heinrich der Löw zu Sachsen seinem Hauptmann Cuntzelin eyngethan/ vnnd zur Graffschafft gemacht hat/ gekriegt. Er hat viel an das Closter Doberan geben/ dahin er auch letstlich Anno Christi 1329. begraben worden. *Warumb er der Löw genannt.*

G Johann des Löwen Sohn ist von Keyser Carlen dem vierdten der erst zu Stargard erwehlt/ vnnd sampt seinem Bruder in die zahl der Fürsten des Römischen Reichs angenommen/ vnnd gezeichnet/ vnnd zu Sterlitz im Stargardischen Fürstenthumb begraben worden. Sein Sohn Johann zeuget ein Sohn auch Johann genennt/ welchem Graff Jost in Märhern das Regiment in der Marck zu Brandenburg befahle/ ward von dem Graffen zu Ruppin/ daher der Quintzogen Geschlecht kommen/ gefangen/ desgleichen auch deßelbigen Sohn zu Tagermund neun jahr vnd sechs Wochen gefänglichen enthalten war. Rudolph ward Bischoff zu Scaron vnd Schwerin. Vlrich auch dieses Hertzog Hansen Sohn gebar Heinrichen/ vnnd Heinrich Vlrichen/ dieser Vlrich zog mit seinem Vetter Magno gen Jerusalem/ vnnd alß er wider kam/ ward jhm vergeben/ starb ohn Erben Anno 1371. ist alles an Hertzog Heinrichen zu Mechelburg gefallen.

H Hertzog Albrecht Johansen Bruder/ ein kluger/ verstendiger vnd dapfferer Herr/ ist in der Legation des Königs zu Schweden vnnd Norwegen seines Schwagers an Keyser Ludwigen im Land zu Thüringen bey Erdfurt von einem Grafen beraubt/ vnd allein gefangen/ vnd in ein Schloß geführt/ welches durch seinen Cantzler dem Keyser geklaget auß Keyserlichem befehl vnd schaffung durch den Marggraffen zu Brandenburg erlediget worden/ vnnd hat darnach nicht weniger sein Botschafft bey Keyserlicher Majestat wol außgericht/ vnd ist in der widerkunfft von dem König von Schweden hertzlich empfange. Er hat darnach die Hertzogen zu Pomern Bugißlaff vnnd Vratißlaff gefangen Anno 1471. vnd Hertzogen Magnum zu Braunschweig geschlagen/ Ratzenburg gar zerstört/ Wittenburg der Gothen geplündert/ vnnd den Marggraffen zu Brandenburg gestillet/ vnd dem Hertzogen zu Schwerin viel entzogen/ vnnd sich nachmals derselbigen Graffschafft Titels/ wie nach jhm alle Hertzogen zu Mechelburg zugeeignet vnd geführt.

J Albrecht/ Albrechts Sohn/ ist nach Königs Magni tödtlichem abgang ein Kön. zu Schweden von den fürnemesten des Reichs erwehlt worden/ vngeachtet daß König Magnus ein Sohn/ mit Nammen Haquinum/ hinder jhm verlassen/ welcher mit des Königs zu Dennmarck Waldemari Tochter Margaretha hat einen jungen Sohn Ololaum gezeuget/ derwegen die gemelte Königin nach dem zeitlichen Todt Haquini ein regierende Königin in Dennmarck worden/ hat das Königreich Schweden mit Kriegsgewalt erhalten/ vnd diesen erwehlten König Albrechten sampt seinem Sohn Erich Anno 1388. gefangen/ seind nach 7. Jahren mit grossem Gelt gelöset worden/ darzu die Frawen der Werlen von jhrem köstlichem Geschmuck viel zugelegt hetten/ derhalben daselbst den Frawen Gerechtigkeit geben/ welche noch heutigs tags in vbung gehalten wirdt/ daß sie gleich den Mannspersonen/ so deren keiner des Geschlechts im Leben/ Erb nemmen mögen. Dieser Albrecht ist ohn lebendige Erben gestorben/ vnnd zu Wittenberg der Gothen begraben Anno 1394. Item Balthasar so von seins Bruders Kinder erboren/ ward Bischoff zu Hildesheim/ alß er ein Weib nam/ starb er ohn Erben Anno 1507.

K Nicolot ein Sohn Heinrichs Buruin/ ein rechter Erb der Werlischen vnnd Wendischen Herrschafft/ ist ein beredter/ gescheider Mann vnd Gottsförchtiger Herr gewesen/ der hat die Kirch zu Gustraw/ von seinem Vatter angefangen/ köstlich außgeführt/ die Werlisch Herrschafft in Christlichem wesen vnnd vbung geregiert/ vnnd das Closter Doberan reichlich begabet/ ist Anno 1277. gestorben.

L Sein Sohn Heinrich hat zwen vngetzogne Söhn gehabt/ Heinrichen vnnd Nicolot/ welche *Zwen Söhn erschlagen jren Vatter.*

welche jhrem Vatter/ alß er zur dritten Ehe griff/ nachstelleten/ vnd Heinrich der jünger in der verfolgung/ darein sein Bruder Nicolot verwilliget/ den Vatter erschlug Anno 1291. Seind darnach beyde von jhres Vatters Bruders Sohn Nicolot jhres Landts beraubt vnd verjagt worden/ vnnd haben laut der Göttlichen vrdnung nit lang nach jhres Vatters Todt gelebt/ sonder Nicolot erstlich auß Wehmut/ vnd Heinrich der Handtöder darnach im ellend gestorben.

Von Johann vnd seinen Söhnen zeigt die Genealogy gnug an/ wie sie alle ohn Erben abgestorben seind. Nun wöllen wir außführen die Liny der Herzen so noch vorhanden seind.

Magnus Herzog Heinrichs Sohn war ein Weiser vnd verstendiger Fürst/ mechtig vnnd eins grossen Nammens/ eins grossen Gemüts/ vnd grosser Thaten/ er ist in seiner jugent mit seinem Vettern Vlrichen zu Jerusalem/ vnd darnach bey Bapst Sixto zu Rom zweymal gewesen/ hat groß Gnad bey Keyser Friderich/ darnach bey Keyserlicher Majestat gehabt/ gute Recht vnnd sicherheit hat er in seinem Gebiet erhalten. Er ist zu dem Krieg so er gegen den Rostockern geführt/ hoch vervrsacht worden/ vnnd doch zu letst sich mit jhnen durch gütige Mittel in gnaden lassen vertragen/ vnd daselbst in Sanct Jacobs Kirchen grosse Prebendt gestifft/ ist im jar 1503. in dem Herren verschieden/ vnd hat die beyde Regierenden löblichen Herzen vnd Fürsten Heinrichen vnd Albrechten nach jhm verlassen. Demnach hat sich Herzog Heinrich im Regiment allzeit alß ein Weiser/ Fürsichter/ Friedsamer vnd Gottsförchtiger Fürst erzeigt/ auch sich an weiland König Maximilian Hof dapffer gehalten vnd groß Ehr erlangt. Er hat auch das Liecht des Heyligen Euangeliums vnder andern Fürsten vnnd Stenden des Reichs/ nach dem ersten angenommen/ welches er auch in seinen Landen vnd Fürstenthumb in Christlicher/ züchtiger Ordnung/ wie einem Christlichen Fürsten gebürt/ fleissig handtgehabt. Er hat von seinem ersten Gemahel Fraw Vrsula einer Marggräffin zu Brandenburg geboren Herzog Magnum/ der ein dapfferer Fürst war/ vnnd sich ohn klag gegen Gott vnd der Welt gehalten. Herzog Albrechts hochgedachtes Heinrichs Bruder/ auch ein mitregierender Herz vnd Fürst zu Mechelburg/ in Kriegshendlen wol erfahren vnd geübt/ hat von seinem Gemahel die auch ein Marggräffin von Brandenburg war/ wie die Geburtliny anzeigt/ geboren 4. junge Herzen vnd ein Frewlein.

Herzog Heinrich zu Mechelburg.

Johann Albertus Herzog von Mechelburg ist geboren Anno 1525. ist in dem Schmalkaldischen Krieg auff des Keysers seyten gewesen/ starb Anno 1576. Sein Gemahel war Anna Sophia Herzog Albrechts in Preussen Tochter/ mit deren er zeuget 2. Söhn/ Johannem vnnd Sigmundum Augustum. Dieser Sigmundus Augustus hatte Claram Mariam ein Herzogin auß Pomern: starb aber ohne Erben Anno 1603. Johannes ist geboren Anno 1558. Er zeuget mit seiner Gemahel Sophia Herzog Adolphi auß Holstein Tochter 2. Söhn/ Adolphum Fridericum Año 1589. Dieser nam Annam Mariam ein Gräffin auß OstFrießlandt. Vnd Johann Albertum Anno 1597. Dieser nam erstlich Margaritham Elisabetham/ ein Herzogin von Mechelburg/ die starb Anno 1616. Hernach nam er Fräwlein Elisabetham Landtgraff Moritzen in Hessen Tochter Anno 1617. die starb jhm bald. Da nam er eine Fürstin von Anhalt.

Diesem Fürsten pflegt man zu schreiben. Dem Hochwürdigen/ Durchleuchtigsten vnd Hochgebornen Fürsten vnd Herren/ Herren Johann Albrechten Coadjutor des Stiffts Ratzenburg; Herzogen zu Mechlenburg/ Fürsten der Wenden/ Graffen zu Swerin/ der Landen Rostock vnnd Stargardt Herren.

Rostock. Cap. CCCCXXXV.

Rostock ein fürnemme Statt in Meckelburg/ von Ptolemes Laciburgum genannt/ ist anfenglich ein Schloß gewesen/ darnach von Gotschalco/ Vdonis Sohn dem Christlichen König der Obotriten zur Statt gemacht/ vnnd Anno 1170. von Primißlao dem 2. erweitert vnd gebessert worden. Anno 1419. wurde in dieser Statt von den Durchleuchtigsten Fürsten zu Mechelburg/ nemblich Hans vnd Albrechten/ vnd einem Ehrsamen Rhat daselbst vnder der Regierung König Sigismundi die Hohe Schul auffgerichtet.

Von Teutschlandt.

Von dem Fürstenthumb Pomern.
Cap. cccczzzvj.

WJein Beschreibung des Lands Mechelburg gesagt/ist vorzeiten das gantz Seelandt so sich von Holsatz zeucht biß in Lyflandt/ ein Wandalen oder Sclaven Land gewesen/wiewol es zu Mechelburg/Brandenburg/Rugen/Pomern/Preussen/vnd Lyffland/andere vnd andere Herren hat gehabt/die doch des Vnglaubens halb zusammen hielten/vnd nach allem vermögen vnderstunden bey jnen kein Christen zu dulden/viel minder den Christlichen Glauben anzunemmen. Vnd wiewol sie zum offtermal wurden angelangt vnd bered/ja auch etwan mit gewalt bezwungen den Heyligen Glauben anzunemmen/theten sie es doch mit falschen Hertzen/vñ fielen bald wider darvon. Keyser Heinrich der erst bemühet sich viel die Heyden so an sein Landt stiessen/ zum Glauben zubekehren/desgleichen thet sein Sohn Keyser Ott/ der grieff sie auch mit gewalt an/zwang sie zum Glauben vnd Tribut zu geben/vnd ward zu seiner zeit ein grosse menge getaufft der Vngläubigen/ so da wohneten in der Brandenburger Marck vnd in Mechelburger Landt. Es ward das gantz Landt erfüllt mit Kirchen/Priestern vnd München/vnd war nichts das dem New gepflantzten Glauben ein eyntrag thet/dieweil die 3. Keyser Otto nach einander bey leben waren/ dann sie hetten ein grossen ernst den Glauben bey jhnen zu erhalten. Aber die Völcker so am See wohneten/ waren gar grimmig/ sie liessen keinen in jhr Landt kommen/ der jhnen etwas sagte von dem wahren GOtt. Es hetten auch die Juliner in Pomern ein Gebott lassen außgehn/ daß kein frembder/so zu jhnen käm mit jhnen zu handlen/solte mit einem einigen wort gedencken des newen Glaubens/ bey verliehrung Leibs vnd Guts. Auß welchem gefolgt/ daß sie zum allerletsten kommen seind zum Glauben/ wiewol die so ausserhalb dem Seelandt wohneten/ auch offt im Glauben schwanckten vnd darvon fielen. Item die Völcker/ die weiter gegen Orient jhr wohnung hatten/ vber welche Bolißlaus Hertzog zu Polandt herrschet/ der sich zu den zeiten Keysers Otten des 3. vnderzog dem Römischen Reich vnd erkannt den Keyser alß seinen Oberer/ die wurden biß zu der Oder gezwungen vnder das joch Christi/vnnd fieng also an das Euangelium bey den Wandalen so in Polandt wohneten. Desgleichen bey den Wandalen die Winuli heissen vnder König Bilung fieng auch an das Euangelium zu grünen: alß aber der König Anno Christi 980. starb vnnd ettliche Söhn verließ/ die Christum offentlich bekannten/ verfolgeten sie jhn doch heimlich/ vnd vnderstunden der Feind Vnkraut zu säen vnder den guten Samen des Heyligen Glaubens. Es herrschet gemelter Bilung zu den zeiten Keysers Otten des ersten/ am See weit vnd breit/ von dem Wasser Wixil biß an Judlandt/ vnnd hett viel herrlicher vnnd nambhaftiger Stätt in seinem Landt/ besonder Vinetam/ Rethram/ Julinum/ Stargard/ Volgast/ Demyn/ Cistin/ Melchow/ Kissin. Nach seinem todt ward sein Landt getheilt vnder seine Kinder.

Es war zu denselbigen zeiten oder bald darnach ein Hertzog in Sachsen mit Nammen Bernhard/ der legt sich wider den Keyser/vnd hielt sich gantz vngebürlich gegen den Winulen: dañ er war so Geltsüchtig/ daß er sie mit Schatzung dermassen plagt vnnd beschwert/ daß sie darumb zum Vnglauben tratten. Desgleichen thet Marggraff Theodoricus von Brandenburg. Das macht die arbeitseligen Leut die noch nicht recht im Glauben erbawen waren/ also widerwertig/daß sie das joch der Dienstbarkeit sampt dem Glauben wider von jhnen warffen/ vnd strebten mit jhren Waffen nach der Freyheit/vnd fiengen an mit vnsinnigkeit zu wüten wider die Christen/ verbrenten jre Kirchen vnd erschlugen die Priester. Das theten fürderlich die Wandalen so zwischen der Oder vñ der Elb wohneten/ die 70. jar lang dem Christlichen Glauben waren angehangen/warffen jn auch wider von jnen. Das achteten aber nicht der Christen Fürsten/ jhr Gemüt stund mehr zum Gelt vñ Tribut dann zum Glauben. Es stund also ein gute zeit/ biß Hertzog Heinrich der Löw dem Landt Sachsen vorstund/ der schuff etwas mit den Vngläubigen. Zu derselben zeit hetten die Wandalen zu einem Fürsten Mistiwoin/ vnd der hett etliche Söhn die hiessen Anatorg/ Gutus vnd Vdo/ der war ein grosser Tyrann/darumb er auch erstochen ward/ vnd verließ ein Sohn der hieß Gotschalcus/ vnd der vbertraff seinen Vatter in der Tyranney/ biß er zu letst sich von Hertzen zum Glauben bekehrt. Sein Geburtlinÿ hast du hievornen in beschreibung Mechelburgerlandts. Als nun dieser Gotschalcus von seiner Tyrañey ließ/ vnd ettliche jar in des Königs zu Denmarck Hof war gewesen/ vnd darnach wider heim kam/ vnderstund er mit allen seinen krefften zu pflantzen den Glauben Christi/ den er vorhin hat helffen außtilgen/ hett auch kein ruh biß er das Volck so er vorhin von Christo hatt gezogen/widerumb zu jhm bekehrt. Er hett ein solchen grossen eyfer in dem Heyligen Glauben/daß er offt vnd viel selbs in der Kirchen dem Volck predigt. Er bracht gar nahe den dritten theil des Volcks widerumb zum Glauben/ das vnder seinem Anherren Mistiwoi war in Vnglauben gefallen. Da nun der fromb vnd Gottsförchtig Fürst mit solcher grossen eynbrunst vnder-

FFFF stund

Julinum vor zeiten ein mechtige Statt.

Gotschalcus vmb Christi den erschlagen.

stund das Volck zu führen auff den weg des Heils/ rotteten sich etliche von seinem Volck zusammen vnd erschlugen jhn/ der jr Heil sucht. Er verließ ein Sohn mit Nammen Heinrich/ der vnderstund den vnschuldigen todt seines Vatters zu rechen. Alßbald aber dieser Gotschalcus erschlagen ward/ haben sich die Wandalen mit einander wider zu dem Glauben der Heydnischen Religion gewendt/ vnd alle die vmbbracht/ so an Christo haben wöllen beharren. Die grosse vñ die ander Auffruhr des Glaubens halb/ hat sich verlauffen Anno Christi 1066. im 8. jahr Keysers Heinrichs des 4. Vnd dieweil diese Vngläubigen müsten sich förchten vor Gotschalcki Söhnen/ haben sie zum Fürsten erwehlt Citronem der ein tödlicher Feind war des Christlichen Nammens/ vnd vberkam also die Herrschafft vber das gantz Land der Obotriten. Er lag stäts mit dem Hertzogen von Sachsen der Magnus hieß/ im Krieg/ vnd wehrt mit Hend vnd Füssen/ daß er vnd die seinen nicht wider vnder der Christen joch vnd Satzungen gezwungen wurden. Es gab diesen Vngläubigen nicht ein kleine Halßstarcke/ die groß Zwietracht so zwischen Keyser Heinrichen/ dem 4. vnd den Hertzogen von Sachsen war.

In diesem allem feirten nicht die Hertzogen von Polandt/ besonder Hertzog Bolislaus/ der fliß sich die anstossenden Wandalen vnnd sonderlich die in Pomern Lande wohneten/ zum Glauben Christi zu bringen/ vnd seind also die Wandalen in Orient eh zum Glauben kommen/ dann die in Occident. Vnnd nach dem der Fürst Crito alt war worden im Regiment/ hat Heinricus Gotschalcks Sohn gestrebt nach dem Regiment/ vnnd darzu halff jhm Sclaviana Critonis Ehegemahel/ die sahe daß er truncken/ vnnd in der Truncken heit zu todt geschlagen ward/ da nam sie zu der Ehe Heinrich Hertzog Gotschalcks Sohn/ vnd erobert seines Vatters Hertzogthumb. Alß solchs vernamen die Wandalen die seinem Hertzogthumb zugehörten/ seind sie zusammen gelauffen/ vnd mit grossem zorn haben sie gekriegt wider jhren Herrn. Aber Hertzog Heinrich nam zu einem gehilffen Hertzog Magnum von Sachsen vnd zwang sie zum ersten jhm Tributz zu geben/ vnnd von der Religion handlet er nichts mit jhnen: dann er wust wol wie sie ein haß wider die Christliche Religion trugen. Darnach bezwang er die Rugen/ vnd macht sie jhm auch zinßbar/ vnd also bracht er vnder seine gehorsame die Wagrien/ Polaben/ Obotriten/ Kissiner/ Cincipaner/ Pomeraner/ vnd alle Wandalen biß an Polandt. Er ward aller dieser Völcker König/ wiewol er den Königlichen Nammen jhm nicht wolt zuschreiben. Vnd da er gestarb nach dem er Anno Christi 1122. Rugen hett erobert/ hat Canutus König von Denmarck an seiner Kinder statt das Regiment an die hand genommen.

Bischoff Otto prediget den vngläubigen.

Vmb dieselbige zeit alß gemelter Hertzog Heinrich die Landtschafft hiesenet dem Wasser Pano besaß/ regiert Wendislaus im Orientischen Wandalia so vber dem Wasser Pano ligt/ vnnd kam zu jhm Bischoff Otto von Bamberg/ vberedet jn daß er sampt seinem Volck anam den Christlichen Glauben/ vnd darzu drungen jn auch der König von Denmarck vnd Bolislaus der Hertzog von Polandt/ vnd blieb das angenommen Euangelium steiff in seinem Landt: aber in dem Lande darüber Hertzog Heinrich zu gebieten hat/ ist es nach seinem todt wild zugangen/ biß sich dz Volck von Hertzen zum Heyligen Glauben bekehrt/ das dañ geschehen ist zu den zeiten Hertzog Heinriche von Sachsen des Löwen. Also wöllen wir ein anfang nemmen zu beschreiben von Pomern vnd seinem Fürstenthumb/ von der zeit an da es zum Christlichen Glauben kommen ist/ dann durch annemmung des Glaubens ist es außlendigen Menschen bekannt worden. Seine alte örter oder Marcksteyn seind gewesen die Wässer Wixel/ Warta/ Panus vnd das Meere.

Von der Fruchtbarkeit des Landts Pomern. Cap. CCCCXXXVII.

DAs Landt Pommern ist zimlich fruchtbar an Früchten/ Vieh vñ Fisch. Es ist ein eben Land vnd hat kein sonderlichen Berg/ die fürnemesten Stätt dieses Landts ligen vast am Meere. Der Hertzog von Pomern hat auch vnder jhm die Insel Rugen/ die 6. oder 7. Meil lang vnnd breit/ vnd ist gantz fruchtbar an Getreyd/ aber es wechst kein Holtz darinn. Es hat auch zwo andere Landtschafften vnder jm/ nemlich Wandaliam/ oder Wenden vnd Cassuben die bey der Wixel in vnder Pomern ligen/ vnd an des Königs von Polandt Erdtrich stossen. Merck auch hie/ daß das Meere zu Pomern ein hohen Staden hat/ vnnd von Natur wol eyngefangen ist/ daß es dem Land nit leichtlich schaden thun mag wie in Frießlandt vnd Holandt/ da man jhm mit Dammen entgegen kommen muß/ daß es nicht ins Landt laufft. Es wirfft auch in diesem

Das Meere wol eingefaßt.

Lande das Meer Augstein auß gleich wie in Preussen/ wiewol nicht so viel/ vnd nicht an allen orten. Darvon ich hie vnden weiter schreiben will. Es schreibt mir auch von diesem Landt Pomern ein gelehrter Mann/ mit Nammen Petrus Artopeus/ den ich auch darumb mit meinem schreiben erfordert hab/

Die Statt

Stettin

in Pomeren an der Oder gelegen nach jhrer form vnd gelegenheit so sie heut bey tag hat.

dert hab/vnnd Hilff von jhm begert/mit solchen worten: Pomerlandt an dem Baltischen Meere oder dem Ostsee gelegen/darvon es auch von den ersten Eynwohnern Pamort in jrer Wendischen Sprach genennt/ist anfenglich durch seine eigne Herren oder Völcker bewohnet/von den Wandalen entsprossen/hat auch nie frembde Herren oder Völcker gehabt/oder andere Länder gesucht/ vnd nach mehrung vnd minderung des Fürstlichen Samens in mehre oder weniger theil zerspreit/ darvon es auch mancherley Nammen vberkommen hat. Es ist allenthalb Fruchtbär/Wasserreich/ Seereich/Schiffreich/hat gute Aecker/Weyd/Obs/Holtz/Ströme/Gebirg/Jaget/Vieh/ Vögel/Fisch/Getreyd/Butter/Honig/Wachs vnd dergleichen. Ist allenthalben mit Städten/

Pomern fruchtbar.

ein in Pomern warhaffte Abcontrafactur.   1281

Schlössern/ Fläcken vnnd Dörffern besetzt/ hat kein vnnütz Ort/ speiset viel Länder vmb sich her. Hat sich anfenglich Wendischer Sprach vnd Sitten gehalten biß an das Christenthumb vn einleibung des Römischen Reichs. Als dann es auch mit der Religion von den Sächsischen Keysern empfangen/ zugleich auch die Sächsische Sprach gelernet vn bißher behalten. Hat ein sehr fruchtbar Insel Rugen/ 7. Meil lang/ vnnd 7. breit/ vor zeiten ein sonderlich Fürstenthumb sampt den nechsten Ländern gewesen: Sie hat keinen Wolff/ leidet keine Ratten. Ist der Sundischen Kornhauß oder Schewer vnd Viehhoff/ wie Sicilia der Römern.

Wölff werden nicht in Pomern gefunden.

ZZZZ iij   Von

Das fünffte Buch

Von den fürnemesten Stätten des Pomerlandts. Cap. ccccxxxviij.

Je fürnemesten Stätt des Pomerlandts ligen am Gestaden des Meeres / wenig außgenommen die vom Meere ligen / alß da seind Stettin / Newgard / Stargard / ꝛc. Am Meere ligen Colberg / Camin / Coßlin / Grypßwald / Sund / ꝛc.

Stettin. Cap. ccccxxxix.

Stettin ist ein newe Statt / ist vor zeiten ein langer Flecken gewesen / da sich die Fischer haben enthalten / gelegen an der Oder: soll den Nammen von den Völckern Sidinis bekommen haben. Vnd da das Landt den Christlichen Glauben annam / vnd die grosse Gewerbstatt Wineta zerbrochen ward / ist gen Stettin der Kauffgewerb vmb das Jahr Christi 1124. gelegt worden / vnd ist die Statt darvon mechtig erweitert vñ gewachsen / biß sie zu letst die Hauptstatt in Pomern worden. Sie ist ein lustig Läger / vnd richtet sich auff von dem fürfliessenden Wasser gegen dem Bühel / wol verwahrt mit Gräben vnd Mawren.

Grypßwald. Cap. ccccxl.

Jm Hertzogthumb Wolgast ligt die Statt Grypßwald / welches Hertzogthumb von den anderen genannt wirdt Barden / vnnd hat die Statt viel Burgerlichs Zancks vnd Vnfrieden gehabt / dardurch sie etwas in ein abgang kommen ist. Anno 1456. war in dieser Statt ein dapfferer vnd gelehrter Mann / geboren von einem alten Geschlecht / Doctor der Rechten vnnd in ein fürnemb Ampt gesetzt / der thee der Statt viel guts / vnnd bracht auch zu wegen / daß in jhr ein Hohe Schul war auffgericht vnd bestätiget / vnnd im Jahr 1547. von Hertz Philippen widerumb gebessert worden.

Julinum / so jetzt Wollin. Cap. ccccxli.

Vor zeiten ist Julinum gar ein treffliche vnd hertzliche Statt gewesen / die auch andere grosse Stett vbertroffen in Gebew vnd Reichthumb. Sie ist ein hochberühmbte Gewerbstatt in Wandalia gewesen / dahin köstliche Güter / Waar vnd viel Kaufleut kommen seind / daß jhres gleichen kaum in Europa ist gewesen / außgenommen Constantinopel. Dann es kamen dahin die Reussen / die Dennmärcker / Soraben / Sachsen vnd Wandalen / vnnd hett ein jedes Volck sein besondere Gassen da. Die Eynwohner liessen ein Mandat außgehn / daß kein frembdling so da hin käm / solt meldung thun von dem newen Glauben / also nennten sie den Christlichen Glauben. Vnd das ist auch ein vrsach gewesen / daß sie zum allerletsten zum Christlichen Glauben kommen. Es hat diese viel erlitten von den Dennmärckischen Königen / vnnd sonderlich zu den zeiten der Keysern Otten hat sie dem König Zwenoni harten vnd manchen widerstand gethan / vnd ein schweren Last von dem gantzen Königreich getragen. Sie hat auch den König zum dritten mal im Krieg gefangen. Anno 1170. hat Waldemarus König zu Dennmarck ein Schiffart zugericht / vnnd ist durch das Wasser Zwenum ins Landt kommen / hat die Statt Julinum (so die vordrigen empfangnen schäden noch nicht vberkommen) vberfallen / eyngenommen / geplündert vnd verbrennt / vñ von derselbigen zeit an ist sie nimmer zu jhrer Herrligkeit kommen: dann die Sächsischen Herren fiengen an vom Meere andere hertzliche Stätt zu bawen / vnd besonder Lübeck. Also ist diese Statt von jrer Herrlichkeit vnd Gewalt abgestiegen / vnd gar darnider gefallen / vnd wie das gemein Sprichwort ist: So etwas auffs höchst kompt / falt es gar darnider. Jhr Namm hat sich etwan verendert / daß man sie jetzund in jhrer dörfftigkeit nennet Wollinum. Anno 1151. haben die Fürsten des Pomern Landts in dieser Statt auffgericht ein Bißthumb / welches doch Anno Christi 1181. ist verruckt worden gehn Camin. Es ist die Statt Julinum gelegen ohn ferr von dem grossen Pomerischen See / in den die 3. Wasser Panus / Zwinus vnd Divinow fallen / ehe sie mit einander in das Meere rinnen. Doch seind etliche die durch das Wasser Divinow verstehn die Oder alß sie auß dem See geht / wie auch Suevus ein anderer außgang ist / durch welchen man in die Landtschafft des Pomern Landts kompt.

(Marginalien: Julinum gewonnen. Bißthumb zu Julin.)

Stralsund. Cap. ccccxlij.

Stralsund ein schöne Statt gelegen am Gestad des Meeres / von Suimone dem 2. diß Nammens Hertzogen in Francken angefangen / vnd nach jhm genannt / darnach Anno 1209. von Waldemaro dem andern König in Dennmarck zimblicher massen erweitert worden: ist jetzund vnderthenig dem Hertzog von Pomern / die vor zeiten ein besondern Fürsten hat gehabt / den man genennt hat den Bardenseer. Es ist ein Volckreiche Statt / in welcher ein grosse menge ist der Kauffleuten.

Wineta.

Von Teutschland.

Winteta. Cap. cccxxxxiij.

WIneta die Statt ist vor viel jahren gar ein trefflich vnd hochberühmpte Statt gewesen/dergleichen im gantzen Europa kaum dazumal ist gefunden worden/ vnnd man meynt es sey Archon oder Julinum gewesen/welche die König von Dennmarck/da sie mechtiger waren dann sie jetzund seind/zerbrochen haben. Daß aber ein Statt so mancherley Nammen soll gehabt haben/ das ist zur selbigen zeit nit seltzam gewesen/besonder bey den Wandalen/Sachsen vnd Dennmärckern. Daß die Statt so die Wandalen Stargard haben genannt/ ist von den Sachsen Aldenborg/ vnd von den Dännmärckern Branesta genannt worden. Also ist es wol müglich/ daß diese Statt/die von den Dennmärckern Archon in Rugen der Inseln/ oder Julinum auff dem Landt/ sey von den Wandalen in jhrer Sprach Wineta genannt worden. Also schreibt Albertus Krantz. Du findest in der Tafeln/ so mir auß Pomern geschickt ist/ein eigen örtlein für die Statt Winet/ zwischen dem Wasser Sueno vnd der Inseln Rugia.

Stargard.
Aldenburg.

Die Insel Rugia. Cap. ccccxliv.

DIe Insel Rugia begreifft 7. Meil in der lenge/ vnd so viel in der breite/ vnd ist gar ein Früchtbare Kornreiche Insel/ deren sich die von Sund gebrauchen/ gleich wie die Römer Sicilia. Man find kein Ratten darinn/ deßgleichen keine Wölff. Ehe sie Christen ward/ist ein Häringfang da gewesen/ist darnach anderstwohin von Gott verzuckt. Es haben jre Eynwohner ohn vnderlaß auff dem Meere Rauberey getrieben/ deßhalben sie offt vnd viel ist bekriegt worden von den Dennmärckischen Königen. Sie ist das letst Landt im gantzen Wandalischen Erdtrich gewesen in annemung Christliches Glaubens / ist allweg widerspennig gewesen/ biß sie zu letst auch zum heyl kam. Ihre fürnemeste Statt Archon/ von deren man doch jetzt nichts mehr findt/ war gelegen auff einem gähen Meergebirg/ vnd stieß das Meer von Orient vnnd Mittag daran/ war so hoch hinauff daß ein Armbrust schuß kaum sein höhe möcht erreichen/ aber von Occident hett sie sonst grosse vnd hohe Munition/dardurch sie beschützet ward. Inwendig in der Statt ward ein grosser Platz/ vnd darauff stund ein Abgöttischer Tempel/ der des Abgotts halben weit vnnd breit berühmt war. Es war ein groß Menschenbild/ das hett in der rechten Hand ein Horn voll Weins/ vnd in der lincken ein Bogen. Ein mal im jahr/nemblich nach der Ernde/ hielt das Volck ein grosse Wirtschafft vor diesem Tempel. Wann der Abgöttisch Priester in Tempel gieng/ vnd macht alle ding zu recht/muß er dieweil verhalten sein Athem/ vnd wann er den Lufft schöpffen wolt/ gieng er zu der Thür/ damit er den Abgott mit seinem Athem nicht erzürnet. Wann aber das Volck vor dem Tempel zusammen kam/ so gieng der Priester am ersten morgen dareyn/ besahe vor allen dingen das Horn/ war es noch voll/ wie er es gefüllt hatt/ so verkündt er ein reiche zukünfftige Ernde/ war etwas weniger im Horn/ vermanet er das Volck/ daß man die Frucht zusamen hielt/ dann es were ein Kornthewrung vorhanden. Er schütt auch den Wein auß zu des Abgotts Füssen/ vnd füllet das Horn widerumb mit newem Wein. Er macht auch solche grosse rotunde Küchen/ die mit Meth angerüret waren/ daß ein Mensch sich da hinder het mögen verbergen. Es hieß der Abgott mit seinem Nammen Zwantewytus/ aber das gemein Volck betet an zwen Götter/einer Belbuck/ vnd der ander Zernebuck/ wolten damit anzeigen ein schwartzen vnd weissen/ guten vnd bösen Gott/ der Gewalt heet vber böse vnd gute ding/ wie die Manicheer darvon gehalten haben.

Häringfang.
Archon Statt.
Zwantewytus Abgott. Belbuck. Zernebuck.

Anno 1186. richt Waldemarus König von Dennmarck ein gewaltigen Zug zu wider die Rugen/ vnd belägert Archonam jhr Hauptstatt/drang sie dahin/ daß sie sich jhm musten ergeben. Da fiel das Kriegsvolck mit grosser vngestümmigkeit in Tempel/ warffen den Abgott zu boden/ vnd verbrannten jhn/ lehreten das volck/ vnd beredten es zum Christlichen Tauff.

Geburt-

Das fünffte Buch
Geburtliny der Fürsten von Rugen/ die auch mit Rugen besassen Barthen. Barthen ligt zwischen den Wässern Panum vnd Rekenitz.

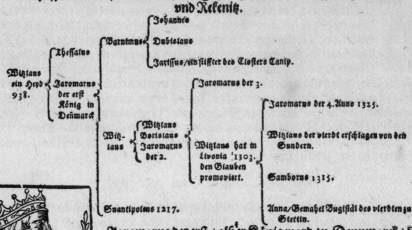

Witzlaus ein Heyd 938.
— Thessalus
— Jaromarus der erst König in Denmarck
  — Barnimus
    — Johannes
    — Dubislaus
    — Jarissus/ein stiffter des Closters Canitz.
  — Witzlaus Borislaus Jaromarus der 2.
    — Jaromarus der 3.
    — Witzlaus hat in Livonia 1303. den Glauben promoviert.
      — Jaromarus der 4. Anno 1325.
      — Witzlaus der vierdt erschlagen von den Sundern.
      — Samborus 1315.
  — Suantipolens 1217.
    — Anna/ Gemahel Bugislai des vierdten zu Stettin

Jaromarus der erst/ als er König ward zu Dennmarck/ hat gestifft Sund vnd Eldeiam. Aber Rugen vnderwarff er dem Bisthumb zu Roschilt Anno 1200. Als nun endtlich Jaromarus der vierdt sampt seinen Brüdern ohn Erben starb/ ist das Fürstenthumb Rugen in Erbweiß gefallen an die Hertzogen von Pomern/ nemblich an Wartislaum den vierdten/ der jhr Schwester Sohn war.

Volgt hernach die Geburtliny der Fürsten von Pomern/ zusammen gelesen auß etlichen Brieffen vnd Grabschrifften. Es streckt sich jetzund die Hertschafft Pomern von dem Wasser Hixel biß zum Wasser Panum.

Barnimus. Er war Anno 935. in der ersten Thurnierung König Heinrichen des ersten.
— Wartislaus der erst 938.
— Suantiborus 1107.
  — a Ratiborus 1151.
    — Wartislaus der ander 1186.
    — Suantipolens
    — Bartholomeus
  — Suantipolens starb in der Gefengtnuß Anno 1120.
  — Wartislaus der erst Christ
    — Bugislaus der ander
      — Wartislaus der ander
      — Bugislaus der dritt
      — Casimirus der ander
    — b Barnimus I.
  — Casimirus der I. starb im Heyligen Landt
    — Suantiborus 1244.
    — Casimirus 1274.
— Bugislaus der erst 1150.

a Ratiborus vnd sein Bruder Wartislaus der erst/ haben gestifft zu Julin das Bisthumb. Aber Wartislaus der ander hat hernach das Bisthumb gen Camin gelegt. Es ist Wartislaus der erst dieses Nammens der erst Christlich Fürst in Pomern gewesen/ vnnd ist gettaufft worden von dem frommen Otten der Bischoff zu Bamberg war. Seine zwen Söhn Bugislaum vnd Casimirum machte Keyser Friderich der erst Anno Christi 1181. zum Hertzogen.

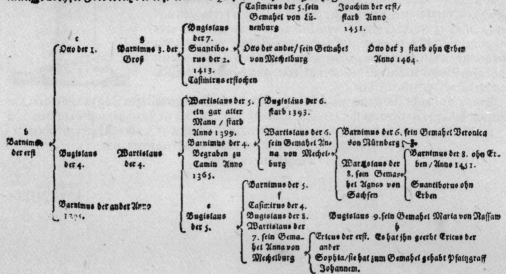

— c Otto der I.
— Barnimus 3. der Groß
  — Bugislaus der 7.
  — Suantiborus der 2. 1413.
  — Casimirus erstochen
    — Casimirus der 5. sein Gemahel von Lünenburg
    — Otto der ander/ sein Gemahel von Mechelburg
      — Joachim der erst/ starb Anno 1451.
      — Otto der 3 starb ohn Erben Anno 1464.

— b Barnim der erst
  — Bugislaus der 4.
  — Wartislaus der 4.
    — Wartislaus der 5. ein gar alter Mann/ starb Anno 1399.
    — Barnimus der 4. Begraben zu Camin Anno 1365.
    — Bugislaus der 5.
      — Bugislaus der 6. starb 1393.
      — Wartislaus der 6. sein Gemahel Anna von Mechelburg
      — Barnimus der 5.
      — f Casimirus der 4.
      — Bugislaus der 8.
      — Wartislaus der 7. sein Gemahel Anna von Mechelburg
        — Barnimus der 6. sein Gemahel Veronica von Nürnberg
          — Barnimus der 8. ohn Erben/ Anno 1451.
        — Wartislaus der 8. sein Gemahel Agnes von Sachsen
          — Suantiborus ohn Erben
        — Bugislaus 9. sein Gemahel Maria von Nassaw
          — Ericus der erst. Es hat jhn geerbt Ericus der ander
          — Sophia/ sie hat zum Gemahel gehabt Pfaltzgraff Johannem.
— Barnimus der ander Anno 1295.

Von Teutschlandt.

b Barnimus der erst hat Anno 1261. zu Stettin ein Closter gestifft in der Ehr der Jungkfrawen Mariæ. Er hat Krieg geführt wider die Marggraffen Otten vnnd Johannem. Da aber der Krieg vertragen ward/ gab er Marggraffe Hansen sein Tochter/ vnd darzu Vckermarck.

c Otto der erst sampt seinen zweyen Brüdern hat Anno 1288. zu Julin gestifft ein Jungkfrawen Closter. Es ist diesem Otten in der Theilung gefallen das Hertzogthumb Stettin Anno 1275. Bugislaus der 4. sein Bruder zog an sich von dem Marggraffen Stargard/ vnd macht ein Mawr darumb. Es haben Ottonis Nachkommen das Hertzogthumb Stettin behalten biß zum Jar Christi 1464. vnd da gieng sein Liny ab in einem Fürsten der auch Otto hieß/ vnd kein Erb hinder jhm ließ/ da vermeynten ettliche das Lehen were dem Keyser heimgefallen/ vnd Marggraffe Friderich der Churfürst entfieng auch das Lehen vom Keyser/ vnd wolt das Hertzogthumb eynnemen. Aber die andern Hertzogen von Pomern vnd Wolgast widerstunden jhm/ vnd wandten für/ daß sie vnd die abgestorbne Liny von einem Stammen kommen wären/ vnd darumb wären sie die rechten Erben dieses Fürstenthumbs. In summa die Sach kam zu einem Krieg/ die Schlösser wurden belägert/ vnd kamen auch etliche (doch wenig) in des Marggraffen gewalt. Er vnderstund auch zu bekriegen Stettin/ des Fürstenthumbs Hauptstatt/ mocht aber nichts schaffen: dann die Eynwohner hetten ein grössern willen zu jhren Landsfürsten weder zu dem frembden. Da nun der Marggraffe das Landt nicht mit gewalt mocht erobern/ wolt er die Hertzogen von Pomern zwingen/ sie solten das Lehen von jm empfahen/ das wolten sie auch nicht thun/ vnd bleibe die Sach also im zweytracht hangen. Es hett der Keyser Wartislaum den 10. der Hertzog Otten des letsten Hertschafft Erblich zu handen nam/ allein ein Hertzogen zu Wolgast vnd Barthen genest/ vnd nicht zu Stettin: aber die Fürsten zu Pomern wolten das nicht gut lassen seyn. Insumma die Sach ward Anno Christi 1470. ettlicher maß vertragen/ vnd ward dem Marggraffen vergönt/ daß sie sich möchten gebrauchen des blossen Tittels Pomern/ vnd so es sich wurde zutragen daß der Stam̄ der Hertzogen wurde abgehen/ daß als dann sie die Marggraffen von Brandenburg in dem Hertzogthumb Pomern succedieren solten.

d Wartislaus der 4. hett zu einer Gemahel Elßbeth auß der Schlesi/ ward begraben zu Camin Anno 1326. in welchem jahr er auch erobert hett das Fürstenthumb Rugen.

e Dieses Bugislai des 5. Tochter nam zu der Ehe Keyser Carl der 4. vnd sie ware ein Mutter Keysers Sigmunds/ der auch König war zu Behem vnd in Vngern.

f Casimirus der 4. hett zu einem Gemahel Salomeam auß der Massaw. Dieser Fürst schreib sich von Stettin/ Dobrin/ Braborch/ Hertzog der Wandalen/ Cassubien/ Pomern/ vnd ein Fürst zu Rugen. Er enesieng auch Pomerellen von Casimiro dem König auß Polandt.

g Barnimus der Groß/ ein Sohn Ottonis des ersten/ hett zur Ehe eine von Braunschweig. Er ward der Groß genant/ darumb das er Pomern sehr gemehrt hatt. Er hett Angermundum/ Brossow/ Stolp/ Zichow vnd Grampzgow/ vnd das bestätiget Keyser Carle der 4. Er macht Anno 1351. den Graffen von Guscow.

h Ericus der erst ward in das Königreich Dennmarck durch die Königin ein Witfraw Margreth berüfft/ alß er 14. jahr alt war/ ist Anno 1413. gezogen gen Jerusalem. Er besaß die drey Königreich/ Dennmarck/ Schwedien vnd Norwegien/ regiert sie auch friedsamlich bey 30. jar. Zu letst alß die Dennmärcker vntrewlich mit jhm handleten/ verließ er das Reich vnd zog wider in Pomern in sein Landt/ lendet zu Rugenwalden An. 1434. ward begraben zu Boscow Anno 1458. Von jhm ist das Hertzogthumb zu Pomern kommen an Hertzog Erichen den 2. vnd Wartislaum den 10. die Fürsten waren zu Wolgast vnd Rugen/ vnd an Otten den 3. der Hertzog zu Stettin war/ vnd der letst in seiner Liny.

Das fünffte Buch

Vollstreckung der Geburtliny der Hertzogen auß Pomern nach Barnimo dem 6. deß Söhn sind gewesen Wartislaus der 9. vnd Barnimus der 7.

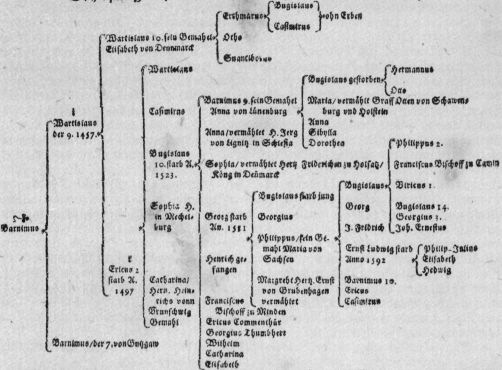

† Wartislaus der 9. starb Anno 1492. Sein Gemahel Sophia auß Sachsen. Er stifftet die Hohe Schul zu Gryppßwald/durch Heinrichen Rubenow Doctor der Rechten/Anno 1456.

‡ Ericus der 2. hett zu einem Gemahl Sophiam Bugislai des Hertzogen von Pomern Tochter/vnd alß er vnd sein Bruder Wartislaus gestorben/war noch vorhanden Bugislaus der 10. ein Jüngling/der zu Rugenwald in der Schul studiert. Da kam der Marggraffe von Brandenburg vnd begert von den Bürgern zu Stettin/daß sie sich jhm ergeben/sintenmal kein Erb mehr vorhanden wäre. Aber die von Stettin schlugen jhm sein Bitt ab/vnd zugen herfür Bugislaum den 10. Dieser Bugislaus bracht zu wegen bey Bapst Alexander dem 6. daß die Hertzogen von Pomern möchten dargeben vnd nominieren ein Bischoff zu Pomern. Er hett 2. Gemahlen/Fraw Margreth von der Marck/vnd Annam Königs Casimiri von Polandt Tochter. Er stund allein dem Hertzogthumben vor bey 30. jahren. Marggraffe Georgius hett 2. Gemahel/Ameliam Pfaltzgraffe Philippen Tochter/die starb Anno 1525. vnd Margaretham auß der Marck. Hertzogs Philippen Gemahel war Maria/Churfürst Friderichen von Sachsen Schwester. Es haben die Hertzogen von Pomern/Anno Christi 1540. des Landts halben ein solche theilung gemacht/daß Barnimus soll innhaben Stettin/sampt dem Vndern Pomerlandt: Philippus aber soll herrschen vber Wolgast/Ober Pomern vnd Rugen.

Nach Absterben aber Philippi Anno 1560. hat sein Bruder Barnimus weil er sahe daß er kein Mannliche Erben hatte/seine Landt gutwillig abgetretten/vnd seines Brudern Philippi Söhnen vbergeben/deren die Vornehmsten so den Stammen erhalten/waren/Bugislaus der 13. vnd Ernst Ludwig.

Bugislaus ist geboren Anno 1544. sein Gemahel war Clara ein Hertzogin von Lünenburg/mit dieser gebar er Philippum den Andern Anno 1573. dessen Gemahel Fraw Sophia Hertzog Hansen von Holstein Tochter. Claram Mariam Anno 1574. Diese hatte erstlich Hertzog Sigmund Augustus zu Meckelburg. 2. Hertzog Augustus zu Lunenburg. Catharinam Anno 1575. starb bald darauff. Franciscum Anno 1577. war Bischoff zu Camin/nam Anno 1610. Fraw Sophien Churfürst Christian der 2. zu Sachsen Tochter. Ertmuth Anno 1578. starb 1583. Bugislaw im jahr 1580. sein Gemahl Elisabetha Hertzogin auß Holstein. Georgen im jahr 1582. Johann Ernsten im jahr 1586. starb im jahr 1590. Sophiam Hedwig/im jahr 1588. starb im jahr 1591. Vlrichen im jahr 1589. sein Gemahel Hedwig Hertzogin auß Braunschweig. Annam im jahr 1590. deren Gemahl war Hertzog Ernst von Croij vnd Arschott.

Ernst Ludwig Bugislai Bruder vnd Philippi anderer Sohn/ist geboren im jahr 1545. starb im jahr 1592. Sein Gemahl war Sophia Hedwig Hertzog Julii von Braunschweig Tochter/die nam er im jahr 1577. vnd gebar mit jhren im jahr 1584. Philippum Julium dessen Gemahel Agnes ein Marggräffin von Brandenburg mit deren er sich vermählet im jahr 1604. Elisabetham

Von Teutschland ec. 1287

tham Magdalenam deren Gemahl Hertzog Friderich von Churlandt. Vnd Hedwig Mariam/ deren Gemahl Hertzog Johann Adolph von Holstein.

Geburtliny der Fürsten von Cassubien.

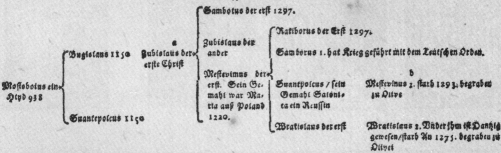

a Zubislaus der erst hat gestifft das Closter Oliue/vnnd hett zu einem Gemahel Mariam auß Polandt/starb Anno 1187. b Mestevinus der ander hat sein Hertzogthumb geben Barnimo dem andern. Das ist geschehen Anno 1273. zu Camin am 12. tag Octobris. Aber alß sich nachmals ein zanck erhub/erwehlt er Primislaum den Hertzogen von Polandt/welcher nach absterben Barnimi das Hertzogthumb Dantzig vnd Pomern entpfieng.

Vom Bisthumb in Pomern. Cap. ccccxlv.

Es ist Anno 1069. geboren von Bertholdo dem Grafen von Andex/Otto/der ward im 33. jahr seines alters Bischoff zu Bamberg. Darnach im 13. jahr seines Bisthumbs/hat jhn gebetten Bolislaus der Hertzog von Polandt/daß er käme in Pomern zu Lehren daßelbig Volck in Christlicher Religion. Das thet der fromme Bischoff/er kam in das Land vnd bekehrt die 3. Brüder vnd Fürsten/Ratiborum/Bugislaum/Suantepolcum/ vnd taufft sie. Deßgleichen den Fürsten Vratislaum/der in Sachsen war getaufft/vnd aber nach absterben seines Vatters wider in Vnglauben gefallen/den bracht er wider auf den rechten Weg/vnd bevestiget sie. Er richt Pfarrkirchen auff/vnd setzt jhnen für zu einem Bischoff Adelbertum. Darnach vber 13. jar/in jar Christi 1128. zog er wider in Pomern bracht wider zu der Religion die darvon gefallen waren/vnd alß er heim gen Bamberg kam/ starb er im 70. jahr seines Alters/vnd ward begraben zu Bamberg Anno 1139. Adelbertus der erst Bischoff zu Julin starb Anno 1165. Conradus der 2. Bischoff starb Anno 1185. Vnder jhm ist das Bisthumb Julin transferiert worden gen Camin/vnd seind nach jhm Bischoff worden:

Adelbertus der erst 1158.
Conradus
Sifridus der ander
Sigwinus 1217.
Conradus
Conradus Graff in Gutzow
Wilhelm Doctor der H. Schrifft
Hermanus Graf von Gleichen/ starb 1287.
Petrus ein Prediger Münch
Jaro Marius Fürst zu Rügen/

starb Anno 1299.
Heinricus
Conradus 4.
Wilhelmus Prediger Münch
Fridericus ein Fürst von Sachsen
Johannes Hertzog von Sachsen/ er starb 1373.
Philippus von Rechberg
Johannes Wilchius
Hannus
Johannes Hertzog in Apulia

Nicolaus Buck
Bugislaus Hertzog zu Pomern postulirt
Magnus Hertzog zu vnder Sachsen
Sifridus von Stolp/ starb An. 1446.
Ludovicus Graf von Eberstein postulirt
Martinus Bohemus
Benedict. von Walstein Bohemus

Martinus Cariztius von Colberg starb 1522.
Erasmus von Krenhausen
Johannes Bugenhagius Doctor der H. Schrifft/ erwehlter Bischoff/ hat aber das Bißthum nicht wöllen annehmen
Bartholomeus Sveuinus von Stolpe der 30. Bischoff zu vnsern zeiten

Von dem Preussen Landt so etwan vnder dem Teutschen Orden gewesen/jetzt aber ist es zu einem Hertzogthumb gemacht. Cap. 446.

Vorzeiten hat Preussen Vulmigeria geheissen/wie dann noch zu vnsern zeiten die Gegenheit an der Wixl heist Culmigeria. Diese Leut haben zum ersten gewohnet bey dem vrsprung des Wassers Tanais/das Europam scheidet von Asia: aber da sie des vnfruchtbaren Lands müd wurden/seind sie darauß gezogen/ein ander Landt zu suchen/vnd demnach seind sie kommen in Hulmigeriam/haben sich da nider gelassen/ein gefallen gehabt an Fruchtbarkeit des Lands dem sie auch jhren Namen verlassen haben. Das Land ist gantz fruchtbar in allen dingen/besunder an Korn.

JJJJ ij

Beschreibung deß Landts Pomern/

| Wenden | Cassuben | Stetin | Pomern |

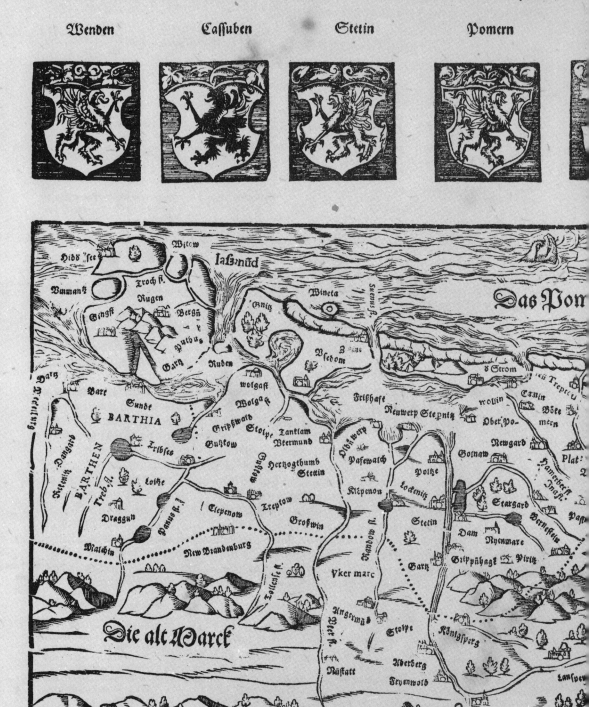

llen Hertzogthumben / Graffschafften vnd
darinnen gelegen.

Gotzkaw   Wolgast   Rugen   Barthen

1290 Das fünffte Buch

an Korn. Das Erdtrich wirdt mit Wasser begossen/ist vast wol erbawen/hat viel herrlicher Flecken/vnd viel Außschütz oder Gäng deß Meers/die das Landt gantz lustig machen. Die Eyn-

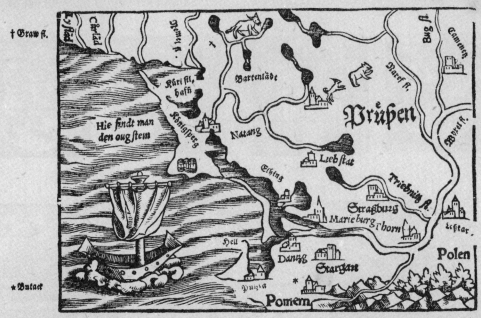

wohner ziehen viel Viehs/so sind auch viel Wildprätische Thier darinn/vnnd die Wasser Fischreich. Vor vnd ehe diß Volck ist erleucht worden mit dem Liecht deß Glaubens/sind sie gegen den dürfftigen Menschen Barmhertzig gewesen/vnd sind entgegen gefahren den Schiffbrüchigen im Meer/vnd auch denen so von den Meerraubern angefallen sind worden. Gold vnd Sylber sind in keiner achtung bey jhnen gewesen/sie haben viel graw Vich futer vnd der köstlichen Fehl gehabt/ die sie vmb Wullen kleider geben haben.

Diß Landt stoßt von Orient an die Littaw/von Mittag an Polandt/von Mittnacht an Lyfflandt/vnd von Occident an Pomern. Was am Meer ligt von diesem Landt/Stett oder Schlösser/ist alles Teutsch: aber ausserhalb dem Meere auff dem Land/sind noch wenig die jhr alte Wandalische Sprach behalten haben. Am Meer ligen diese Stett/Königsperg vom König zu Behem gebawen/da der Fürst den Sitz hat/Elbingen vnd die mechtige Kauffstatt Dantzig. Aber im Landt drinn an der Wixel ligen auch viel Flecken/sunderlich Thorn/das etwan ein herrliche Statt ist gewesen/aber jetzt ist sie zum grossen Abgang kommen.

Thorn.

Grewlich Wetter zu Thorn.

Anno 1572. den 9. Jenners als die Wixel 3. tag Blutfarb gewesen/vnd demnach widerumb jhr rechte farb bekoūen/ist zu Thorn in Preussen vmb 9. Vhr in der Nacht ein schrecklicher Erdbidem sampt einem mechtigen Sturm wind/vnnd darauff ein grewlicher Wolckenbruch entstanden/daß durch denselbigen Wasser guß ein grosser theil der Statt mawr hernider gefellt/19. Joch an der Bruck hingeführt worden/vnd bey 300. Menschen ertruncken sindt. Mit hin zu hat es zehenpfündige Stein gehaglet/die viel Leut zu todt geschlagen/vnd ein Fewrstraal von Himmel der Statt Kornhauß verbrennt.

Wie vnder Keyser Friderichen dem 2. das Vngläubig Landt ist bestritten worden. Cap. 447.

Bey den zeiten Keyser Friderichs deß 2. als die Christen verloren Ptolmaidem in Syria sind die Teutschen Ritterbrüder von dannen in Teutschlandt gezogen/die alle von gutem Adel waren/vnd geübt in kriegshändlen. Vnd damit sie durch den Müssiggang nicht von jhrer vbung kämen/sind sie zum Kayser kommen/haben jhn gebetten vmb Preussenland/welche Eynwohner noch Vngläubig waren/vnd in Sachsenlande durch jhre Außläuff vnd streiffen grossen schaden thetten. Sie verhofften ein sollich grob Volck zu meistern/so ferr der Keyser sein Verwilligung darzu geb/vnd den Brüdern vbergeb das gewunnen Land ewigklichen zu besitzen. Es hetten die Hertzogen von der Massaw jhr Gerechtigkeit/so sie zu diesem Landt hatten/schon vbergeben dem Orden/nach dem sie vernommen hatten die herrlichen Thaten die sie bewiesen hatten wider die Vngläubigen. Sie schickten zum Obersten Meister deß Ordens/der Herman von Saltza hieß/vnd baten in vm hilff.

Dem

Von Teutschlandt. 1291

Dem Hohen Meister gefiel die Anforderung wol/thet sich zum Bapst vnd Keyser/wolt ohn jhr bewilligung nichts anfahen. Es kondt dieser Fürtrag dem Keyser auch nicht miß fallen/darumb verwilliget er sich den Ritterbrüdern in allen dingen so sie von jhm begerten. Demnach zogen die Brüder mit gewafneter Hand zum Hertzogen von Massaw/der Conrad hieß/vnd ward jhnen versprochen ein groß Landt zwischen den Wässern Ossa/Drwantza vnd Wroka/so in Culmera vnd Luborlandt ligen/vnd darzu was sie gewunnen in Preussen/solt jhr eigen seyn. Da zog der Hohmeister durch das Teutschlandt vnd versamlet ein groß Volck/vnd griff die Preussen an/Anno 1226. vnd behielt auch den Sieg/wiewol nicht ohn Blut der seinen. Darnach im nachgehenden jahr hat er mit mehrer macht die Preussen angegriffen/vnd bracht ettliche zum Christlichen Glauben/vnd ist also in kurtzer zeit beschehen/daß er erobert das gantz Landt auff einer seiten der Wixeln. Weiter schiffte er vber das Wasser/vnd nam ein weiten oder breiten Eichbaum eyn/richt da auff seine Gezellt/Geschütz vnd Wagenburg/vnd griff die Preussen an/so auff derselbigen seiten jhre Wohnung hetten. Es hat sich da mancher Scharmützel erhebt vmb des Eichbaums willen/vnnd haben die Heyden grosse schaden an diesem Ort genommen. Dieser Krieg wäret viel jahr/biß zu letst die Brüder auff jrer seiten Glück hatten/vnd gantz Preussen vnder sich brachten. Sie haben auch mit dem Kriegen vnnd Siegen die Teutsche Sprach/vnd den wahren Gottes dienst hineyn gebracht/vnd ettliche Bischoffliche Kirchen auffgericht/vnnd an dem Ort da der auß gespreitet Eichbaum stund/ist ein hertzlicher Fläcken gebawen worden/vnd ein gewaltig Schloß das man Marieburg genannt hat.

Ein wehrlicher Eychbaum.

Marieburg.

Dieser Ritter Orden hat von den Teutschen ein anfang genommen/vnd ist auch keiner dareyn genommen worden/er sey dann von der Geburt ein Teutscher/vnd Edel von seinem Geschlecht/vnd weiter hat er alle zeit müssen bereit seyn zu streitten wider die Feindt des Creutzes Christi. Ihr Ordenskleid ist ein weisser Mantel vnd ein schwartz Creutz darinn: Sie ziehen auch alle lange Bärt. Vmb das jahr Christi 1000. als der heylig Bischoff von Prag Adelbertus ward gesandt in Preussen/denselbigen Vngläubigen zu predigen den Christlichen Glauben/kam er zum Wasser Ossa vnd schiffet hinüber/vnd da er kein Gelt hett den Fergen zubezahlen/gab jhm der Schiffmann eins zum Kopff mit dem Ruder/das nam der fromme Mann mit gedult an. Nach dem er aber in das Land kommen war/gieng er von einem ort zum andern/vnd lehret das Volck den rechten weg zum ewigen Leben/verwarff jhre Abgötter/zeigt jhnen an/daß die Sonn/Fewr/Wasser/Wäld/welche ding sie anbeteten/nit Götter/sondern Creaturen wären. Das mochten die Heydnischen Pfaffen/die ein nutz darvon hetten/nicht erleyden/sie rühelten zu sammen/vnd stellten dem Heyligen Mann nach/vnd als sie jhn ergriffen bey dem Meere ohn fer von dem Flecken Fessauß/fielen sie jhn an/durchstachen jhn sieben mal/vnd verwundeten jhn/hiewen jhm den Kopff ab/vnd henckten jhn an ein Baum. Da wurden die Stück seines Leibs von seinem Haußwirt auffgelesen vnd zusammen begraben/vnd da Hertzog Boleßla in Polandt das vernam/schick er nach dem Leib/vnd ließ jhn Ehrlich begraben zu Guezna in der Hauptstatt seines Hertzogthumbs. Darnach als die Völcker vmb Preussen gemeinlich alle zum Christlichen Glauben bekehrt waren/hat jetzgemeldter Hertzog Boleßla in Preussenlande auch angriffen/vnd König Waldemarus von Dennmarck greiff sie auch zu Wasser an/aber sie mochten wenig schaffen/biß hernach die Teutschen Ritterbrüder kamen/die bezwangen sie mit langwirigen Kriegen/wie gemeldt ist/biß sie sich zuletst ergaben.

Bischoff Adelbertus gemartert.

Von dem Teuschen Orden vnd allen Hochmeistern die darinn sind gewesen. Cap. ccccvlviij.

Anno Christi 1190. hat der Teutschen Orden zu Jerusalem in einem Spittal/zu vnser Frawen genannt/seinen Vrsprung genommen/vnd hat der erste Meister Heinricus von Walpolt geheissen/vnder welchem dem Orden groß Gut vnd Reichthumb vbergeben ist von den Teutschen vñ auch von den Italiänern. Es ward auch der Spittal von Jerusalem gen Accon verruckt/welche Statt sonst Ptolemais wird genannt/

Accon oder Ptolomais.

Das fünffte Buch.

genannt/ und gieng der Orden trefflich sehr auff/ nam zu an Gut und Gewalt. Und alß Anno Christi 1200. dieser Heinricus von Walpolt starb/ ward an sein statt gesetzt Otto von Kerpen/ vnd stund dem Orden vor 6. jahr lang. Der 3. Meister heiß Herman Bart/ er war ein Gottsförchtiger Mann/ vnd starb Anno 1210. zu Accon/ da auch seine Vorfahren begraben. Der 4.

Herman von Saltza. hieß Herman von Saltza/ vnd der hett das Regiment in seinen Henden 30. jahr lang/ zu seinen zeiten da sich ein Gezänck erhub zwischen den Preussischen vnd Poländern der Marchen halb/ fielen die Preussischen in Polandt vnd trieben grosse wüterey darinn/ mit brennen vnd todtschlagen/ vnd führten ein grossen raub hinweg. Die Gegenheit vmb Colmen machten sie gar zu einer Wüste/ vnd schlugen zu todt Mann vnd Weib. Sie trungen weiter hineyn/ vnd zogen die Pfaffen vnd die Münch von den Altaren vnd erwürgten sie/ vnd also mit grosser Tyranney verbrennten sie mehr dann 250. Kirchen/ vnd viel Clöster. Alß der Hertzog auß Polandt in diesen nöhten war/ vernam er wie die Brüder von dem Teutschenhauß gar streittbar wären/ vnd hetten Gunst des Keysers vnd Bapsts. Darumb schickt er ettliche Botten zu jhrem Obersten/ vnd bat jhn vmb Hilff. Da schickt der Hohmeister auß befehl des Keysers vnd auch anderer zween Brüder zu dem Hertzogen von Poland/ vnd die handleten solcher massen mit dem Hertzogen/ daß er jnen gab das Landt zu Colmen vnd zu Lubonia mit allem Erdtrich so sie von dem Preussenland möchten erobern/ vnd solten auch das ewigklich besitzen. Es gebot auch der Bapst allen Teutschen Brüdern/ daß sie vmb verzeyhung aller Sünd solten rechen die grosse schmach so den Christen von den Heyden geschehen war.

Schwerdtbrüder. Anno 1239. seind die Schwerdbrüder in Lyfflandt gewesen/ es zu bekehren zum Christlichen Glauben. Aber da sie wenig kundten außrichten/ vnd allenthalben grossen widerstand hetten/ haben sie sich zum Teutschen Orden geschlagen/ damit sie jhr Fürnemmen dester stattlicher möchten verbringen. Alß man nun das Creutz durch Teutschlandt geprediget hatt wider die Preussen/ ist ein groß Volck versammlet worden/ vnd ist jhr Oberster Feldhauptmann gewesen der Burggraffe von Meydenburg/ vnd die haben sich gethan zu den Teutschen Brüdern/ haben sich in ein Schlacht begeben mit den Vngläubigen/ vnd deren 5000. erlegt. Nach diesem erlangten Sieg haben die Brüder gebawen das Schloß Reden zwischen Pomeran vnd Colmen/ vnd seind also hernach ins Land hineyn geruck/ haben gebawen die Schlösser Creutzburg/ Weissen

Bartenstein. burg/ Resill/ Bartenstein/ Brunßberg vnd Heilsberg/ vnd sie besetzt.

Ein Zug in Preussen. Der 5. Hohmeister hat geheissen Conrad Landtpeger/ vnd der war des Landtgraffen S. Elßbeth Gemahels Bruder/ vnd bracht von seinem Vätterlichen Erb groß Gut in den Orden/ vnd er ließ S. Elßbethen begraben zu Marpurg in seines Ordens Kirchen/ er bawet das Schloß Vogelgesing/ bevestnet Tarunn/ Quitzin/ Rosenberg vnd andere Flecken/ erobert Ragosen/ Culm vnd anders mehr. Vnder seinem Regiment ward Accon die Statt in Palestina von den Saracenen gewunnen. Anno 1254. ist abermals ein gosser Heertzeug durch Teutschlandt versammlet worden wider die Preussen. Es zugen viel Fürsten mit diesem Heer in Preussen/ sonderlich Ottocar der König von Behem/ Otto Marggraffe von Brandenburg/ ein Hertzog von Oesterreich/ der Marggraffe von Mährern/ die Bischöffen von Cöln/ von Olmüntz/ sampt viel andern Edlen/ vnnd fielen zu Winterszeiten in Preussen/ vnnd brachten die Eynwohner zum Glauben vnd zu der Brüder gehorsam. Nach diesem ward durch rhat vnd that des Königs von Behem gebawen ein Schloß auff einem Berg in Samoiter Landt/ darbey auch bald darnach ein schöne Statt erwachssen ist/ in welcher der Landsfürst bißher sein Wohnung vñ Hof gehabt/ vñ ist von ge

Königsperg ein furnehme Statt. meldtem König Königsperg genannt worden. Diß ist geschehen An. 1255. Auß dieser Vesten haben die Brüder weit vnd breit das widerspennig Volck bezwungen vnd gedempt. Anno 1544. ist in dieser Statt den 17. Augstmonats durch Marggraff Albrechts von Brandenburg Hertzogen in Preussen beförderung ein hohe Schul auffgericht worden/ vnd D. Georgius Sabinus der erste Rector gewesen. Der 6. Meister hat geheissen Poppo von Osterna/ vnder welchem die Brüder zu Feld seind gelegen wider die Churländer/ da haben die Preussen sich zusammen gerottet/ haben auff ein newes angefangen zu wüten wider die Christen mit brennen vnd todschlag. Alß diß Geschrey in Teutschlandt kommen ist/ hat sich abermals ein groß Volck auffgemacht/ den Brüdern hülff zuthun/ haben zu beyden seiten mannlich gefochten/ vnd etwan diese/ etwan die Widerparthey gesieget. Es hetten die Vngläubigen vmblägert diese drey Schlösser/ Bartenstein/ Creutzberg vnd Königsperg/ vnd nötigten die Vmblägerten mit grossem Hunger.

Anno Christi 1262. kam der Graffe von Gülch sampt andern Fürsten mit einem grossen Zeug/ griff die Preussen an/ vnd erlegt bey 3000. Baldt darnach rüheltend die Preussen zusammen vnd vnderstunden zu vberfallen das Schloß Königsperg: aber da man jhres Fürschlags jnen ward/ wurden sie hinder sich getrieben. Wann es darzu kam daß die Brüder wider sie gesiegten/ gaben sie

zu Gey

Von Teutschlandt. 1293

zu Geysel/Güter/Leuth/Kind/vnd schämbten sich doch nicht darneben Eyd vnd Gelübd zu brechen. Vnd sonderlich hat sich auff ein zeit begeben/daß sie sich nach gegebnē Bürgen/vnd Geysel zwen Edel Rittersbrüder erschlugen/dardurch die Oberstē des Ordens so gar erzürnt wurdē/daß sie vor jrem Schloß auffrichteten zwen Galgen/vñ 30. Burger daran henckten. Da diß die Preussen sahen/wurden sie dermassen erzürnt/daß sie ein grossen vnd schweren Krieg anrichteten/vnd wolten die Schmach mit allem vermögen rechen. Sie erschlugen viel Christen vnd darzu 40. Ritterbrüder/den Meister von Preussen vnd sein Marschalck.

Zu diser zeit war in Postern ein Fürst der hieß Suandepolcus/d' hett angenommen den Christlichen Glauben/vnd hett sich darneben verbunden zu den Preussen/vnd durch viel jahr vnderstund er nicht allein die Ritterbrüder/sondern auch alle Christen zu vertreiben auß Preussen. Es hat der Teutsch Orden viel von jhm erlitten. Dann er nam jhnen alle jhre Munition/vnd wurden der Brüder auch viel erschlagen. Diser Suandepolcus hat den Christen viel zu leyd gethan/vnd wiewol er sich hat lassen tauffen/füget er doch den Christen mehr vnglücks zu dann die Heyden. Aber es bewarben sich die Brüder bey den Fürsten vmb hülff/vnd brachten gemeldten Suandepolcum vnd die Preussen in die noth/daß sie mußten vmb ein Frieden bitten.

Suandepolcus ein falscher Christ.

Da nun Suandepolcus kam in sein Todbeth/vermanet er seine Kinder/daß sie nichts args anfiengen wider die Ordensbrüder: dann er were jnnen worden/daß jhn kein Glück angangen were/dieweil sie mit Kriegen angefochten hette. Aber die Söhn hielten nicht ein lange zeit des Vaters Lehr/biß zu dem letsten einer auß jhnen mit Namen Bratislaus in Orden gieng/vñ darnach der ander mit Namen Samborus all sein Haab vnd Gut dem Orden gab/vnd sein Lebenlang narung von jhm empfieng. Es hat sich auch begeben vnder dem Hochmeister Popone/daß Herr Martin von Golin mit einem andern Ritterbruder hinauß ritten in ein Wüstin/daß er sehe was doch die Preussen da wolten zurichten. Vñ alß jnen drey Preussen entgegen lieffen/erschlugen sie zwen/vnd den dritten liessen sie bey leben bleiben/der jnen den rechten weg zeigte. Aber er führt sie in die Händ jhrer Feind. Alß die zwen Ritterbrüder diß sahē/ertödeten sie jren Verräther. Da ritten 5. Preussen herzu/vnd fiengen dise zwen Brüder/bunden sie/vnd befahlen sie zweyen Preussen die sie verwahrten. Aber die andern drey eylten nach den zweyen Pferden so der Ritterbrüder waren gewesen/vnd in dem getüttel entlauffen waren. Vnd alß dise drey lang auß waren/vnderstunden die andern zwen dieweil zu tödē die gefangnen Brüder. Vñ alß sie wolten zucken das Schwert vber den einen Bruder der Martin hieß/sprach Herr Martin zu jnen: Jhr Narren warumb ziehet jhr mir nicht ab mein Kleyd ehe es mit Blut verwüstet wirdt. Sie aber volgten seiner Red/vñ lößten auff die Band damit er gebunden war/damit sie das Kleyd von jhm ohn besudelt brächten. Da Herr Martin seiner auffgelößten Armen gewalt hett/gab er seinem Hencker ein streich zum kopff daß jhm sein Schwert auß den Händen fiel. Da ergreifft ers bald vnd bracht sie beyde vmb/vnd macht auch seinen Mitgesellen ledig von den Banden damit er gefässelt war. Da solches die andern drey ersahen/die den Pferden waren nachgelauffen/eylten sie herzu mit grossem zorn: aber die zwen Ritterbrüder griffen sie Mannlich an/brachten sie vmb/vnd kamen also darvon.

Ann. 1234. kam auff Poponen Heinrich von Widr/dem trang Swentepolff mit list das Land gar nahend ab/ausserhalb Balga vñ Elbing/machten Swentepolff zum Feldthauptman/zu letst kam der Marschalck Herr Dietrich gen Zartowitz/nam die Statt vñ Veste eyn sampt dem Schatz/verjagt Swentepolffen den Postern von Wirsegrad in Postern in Nacle/brachten jn zu frieden/darzu fünff Stätt in Preussen vnder sich/Pomern Marimien/Pogesa/Barthen/Nactagilen.

Der 7. Hohmeister war Hauo von Sangerhausen. Der 8. Hartman von Heldringen. Der 9. Burckhard von Schwenden. Der 10. Conrad von Feuchtwang. Vnder jhm war die Statt Accon vom Soldan erobert/vnd viel Christen darinn erschlagen/die Tempelherren so darin waren/zogen widerumb in Franckreich/da sie grosse Reichthumb hatten. Aber die Johanser Herren/die auch ein Spittal zu Accon hetten gehabt/zogen in Cypern/vñ darnach eroberten sie die Jnsul Rhodiß. Jtem die Teutschen Herren/die jetzt groß Reichthumb in Teutschen Landen hetten erobert/vnd ein gut theil in Preussenlandt/Lyfflandt vnd Churlandt erobert/zogen herauß in Teutschland/vnd war dazumal jhr oberst Hauß zu Marpurg in Hessen/ward nachmals aber verruckt gen Marienburg in Preussen.

Tempelherren.

Rhodiß.

Der 11. Hohmeister hieß Gottfried/ein Graff von Hohenlohe. Vnder jhm kamen viel Teutscher Brüder vmb in Lyfflandt/aber sie sterckten sich widerumb/vnd erschlugen bey 4000. jhrer Feind bey der Statt Riga. Der 12. Hohmeister hieß Sifrid von Feuchtwang/vnd vnder jhm ward das oberst Hauß gelegt in Preussen gen Marienburg/das zu Martpurg ein weil war gelegen/vnd darvor zu Venedig/vnd darvor zu Accon. Es starb diser Sifrid Anno 1342.

Das oberste Teutsch Hauß.

Der 13. Hohmeister hat geheissen Carle von Befort/von Trier. Er hat gebawen Christmimmel am Wasser Mimmel. Nach jhm ward Hohmeister Wernher von Orsele/vnd darnach Lu-

GGGG dolph

dolph ein Hertzog von Braunschweig. Der 16. Hohmeister hieß Dietrich/ein Graff von Aldenburg. Er hat gebawen den Flecken Bartenstein.

Der 17. Hohmeister hieß Ludolph/mit dem Zunammen König.

Der 18. Hohmeister Heinrich Tusamer.

Hertzog Kinstut. Der 19. Hohmeister hieß Weinreich von Knippenrod. Zu seinen zeiten fiengen die Teutschen Brüder den Fürsten von der Littaw/der Kinstut hieß/vnd hielten jhn zu Marienburg ein halb jar gefangen: aber er entran jhnen durch hülff eines Dieners. Vnd als er sich sehr förchtet/gieng er zu fuß durch vnwegsame End vnd Oerter. Bey Tag lag er in den hülen verborgen/vnd zu Nacht verbracht er seinen Gang/biß er in die Massaw kam. Aber bey den Brüdern war alle frewd in trawrigkeit verkehrt/da sie disen grossen Feind verlohren.

Der 20. Hohmeister hat Conrad Zollner geheissen.

Der 21. Conrad von Walenrod.

Der 22. Conrad von Jungingen/Er starb Anno 1407.

Der 23. Vlrich von Jungingen/er kam vmb in einem Krieg Ann. 1410. Der Krieg verlieff sich also: Der König von Polandt Vladislaus/Casimiri Vatter/hett ein mächtigen Zeug versamlet auß seinem Landt/auß der Littaw/vnd von den Tartarn/vnd war Vitoldus Oberster Feldthauptman. Dargegen hetten die Teutschen Brüder ein grossen Gewalt zusammen gebracht auß gantzem Teutschen Landt. Vnd da die Heere gegen einander ruckten/vñ auff 20. Roßläuff nahe zusammen hetten/schickt der Hohmeister einen Herolden zum König von Polandt/vnd sagt jhm ab. Da seind in beyden Heeren gewesen bey 40000. Reuter. König Vladislaus verordnet in die erste spitz die Tartarn vnd Littawer/vnd die Polander hielt er zur Hinderhüt oder zu einem Zusatz. Der Hohmeister von Preussen hielt in seinem Heer das widerspiel. Er verordnet die besten Ritterbrüder in die vorderste spitz/die auch in der Schlacht vmbbrachten im gegen Heere die blossen vngewaffneten Tartaren vnd Littawer. Aber da die Schlacht sich lang verzog/vnd der Polander nicht hinder sich weichen wolte/sondern für vnd für geruhete Kriegsleut an der erschlagenen statt kamen/seind die Teutschen Brüder auff jhrer seiten erlegen/vnd haben gantz schwachlich Gegenwehr gethan. Da der Polander solches vermerckt/hat er einen frischen vnd wol geruheten Hauffen auß seinen Polandern an die Feind verordnet/die haben erst ein newen Angriff gethan/vnd so gewaltiglich dareyn geschlagen/daß die Teutschen Herren nicht haben jhren Ge- *Die Brüder in Preussen ligen vnder.* walt mögen erleyden/sondern seind zu der flucht genötiget worden. Da der Hohmeister das erfahe/trang er auff den Feind mit einem besonderen Hauffen/vnd waget sich zu viel gegen dem Feind/dann er ward erschlagen/vnd da begaben sich die seinen in ein schandtliche flucht. Es verlohren die Brüder in diser Schlacht viel tausend/vnd die Polander behielten den Sieg/wiewol nicht ohne Blut. Diser Krieg hat sich verlauffen Anno Christi 1410. von wegen diser Anstöß beyder Länder. Es haben die Eynwohner des Preussenlands disen Sieg angesehen/vnd deßhalben sich dem König ergeben: aber Keyser Sigmund leget sich in disen Zanck/vnd macht ein Frieden zwischen den Brüdern vnd dem König. Da gaben die Ritterbrüder ein genandt Gelt dem König/vnd der König gab jhnen jhr Landt/vnd seind also zu frieden ein gute weil.

Der 24. Hohmeister hat geheissen Graff Heinrich von Plawen/ward aber wider von dem Capitul entsetzt/vnd lag sieben jar zu Dantzig gefangen.

Der 25. hieß Michael Kuchenmeister von Sternberg.

Der 26. Paulus von Rußdorff.

Der 27. Conrad von Ellerichshausen. Er hette viel Krieg mit dem König auß Polandt/macht aber zu letst mit jhm ein ewigen Frieden. Es suchten auch die Dantziger jhre Freyheit/darmit sie kämen von der Gehorsamkeit der Teutschen Brüder/namen deßhalben an zu einem Schutzherren den König von Polandt. Es starb diser Hohmeister Anno Christi 1405.

Der 28. hat geheissen Ludwig von Ellerichshausen. Vnder seinem Regiment ist ein Auffruhr in Preussen entstanden zwischen dem Orden vnd den fürnehmsten Stätten. Es beklagten sich die Stätt vieler Beschwärungen so sie vom Orden hetten/handleten heimlich bey dem König von Polandt/nemlich Casimiro. Es fieng an der Hohmeister zu schmecken wo es hinauß wolt/darumb ließ er sich mercken gegen dem König/wie er den Landtfrieden zu ewigen zeiten bevestiget/nicht halten wolt. Es legt sich auch Keyser Friderich in die Sach/vnd gebothe den Preussen daß sie in Gehorsamkeit der Brüder blieben/welche das Landt mit jhren Waaffen vnd Blut hetten erobert/vnd zum Christlichen Glauben gebracht. Da aber das gemein Volck steiff auff jhrem fürnemmen stunde/ist es zu einem Krieg kommen. Die Stätt die sich dem König ergeben hatten/haben dem Hohmeister viel Schlösser eyngenommen/vnd etliche Commenthür vnd Kriegsmänner gefangen/auch etlich zu todt geschlagen. Es hetten 55. Stätt vnd Flecken zusammen geschworen/vnd als sie für sich selbs den Krieg nicht wol mochten behaupten/haben sie König Casimiri hülff erfordert/welcher auch mit einem grossen Zeug kam/vnd nam eyn die Stätt so sich ergeben hatten. Darnach zog er für Marienburg/vnd belägert die Statt vnd Schloß. In mitler weil bewarb sich der Meister in Teutschland vmb ein Kriegsvolck/vnd vberfiel den König in

seinem

Von Teutschlandt. 1295

seinem Läger vnuersehen/vnd erschlug jhm 3000. Poländer/vnd fieng 136. Edlen/vnd fand im Läger groß Gut/Pferdt/Waaffen vnd Proviandt. Aber der König entran mit den andern Pferden/diß ist geschehen Anno 1454. Als der Meister disen Sieg erlangt/hat er sein Heer vmbher im Landt geschickt/vnd die entwendeten Schloß vnd Stätt/deren 80. waren/widerumb eyngenommen/vnd erschlug viel die jhm widerstandt theten. Er eroberot Königsperg/die eine ist von den vier fürnehmsten Stätten/welche dann seind Thorn/Elbing/Königsperg vnd Dantzig. Als aber der Krieg sich länger verziehen wolt/dann des Meisters vermögen war/vnd er den Haupt-leuten für ein gantz jahr schuldig ward Sold/haben die Hauptleut so zu Marienburg lagen im Zusatz zusammen geschworen wider den Meister/vnd dem König von Polen vmb ein grosse summa Gelts vbergeben das Schloß Marienburg. Als der Meister das vernam/flohe er gen Königsperg/vnd ist ein newer Krieg entstanden/zu beyden seiten ein grosser schad geschehen/biß zu letzt ein Rachtung ward gemacht/vnd erkennt daß der König solt behalten Pomerellen mit allen seinen Schlössern vnd Flecken/Marienburg vnd Elbing: Aber der Meister solt behalten Samaiterlandt/Königsperg/rc. Diser Vertrag ward gemacht Anno 1466.

Der Hohmeister sieget.

Der 29. Meister hat geheissen Heinrich Reuß. Der 30. Heinrich von Richtenberg. Der 31. Martin Truchseß. Der 32. Johannes von Tieffen/ Er starb Anno 1500. Der 33. Friderich ein Hertzog in Sachsen/vnd Marggrafe in Meyssen. Diser hat es nicht wöllen bleiben lassen bey dem nechsten Vertrag/so zwischen dem Orden vnd dem König von Polandt auffgericht war worden. Er vermeynt es were ein gezwungene Rachtung/vnd hett etliche vnbillche Artickel/vnd deßhalben rüfft er den Bapst an/deßgleichen den Keyser vnd die Churfürsten/vnd bracht es so weit/daß ein Tag zu Posnaw in Polen angesetzt ward/da Keyserliche Majestat vnd alle Churfürsten vnd Fürsten jhre verordneten Rhät hin schickten/vnd wurden viel Klag vnd Widerklag da gethan zu beyden seiten/aber nichts außgericht.

Vnd als im zehenden jahr seiner Regierung gemeldter Hohmeister starb/ward nach jhme erwöhlt der Durchleuchtig vnd Hochgeborne Fürst vnd Herr/Herr Albrecht Marggrafe zu Brandenburg/zu Stettin/Pommern/der Cassuben vnd Wenden Hertzog/ Burggrafe zu Nürnberg/vnd Fürst zu Rugen. Diser ward vberzogen von dem König in Polen mit 23000. Mann/vnd die handleten gar tyrannisch mit todschlagen/Kinder/Frawen vnd Jungfrawen/mit Brandt/dardurch Preussen schwerlich verderbt ward/der Hohmeister bewarb sich vmb ein vierjährigen Anstandt/in welchem sie ein Vertrag machten/welcher also lautet:

Hertzog Albrechts Contrafehtung.

Wir Georg Marggrafe zu Brandenburg/ in Schlesien zu Ratibar/ Jägerndorff/ in Preussen/ zu Stettin/ Pommern/ der Cassuben vnd Wenden Hertzog/ Burggrafe zu Nürnberg: Vnd wir Friderich Hertzog in Schlesien/ zu Lignitz/ Brick/ vnd Oberster Hauptmann in Nidern Schlesien/bekennen vnd thun kundt allen vnd jeden so disen Vertrag sehen oder hören lesen/daß wir auß nachgeschriebnen Vrsachen/so Vns als einen Christlichen Fürsten hierzu bewegt/nachvolgende Vnderhandlung vnd Vertrag zwischen dem Durchleuchtigsten/ Großmächtigsten Fürsten vnd Herren/ Herr Sigmunden König zu Polen/Großfürsten zu Littaw/in Reussen vnd Preussen/rc. Vnd dem Hochwürdigsten/Hochgebornen Fürsten vnd Herren/ Herrn Albrechten Marggrafen zu Brandenburg/Hohmeister in Preussen vnd seiner Ritterlichen Orden Landtschafften vnd Stätten anders theils begriffen vnd auffgericht zum fürderlichsten. Disweil wir mercken das vrsprünglichen alle Zwyspaltigkeit/Krieg vnd Widerwillen zwischen dem König von Polandt/vnd dem Hohmeister vnd seinen Landen sich auß dem entpört/daß kein rechter Regierender/Erblicher Fürst des Landts Preussen gewesen/sondern dieselbigen durch viel Herrn vnd Häupter geregiert seind/darauß auch die Landt sich gegen einander in Kriegen entpört/viel Christlich Blut vergossen/Landt vnd Leuth beschädiget/Witwen vnd Waysen gemacht/offt vnd viel die Bäpst/Keyser/Fürsten/rc. angesucht/in meynung/daß sie behülfflich weren zu halten den ewigen Frieden/so etwan durch König Casimirum gemacht vnd auffgericht/rc. in kurtzen tagen sich geendet würd haben/vnd wo also die Sachen vnuertragen blieben/were zu besorgen das die König in Polen vnd der Hohmeister/sampt dem Land Preussen auff ein newes widerumb zu weiterm Krieg hetten kommen mögen: damit nun solches alles fürkommen/vnd ein ewiger Christlicher Fried behalten zwischen Königlicher Majestat vnd jhrer Erben vnd nachkommenden Königen der Cron Polen/den Herren Hohmeister/seinen Landen vnd Leuthen auffgericht/vnd beyder seiten möcht erhalten werden/rc.

GGGG ij Der

Das fünffte Buch

Etliche Artickel des Vertrags.

Der Artickel mit denen sie sich sollen vergleichen/ seind viel/ vnder welchen der neundte also lautet:

Es soll Marggraf Albrecht Königlicher Majestat vnd der Cron Polen seinen Eyd thun/ alß seinem natürlichen Erbherren/ vnd sich hinfürter gegen ihm in allem wie sichs einem belehnten Fürsten gegen seinem Erbherren/ von Recht zu halten gebürt/ gehorsamlich erzeigen. Es soll auch Königliche Majestat zu entgegen Marggrafe Albrechten die vnderschriebene Landt/ Stätt/ Schlösser vnd Flecken/ alß einem Hertzogen zu Preussen zum rechten Erblehen verleihen/ vnd solcher verleihung eines Lehenbrieffs von einem Bruder auff den anderen/ vnd derselben Erben alß vber gesambte Lehen/ innhalt des Vertrags vollziehen. Diß seind die Stätt: Königsperg/ Lochstetten/ Angerberg/ Landtsperg/ Liebstatt/ Rosenburg/ ꝛc.

Wo aber die gemeldten vier Fürsten/ Albrecht/ Georg/ Casimirus vnd Hans/ Marggrafen zu Brandenburg/ vnd derselbigen Leibslehen Erben alle/ an Leib/ Lehen/ Erben abgiengen/ alßdann sollen die beschriebene Landt Preussen an Königliche Majestat/ vnd die Cron zu Polen Erblich gelangen vnd fallen: Wo aber Töchter verblieben/ dieselbigen sollen mit einem Fürstlichen Vorrath von Königlicher Majestat abgericht vnd versorget werden.

Weiter sollen die vollmächtigen Geschickten oder Gesandten des Ordens/ vnd beyde von Land Preussen für sich/ ihre Erben vnd Nachkommen/ bewilligen vnd verschreiben/ daß sie sich/ ihre Erben vnd Nachkommen nach tödtlichem abgang der obgenandten vier Fürsten vnd derselben Leibslehen Erben/ an die Königliche Majestat/ die Cron zu Polen vnd derselben Erben mit gebürlicher Pflicht vnd Vnderthänigkeit alß ihren natürlichen Erbherren vnd keinen andern/ halten sollen vnd wöllen/ doch also daß Königliche Majestat obgeschriebene Landt Preussen mit einem der die Teutsche Zungen kan/ vnd in demselbigen Fürstenthumb gesessen/ alle Aempter der Ritterschafft vnd Stätten/ Geistlich vnd Weltlich/ zu regieren/ ꝛc. Actum 1525.

Nach disem allem hat König Sigmund das Landt/ so der Teutsche Orden in Besitz gehabt/ ihme zugeeignet/ vnd es Marggrafe Albrechten von Brandenburg zum Erblehen geliehen/ auff sich vnd seine Kinder/ vnd haben die Teutschen Herren noch inn Besitzung gehabt 54. Schlösser/ 86. Stätt. Es saß König Sigmund zu Crackaw auff seinem Stul/ vnd kam der Hohmeister geritten in seinem Waapenrock/ vnd gieng auff den Stul zum König/ fiel auff seine Knye/ da ward er auffgenommen/ legt sein Ordenskleyd von ihm/ vnd empfieng das Landt zu Preussen zum Lehen. Es gab der König auch dem Hohmeister ein new Waapen/ vnd ward ihm der Titul gegeben: Ein Hertzog von Preussen/ vnd sein Statt vnd Sitz geben nechst bey dem König.

Es hat auch Marggrafe Georg für sich vnd seine zwen Brüder Marggraff Casimir vnd Marggrafe Hans an den Fahnen gegriffen/ auff das so der Hertzog kein Erben gewünne/ sie Erben des Landts Preussen seyn solten.

Albertus/ da sein Ehegemahel Dorothea/ ein Tochter Friderici des Königs auß Dennmarck gestorben im jahr Christi 1547. hat er genommen Annam/ von dem Geschlecht Braunschweig/ darnach sein einige Tochter Annam Sophiam/ Hertzog Hans Albrecht von Meckelburg vermählet.

Hierzwischen hat der Teutsch Orden (dem solche Sach billich angelegen) ein anderen Meister/ Walthern von Cronberg/ erwöhlet/ welcher Hertzog Albrechten auff allen Reichstägen verklagte/ vnnd erhielte daß er gecitiert/ der Vertrag genichtiget/ vnd er in die Acht erkläret ward: welches doch nichts anders geholffen/ alß daß hierdurch grosser Jamer ist angerichtet worden.

Von dem Augstein oder Bornstein/ so man in Pomern am Meer auff lißt.
Cap. ccccxliiij.

Augstein nennen die Lateiner Succinum: das ist/ Safftstein/ aber die Griechen heissen jhn Electrum: dann so man jhn reibt oder hitziget/ zeucht er an sich klein gestüpp. Die alten Teutschen haben jhn genandt Glessum/ darumb daß er durchsichtig ist wie ein Glaß. Etliche meynen/ daß Augstein sey ein gestanden Harn des Thiers/ so man zu Latein Linx nennet/ daher sie auch disen Stein Lyncurium nennen. Die andern sagen/ es sey Augstein ein Baumsafft oder Gummi/ aber die fälen gar weit: dañ in Pomern vnd Preussen findt man kein Baum am Meer/ der von Hartz trieffe darvon man Augstein lesen mög. Darumb meynen die andern es sey Augstein ein Schwefel oder Pech: dann er brennt von feißte. Von dem Ort da man den Augstein findt/ haben die Alten kein gewisse kundtschafft gehabt. Die Griechen haben gemeynt er wachse in Italia/ vnd beson-

Von Teutschlandt.

besonder in Liguria/oder bey dem Wasser Pado. Die andern haben gemeynt man find jhn in Hispania/vnd etliche andere schreiben/man find jhn in Occidentischen Insuln. Aber Plinius schreibet/daß er gefunden werd in etlichen Insuln die gegen Mitnacht ligen/vnd sey derselbigen Insuln eine/Glessaria genandt/darumb das die Teutschen den Augstein Glessum haben genandt. Das ist gewiß/daß zu vnsern zeiten die Wind den Augstein herauß werffen an des Meers Gestad (wie auch vorzeiten) besonder an dem Ort/da vor zeiten die Gottones vnd Schwaben gewohnt haben/da jetzt ein kleine halbe Insul gelegen ist/vnd darinnen zwo Stätt mit Namen Putzka vnd Hela. Item in Poistern/welche Ärter alle nicht fern vom außgang der Wixel gelegen seind/doch allermeist findt man in Suda/da man es im Strom nennet/wenig in Lyfflandt. In Sudaw werden bey 30. Dörffer vmb die Peninsul gefunden/da man vor alten zeiten her den Augstein mit Garnen/gleich wie die Fisch gesucht hat.

Es haben die Eynwohner sonderlich acht auff die Wind/so zwischen Occident vnd Mitnacht entstehen/vnd das Meer bewegen/zu Latein nennet man sie Favonium, Corum vnd Trasciam, vnd sie lauffen auch all dem Meer zu bey Tag vnd bey Nacht/ tragen mit jhnen Fischgarn die seind von Linen geflochten/vnd binden sie an weiterthane Gablen/ vnd alßbald das Meer still wirdt/lauffen sie nackend in das hinfallend Meer/vnd mit jhren Fischgarnen schöpffen sie auß dem Boden was sie finden. Sie bringen zum offtermal ein Graß herauß/das sich der Polcyen nicht vngleich. Vnd alßbald sie geseffen haben mit jhrem Garn nach dem Augstein im zugetriebnen Meerwalen/ lauffen sie widerumb zum Gestaden/da dann die Weiber warten was sie guts bringen/vñ schütten auß dem Garn was sie geschöpfft haben/so klauben die Weiber darauß was gut ist. Vnd wann es gar kalt ist/machen die Weiber am Gestaden ein Fewr/wermen jhren Männern die Kleyder vnd schlagen sie vmb jhren blossen Leib biß sie erwarmen/darnach fahren sie wider ins Wasser vnd fischen wie vor. Vnd was ein jeder fahet/das muß er den Vögten vnd Oberkeiten bringen/vnd dargegen gibt man jhm so viel Saltz als viel er Augstein bringet. Kein andern Lohn vnd Sold gibt man jnen für jhr grosse mühe vnd arbeit so sie im Wasser haben. Vnd das ist gar ein alter Brauch/so von vielen jahren her biß auff vnser zeit gebracht ist. Man laßt nicht ein jeden an diß Ort kommen da man Augstein aufflißt/damit nichts darvon entwendt werde. Dann man bringt ein grossen jährlichen Nutz darauß. Etliche schreiben/daß man alle jahr vngefährlich für 10000. Rheinisch Gulden den Kauffleuten vberantwort. Vnd dieweil der Augstein allerley farben hat/wird doch keiner höher geschätzt weder der weiß: dann der hat ein edlen geruch/vnd ein grosse krafft in der Artzney/darzu findt man seiner auch am aller wenigsten. Der gelb ist etwas anmütiger dann der weiß/aber nicht so kräfftig. An andern Orten da man auch Augstein sucht/braucht man kein Garn darzu/sondern man sucht jhn im trocknen Sandt/wie jhn das Meer durch sein vngestümigkeit herauß geworffen hat. Etliche graben mit Kärsten im Sandt/vnd grüblen jhn herfür/vnd das hat man sonderlich in kurtzen zeiten angefangen zu Dantzig. Welcher Augstein so gar durchsichtig ist/in dem findt man zu zeiten kleine Thierlein/als da seind Fliegen/Schnecken/Immen/Omeissen/oder andere Würmlein/welches ein anzeigung gibt/daß der Augstein zum ersten ein flüssig Pech ist/vñ so das auß dem Erdtrich quillt/fallen solche Thierlein dareyn/vnd werden dareyn beschlossen/biß sich das Pech zum Stein eendert. Man braucht die weissen Augstein zu den zeiten der Pestilentz: dann man macht in den Kammern ein guten Rauch darvon/der wåhret biß an dritten tag. Man macht auch Paternosterkörner/Fingerring/klein Gefäß vnd Menschen bildtnussen darauß. In der Artzney braucht man den Augstein/das Blut damit zu stellen/so man jhn trinckt/er stellet auch den vnwillen des Magens/stilt all flüß die sich ziehen in Geschwär/oder von dem Haupt in Halß steigen/vnd vnder dem Blat zu Knoden sich auffblähen/die man zu Latein Glandes: das seind Eichlen/nennet. Etliche schreiben auch darvon/daß er die schwangern Frawen bald mache zu gebären/so man jhn ein wenig am Fewr brennet vnd den Weibern für die Nasen helt. Etliche wöllen auch bey seinem geschmack erkennen ob ein Jungfraw verfellt sey oder nicht. Wann sie verfellt ist mag sie den Harn nicht behalten. Es haben die Eynwohner in Africa ein besondern Augstein/der ist noch edler/vnd wirdt Ambra genandt.

Wie man die Augstein schöpffet.

Das fünffte Buch
Von den Thieren so man in Preussen findt. Cap. ccccl.

Awrochsen.

DAs Landt Preussen zeucht Bärn/ wilde Schwein/ Hirtzen/ wilde Ochsen/ die man Vros, vnd zu Teutsch/ Awrochsen nennet/ die sehen den zamen Ochsen gar nahe gleich/ allein daß sie kürtzere Hörner haben/ vnd lange Bärt vnder dem Maul. Es ist ein grimmig Thier/ schonet weder der Menschen noch anderer Thier. Vnd so man ihm in den Wälden zwischen den Bäumen nachstellet/ vnd Schäffelein in ihn scheußt/ wirdt es also vnsinnig vnd so gar es grimmet/ wan er sein Blut sicht/ vnd sich an seinem Feind nicht rechen mag/ daß er mit grosser vnsinnigkeit wider die Bäum laufft/ vnd sich selbs zu tod stoßt. Es ist vast ein groß Thier/ daß auch zwen Mann zwischen seinem Gehörn sitzen mögen. Es seind auch in disem Land viel wilde Pferd/ die den zahmen gleich seind: aber sie haben ein wäichen Rucken/ vnd darumb kan man sie nicht brauchen/ vnd kan sie auch nicht zahm machen: aber man isset sie für gut Fleisch.

Wilde Pferd.

Dämthier.

Es zeucht dises Landt auch Bisontes, etliche Teutschen heissen es Damen oder Damthier/ das seind Thier die einem Hirtzen zum theil/ vnd auch zum theil einem zahmen Vieh gleich sehen/ außgenommen daß sie lange Ohren haben/ vnd die Männlein haben auff der Stirnen breitere Hörner weder die Hirtzen. Diser Hörner sicht man viel zu Augspurg bey den Kauffherren. Sie sagen aber es seyen Elend Hörner. Dann es hat auch dises Landt Thier/ die man Elend nennet/ die seind so groß alß ein Esel oder mittelmässig Pferd. Seine Klawen seind gut für den schweren Siechtagen/ vnd die Haut ist also hart/ daß man nicht dardurch hawen oder stechen kan. Es ist auch diß Thier ein gut Wildprät zu essen. Es ist braunfarb/ oder halber schwartzfarb/ vnd hat weißlechtige Schenckel. Sein gestalt vnd seines Leibs form hab ich mir lassen contrafehten vnd es hie verzeichnet. Johannes Hasentöver/ der sich viel jahr in Eyff-

landt

landt gehalten/hat mir also von disem Thier geschrieben: Die Elend seind grösser dann die Hirtzen/grawer farb/es hat lang grob Haar/vngestalter form/ist hinden vmb einer guten Hand breit niderträchtiger dann vornen/hat lange schwache Bein/gespaltene Klawen/magers Leibs/blöder Natur/vnd mags ein Kind mit einem kleinen Rütlein jagen wo es hin will/hat lange Ohren wie ein Esel/vnd mag auff dem Rucken nichts tragen. Vnd so man ihm etwas lechts aufflegt/beugt es sich mit den hindern Beinen nider/so lang biß es ihm vber den Rucken abfellt. Das Männlein hat Hörner dreyer spannen lang/mit starck breitlechtigen Zincken/darauß macht man Messerhefft/vnd drähet Stiel darvon. Das Weiblein aber tregt keine Hörner. Aber die andern so auch von den Mitnächtigen Thieren schreiben/wöllen diß verstehen von einem andern Thier/das die Lateiner Bisontes nennen/von welchen ich hie vnden bey Schwedien etwas schreiben will. Dann das Elendthier hat gar starcke Schenckel vnd breite Hörner wie Schaufflen/vnd die seind wie ein grosse vnd tieffe Muschel außgegraben/vnd verziehen sich in kurtze Zincken oder Ende/darauß man keine Messerhefft machen kan. Ich hab hie für mich genommen die Pictur so auß Preussen her gebracht ist. Weiter findet man in disen Ländern Growerck/das seind Einhörner/werden da im Landt des Winters eyßgraw/vnd seind den Sossier rot/derhalben nennet man sie bey ihnen Growerck/ist ein köstlich Futer.

Item Leßle seind kleine Thierlin/den Winter weiß/den Sommer graw/den Mäusen vnd Ratten auffsätzig/ist kleiner dann ein Hermle: Es seind (halt ich) die Thierlein/so man hie zu Landt Fürle nennet. Weiter ist in disem Landt ein grosse menge der Immen oder Bienen/die da nisten vnd zusammen tragen in den holen Bäumen/darauß man vberflüssig viel Honigs vnd Wachs bringet. Sie samblen den safft auß den grünen Aesten vnd wilden Blumen/vnd machen wunder viel Honigs darvon: vnd das ich mit kurtzen worten sag/Preussenlandt ist ein solch fruchtbar vnd selig Landt/daß auch der Gott Jupiter (den die Heyden gedicht haben) wann er von Himmel herab fallen solt/kaum in ein besser Landt köndte fallen.

Von den Schwerdtbrüdern. Cap. cccclj.

NAch dem der Teutsch Orden entstanden ist/waren in Preussen etliche Geistliche Schwerdtbrüder geheissen/die waren dapffere vnd strenge Männer in Kriegshändlen. Sie trugen in ihren Kleydern ein Creutz/vnd darzu zwey angenähte Schwerdter/damit anzuzeigen/daß sie stritten wider die Heyden/zu schirmen den Christlichen Glauben/vnd sonderlich fochten sie wider die Littawer/so in Lyfflandt pflegten zu fallen. Als aber die vernamen daß die Teutschen Brüder also Männlich mit grossem Glück in Preussen kriegten/wurden sie zu Raht/mit verwilligung des Bapsts/sich zu vereinbaren mit dem Teutschen Orden. Vnd alßbald diß geschahe/zogen die Teutschen Herren in Lyfflandt/erweiterten ihre Herrschafft/vnd namen das Landt an zu beschirmen wider die vngläubigen Insul.

Dantzig/ein herrliche Kauffstatt in Preussen gelegen.
Cap. ccccli.

JN vnsern zeiten ist die Statt Dantzig sehr in Reichthumb vnd Gewalt auffgestiegen/die Kauffleuth haben ein grossen Gewerb da angefangen/welcher in kurtzen Jahren sehr zugenommen/wie auch die Statt vor weniger zeit ein vnachtbarer Flecken gewesen. Sie hett dazumal nicht mehr dann ein Hauß/nemblich das Rhathauß/das mit Ziegelsteinen gebawen am Marck stunde/die andern Häuser waren alle mit Lachenrohr bedeckt/vnd die Wändt mit Läimen bestrichen/wie andere Bawrenhäuser. Von diser eynfältigkeit ist die Statt näher dann in hundert jahren auffgestiegen zu der Herrlichkeit die sie jetzunder hat: hat jhre ersten Herren die Teutschen Brüder vbergeben/sich vnderworffen der Cron Polandt/welches vielen Kriegen anlaß gegeben/vnd grosse vnruh darauß erwachsen: dann es wolten andere Stätt in Preussen auch das Exempel zu handen nemmen/aber es wolt jhnen nicht gerathen/wie auch die Dantziger gar viel erlitten haben ehe sie gar ledig worden seind von den Ritterbrüderen. Zuletst aber als die Polen Stephanum Batori den Waywod in Siebenbürgen zum König angenommen / vnd sich jhm Dantzig nicht allerdings nach seinem begeren ergeben wolte/ward sie im jahr Christi 1576. mit schwerem Krieg angefochten vnd belägert. Vnd wiewol sie damals von den Polen nicht mocht eyngenommen werden/ist sie doch im volgenden Frühling von newem belägert worden/ward aber gleichfahls wie zuvor (von wegen jhrer standthafftigkeit) nichts außgerichtet/ vnd muste der Pol mit grossem schaden vnd verlurst abziehen/ob wol der schad von jhrer seiten auch nicht gering gewesen.

Anno Christi 1593. truge sich zu Dantzig ein Aufflauff volgender gestalten zu: Es bekame eines Polnischen Edelmans Diener einem Ballenträger vor der Waage/der ein schweren Last truge/vnd als er den Polacken ohngefehrd mit demselbigen angerühret/hat der Polack von Leder gezuckt/vnd den Ballenträger vbel verwundet. Als diß Trägers Gesellen/deren ein zimliche anzahl vorhanden/das gesehen/vnd den Polacken darumb zu Red gestellet/hat er sich auch an sie reiben wöllen/aber der viele wegen nichts schaffen mögen: also seind auß den nächsten Häusern noch mehr Polen zugelauffen/vnd auff die Ballenträger gehawen vnd gestochen: weil sie aber keine Wehren/weder jhre Knüttel bey jhnen gehabt/seind etlich auß den Ballenträgern auff den tod

Von Teutschlandt.

verwundt/ die vbrigen mit gewalt ab dem Marckt getrieben worden. Nach dem nun der Polen fräfel in der Statt außkommen/ haben sich die Burger allenthalben in Rüstung auff dem Marckt gethan/ den wütenden Polen zu wehren. Da aber die Polen vermerckt/ daß sie den Burgern zu schwach waren/ haben sie auß den Häusern vnder die Burger geschossen/ die Burger hergegen widerumb hinauff gegen den Polen: also wurden die Burgermeister vnd Rhatsherren daselbsten verursachet mit höchster gefahr jhres Leibs vnd Lebens sich auff dem Marckt vnder die Auffrhürischen zubegeben/ vnd dieselbigen mit ernstlicher bedräwung abzumahnen/ welches auch geschehen: also seind in disem Trippel auff etliche zwantzig Polen/ der Burger nicht vber drey todt geblieben.

Von Lyfflandt. Cap. cccclix.

Lyfflandt ist Sümpffig/ Wäldig/ Sandig/ ohnbürgig/ mehrtheils vngebawet/ jedoch fruchtbar: Dann es andere vmbligende Länder in thewrer zeit mit Rocken vnd Waitzen entsetzen vñ speysen mag/ darzu hat es Vieh genug/ allerley Fisch/ auch Gewild/ als Bären/ Elendt/ Fuchs/ Lüchs/ Mardern/ Zobeln/ Growerck/ Lestli/ Hermelin vnd Hasen. Die rechten Lyffländischen Hasen werden im Winter weiß: Die aber auß Littaw/ so alle Wasser gefroren/ hineyn lauffen/ bleiben allwegen graw/ verwandlen jhre Haar nicht/ seind besser dañ die Lyffländische Hasen. Die Reussen bringen auch etwan weiß Bärenhäut daher/ werden in den sehr kalten Mitnächtigen Ländern gefangen. Die Teutschen Ordens Herren haben diß Landt innen/ vnd ist ein Meister Teutsches Ordens da/ der mit seinen Commentheuren vnd Vögten das gantz Landt regiert. Diser Meister helt Hoff zu Wenden/ zwölff meil von Riga. Er laßt das H. Euangelium dem gemeinen Mann lauter fürtragen vnd verkünden. Er zwingt niemand der Religion halb/ sondern laßt einen jeden bey seinem Glauben (dardurch er verhofft selig zu werden) bleiben/ vnd das Vnkraut mit dem guten Saamten auffwachsen.

Er stunde vor jahren in gutem Frieden mit dem Moscowytischen Keyser: dann es hett derselbig Moscowyter auff der andern seiten mit dem Tartarischen König so viel zu schaffen/ daß er noth halben mit den Lyffländern Frieden zu halten gezwungen. Die Lyffländer haben mit den Tartarn nichts zu schaffen/ sondern jhr grosse Arbeit stehet in vberflüssigem fressen vnd sauffen/ fürnemlich in den Schlössern vnd Herren Höfen.

Vnd wer in disem fall ein guter Kempffer vnd Dempffer ist/ mag sich in dises Landt verfügen/ wirdt von Kriegern gar ehrlich empfangen/ vnd in jhr Ordnung gestellt. Vnd ehe das jahr herumb kompt/ empfahet er seine Besoldung/ nemblich Wassersucht/ Schörbauch vnd dergleichen viel böser Müntz. Es ist der Schörbauch in Lyfflandt ein gemeine Kranckheit bey der Herren Höfen vnd jhrem Gesind/ vnd wie ich berichtet bin/ sollens die jenigen so Tag vnd Nacht fressen vnd sauffen/ vnd nichts darbey wercken/ oberkommen/ vnd zum Leib außschlagen. Das gemein Bawrvolck in disem Land ist vast Leibeygen/ vnd wirdt hart gehalten von jhren Oberherren/ sonderlich von etlichen Edelleuten vnd der Ordens Herren Ampleuten oder Landsknechten. Die seind so vnbarmhertzig gegen jhnen/ so sie gewahr werden/ daß ein armer Bawr der ein gut Pferdt/ Ochs oder Kuh hat/ suchen sie vrsach wie sie können/ damit sie jhm dasselbig abstreiffen vnd auß den Rüben schlagen. Entlaufft jhnen ein Bawr/ wie sie offt Hungers/ Marter vnd Elends halb thun müssen/ vnd jhn darnach wider oberkommen/ hawen sie jhm ein Bein ab/ damit er jhnen nicht mehr entlauffe. Es ist das elendest vnd betrübtest Volck/ deßgleichen vnder der Sonnen nicht gefunden wirdt. Sie essen grob Brodt vnd Speiß/ so sonst bey vns die Schwein nicht fressen solten/ vnd tragen Schuh von Bast geflochten/ kauffen ein par vmb drey pfennig. Die Ordens Herren beküsteren sich mit den Bawren nicht viel/ sondern lassen jhre Ampleuth damit handlen wie es jhnen gefallt. Es lebt das arm Volck vnd wirdt auch gehalten wie das Vieh/ ohn alle erkändtnuß Gottes. Wann sie singen so heulen sie so jämerlich wie die Wölff/ vnd das Wort Jehu schreyen sie ohn vnderlaß/ vnd wann man sie fragt was Jehu bedeute/ geben sie zu antwort/ sie wissens nicht/ sie singen wie jhre Voreltern auch gesungen haben. Die Meister diß Ordens so weit sie zu finden/ seind diese:

Das fünffte Buch

Ordnung	Zahl anstands	Namen	Regiert jahr
1	1202	Wyno	21
2	1223	Volckwyn	15
3	1238	Dietrich von Grüneck	2
4	1240	German Balck	5
5	1245	Hinrich Heynburg	2
6	1247	Dietrich von Grüningen	3
7	1250	Andreas von Sautlandt	6
8	1256	Eberhard Grafe zu Seyn	2
9	1258	Hans von Sangerhausen	5
10	1263	Burckhard von Hoinhausen	3
11	1266	Georgius ab Eichstad	2
12	1268	Wernher von Fritzhausen	1
13	1269	Conrad von Mandren	5
14	1272	Ot von Rotenstein	3
15	1275	Walther von Nordeck	2
16	1277	Ernst von Raßberg	2

Ordnung	Zahl anstands	Namen	Regiert jahr
17	1270	Conrad von Feuchtwang	3

Der erst so Landtmeister in Preussen/ vnd Meister in Lyfflandt solte seyn/ ist gleich wider zu Meister worden.

18	1282	Wilhem von Steitburg	2
19	1285	Conrad von Hertzogstein	27
20	1312	Herold von Hombach	11
21	1323	Eberhard von Newenheim	18
22	1341	Herman N. Geld	

disem fiengen die Schwerdtbrüder an sichs ein Meister zu erkiesen/liessen einen vom Hohmeister confirmieren/seind auch keine gewisse zahlen jhrer Regierung.

0	1423	N. von Kerseborcko
0	1450	Heinrich Finck von Oberbach
0	1468	Johann Freydanck
0	1500	Walther von Plettenberg
0	1557	Wilhelm von Fürstenberg
0	1559	Gothard Ketler von Nesselrot

Sie haben zwar stäten Krieg gehabt mit den Moscowytern/denselbigen bißher vnd noch dapffern widerstandt gethan. Dann sie etwan 7000. gerüster Pferd zu Feld bringen mögen/da sie zwar im 1561. jahr nicht 500. vermögen/vnd dieweil jhnen der Moscowyter so vberlegen/haben sie dem König auß Polen sieben Häuser/die gar vest/vbergeben/Dunenburg so 4000. stehende See hat/Salenburg/Buchsburg/Raßyn/Margenthauben/Schanburg/verhofft grosse hülff: Aber die Vnderthanen in Polen haben dem König keine ergetzung gestatten wöllen.

Der letzte Meister dises Ordens war Gothardus Ketler von Nesselrot an dem Rheinstrom gelegen/Anno 1561. mit bewilligung des Ordens/das Land dem König in Polen/doch mit vorbehalt des Ordens Gerechtigkeiten/vbergeben. Vnd ward Gothardus auß einem Meister zu einem Hertzogen in Churland gemacht: der führte einen solchen Titul. Wir Bruder Gothard vō Gottes Gnaden/Hertzog zu Churland/Herr zu Senigall/vnd von wegen Königlicher Majestat in Polen Gubernator von Lyfflandt: Er starb Anno 1587. Sein Gemahel war Anna Hertzog Albrechts von Meckelburg Tochter/mit deren er sich verlobt Anno 1566. zu Königsberg. Von diser hatte er vnderschiedliche Kinder/darunder Friderich/so nach seinem Vatter Hertzog war. Anna/dise nam Anno 1586. Albertus Hertzog von Ratzivil. Wilhelmus Hertzog nach seinem Bruder Friderichen/Elisabetha/etc. zu derselbigen zeit besoldeten die Ritter zwey Geschwader Reuter vnder Johann von Melsched vnd Heinrich von Melsched Rittmeistern/schickten Georg Sigsprechten in Teutschlandt/bey dem Römischen Reich hülff zu erwerben. Also im Sommer Anno 60. vertruge sich der Bischoff von Derpt mit dem Moscowyter/gab jhm Stifft vnd Statt Derpt eyn/empfieng darfür ein Herrschafft in Moscowyten/vnd alß der Moscowyter so hart eyntrang/vbergab ein Edelman/Heinrich Wolff/genandt Lingkhäuser/welcher sich jetzt ein Statthalter schreib Königlicher Majestat zu Dennmarck vber Lyfflandt/so schreibt sich auch ein Grafe genandt Suants/ein Statthalter Lyfflands/von wegen der Cron auß Schweden/vnd Mang Bischoff zu Osen/Hertzog zu Nortwegen vnd Schleßwig/gibt jhm den Namen eines Administrators des Bisthumbs Osen/Churlands vnd Lyfflands. So lag damals ein Moscowyter im Land/genandt Thyreß Peter/der sich jhr Statthalter nennet/von wegen des Großfürsten in der Moscaw. Der König von Dennmarck/Osel vnd Churland/richtet mit dem Moscowyter einen Frieden auff/der ruckt vmb Laurentij für Wittenstein/die verwahrt Caspar von Olden/der locket dem Feind/im schein alß wolte ers auffgeben/richtet jhn darnach im Rauch gen Hickkel/viel Feind giengen zu grund. Im Land brandt/raubt vnd mördet der Moscowyter/trieb grosse schandt mit Frawen vnd Jungfrawen/wann er sie genug entunehret/so henckt er sie nackend an die Bäum/schoß mit dem Bogen nach der Scham/der hatt die Ehr der sie am best treffen mocht/kleine Kinder ließ er zerhawen/jhre Hertzlein an die Bäum hencken/vn auch darnach schiessen. Was Kriegsvolck er befand so den Lyffländern gedienet/fieng er/ließ sie wider lauffen/wann sie schwuren/sie wolten den Lyffländern nicht mehr dienen. Die gewachsenen Lyffländer führt er durch die Post in die Moscaw/ließ sie verwahren/gab einem ein Tag ein Kandten Meth vnd ein stück Brodt.

Moscowyters grausamkeit.

Vmb Jacobi zuvor belägeret er Frühling das Schloß/fieng darauff den alten Meister Wilhelmen von Fürstenberg/schmidet jhn an Ketten/schickt jhn in die Moscaw/führt jhn alle Nacht ein mal an Kettenen wie einen Bären zum Schawspiel/ließ jhne grossen Hunger leyden/seiner Knechten einer volget jhm williglich nach/wolt nicht von seinem Herrn weichen. Darnach thet er ein Schlacht mit den Lyffländern bey dem Schloß Wolcken/da kam vmb Frantz Lippenheyd/vnd noch 15. Ordens Herren/wurden fünff Regenten gefangen/der Landtmarschalck Philips Schalla von Bell/sein Bruder Commenthür zu Goldingen/Heinrich von Galen/Dublen/Cardaw. Dise fünff ließ der Moscowyter an Galgenberg führen/vnd mit Axten wie Ochsen an kopff zu todt schlagen. Also ist nun die Herrschafft Lyffland in fünff theil zerstücklet/wiewol der Moscowyter ein wenig Frieden mit dem König in Dennmarck gemacht/darinn er zugesagt demselbigen König/daß/so er der Moscowyter an Lyfflandt erobert/jhm eynzuraumen/sampt allem das andere Herren seine Feind noch daran jnnhaben.

Frühling ein Schloß.

Auff

Von Teutschlandt. 1303

Auff disen Sieg ist der Moscowyter erstolzer/vnd vmb daß sich der König von Polandt der Lyffländer hatte angenommen/hat er jhm abgesagt mit vnmenschlicher dräwung Anno 1562. vmb den Meyen/vnd dieweil villeicht des Lands art nach nicht weiter anzuziehen/oder jhm nicht gelegen die zielstatt vor Smolentzko/so jhm der König herwider angebotten zusuchen/hat er sich doch im Jenner 1563. erhaben von Newen Mosco mit sieben gewaltigen hauffen herauß gezogen/vnd den 31. Jenners für die mächtige Veste Plotzko kommen mit einem vnzehligen Volck zu Roß vnd Fuß/biß in die 150000. starck / auch an Geschütz mit gefuhrt vber 200. Stuck/darunder gewesen vier Mawrbrecher/30. Fewrmörsel/die 40000. Bawren ziehen müssen/so zu der Artolerey gehörig gewesen. Den 1. Hornung hat er angefangen zu stürmen/den 15. mit Bränd es dermassen geengstiget/daß sich das Volck ergeben. Welche er auffgenommen/5.tag ohn einige Proviandt verhüten lassen. Die geborne Littawer wie das Vieh hinweg getrieben/die Reussen vnd alle Kriegs oder Handwercksleut/so jhm dienen wöllen/mit guter Besoldung angenommen. Die Juden so er in der Statt gefunden/hat er alle lassen ertränken/die Mönch köpffen/groß Gold vñ Gelt/bey vierzig stück Büchsen darvon gebracht/ob gleichwol die Polacken/Littawer/Tartaren vnnd Kiusacken mit 26. stück Feldgeschoß 7. meil vom Feind gelegen/jhm das Geschütz wol alles abtringen möge. Nach demselben hat er sich wol wöllen vmb die wilden Knoyen vnd andere annessen/ist doch abgezogen/hat auß 80000. Tartaren die er bey jhm hatte/40000. außgeschickt/die brennen/rauben vnd mörden solten/welches sie fleissig außgerichtet/viel verwüstet. Mit dem Bisthumb Osel/Riga vnd andern/auch mit Denmarck/hat er ein ewigen Frieden gemacht/denselbigen alle hülff wider die Schwedier zugesagt.

Plotzko vom Moscowyter gestürmt.

Von seltzamen Bräuchen so in Lyfflandt seind.
Cap. ccccliiij.

VOr 300. jahren seind die Lyffländer Heyden vnd Abgöttisch gewesen/derhalben auch noch heutigs tags viel seind/die weder von Gott noch von keinem Heyligen wissen zu sagen. Diser bettet an die Sonn/jener den Mon/einer erwöhlt einen hübschen Baum/der ander ein Stein/oder was jhm sonst wol gefallt. Vnd wañ sie jhre gestorbne zu der Erden bestatten wöllen/setzen sie sich vmb den Todten/heben an zu trincken/vnd bringens dem Todten auch/vnd giessen sein theil vber jhn. Wann sie jhn ins Grab legen/geben sie jhm mit hineyn ein Holtzaxt/Essen vnd Trincken/auch ein wenig Zehrgelt/sagen jm er soll damit hin ziehen in die ander Welt/daselbst werde er gleicher gestalt vber die Teutschen herschen vnd regieren/wie sie vber jhn gethan haben in diser Welt. In dem verheuraten halten sie nachvolgenden Brauch. Hat ein Bawr ein Sohn der groß genug ist zu Weiben/so sihet er selbs vmb ein Dirne die jhm gefallt/zeucht darnach hin mit seinen Freunden/da er sich versehen hat/vnd verbirgt sich mit jhnen bey dem Hauß darinn sie wohnet/vñ warten wann sie herauß kompt/alßdann lauffen die verborgenen hinzu/nemmens mit gewalt/werffens in ein Schlitten darzu bestelle/vnd eylen mit jhr heim zu. Wann dann der Braut Freund diß geschrey vernemmen/lauffen sie bald herauß mit Spiessen vnd Schwerdtern/in meynung jhnen die Braut widerumb zu nemmen/vnd so sie die ereylen vnd ankommen/wirdt vnder jhnen ein grewlich schlagen/wer dann der stärcker ist/behalt die Braut/können sie aber jhnen die Braut schwachheit halben nicht abtringen/so nemmens die andern mit sich heim/vnd beschliessen Braut vnd Bräutigam zusammen in ein Kammeren/lassen sie ein Nacht bey einander/vnd so sie dieselbige Nacht jhres dings eins werden/vnd jhnen beyden auff volgenden Tag wol gefalle/mögen sie fürter hin bey einander bleiben. Solcher vnd dergleichen vieler Heydnischer gewöhnheiten haben sich die Bawren so nechst bey den Stätten wohnen/vnd in Gottes Wort vnderrichtet seind/gäntzlich entschlagen vnd abgethan/wirdt auch von jhnen nicht mehr gestattet noch zugelassen. Es hat diß Land auch viel Zauberer vnd Hexenweiber/vnd seind in dem Vnglauben/wie sie in der Vergicht offtmals bekandt/daß sie zu Wölffen werden/lauffen vnd beschädigen was sie ankommen/vnd verwandlen sich darnach widerumb zu Menschen/vnd solche heißt man Wärwölff. Es erscheinen in disem Land zum offternmal des Nachts fliegende/fewrige Schlangen vñ ander Teuffelsgespänst. Ehe die Teutschen in Lyffland kommen seind/ist da so eynfältig Volck gewesen/daß sie auch die Waben oder Wachs/darauß sie allein das Honig gesogen/a die Zäun vnd auff die Strassen geschüttet/vnd nicht gewußt warzu solches nutz gewesen/vnd haben die Teutschen/so erstlich mit Schiffen daselbst ankommen/solches bey hauffen gefunden/jhre Schiff damit geladen/vnd auß dem Land geführt. Aber da die Eynwohner deß jnnen worden/haben sie es darnach auffgehaben vnd verkaufft.

Abgötterey in Lyffland.

Heuraten nach Heydnischem Brauch.

Das fünffte Buch
Von den Stätten des Lyfflands. Cap. ccccslv.

N disem Land seind drey namhafftiger Stätt/ mit Namen Riga/Derpst vnd Reuel/ ligen ferr von einander. Von Riga abzurechnen seind gen Reuel 50.gen Derpst 30.gen Ville in Littaw 40.vnd gen Königsperg in Preussen 60.Teutscher meilen. Es seind auch noch etliche kleine Stättlein vnd Flecken/alß Parnou/Wenden/Vellin/Wolmar/Regenhausen/rc. Es seind auch fünff Bisthumb darinnen/nemlich das Ertzbisthumb zu Riga/vnd die Bisthumben zu Derpst/Reuel/Osel vnd Churlandt.

Von der Statt Riga/ sampt ihrer warhafften Abcontrafactur. Cap. cccclvj.

Riga ist die Hauptstatt des Lands/vn soll den Namen von etlichen Fischerhäußlein/ so nicht weit von dem Ort da Riga jetzund gelegen/an einem Sandberg in einer langen Rige gebawen gewesen/vberkommen haben. Dise Statt ist vngefährlich so groß alß Freyburg im Breißgöw/ligt auff einem sandigen Grund/vnd an einem schiffreichen Wasser genandt die Düne/welche kompt auß Reußland/ vnd rinnet zwo meil vnder Riga in die Ostsee. Dasselbig Wasser gefreurt zu Winterszeiten so hart/daß man mit allem Last/wie schwer er ist/darüber fahren mag. Ihr getranck ist Bier/Meth vnd guter Wein/der wird von Cöln zu Schiff dahin gebracht. Arbeiten ist in disem Land ein schand/vnd müssig gehen ein ehr. Das Weibervolck das im Land geboren/ist hochtragend/vnd viel von sich haltend/vn andere Weiber so auß Teutschland hineyn gebracht werden/seind von ihnen veracht. Sie wöllen auch nicht Weiber/sondern Frawen genennet werden. Mit spinnen/auch anderer Weiber arbeit beküm̃ern sie sich nicht/meynen es sey jrem Adelichen herkommen ein vnehr: aber des Winters im Schlitten/vnd des Sommers auff dem Wasser spacieren zu fahren/gehet ihnen baß von hand dann das spinnen. Vnd wiewol etlicher maß wolgestalte Weiber da seind/macht sie doch ihr kleydung gar vngeschaffen/vnd wann sie sich auffs allerköstlichst angelegt haben/sehen sie einem Faßnachtbutzen nicht vngleich. Die Kauffmansgüter so von Riga in Teutschlandt vnd andere Länder gebracht werden/ seind Wachs/ Thier/ Leinwath/ Eschen/ allerley wilde Waar vnd Leder. Der best Flachs wachßt in disem Land/ vnd viel/ dannoch ist die Leinwath thewrer dann bey vns: Vrsach ist/das Weibervolck spint nicht/ vnd müssen die Teutschen Weiber ihnen den Flachs spinnen/vnd so derselbig zu Leinwath bereitet ist/ ihnen widerumb ins Landt schicken.

Dise Statt hat jetzund zwen Oberherren/einen Ertzbischoff (welcher 2.andere Bischoff vnder ihm hat/den von Reuel vnd Ostsee) vnd Teutschen Meister. Damals war Bischoff ein Marggraf zu Brandenburg/genañt Marggraf Wilhelm/Hertzogen Wilhelms zu Preussen Bruder. Er ist Anno 1547.vnlangst vor Faßnacht eyngeritten zu Riga/daselbst wie ein Fürst des Reichs/ vnd nicht wie ein Ertzbischoff die Huldigung empfangen/starb Anno 1563.vmb den Herbst.

Kurz

Von Teutschlandt.

Kurtz vor dieser zeit im Sommer kam gehn Riga ein armer Mensch/war nicht wol bey Sinnen/ gieng vngefehrlich ein halb jahr daselbst auff der Gassen/vnnd wer sich nicht recht hielt/den strafft er. Die grossen Kauffleut schalt er jhres Geitzes vnd hoffart halb/vnnd daß sie wenig gedechten an das Reich Gottes/liessen jhnen der Armen notturfft nicht zu hertzen gehn. Den gemeinen Mann strafft er des vbrigen grossen fressens vnnd sauffens halb. Die Edelleut vnd Ordens Herren aber/ daß sie die armen Bawren schünden vnd plagten/ vnd darneben in Gottes Wort nit vnderrichten liessen/mit weiterem anzeigen/so sie sich nicht besserten/wurd Gott ein grosse Straff vber sie schicken. Solches vnd dergleichen mehr redt er täglich zum Volck. Vnd wiewol es jhm verbotten/vnd etliche mal in einem Gemach verwahret worden/hat er doch sein vordrige meynung/so bald er wider außkommen/nicht verendert. Es hat sich aber niemand seiner Red angenommen/sonder ist alß eines vnweisen vnd dollen Menschen veracht vnnd in Wind geschlagen worden. Es hat sich aber darnach in obgemeldtem jar zugetragen/daß ausserhalb der Statt vmb Mittag zeit/ein Fewr entstanden/welches die Statt angezündt/vnd etliche Bürger Häuser nebendem Stifft vnd Thumbkirchen mit dem Thurn verbrennt. Vnd ist darnach das Fewr wider auß der Statt in die Speicher oder Schewren/darinn die Kauffleuth jhre Güter ligen gehabt/geflogen/dieselbigen angezündt/vnd den mehrentheil sampt den Gütern gantz vnd gar verbrannt/solches ist alles in 3. Stunden geschehen.

Ein andere Statt in Lyfflandt mit Nammen Derpst/hat jhre Kauffmanschafft mit den Reussen. Reuel aber ist weiter gegen Mitnacht zu dem Ostsee gelegen/gebraucht sich nicht weniger der Kauffmanschafft alß Riga/ist auch schier derselb Brauch da. Sie haben Lubeckische Recht/welches sich die andern Stätlein auch gebrauchen. Es seind viel Sprachen in Lyfflandt/deren sich keine mit der andern vergleicht. Zu Reuel vnd Derpst reden sie ein Spraach/heist Estensch/vnd vmb Riga braucht man Lyvisch/da ist die recht Lyffländische Sprach/vnd betten daselbst die Bawren/so Gottes Wort bericht haben/auff volgende weiß jhr Vatter vnser:

Die Statt Derpst. Reuel.

Vater vnser der da bist in Himmeln, geheiliget werd dein Namm/ zukom vns dein
Tābes mus kas tu es eckschkandebbessis/Schwetitz tows waartz/ enack mums tows
Reich dein will geschehe wie in Himmeln also auff Erden. Vnser täglich
walstibe/ tows praak bus eka eckschkann Debbes/ ta wursan seminés. Musse denische
Brot gib vns heut vergib vns vnser schuld alß wir vergeben vnsern
Māysedūth mums schodeen/ pammate mums musse grāke ka mes pammart musse
schuldigern/ nicke anfūhr in bösen versuchung/ sonder behüt vns vor allem bösen.
parzadueken/ Ne ewedde mums souna badeckle/ pett passarga mums nu wusse soune.

Diß alles oder zum grössern theil/hab ich von dem erfahrnen Johann Hasentödter/so manch jar in Lyfflandt an den Herren Höfen vnd Cantzleyen gewesen/vnd viel erfahren hat.

Wenden. Cap. ccccluij.

Wenden.

WEnden an einem feinen vnnd lustigen Ort gelegen/ ist zur zeit deß Ordens die Hauptstatt in Lyffländt gewesen: es ligt in dieser Statt ein hübsch vnnd grosses Schloß/welches in seinem Vmbkreiß vast ein viertheil Meil begreifft. Es hat der Moscowiter offt an gemeldte Statt vnnd Schloß setzen wöllen/ aber ist allzeit zu ruck zu weichen getrungen worden/ also daß man eygentlich darfür gehalten/ gleich alß ob dieser Statt namme den Moscowitern gantz erschrockenlich vnd zu wider seyn solle. Ob wol nun diese Statt mit sampt dem Schloß verruckter jahren von dem Moscowiter eyngenommen/ist sie doch bald hernach durch Hertzen Johan Bürinck von Braunschweig auß des Feinds gewalt gerissen/ vnd hiemit gemelter Statt widerumb zu Fried/ Ruh vnd vorigem wesen geholffen worden.

Von dem Königreich Behem/
vnnd was mit der zeit darinn gefunden.
Cap. ccccluiij.

ES wöllen etliche daß vor zeiten zwen Brüder kommen seind von Croatien/vnd hat sich einer gesetzt in das Behemer Landt/der ander in Polandt/vnnd haben dieser Länder Spraachen verendert/vnd sie genennt nach jhrem Nammen. Die andern aber halten diß für ein Fabel/vnnd sprechen daß Behem also genannt sey worden von einem König/d. h. nammen Bohemus war. Vor alten zeiten haben die Quaden vnnd Marcomannen in dieser Gegenheit gewohnet/ vnnd hat das Landt gehört zum Teutschen Landt/ wie dann die Teutsche Spraach noch gnug vmb geht vmb das Behemer Landt. Vnnd wiewol vor zeiten das gantz Teutschlande

mit

Das fünffte Buch

mit Wälden vberzogen ist gewesen/seind sie doch vast außgereutet worden/ohn allein an den orten vnd enden da man jhr nicht manglen kan/oder da man denselbigen Boden zu anderem nutz nicht brauchen mag/wie dann ist der Behemerwald/Schwartzwald/Ottenwald/vnd andere mehr dergleichen. Der Behemerwald vmbgibt vnd beschleust das Behemerlandt gleich alß ein natürliche

Behemerwald.

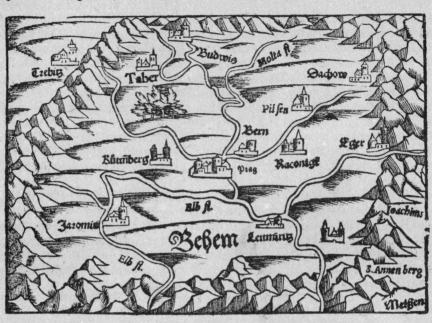

Behem ein fruchtbar landt.

Ringkmawr/vñ ligt das Landt schier mitten in dem Teutschlandt: dann die Teutsche Sprach/wie gesagt ist/geht gerings darumb. Diß Landt ist kalt/vnnd hat vberflüssig viel Vieh/Fisch/Vögel vnd wilde Thier/vnd ist das Feld durch das gantz Königreich geschlacht vnd fruchtbar. Es laufft die Elb dardurch/vnd auch die Multa/an dem die Hauptstatt Prag ligt. Gersten vnnd Weitzen wechst mit hauffen darinn/aber Wenig Wein/vnd der ist vast sawr. Sie machen köstlich vnd gut Bier/vnd ist das Volck gantz auff Trincken vnd des Leibs Lust geneigt. Sie gebrauchen sich der Teutschen vnnd auch der Wendischen oder Poländischen Sprachen/darauß man mercken mag/ daß die Behemen die Sclavonische Sprach mit jhnen in diß Landt gebracht haben/vnnd vorhin Teutsche Sprach darinn gemein gewesen.

Die Behemen haben zum ersten ein Hertzogen gehabt/vnd hat der erst Hertzog Zechius geheissen. Die andern sprechen/daß Primislaus/der die Statt Prag hat gebawen/sey der erst Hertzog gewesen.

Darnach Anno Christi 1086. war zu Mentz auff einem Reichstag von Keyser Heinrichen dem 4. der Hertzog von Behem/mit Nammen Vratislaus/zu einem König gemacht/vnnd ward seinem Reich zugeben die Schlesy/ Lußnitzer Landt vnd Märhern. Darnach hat Keyser Carle der 4. der König zu Behem war/diß Reich auß dermassen sehr gebessert vnd gezieret/vnnd was er dem Römischen Reich mocht abziehen/ das legt er zu dem Behemischen Reich. Er macht auß dem Bisthumb zu Prag ein Ertzbisthumb/Anno Christi 1360. das vorhin dem Ertzbisthumb zu Mentz war vnderworffen.

Behem wirt ein Königreich.

Wie die Christliche Religion in Behem in Secten zertheilt worden sey. Cap. ccccliv.

Anno Christi 1370. richtet König Carle auff zu Prag ein Hohe Schul/die stund biß zum jahr Christi 1408. da zogen mehr dann 2000. gelehrter Doctores vnnd Teutsche Studenten von Prag gehn Leipzig/das war zu der zeit da Johannes Huß anfieng zu lehren. Diß gieng also zu. Es hetten die Behemen vnd Teutschen Anno 1400. viel Gezäncks miteinander der Lehr halben/vnd stritten mit Disputieren hefftig wider einander/vnnd alß die Behem nicht gelehrt gnug waren antwort zu geben/bracht einer ein Büchlein hineyn/das Johannes Wicleff gemacht hat/vnd zu dem schlugen sich die Behemen/vnnd fiengen die Behemen an zu Disputieren wider die Teutschen/vnd machten sie vnruhig/darzu stiessen sie mit erlaubnuß König Wentzlaus die Teutschen von jhren Aemptern/so sie auff dieser Hohen Schul hatten/vnd theten jhnen viel zu leid vnd zu schmach.

Von Teutschland. 1307

zu schmach. Da machten sich die Teutschen auff vnd zogen gehn Leipzig/ vnd richteten da auff ein Hohe Schul. Nun war einer vnder den Behemen mit nammen Johannes Huß/ der war der fürnemest in dieser Sachen. Er hett ein scharffe Vernunfft/ war wol beredt/ vnnd zog auch Johannem Wicleff herfür/ vnd lobt jhn als ein gelehrten Mann/ der in der Hohen Schul zu Oxonien oder Ochsenfurt in Engelland gelebt vnd gelehrt hat/ vnd deß Buch ein Bischoff in Engelland offentlich zu London verbrennt hett nach seinem Todt. Dieses Johannis Wicleffs Artickel namen die Behmen an/ predigten sie dem gemeinen Volck/ darauß viel Zwentracht erstund: dann sie waren wider den gemeinen brauch der Römischen Kirchen/ vnd besonder wider die Pfaffen vnd Münch/ vnd die machten auch eytel Ketzerey darauß.

Contrafactur Johannis Huß.

Nun waren die fürnemesten Artickel der Behmen: Der Bapst hat nicht mehr Gewalts dann ein anderer Bischoff. So die Seelen scheiden von dem Leib/ fahren sie gleich in den Himmel oder in die Hell/ vnd wirt kein Fegfewr gefunden. Es ist ein thorheit vnd vergeben ding/ so man den Todten etwas guts nachthut: daß der Pfaffen Geitz hat das erdacht. Man soll der Heiligen Bildtnuß hinweg thun. Des Wassers vnd der Palmen Benedeyung ist kein nutz. Der boß Geist hat die Bättel Orden erdacht. Die Priester sollen nicht reich seyn/ kein Gelt noch Schätz hindersich legen. Es soll frey sein einem jeglichen zu Predigen das Wort Gottes. Welcher mit einer offentlichen Todtsünd beladen ist/ der soll sich weder Weltlicher noch Geistlicher Wirdigkeit gebrauchen/ man soll jhm auch nicht gehorsam seyn. Die Firmung vnnd letste Oelung ist kein Sacrament. Die Ohrenbeicht ist vergebens. Es ist gnug daß man Gott die Sünd heimlich klage vnd beichte. Es ist gnug daß man den Tauff empfahe ohn zusatz des Oels. Mit den Kirchhöfen ist es nichts/ es gilt gleich mit was Erdtreich der Leib begraben wirdt. Die Welt ist ein Tempel Gottes/ darumb welcher ein Kirch oder Closter bawet/ der will sein Majestat schmälern/ vnd in ein eng ort zwingen. Die Priesterliche Kleyder/ die Gezierd der Altären/ die Kelch vnd Corpora thund nichts zum handel der Meß/ sonder der Priester mag ohn sie das Sacrament des Altars gesegnen. Mann rüfft vergeben an die Fürbitt der Heyligen/ die jetzt im Himmel mit Christo regieren. In den Tagzeiten so die Priester sprechen vnd singen/ verleurt man die zeit. Man soll an keinem Tag von der Arbeit abstehn/ außgenommen am Sontag. Man verdient nichts mit der Kirchen fasten. Diß sind gewesen in summa die Hauptartickel der Behemen/ vnd zu diesem haben sie auch den jungen Kindern dargebotten vnd zu niessen geben das Sacrament des Altars vnder beyder gestalt.

Artickel der Behmen.

Es kam darnach auch ein Picard: das ist/ ein Apostützler oder Nolbruder/ auß Franckreich in das Landt Behem/ fieng ein groben Jrthumb an: dann wo er kam zu den Leuten/ ermahnet er sie der ersten Vnschuld/ vnd prediget daß der Mensch solt also eins lauteren Gemüts seyn/ daß er auch vnbekümmert möcht nackicht gehn/ wie Adam vnnd Eva gangen seind anfenglich in jhrer Vnschuld. Er meynt es gut: aber es dienet den bösen Menschen zu allerley Laster der Vnkeuschheit. Doch ward jhr Sect bald außgereutet. Man legt jhnen zu/ daß sie haben gehabt Gruben (darvon sie ettliche nannten Grubenheymer) darinn sie heimlich zusammen kamen/ vnd vollbrachten jhren Gottsdienst. Vnd so der Priester nach seiner gewonheit sprach diese Wort: Crescite & multiplicamini, Mehret euch vnd erfüllet die Erd: wurden die Liecht außgelescht/ vnnd fielen sie vbereinander/ Mann vnd Weib/ begiengen vnzimbliche sachen. Die andern sprechen/ diß werde diesen Leuten vnbillich zugelegt/ sie seyen nie also vnverschampt vnd Gottloß worden. Es ist wol müglich daß ettliche böse vnd fantastige Menschen solches vnderstanden haben/ wie dann zu vnsern zeiten bey ettlichen Widertäufferen dergleichen Sachen auch fürgangen seind.

Grubenheymer.

Als nun Johannes Huß die vorgesetzten Artickel im Behmer Landt offentlich prediget/ ward er gen Costentz in das Concilium citiert/ dahin er auch vnerschrocken sampt seinem Jünger Hieronymo kam/ der seinen Meister auch etwas vbertraff in der Kunst vnd in dem Gespräch. Vnd als man Johannem Huß anklaget seiner Opinion halb/ auch jhn bate/ daß er blieb bey der Römischen Kirchen/ ist er bestendig blieben in seinem Fürnemmen/ darumb ward er für ein Ketzer geurtheilt vnd verbrennt. Aber Hieronymus stund darbey vnnd schweig still/ doch ward er vber ein zeit hernach auch verbrennt. Da das die Behmen hörten/ wurden sie gar entrüst/ liessen zusammen mit Waafen/ fiengen an zu wüten/ vnd schlugen zu boden die Kirchen/ vnd was jhnen an die Hand stieß. Sie vmblägerten mit gewalt

Johannes Huß wirdt gen Costentz citiert.

HHHH ij

Das fünffte Buch

walt die Stett/vnd zwungen sie zu jhrer Sect/ vnnd wo sie das nicht thun wolten/wurden sie von jhnen zerschleifft. Sie erwürgten alle Menschen/vnangesehen ob sie jung oder alt/ Weib oder Mann/Ley oder Priester weren/vnd ward ein groß Christlich Blut vergossen. Die Clöster wurden zerrissen/die Kirchen verbrennt/die Closterfrawen geschwecht/die Münch ohn zahl erschlagen/ vnd das theten die Behmen nicht allein in jhrem Königreich/sondern sie zogen mit Heereskrafft her auß in Meyssen/vnd verbrennten das Landt/erschlugen die Menschen/vnd trieben viel Mutwillen. Deßgleichen theten sie in Märhern/Oestereich/Schlesy vnd Lusatz. Darnach Anno Christi 1434. versammleten ettliche Landtherren vnnd Edlen ein groß Volck zusammen/ die es nit hetten

Grosse Auffruhr zu Prag.

mit den Hussen/ zogen gehn Prag in die alte Statt/ Morgens früh am Sontag nach der Auffahrt Christi fielen sie in die Newe Statt/ vnd stritten wider die Hussiten/vberwunde sie/trieben groß wüterey wider sie/ wie sie dann vorhin auch hatten gethan denen die jhrer Sect nicht waren. Da war weder Kinder noch Weiber/ noch der Geystlichen verschonet. Es wurden bey 22000. Menschen erschlagen vor der Statt da die zwen Zeug gegen einander zogen/ wiewol die vberwinder nit ohn Schaden den Sieg eroberten. Es ward auch bey den Hussen ein grosser Raub gefunden/ den sie durch viel jar von den vmbligenden Stätten vnd Ländern zusammen getragen hatten. Nach diesem Sieg zogen die gemeldten Landtherren fürbaß/ namen den Hussen jhre Stätt vnd Schlösser/ vnnd schlugen sie zum Landt hinauß/mochten sie aber nicht gar vertreiben. Es ward auch nach vnd nach gar viel gehandlet mit den Behemen der Religion halb/ es legten sich König/Fürsten/ vnd andere Weltliche Fürsten/Bäpst vnd Bischöff in die Sach/mochten sie aber nicht gar auff jhr Meynung bringen. Im Concilio zu Basel ward trefflich viel mit jhnen gehandlet vnd disputiert/ vnd kam dahin/daß man Legaten schickt gehn Prag/vnder welchen der fürnemest war Philibertus Bischoff zu Costentz auß Normandien/die kamen in das Landt/ vnnd vnderstunden wider hineyn zu bringen der Römischen Kirchen Ordnung/nemlich Pfaffen weyhen/das Heilig Gesang erleutern von jhren zugethanen Gesängen/ der Heyligen Bilder wider auffzurichten/das Geweicht Wasser vnd Saltz wider in brauch zu bringen/den Tauff zu segnen/die Altär in den Kirchen zu zieren/ıc. Ettliche namen diese ding an/die andern hielten es nicht allein für Kinderwerck/ sonder für schedliche ding/die von Gott abführten/vnd von dem rechten Vertrawen/das allein in das bloß Leiden Christi soll gesetzt werden. Also viel sey gesagt von der Hussen Handlung. Bey Poggio dem Florentiner findestu alle Sachen weitläuffiger.

Von den Stätten des Landts Behem. Cap. cccclx.

Wie die Landtafel anzeigt/hat Behem etliche Stätt die ohn mittel vnder die Kron gehören/vnd deren seind mehr dann 30. aber die andern seind der Landtherren vnd des Adels. Es hat auch trefflich viel Schlösser/ vnder welchen die fürnemesten seind Carolstein/da die Kron gehalten wird/Rosenburg/Schwanberg/Bören-stein/Watenberg/ıc. Von dem etliche Freyherren jren Namen haben. Es nennen die Behemen in jrer Spraach viel Stätt anderst dann die Teutschen/ wie du auß nachvolgender Geschrifft mercken magst. Zum ersten will ich etliche Reichsstätt setzen.

Stätt den Landtherren vnderworffen.

Behemisch	Teutsch
Dub	Uchs
Biela	Wiß Wasser
Landshus	Landshut. Man grebt hie Edelgestein
Gilovuy	Gilaw. Hie findt man Gold
Krupca	Graupen. Hie grebt man Zinn
Krumlovu	Krunaw Sylberreich
Pardubitze	Hie macht man die besten Klingen
Chomutovu	Hie wachsen die besten Nuß
Locet	Elbogen. Hie ist ein heiß Bad
Teplitze	Hie ist auch ein heiß Bad
Hanzburg	Hasenburg/ein Schloß
Zbraslavu	Aula Regia, Königs Sat:

Diß ist vor zeiten ein mechtig Closter gewesen/nicht fern von Prag an der Molta gelegen/ da die Hertzogen vnd König von Behem jhr Begräbnuß haben gehabt. Das Wasser Elb nennen die Behemen Labe, vnd die Molta Vvultavva.

Die Stat

Die Statt Eger

am Wasser Eger / ausserhalb dem Behemer Wald / vnd zum Königreich Behem gehörig / gelegen / die ein Ehrsamer vnd Weyser Rhat von Eger / durch den Hochgelehrten Herren / vnnd gekrönten Poeten Caspar Bruschen / zu diesem Werck nach jhrer Contrafehtung vberschickt / vnd damit vnsern Nachkommen ein anzeigung gegeben / was geneigten Gemüts sie gehabt zu jhrer Statt zu illustrieren vnd zu preysen bey menniglichem / dem diß Buch auch vber hundert jar fürkompt zu lesen.

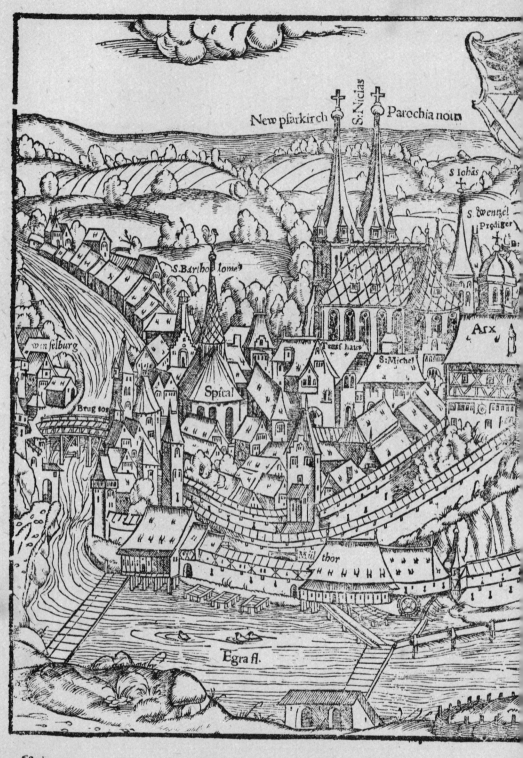

In Behemischer Sprach	{	Praha Pilzen Budicio vuiez Kolin Cheb Strzibro Hora Tabor Zatecz Litomierzige	In Teutscher Sprach	{	Prag Pilsen Budwis Köln Eger Mis Kuttenberg. Man grebt gut Sylber hie Taber Satz Leitmeritz. Hat guten Wein.

gen/contrafehtet nach jetziger Gelegenheit.

		Laßny		Iaun.Bringt viel Weytzen vnd Obß
		Racovvino		Ratonit.Macht gut Bier
		Klatovuy		Gloxaw.Macht gute Käß
In Böhemischer	{	Beraun	In Teutscher	Bern.Hie grebt man Eysen/macht gut Handbüchsen/die man' vßführt weit (vnd breit
Sprach		Mol⸗	Sprach	Bruck
		Hrade⸗		Grez
		Austij		Auffig.Da die Elbt auß dem Landt laufft
		Myto		Maut
		Dvuor		Hoff
		Jaromicz		Jaromitz.

Beschreibung der Statt Prag mit sampt jhrer Contrafehtung. Cap. ccclxj.

In dreytheil wirdt diese Statt Prag getheilt/ Klein Prag/ Alt Prag/ vnnd New Prag. Klein Prag begreifft die lincke seiten der Multa/ vnnd berürt den Berg/ darauff der Königlich Hof/ vnnd die Bischofliche Thumbkirch ligt. Alt Prag ligt gantz auff einer Ebne/ geziert mit herzlichen vnd prächtigen Gebäwen. Auß dieser alten Statt kompt man in die kleine vber ein Steine Bruck/ die hat 24. gewelbter Bogen: aber die Newe Statt ist von der alten abgesündert mit einem tieffen Graben/ vnd gerings vmb mit Mawren bewahret/ vnd wie vor gemeldet ist/ hat Carolus der 4. Keyser dieses Nammens die Pragisch Kirch dem Mentzer Bisthum entzogen/ vnd mit verwilligung Bapsts Clemens des 6. zu einem Erzbisthumb gemacht. Er hat auch zu Ingelheim bey Mentz des Grossen Keysers Carlens Pallast zu einem Regulier Closter gemacht/ in welchem man Behemer angenommen hat. Jetz zu vnsern zeiten ist es dem Behemen gar entzogen/ vnd seind die Münch alle außgestorben. Anno 1593. liesse Keyserl. Majest. Rudolphus der 2. die zerfallene Kirch Sanct Thomæ in dieser Statt auff jhren Kosten gantz herzlich vnd schön widerumb zurichten.

Von der Statt Eger am Behemer Wald gelegen/ beschrieben von dem Hochgelehrten Herren coronierten Poeten Caspar Bruschen. Cap. ccclxij.

Vnder den Behemischen Stätten ist Eger nicht die geringste/ ist wol nicht innerhalb dem Behemischen Gebirg oder dem Wald (so gantz Behem nicht anderst dañ wie ein Ringkmawr ein Statt vmbgibt) sonder an den Grentzen desselbigen Gebirgs vnd Walds in der Nariseen Landt/ auff einem vast fruchtbaren vnd lustigen Boden gelegen. Von wem sie aber den Vrsprung hab/ kan niemant eigentlich für gewiß sagen: vrsach ist ein jämerliche Brunst so Anno 1270. am 16. tag Maij dise Statt

Von Teutschland.

Statt auff den Boden verderbt/in welcher bey 150. Personen Weibs vnnd Mannsbilder/ ja auch Privilegia/Brieff vnd andere Schätz vnnd Güter vmbkamen. Dieser Jammer hat vieleicht auch das jenig so im Stattbuch nach Gewonheit vnnd Vrkundt der Statt auffgezeichnet ist gewesen/ verderbt vnd hinweg genommen.

Doch hab ich in ettlicher Clöster alten vnd vor 400.jarn geschribnen Büchern vnd Geschrifften gefunden/ sonderlich zu Waldsachsen/ Spainßhart/ Castell vnnd Michelsfeld/ auch zu Rebdorff/ welches Keys. Friderich der erst gestifftet hat/ daß Eger sey der Marggraffen von Vohburg gewesen/ welches Fürsten vñ Graffen waren zu Cham einer Statt am Regen an der Obern Paltz/ vast am Behemer Wald gelegen. Sie hetten jhr Wohnung zu Vohburg/ ist ein herrlich Schloß vnd Marckt in Bäyern an der Thonaw/ zwischen Ingelstatt vnd Kelheim gelegen/ gehört jetzund den Fürsten von Bäyern zu. Nun acht ich aber gentzlich/ die Statt Eger sey von den Fürsten von Vohburg angefangen worden. Dann wie man ins Aventini Außzug/ in seiner Chronick findt/ so seind die Marggraffen von Vohburg sehr alte Fürsten gewesen/ deren Stam vor 350. jaren auffgehört hat/ vnd ist jr Land an die Fürsten von Bäyern gefallen. Daß aber Eger zu einer Reichsstatt worden/ ist also zugangen. Es war ein Marggraff zu Vohburg vnd Graff zu Cham/ Theobald oder Diebold genannt/ der hat gantz Egerlandt innen. Er war ein frommer Christlicher Fürst/ bawet durch stät anligen seiner Mutter Loicardis (so zu Castell im Closter begraben ligt) ein Meil wegs von seiner Statt Eger am Wasser Wandera Anno Christi 1134. ein herrliche Abtey Cistercienser Ordens/ nennt die Waldsaxen: dann ettliche Brüder auß frembden Landen dahin kommen waren/ hetten jnen allda in der Wildnuß ein Hütten gebawen/ Gott daselbst zu dienen. Er begabet auch das Closter Fürstlich/ vnd hett zu der Ehe Hertzog Heinrichs Tochter Mechtildem/ vnd mit deren vberkam er ein Tochter mit Nammen Adelheit/ die nam Keyser Friderich der erst zu einem Gemahel/ vnd hielt ein herrliche Hochzeit zu Eger Anno Christi 1179. vnd ward der Heurath dermassen beschlossen/ daß Marggraff Diebold seiner Tochter Adelheiden die Statt Eger/ vnnd das gantz Ländlein darzu gehörig/ solt vermorgengaben. Vnd ist solches ohn sperrung bald verwilliget worden. Durch diesen Heurath (welcher doch endlich durch den Bischoff zu Costentz/ als die dem Blut zu nah sein solt/ widerrufft gebrochen worden/ also das gemeldte Fraw Adelheid/ als ein Wittwe Graff Diethern von Ravenspurg vermählet ward) ist Eger auß einer Fürstlichen Statt ein Reichsstatt worden/ ist auch ein Keyserliche Statt blieben bey 136. jahren/ nemblich biß man zahlt nach Christi Geburt 1315. jahr.

Vmb diese zeit ward Ludwig der Bäyer (so zu Regenspurg in S. Heimerans Closter begraben ligt) mit eyntrechtigem Rhat vnd Beschluß der Churfürsten/ oder jrer mehrer theils/ zu Rom. Key. erwehlt worden: aber da er dem Bapst nicht gefiel/ gabs der Bapst an Hertzog Friderich von Oesterreich/ vnd da erhub sich zwischen diesen beyden Keysern ein grosser Krieg/ vnnd wolt sich keiner von solcher Herrligkeit lassen abtringen. Dieser Zweytrache wäret lenger dann 8. jar/ biß Keyser Ludwig zu letst Fridericum vberwand/ vnd jhn 3. jahr auff Triseneck einem Schloß in Oesterreich gelegen/ gefangen hielt. Es hetten beyde erwelte Keyser grossen Anhang von Fürsten/ Bischöffen vnd Städten. Es hett auch Keyser Ludwig ein Hauptmann Seyfrid Schwepperman genannt/ der war ein Bürger von Nürnberg/ diser ligt zu Cassel im Closter der Obern Pfaltz begraben/ vnd steht auff seinem Grab nichts anders dann der nachfolgende Reim geschrieben:

Einem jeden ein Ey/
Vnd dem frommen Schwepperman zwey.

Dieser Hauptman hielt Anno Christi 1322. ein Schlacht am Wasser Yn/ zwischen Oetingoñ Müldorff auff einem Feld mit Keyser Ludwigs Feind/ vnd war in seinem Läger so grosser mangel an Speiß/ daß man nichts anders zu essen hat dann ein wenig Eyer/ die hat man vnder die Knecht getheilt/ daher acht ich/ sey kommen der gemeldt Reim/ den ich selbst (schreibt Herr Caspar Bruschius) von des Schweppermans Grab abgeschrieben hab. Nach dem aber Keyser Ludwig ein solchen langwierigen Krieg nicht möcht verführen ohn grossen Kosten/ must er die Stätt des Reichs angreiffen/ vnd dieweil Eger auch ein Statt des Reichs war/ aber weit gelegen von andern Reichsstätten/ vñ sich offt bey Key. May. beklagt der schmach so jnen von jren Nachbawren den Behemen/ vñ andern vmbligenden Herrschafften begegnet/ gedacht Keys. Ludwig sie von solcher beschwerd zu entledigen/ versetzt derhalb die Statt Eger vmb 40000. Marck Sylber König Hansen in Behem/ von dem sie am meisten beleidigt war/ vnd solches geschahe Anno Christi 1315. Durch diese Verpfendung hat Eger auffgehört ein Reichsstatt zu seyn/ erkennt auch den König von Behem noch heutigs tags für jhren Herren/ vnd ist im jahr 1542. auff 227. jar ein Pfandschilling gewesen. Daher ist auch des Adlers (welchen die Statt Eger vorhin gantz frey geführt) vndertheil zur Zeugnuß solcher Verpfendung/ cancelliert vnd in Schrancken eyngklassen.

Ptolomeus in seiner Geographi nennt ein Statt Monasgaden. Nun meynt aber Pirckheimer es sey Eger. Woher aber dieser Nam der Statt Eger kommen/ nach dem sie vorzeiten vngezweiffelt ein andern Namen hat gehabt/ mag nicht bald gefunden werden/ wir wöllens auch als ein vngewiß ding lassen fahren. Nun die Statt Eger ligt in einem vast lustigen Thal/ an einem (doch nicht vast hohen)

1314 Das fünffte Buch

hohen) Gebirg/ auff welches gehäng der gröst theil der Statt gebawen ist/ also daß das meist theil der Statt auff einem Felsen ligt. Sie ist gerings vmbher mit zweyen starcken Mawren/ an etlichen vnd den meisten orten auch mit dreyen Mawren/ vnd mit einem vast weiten vnd gefüterten Graben auffs herzlichst vmbgeben vnd bevestiget. Mann zehlt sie keiner andern vrsachen halb für ein Behemische Statt/ dann daß sie der Kron Behem vom Reich versetzt ist. Das Land darinn sie ligt/ heist von den Nariscis, denen Hertzog Theodo der erst von Bäyern zu bewohnen das Landt eyngab/ Norckaw oder Norcköw/ dz man doch Narisen Göw eygentlich nennen solte. Es ist die Statt Eger/ mit Meth ein Getranck auß Honig gesotten/ durch Teutschland beruffen: dann dieses Getranck an keinem ort köstlicher vnnd lieblicher zu trincken gemacht wird. Es hat diese Statt viel hoher vnnd vester Thürn/ die zum theil an den Mawren stehn/ zum theil hin vnnd wider durch die Statt biß an die Kirchen zerstrewet ligen/ sie hat veste starcke Pasteyen/

Meth ein gut Getranck.

herzliche weite Zwinger/ dick vn hohe Mawren/ ein weiten gefüterten Graben/ also daß Eger keiner andern Statt weichen mag/ man sehe gleich an die Herzligkeit der Gebew/ oder Gezierd vnd Pracht der Kirchen/ weite der Gassen/ ordenliche Policey/ eines erbaren weisen Rhats höchste Fürsichtigkeit/ Mannheit/ vnd gegen den Vnderthanen sanfftmütigkeit/ oder des gemeinen Volcks freundligkeit vnd erbaren Wandel.

Jüdenschul.

Patricij.

Es ist zu Eger ein alte Kirch vnser Frawē genañt/ die ist vor zeiten ein Jüdenschul gewesen/ das bezeugen noch zu tag die Hebreischen vnnd Chaldeischen Geschrifften in der Kirchen in Stein gehawen/ vnd Bücher auff groß Pergament geschrieben/ vnd allda von einem Erbarn Rhat fleissig alß ein Schatz in verwahrung behalten. Diß bezeugen auch noch zwo Gassen/ so noch die Jüden Gassen genennt werden. Item das Mördgäßlein/ darinn die Jüden erwürgt vnd geschlagen seind worden/ Anno Christi 1350. Das new Rhathauß dieser Statt steht am newen Marckt/ auffs schönest gebawen/ vnnd hat 6. herzlicher Säl oder Stuben nach mancherley handlungen vnd sachen außgetheilt. Item 6. andere Stuben für der Statt Diener. Ein gantzen vn grossen Rhat machen nach der alten Römer gewonheit 100. Personen/ vnder welchen seind 19. von den eltisten Geschlechten der Burgerschafft/ vnd sonst 13. die seind Richter/ vnd werden Schöffen genennt. Auß den 19. pflegen 4. Bürgermeister zu seyn/ die wechßlen alle Quartal vmb/ vnd werden järlich 4. Churherzen/ zwen vom Rhat/ vnd zwen von der Geschwornen Gemein erwehlt/ die setzen Rhat/ Gericht vnd die Geschwornen Gemein/ deren an der zahl von der geschwornen Gemein seind acht vnd sechßig Personen. Diese obgemeldten Rhats vnd Gerichts Personen sprechen selbst Recht/ vnd fellen Vrtheil nach jhren alten lang hergebrachten Freyheiten vnd Gebräuchen. Von jhnen kan man auch nicht appellieren dann allein für den Behemischen König zu Prag in eigner Person/ vnnd sonst vor niemandt/ da stehen sie kecklich vor jederman. Die Statt hat auch jhre gewaltige vnnd reiche Getreids Boden oder Kornschütte/ darauff allerley Frücht geschüttet ligt. Sie hat weiter ein Rüstkammern oder Zeughauß/ vnd das mit allerley Gewehr/ Geschütz/ Kriegsinstrumenten vnd Rüstungen auff das beste versehen. Sie hat innerhalb der Mawren zwo Mülen/ ausserhalb 3. zwen Spittäl/ 4. gemeine Badstuben/ 3. Haupthor/ vnder welchen dz Bruckthor hat ein höltzine vn veste Bruck vber die Eger/ vnd ist vnferz darvon ein edler vnd vast berühmbter Brunn/ hat sawr Wasser/ wird derhalb auch

Sawrbrunn.

Von Teutschlandt.

halb auch der Sewrling genannt. Diß Wasser ist sehr gesund vnd lustig zu trincken/ wirdt auch im Sommer von dem jungen Volck täglich hauffen weiß in Krügen in die Statt getragen/ vnd allda den armen Handwercksleuten vñ gemeinen Mann verkaufft. Es ist auch vor diesem Thor ein vast grosse vnd weite Vorstatt jenseit der Eger/ darinn ein grosse menge reicher Lederer wohnen/ deren Arbeit vnd Leder durch Teutschlandt geführt/ vast gelobt vnd gepriesen wirdt. Sonst seind auch noch zwo grosse Vorstett/ vnd zu einer jeden ein beschlossen Thor/ vñ seind mit einem sonderlichen grossen auffgeworffnen Graben verwahret. Die Statt Eger ist ein reiche Statt/ hat vmb sich ein sonderlich fruchtbar Ländlein/ das man das Eger Ländlein nennt/ vnd der Statt Eger zugehörig ist. Es hat auch die Statt ein eigen Müntz/ vnd die minste ist also gering/ daß vier Egerischer Heller machen ein Nürnberger Pfenning. Das Kön. Schloß ligt gegen Mitnacht/ in demselbigen pflegt von Königlicher May. von Behem wegen zu wohnen/ ein Burggraff oder Pfläger von Eger. An diesem Schloß steht ein hoher/ vester vnd kolschwartzer Thurn gegen der Statt. Es seind auch im Schloß zwo schöner Kirchen vbereinander gebawen. Jre Pfeiler seind Marmelsteinen/ vnd allweg von einem stuck gehawen. Ausserhalb der Statt gegen dem Schloß vber/ werden noch viel stuck einer alten Burg/ welche man die Winselburg genennt hatt/ gesehen/ nemlich starcke Mawren mit einem gefütterten Graben vnd etliche veste Pasteyen. Zwischen diesen zweyen Schlössern laufft die Eger gantz gewaltig vnd breit. *Schloß zu Eger.*

Ausserhalb der Statt seind vnzahlbare/ schöne/ zierliche vnd nutzbare Obß vnnd Lustgärten gerings vmbher.

Anno Christi 1350. erhub sich der Jüden Mordt zu Eger mit solcher weiß. Es prediget ein Münch den Passion zu gewonlicher zeit vor Ostern/ vnnd zeigt da an/ wie der vnschuldige Sohn Gottes von den trewlosen Jüden were gemartert vnnd in todt geben worden. Nun war ein vnverstendiger Kriegsmann zugegen/ dem gieng die vnbilligkeit so tieff zu hertzen/ vnnd ward dermassen vber die Jüden erzürnt/ daß er das vnschuldig Blut Christi rechen wolt/ lieff deßhalb zu einem Altar/ nam ein Crucifix/ vnnd mit grosser Stimm auff gut Landsknechtisch ermahnt er die Gemein/ so sie wöllen solchen vnschuldigen Todt/ vnd die Schmach an den Heylandt gelegt/ helffen rechen/ solten sie jhm nachfolgen/ er wölts rechen/ vnd jhr getrewer Hauptmann sein. *Auffruhr zu Eger wider die Juden.*

Da aber das Gepöfel/ so ohn das den Jüden/ von denen es lange zeit geplagt war worden/ grassi vnd feind war/ solche Rede des Kriegsmanns vernam/ williget es bald darzu/ volget dem Landsknecht mit hauffen nach/ vnd was ein jeder im Sturm erwischet/ war sein Gewehr/ vberfielen also die Jüden/ schlugen sie alle zu todt/ namen vnd theilten jhre Güter vnder sich. Also wurden die von Eger jhrer Juden loß.

Vnd wiewol diß alles angefangen ward ohn wissen vnd willen eines Ehrsamen Rhats/ mußten sie doch dem König zu Behem etliche tausent Gulden zu Straff geben.

Im Jahr 1412. vmb Bartholomei zogen die von Eger mit jhren Bundsverwandten für das Schloß Newhauß/ welches die Edelleut Förster genannt innen hetten/ zerbrachen das/ vnnd ward darnach b. thädigt/ daß solch Schloß vnd all Zugehörung forthin denen von Eger zugehörig/ vnd sie darfür den Förstern 4000. Gulden Kauffsumma geben solten/ das auch geschehen ist. *Die von Eger brechen Schlösser.*

Eben diß jahrs ist auch das Schloß Greßlaw von denen von Eger zerbrochen worden.

Im jahr 1452. ist das mechtige vnnd vest Schloß Würschengrün von denen von Eger gewonnen/ vnnd auff den Boden hinweg geschleifft worden/ darumb daß groß Rauberey darauß geschahe.

Im jahr 1469. war König Matthias in Vngern mit dem Bapst vberein kommen/ er wolte gering alle Ketzerey in Behem außtilgen/ wann jhm die Statt Eger wurd darzu eyngeben/ also daß er darinn zu schaffen vnnd zu gebieten hett als in dem seinen. Bate deßhalben den Bapst/ er wölt jhm solches bey denen von Eger erlangen. Dieses sagt jhm der Bapst zu/ ließ auch bald Brieff machen an ein Rhat zu Eger/ schickt solche Brieff jhnen zu/ darinnen er jhnen grosse Freyheit zusagt/ wo sie sich gemeltem König von Vngern ergeben. Die Legaten kamen gen Eger/ brachten die Brieff für den Rhat. Vnd nach dem die Sach nach notturfft fürgetragen vnd berahtschlaget/ wurden die Herren von Eger zu Rhat/ vnnd schlugen solchs dem Bapst vnnd König ab/ deshalb der Bapst erzürnt ward. Die von Eger hetten das Raubschloß Liechenstein belägert vnnd erobert/ vnd wurden darinn bey siebentzig gefangen/ vnder welchen vier vnd zwantzig vom Adel waren/ seind jahr vnd tag gefencklich behalten/ vnd zuletst mit schwerem geding ledig gelassen. *Die von Eger gehaßet*

Von

Das fünffte Buch

Von dem Vichtelberg, von dem die Eger vnd andere mehr Wässer kommen. Cap. ccclviij.

Ichtelberg ein vberauß hoch Gebürg Teutsches Lands / also von den Fichtenbäumen darauff hin vnd wider gewachsen / genannt / in der alten Narisceen Landt / stoßt gegen Auffgang an Behem / gegen Nidergang an Francken / gegen Mittag an die Ober Pfaltz vnd Bäyern / gegen Mitternacht an Voitlandt vnnd Thüringen. Streckt etliche Stück als Hörner vnd Aest herauß auch biß an Behemer Wald / daher er auch von ettlichen nicht vnrecht ein Marckstein oder Grentz Teutsches

Vichtelberg ein Marckstein.

Landt gegen Behem ist genannt worden. Dieses Gebirgs ist bey den alten Scribenten gar nicht gedacht worden / so doch kaum ein Gebirg in Teutschland ist / das Lobs vnd Preiß wirdiger ist. Celtis der Poet schreibt von jhm / daß er ein Haupt sey des Schwartzwalds. Er hat so viel Stück / Hörner / Seyten vnnd gleichsame Glieder / die sich in mancherley Landt außtheilen / daß man die kaum kan erzehlen / vñ sonderlich die Luchsburg einer vnüberwindlichen höhe bey Wonsidel einem Stättlin / Marggraff Albrechten vnderworffen / darauff man noch sihet alte Burgstalle eines Raubschloß / etwan der Edelleuten von Loßburg / welches die Herren von Eger vor zeiten haben zerbrochen. Item andere Aest von obgemeltem Gebirg / die Cosseni / der Schaberg mit mancherley Metall berümt / der Oelberg / die Flöß / der Berg zum Rotenfurt / da vor zeit ein Goldbergwerck gewesen / der Geirsberg / Sanct Conradsberg bey der Wonsidel / darauff ein altes Kirchlein steht / vnnd ein Wasserzeicher Brunn darbey / die Hohe Meh / der Rünen-

Loßburg oder Luchsburg.

Schneeberg.

berg / der Schyferstein / der Blatterberg / der Nußhart / die Farenleuten / der Schneeberg / welcher so hoch ist / daß man vber jar Schnee darauff findt. Man nennt jn auch sonst den Schloßberg / darumb daß vor zeiten ein gewaltig Schloß Rudolphenstein genannt / da man noch ettliche Mauren vnd Burgstallen findt / darauff gestanden ist / welches auch die Herren von Eger zerbrochen haben. Es lagen dieser Raubschlösser 12. vmb Wonsidel / vnder welchen Rudolphstein das höchst ist gewesen / vnd so offt etwas vorhanden war / oder man sich einer Beuth versehen mocht / hat man in diesem Schloß ein Fahnen auffgericht / den haben etliche der andern Raubschlössern mögen sehen / rc.

Bey obgenannten Bergen ligt auch die Heid ein Berg / darauß die Eger entspringt. Item der Mittelberg / der Lützelmen / die Einsidel / der Peielstein / rc. Diese Berg seind all mit Holtz auffs dickest bewachsen / also daß es auch heutigs tags nicht vast sicher ist darüber zu wandern / sonderlich

Grob Volck Grob Land.

denen die schwere Täschen tragen. Das Volck so vmb den Fichtelberg wohnt ist fromm vnd freundlich / aber Bewrisch hart vnd starck / das Hitz / frost vñ Arbeit wol leiden mag / daher auch ein Teutsch Sprichwort erwachsen / daß / wann man von einem guten groben Knüttel will sagen / spricht man es ist ein grober Vichtelberger / eben wie bey den Griechen auch die jenigen Beotische Säw / von des Lands Beotien Eynwohnern wegen / die auch gute Säwhirten waren / genannt worden / welche sich etwas gröber vnd vngeschickter hielten / dann sie sich halten solten. Vnd wiewol diß Landt rauch / birgig vnnd wäldig ist / vnnd deshalben auch grobe Leut gebiert / die zum Krieg vnnd harter Arbeit tüglicher seind dann zu subtilen Künsten / hat es doch Gott nicht beraubt seiner sonderlichen Gnaden / hat etliche treffliche geschickte vnd gelehrte Männer in die Welt lassen kommen / die nicht allein in Teutschlandt / sonder auch in Welschlandt jhrer Kunst halb hoch berühmpt seind. Oben auff dem Fichtelberg ist ein tieffer See / der ist ein Grentz der Herrschafften so an diesen Berg stossen / nemblich der Pfaltz vnd der Marggraffschafft. Es ist der Berg mit Gold / Sylber / Eysen /

Schwefel vn Queckfylber / auß welchen zwyen letsten stucken andere Metall in der Tieffe des Erdtrichs durch die Sonn gekocht werden / sonderlich von Gott begabet / welches auch den frembden Ländern bekannt ist / als die sich rühmen dörffen / daß jnen die Schätz so in des Teutschen Lands Bergen verborgen ligen / bekanter seind / dann vns Teutschen selbst. Es seind auch zum offtern mal auff offtgemeltem Fichtelberg vnd seinen vmbligenden Grentzen frembde Leut / als Zigeuner vnd Welsche gefunden worden / die dieses

Von Teutschlandt.

die dises Bergs Natur vnd Reichthumb außgespähet vnd erkundiget haben/auch zu zeiten heimliche Schätz von dannen hinweg getragen. Es ist in diser Landtschafft auch ein gemeines Sprichwort/daß man an vnd vmb den Vichtelberg offt ein Kuh wirfft mit einem Stein/der Stein sey aber besser dann die Kuh. Man hat auch in disem Gebürg hin vnd wider Büchlein gefunden auff Welsch vnd Niderländisch geschriben/darinnen viel ort verzeichnet gewesen/bey welchen Bächlein man Gold vnd Edelgestein findt. Weiter hat diser Berg viel schöner Brunnquellen/Bächlein lauter vnd Fischreich/ja Goldfündige Flüß/die auch nicht alle erzehlt mögen werden. Vnder welchen die fürnehmsten seind die Eger/der Mayn/die Nab/vnd die Sal. Die Eger laufft gegen Auffgang der Sonnen in das Land zu Böhem/kompt bey Leytmeritz einer Böhmischen Statt in die Elb. Der Mayn laufft gegen Nidergang durch Franckenlandt dem Rhein zu. Die Nab fleust gegen Mittag durch die Ober Pfaltz der Thonaw zu. Die Sal kehrt sich gegen Mitnacht/ laufft durch Voitlandt vnd Thüringen dem Sachsenlandt zu/da fallt sie in die Elb.

Moravia/Märhern. Cap. ccccxliiij.

Weil diß Land ein Marck gewesen zwischē Teutschland vnd Vngeren/daher ist es von den Alten Marcomannia genandt worden: vnd daß dises der Alten Marcomannern Sitz gewesen/erscheint auß den Pfennigen M. Antonini/so dises Land bestritten/welche bey dem Fluß Hana außgeackert werden. Dise Marckmanner haben hernach den theil Teutschlandts eyngenommen/so jetz die Marck Brandenburg genandt wirdt. Diß Landt wird durchs Gebürg gegen Auffgang von Vngeren/gegen Nidergang von Böhmen/vnd gegen Mitnacht von Schlesien vnderscheiden: Dann auff der Mittag seiten gegen Oesterreich/ist es ein eben Landt. Wie es ein Volckreich Landt ist/ also ist es auch an Wein/Geträid vñ allen nothwendigen Sachen/gantz fruchtbar. Es bringt den Saffran in grosser menge herfür. Das Erdtrich ist sehr fett/vnd deßwegen zum Ackerbaw gantz bequem/gleich wie die kleinen Hügel vnd Berglein zum Weingewächs. Es ist auch wunderlich/ daß der Weyhrauch vnd die Myrrhen in Märhern gefunden wirdt/welche aber nicht wie anderstwo auß den Bäumen schwitzet/sonder auß dem Erdtrich gegraben wird/sonderlich bey Gradisco/ bey welchem Ort vor kurtzer zeit Wenceslaus von der Eych/ein Landtherr/als er bey Sterneberg einen Weyer außgraben wöllen/einen gantzen menschlichen Leib gefunden/der lauter Myrrhen gewesen. Vor zeiten ist diß Land ein mächtig Königreich gewesen/dessen König gantz Böhm vñ Polen vnder sich gehabt haben/wie man hiervon in der Polnischen Chronick viel geschriben findet. Vmb das jahr Christi 250. hat Zwantocopius in Märhern regiert/vnd waren jhm die vmbligenden Hertzogthumb Böhm/Schlesien vnd Polen vnderthan: Diser wolte dem Römischen Keyser Ludwig keinen Tribut mehr geben/deßwegen ein grosser Krieg zwischen jm vnd dem Keyser entstanden/in welchem der Keyser/das newe Volck der Hungaren zu hülff beruffen/vnd jhnen den Paß/der zuvor verschlossen war/eröffnet: Mit diser hülff seind dise Land mächtig verhergt/ vnd der König Zwantocopius von seinem Reich getriben worden/welcher sich nach hingeworffener Cron/in einem dicken Wald/zu einem Einsidler begeben/vnd daselbst biß in seinen Todt/in dem er sich erst zuerkennen gegeben/verbliben. Damalen haben Böhm/Schlesien vnd Polen eygene Hertzogen bekommen: ist also Märhern nach vnd nach abgestigen/vnd seind die Töchtern hoch vber die Mutter kommen. Der fürnemste Fluß dises Lands ist Morava, in teutsch die Marche/ welcher die Statt Olmitz vmblauffet/hernach wendet er sich gegen Vngeren/vnd fallet endlich mit vielen geringeren Wasseren gestercket/daselbst in die Thonaw. Diser Fluß hat eintweders dem Land den Namen geben/oder von dem Land den Namen bekommen. Nach disem ist die Deinß oder Thisia/vnd fleust neben Zuoynam hin/welches Ort wegen Keysers Sigmunds Tod verrhümbt ist. Diser Fluß scheidet Märhern von Oesterreich. Der dritte Fluß ist die Igla/daher die Statt Iglavia jhren Namen hat: Diser scheidet Märhern von Böhm/so hat auch die Oder nicht weit von Olmitz jhren vrsprung/vnd behaltet jhren Namen biß in das Meer. Mercator schreibt/dises Landt habe nur zwo Grafschafften/Huckenwald vnd Schonberg/aber viel andere Herrschafften: als Lomnicz/Dubranicz/Gemnicz/Walstain/Peitniz/Neuhauß/ Telesch/Boskowitz/Trebutsch/Dirnowitz/Ragetz. Zu den zeiten des Keysers Arnolphi/ vnd des Griechischen Keysers Michaelis/ist Cyrillus/ein Lehrer vnd Apostel aller Sclauen oder Wenden/sampt Methodio in diß Land kommen/welche beyde in der Griechischen vnd Wendischen Sprach gar wol beredt wart. Dise haben gelegt ein Fundament des Christlichen Glaubens in Märhern/vnd auffgericht ein Christliche Kirch zu Volagrad. Vnd als sie der Bapst gen Rom berüfft/vnd sie rechtfertiget/warumb sie die Göttlichen Aempter in Wendischer Sprach/vnd nie

JJJJ in

in der Lateinischen hielten: antworteten sie: Darumb das geschrieben stehet/Alle Geister sollen loben Gott den HErren. Vor etlich 100. jahren war diß Land eine von den vier Marcken des Römischen Reichs: aber ward darnach dem Königreich von Böhem eyngeleibt/under dem sie noch ist. Die fürnehmste Statt diser Marck heißt Pryn/und ist ein reiche und fruchtbare Gegne darumb. Des gemeinen Volcks Spraach ist halb und halb/Teutsch und Böhmisch: jedoch dringt die Böhmische für. Olmüntz ist ein Bischoffliche Statt dises Lands/und ist zuvor Vilagrad genandt worden. König Albrecht Keyser Sigmunds Tochtermann hat diß Landt/alß es ihm widerspennig war/hart geschädiget: dann er fiel dareyn/und im Abzug verbreñt er bey 400. Dörffer/erschlug viel Leuth/und trieb das Vieh hinweg/und zwang sie mit Gewalt under das Joch. Der Adel darinn ist vast aller Hussen Secten: Aber auff den Dörffern gibt es viel Widertäuffer/die alle ding gemein haben.

Schlesy. Cap. ccccllxv.

Vor langen zeiten her ist das Hertzogthumb von der Schlesy under der Cron Polandt gewesen/wie du hie unden bey Polandt viel darvon geschrieben findest: ist aber vor kurtzen Jahren verkaufft worden der Cron Böhem/und der König von Böhem hat es zu einem Lehen von dem Römischen Reich/ist also genennet worden von einem Fluß der Schiesus heißt: die andern sprechen/Es habe den Namen von einem König der soll also geheissen haben. Schlesier Land ist drey Tagreyß/das ist/80. meil breit/und sechs Tagreyß/das ist/200. meil lang/streckt sich von den Ungerischen Gegenheiten biß an die Brandenburgische Marck. Der Lufft ist zwar etwas kalt/aber doch milt: wegen der vielfaltigen Wasserbächen ist der Boden zu allen Sachen gar fruchtbar: Man findet auch Gold/Sylber/Bley und Eysen darinnen. Es hat viel Stätt in disem Land/welche alle mit guten Gesätzen und freyen Künsten mächtig gezieret seind. Es seind in disem Landt 15. Hertzogthumb: Darunder Lignitz/Brug/Teschen Mansterberg/noch eygene Herren haben/so des Königs in Böhem Lehenleuth. Tropaw aber Opelen/Nyß/Preßlaw/Swidnitz/Glogaw/Ratiborn haben keine sonderbare Fürsten mehr/sonder gehören den Königen in Böhem zu/welche die obersten Hertzogen seind in gantz Schlesien. Es ist der Bischoffliche Stul zum ersten gewesen zu Nyssa: ward aber hernach tranferiert in die Hauptstatt Preßlaw/durch König Casimirum den ersten dises Namens. Diser Casimirus war ein Mönch/Cluniacenser Ordens/und alß der Männlich Saamen des Königlichen Stammens gar abgestarb in Polen/und niemand mehr ohn ihn vorhanden ward/verhieß er von einem jeden Menschen des gantzen Königreichs Polen ein Pfennig gen Rom zu schicken/und auff das ward mit ihme dispensiert/daß er zum König in Polen ward angenommen. Die History findest du hie unden weitläuffiger bey Polandt beschrieben. Die Zung dises Volcks ist mehrertheils Teutsch/wiewol auff der andern seiten der Oder die Polnische Spraach angehet/und die Teutsche fürtrifft. Die Bischoffliche Statt Nyssa/da der Bischoff Hoff haltet/wirdt also genandt vom Wasser Nyssa/an dem sie ligt.

Zu Schweidnitz haltet der König von Böhem einen Hauptman oder Statthalter/der doch zu Jawer in seiner Statt wohnet/hellt vier Hoffgericht sampt andern Edelleuthen zum Jahr in der Statt Schweidnitz. Das Landt ist vast umbgeben mit Bergen und Wälden/und wirdt wol befeuchtet mit so viel Flüssen/die auß den Böhmischen Bergen rinnen in die Oder. Das Volck in Schlesier Land trinckt vast Bier/man bringt auch Wein dahin auß Mährern und Ungern/darzu wachst auch bey der Statt Crosna Wein/den man doch zum meisten theil auß dem Landt auff der Oder in Preussen und anderswohin verführt. Die Zehrung ist wolfeiler in disem Land/weder in andern anstossenden Ländern.

Von Teutschlandt.

Von der Statt Preßlaw. Cap. ccccxlvj.

BRESSLAW

Ratislavia/vnd zu Teutsch Preßlaw/die Hauptstatt in der Schlesy/gelegen an der Oder/hat an der länge 34. gr. 34. min. an der breite 51. gr. 10. min. wirdt von Ptolemeo Budorgis genañt/ist gebawen vnd also genennet worden vor viel jahren von einē Heydnischen Hertzogen mit Namen Bratislaus/ist vnder dem ersten Christlichen vnd Poländischen Hertzogen Myeßko ein Bisthumb dahin gelegt/wie du bey Polandt findest/welches hernach von König Casimiro widerumb ernewert vnd bestätiget worden: Es hat auch diß Bisthumb an Reichthumben vnd Gütern so sehr zugenommen/daß die Bischoff zu Preßlaw die güldenen Bischoff seind genandt worden. Da sich der Königen von Polandt Kinder mehreten/ist zu Preßlaw ein herzlich Herzogthumb auffgerichtet worden/vnd hat die Statt trefflich sehr zugenoffen/daß auch ein Jahrmeß vnd ein Vniversitet were auffgericht worden/wo die König von Polandt nicht gewehrt hetten. Dann im jahr Christi 1205. hetten die Burger zu Preßlaw mit verwilligung König Vladislai/der König Sigmunds von Polandt Bruder war/vnd König zu Vngern vnd Polandt worden/die Sach vberschlagen/warauff sie die Hohe Schul fundieren oder stifften wolten/hetten auch erlangt Brieff von dem König vnd der Königin/vnd von dem Bischoff zu Preßlaw an Bapst Julium/schickten die gen Rom mit einer grossen summ Gelts/damit der Bapst jr fürnemmen confirmiert vñ bestätiget. Aber die Hohe Schul zu Crakaw alß sie das erfuhr/bracht sie vom König Alexander Brieff zu wegen an Bapst/vnd trieb der Preßlawer fürnemmen hindersich/daß nichts auß jhrem fürnemmen ward. Darnach im jahr 1211. als gemeldter Vladislaus Böhmischer vnd Vngerischer König/sampt seinem Sohn Ludovico in die Schlesy kam/vnd den Eyd von seinen Vnderthanen nam/lagen die Preßlawer dem König an/daß er jhnen ein Meß wolt auffrichten/vnd ein Kauffhandel in die Statt bringen mocht. Es gefiel dem König das fürnemmen nicht gar vbel/darumb verwilliget er sich jnen/vñ ließ in der Franckfurter Fastenmeß dise Meynung allen Kauffleuten anzeigen/damit weder die Polen noch die Teutschen so vmb dieselbe Gegenheit wohneten/disen Marckt vberhupffen. Es ließ König Vladislaus Brieff außgehen durch seine zwey Reich

JJJJ ij   vnd

vnd alle seine Herrschafft/ daß kein Kauffmann diese Meß solt fürgehen. Aber König Sigmund in Poland sein Bruder/ ließ ein Mandat außgehn durch sein Königreich/ dz sich niemand annehmen solt der Preßler Meß vnd Kauffhändel/ vnd verzog sich also in das 4. jahr/ vnd ward entlichen nichts darauß/ Kosten vnd Arbeit verlohren. Anno 1276. ist diese Statt am Tag Marci/ wie dann auch im jahr 1341. den 7. Herbstmonats/ gantz vnd gar von dem Fewer verzehrt/ aber von Keyser Carolo dem Vierdten ordentlicher vnd auff die Form/ wie sie noch hat/ erbawen worden. Anno 1529. ist der Giebel oder Thurn an S. Mattheus Tag zu Morgens ohne Schaden auff S. Elisabethen Kirch gefallen. Vmb das 1585. jahr entstunden gleich auff einander zwey schrecklicher Fewr/ welche nah bey 50. Häuser verzehrten/ darauff erfolget gleich ein vnerhört Sterben vnd Pestilentz/ von welcher biß in die 9000. vnd etlich hundert Menschen darauff giengen. Die Gelegenheit deß Orts/ die Zierlichkeit der Häuser/ das herrliche Gebäw an den Thürnen/ Kirchen vnd Brücken/ vnd die lustige Abtheilung der Gassen machen diese Statt gar berühmbt/ also daß sie wol vnder die vornehmbsten Stätt in Teutschlandt mag gezehlt werden.

Glogaw. Cap. ccccLvij.

Glogaw.

JN der Schlesien ist Glogaw ein feine vnd grosse Statt/ darvon das gantz Hertzogthumb Glogaw den Namen bekommen/ gelegen: darinnen auch ein schöne Thumbkirch. Diese Statt ist anfänglich von Boleslao dem Langen Hertzogen in Polen vnd Schlesien gebawen worden.

Das Hertzogthumb Glogaw ward in zwey Theil abgetheilt. Den einen Theil haben besessen sonderbare Hertzogen von Glogaw/ die schon vor 100. jahren abgestorben. Heinrich der II. Hertzog von Glogaw vnnd Freystatt/ starb im jahr 1476. ohne Kinder. Sein Gemahl war Barbara Hertzog Albrechten/ genannt der Teutsche Achilles/ von Brandenburg Tochter/ deren Hertzog Heinrich die Land vermacht/ sie mocht sie aber nicht behalten. Johannes Hertzog zu Sagen/ so mit Hertzog Heinrichen Geschwistert/ hat das Hertzogthumb Sagen verkaufft Churfürst Ernsten vnd Hertzog Albrechten von Sachsen. Nach Absterben seines Vettern nam er das Hertzogthumb Glogaw eyn/ ist aber von den Ständen in Schlesien darauß vertrieben worden/ vnd starb also in dem Elend Anno 1502. Er hatte 5. Töchter aber keine Söhn/ vnd ist also dieser Stammen der Hertzogen von Glogaw abgangen.

Den andern Theil dieses Hertzogthumbs Glogaw haben noch jetzundt inn die Hertzogen von Teschen/ so sich nennen von grossen Glogaw/ vnd ist diß ihr Geburtliny:

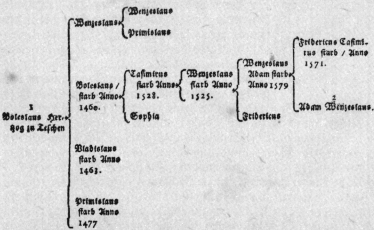

1. Boleslaus Hertzog von Teschen/ war bey Keyser Wenzeslao in sondern Gnaden/ vnd erlangt von ihme Anno 1404. einen Theil deß Hertzogthumbs Glogaw/ so den Königen in Behem zustunde. Er starb im jahr 1433.

2. Adam Wenzeslaus ist geboren im jahr 1574. ward Großhauptmann in Schlesien. Sein Gemahel war Elisabetha/ Gotthardi deß ersten Hertzogen in Churlandt Tochter.

Von Teutschlandt.

Lignitz. ccclxviij.

Die Statt Lignitz von deren auch das Hertzogthumb Lignitz also genannt/ hat jhren Namen/ von den Ligiis oder Luiis deren Ptolomæus vnnd Strabo gedencken/ vnnd durch sie die jetzigen Schlesinger verstehen. Es war Lignitz wie auch andere Stätt in Schlesien/ vor alten Zeiten nur schlechte Flecken von Holtz gebawen. Obgedachter Boleslaus aber hat Lignitz/ wie auch Buntzel/ so auch in Schlesien ligt/ zu einer rechten Statt gemacht. Dieser Boleslaus starb Anno 1200. Es hat diese Gegne auch etwan GoldAdern gehabt/ vnd den Hertzogen wochentlich etliche Pfundt getragen. Es findt sich auch hierumb ein sonderbar rott Erdtrich/ so sich seiner Natur vnd herzlicher Tugent halber so es in der Medicin hat/ engentlichen vergleicht/ der bekandten Erden so in der Insel Lemnos gegraben wirdt/ dannen hero sie Terra Lemnia/ vnd weil man sie vielerley Betrug vorzukommen mit sonderbaren Türckischen Buchstaben zu zeichnen pflegt Terra Sigillata genannt wirdt. Sie wirdt zu Lemnos/ deß jahrs nur ein mal/ nemlichen den 6. Augusti mit sonderbaren aberglaubischen Ceremonien gegraben: vnd ist bey hoher Straff verbotten/ daß ausser gemeltem Tag/ dieser Erden niemand keine grabe.

Terra Sigillata.

Von den Hertzogen von Lignitz vnd Brig. Cap. ccccxix.

Diese Hertzogen von Lignitz vnd Brieg/ wie auch die vbrigen Hertzogen in der Schlesi/ haben jhren Vrsprung von den alten Fürsten auß Polen/ von sieben in acht hundert jahren her. Wir wollen aber hier kurtze halb/ allein der letzten Hertzogen gedencken/ wie wir sie hier in diese Tafel verfast.

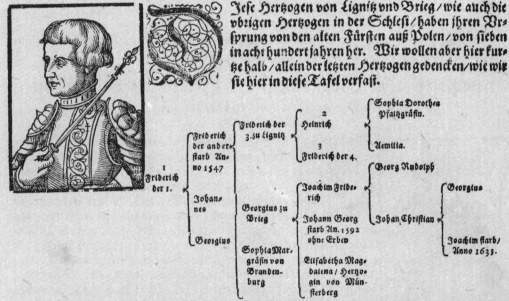

1. Friderich der I.
   - Friderich der ander starb Anno 1547
     - Johannes
     - Georgius
   - Friderich der 3. zu Lignitz
     - 2 Heinrich
     - 3 Friderich der 4.
       - Sophia Dorothea Pfaltzgräfin.
       - Aemilia.
   - Georgius zu Brieg
     - Joachim Friderich
       - Georg Rudolph
       - Johan Christian
         - Georgius
         - Joachim starb/ Anno 1633.
     - Johann Georg starb An. 1592 ohne Erben
     - Elisabetha Magdalena/ Hertzogin von Münsterberg
   - Sophia Margräfin von Brandenburg

1. Friderich der erst Hertzog zu Lignitz vnd Brig ist von seinen auffrürischen Vnderthanen sampt seinem vatter vertriben worden. Anno 1454. hernach ward auch der Königlich Statthalter widerumb außgejagt/ etliche von dem Raht enthauptet/ vnd wardt die auffruhr gestillet durch Margraff Albrechten von Brandenburg vnd hertzog Friderich von König Mattia von newem widerumb eingesetzt. Er starb Anno 1488.

2. Heinrich dieser ist auß des Keysers befelch gefangen nach Preslaw gelegt worden/ hat sich aber widerumb ledig gemacht/ vnd ist in Engelland geflohen/ da er der Königin gedienet wider Spanien/ vnd hernach dem Cantzler in Polen wider Hertzog Maximilian von Oestereich. Starb entlich in Polen Anno 1587.

3. Friderich/ hat das hertzogthumb Lignitz besessen ist aber ohn erben gestorben/ derotwegen Lignitz/ seinem vettern Joachim Friderich zugefallen.

4. Joachim Friderich/ thumprobst zu Madeburg/ hat nach absterben seines vettern Friderich beyde hertzogthumb Lignitz vnd Brig besessen. Er hatte 2. Söhn/ Georg Rudolphen zu Lignitz der nam An. 1614. Sophiam Elisabetam Fürsten von Anhalt/ vnd Jo. Christianum zu Brig. Dieser nennet sich Hertzog in Slesien zu Lignitz vnd Brig/ aber Hauptman in Ober vnd Nider Slesien.

Von den Hertzogen zu Münsterberg vnd Olsen.
Cap. ccclxx.

Heinrich Hertzog zu Münsterberg Anno 1500.

NAch dem Absterben der Hertzogen von Münsterberg auß den Polnischen Fürsten/ hat Keyser Friderich der 3. Anno 1462. diß Fürstenthumb verliehen Heinrichen Georg Podiebrachen Königs in Böhem Sohn. Anno 1495. nach Absterben Conradi deß jüngern Hertzogen von Olsen/ deß letzten seines Stammens/ hat obgedachter Heinricus Podiebracius von Vladislao 2. Königen in Behem auch diß Hertzogthumb Olsen bekommen/ vnd jhme hergegen die Herrschafft Podiebrach in Behem vbergeben. Dieser Hertzogen Genealogy haben wir also kürtzlich verzeichnen wöllen.

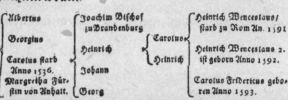

Diese Fürsten nenten sich Hertzogen zu Münsterberg in Schlesien/ zu Olsen vnd Bernstatt/ Graffen zu Glatz/ Herrn zu Sternberg/ Jaischwitz vnd Metzibor.

Genealogy oder Geburtliny der Hertzogen vnd Königen
zu Behem/ vnd zum ersten von den Heydnischen Hertzogen.
Cap. ccclxxj.

DEr erst Hertzog zu Behem von dem man geschrieben findt/ hat geheissen Zechius/ vnd ist zu seinen zeiten guter Fried im Landt gewesen. Er ist auß Kärnden dahin gezogen vnd hatt das Regiment ohn alle Auffruhr besessen. Aber alß er starb/ strebten viel nach dem Fürstenthumb/ vnnd stund auff viel Auffruhr. Es war weder Gesatz noch Fürst im Landt. Zu den zeiten war ein Thädtlicher Mann im Land der hieß 2. Crocus/ der hett ein groß ansehen bey dem Volck/ darumb sie jhn auch entlichen wehlten zu einem Landtsfürsten. Er ließ hinder jhm drey Töchter/ nemlich Brelam/ Therbam/ Lybissam. Vnd alß Lybissa ettliche jar nach abgang jres Vatters das Regiment behielt/ wolten die Behem jhr nicht lenger gehorsam seyn/ sie neme dann ein Mann der Landtsfürst in Behem wurd.

3. Primislaus der war ein gemeiner Mann im Landt/ vnd alß gemeldte Lybissa jhn erwehlt zu jhrem Mann/ ward er Landtsfürst. Er hat die Statt Prag vmbmawret vnd mit Bollwercken bevestigt. Er macht auch Gesatz im Landt/ deren sich die Behemen lange zeit gebraucht haben/ vnd darbey zugenommen in Fried vnd Gut. Vnd alß Lybissa gestarb/ behielt Primislaus das Regiment im Landt.

4. Nimislaus Primislai Sohn/ dieser war ein vnnützer Mensch/ hat weder Witz noch Verstandt. Er vertrieb sein zeit mit hübschen Weybern.

5. Mnata des vordrigen Nimislai Sohn.

6. Voricus ein Sohn Mnate/ er ließ hinder jhm 2. Söhn.

7. Vinislaus Vorici Söhn. Dieser behielt Prag vnd Behemer Hertzogthumb: aber sein Bruder Vratislaus ward fü gesetzt dem Hertzogthumb Zaren.

8. Grezomislaus der auch Nedam wird genennt/ ein Sohn Vinislai/ der war ein vnnützer Mensch/ darumb vberzog jhn Vratislaus seines Vatters Bruder/ vnd nam ein gut theil des Landts Behem zu sein handen. Vnd nach dem er vast sehr in Gewalt vnd Mächt zunam/ bawet er ein Statt zwischen zweyen Bergen Medna vnd Pubech genännt/ vnd nennt sie nach seinem nammen Vratislaviam. Er ließ sich damit nicht vernügen/ sonder fieng noch ein Krieg an wider seines Bruders Sohn Nedam: aber Neda verzweiffelt im Widerstand zuthun/ darumb berufft er ein Edlen Ritter/ der in Krieg geübt war/ vnd seiner Person gantz gleich förmig: aber dem Mannhafften Gemüt nach gantz vngleich/ dem legt er an seinen Harnisch/ vnd zieret jhn mit den Fürstlichen Waapen/ vnd wußten das gar wenig. Alß es aber zu einer Schlacht kam/ vnd zu beyden seiten

Von dem Teutschlande.

ten viel vmbkamen/erlangten die Behemer zu letst den Sieg/erschlugen Vratislaum: aber seinen Sohn der noch ein jung Kind war/brachten sie lebendig zu jhrem Fürsten. Es erbarmet sich Hertzog Neda vber das Kind vnd befahl es einem Graffen/der Duringus hieß/der bey seinem Vettern des Kindts Vattern wol zu Hof war gewesen/das ers auffertzog. Duringus vermeynt er wölt seinem Herren ein groß gefallen daran thun/trug das Kind auff die Eger/die vberfroren war/macht ein Loch durch das Eyß/schlug dem Kind das Häuptlin ab/vnd stieß den Leib vnder das Eyß: aber das Haupt bracht er seinem Fürsten gen Prag in die Statt/vnd sprach: Gnediger Herr ich hab heut dein Fürstlichen Sitz bevestiget/du darffst fürthin niemand mehr förchten/der dich auß deiner Herrschafft verdring. Neda ward erzürnt vñ sprach zu jm: Ich hab dir das Kind geben nicht das du es tödest/sonder das du es aufferzogest. Es ist billich daß dir gelohnt werde wie du verdient hast. Darum gib ich dir die Wahl vnder drey Tödten/eintweder erstich dich mit einem Schwerdt/oder erhenck dich an einen Strick/oder vberstürtz dich ab einem Felsen. Alß Duringus sein Vrtheil vernam/erhenckt er sich an ein Baum der nahe war.

9. Nostiricus regiert nach seinem Vatter Nedam. 10. Borismundus Nostrici Sohn/der ward der letst Heydnisch Hertzog/wie wol er mit seiner Haußfrawen Ludmilla getaufft ward von dem heiligen Bischoff Methodio/im jar 995. vnder Keyser Arnulfo. Es war zu der zeit Methodius Ertzbischoff in Märhern.

Von den Christlichen Hertzogen vnd Königen so in Behemen nach ein ander regiert haben.
Cap. ccclxxij

10. Borsuorius/den man sunst nennt Borziwoi/ist der erst Christlich Hertzog in Behem gewesen/wie jetz gemeldet ist.

11. Vratislaus des vordrigen Sohn/er hett zwen Söhn/Wentzeslaum vnd Boleslaum.

12. Wentzeslaus/dieser ward erzogen von der frommen Frawen Ludmilla seiner Großmutter in Gottes forcht vnd aller zucht. Er aß vnd tranck wenig/beharret in der Jungfrawschafft sein lebenlang. Aber Boleslaus sein Bruder ward erzogen von dem bösen vnd Abgöttischen Weib seiner Mutter/vnd er mit sampt seiner Mutter wurden auffsetzig dem frommen Wentzeslao/sie hetten jm gern das Regiment genommen/wo das mit gunst des Volcks hett mögen geschehen. Dann das Volck hett ein grosse liebe zu jhrem Herren/das verdroß den Bruder vnd die Mutter gar vbel. Vnd als der fromb Fürst seines Bruders vnwillen nicht erleiden mocht/sonder vermeynt im auß den Augen zu gehn/vnd ein Closterleben an sich zu nemmen/mocht der Teuffelhafftig Bruder das nicht erwarten/sonder erdacht ein List das er sein abkeme. Er ließ ein Fürstlich Mahl zurichten/lud darzu sein Mutter vnd auch den frommen Fürsten/besleckt aber das Mahl mit Blut: dann er schlug jhn zu todt/alßbald er ins Hauß kam/erobert also durch ein Mord das Regiment.

13. Boleslaus des vordrigen Bruder. Er nam ein bösen Todt/wie auch das schandtlich Weib sein Mutter.

14. Boleslaus des nechsten Boleslai Sohn. Dieser schlug seinem bösen Vatter nicht nach sonder war ein Christlicher nachvolger seines Vetter des heiligen Wentzeslai. Er pflantzet nach allem vermögen in seinem Land den Christlichen Glauben/ließ bawen 20. Kirchen. Er hett auch ein Schwester mit Nammen Milada/die ward wol vnderricht in der heiligen Geschrifft. Sie zog auß andacht gen Rom/ward vom Bapst zu einer Abtissen gemacht/darumb sie auch S. Georgen Closter bawet zu Prag im Schloß/vnd bracht zu wegen vom Bapst/daß die Pragische Kirch die der heilig Wentzeslaus auffgericht vnd fundiert hat/vnd biß zu derselbigen zeit vnder dem Regenspurger Bisthumb gewesen war/zu einer Bischofflichen Kirch gewidmet ward. Der erst Bischoff dahin verordnet hieß Ditimarus/geboren auß Sachsen/war ein frommer Mann: der ander aber nach im hieß Adelbertus/war ein geborner Behem. Es hett auch Boleslaus ein Bruder mit nammen Stratiquam/der verließ die Welt vnd ward zu Regenspurg ein Münch zu Sanct Emmeran. Vnd alß er auff ein zeit gen Prag kam/wolt jhm der Bischoff Adelbert vber geben das Bisthumb/der Hoffnung/so er des Landtsfürsten Bruder were/möcht er das Volck gar gering zu Christlicher Zucht bringen/das mit Rauben vnd Ehebrechen behafft war. Vnd alß Stratiquas das in kein weg annemmen wolt/sonder vermeynt im Closter rühwiglich selig zu werden/antwort jm der Bischoff: Du magst im Bischofflichen Ampt dein Seel wol behalten: aber so du das scheuhest/gibst du dich nit in ein kleine gefehrlichkeit. Alß nun Boleslaus hatt geregiert 32. jar starb er/vnd verließ hinder jm drey Söhn/Boleslaum/Januren vnd Vdalrichen.

Zu Prag ein Bisthumb auffgericht.

Das fünffte Buch

15. Boleslaus regiert nach seinem Vatter Boleslao: aber es zog wider in Mescho der Fürst von Polandt/thäten zu beyden seyten grossen schaden/biß zu letst ein Anstand gemacht ward/vnd ein Tag gen Crakaw gesetzt. Als aber Boleslaus vermeynt sich gnugsam versichert/kam er dahin/ besorgt sich keiner Vntrew: aber es fählet im: dann H. Mescho ließ jhn vber Tisch fahen/jm seine Augen außstechen/vnd alle die so bey jm waren/ließ er tyrannisch tödten. Es starb auch hernach H. Boleslaus Anno Christi 1030. Aber H. Mecho ruckt in Behem/belägert Prag vnd hüngert sie auß in zweyen jaren/erobert also die Statt: aber das Schloß Vissegrad/in dem Hertzog Janurus war/mocht er nicht erobern. Nun war der dritt Bruder Vlrich an Keysers Heinrich des Heyligen Hof/vnd als er vernam wie Mescho das Landt eyngenommen hett/zog er heimlich/doch mit wissen des Keysers in Behem/nam eyn das starck Schloß Dienizum/samblet ein Zeug/vnd vberfiel die Polecken in der Statt Prag/vnd schlug jhr viel zu todt. Es entran Mecho mit wenigen in Polandt. Er ließ auch Vlrichen seinem Bruder die Augen außstechen: dann er war im argwohn/wie er nach dem Regiment strebt.

16. Vdalricus Hertzog Boleslai Sohn/wie jetz gesagt ist.

Deß Keysers Tochter entführt.

17. Bisetislaus oder Brzetislaus ein Sohn H. Vlrichs. Es hett zu seinen zeiten Keyser Ott ein Tochter zu Regenspurg im Closter mit nammen Jutha/die hett dieser Fürst nie gesehen/ sonder als er viel von jhr hört sagen/ward er bewegt zu jhrer Lieb/vnd erdacht ein List/daß er zu jhr kam/vnd sie mit gewalt hinweg führt ohn alle gefehrlichkeit/außgenommen dz seine Mittreuter vom Keyser ergriffen vn getödt wurden: dañ sie mochten den Herren Brzetislaum vnd die geraubte Tochter nicht erfolgen. Vnd als Brzetislaus hett in Mährern Hochzeit gehalten mit der geraubten Tochter/wolt der Keyser die schmach nit vngerochen lassen. Er zog mit einem grossen Heere in Behem/da kam jhm entgegē H. Vlrich mit seinē Sohn/vn mit einē grossen Zeug. Es war auch des Keysers hinweg geführte Tochter Jutha vornen am Heere/vnd als sie jrs Vatters Heere ersahe/zerspielt sie jr Haar/zerkratzt mit den Neglen ir Angesicht/vnd mit vnerschrocknem Hertzen lieff sie hinfür an die Spitz des Krieg/begert ein Gespräch zu haben mit jhrem Vatter: Als sie das erlangt/kam sie für den Vatter/vnd thet ein solche Red vor jm: Vatter ich bekenn das du billich zu diesem Krieg bewegt wirst/vnd daß der wol straffwirdig were/der dich verachtet hat: Aber sintemal solches auß eynbrünstiger Liebe geschehen ist/die sich im Zaum nicht halten mag/vnd deshalb auch offt verzeihung in jrer vbertrettung erlangt hat/bitt ich dich/du wöllest doch dich bedencken/wen vnd welchen Menschen du durcháchtest. Sihe zu er ist dein Tochtermañ vnd mein Gemahel/diesen verfolgest du. Vnd wiltu jn nit ansehen/so sich doch mich vnd deinen Enckel an der in meinem Leib empfangen ist/des Vatter ist er/laß mir jhn zu einem Gemahel. Er ist mir der Ehe halb nit vngemäß/darzu mag nach Göttlichem Gesatz diese Ehe nicht gescheiden werdē. Du hast wol ein grossen Zeug/aber es steht gegen dir auch ein wolgwaffneter Zeug/vnd hangt d'Sieg auff beyden seyten am Glück. Hertzlieber Vatter/gib nit in todt ein solchen hauffen Leut von meinetwegen. Verzeihe dem/dem ich verziehen hab/vnnd von dem ich zum ersten bin geschedigt worden. Der Vatter ward durch diese Red der Tochter bewegt zu weinen/vnd hett sich gern in jren willen begeben/wann in der geschworen Eydt diß Vbel zu rechen nicht in weg were gelegen. Da sprach Jutha: Es hatt mein Gemahel auch geschworen das Teutschlandt zu beschedigen: aber nach meiner achtung ist es ein vngöttlicher Schwur/der da reicht zu nachtheil der Ehr Gottes/ vnd stracks wider die Liebe des Nechsten. Gott haßt den der vbels gelobt zu thun. Damit du aber nit als ein Vbertretter deines Schwurs gescholten mögest werden/will ich verschaffen das mein Gemahel sampt seinem Vatter vor dir erscheinen/dir zu Füssen fallen/diener Gnaden begeren/dich als jhren Herren vnd König erkeñen/ja dir vergünnen ohn alles wider sprechen/das du dein Sitz habest mitten in Behem/vnd da dein Recht vnd Gericht haltest. Dem Keyser gefiel der Tochter Rhat wol/vnd ward nach jhren Worten ein Fried gemacht/die zwey Heere vereinbarten sich/vnd

Ein groß Blutvergiessen abgestellt.

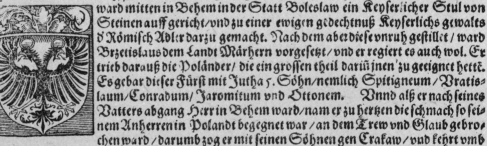

ward mitten in Behem in der Statt Boleslaw ein Keyserlicher Stul von Steinen auffgericht/vnd zu einer ewigen gedechtnuß Keyserlichs gewalts d'Römisch Adler darzu gemacht. Nach dem aber diese vnruh gestillet/ward Brzetislaus dem Landt Märhern vorgesetzt/vnd er regiert es auch wol. Er trieb darauß die Polánder/die ein grossen theil darinñ jnen zu geeignet hette. Es gebar dieser Fürst mit Jutha 5. Söhn/nemlich Spitigneum/Vratislaum/Conradum/Jaromitum vnd Ottonem. Vnnd als er nach seines Vatters abgang Herr in Behem ward/nam er zu hertzen die schmach so seinem Anherren in Polandt begegnet war/an dem Trew vnd Glaub gebrochen ward/darumb zog er mit seinen Söhnen gen Crakaw/vnd kehrt vmb die Statt/beraubt auch die Statt Gneßnam/welches König Heinrichen den 3. dieses Nammens verdroß/darumb gebott er dem Hertzogen von Behemen/daß er solchen schaden widerkehret. Der Hertzog entbot dem Keyser/er were seiner Majestät nicht weiter verbunden dañ zu einem bestimpten järlichen Tribut/vnd das waren 120. Ochsen/vnd 15. Marck lauters Silbers/das hett er nie vnderlaß

Von Teutschlandt.   1225

vnderlassen: weiter aber were er jm nicht schuldig. Alß der Keyser diese antwort vernam/ward er erzürnt/ordnet ein Zeug wider die Behem/zog von Regenspurg auff Behem zu. Er gebot auch Hertzog Bernhardo von Sachsen/daß er an einem andern Ort in Behem fiel. Vnd alß der Keyser mit seinen Zeüg in Wald kam/vnnd groß arbeit hett/ein Straß dardurch zu machen/vnd jederman müd ward an den grossen Bäumen zu fellen/vberfiel sie Vratislaus an einem Wasser/vnnd schlug jhr veil zu todt/aber der Keyser entran mit etlichen. Es fiel auch Hertzog Bernhard von Sachsen in dz Land/thet grossen schaden/vnd alß er vernam des Keysers flucht/macht er sich auß dem Landt. Aber im nachgehenden jar fiel der Keyser vnd Hertzog Bernhard widerumb mit grosser Macht in das Landt/theten grossen schaden/trieben den Hertzogen in die Statt Prag/belägerten vnd zwungen jn daß er sich ergeben must/vnd thun was sie wölten. Da ward jm ein schwere Schatzung auff gelegt. Diß geschahe Ann 1052. Nach diesem zog Brzetislaus mit Heereskraft in Vngern/ward aber vnderwegen tödtlich kranck/vnd ordnet vor seinem end zum Fürsten in Behem sein eingebornen Sohn Spitigneum/vnd dem andern vbergab er Märhen/vnd befahl sie jhrem eltern Bruder.

18. Alß Spitigneus nach seinem Vatter anfieng zuregieren/handlet er Tyrannisch/trieb alle Teutschen auß seinem Landt/ja wolt auch Jutham sein Mutter nich darinn lassen. Darnach vberzog er seinen Bruder in Märhern: aber Vratislaus entran jhm bey zeiten/vnd flohe in Vngern zu König Andres. Conrad vnd Ott ergaben sich jm. Es ward in dieser Auffruhr Vratislai Weyb gefangen/vnd alß sie wider geledigt in Vngern zu jrem Gemahel ziehen wolt/starb sie vnder wegen an eim Kind. Da gab König Andres Hertzog Vratislao sein Tochter Adelheid/der auch Fürst in Behem ward nach dem Spitigneus gestarb.

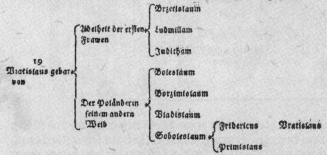

Es ward dieser Vratislaus zu Mentz auff einem Reichstag König gemacht/vnnd ward der Kron Behem vnderworffen Märhern/Schlesi/Lusatz/vnd ein theil von Polandt/doch find ich in der Polnischen Cronick etwas anders/wie ich hie vnden anzeigen will.

20. Alß der König Vratislaus gestarb/ward nach im König sein Bruder Conrad/aber er regiert nicht vber 7. Monat/vnd da er starb/fiel das Regiment an seines Bruders Sohn Vladislaum.

21. Vladislaus König Vratislai Sohn/hat in seinem Regiment lassen machen ein Bruck mit 24. Bogen/von dem alten Prag zu der kleinen Statt vber die Moltaw/vnd soll das Werck vbertreffen die Bruck zu Regenspurg.

22. Sobeslaus. Dieser hat in eines Hertzogen weiß regiert.

23. Friderich Vladislai Sohn.

24. Conrad.

25. Brzetislaus. Der war Bischoff zu Prag vnd Hertzog im Landt.

26. Wentzeslaus des nechsten Brzetislai Bruder. Vnd als er 3. Monat hatt regiert/vertreib jn Primislaus ein Sohn Vratislai des andern König/vnd ward er der dritt König.

27. Primislaus oder Przmisel der dritt König. Er hett 2. Söhn Wenzeslaum vnd Othocarum.

28. Wentzeslaus. Er ward König in Behem/vnd sein Bruder Othocarus Marggraffe in Märhern.

29. Othocarus. Alß König Wentzel ohn Erben abgieng/ward sein Bruder Othocarus (den man auch Primislaum nennt) König. Er nam zu der Ehe ein alte Fraw von Oestereich/vnd wie man schreibt/nam er mehr das Landt so an die Fraw gefallen ware/dann die Fraw. Er eroberet auch durch Gelt das Landt Kernten vnd andere vmbligende Länder/vnd trang den Vngern ab Steyrmarck. Er vertreib auch auß Preussen die Tartarn/vnd bawet da ein Statt/die nennet er Königsberg. Vnd wie er in gewalt zu nam/also mehret sich in jm die Hoffart. Er nam ein ander Gemahel dieweil die erste noch lebt/die jn so viel Landt vnd Leut hett zu gebracht/vnd alß er von den Churfürsten beruft ward zum Keyserthum/macht er ein gespöt darauß/vnd ließ sich mercken es were ein König von Behem mechtiger dan ein Römischer Keyser. In diesem alß Rudolph von Habspurg/der sein Hofmeister gewesen/zum Keyserthumb ward wehlt/schickt er zum König Otthocar ein

Bottschafft/vnd ließ von jhm fordern Oestereich/Kärnten/vnd andere Länder die sich gegen Italiam ziehen/vnd zum Römischen Reich gehören/nach dem Oestereich nicht ein Weiblich Lehen were/noch auch Hertzog Ulrich vō Kärnten sein Herrschafft verkauffen möge ohn verwilligung des Röm. Keysers. Othocarus widriget sich/vnd gab dem Keyser ein lätze antwort/angesehen das Keyser Rudolph vormals sein oder seines Vatters Diener war gewesen. Da legten sich etliche Freundt darzwischen vnd thädigten in der Sach/nemlich das Oestereich solte dem Keyser heim fallen/vnd solten Keyser vnd König von Böhem Kinder zusammen geben/vnd gemelde Länder jhnen vbergeben. Als aber Keyser Rudolph Oestereich empfieng/wolt er das Othocarus jhm nach altem Brauch schwüre. Das ward dem hoffertigen König gar schwer/daß er auß einem Hertzen

solt Knecht werden. In summa er wolt es nicht thun. Da erwuchs ein newer Krieg/vnd kamen zu beyden seiten zwen grosser Zeug gegen einander. Vnd als König Othocarus seiner stärcke halb besorgt/ergab er sich dem Keyser/doch in dergestalt/daß er jhm das Lehen geben solte vnder einem vmbhengten Gezellt/das geschahe. Vnd als der Keyser in seiner Majestat saß/vnd vmb jhn die Churfürsten/kam Othocar für den Keyser mit etlichen seinen Landtherrn/fiel dem Keyser zu füssen vnd huldiget jhm. Vnd dieweil er vor jhm lag/brach das Gezellt/vnd fielen die Teppich auff die Erden/vnd da sahe jederman den König knyen vor dem Keyser/darüber die Böhmen nicht wenig grißgrammeten. Es ergrimmet auch Othocarus vber die Sach/dorfft aber sich keines zorns annemmen gegen dem Keyser vnd den Fürsten. Vnd nach dem er also zornig heim kam/fuhr jhm die Königin sein Gemahel vber die Haut/schalt jhn vbel daß er sich so genidriget hett vor seinem Diener/Othocarus der sein Fraw viel zu lieb hette/vnd jhren zu viel glaubet/berufft seine Landtherren/klagt jhnen/Er möcht die schmach vnd den betrug der jhm geschehen/nicht erleyden/vnd auff das versamlet er widerumb seinen Zeug/sagt dem Keyser ab/zog wider jhn/vnd griffe jhn an vnder der Thonaw im Oestereichischen Feldt. Da kamen viel zu beyden seiten vmb/biß zu letst Othocarus von den seinen verlassen ward/vn̄ von den Keyserischen auch erschlagē. Diß geschahe Anno 1278. Du findest dise Historien auch hievornen bey den Hertzogen von Oestereich mit etlichen mehr zugelegten Worten/wie ich sie in einem alten Teutschen geschribnen Buch gefunden hab: aber hie hab ich sie beschriben wie sie Eneas Sylvius verzeichnet hat.

30. Wentzeslaus Othocars Sohn ward König nach seinem Vatter: Doch als er noch zu jung war (nemlich siebenjährig) ward das Reich durch sein Mutter vnd Statthalter geregiert. Er nam zu der Ehe Jutham König Rudolphs Tochter/vnd sein Schwester Agnes nam gemeltes Keysers Sohn/der auch Rudolph hiß: aber diser Rudolph starb zeitlich/vnd ließ hinder jhm ein Sohn/nemlich Johannem/der König Albrecht seines Vatters Bruder vmbbracht bey der Reuß. König Wentzeslaus starb zeitlich/nicht ohn klag der Böhmen: Daß er war ein sanfftmütiger vnd fürnehmer Fürst/vnd freundlich gegen jederman. Er regiert sechs jahr/vnd ward auch erwöhlt zum König in Polandt.

31. Wentzeslaus des vordrigen Wentzelai Sohn/der doch dem Vatter gantz vngleich war in Sitten: dann er gab sich auff die Füllerey/Hurey vnd Rauberey/darumb er auch zu Olmüntz in Mährern im 18. jahr (die andern sagen im 22. jahr seines alters/mit dreyen Wunden erstochen ward in des Thumbdechans Hauß. Es gieng mit jhm ab das Königlich Geschlecht/vnd hat seidther Böhem angenommen frembde Fürsten zu Königen biß auff den heutigen tag.

32. Zu der zeit als der vordrig König erschlagen ward/kam sein Schwager Hertzog Heinrich von

Von Teutschlandt. 1327

von Kärnten/der sein Schwester Annam zu der Ehe hatt/gen Prag/vnd ward von den Böhmen zum König angenommen. Das verdroß den Römischen König Albrecht/darumb zog er mit gewalt in Böhem/vnd trieb Hertzog Heinrichen darauß/vnd macht seinen Sohn Rudolphen zum König/vnd gab jhm zu der Ehe Fraw Elisabeth des ältern Wentzels verlassene Witwe. Aber er vberlebt nicht das erste jahr/vnd da entstund ein newer Zanck im Reich. Etliche wolten haben Friderichen König Rudolphs Bruder/die andern erwöhlten gemeldten vertribnen Heinrichen/ vnd die behaupteten jhr fürnemmen/wiewol König Albrecht das nicht für gut wolt haben/ward er doch mit Todt vbereylt daß er es nicht hindern möcht.

33. Johannes vō Lützelburg wurd König in Böhem mit solcher gestalt: Alß Hertzog Heinrich das Reich eyngenommen hatt/König Albrecht erschlagen/vnd Graf Heinrich von Lützelburg zum Keyserthumb erwöhlt ward/war vom König Wentzel noch ein Tochter vorhanden/ (Eneas schreibt/sie sey sein Schwester gewesen) die hieß Elisabeth/vnd die beschickt der Römisch König gen Speier/vnd gab jhr zu der Ehe seinen Sohn Johann/macht jhn auch zum König in Böhem. Da legt sich wider jhn Hertzog Heinrich von Kärnten/der vormals mit zweyen Keysers Söhnen gekriegt hett vmb das Reich/mocht aber nichts geschaffen/sondern mußt widerumb in Kärnten weichen. Da blieb diß Königreich in der Grafen von Lützelburg Hand 127.jahr. Diser König Johannes regieret in Böhem 35.jahr/vnd alß er von seinem Vettern dem König von Franckreich wider den König von Engellandt berüfft ward/zog er jhme zu mit einem grossen Zeug/kam aber vmb im Krieg vor Crecy im jahr 1357.alß die Engelländer hernach Calles eynnamen/das vom Frantzosen wider erobert ward Anno 1557.

34. Carolus/diser war 31.jahr alt alß sein Vatter König Johannes vmbkam. Er richtet auff Anno 1361.zu Prag ein Hohe Schül/vnd ließ führen ein Mawren vmb die newe Statt/vñ bawet den Königlichen Pallast/deßgleichen hat er gestifftet viel Clöster vnd Schlösser. Er vbergab seinem Bruder Johanni das Mährerlandt. Er bawet auch widerumb die Moltawer Bruck/so deß Wassers vngestüme zerbrochen hett. Item er macht auß dem Pragischen Bißthumb ein Ertzbißthumb/das vorhin vnder dem Ertzbißthumb Mentz war gewesen. In summa/er hat grosse vnd herrliche Thaten gethan/allein ist jhm diß vbel außgeschlagen/daß er seinen ältisten Sohn Wentzeslaum nach jhm verführt/vnd mit Gelt zum Keyserthum̃ promoviert/vnangesehen daß er zum Regiment gantz vnd gar nichts solte. Vnd wiewol die Churfürsten sich darwider sperten/bestach er sie doch mit Gelt/vnd verhieß einem jeden 100000.Guldē. Vnd da er sie bar nicht legen mocht/ gab er jhnen die grossen Zöll des Römischen Reichs/welchen schaden das Reich biß auff disen heutigen tag nicht hat vberkommen. Ja wie Eneas Sylvius schreibt/Er mußt den Churfürsten verheissen solche Pfänder nimmermehr wider zu fordern.

35. Wentzeslaus Keyser Carles Sohn ward mit verwilligung seines Vatters gekrönt zum Böhmischen König/alß er noch ein Kind war zwey jahr alt. Darnach alß er das 15.jahr erreichte/ ward er mit sam̃t seiner Gemahel zu Aach gekrönt zum Röm.König. Vnder jhm wurden die Prager auffrhürisch wider die Juden/fielen jhnen in jhre Häuser/vnd namen jhnen das jhr/verbreñten jhre Häuser/vñ schlugen sie zu tod zwo gantzer stund lang/jungs vnd alts/also das etlich 1000. vmbkamen: doch wurden viel Kinder auß erbärmbd zum Tauff behalten. Es blieb dise Auffrhur nicht vngestrafft/dann König Wentzel achtet keiner ding/dann allein was jm zum wollust dienet/ er fragt dem Wein mehr nach dañ dem Regiment. Ja in allen dingen war er seinem Vatter gantz vngleich/darumb fiengen jn auch die Landtherrn/vnd behielten jn 17.Wochen in der Gefengnuß: Aber Johann der Lusatzer H.vñ Procopius Marggraf in Märhern/machten jhn wider ledig/zu nachtheil des gantzen Lands. Darnach fieng jhn sein Bruder Sigmund König in Vngern/vnd vberantwort jn H.Albrechten zü Wien in Oestereich. Vnd alß man nicht gnug sorg zu jhm hett/ entran er vnd vberkam widerumb sein Reich/endert aber nicht sein Leben/sonder ergab sich noch/ wie vor/dem füllen vnd sauffen/schlaffen vnd aller faulkeit/hett kein sorg zum Regiment/darumb ward er von den Churfürsten entsetzt/wie hievornen gemeldet wirdt. Aber bey den Böhmen regieret er biß in das 25.jahr seines alters. Er ward kranck da die auffrhur zu Prag der Hussen Sect halb am grösten war. Dann da der Hussen Lehr jetzund von grösserm theil des Volcks angenommen war/vnd sie aber noch kein grosse Kirch hetten/noch auch der König jhnen zustellen wolt/vnd allenthalben Auffrhurn entstunden/vnd der Rhat zu Prag auß geheiß des Königs/sich versam̃let hett wider die Hussen zu rahtschlagē/fielen die Auffrhürer ins Rhathauß/vnd ergriffen etliche Rhatsherren mit sampt dem Stattrichter vnd etlichen andern Burgern/der Rhatsherren waren sieben/die andern entrunnen/vñ stürtzten sie hoch oben von den Fenstern hinab auff den bodē/aber die andern stunden da vnden vnd empfiengen sie mit Spiessen vnd Hellebartē. Es kam auch dahin des Reichs Kämmerling mit 300.Pferden/die Auffrhur zu stillen: aber da er sahe des Volcks vnsinnigkeit/nam er die flucht. Da dise ding dem König fürkamen/vñ jederman so vmb jhn war/ erschrack/sprach sein Weinschenck: Ich hab wol gewußt daß es also wurd zugehen. Da ergrieffet wider jhn der König/warff jhn zu boden/vnd wolt jhn mit dem Dolchen erstochen haben/wo jhn die vmbständer nicht verhindert hetten. Da stieß jhn die kranckheit an/vnd lag also 18.tag ehe er starb:

Er

Er hette alle die mit jhrem Namen angeschrieben/die für Ketzer geachtet waren/vnd wolt sie haben lassen tödẽ/alßbald sein Bruder vnd andere berüffte Fürsten zu jhm mit jhrer hülff kämen/aber sie blieben jhm zu lang auß.

36. Sigismundus des vordrigen Bruder. Vñ der ward auch zum Keyser gewöhlt nach dem sein Bruder entsetzt ward/vnd König Ruprecht gestarb. Er nam des Königs von Vngern Tochter Mariam zu der Ehe/darnach des Grafen von Cilien Tochter/vnd vberkam durch sie das Königreich/wie hievornen bey den Keysern gesagt ist.

37. Albertus Hertzog zu Oestereich/ewöhlter Römischer Keyser. Er nam König Sigmunds einige Tochter zu der Ehe/die hieß Elisabeth/vnd ward durch sie König in Böhem vnd Vngern. Seine History findest du hie vndenin der zahl der König von Vngern.

38. Ladislaus des vordrigen Sohn/König beyder Reichen zu Böhem vnd Vngern/starb ehe er Kinder vberkam. Da erwöhlten die Böhmen jren Statthalter zum König/der hieß Georg von Podebrad/vnd lebt nicht lang. Nun hett Ladislaus ein Schwester/die hatt König Casimirus von Polandt zu der Ehe/vnd gebar mit jhr Vladislaum/der ward zum König erwöhlt. Dise History findest du auch bey den Königen von Vngern.

39. Vladislaus König zu Böhem vnd Vngern/des Königs von Polandt Sohn/ward nach Georgen Podebrad König.

40. Ludwig des vordrigen Sohn/König zu Böhem vnd Vngern. Der ward Anno 1528. mit 19000. Christen von dem Türcken erschlagen/durch Vntrew der Vngern. Dann ein theil der Vngern wolt nicht streiten wider die Türcken/vnd das ander theil ward flüchtig/da man mitten im Streit war/vnd blieben allein die Böhmen vnd Teutschen bey dem König mit vnverzagtem Hertzen/vnd stritten biß in Todt.

41. Ferdinandus Hertzog zu Oestereich. Diser nam Fraw Annam/des vordrigen Königs Schwester zu der Ehe/vnd seind durch sie an jhn gefallen beyde Königreich/da Ludwig der vordrig erschlagen ward.

42. Maximilianus Ferdinandi Sohn/ein geliebter Fürst.

43. Rudolphus ward bey Leben Keysers Maximiliani seines Vatters zum Böhmischen König gekrönt.

44. Matthias ist noch bey Lebzeiten seines Bruders Rudolphi/zum Böhmischen König/vnd nach desselbigen ableiben auch zum Römischen Keyser gekrönt worden.

45. Auff disen ist gevolget Ferdinandus II. diß Namens/Ertzhertzogs Caroli zu Kärndten Sohn. Vnder disem ist der schädliche Auffstand in Böhmen entstanden/in welchem König Ferdinand von etlichen Ständen abgesetzt/Pfaltzg. Friderich Churfürst an sein statt beruffen/vñ neben seinem Sohn zum König gekrönt worden/ist aber hernach mit grosser Kriegsmacht widerumb auß Böhem vertrieben worden. Hiemit will ich nun beschlossen haben vnser Teutschland mit seinen manigfaltigen Landtschafften/Hertzogthumben/Marckten/Landtgraffschafften/vnd anderen mindern Herrschafften/vnd will für mich nemen andere Königreich/so an das Teutschland stossen/alß da seind Dennmarck/Nordwegien/Schweden/Poland/Moscaw/Nova Cembla/Vngern/ Griechenlandt/ꝛc.

Ende des fünfften Buchs der
Cosmographey.